社会主义政治研究

李克实　著

红旗出版社

红旗出版社
RED FLAG PRESS
推动进步的力量

图书在版编目(CIP)数据

社会主义政治研究/李克实著.
—北京:红旗出版社,2016.8
ISBN 978-7-5051-3857-5
Ⅰ.①社… Ⅱ.①李… Ⅲ.①社会主义政治学-研究 Ⅳ.①D0
中国版本图书馆CIP数据核字(2016)第203828号

书　　名　社会主义政治研究
著　　者　李克实

出 品 人　高海浩　　　　责任编辑　张明林
总 监 制　李仁国　　　　封面设计　李　妍
出版发行　红旗出版社　　地　　址　北京市沙滩北街2号
邮政编码　100727　　　　编 辑 部　010-57274597
E-mail　hongqi1608@126.com
发 行 部　010-57270296
印　　刷　三河市东方印刷有限公司
开　　本　880毫米×1230毫米　1/32
字　　数　531千字　　　　印　　张　21.25
版　　次　2016年11月北京第1版　2016年11月河北第1次印刷
ISBN 978-7-5051-3857-5　　定　　价　78.00元

欢迎品牌畅销图书项目合作　联系电话:010-57274627

目 录

第一章　社会主义民主政治研究

社会主义民主政治是社会主义的基本社会组织形式和治理方式，是社会主义政治制度的核心内容和根本规定。没有科学的社会主义民主政治，就没有科学的社会主义。社会主义要“在政治上创造比资本主义国家的民主更高更切实的民主”①，也完全能够创造出更高更切实的社会主义民主。从人类社会的发展规律和社会主义的社会性质出发，社会主义的民主政治，应是以监督制民主为基本政治形态的社会民主政治。只有实行监督制民主，才能建立起“人民管理制”的社会民主政治体制，展示出社会主义民主政治的先进性、科学性和历史发展的必然性，充分适应社会主义的社会生活需要，实现社会主义科学存在和科学发展的要求。

一、社会利益是社会民主政治的实质内涵

民主政治是相对于封建专制而言，是由大多数人共同行使社会管理权力，进行社会治理，是人类社会发展的必然要求。政治是经济的集中体现，而民主是政治的集中体现，有什么样的社会民主，就有什么样的社会政治。进行社会主义民主政治

① 《邓小平文选》第2卷，人民出版社1994年版，第322页。

建设，首先应弄清楚民主的一般规定和要求，进而弄清楚社会主义民主的实质内涵，以及社会主义民主政治的根本规定，为社会主义民主政治建设确定科学的发展方向，保证社会主义民主政治建设的科学有效进行。

民主是人类社会发展所追求的伟大目标之一，既是一种价值观念和生活方式，也是一种社会制度，表现为社会成员之间所形成的平等、自由等社会生活要求。而作为一种政治生活方式，民主在根本上是“一种国家形式，一种国家形态”①，表现为“人民的权力”或“多数人的统治”，也就是按照人民的意志治理国家。在现实生活中，由于具体的社会制度性质不同，所处的社会环境和社会地位不同，人们对民主的认识也不相同。资产阶级思想家认为，民主是一种政治参与，即作为被管理者的社会成员享有对社会政治生活的参与权。被视为经典概括的孟德斯鸠的“民主三原则”（人民拥有主权、人民享有普选权利、人民任命管理者），即是如此。这种以政治参与作为民主“标准和尺度”的表述，相对于封建专制和君主独裁制度，具有不可否认的历史进步意义，却并没有揭示出民主的实质内涵，使民主仅仅停留在“发表意见”的水平上，限定在“政治参与”的范围内。从马克思主义的基本原理出发，民主应是人民共同拥有管理社会和国家事务的权力，民主政治应是人民群众共同对社会和国家的事务进行管理，以此维护和实现民主主体的利益，表现为一种社会利益行为和利益要求。

马克思指出，“人们奋斗所争取的一切，都同他们的利益有关”。② 作为人们为之奋斗和争取的基本社会生活目标之一，民

① 《列宁选集》第3卷，人民出版社1972年版，第257页。以下引注版本同。

② 《马克思恩格斯全集》第1卷，人民出版社1956年版，第82页。以下引注版本同。

主同样与社会利益实现密切相关，在根本上表现为人们的利益要求和利益实现。人们追求民主，都是为了实现自己的利益，保证自身权益不受损害和侵犯。其所以如此，是因为人们的社会利益实现，要有与之相一致的社会政治权利作保证，而民主是社会政治权利的集中体现。这样一种民主规定，本身包括“权”、“利”两个方面：“权”表现为社会管理活动，是实现社会利益的手段，必须以利为目的；“利”直接表现为社会利益的内容，必须以权作保证。没有民主，就没有社会成员的社会政治权利，就不可能实现社会活动主体的利益，已经得到的利益也难以保证。对于社会来说，民主是一种利益机制，体现着社会民主主体的利益要求和利益实现方式；对于民主主体来说，民主是实现自身利益的手段，即通过自身拥有的社会管理权力，保护和实现自己的利益。不论是获取参政议政的权利，获取参与社会管理的权利，获取社会选举的权利，都是为了实现民主主体的自身利益。民主在实质上是一种社会利益要求，民主政治是民主主体实现自身利益的手段和保证，否则民主就会成为没有实际意义的东西，不值得人们为之争取和奋斗。

人们的社会利益要求，具有各种各样的内容，包括自身生命存在的权利，也包括获取物质利益和精神利益的权利，如争取社会地位、赢得社会荣誉等。但这种利益内容归结起来说，则表现为一种社会物质利益要求。人类作为一种自然存在物和社会存在物，首先必须拥有基本的社会物质资料，包括生产资料和生活资料，人们的生活水平和生存状况，最终都表现为物质生活的发展水平和状况，其他社会利益和社会权利，只有在社会物质利益的基础上才具有实际意义。这种社会物质利益，也会随着社会的发展进步而不断发展和变化，在社会利益构成中具有不同的位置和分量，但在人类社会生活中，始终具有根本性、决定性和主导性的地位和作用。没有物质利益，任何人都难以生存，其他利益内容都会成为毫无意义的空谈。真正的科学的民主，必须能够保证社会民主主体的物质利益实现，在物质生活的层面上，保证人们的社会存在和发展。民主如果与社会物质利益相脱节，也就必然与人们的生存发展需要相脱离，那就必定是虚伪和虚假的民主，是空洞和空泛的民主。对此应该不难理解和不可否认。

可见，民主在实质上是一种社会物质利益要求，是社会利益关系在社会政治生活中的反映和体现。在奴隶社会向封建社会转变的时候，地主阶级向奴隶主阶级争取民主，是为了追求自己进行剥削压迫的权利，享受“八佾舞于庭”的待遇；在封建社会向资本主义社会发展的时候，资产阶级高喊天赋人权，反对君权神授，同样是为了实现自己占有社会剩余价值的需要。正如恩格斯所指出的：阶级斗争“首先是为了经济利益而进行的，政治权力不过是用来实现经济利益的手段”。[1] 如果不是为了追求自己的利益，如果追求民主只能饿肚子，封建主和资本家绝不会冒着杀头坐牢的风险，去向原有的统治阶级争取民主。经济是政治的物质基础，政治是经济的社会保证，物质利益是社会利益的核心内容和本质内涵，社会民主是对物质利益的具体实现和政治保证。脱离开社会利益，尤其是脱离开社会物质利益，民主也就变得毫无意义。对此同样是不难理解和无可否认的。

民主既然在根本上表现为一种社会利益，那就必然与社会经济生活密切相关，是由具体的社会经济制度所决定的。任何社会民主都是一定社会经济基础的产物，而每一种社会民主，

---

① 《马克思恩格斯选集》第4卷，人民出版社1972年版，第246页。以下引注版本同。

同样是为了维护现实的社会经济制度，体现出社会经济形态的根本规定和发展要求。脱离开社会经济制度去谈论民主，民主就失去了赖以存在的社会物质基础，同样成为毫无意义的东西。人类社会所以会出现不同的社会民主类型，正是在于社会的经济基础彼此不同，社会的利益要求彼此不同，由此形成不同的社会民主主体，使民主具有不同的适用范围和表现形式。每一个社会形态都有属于自己的社会民主形态，每一种民主形态都只能适应于自己社会形态的经济基础发展需要。封建社会不能继续延用奴隶社会的民主，资本主义社会不能继续延用封建社会的民主，否则这个社会形态就不可能存在，这个社会形态的民主自然也不能存在。

作为一种社会政治权力，民主当然具有对社会生活进行管理的性质。但人们进行社会管理，同样是为着实现自身利益。如果社会管理与社会利益实现毫不相干，人们同样不会去争取社会政治权力，不会去参与社会管理。作为自然存在物和社会存在物，任何人都不是不食人间烟火的神仙，不能像上帝那样脱离开社会物质利益去生存，否则就没有自己的生命存在，自然也不需要任何社会民主权力。民主管理只有表现为实现人们社会利益的具体手段，才具有实际价值。脱离开物质利益来谈论社会管理权力，同样不可能对民主以科学的定义，必然会以形式代替内容，以表象代替本质，贬低民主的存在意义和价值。

民主的这种规定和要求，说明任何民主都是现实的和具体的，具有历史性的特点和要求，而不是永恒的和亘古不变的。民主与人类社会发展相伴始终，是一个从低级阶段向高级阶段发展的历史进程。这种民主形态的发展变化，既表现在社会民主主体的数量和参与范围上，表现在民主的实现手段和实现方式上，更表现在民主所包含的社会利益内容上。社会的经济基础不同，社会主体的利益要求不同，社会民主必然也不相同。而社会民主发展变化的根本原因，既在于人们对自由平等的不懈向往和追求，也在于社会生产力的不断发展和进步。不论民主的形式和内容如何发生变化，本质上都是社会利益要求和利益关系在现实社会生活中的反映和体现。民主的利益要求本质是始终不变的，民主的形式和内容则是各不相同的，由此形成不同的社会民主形态，体现出社会民主的发展水平高低，以及社会民主政治的具体优劣与否。

现有关于社会民主的表述中，往往把民主解释成为一种社会平等或社会自由。从民主的本意来说，这当然是有道理的。平等是民主的基础，自由是民主的保证，没有人与人之间的相互平等，没有社会活动主体的社会自由，自然不会有民主。因此民主首先表现为人人平等的社会权利，表现为人们彼此具有平等的社会地位。但平等和自由在本质上同样表现为一种社会利益要求，必须以社会利益的形式反映出来。没有社会利益要求，不是表现为具体的社会利益实现，自由平等照样会成为毫无价值的东西。脱离开社会利益去谈论自由平等，就会把自由平等仅仅看成是主观意念的东西，看成是与人们的社会存在毫不相关的东西，从而也就只能以动物之间的所谓自由平等，来要求人类社会的自由平等，把人类社会降低到一般动物界的生存状态。

从上面的论述中可以看到，民主是人们为实现自身利益而共同行使的社会管理权力，民主政治是人们为保护自身利益而确定的社会组织方式和管理形式。这样一种民主和民主政治的定义，能够充分体现出人民管理国家和社会事务的要求，体现出社会民主的实质性内涵。这种民主内容和要求，既有其一般的社会表现形式，即民主的共性，如民主主体的政治参与权、选举权等；也有其特殊的存在形式，表现为民主在不同社会形态中的不同规定和要求。由此使不同社会形态的民主具有不同的存在形式和发展手段，具有不同的民主主体和利益要求。建立社会民主政治，就是通过民主主体对于社会生活的管理和规范，保护和实现民主主体自身的利益。否则民主也就成了毫无意义的东西。

社会民主的这种根本规定和发展要求，为我们正确评价社会民主确定了科学的杠杆。任何民主都必须体现出社会民主主体的利益要求，评定一种社会民主形态的先进与否，既要看其能否代表更多社会成员的利益，还要看这种利益实现的手段是否正当，是以剥削压迫实现这种利益，还是以劳动创造实现这种利益。民主越是能够代表大多数社会成员的利益，越是能够适应人的本质发展和发挥的需要，社会民主的发展水平就越高，社会民主政治自然也就越科学、越先进。在剥削社会中，不论是采取奴隶劳动方式、徭役劳动方式，还是采取雇佣劳动方式，都表现为剥削压迫的利益实现方式，在根本上背离人的本质的发展需要，是落后的反动的民主，是对大多数社会成员的不民主，必然要为人类社会发展的规律所否定，为人的本质发展和发挥的规律所否定。对此也应当是没有人可以否认的。

社会民主的这种利益规定和要求，说明任何民主都是相对的有条件的民主。民主从来不会是对每个社会成员的绝对民主，任何民主都具有自己的限制和规范。在现实生活中，社会利益不可能无条件地赋予每一个社会成员，社会民主也不能毫无条件地赋予每一个社会成员，而是必然表现为权利与责任的统一。一种社会民主是否公正与合理，同样在于其包含的社会权利与社会责任是否能够实现科学的统一。只有责任没有权利，必然表现为阶级剥削压迫，本身就是根本上的不民主；而只有权利没有责任，或者只能成为大锅饭的思想基础和社会基础，或者成为超越现实生活的天堂里边的儿童游戏，二者都不符合社会发展的根本规定，从而也就都不是真正的社会民主。

一些人以选举作为衡量民主的根本标准。这显然丢掉了民主的实质，是不正确和不全面的。相对于奴隶社会和封建社会，实行选举是社会民主发展的进步。对劳动者来说，有一张选票比什么都没有要好，至少能够为自己的情绪发泄找到一条途径，对统治者起到一点警示作用。但人们追求民主，都是为了获取自身利益。在资本主义选举中，所有选民不用承担任何责任，都有一次投票机会，表面上具有很大的权利，实际上选与不选都无所谓，选好选坏都与自己无关，既不能改变资本主义制度，也不会对自己带来任何实际利益。正如恩格斯指出的：在资本主义国家中，“普选制不能而且永远不会提供更多的东西”。[①] 正因为这样，在标榜选票至上的美国，才会有40%以上的人从来不去参加投票，形成所谓“民主赤字”。在那些由社会主义蜕变为资本主义的国家中，一些人曾经兴高采烈地踊跃投票选举，但几次选举下来，发现并没有得到任何实际利益，对选举的热情自然一落千丈。投票率已经成为资产阶级十分尴尬和难以解决的事情。也正因为这样，一些资本主义国家才要竭力为民众打造“民主包袱”，用强制手段逼迫人们投票选举，形成对于公民自由权利的剥夺。政治选票是一种民主手段，却不是民主的目的，不能拿来当饭吃。认为只有选举才是民主，无疑是把手段当成目的，把形式当成本质。只要从利益实现上来看待资本主义的选举制民主，就能清楚地看到其虚伪和空洞的本质，进而实现对一切剥削社会民主的否定和扬弃。

① 《马克思恩格斯选集》第4卷，人民出版社1972年版，第169页。

有人会说，把民主看成是一种利益要求，会不会贬低民主的道德性和纯洁性？马克思和恩格斯还说过，“‘思想’一旦离开‘利益’，就一定会使自己出丑。”① 同样，民主如果离开利益，也必定出丑。不管是争取自己的个人的利益，还是争取阶级的集团的利益，民主都不是脱离开社会利益要求的空洞口号。提倡集体主义价值观的社会主义民主是如此，鼓吹个人主义价值观的剥削阶级民主更是如此。正是民主具有实际利益，旧有的统治阶级才会牢牢把着民主的权利不放，民主才会成为阶级争斗的焦点。否则民主就像田间的杂草野稗那样一钱不值，可以任人索取和抛弃。资产阶级在现实生活中唯利是图、见利忘义，在民主的问题上却心口不一、一直出丑，把民主变成自欺欺人的东西。民主是建立在现实生活基础上的真实的社会物质利益存在，建设科学的社会民主政治，必须围绕社会的物质利益要求来进行。如果把民主放到与现实物质利益毫不相干的位置上，只是为了表现道德清高和感情纯洁，在正常生存的社会成员身上，必然是不可能的。

还不难看到，资本主义选举制民主对于绝大多数社会成员不包含任何利益内容，却同样是为实现资产阶级利益而设定、而实行的。所谓资本主义选举“白热化”，实际上是资产阶级利益争夺的“白热化”，只是这种利益争夺仅仅表现为资产阶级的利益，表现为大财团、大财阀的利益。资产阶级极力攫取自己的利益，又以没有任何实际利益的社会选举作为民主的噱头，既说明资本主义民主的局限性和狭隘性，也说明资本主义民主被否定的历史必然性。资产阶级所以要把民主当成目的，正是为了拿上帝作幌子，让人们盲从于自己的阶级统治，以保护和攫取自己的利益。

① 《马克思恩格斯全集》第2卷，人民出版社1957年版，第103页。

只要弄清楚社会民主的实质内涵，就能够为社会民主确定正确的发展目标和方向，进而形成更为科学和更高程度上的民主，实现对于资本主义民主的根本否定和科学扬弃。

二、劳动平等是社会主义民主政治的本质规定

建设社会主义民主政治，必须科学确立社会主义的平等观念和平等原则，以此确定社会主义的利益原则和利益规定。而社会主义的平等观念和平等原则，必然是劳动平等，是在劳动平等基础上所形成的社会利益原则和利益规定。劳动平等是社会主义民主的本质规定，是社会主义民主政治的根本要求。

平等是民主的核心内涵，“民主意味着平等”①。在现有理论说明中，也把民主政治定义为实现平等、自由、人民主权等价值理念的方式和过程。完全可以说，平等是民主的社会基础和基本要求，民主是平等的表现形式和实现手段。由此还可以说，民主表现为一种平等的社会利益规定，是社会成员之间平等的社会利益实现方式。而平等同样是一个历史的范畴，社会形态的性质不一样，社会平等原则也就不一样，从而民主的具体形态照样不一样。奴隶社会的民主是建立在贵族和平民相互平等的基础上；资本主义民主是建立在“天赋人权”的基础上，以“人都是人”这种生物的自然生存权利，作为社会平等的根本要求。社会主义平等则表现为劳动平等，以全体社会成员在劳动面前的彼此平等为根本要求②，以“人本身是人”③ 为根本规

① 《列宁选集》第3卷，第256页。

② 李克实：《社会主义研究》，吉林人民出版社2003年版，第31—75页。以下引注版本同。

③ 《马克思恩格斯选集》第1卷，人民出版社1972年版，第15页。以下引注版本同。

定。因此社会主义民主是建立在劳动平等基础上的民主，是在劳动平等基础上所形成的社会利益要求，是劳动平等的政治实践方式和表现形式，表现为劳动平等的利益关系和原则规定。

以劳动平等作为社会主义民主的本质规定，能够充分体现出社会主义民主的实质内涵，具有毋庸置疑的科学性和先进性。劳动平等是人类社会消灭了阶级剥削压迫、同时社会生产达不到按需分配的时候，唯一能够实行的社会平等，是实现人的本质发展和发挥需要的必然要求。“劳动是个人生活和社会生活的基本的、自然的条件”①，是“整个人类生活的第一个基本条件”②。人类社会的任何社会权利，都必须通过劳动创造才能形成。没有劳动，就没有人类的社会权利，自然也没有社会民主，人类必然只能作鸟兽散，像动物那样野外生存，自生自灭。在剥削社会中，劳动是被剥夺被奴役的对象，社会平等只能以等级、特权、金钱作为杠杆。劳动平等使人与人之间有了科学的平等杠杆——劳动，既是对剥削社会平等观的根本否定，也是对剥削社会民主的根本否定。由此形成迄今人类社会最为道德和正义的民主观念和民主原则，形成最符合于人的本质发展需要的社会民主，形成最能促进社会发展进步的社会民主。

社会主义民主以劳动平等作为本质规定，在于社会主义否定了剥削压迫的社会制度，建立起社会主义生产关系，具有实行劳动平等的社会物质条件。社会主义的生产关系，表现为生产资料公有制和社会生活资料按劳分配，以及与之相一致的劳动者之间的社会关系和联系。这样一种社会生产关系，是实行

① 《马克思恩格斯选集》第 2 卷，人民出版社 1972 年版，第 416 页。以下引注版本同。

② 《马克思恩格斯选集》第 3 卷，人民出版社 1972 年版，第 508 页。以下引注版本同。

劳动平等所必然要求的，也是实施劳动平等的根本物质保证。在剥削社会中，“生产资料所有权和政权掌握在剥削者的手里，所以根本谈不上被剥削者即极大多数居民的真正自由和真正平等。”① 在社会主义生产关系中，劳动者具有彼此平等的社会地位和社会权利，社会利益实现了相对的一致和统一，所有劳动者都获得了对于社会生产资料的平等的所有权，获得了对于自己劳动成果的平等的占有权。劳动成为所有社会成员实现自身生存发展的根本途径，成为展示人的尊严和人的价值的根本手段。除了劳动，谁也不应当拥有比他人更多的社会权力和利益。因此社会平等必然应以劳动作为根本价值尺度，以劳动作为根本价值比较标准，形成劳动平等的社会平等原则。由此为社会主义民主提供不可或缺的社会物质保证。

以劳动平等作为社会主义民主的本质规定，也是由社会主义社会生活的性质所决定的。在社会主义条件下，劳动者都是社会的主人，都有对社会事务进行管理的权力，表现为一种人人平等的社会权利赋予；但劳动还具有“负担”和“累赘”性质②，社会分配还必须以劳动作为根本依据。由此形成对于社会主义劳动者的社会责任要求，形成权利与责任相统一的社会生活原则规定，表现为“不劳动者不得食”的“根本原则”要求③。劳动平等以劳动作为社会平等的根本依据，既使劳动者拥有前所未有的社会权利，又体现出对劳动者的社会责任规定。在劳动平等下，劳动者只有尽到社会责任，才能够获得社会权利，而获得社会权利，就必须尽到社会劳动责任。以此使社会主义的社会权利实现与社会责任履行科学地统一起来，使社会

① 《列宁选集》第3卷，第710—711页。

② 《斯大林选集》下卷，人民出版社1979年版，第591页。以下引注版本同。

③ 《列宁选集》第3卷，第560—561页。

主义民主与社会主义基本原则科学地统一起来，使社会主义民主建立在坚实的社会生活基础上。失去劳动平等，就失去了对劳动者的社会责任要求，也失去了社会民主的根本规定，民主必然成为一种单纯的社会权利，使社会主义变成平均主义，在根本上阻碍社会主义的存在和发展。

由劳动平等所决定的社会主义民主，必然表现为社会物质利益与政治权利的科学统一，在根本上有利于社会主义社会公正与社会发展的实现。政治与经济既密不可分，又彼此具有相对的独立性。在封建社会中，政治权利与经济利益是缠结在一起的，有了经济利益就有了政治权利，失去政治权利也就失去了经济利益，表现为政经合一的阶级统治方式。在资本主义社会中，对于资产阶级来说，政治和经济是密不可分的；对大多数劳动者来说，则表现为政经分离的所谓社会民主，政治权利只是一张选举他人的选票，与选民的自身利益实现没有直接联系。这样一种社会民主，必然造成政治与经济之间的矛盾和对抗，造成各种社会民主主体之间的矛盾和对抗。社会主义实行公有制，实行劳动平等，使社会经济利益与政治权利有机结合在一起，成为全体社会成员的共同的权力和利益。劳动平等直接表现为劳动者的社会政治权利，也直接表现为劳动者的社会经济利益，体现出人类社会经济生活与政治生活的科学的统一。这样一种社会民主，显然有利于形成科学的社会生活方式和发展方式，能够更好地促进社会的发展进步。

社会主义民主的劳动平等的本质规定，在根本上是由社会主义劳动创造的本质[①]所决定的。社会主义民主必须有利于社会主义本质的实现和发挥，有利于劳动者本质的实现和发挥。而

---

① 参阅《社会主义研究》，第256—328页。

只有劳动平等，才能体现出社会主义劳动创造的本质规定，与社会主义的价值观念和基本原则统一起来，与社会主义经济基础统一起来，在根本上规定着社会主义民主的内容和要求。在劳动平等基础上所形成的社会民主，包含着实实在在的社会利益，体现着劳动者前所未有的社会权利，在根本上否定了一切阶级剥削压迫的形式和内容，是最为正当和最为科学的社会民主。由此使社会主义民主与剥削社会民主鲜明地区别开来，充分体现出人类社会发展的历史进程，体现出社会主义民主不容否定的科学性和先进性。

以劳动平等作为社会主义民主的本质规定，也决定了社会主义民主在实现的手段和方式上，与剥削社会具有根本的区别和不同。任何民主都是为了实现民主主体的利益，但在实现的方式上，则表现为利益争取、利益分配、利益发展三种形式。所谓争取社会利益，主要表现为被统治阶级向统治阶级所进行的斗争，是一种阶级之间的对抗行为。而利益分配和利益发展，则表现在不同的统治阶级身上。作为剥削阶级的统治阶级，其统治是为了实现少数人对于现有社会利益的占有，必然要通过宫廷政治或武力争夺，或通过所谓民主选举，来实现对社会利益的重新分配，社会利益分配结束了，剥削阶级的民主也就完结了，其民主主体的利益实现仅仅表现为一种社会利益分配。而在社会主义条件下，社会利益属于全体社会成员，实行民主是为了维护劳动者的现有利益，更是为了实现劳动者利益的增加和扩展，必须通过民主的形式和手段，促进社会生产发展，形成更为丰富的社会财富和社会权利，以实现全体劳动者的更多的利益，而不是简单地对现有社会利益进行重新分配。这就必须把民主贯穿到整个社会管理活动当中，形成对于整个社会生活的科学有效管理。劳动平等既是社会利益的实现原则，也是一个社会生产原则，既能保证社会利益分配的科学性，也能有效促进社会发展，体现出社会民主的全部内容和要求。这同样是社会主义民主比较剥削社会民主科学的地方，是以劳动平等作为社会主义民主本质规定的重要原因。

以劳动平等作为社会主义民主的本质规定，也是防止社会主义出现平均主义的必然要求。劳动平等是最有利于社会主义发展的社会平等原则，以劳动作为社会利益分配的根本杠杆，能够促使劳动者自觉投身于社会劳动，促进社会生产的发展进步。如果不是以劳动平等作为平等原则，而是以公有制下人人平等的社会权利作为平等原则，必然会形成平均主义和大锅饭。在资本主义社会中，不论资产阶级政客口头上如何高喊民众利益，实际上根本没有社会物质条件予以支持和兑现，都不会因此使劳动者得到任何实际利益，自然也不会形成社会生活中的平均主义。在社会主义条件下，丢掉了劳动平等，也去以笼统的人人平等作为社会基本原则，作为社会民主的唯一规定，必然会出现社会管理者以公有制资源为基础，来为社会成员提供物质利益的现象，导致社会生活中的大锅饭现象，把社会主义变成平均主义，在根本上否定社会主义。

以劳动平等作为社会主义民主的本质规定，也为劳动者正确获得社会民主权利，实现自己的社会利益，提供了科学的手段和途径。任何民主权利实现都要有其具体的方式和手段。封建社会的民主权利实现是建立在君权神授的基础上，由“神”赐予和决定；资本主义民主权利实现是建立在天赋人权的基础上，由上帝来安排、来决定。社会主义的社会民主权利实现，则必须通过劳动者的劳动创造来实现。由此把社会主义民主权利实现建立在人的本质发展和发挥的基础上，形成“民权人授、人权自授”的社会民主权利实现方式，就像《国际歌》中唱的那样：要创造人类的幸福，全靠我们自己！从而也把社会平等从遥远的天国转入到现实的人间，从依靠神仙上帝的赐予变为依靠自己的劳动创造，形成实实在在的社会平等，使全体社会成员享有实实在在的社会民主权利。

社会主义民主政治必须保证社会主义的劳动平等，为劳动平等提供坚实的社会政治保障。这是社会主义民主政治的根本任务，也是社会主义民主政治的基本要求。在劳动平等基础上所形成的社会民主政治，具有无可否认的先进性和科学性，与一切剥削社会的民主无疑在根本上相对立，必然会遭到一切剥削阶级和敌对势力的反对和攻击。如果社会主义民主政治不能保证劳动平等的存在和发展，那就失去了存在的意义和价值，从而也就没有社会主义民主的存在，没有社会主义的存在。必须正确认识社会主义民主的根本规定和要求，坚持科学的社会主义社会生活准则，从各个方面构筑牢固的社会屏障，保证劳动平等的科学存在和有效实施。[①] 否则也就不符合社会主义民主政治建设的要求，不符合社会主义社会发展的要求。

由以上分析可见，社会主义民主是劳动平等的民主，社会主义民主政治表现为劳动平等的民主政治。劳动平等是社会主义民主政治的本质规定，社会主义民主政治是保证劳动平等科学实施的物质手段。社会主义民主的内容、形式和手段，都必须符合劳动平等的要求，有利于劳动平等的实施。进行社会主义民主政治建设，必须从劳动平等的原则规定出发，科学确定社会民主政治的表现形式和实现手段，形成具有独特内容和科学规定的社会民主政治。任何脱离开劳动平等的社会民主，任何背离劳动平等的民主手段和方式，也就不再是社会主义的民

① 李克实：《论劳动所得神圣不可侵犯》，《理论前沿》2004 年第 1 期，第 13—14 页。

主，不再是社会主义的民主政治。任何超越和背离劳动平等的利益要求和思想观念，不管是以空洞的辞藻来替代劳动平等，或是以平均主义的人人平等来否定劳动平等，都不符合社会主义民主的根本规定，都是社会主义民主政治建设所必须否定的。

以劳动平等作为社会主义民主的本质规定，好象没有笼统的人人平等那样悦耳动听，却是人类社会发展迄今最真实最科学的民主。在现实生活中，民主都是有条件的民主，社会主义是如此，资本主义更是如此。对于资本主义来说，其民主的最高原则是人作为生物体的自然存在。正因为这样，资产阶级民主才只能表现为上帝的“天赋”，表现为一种空对空的民主口号，而与现实社会利益无关。如果资本主义民主也与现实社会生活要求联系在一起，自然也就相互矛盾，破绽百出，难以自圆其说了。资本主义可以把一些政治权利让渡给一般社会成员，例如由选民选举最高统治者，在物质利益上却毫不松手，绝不会与全体选民互利共享，人们可以平等拥有社会的选举权，却不能据此平等拥有社会的物质利益，可以天赋人权，但绝不能天赋利益。这种平等的社会选举权利与不平等的社会经济权利，说明资本主义民主只是把君权神授变成了人权天授，停留在人的生命权利彼此平等的水平上，仅仅是对封建专制所形成的社会不平等的否定。以劳动平等作为社会民主杠杆，则把人从单纯的生物的人，还原为本质的社会的人，把人的自然权利升华为社会权利，把君权神授、人权天授，变为民权人授、人权自授，实现人类更为科学的社会民主。

在资本主义社会中，也有福利主义等内容，这能否说明资本主义民主同样包含了社会利益要求呢？不能。评定社会民主的利益内涵，主要是看其建立于之上的社会生产关系的性质，以社会生产关系为根本规定。资本主义生产关系在生产资料和生活资料占有上，都表现为私人的自己的利益，根本没有社会的共同的利益内容。这样一种社会生产关系，只能表现为剥削阶级的利益要求。资本主义所以实施福利主义，既是人类社会生产力发展的必然结果，也是资本主义的无奈之举，是资产阶级维持自身统治的手段，与资本主义民主毫不相干。如果在社会生产力得到极大发展的时候，资本主义依然用对待奴隶的手段对待劳动者，资本主义早就存在不下去了。这种福利主义，同样是以“人不是牲口”作为实行的思想基础，表现为人在动物生命面前所实现的彼此平等，既不能杜绝社会中的根本不平等，也缺乏科学实施的准则和规定。正因为这样，福利主义才会成为毫无原则的行为，成为随意和盲目的行为，造成社会发展中的种种弊端。这显然不符合人的本质发展和发挥的要求，同样是社会主义民主必须否定的。

以劳动平等作为根本规定的社会民主，是人类社会发展迄今最为科学的民主，也是最有利于人类社会发展进步的民主。劳动平等是社会主义民主的根本决定杠杆，是社会主义民主科学性、先进性的鲜明标志。由此体现出社会主义“实现真正的民主即一切劳动者的真正平等”的要求。① 丢掉劳动平等，社会主义民主就会失去本质规定，或者造成平均主义和大锅饭，或者造成社会成员在物质利益占有上的根本不平等，从而造成对于社会主义民主的否定。社会主义民主是劳动平等、利益平等，资本主义民主是生命平等、活着平等；社会主义民主是实实在在的社会利益、社会权利，资本主义民主是空空洞洞的神仙赐予、上帝安排。在现实生活中，越是具体的有条件的民主，越是实在的科学的民主，越是笼统的毫无规范的民主，越是骗人

① 《列宁选集》第3卷，第743页。

的和虚假的民主。社会主体在社会利益面前的平等与否，社会利益杠杆的科学与否，是评定社会民主先进与否的检测器和度量衡，体现着社会民主的发展水平和发展程度。而以劳动平等作为社会主义民主的本质规定，资本主义民主虚假空洞的本质也就显露无遗。从而为社会主义民主政治建设提供不可否定的哲学依据，开辟出广阔的崭新的发展路径，在根本上实现对于剥削社会民主包括资本主义民主的彻底否定。

三、监督制民主是社会主义民主的必然选择

社会主义民主是以劳动平等为本质规定的社会民主，社会主义民主政治建设必须遵循劳动平等的原则来进行，保证社会公共权力的社会性和人民性，体现出人民群众的社会利益要求。而只有建立起以监督制民主为根本表现形态的社会主义民主政治，才能够实现对于社会公共权力的科学有效运用，体现出人民群众共同管理国家和社会事务的社会主义民主要求。

民主作为人民拥有的管理社会和国家事务的权利，可以通过各种途径和手段来行使、来体现，可以是一次性的具体社会民主活动，也可以是连续不断的社会管理过程。社会主义的社会管理权力，是社会主义社会利益的集中体现，在根本上来自于每一个社会成员，必须由全体社会成员共同拥有和使用。而与私有制社会形态相比较，社会主义管理权力运用具有更为宽广的领域，既能更好地促进社会的发展进步，也更容易引起弊端和失误。在私有制下，社会权力行使仅限于一些公共管理部门，社会管理活动相对简单。在公有制下，社会管理权力行使体现在社会生活的各个方面，表现为政治权利与经济利益的统一，表现在各种社会活动主体身上，包括各种社会管理机关和

公有制劳动单位，以及所有获取公有制权利的人员。而任何权力既能用来为公众服务，也可以异化为个别人牟取私利的工具。在社会主义下，只有像毛泽东指出的，走民主的“新路”，“让人民来监督政府”，“人人起来负责”，① 实现人民群众对于社会公共权力的共同管理，才能保证社会权力的科学有效运用，使社会权力行使符合社会的发展需要。由此对社会主义民主建设提出了更高的要求，必须以监督制民主作为社会民主政治建设的根本任务规定，作为人类社会民主发展的“新路”，体现出鲜明的社会主义民主政治的发展特点和发展要求。

在传统的理论概括中，民主被划分为三种类型：普选制民主、表决制民主和监督制民主。而监督制民主是最为有效的社会民主形式，也是比较普选制民主更高更切实的社会民主形态。“监督”即是察看和督促，是进行社会管理的有效手段；监督权是一种重要的社会管理权力，表现为对权力拥有者的制衡和约束。拥有监督权，就拥有对社会事务的管理权，拥有社会生活中最为重要的管理权力。恩格斯曾把原始社会“在全社会的监督之下”所形成的某些社会管理职能，看作是“国家权力的萌芽”。② 与以“选举”、“投票率”为主要考核指标的民主形式相比较，赋予人民监督权，能够形成全体社会成员共同管理国家和社会事务的民主政治局面，增强民主的权威性和威慑力，是人民群众拥有民主权利的集中体现。其他民主权利和民主形式，包括对社会政治生活的参与权，对社会管理者的选择权，对具体社会事务的表决权，都可以通过民主监督来实现，也只有以监督权作保证，才能得到有效实施。在剥削社会中，监督权只能赋予统治阶级中的个别成员，表现为一种政治特权。在社会

① 黄炎培：《八十年来》，中国文史出版社 1982 年版，第 225 页。

② 《马克思恩格斯选集》第 3 卷，第 218 页。

主义社会中，每个社会成员都是社会的主人，都必须承担起管理国家和社会事务的责任；而社会主义民主既要保证现有社会利益分配的合理性，更要以此创造出更多的社会权利，实现全体社会成员更多的社会利益。只有把监督权赋予全体社会成员，形成以监督制民主为根本要求的社会民主政治，形成全体社会成员对于社会权力的共同管理和常态化运用，才能够适应社会主义发展需要，实现社会民主政治建设的良好效果。

社会主义实行监督制民主，是为着保证社会公共权力的正确行使和运用。在社会生活中，不论是对管理者还是对被管理者，都有一个社会监督的问题。对下级机关和被管理者的监督，主要是一种工作监督，属于正常的社会管理活动，相对容易实施。对上级机关和管理者的监督，即下级或同级成员对各级领导机关和管理者的查看督促，则表现为一种民主监督，实行起来相对复杂和困难。保证社会权力的正确使用，必须形成科学有效的社会监督机制，能够及时掌握和了解社会权力的行使状况，对所有用权者进行必要的制度约束和行为规范。也只有把权力运行置于全体社会成员的监督之下，把所有管理者置于全体社会成员的监督之下，同时由全体社会成员决定管理者的进退去留，才能对用权者起到制衡约束的作用，使其不敢僭越和懈怠，谨慎用权，正确用权，依法用权，时时处于奋发进取的状态，保证社会权力的规范运作和合理使用。加强社会主义民主政治建设，必须赋予人民群众进行社会监督的权力，在社会中开展全面的普遍的社会监督，形成管理者与被管理者之间相互规范、相互制约的新型社会政治关系。而社会的监督主体越丰富，监督范围越广泛，对社会权力的管理就越科学、越有效，社会民主效果也就越突出、越显著。否则不论管理者拥有的权力大小，掌权的时间长短，都可能诱发心态嬗变，导致滥用权力和以权谋私的现象出现。

社会主义所以能够实行监督制民主，在于建立起了社会主义生产关系，具有实施监督制民主的社会物质基础。在私有制的社会中，对于作为统治阶级的生产资料占有者来说，进行社会监督是为了直接牟取自身利益，具有必然的动力驱使；对于广大劳动者阶级来说，社会政治本身即表现为对于自己的压迫和强制，自然不具有参与社会监督的热情。而“实行监督就会暴露资本家的骇人听闻的利润，就会损害这些利润”①，因此剥削阶级也不会允许被剥削阶级对自己进行监督。在这种情况下，社会民主最多表现为过几年再来一次的所谓选举。监督制民主与社会主义生产关系相一致，与社会主义本质规定相一致。在社会主义条件下，参与社会监督成为社会成员自己的事情，既具有参与社会管理的热情，同时具有参与社会管理的责任。也只有在社会主义社会中，才能够把监督权赋予全体社会成员，通过全社会的共同监督，实现对于社会权力运行的共同管理，使实行监督制民主不仅成为可能，而且成为必然。

社会主义必须实行监督制民主，在于社会主义民主具有崭新的社会活动目的。很显然，资本主义民主只是为了对社会权力进行重新分配，只要通过投票选举，把自己的利益代表送上了权力执掌的宝座，就完事大吉，至于所获取的权力如何使用，则完全是资产阶级自己的事情，因此选举结束即意味着民众民主的终止。在社会主义社会中，民主不是为了简单地对现有社会利益进行再分配，而是要保证社会公共权力的正确运用，确保所有社会民主主体获取更多的社会的利益。由此使民主从资本主义那种简单的争权夺利，变为必须科学地管权用权，由仅

① 《列宁选集》第3卷，第135页。

仅维持现有的社会利益，变为有效地增加社会的利益。对于社会主义的民主来说，正确用权比正确授权更为重要，管好管理者比选好管理者更为重要，社会民主既要保证社会权力授予的科学性，更必须保证社会权力使用的科学性，使民主贯穿于整个社会权力的运行过程当中。如果不能管好权用好权，不能有效促进社会发展，社会主义民主就失去了自己的根本规定和要求。如果缺乏长期性和全面性的民主手段，即使可以选出合格的管理者，也难以对社会权力行使以有效的管理，同样会导致滥用权力的现象发生，造成对社会发展的损失和侵害，难以达到实行社会主义民主的根本目的和要求。

社会主义实行监督制民主，也在于社会主义权力行使具有丰富的内容。在资本主义社会中，社会管理一般只涉及国防、外交、公共治安等领域，经济生活一般不在社会权力的管理范围，因此能够通过制定具体的制度规定，较好地防止滥用权力的现象发生。在社会主义条件下，社会公共权力涉及到社会生活的各个方面，管理者掌握着更多的管理权力，社会权力行使具有更为复杂的情况，不是仅仅通过社会选举，就能够解决所有社会权力的科学管理和正确使用问题。例如对经济和技术部门的管理，即需要一定的专业技术知识，不能简单地通过一人一票的方式，来确定具体管理人员，而是主要通过相关部门的考核评定，采用任命制的方式，来解决管理者的社会授权问题。而任命制往往存在着被任命者只对任命机关负责的弊病，容易形成随意用权、懈怠用权等现象。如果只是通过对于管理者的社会选择，仅仅依靠少数专业部门的工作监督，显然难以实现社会权力的规范运作和正确行使。只有形成切实有效的社会监督，把所有管理者置于全社会的监督之下，把所有管理活动置于全社会的监督之下，并通过确立相关制度规定，随时对各种违纪违规现象予以惩处和匡正，才能保证社会权力的正确运用，实现社会管理的良好效果。

社会主义实行监督制民主，还在于社会主义具有更多的社会权力行使主体和监督对象。监督制民主既是全体社会成员共同进行的社会监督，也是对每个社会成员的社会监督。在私有制下，社会权力行使仅仅表现为少数获取管理权力的人物。在社会主义条件下，社会利益被赋予全体社会成员，不论是获取社会管理权力，还是获取社会公共资源，所有劳动者都能从社会获得一定的社会权利。这种权利有大有小，表现形式各异，但都具有“公”的性质，同样属于社会用权的范畴。由此使社会权力分配成为一种普遍的全面的社会分配，使每个劳动者都成为社会权力的行使主体。如果缺乏有效的监督，任何权力主体都有可能违反社会的制度规定，损害社会和他人的权益。例如不珍惜社会公共资源，化公为私，化大公为小私，对破坏社会利益的行为视而不见、无动于衷，等等。虽然就每一个普通劳动者个人来说，由于其获取的社会权利相对较少，造成的损失可能不会很大，但都关系到社会资源的利用，关系到全体社会成员的利益实现。社会管理又是一个完整的链环，如果一个方面出现缺漏，就会形成整个社会管理的短板效应，造成“大家拿”、“拿大家”的弊端。对于社会主义发展来说，不是解决了对于少数管理者的社会管理问题，就能够完全保证社会的健康发展。只有使所有社会成员都处于社会监督之下，使所有社会权力都处在有效的社会管理之中，才能使社会资源实现最佳的使用效果，保证整个社会发展的科学有效运行。

社会主义实行监督制民主，也是由社会主义的社会利益实现方式所决定的。社会主义的社会利益，既表现为全体劳动者的共同利益，与每个社会成员密切相关；又不直接等同于任何劳动者的个人利益。因此在社会利益要求上，不论是管理者和被管理者，都不会像私有制条件下那样，具有直接维护个人利益的强烈冲动。一方面，社会权力行使不直接等同于管理者的个人利益，在社会管理中，容易出现随意用权和敷衍塞责、得过且过的现象；另一方面，对于其他社会成员来说，这种利益损害同样不直接等同于其个人利益，没有有效的社会管理机制，必然出现事不关己、高高挂起的现象。许多人在面对社会和集体利益遭受损失时，往往睁只眼闭只眼，存在着天塌塌大家的从众心理。由此导致社会管理中的大锅饭，形成社会管理中的混乱无序现象，最终损害全体社会成员的利益。只有把社会监督贯穿于社会生活的全过程，成为一种经常性、普遍性的社会管理活动，形成对于社会生活的全员监督、全面监督、全程监督，才能保证社会权力的公共性和人民性，有效避免滥用权力的现象，杜绝侵犯社会和公众利益的现象。

民主监督在本质上即是群众监督。实行监督制民主，关键是进行群众监督，由全体社会成员共同进行社会监督。在所有社会管理权力中，监督权是最为重要的权力。真正的民主的社会，必须由人民群众拥有对于社会生活的监督权，实现全体社会成员对所有社会管理者的有效监督，以及对所有社会管理活动的有效监督。这是社会主义民主政治的根本内涵，是社会主义民主政治的必然要求。世界上第一个无产阶级政权——巴黎公社，即把监督制民主作为公社民主的三个显著特点之一。列宁在十月革命后，也反复强调“建立切实可行的全民监督”。[①] 只有监督权，才能平等地赋予每个社会成员，由全体社会成员共同行使，充分体现出“人民权力”的性质。社会主义监督制

① 《列宁选集》第3卷，第396页。

民主是人民当家作主的必然要求，是社会权力人民性的鲜明标志。没有群众监督，就没有社会主义的监督制民主。只有使群众监督成为基本的民主政治规定，才能体现出社会主义民主的科学内涵，建立起科学完善的社会主义民主制度。

实行监督制民主，必须加强相关社会监督机构建设，形成科学的社会监督机制。在社会监督中，上级部门和专业部门的监督主要是一种工作要求，群众监督则是一种社会民主要求，只有把二者结合在一起，形成全方位、全过程的社会监督，才能使监督成为“全体居民参加的真正群众性的运动”①，成为社会管理的科学方式和有效手段。社会主义监督既是对所有社会成员的监督，又主要是对社会权力行使状况的监督，是对各级管理机关和管理人员的监督。而要使被管理者对管理者进行监督，必须赋予被管理者以刚性的社会监督权力，包括争取和维护自己利益的权力，对上级领导的批评权、建议权，进行检举、控告的权力，等等。只有以群众监督为基础，以专业监督为主导，把群众性的自下而上的监督与上级部门自上而下的监督有机结合起来，才能形成科学有效的社会监督，体现出“人民管理”的要求，实现社会主义民主政治的良好效果。

保证社会主义监督制民主的科学有效实施，必须保证社会监督主体的权威性和严肃性，形成全社会统一的社会行为规范，实现社会监督的规范性和统一性。具体来说，不能使监督权简单从属于一般的社会行政管理权力，更不能是每个单位自己提出来的工作要求。必须把社会主义监督看成是一种正常的社会劳动活动和利益实现行为，同各种劳动制度结合起来，尤其是与实施末位淘汰联系起来。没有科学的社会利益联系和制度规

① 《列宁选集》第3卷，第257页。

定，把监督制民主仅仅看成是每个社会成员可有可无的行为，与其自身利益实现毫不相干，与其社会权利获取毫不相干，必然使社会监督流于空谈，成为无足轻重的一般号召，监督制民主也就不可能得到科学的实施。只有把开展社会主义监督与人们的社会利益实现有机结合起来，形成刚性的社会制度规定，才能够保证所有社会成员认真履行监督职责，形成科学有效的社会监督，保证社会主义民主政治建设的科学有效进行。

监督制民主的监督主体是每一个社会成员，其监督对象同样是每一个社会成员，在监督的内容上，一般是监督者对自己直接接触到的社会生活现象所进行的监督，包括对工作业务的督促督察，对被监督者个人思想品质和工作作风的查看和督察。一般来说，上级部门和专业机构主要是对社会工作开展情况进行检查和督促，具有全面性和整体性的内容和规定；群众监督主要是对管理者个人品质和思想作风进行监督，反映的大都是政纪和法纪问题，是目前社会监督中的薄弱环节。在监督制民主中，不论是领导者还是被领导者，管理者还是被管理者，都必须按照社会的制度规定，自觉对其他监督对象进行监督，同时自觉接受社会和他人对自己的监督。由此及时发现社会生活中存在的问题和不足，杜绝和预防各种违规违纪现象的发生和蔓延。而在社会的管理权力行使中，任何违规现象都不是毫无端倪，神不知鬼不觉。例如单位的财务开支情况，管理者个人的生活作风等，上级机关和专门监督机关可能难以及时发现问题，与之接触或接近的人员则能随时有所了解和察觉。只要形成科学的监督机制，就能及时予以发现和纠正，保证社会公共权力的正确行使，保证社会监督的科学性、全面性和实效性。

监督权是全体社会主义劳动者最大的民主权利，也是社会主义民主政治中最重要和最基本的社会权力。与其他民主形式相比较，监督制民主是最为有效的社会民主方式。其他所有社会民主形式，包括民主选举、民主表决，或者属于临时性的社会行为，或者是偶然性的个别的行为，都难以对整个社会生活予以全面的管理和规范。例如选择社会管理者，不论是选举产生，还是由相关部门任命产生，都仅仅表现为一种权力赋予，即把社会管理权力授予具体的社会成员，表现为社会权力行使的开始，而不等于对权力的具体行使，更不等于权力的行使结果。保证社会权力的正确行使，在对管理者的选择上，必须包括权力授予和权力中止两个方面，既赋予人民群众授予管理者社会管理权力的权力，能够把符合要求的社会成员选拔到社会管理岗位上来；还必须赋予其取消和剥夺管理者管理权力的权力，能够随时淘汰和罢免不称职的管理者。而丧失权力与得到权力相比较，对权力拥有者更具有警示和震慑作用，更能对社会权力使用起到制约和规范作用。选举和任命是选择社会管理者的手段，剥夺管理者的权力同样是选择管理者的手段，并且是更重要的手段。社会主义民主的“真正人民性就在这里”。[①]如果只有权力授予，没有权力限制和中止，显然难以达到社会民主的最佳效果，也不是社会民主的全部内容和根本要求。

与其他社会民主形式相比较，监督制民主也是最易实行的社会民主形态。进行社会监督，可以是有组织的集体的行为，也可以是个人的个别的行为，可以是专门化常态化的工作要求，也可以是偶然性和临时性的活动，在组织机构和活动内容上，以及在活动方式和治理成本上，具有便利、灵活和节约的显著优势。因此在十月革命前夜，列宁就提出对社会管理实行监督的问题，认为监督是“众所周知、轻而易举、完全可以实行的”

① 《列宁全集》第33卷，人民出版社1985年第2版，第107页。以下引注版本同。

社会民主方式。在社会主义条件下，一方面，具有实行民主监督的必要；另一方面，也具有实行民主监督的条件，社会监督更能够成为“轻而易举”的事情。只要弄清楚社会主义监督的根本规定和本质内涵，制定出科学的制度规定和行为规范，就能够实行“包罗万象的、普遍的和全民的监督”；而监督也会“成为一种非常简单、任何一个识字的人都能胜任的监督和登记的手续”。[①] 从而展示出全体社会成员崭新的社会主人翁地位，有效保证社会主义社会生活的健康有序发展。

可见，监督制民主是保证社会主义公共权力正确运行的必然要求，是保证社会主义公共资源科学有效运用的必然要求，是最适合于社会主义发展要求的社会民主形式。在所有社会管理权力中，只有监督权才具有长期性、全面性、普遍性和广泛性的特点，能够涵盖社会生活的各个方面，体现在整个社会活动当中。在社会主义社会中，民主成为维护人民群众利益的一般手段，而监督是社会民主最为重要的内容；社会公共权力行使贯穿于社会管理活动始终，社会监督同样体现在社会生活的各个领域，体现在社会管理活动的全过程。可以说，只要是有社会公共活动的地方，就必须有社会主义监督。监督对社会主义的作用超出了以往任何社会形态。监督制民主是社会主义民主政治的必然选择，是“人民管理制”[②] 的基本内容和充分体现。人民群众不享有监督权的民主，是不完全不充分的民主，监督权力不真实和不健全的民主，也是不完全和不彻底的民主。保证社会主义民主的科学实施，必须加强监督制民主建设，实现全体社会成员共同管理国家和社会事务的要求，真正体现出人民当家作主的社会主义民主本质。

对各级领导者和管理者进行社会监督，当然是可以理解的；

---

① 《列宁选集》第 3 卷，第 134、258 页。

② 《马克思恩格斯选集》第 2 卷，第 382 页。

提出对所有社会成员进行监督，则似乎有悖常理。但这样一种社会民主的内容和规定，是社会主义生产关系的必然要求，与社会主义社会性质完全一致。在资本主义社会中，作为劳动者阶级的广大社会成员，其自身利益获取直接决定于资本家个人，必然受到资本家的严格监督和控制。资本主义条件下产生的泰罗制，就是一个典型的例证。而在社会主义社会中，所有社会成员都是社会的主人，其社会权利直接来自于社会，与社会是一种直接的利益联系，因此也必须直接接受社会的监督。没有科学有效的社会监督，仅仅依靠个别管理者的日常管理活动，既难以达到有效的社会管理，在逻辑上也说不通，必然导致社会劳动纪律松弛、劳动效率低下的弊端，以及滥用权力、懈怠权力等现象。社会主义的社会权利主体表现为全体社会成员，社会主义的责任主体同样表现为每一个社会成员，社会主义民主的监督对象自然也必须是每一个社会成员。只有形成全体劳动者之间的相互管理和相互监督，形成对于每一个劳动者的必要的社会监督，才能够实现社会主义发展的最佳社会效果。

在以往的社会主义民主建设中，监督同样被看作是重要的社会生活内容，也一直在探索强化社会监督的手段和方法，如派驻监督员、巡视员，对领导干部实行离任审计，形成审计风暴等，却难以实现应有的社会效果。一个重要原因，在于把监督仅仅看作是一般的工作要求，没有把它提高到社会民主形态的高度来认识，缺乏对社会主义监督的科学理解，使之或者停留在表面形式上，或者表现为一种局部的暂时的监督。随着社会主义实践的发展，人们越来越认识到，“监督是民主政治的生命线”，“民主的关键是监督”。[①] 没有科学的社会主义民主监

① 李抒望：《民主的关键是监督》，《学习时报》2004年10月4日第12版。

督，就不可能形成符合社会主义发展实际和发展需要的社会民主政治。发展社会主义民主，必须使监督由辅助型的社会管理手段，上升成为主导型的社会民主机制，形成以监督制为根本内容的社会主义民主政治。对此本章第五节中还要专门论述。

四、社会主义民主是对资本主义民主的历史超越

社会主义监督制民主不论在形式上还是实质上，都是对资本主义民主的历史超越，具有无可否认的先进性和科学性。论述社会主义民主政治，必须对资本主义民主进行分析和探讨，从人类社会发展规律的高度，对资本主义民主以科学的否定和扬弃。由此廓清人们的思想认识，避免把资本主义民主看成是社会民主发展的最高形态，造成思想上行动上的迷茫和混乱。

民主作为一种社会政治制度，是在资本主义社会中发展起来的，其显著的标志，就是实行以普选制为特征的社会选举，通过全民投票产生国家的最高领导人。这是由资本主义的社会性质所决定的，是资产阶级内部争权夺利的产物。在资本主义私有制下，各种社会利益集团处于激烈的利益纷争状态，只有定期更换最高统治者，才能实现资产阶级内部的权力分配，防止因某一集团掌权太久而导致独裁和世袭现象。这种权利分配在本质上仅仅是资产阶级自己的事情，但是如果仅由资产阶级关起门来进行分配，那就和封建社会的宫廷政治没有两样，容易导致以暴力作为社会权力更迭的手段，引起社会的动荡和混乱。因此资产阶级必须借助民众的力量，通过选举实现社会权力行使主体的更替变换，实现资产阶级的利益分配需要。这种以普选制为标志的社会民主，是私有制下所能够实行的最高形

式的民主，解决了废除君主制后剥削社会对于最高统治者的选择问题，在一定程度上具有防止社会权力滥用的性质。丢掉民主选举，资产阶级就找不到更好的民主形式，难以实现资本主义内部的权力平和更替。但这样一种社会民主的先进性，只是相对于封建世袭制度而言，并不是人类社会民主发展的最高阶段，更不是人类理想的社会民主形态。

首先，资本主义的选举制民主，是在社会成员根本不平等的基础上的民主。民主必须以平等为前提，如果人与人之间存在着根本不平等，就不会有真正的民主。而资本主义实行私有制和按资分配，必然造成社会成员在社会物质利益占有上的根本不平等，形成人与人之间的根本不平等。这种人与人之间的根本不平等，决定了资本主义民主政治的根本不平等。选民在选举投票中是平等的，不论是否占有生产资料，都可以参加投票选举；但选举之后则是不平等的，彼此存在着财产占有、社会地位等极大差别。因此由普选制民主体现出来的社会平等，并不是人与人之间真正意义上的平等。正因为这样，在被占领的状态下，同样可以依靠刺刀实行所谓全民选举。这说明资本主义普选制，是一种毫无原则和无所规范的行为，不是真正的人人平等的实现，也不是真正的人人平等的社会民主。

其次，资本主义的选举制民主，是空洞的虚伪的民主。人们追求民主，是为了实现自身利益。资本主义普选制民主把社会政治权利与经济利益分割开来，把政治权利与经济权利看成是互不相干的事情，既是资产阶级维护自身利益的鲜明写照，也在根本上歪曲了民主的本意。资产阶级赋予民众以选举权，正是在于这种权利没有实质性内容，和舀一瓢白开水差不多，除了发给选民一张印有候选人的选票，没有任何实际利益。而不论选民是否参与投票，都不会损害资产阶级的利益，也不会影响选民自身的利益，既不妨碍资产阶级的剥夺和占有，也不能改变选举者被他人剥夺的命运。资产阶级所以强迫人们参加投票选举，正是在于投票选举对自身统治形不成任何威胁，还能给自己增添一点冠冕堂皇的色彩。资产阶级把选票发给每一个社会成员，在财产占有上则牢牢捍卫着自己的既得利益，这充分说明资本主义民主的虚伪性，说明资本主义普选制不过是“每三年或六年决定一次，究竟由统治阶级中的什么人在议会里代表和压迫人民”① 而已。

再次，资本主义的选举制民主，是不健全和不完善的民主。真正的健全的完善的民主，应能有效保证社会权力的正确运用，与整个社会权力运行相伴始终，不是仅仅为了把某个政治人物推上统治者的位置。资本主义选举只是表现为对社会权力的授予过程，对广大普通选民来说，只是一种暂时的民主权利行使。而管理者在被授予管理权力之前，还不是实际意义上的管理者，人们只能“听其言”，不能“观其行”。只有在其行使管理权力之后，才表现为对社会权力的具体使用状况，才能够以用权效果为依据，对其行为进行鉴别和评定。资产阶级把选举结束作为民众民主权力行使的终结，在社会管理权力授予时是民主的，在行使权力的时候是不民主的，选举人只有在选举时才有民主，投票之后则失去了民主，显然是一种不完整和不完善的民主，也是一种不切实和没有多少价值的民主。

资本主义以普选制作为社会民主的最高形式，是资产阶级民主历史局限性和狭隘性的必然体现。资本主义作为一个剥削社会形态，只能以对现有社会利益的分配占有为根本目的，以实现眼前的现实利益为根本要求。现实社会利益分配结束了，

---

① 《马克思恩格斯选集》第2卷，第376页。

资本主义的大呼隆民主就完结了，至于社会的权力行使，则只能看当权者的个人意愿了。一个候选人一旦拥有社会统治权力，不管干好干坏，只要统治阶级内部不发生根本冲突，都要干到届满下台。一些民选政权的民意支持率只有百分之十几，却依然占着台子装腔作势，一般选民对此毫无办法。如果由人民群众按照其执政效果予以监督管理，这些政权自然就不能存在下去了。因此资产阶级必然要想方设法逃避监督。例如现时下日本的安倍政权继承军国主义衣钵，逆历史潮流而动，制定《秘密保护法》，打造“密室政治”，公开剥夺人民的知情权。正如列宁在评论议会制时所讲的，“靠人民选票当选的人，却去帮助镇压人民，而人民则没有撤换和采取有效制裁措施的民主权利。”① 一百年前是如此，一百年后还是如此。这样的民主，不符合民主的根本原则规定，不利于人类社会的发展进步。

资本主义的选举制民主，与资产阶级个人主义价值观是完全一致的，存在着极大的盲目性和随意性，极易造成社会发展中的不确定性和破坏性。在选举中，人人可以随意讲话，谁都能够当选，军国主义分子可以，极右翼分子可以，妓女流氓也可以。为了骗取选票，往往不择手段，信口雌黄，胡乱许愿，形成资本主义的骗子政治、流氓政治。2004 年中国台湾地区的所谓民主选举，就是两颗不明不白的子弹改变了选举结果。日本的安倍政权，希特勒的法西斯政权，都是通过选举上台的。一些凭道德资本当选的人物，事后被证明是内心肮脏的政客；一些靠清廉宣传当选的领导人，最后被证明是贪腐大鳄。正如一位绯闻女主角在评价一位与其关系特殊的民选总统时所说：他是一个篡改历史的人，是一个撒谎家。这样的民主，显然不

① 《列宁全集》第 33 卷，第 106 页。

是人类的真正福音。

资本主义的选举制民主，实际上并不是民主，而是“金主”、“钱主”。在选举中，为了让选民投上自己一票，候选人总是要花费大量的社会资源，来为自己包装造势，形成资本主义的浪费政治、挥霍政治、烧钱政治，选举就是烧钱，烧钱就是选举。这种资金花销先由一些大财团、大财阀掏腰包，然后由这些利益集团从选举之后的收益分配中加倍捞取。而拿人家的手软，花人家的气短，由此导致资本主义政客的傀儡政治和木偶政治，造成资本主义的金钱政治、财阀政治，形成社会发展的障碍。例如军火大鳄与政治人物之间，就是这种相互利用的关系。枪支泛滥是美国社会的一个恶性肿瘤，但历任美国总统都不去认真解决，原因在于要拿造枪资本家的钱，因此只能不管每年死去的 3 万名无辜的冤魂，只管自己能否当选。这样一种民主，是对人类社会民主的贬低和嘲弄，必然要为人类社会发展的规律所否定。

资本主义的选举制民主，具有不遮不盖的权力争斗特征，极易引发社会矛盾，形成社会的不稳定因素。在发达的资本主义国家中，其社会内部矛盾相对缓和，同时能够利用自身在国际社会中的强势地位，转移国内矛盾，基本上可以实现社会权力的相对平和交接。拿美国来说，其以选举人制度为特征的社会选举同样存在着相互攻击、秘密窃听等舞弊现象，却相对能够实现政权交接的平稳进行。而在那些贫穷落后的地方，在社会矛盾比较突出的地方，选举往往成为引发社会矛盾的催化剂和膨胀剂，形成混乱政治、对抗政治。特别是在一些民族矛盾比较尖锐和社会秩序不稳定的地方，更容易成为爆发社会冲突的导火索，形成社会分裂和相互对抗的局面。这样一种社会民主，显然是人类社会科学发展所必须否定的。

资本主义的选举制民主，也必然导致霸权主义和极端民族主义，形成人类社会和平发展的威胁。资本主义选举仅仅以能否当选作为资产阶级政客的目标，因此哪里有选票就对哪里弯腰，哪里捞不到选票就对哪里踹脚，对内压低身段讨好选民，对外以民族主义姿态展示自身强硬，以邻为壑，内祸外引，只要对自己捞取选票有好处，哪管它全世界洪水滔天。这从希特勒的法西斯政权，从日本那些具有军国主义倾向的民选政权的施政特点中，都能看到这一点。特别是在世界经济一体化的今天，资产阶级政客在国内发展中拿不出好点子，就把选举建立在对其他国家的政治霸权和蛮横强硬上。一些政客更是把选举当成推行霸权主义和军国主义的遮羞布，对内表现为选战，对外演化为战争，形成以恐怖无赖主义为特征的资本主义霸权政治和枪炮政治。资本主义所以喜欢穷兵黩武，现今世界所以很不安宁，显然与这种选举政治密切相关。只要资本主义选举制民主仍然存在，就必然存在着世界不安全、不安定的体制性根源，世界和平就难以得到保证。

资本主义的民选政权，同样存在着独断专行的独裁政治特征，存在着用权过程中的随意性和混乱性。资本主义选举只是对个别主要管理者的选择，选举之后即把权力完全交给个别统治者，把社会政治完全变成个别人意志的产物。这从一些资本主义国家随意草率发动对外战争中就能够得到说明，也可以从资本主义的政治决策和用人方式上得到说明。例如资本主义官员基本上是由个别民选官员提名产生的，这种提名和任命，包括一般公务人员，也包括代表一国政府的总理，具有浓厚的个人感情和党派争斗因素，是任人唯亲、任人唯派的典型。像英国首相任命进行窃听的新闻人员为政府新闻主官，韩国总统提名制造假文凭的人员出任政府总理等，就是其形象说明。再比如，日本的安倍政权所以敢公开为日本军国主义扬魂招幡，就是打着所谓民选旗号胡作非为。只要资本主义选举制依然存在，这种现象就不可能得到改变，人类社会也就依然面临着因独裁引起的各种政治风险和战争风险。

任期制是资本主义民主比较封建世袭制进步的地方，但同样是资本主义政治的无奈选择。在资本主义条件下，如果没有任期限制，资产阶级就失去了对于社会利益进行重新分配的理由，因此只能通过硬性规定任期时间，对现时下的统治者予以强制性权力剥夺。这样一种任期制规定，既有防止掌权者因掌权太久而形成的消极用权心态，避免掌权者不愿交出权力的现象出现，又存在着社会管理者流动过快、社会政策缺乏连续性和稳定性的弊端。对于掌权者来说，往往以临时心态来行使社会管理权力，只顾今天，不顾明天，具有明显的短期性、临时性的用权特征。而每一次社会政权更迭和主要当权者变换，都会或多或少造成社会政策的波动起伏，难以实现社会持续、和谐发展的要求，造成社会管理资源的消耗和浪费，同时也并不能够完全避免社会权力使用中的弊病。

资本主义实行三权分立制度，实行定期选举、舆论监督等，也有对社会权力进行监督的性质。但这种监督，或者只是个别政治人物关起门来的小圈子行为，或者只是一种暂时的临时性的行为，不可能起到普遍有效的社会监督作用。例如资本主义可以通过弹劾，对不称职的官员予以中途罢免，但却仅仅表现为资产阶级利益集团之间的博弈。弹劾中往往以党派和个人私利作为标准，以所谓议员投票为依据。达不到罢免票数，就是干了再不光彩的事，也弹劾不掉。例如前台湾地区领导人大肆贪污受贿，作为同一党派的执政党却通过各种手段，一直使其熬到任期届满。再比如，2003 年美英捏造假情报，以耗费大量金钱和牺牲众多士兵的生命为代价，对他国进行野蛮入侵，作为监督者的议会或曲意附和，或大事化小、小事化了，不论是决策者、执行者和监督者，谁都不用承担责任。也正因为这样，资本主义实行了好几百年的选举制民主，却并没有解决社会中的矛盾和问题，也不可能实现人与人之间的自由、平等、博爱，资产阶级政客们该打斗照样打斗，该开黑枪照样开黑枪。这说明依靠选举不可能根除社会权力行使中的弊病，简单的选举制并不是理想的人类社会民主方式。

社会主义不以选举制民主作为基本民主形态，首先是由社会主义的社会利益关系所决定的。在资本主义下，必须不断实现对社会利益的重新分配，以缓和统治集团内部的利益矛盾，维持资产阶级的统治。社会主义的社会利益属于全体社会成员所有，不需要通过改变社会的政治统治，来对社会利益进行重新分配。社会已经把社会权利分配给了全体社会成员，所有社会成员都拥有自己所能拥有的社会权利，彼此的利益要求都不能超越社会主义基本原则规定，实行社会民主的目的，已经由对社会权利的分配和争取，变成对社会利益关系的维护和保证，同时实现全体社会成员新的更多的利益。资本主义的选举对象表现为不同的政党和利益集团，必须通过选举决定由统治阶级中的某个党派或集团来进行统治；社会主义选举则是对具体社会成员个人的选举，是为了对管理者个人进行考量评价，不需要通过更换执政集团来实现社会民主主体的利益要求。后者完全可以通过相关部门的考核任命来实现。这种考核任命推选出来的管理者和领导者，在个人素质上并不比通过选举选拔出来的人选差，对此有许多事例可以证明。

社会主义不以选举制作为基本民主形态，也是由社会主义的发展要求所决定的。实行社会主义民主，是对社会公共权力进行有效管理，实现社会发展的良好效果。资本主义民主仅仅表现为对现有社会利益的重新分配，可以通过选举这种一次性的民主消费方式来实现。社会主义民主必须实现社会的健康有序发展。而社会发展是一个长期的过程，包含着整个社会权力的行使内容。没有对于社会权力的有效管理和正确运用，即使对管理者的任免程序再科学，任用对象再准确，同样不符合社会民主的根本要求。实行监督制民主，正是为了对社会公共权力行使进行有效的规范，使所有社会管理者依法用权、规范用权，保证社会权力的社会性和人民性。否则也就本末倒置，舍重就轻，偏离了实行社会民主的根本目的。这样一种社会民主，是资本主义民主永远达不到的，这样一种社会民主政治效果，是资本主义民主政治永远只能望其项背的。

社会主义不能实行资本主义那种普选制民主，也在于社会主义和资本主义具有根本不同的社会物质基础。进行大规模的社会选举，要以形形色色的竞选活动为载体，把众多社会资源用在选举造势和打造政治明星上。2012 年的美国总统选举费用，就高达 60 亿美元之多，相当于中美洲国家尼加拉瓜全年的国内生产总值。在资本主义下，这种经费是一种个人的自己的开支。在公有制条件下，如果也去进行这样的所谓竞选宣传，其开支必然要由社会承担。这对于全体社会成员来说，必然是不合理和不应当的，也是根本不必要的。实行监督制民主，既能保证社会权力的科学有效运用，合理有效地珍惜和利用社会资源，避免社会财富的无谓浪费，同时使社会民主成为简单化和明确化的行为，以最小的民主成本实现最大的社会发展效果，从而实现社会的持续、稳定、健康发展。

以往人们所以会把普选制作为社会民主的最高形式，既是因为丢掉了利益要求这个社会民主的实质内涵，也在于缺乏对于社会主义民主形态的科学选择，找不到比实行选举更好的社会民主形式。以监督制民主作为社会民主形态，能够使社会主义牢牢占领人类社会民主政治的道德制高点，彻底否定一切剥削社会的政治民主方式。监督权是最为真实和最为有效的社会管理权力，监督制民主能够使人民群众的民主权利行使成为全面性和持久性的活动，由简单授权到注重用权，由只讲过程到注重实质，把所有权力运行置于全体人民的有效监督之下，是人民参与社会管理的有效途径，是保证社会权力有效行使的最佳方式。列宁曾把“劳动群众对国家的机构和管理的更直接的影响”，称作是“更高的民主形式”。[①] 与普选制民主相比较，监督制民主是人类社会民主发展的更高阶段，是对资本主义民主的历史超越。没有监督制民主，社会主义民主就只能停留在朦胧含糊的阶段，有了监督制民主，社会主义就有了鲜明的社会民主形态，在与一切剥削社会民主的比较中，体现出无可否认的先进性。由此也从社会民主政治发展的角度，宣告了资本主义必然灭亡，宣告社会主义胜利的历史必然性。

现代政治是政党政治，政党政治是民主政治。有人说，政党只有经过选举才具有执政的正当性和合法性。对于资本主义政党来说，这是适用的，但以此作为所有政党是否具有执政合法性的根据，则是错误的。在私有制的社会中，如果不经过选举，就会形成资产阶级政党对于权力互不相让的问题，只能通过选举实现彼此间的权力强制性交接。但这种经过选举才具有的合法性，恰恰说明资产阶级政党自身利益代表的局限性，说明资产阶级政党不具有天然的执政合法性和正当性。衡量一个政党是否具有执政的合法性和正当性，关键是看它代表谁的利

① 《列宁选集》第3卷，第743页。

益，是否符合人类社会发展的根本要求。否则那些具有军国主义特质的首相，德国的希特勒政权，也就都具有了正当性和合法性。这显然本身就是不正当、不合法的。共产党代表了全体社会成员的利益，以实现全体人民的利益为根本宗旨，自身不具有任何特殊利益要求，其执政纲领和奋斗目标是任何政党都无法比拟的，与一切剥削阶级政党相比较，自然具有当之无愧的天然的执政合法性和正当性。

有人可能说，任何政党都会把自己说成是大公无私、匡世济民的，行动中却都可能出现损害社会利益和他人利益的现象，因此不能仅凭政党自己的纲领作为其合法性的根据。但是，政党的纲领是政党的旗帜，如果表里不一，必然会失去民心，不管是否执政，都难以长期存在。诚如列宁所说，“任何一个政党只要一采取骗人的立场，立刻就会自食其果。”① 因此任何政党都不是想说什么就说什么。资本主义政党以个人主义作为行为准则，可以欺骗劳动群众，但不敢欺骗资产阶级，可以鼓吹私有制面前人人平等，但绝不会提出实行公有制，不敢讲劳动平等。而不讲公有制，不讲劳动平等，就不敢以消灭剥削压迫作为政治号召，不敢讲全体社会成员在社会利益面前的平等。共产党的奋斗目标和政治纲领，在根本上体现出最广大人民群众的利益，自然敢于宣布自己是全体社会成员的利益代表，也能够成为人民群众利益的科学代表。至于一些党内成员损公肥私、以权谋私，这在任何条件下都难以完全避免，也为党的纪律所不容。只要及时清除这种消极现象，就不能以此去否定共产党的先进性，否定共产党执政的合法性和正当性。

还应当说明，执政的合法性和正当性，同样是一个历史的

① 《列宁全集》第35卷，人民出版社1984年第2版，第10页。以下引注版本同。

范畴。在奴隶社会和封建社会中，君权神授是正当和合法的，在资本主义社会中，大呼隆的选举是正当和合法的，前者一般是通过武力强制来实现的，后者则是通过金钱来实现的。而以社会主义劳动创造的本质来评定，二者显然都不具有正当性和合法性。不能把执政合法性看成是一个固定不变的标准，以简单的票数相加作为执政合法性的唯一根据。否则公民表决处死苏格拉底就可以永远被视为真理，墨索里尼和希特勒政权就不能被推翻。人类社会是一个不断发展的历史过程，人类社会民主也是一个发展着的历史过程，社会的执政方式和执政理念同样是一个历史的发展过程。与一切政党相比较，共产党以社会主义基本原则作为存在发展的现实政治基础，与人类社会的根本发展要求相适应，与人的本质发展的根本要求相一致，自然具有天然的执政合法性和正当性。

还应该看到，一些以选举作为民主政治形态的资本主义国家，还保留着国王、女王、天皇之类的世袭名号。这些封建君主显然是天生的，不是民选的，由选民选出来的官员还要向这些君主俯首称臣，实际上是把选民意愿置于封建君主之下。这既说明资本主义同封建主义在本质上一脉相承，都属于剥削社会形态；也说明资本主义选举是一种骗人的噱头，选与不选都不影响对社会最高统治者的确定。同时还说明，资本主义民主不能解决资本主义社会的全部问题，必须借助封建主义余威来实现自身的稳定发展。这样一种民主政治，显然是落后的民主政治，根本没有资格去占领民主政治的道德高地。如果资本主义真要讲民主，那就应该先把自己的封建尾巴割掉，然后再从社会的利益实现出发，来谈论社会的民主问题。否则就没有在民主问题上发声的资格。

还要看到，资本主义对于社会投票选举从来不是真正的尊重，而是把它作为自己任意使唤的婢女。同样是公民投票或者是社会选举，如果对自己有利，就是民主的神圣的，如果对自己不利，就是独裁的和要否定的。对原智利总统阿连德是如此，对其他左翼国家的领导人是如此；在其他资本主义国家是如此，在以民主样板自居的美国也是如此。还拿伊拉克来说，其统治者对美国有利的时候，美国极力坚挺，一旦不符合自己意愿，即出兵强行予以绞东；2006 年通过武力把一个持不同政见者推上了总理宝座，一干就是 8 年，而到 2014 年按照法律规定应由此人继续就任总理时，美国感到不符合自己意愿，于是不管投票结果如何，另外敲定了人选。对于社会主义国家中出现的分离主义倾向，美国坚决支持进行全民公决；而对乌克兰的克罗米亚投票赞成加入俄罗斯，美国和西方则合伙坚决反对。认为资本主义鼓吹选举就是尊重民主、尊重选票，如果不是别有用心，就是太过幼稚。

监督制民主表面上当然不够热闹。像美国国会动不动就让政府缺粮断炊的民主行为，英国议员高喊大叫的民主表演，很能提起一些人茶余饭后的政治兴趣。但这样一种民主政治，只是对动物原始生存方式的复制照搬。政治文明是人类文明发展的重要标志。如果想看政治闹剧，谁也赶不上奴隶社会和封建社会，昨天老子杀儿子，今天儿子杀老子，明天老子儿子一齐杀，资本主义民主的热闹程度对此也要甘拜下风。那种打打闹闹的政党政治，往往只顾自身私利，不顾社会发展，连起码的道德人格也不讲。把民主建立在这样的基础上，显然是对民主的亵渎。真正的科学的民主，必须为社会发展创造稳定的环境，能够为人民提供实实在在的美好生活。只有监督制民主，才能保证劳动人民的社会利益，保证劳动者过上实在安稳的日子，通过规范有序的民主治理，实现全体社会成员的有序政治参与，既体现出社会成员崇高的社会权利，同时形成社会民主权利行使的责任规定。如果说资本主义民主是“普选制”，社会主义民主则是“普管制”，即由全体社会成员共同进行社会管理，共同行使社会管理权力。这样一种社会民主，不论是在理论上和实践上，显然都高于资本主义的民主。

目前的一些理论探讨中，也有人认为中国不能实行普选制民主，理由是人们的素质不高。这明显是不正确的。中国目前的公民素质，肯定要高过200年前刚从奴隶制下解放出来的美国选民的素质。社会主义实行监督制民主，不是仅仅针对中国的现实情况而言，也不是因为中国现实生产力发展水平偏低。很显然，与那种匿名投票的一次性消费的民主方式相比较，监督制民主是更高形态的民主，对民主主体有着更高的要求。如果监督者素质不高，不具备一定的政治业务能力，就不可能进行正确的监督。实行监督制民主，是人类社会发展的必然要求，是社会主义民主先进性的鲜明标志，也是社会主义制度先进性的必然体现。不能丢掉正确的理论说明，把社会主义民主降低到道德洼地的水平上，给敌对势力攻击社会主义提供口实。

五、建立科学的社会主义民主监督机制

开展科学有效的社会主义民主监督，是实施社会主义民主的关键环节和重要保证。没有科学的社会主义民主监督，就没有科学的社会主义民主政治。保证社会主义民主的良好社会效果，必须弄清楚社会主义监督的本质规定，构建起科学的社会主义民主监督机制。否则社会主义监督就难以得到有效实施，社会主义民主政治同样难以实现应有的社会效果。

就其基本的社会活动方式来说，社会主义监督包括专门监

督和群众监督两个方面。前者属于正常的社会工作要求，虽然也有改进完善的地方，但基本上可以适应社会主义的发展需要，实行起来也相对容易。加强社会主义监督，在目前的情况下，主要应是加强群众监督。群众监督是社会主义民主政治建设的根本内容，是实现社会主义监督效果的根本保证。“群众”泛指人民大众，也指不担任领导职务的人，既表现为一个社会整体，又表现为一个个社会成员。群众监督既是全体社会成员共同进行的社会监督，又表现为具体的社会成员的个人行为，既具有全过程、全方位的性质，也具有经常性和及时性的特点，具有专业监督部门所不具有的监督优势。在社会主义监督中，群众监督处于最根本最基础的地位，其他监督如舆论监督、相互监督等，实际上都是群众监督的扩展和延伸。而监督既能为监督者带来利益，也会引起与被监督者的矛盾，损害到监督者的利益。在私有制的社会中，监督直接表现为个人的利益要求。像美国维基网站创始人阿桑奇和国家安全局情报员斯诺登那样的公正监督，只是些个别例子。社会主义监督所实现的利益，则首先表现为社会的整体的利益。缺少科学的工作手段和责任规定，监督者很难去进行监督，也不会主动进行监督。保证社会主义监督制民主的科学实施，必须从社会主义生产关系的性质出发，对社会主义监督进行探讨分析，以形成科学的社会监督机制，保证社会主义监督的有效进行。

社会主义的社会监督，集中表现为三个方面的内容和要求：

社会主义的社会监督，是一种全民监督。这种全民监督，包含了两个意思，一个是对所有社会成员和整个社会生活进行监督，体现在社会生活的各个领域和各个层面，包括对权力部门和公共事务部门的监督，也包括对所有公有制劳动单位进行监督；另一个是全体社会成员所进行的社会监督，表现为全社会的共同的监督。在私有制的社会中，社会监督仅限于各级官吏及其活动，表现为一种专门监督甚至是特权监督。在社会主义社会中，每个社会成员都是社会的主人，社会管理活动延伸到各个社会生活领域，包括政治领域、经济领域、文化领域等，与这种社会生活要求相一致，监督权也被赋予每个社会成员，是全体社会成员的共同的权利，由全体社会成员共同来行使。每一个社会成员既是社会监督的主体，又是社会监督的对象，既是监督者，也是被监督者，既应对他人进行监督，又要接受他人和社会的监督，表现为全体社会成员对于社会生活的共同监督。只有“实行全面的、普遍的……监督”，实行“全民计算和监督”,[①] 才能避免在社会监督中出现盲区和空白，实现良好的社会效果。如果没有全体社会成员的共同的监督，就不可能达到社会主义监督的应有效果。

社会主义的社会监督，也是一种利益监督。监督是监督者维护和争取自己利益的行为，只有使监督者能够从监督中实现自己的利益，并且获得更多的利益，才能增强监督者参与监督的积极性，自觉主动地进行社会监督。如果监督与监督者的利益毫不相干，不能给监督者带来利益，甚至损害其自身利益，监督者就不会去监督。社会主义的物质利益，还是劳动者个人的物质利益，社会主义监督的利益，同样必须表现为劳动者的个人利益。与之相一致，社会主义监督在本质属性上，必然表现为一种利益监督的性质。保证社会主义监督的有效开展，必须把进行社会监督与监督者的利益实现结合起来，按照社会主义基本原则规定，根据监督者的实际监督效果，付给其应有的利益和报酬，包括经济利益和政治权利，使监督真正成为监督

① 《列宁选集》第3卷，第396、506页。

者实现自身利益的手段和方式。

把社会主义监督看成是一种利益监督，会不会降低社会主义监督的道德性内涵，妨碍社会监督的进行呢？显然不会。社会主义监督是社会主义上层建筑的重要组成部分，必须与社会主义经济基础相一致，体现出社会主义的基本原则规定。而监督是社会管理活动不可或缺的组成部分，属于社会管理劳动的范畴，必须由监督者付出必要的劳动；就这种劳动的实际社会效果来说，有时甚至比一般的物质生产劳动活动更重要、更显著，理应付给监督者以社会劳动报酬。实际上，资本主义的社会监督，同样是社会利益主体实现自身利益的手段，只是表现在少数人群当中而已，例如议会中议员吵吵闹闹是为了自己的利益，新闻监督同样是一种利益监督、生存监督，是新闻从业者的谋生手段。脱离开社会的物质利益要求，把监督看成是脱离开社会利益要求的行为，必然妨碍社会主义监督的有效进行。

社会主义的社会监督，同样是一种责任监督。在社会主义条件下，每个劳动者都享有公有制下的各种社会权利，自然也负有保护社会利益的责任和义务。进行社会监督是每个社会成员不可剥夺的神圣权利，也是其不可推卸的社会责任。如果一个劳动者仅仅满足于自己不违法乱纪，而对他人的违法乱纪行为熟视无睹，予以容忍，那就丢掉了自己的主人职责，属于渎职和失责行为，同样不能继续享有自己的社会权利。而监督与其他社会管理活动相比较，是一种“得罪人”的事，在一般情况下，只要不涉及到自己的切身利益，人们都不愿去进行监督。现实生活中一些腐败大案所以能够坐养其大，就是因为缺乏刚性的社会责任规范，把社会监督看成是人们自觉自愿的行为，停留在思想号召和道德召唤的层面上，没有人及时进行监督所致，形成“萌芽不伐，将折斧柯”的局面。只有确定社会主义责任监督的性质，形成对于全体社会成员的责任规定，使监督成为一种刚性的社会责任要求，才能形成社会监督的强制力量，形成全面的普遍的社会监督。也只有这样，才能使每个社会成员不仅应当进行监督，愿意进行监督，而且必须进行监督，能够进行监督，敢于进行社会监督。

社会主义全民监督、利益监督和责任监督的根本规定，是一个有机的统一整体，彼此相互联系，相互作用。其中，全民监督是基础，利益监督是实质，责任监督是保障，忽视和丢掉任何一个方面，都会妨碍社会主义监督的有效实施。这样一种社会监督，与社会主义生产关系相一致，与社会主义基本原则相一致。也只有从本质上弄清楚社会主义监督的根本规定和要求，才能构建起科学的社会监督机制，使社会主义监督从一般号召变为具体规定，实现科学有效的社会监督。一般来说，专门机关监督与被监督者往往有一段距离，其监督带有滞后性和偶然性；群众监督则具有普遍性、经常性和全面性的特点。很多违规违法人员在被揭露出来之前，其行为早已为身边人所知，所以得不到及时惩处，在于专门机构难以监督，知情者不去监督。只要正确认识社会主义监督的本质规定，形成科学的社会监督机制，就能够进行科学有效的社会监督，保证社会主义的健康发展。

（一）客观公正的道德评价机制

过去我们把社会主义监督当成是纯粹的道德行为，认为一个监督者只能是为社会为集体去进行监督，不能提出自己的个人的利益要求，不能为自己的利益去监督，否则就是不道德的，甚至是卑鄙和可耻的。这显然超出了社会主义基本原则的规定，超出了社会主义生产关系的范畴。在公有制下，只要是在法律规定范围内的监督，首先都属于保护社会秩序、维护社会利益的行为，有利于整个社会利益的实现，自然具有道德的性质。一个监督者不论思想境界、价值追求如何，只要其行为符合制度规定，通过监督对不合理的社会现象予以制止和纠正，就是有社会责任感的表现，不仅保护社会和集体利益是崇高的、光荣的，依法维护和争取个人利益同样是正当的、道德的。只有把监督看成是维护社会公正、促进社会发展的手段，而不是度量监督者思想境界高低的道德坐标，才能调动社会成员的监督积极性，为社会主义监督提供必不可少的道德保障。

（二）正当合理的利益导向机制

在社会主义条件下，监督既具有个人意义，也具有社会意义，既是社会管理劳动的重要组成部分，也是实现社会发展的重要手段。应当以社会主义基本原则为遵循，充分运用利益导向的功能，建立起赏罚分明的奖惩机制，把个人的社会权利获取与其履行社会监督责任的状况联系起来，使监督者能够通过监督维护和争取自己的合法权益，实现自己的利益要求。列宁指出：要“对破坏这种监督或不关心这种监督的人进行无情的斗争”。① 凡因不履行监督职责而给社会利益造成损失的，同样应承担相应的社会责任，受到应有的惩处，直至剥夺其拥有的相应社会权利。对国家机关工作人员和各级管理人员，更应严格相关纪律规定。只有把监督与监督者的利益实现统一起来，与监督者的政治权利和经济利益实现结合起来，使监督者做到有利可求，使不监督者做到无光可沾，才能为监督注入必要的驱动力量，形成普遍而有效的社会主义监督。

① 《列宁选集》第3卷，第507页。

（三）完备有力的社会保护机制

监督必然引起监督者与被监督者的利益冲撞和矛盾冲突，没有有效的社会保护，监督者必然在监督面前望而却步。特别是在群众监督中，监督者与被监督者朝夕相处，天天相见，同时被监督者往往处于领导地位，是“管”人的人，监督者处于被领导的地位，是被“管”的人，没有相应的社会保护措施，让被监督者去决定监督者的命运，就不会有真正的群众监督。据有关部门统计，全国因举报遭到打击报复的事例数以万计，惨遭杀害者也时有所见。尤其是由于观念和偏见的原因，现实生活中不论监督者的监督是否正确，都会成为众矢之的；不进行监督者既不用承担任何社会责任，又能得到更多利益。由此使人们产生“监督吃亏”的思想，刻意去逃避社会监督。实现有效的社会主义监督，必须构建起刚性的社会保护机制，保证监督者的合法权益不受侵犯。不论反映的问题是否完全准确，只要是按照规定和程序进行监督，任何人不能歧视、迫害和打击。特别是应从法律层面上作出具体规定，化解和规避监督风险，使监督者免去后顾之忧，放心大胆地进行社会监督。

（四）科学有效的工作运行机制

把专门监督与群众监督结合起来，既发挥群众监督情况熟悉、监督面广的优势，又发挥专门机构手段完备、执行有力的优势，提高社会监督的整体效能。必须形成全社会统一的工作制度和行为规范，建立起统一的社会监督网络，做到上下畅通，运转科学，增进专业内涵，强化行为规范。那种由系统或行业聘请监督员、建立监督网的做法所以流于形式，既表现为对社会主义监督的性质认识不清，也在于缺乏科学统一的工作要求，各自为政，相互封闭，显然不可能达到应有的社会监督效果。必须明确工作职责，强化监督检查，加强责任追究，既赋予监督者以必不可少的监督权力，又要明确其不容推卸的监督责任。例如在什么情况下必须进行监督，怎样进行监督，监督的权利和责任等等，避免把社会监督停留在泛泛而论和一般号召上。由此使社会主义监督步入法制化、规范化、制度化的轨道，成为一种制度监督、法制监督、效能监督。

建立科学完备的社会主义监督机制，是社会主义民主政治建设的重要内容，也是社会主义政治文明的重要保障。社会主义监督只有物化为具体的社会制度规定，才能够具有持久性和长期性，实现良好的社会效果。在开展群众监督中，涉及到的社会主体繁多，工作情况复杂，保证社会监督活动的科学有效进行，更必须在监督的手段、程序、方式等方面形成具体规定，建立和完善各种工作制度，如责任制度、奖励制度、制衡制度、惩戒制度等，形成相互衔接的社会监督网络和完整的社会监督链环。由此把宪法中保护人民监督权的原则具体化、明晰化，使社会主义民主监督始终具有强大的内在动力，使全体社会成员都能做到依法监督、依规监督、依纪监督。

监督权是一种重要的社会管理权力，通俗地说，是一种“管官”的权力。而任何权力失去约束和规范，都有可能走向反面。没有权力的监督肯定是无效的监督，没有规范的监督则是混乱的监督。把监督权赋予每个社会成员，必须建立健全社会约束机制，形成阳光监督和公开监督，保证监督的客观性和正确性，使所有监督主体必须对自己的行为负责，既不能不去监督，也不能胡乱监督。除开个别特殊的情况，必须坚持实名制监督，对不署名的举报原则上不查不究。对监督者不能笼统讲“言者无罪”，对被监督者不能片面强调“无者加勉”，必须允许其申辩和说明。对不实之词应及时进行澄清，对因举报失误而给被监督者造成损失的，应及时予以补救，同时监督者也要承担相应的责任。对有意诋毁他人、滋事生非者，要有惩罚和制裁的措施，防止个别人滥用监督权力，把监督当成是自己泄私愤的手段。否则就不可能有科学有效的社会监督，也不可能有科学有效的社会主义民主。

建立和健全社会主义监督制民主，必须加强专业监督队伍建设。专业监督在社会生活中具有不可替代的作用，包括对日常工作进行安排部署，对各种问题及时进行受理处置，对群众监督进行规范保护，等等。保证社会主义监督的有效实施，必须形成强有力的权力部门和工作机关，通过自上而下的管理和自下而上的监督，达到规范和约束社会监督权力使用的目的。在具体工作要求上，可以把现在那种权责不分、无所规范的信访或纠正行业不正之风部门，转而成为权责一致、行为规范的社会专业监督机构，统筹管理社会监督工作。没有群众监督，不可能形成科学的社会主义民主政治，而没有专业部门的监督，就不可能形成科学有效的群众监督。群众监督是专门监督的基础，专门监督是群众监督的保障，只有把二者结合起来，形成严格的制度规定和行为规范，才能实现最佳的社会监督效果。

有人认为，在社会主义条件下，共产党是执政党，不可能自己监督自己。这是把党的组织和党员个人简单混为一谈，把所有党员当成是一个绝对的利益统一体，是根本说不通的。一方面，共产党的性质决定了其自身没有任何特殊利益要求，必然要求着自己的成员能够正确行使社会权力，对党的组织和党员以有效的监督。这从党内清理出来的大量不合格党员中就能够看到。另一方面，对于每个共产党员来说，包括对于每个党组织来说，还必然具有自己的个人的利益，这种自己的个人的利益，同样可能与社会和他人的利益相矛盾、相冲突。并不是说，在党内就没有任何社会矛盾和利益矛盾了，所有党员之间就是绝对的一致和统一了。只要形成科学的监督机制和制度规定，就能够形成党员干部和党的组织之间的互相监督，不仅能够形成科学有效的党内监督，而且使党内监督成为整个社会监督的典范，为社会监督起到模范表率作用。

有人可能要说，现实生活中人们不可能都去监督，提出实行社会主义监督，只能是一厢情愿的空想。这是把监督制民主停留在过去那种大锅饭的基础上，以大锅饭的方式看待社会监督。在以往的社会生活中，我们把监督仅仅当成是一种纯粹的道德活动，认为每个社会成员只要看到违反社会利益的现象，就会像儿童团员发现日本鬼子进村那样，自觉放倒消息树，立即送出鸡毛信；同时缺乏强制性规定，缺乏对监督者的有效保护，使监督者不仅不能从监督中得到任何利益，而且往往损害其自身现有利益。在这种情况下，当然不会有人去进行监督。只要正确认识社会主义监督的性质，形成刚性的社会规定，把劳动者的社会权利与社会责任联系起来，就能够促使全体社会成员积极参加社会监督，实现社会主义监督制民主的要求。

有人可能会说，让群众监督领导，让下级监督上级，是不是把社会主义民主过于理想化了？这同样是把社会主义监督局限在私有制社会形态的等级观念束缚中，把管理者与被管理者简单看成是“治人”与“治于人”的关系。在社会主义社会中，管理者的权力来自于人民的授予，人民自然必须对其拥有监督的权力。实行社会主义监督，是实现社会主义民主的手段，也是社会主义民主政治的重要标志。只要形成科学的社会权力授予机制，有效保护监督者的社会权益，就能够使各级管理者自觉接受人民群众的监督，使每一个社会成员能够放心大胆地进行社会监督，自觉进行社会监督。如果只有各级领导者对群众的组织和管理，没有群众对领导者的监督和约束，就不可能形成科学的社会主义民主，不可能达到社会主义民主政治所应有的效果。

有人可能还会说，要求每个社会成员都必须监督，是不是不自由、不民主，过于专制了？社会主义监督对于每一个社会主义社会成员来说，的确具有强制的性质。但人是社会的人，其自由只能是在社会中的自由。社会主义把所有社会利益赋予全体社会成员，把社会管理权力赋予全体社会成员，本身就是最大的民主和自由。进行监督既是为了维护劳动者的个人利益，也是为了维护社会和整体的利益，社会主义的监督权利属于全体社会成员，社会主义监督责任同样必须由全体社会成员承担。与资本主义对不参加投票的公民予以罚款甚至取消选举权的处罚相比，这样一种民主规定，显然更为道德，更为合理。如果只想享有社会权利，却不去履行社会职责，显然是对自己社会责任的漠视，是对自身生存方式和生存价值的贬低，也是对民主和自由原则的根本抛弃，是社会主义所必须反对的。

实行全民监督、利益监督和责任监督，会不会变成所有社会成员的“窝里斗”，影响社会的发展和稳定？同样不会。社会主义的社会监督，是在法律和制度范围内的监督，必须具有明确的制度规定，只会有利于社会发展，不会成为毫无原则的“窝里斗”。监督就是管理，在社会生活中，任何人实际上都必须接受社会和他人的监督。社会主义只是把这种活动扩大到每个社会成员身上，使每个社会活动主体都成为社会的监督主体。这样一种社会监督，属于正常的社会管理活动，具有不可否定的道德性和正当性。在社会生活中，违法乱纪者毕竟只是少数，因实行监督而被剥夺社会权利的同样只会是少数人。对于遵纪守法的社会成员来说，监督不仅不会妨碍其自身利益，而且能够有效保证其自身利益的实现。

实行监督制民主，要求人人都是监督者，人人必须接受监督，会不会把社会主义变成“警察国家”和“警察政治”？更不会。在社会主义社会中，任何社会活动主体都享有同等的社会权利义务，都必须把自己的行为限定在制度规范和法律规定的框架内。任何一个监督者，包括党的组织和各级行政、立法、司法机关，都具有平等的社会地位，在监督面前人人平等，谁都不能享有社会特权。这样的社会监督，是公开公正的监督，是有秩序有规范的监督，只是把过去那种一般号召和原则规定，变为具体实在的社会行动，根本没有“秘密”可言。而资本主义一面高喊民主自由，一面大搞警察政治、监控政治，口是心非，表里不一。如美国以反恐为名，对全世界包括对自己的公民进行秘密窃听监控，既违反法律规定，也是不光彩、不道德的行为。社会主义监督不能采用资本主义不讲规矩、没有路数的方法，必须是科学公开的监督，是在法律制度范围内的行为。也只有这样一种社会民主，才能使人们增强制度规范和法治意识，形成人民管理国家的理想政治模式，体现出社会主义国家“人民管理制”的民主政治要求。

六、监督制民主与其他社会民主形式的关系

监督制民主是社会主义民主的基本表现形式，是最为重要的社会主义民主政治内容，但不是唯一形式和全部内容。丢掉监督制民主，就丢掉了社会主义民主的根本内容和根本要求；而缺乏其他社会民主形式，同样不可能建立起科学完善的社会主义民主政治。只有以监督制民主为基础、为主导，通过继承、

改造和创新，充分发挥各种社会民主形式的作用，才能形成健康有序的社会主义民主政治生活，形成科学完善的社会主义民主政治。实现社会主义民主政治的良好社会效果，应当处理好监督制民主与以下各种社会民主形式的关系问题。

（一）监督制民主与选举制民主的关系

选举制民主是通过社会民主主体的投票选举，选出社会管理人员，授予其管理权力，由其行使相关社会管理职能的一种民主制度，包括直接选举和间接选举，是现代民主政治的重要内容。社会主义同样需要运用民主选举的形式，以体现出人民群众当家作主的民主权力，有效地进行社会管理。但在具体实行中，必须根据社会主义的社会性质和发展需要，形成具有自身特点的社会选举制度。资本主义选举在本质上是一种政党权力争夺，表现为政党对社会权力的重新分配和政权更换，与绝大多数社会成员的实际利益毫不相干，对社会发展同样难以有所作为。社会主义选举不存在政党和集团之间的利益竞争，既不是为了直接进行社会利益分配，又关系到社会民主主体的利益实现和社会发展，必须根据与选民之间的利益关系状况，确定是采用直接选举，还是采用间接选举。直接选举必须与选民的利益要求直接相关，选举对象是选举人直接接触和相互熟悉的人员。在与选民没有直接利益联系和直接接触的地方，由选民通过直接或间接的选举，选出自己的代表，然后采用间接选举的办法进行社会选举。这样一种选举方式，与我们目前实行的选举制度是完全一致的，只要与社会利益实现联系起来，与监督制民主结合起来，就能够体现出人民群众自己选择社会管理者的愿望，形成科学的社会主义选举制民主。

有人认为，只有选民直接选出国家的最高领导人才能叫民主选举。这是把民主狭隘化、片面化了。民主在实质上是一种社会利益要求，不是为了选出一个领导人，也不是直接选举出一个最高领导人才叫民主，用其他方式选举最高领导人就不是民主。资本主义选举同样包括直接选举和间接选举。美国总统、日本首相都是通过间接选举产生的。如果选民连候选人的面都见不到，像秘鲁总统选举那样，连参选人的国籍都搞不清，这样的选举，显然和看一场活报剧没有多少区别。资本主义出现的选举小猫小狗为领导人，就是这种选举实质的形象说明。而对那些保留封建君主制的资本主义国家来说，如果以选举最高领导人作为评定标准，自然毫无民主可言，那些需要对君主行礼鞠躬、高喊“万岁”的民选领导人，同样毫无民主可言。

在社会选举中，不论是直接选举还是间接选举，都要有具体的原则规定，有一个意见相对集中的问题。美国总统参选同样必须有条件限制，不是因为有个天赋人权的口号，就人人可以参选美国总统。民主必须以大多数人的意志为意志，从来都离不开必要的集中。在间接选举中，集中的成分会更大些。特别是社会主义选举，必须符合大多数社会成员的利益要求，在原则规定上也要更严格些。但只要各级人民代表是由选民选出来的，就能够代表人民的意志，由此所形成的集中，同样是正当的和必要的。社会主义只有实行直接选举与间接选举相结合，科学运用社会集中的手段，才能使选举符合全体人民群众的利益，符合社会的发展需要。没有选举不是社会主义民主，没有规范的选举更容易破坏社会主义民主。把选举看成是每个社会成员意志的绝对实现，完全去讲“由民做主”，不符合民主的基本原理，在现实情况下也是不可能的。

说社会主义不以直接选举来确定国家的最高领导人，包括不以直接选举选择那些与选民缺乏直接利益联系的社会管理人员，是就社会主义制度下的一般要求而言。在社会生活中，应当根据不同情况，确定不同的选举形式。例如在一些实行私有制的特殊的地区，如中国的香港、澳门地区，可以在保证国家基本制度的前提下，用普选的方式确定地区最高领导者。在资本主义社会中，共产党人更必须利用选举来宣传党的主张，扩大党的影响力，代表劳动人民向统治阶级争取民主权利；对参选成功的领导者来说，也应利用一切条件，为群众带来一些实实在在的利益。随着社会主义的发展胜利和资本主义的衰败消亡，共产党人参与的这种选举也会越来越多。但在社会主义社会中，不论国家大小、人口多少，社会发展程度高低，都不应采用直接选举的方式选举与选民缺乏直接利益联系的人员，而是通过实施监督制民主的方式，“让人民监督”，“人人起来负责”，实现人民群众管理国家和社会事务的要求。

（二）监督制民主与任期制民主的关系

任期制民主是在普选制民主基础上产生的，是指对担负管理职责的领导人员设置具体任职时间，定期更换社会的管理者。在私有制的社会中，没有任期制规定，必然形成社会权力私有化，进而形成世袭制和终身制。因此对于资本主义来说，普选制就是任期制，任期制也是普选制，普选制解决谁上台的问题，任期制解决谁下台的问题，对于防止社会对抗，避免形成权力世袭，具有一定的遏制作用。但任期制不分执政的质量和效果，都必须在一定时期内离开社会管理岗位，既导致不必要的社会权力更替，形成社会权力行使中的短期观念和临时心态，影响社会的稳定和发展，也存在着社会管理成本过高的问题。社会主义国家不存在通过任期制实现政党轮流执政的问题，在监督制民主下，也能够避免因执政时间过长导致政党自身的权力嬗变。但对每个管理者个人来说，则都有一个逐渐衰老以至丧失劳动能力的问题，必须要有具体的任职时间限制。否则就会由于管理者的自身年龄和身体条件等原因，妨碍社会权力的行使运用，影响社会的管理效率和发展效果。

社会主义实行任期制民主，是为了保证社会权力的科学运用，不能像资本主义那样，对管理者进行不分青红皂白的权力剥夺。如果一个劳动者在脑力和体力上能够胜任工作需要，符合国家的相关劳动制度规定，就不能对其权力行使时间予以届期数量的限制。一方面，应确定全社会统一的制度规定，保证所有劳动者能够正常退出劳动岗位和管理岗位；另一方面，应根据实际情况，实行一些特殊的政策规定。为实现政务公开，便于社会监督，各级领导机关和领导岗位应依照规定进行换届选举，以届别作为执政的周期；但在个人岗位任职时间上，则取消简单的时间限制和届别数量规定。对由选民直接选举出来的管理者，采取无限期任职的办法，实行连选连任。对省部级以下的官员和其他劳动者，依照正常退休年龄确定任职时间。对一些特殊岗位和具有特殊需要的人员，根据工作环境和工作要求，以及管理者个人的身体状况和自身意愿，实行刚性规定与弹性体制相结合的任职办法，依照现时下的医疗、工作条件，一般以 80 周岁作为退出工作岗位的年龄上限。由此保证社会发展的稳定性和连续性，实现科学的社会管理效果。

实行刚性规定与弹性任期制相结合的社会权力授予方式，能够有效利用社会管理资源，降低社会管理成本，有利于社会的稳定和发展。这在实践中有许多例子可以证明。江苏的华西村、河南的七里营村，原来的支部书记基本上都是终身制，却带领农民勤劳致富，使所在村成为远近闻名的致富典范。在基层是如此，在国家领导人中同样不乏事例说明。社会主义是如此，资本主义国家也是如此。不仅立宪君主制国家对君主没有年龄限制，美国总统同样没有最大年龄限制；英国、德国都没有首相任期限制。美国总统只能任职两届的做法，仅仅定型于63年前，原因是共和党人不满作为民主党人的罗斯福连任四届总统，是资产阶级内部矛盾冲突的产物。现代社会的生活工作条件都发生了很大变化，如果简单照搬资本主义的做法，同样会造成新的矛盾和问题。例如美国现有4位离任总统都在拿着高额退休金，并且多数都在继续从事政治活动。资本主义不实行选举任期制，就找不到更好的社会民主形式。社会主义则能够通过实行监督制民主，形成有效的社会监督机制，形成科学的社会权力收回机制，随时中止和剥夺不合格管理者的社会权力，建立起科学的社会主义社会权力行使机制。

（三）监督制民主与人民代表大会制度的关系

人民代表大会制度是社会主义的根本政治制度，是社会主义民主的重要表现形式和实现方式，既能充分反映民意、集思广益，又能保证工作的效率和效果，形成规范有序的社会民主政治。加强人民代表大会制度建设，发挥人民代表大会的作用，能够体现出社会主义民主的发展优势，保证公共权力的社会性和人民性，是社会主义民主政治的内在本质要求。

在以往的社会主义社会生活中，人民代表大会制度对社会主义民主建设起到了不可替代的作用，但其优势并没有得到充分的发挥和体现。这既与我们以往没有科学确定社会主义的社会民主形态，把社会主义民主简单停留在笼统的人民当家作主的概念表述上有关，也在于对人民代表大会缺乏必要的制约和规范。例如失去刚性规定和严格要求，片面强调人民代表的权利；一些人民代表把自己置于社会和法律之上，特权思想膨胀，自身素质不高；有的人民代表大会更是成为违法乱纪、藏污纳垢的灰色地带，成为社会主义民主的蔑视者、破坏者。事实说明，没有监督制民主作保证，没有人民群众对于人民代表大会的有效监督，人民代表大会制度同样难以实现应有的社会效果。必须把人民代表大会置于社会主义监督制民主的规范之下，人民代表大会应当首先接受人民群众的监督，人民代表应当首先接受人民群众的监督。否则人民代表大会制度体现出来的同样有可能不是民主而是特权，不是先进而是落后，从根本上偏离社会主义民主政治的要求。

（四）监督制民主与表决制民主的关系

表决制民主是以举手、投票等方式，进行社会管理的一种具体民主形式，是社会主义民主政治的必然要求，也是保证社会主义民主政治科学实施的必要手段。在社会生活中，表决制民主既能管人，也能管事，并且主要表现为“管事”，体现在日常社会工作和社会事务当中。在社会主义社会中，必须把表决制民主作为一种经常性的工作手段，确保各项工作开展的科学性和实效性。但表决制民主具有各种各样的内容和要求，具有各种各样的实施手段和方法，如果运用不当，或者会形成社会生活中的大锅饭，造成权责不分、敷衍塞责等现象，或者造成各自为是、形式主义等弊端。只有把表决制民主与监督制民主结合起来，形成明确的制度规定和刚性的社会行为规范，才能避免表决制民主的弊端和弊病。在具体实施中，可以把表决制民主区分为咨询性表决和决策性表决两种类型，前者仅仅是了解民意，为决策性表决提供实施的民意根据，可以不强调民主主体的具体责任；后者则属于具体的工作要求，应由特定的社会权力主体来行使，必须强调权利与责任的有机统一。以此实现表决制民主的良好社会效果。

在现实生活中，决策性表决主要体现在各级管理部门和管理人员身上，在参与主体上具有一定的资格限制，必须明确具体行为规范，加强社会监督和责任追究。过去表决制民主难以实现应有的社会效果，或者成为橡皮图章，甚至成为一些人违法弄权的掩体，其原因在于既缺乏严格的制度规定，又缺乏民主监督，形成只有权利、没有责任的现象，使表决制民主成为一种一次性的用权行为。近年来一些地方把那种工作中匿名投票的所谓票决制，作为民主政治建设的创新成果来宣扬，就属于南辕北辙、冠履倒置的行为。保证表决制民主的科学实施，必须与监督制民主结合起来，在进行决策性表决时，应对表决情况进行登记备案，以便事后考察监督，实施责任追究。例如在任命干部中，如果在一定时期内被任命对象出现问题的，相关人员必须承担责任。由此才能使表决制民主得到约束和规范，保证表决制民主的实施效果。认为票决制应以无记名投票的方式来进行，表面看是在发扬民主，实际上却失去了责任追究和工作督察的依据，是一种大锅饭的民主政治形式，其弊端比举手表决更大。而如果一个管理人员在进行管理活动时不敢公开表明自己的观点，或者就是力不胜任，或者就是不负责任，或者就是别有用心，都不应该继续拥有社会管理权力，必须调整甚至剥夺其现有的社会管理权力。

实行表决制民主，还涉及到一个全民公决的问题。这种全民公决，一般是在社会矛盾通过正常手段难以解决的时候，所采取的一种咨询性措施，可以是地域性的，也可以是全国性的。但表决制民主容易形成社会资源的不必要浪费，存在着程序复杂、周期较长的问题，同时容易引起社会中的矛盾和冲突，必须谨慎行使。在具体表决项目上，应是人们易于区分和鉴别的问题。就全国范围而言，主要用在国家的法律制定和国家安全上；就地方和局部性的表决议题来说，主要用在直接关系到社会民主主体切身利益的项目上。同时必须强调必要的集中，不能把社会公决变成是自由主义和无政府主义。社会主义在根本上代表了全体人民群众的利益，代表了所有社会民主主体的利益，其大政方针是相对科学和正确的，应通过建立社会行为规范，保证社会权力的正确行使。不能像资本主义那样，把全民公决作为万应灵丹，动不动就去实行所谓公民表决。

毫无疑问，与其他社会民主形式相比较，表决制民主更能体现出人民管理社会事务的民主权利，是人类社会民主的发展方向，也应是共产主义社会的基本政治治理形态。社会主义应当科学利用这种民主形式，保证社会管理活动的科学性和实效性，为人民群众参与社会政治生活创造更多的机会和条件。随着社会的不断发展，各种技术手段不断改善，实行表决制民主的机率也会越来越高。但在整个社会主义社会中，都必须以监督制民主作为基本民主形态，不能否定监督制民主的社会基本民主形态地位。也只有把表决制民主置于监督制民主的规范之下，才能保证表决制民主的科学有效运用。不是说社会主义以表决制民主作为社会发展方向，就必须以此作为社会主义的基本民主形态，导致在社会民主形态上的超前过渡，造成不必要的社会矛盾和资源浪费。

上述社会主义民主形式与社会主义监督制民主的关系，是建设社会主义民主政治必须处理好的四个关系。在社会主义社会生活中，还有其他一些社会民主形式，如人民团体参政议政制度，多党合作制度，等等。但任何一种社会民主形式和手段，都离不开监督制民主的规范和制约，都必须以监督制民主为其实行的基础和保证。抓住了监督制民主，其他社会民主形式都能够得到科学的体现和实施，否则都有可能流于泛泛空谈，甚至走向反面。

在当前的社会主义民主政治建设中，一般用民主管理、民主决策、民主选举、民主监督，作为社会主义民主发展的根本内容和要求。从原则上讲，这是正确的，但在实际工作中，却难以把握和实施。很显然，如果依然把社会主义民主政治停留在原则概念上，停留在笼统的人民当家作主的表述上，缺乏具体的切实可行的措施和手段，不能与社会主义具体发展要求联系起来，所谓民主管理、民主决策、民主选举、民主监督，都会成为难以把握和确定的东西，同样只能停留在含糊不清和主观随意的层面上。只有以监督制民主作为根本要求，才能使上述民主建设体现出社会主义的本质规定，真正实现对于社会主义社会生活的民主管理、民主决策、民主选举和民主监督，实现社会主义民主政治的最佳效果。

有一些同志认为，通过实行政务公开，就能够达到实行社会民主政治的最佳效果。这同样是不全面的。任何信息公开都是相对的。一个家庭不能对外实行完全的信息公开，一个国家、一个单位同样不可能把所有信息都公之于众。在实际工作中，有些信息可以公开，有些信息不宜公开，例如内政外交的秘密，企业的商业秘密，技术部门的专利秘密等。实行民主需要信息公开，而敌对势力进行颠覆破坏活动同样需要信息公开，过分的信息公开只会造成相反的社会效果。但另一方面，任何信息在一定范围内都是公开的。如一个单位的财务开支情况，在单位人员看来，基本上都能有所了解，有所体察。只要严格工作责任，实行监督制民主，就能够达到及时进行监督和纠偏的目的。不是只有让地球人都知道，才能够达到社会民主政治的效果，也不是地球人都知道了，就没有任何问题了。

过去曾经出现过所谓“民主对话”的做法，即由政府作为一方，某些个人或群体作为另一方，彼此进行政治交往。表面看，似乎体现了社会民主的包容性，实际上是对社会主义民主认识不清的表现，把社会主义民主人为建立在社会对立和相互对抗的基础上。所谓“对话”，应是平等社会主体之间的行为，本身就具有相互对立和对抗的性质。在资本主义社会中，由于存在着执政党和在野党，存在着彼此间的利益矛盾对抗，谁也管不住谁，谁都不服气谁，只能以对话的形式缓和彼此间的矛盾对立。在社会主义社会中，不存在政党或集团之间的利益对抗和冲突，也不存在社会与个人之间的根本对抗和冲突。解决和消除社会矛盾，完全可以在社会的科学组织协调下，统筹予以解决，而不是把社会和个人摆在同一个位置上，通过各说各话、讨价还价的方式来解决。否则不符合起码的事物逻辑，又人为制造混乱和冲突。一方面，在法律规定的范围内，社会和个人是平等的，其相互间的矛盾必须也能够通过法律规定来解决；另一方面，社会代表着全体社会成员的利益，任何个人或者团体都必须服从于社会的整体利益。个人可以通过各种渠道反映自己的愿望和要求，社会应当通过各种途径倾听各方面的意见和建议，但不是通过所谓对话就能随便改变社会的基本利益关系准则。否则必然把社会主义民主建立在个人主义和无政府主义的基础上，建立在人为挑起社会动荡和动乱的基础上，在根本上背离社会主义的民主政治要求。

七、社会主义民主与社会主义专政的关系

专政是民主的对立物，又是民主的统一物，是社会民主制度的有机组成部分。民主以多数人的意志否定少数人的意志，

以多数人的利益限制少数人的利益；专政则是用暴力保证这种否定和限制的实现，“是有组织有系统地对人们使用暴力”①，是社会民主规范的最高表现形式。一定的社会民主形态必然产生出一定的专政形式，任何专政都是为了保证与之相一致的社会民主的存在，没有民主就不需要专政，没有专政也不可能有民主。建设社会主义民主政治，必须加强社会主义专政。民主是建设社会主义的工具，专政也是建设社会主义的工具，丢掉任何一个方面，都会否定社会主义的存在和发展。

作为维护社会制度和社会秩序的强制性工具，专政具有迫使人们执行和服从的性质。在剥削社会中，民主是建立在剥削压迫基础上的，专政同样是建立在剥削压迫基础上的，民主是对少数人而言，专政是对多数人而言。在社会主义社会中，民主是在劳动平等基础上所形成的全体劳动者的社会权利，是对全体社会成员而言；专政则是对破坏和敌视劳动平等的敌对阶级而言，是为保护劳动平等而产生、而存在的，表现为对极少数社会成员的暴力强制。这样一种社会专政的内容和要求，是劳动生存性质在社会生活中的必然反映和体现，是实现和发挥社会主义劳动创造本质的必然要求，是人类社会发展迄今最为进步的社会专政，也是最为道德和最为正义的社会专政。脱离开劳动平等，社会主义专政就失去了基本的原则遵循；而丢掉社会专政，劳动平等就失去了社会保证，必然难以存在下去，从而社会主义民主也就难以存在下去。社会主义专政不论是表述为人民民主专政，还是表述为无产阶级专政，都是为了对破坏社会主义制度的行为予以强制束缚和强力压迫，维护社会秩序，实现全体社会成员的利益要求。没有这种强制性规范，社

① 《列宁选集》第3卷，第257页。

会主义民主就会成为一种单纯的社会权利，成为人们可以随便改变或随意否定的东西。

社会主义民主必须符合劳动平等的根本要求，社会主义专政同样必须符合劳动平等的根本要求。而劳动平等是对一切剥削社会的根本否定，与一切剥削阶级是相互对立和互不相容的，因此建立社会主义专政，首先是对剥削阶级的强迫和强制。在社会主义条件下，作为与“劳动者阶级”相对立的“剥削者阶级”已经被消灭，但还存在着旧有敌对势力的残余，存在着外部敌对势力颠覆破坏的危险。而造成这种社会现象的原因，在于社会劳动还具有“负担”和“累赘”的性质，在社会生活中还存在着希望通过剥夺他人劳动实现自己生命存在的人，存在着“一个阶级剥削另一个阶级的一切可能性”[①]，存在着否定社会主义的一切可能性。社会主义是一切剥削社会形态的共同敌人，一切剥削阶级必然要一齐反对社会主义。如果没有对敌对势力的强力控制和坚决反对，就难以保证社会主义的存在，人类社会就会倒退到剥削压迫的社会形态。社会主义必须利用各种强制手段，对抗敌对阶级的破坏行为，巩固和维护社会主义的劳动平等。这样一种社会专政，是人类社会专政的一般表现形式，也是传统的社会主义专政的内容，对于巩固和发展社会主义，是必然不可缺少和不可忽视的。

但是，社会主义的社会专政，不是只对现成的敌对阶级而言。列宁指出，在无产阶级专政时代，“每个阶级都起了变化，它们相互间的关系也起了变化”，“阶级斗争并不消失，只是采取了别的形式”。[②] 这个“别的形式”是什么，列宁没有说。而

① 《列宁选集》第3卷，第639页。

② 《列宁选集》第4卷，人民出版社1972年版，第91—92页。以下引注版本同。

从社会主义发展实践中，我们可以得出这样的结论：这种新的阶级斗争形式，即是对社会中具有阶级剥削压迫性质的活动和行为的专政，这种新的社会专政对象，即是社会主义社会中具有阶级剥削压迫性质的个人和行为。具体来讲，就是列宁所说的社会中的“骗子、流氓和懒汉”，是一切破坏社会秩序、背离社会主义本质规定的人。如一些地方出现的黑恶势力，被揭露出来的黑心窑主事件等。这些个人或群体，虽然没有形成完备的社会政治利益集团，不是以完备的阶级的形式表现出来，却与社会主义本质相对抗，既来自于剥削阶级的煽动和蛊惑，也来自于一些人不劳而获的猥劣心态，与敌对势力残余和外部敌对势力的渗透颠覆相比较，对社会主义的破坏性一点也不少。因此以“革命暴力来对付自私自利的人也是完全正确的”。[①] 如果不及时予以打击和遏制，就会引起对于社会主义本质的否定，引起对劳动平等的否定，最终在根本上否定社会主义。

把社会主义专政扩大到具有剥削压迫行为的个人，以社会力量对这种行为予以强制规范，是不是有点以社会压个人、不太人道呢？显然不是。任何社会专政最终都表现为对于个人的专政，社会主义专政同样毫不例外。这种社会主义专政，是对违反劳动平等的社会行为的专政，是以多数人的意志约束和规范少数人的行为，同样是社会民主的表现。而从本质上讲，一切骗子、流氓和剥削阶级是完全一致的，都是对人的本质的根本否定，“是社会主义的主要敌人”，“应当由全体人民专门管制起来”。[②] 在剥削社会中，这些行为是社会的保护对象，必然发展成为剥削阶级。在社会主义社会中，这种现象是社会主义必

① 《列宁全集》第 38 卷，人民出版社 1984 年第 2 版，第 131 页。以下引注版本同。

② 《列宁选集》第 3 卷，第 397 页。

须反对和取缔的，社会主义本质规定决定了不能允许其成为一个完整的阶级。在这种情况下，自然不能因为其还不成为一个完整的剥削阶级而予以放任自流，等到其成为剥削阶级之后，再来取缔和打击。在剥削社会中，劳动者阶级是以阶级的形式来反抗剥削压迫势力的，在社会主义社会中，劳动者阶级必须以整个社会的力量来消灭和遏制这些势力。如果这些势力真的形成了一个剥削阶级，那就必然侵害全体劳动者的利益，使社会主义专政失去应有的意义和价值。

社会主义对于剥削压迫行为的专政，在本质上是对阶级剥削压迫的专政，而不是笼统地对所有剥削现象的专政。剥削与压迫既有同一性，又具有不同的内涵。压迫是强制别人服从自己，既具有经济剥削性质，又表现为人与人之间的根本不平等，是社会主义必须反对和杜绝的。剥削则是凭借生产资料的私人所有，去占有他人的剩余劳动，是生产力发展到一定阶段的产物，可以具有阶级压迫性质，也可以仅仅表现为单纯的经济交往行为。在剥削社会中，剥削与压迫是联系在一起的，所谓剥削压迫也是指阶级剥削压迫。在社会主义社会中，剥削则可以与压迫相分离，仅仅表现为个人之间的经济交往活动。社会主义必须消灭一切阶级剥削压迫，最终否定一切剥削现象，但对于后者的否定，还是一个发展着的历史过程，必须与社会生产力发展水平相一致、相适应。社会主义还存在着生产资料私有制，因此必然存在着剥削现象，这种剥削现象在一定条件下，同样能够体现出社会主义劳动的性质，有利于社会主义社会发展。只要这种剥削限定在劳动者之间，不存在压迫的内容，符合社会的法律规定，就应当允许其存在，而不能以专政手段简单地予以限制和禁止。

上述对于社会主义专政对象的界定，说明社会主义专政既是对敌对阶级和敌对势力而言，也是对一切违反社会主义法律规定行为的强制。社会主义法律是保卫社会主义制度的重要手段，是对一切危害社会的行为的强制性规范。这样一种社会强制性规范，具有比较单纯阶级强制更为丰富的社会强制对象，使社会主义专政具有更为复杂的内容。在社会生活中，由于各种因素所致，一些并不属于敌对阶级的成员会有意无意违反法律规定，侵害到社会和他人的利益。这些人主观上可能并不反对社会主义，但在行动上却与社会主义法律规定相违背，影响到社会主义的社会发展，因此同样是社会主义专政的对象，必须予以专政形式的社会强制。没有对于这些社会现象的专政性质的社会强制，同样会造成对于社会主义制度的瓦解和破坏，妨碍社会主义的存在和发展。

由上分析也可以看到，社会主义专政在根本上表现为一种社会法律强制，是对一切恶意违反社会主义法律行为的专政。在社会主义社会中，不论是个人或者集体，都必须遵守社会的法律规定，不能侵犯社会整体利益和他人的正当权益，否则都应是社会主义的专政对象。事实也说明，社会主义民主主体与社会主义专政对象之间，没有一个绝对不可逾越的鸿沟，而是可以相互变换的，其根本的标准和依据，就在于对社会法律的执行和遵守情况：在法律规范之内，属于社会民主主体的范畴；触犯和违背社会的法律规定，则有可能成为社会的专政对象。这种民主主体与专政对象之间的转换，是社会主义社会中的必然现象，是社会主义民主政治建设不可忽视的内容。如果把社会主义民主主体和专政对象看成是绝对固定不变的，显然难以对整个社会生活予以有效规范，从而社会主义专政就是不完善的，难以适应社会主义的发展实际和发展需要。

由上分析还可以看到，社会主义专政所体现出来的社会强制，是劳动生存性质的社会强制，是“不劳动者不得食”的社会强制。社会主义劳动是生存性质的劳动，对每个社会成员都具有生存强制的性质，社会主义社会中的任何强制内容，都源于劳动生存性质的社会强制。这种劳动生存性质的社会强制，可以通过社会劳动纪律体现出来，也可以通过社会法律规定表现出来。在法律规定范围内，是一种劳动纪律的强制，属于社会民主的范畴，主要通过劳动者的自我约束和自我规范来实现、来体现。在法律规定以外，则必须通过社会的外力强制迫使来实现，表现为一种专政形式的社会强制。劳动纪律强制适用于一切社会主义社会成员，社会法律强制只适用于违犯法律制度的人员，社会主义的社会强制必须同时体现出劳动纪律强制和法律强制两个方面，把劳动者的内在强制与社会的外在强制有机结合起来。这样一种社会强制，与社会主义本质规定相一致，是巩固和发展社会主义所必然要求的，是实行社会主义民主所必然要求的。以此增强所有社会成员的社会责任感和使命感，更好地促进社会主义的发展和进步。

社会主义专政的这种内容和要求，说明社会主义民主必然具有剥夺的特征。人类社会的任何权利都来自于劳动创造，因此人们的社会权利获取，同样必须来自于劳动创造。在社会主义社会中，必须以劳动平等作为社会权利分配的原则规定，对于每一个具有劳动能力的社会活动主体来说，丢掉了劳动责任和社会义务，就不应当享有社会权利，只有履行劳动责任和社会义务，才能享有社会权利。如果不分对社会责任的履行状况，硬要赋予小偷、流氓、懒汉与其他劳动者一样的社会权利，那就是对劳动者民主权利的剥夺，是对社会主义民主的破坏。民主权利只能授予奉公守法的社会成员，只有奉公守法才应享有社会民主权利。除开一些因意外事故和非主观故意触犯刑律的社会成员，一般来说，在接受法律制裁的同时，必须剥夺其相应的社会民主权利。不能一面接受专政的强制，一面享有社会民主权利。由此使社会主义民主与人的本质发挥需要相一致，使社会专政真正体现出人类社会的发展要求。

这样一种对于社会主义专政对象的说明，与列宁的有关论述是完全一致的。十月革命刚刚胜利时，列宁就提出，要把破坏劳动纪律的人当作“罪人”，“提交法庭，严厉惩办”；“使剥削者不能成为享有充分权利的社会成员”。并且指出：“认为不用强迫手段，不用专政手段”来对付骗子、富人和懒汉，“便可以由资本主义过渡到社会主义，那就是极其愚蠢和最荒唐的空想主义”。[①] 如果把专政只看成是阶级之间的事情，在旧有剥削阶级被消灭后，社会主义必然失去明确的专政对象，难以对社会生活以有效的规范。在社会主义条件下，专政必须从阶级之间的对抗，扩展到对具有阶级剥削压迫行为的个人的强制，从以消灭剥削阶级为主，变为以杜绝剥削阶级出现为主。这就是社会主义专政在社会主义社会中的具体表现形式，是保证社会主义存在发展所必需的社会强制手段。不能说以阶级斗争的方式否定剥削压迫是正确的，以社会专政的形式否定剥削压迫就是不正确的，也不是说只有等到出现了剥削阶级，才可以运用专政的手段对其予以强制和规范。

资本主义打着民主的幌子，鼓吹人权和自由。加强社会主义专政，是否会造成社会主义不尊重人权的印象？显然不会。民主与专政从来是相辅相成的，任何民主都不是只讲权利不讲责任，只讲自由不讲规范。评定一种民主是否科学进步与合理，不是看其是否具有强制的手段，而是看其强制的内容是否科学，

---

① 《列宁选集》第3卷，第518—519、743、515页。

是否符合人类社会发展的根本要求。资产阶级讲人权，是为了保证私有制的存在，实现资产阶级的利益，是对人的本质的根本否定，因此也是对人的根本权利的否定，是对人权的根本否定。在现实生活中，资本主义同样拥有强大的军队和警察，有更多的法庭和监狱。人们可以骂总统，但不能骂警察，否则就会遭到暴力镇压。资本主义国家有游行示威的自由，但只能按照划好的圈子去自由，离开了圈子就不能自由。社会主义必须运用专政的手段，镇压和防止一切敌对势力的颠覆破坏。这是实现最大多数社会成员民主权利的必然要求，是人类发展迄今最为道德和最为正义的社会专政，因此也是人权的最为科学、最为正义的反映和体现。

还需要说明，专政不等于专制，社会主义专政更不是社会专制。专制是指在私有制的社会中，由个别独裁者独自掌握和行使国家权力，凭个人意志独断专行、操纵一切的政治制度，目的是实现剥削阶级自身的利益。社会主义专政是在劳动平等基础上的专政，代表了大多数社会成员的利益。只要社会制度规定是科学合理的，社会主义专政就是正当的合理的，是实现社会民主所需要的。不能把公有制条件下的社会专政与剥削社会中的个人专制混为一谈，也不能因为一些人脱离开社会民主的根本规定，吃饱喝足之后去空喊所谓人权，就不敢讲社会主义专政，把社会主义民主建立在纯粹道德说教的基础上，建立在人人绝对平等的社会权利大锅饭的基础上。

过去由于讲不清社会主义民主的根本规定和本质内涵，一味强调人民群众当家作主，甚至希望通过“大鸣、大放”来体现社会民主，使社会主义民主政治走向偏颇。不仅在社会劳动领域和分配领域是如此，在日常生活中同样是如此。那种“美国有民主无自由，中国有自由无民主”的说法，就是对这种社会现象的形象概括；诸如“中国大妈过马路”、“中国司机上公路”，则是对这种社会弊端的形象注脚。在资本主义国家中，具有严格的法律约束，人们动辄触犯刑律。在社会主义社会中，则缺乏必要的约束和规范。这也是古巴领导人卡斯特罗所说的：革命过分宽容，而要求却不严。[①] 社会主义专政是社会主义民主政治建设不可或缺的内容，是社会主义健康发展的必然要求，越是强调社会主义民主，越是必须强化社会主义规范，加强社会主义社会专政。社会主义必须体现出“民权人赋、人权自赋”的民主权利规定，不能把民主仅仅看成是社会的权利赋予，把民主主体的权利看成是与生俱来和不可改变的。

把“骗子、流氓和懒汉”作为专政对象，把专政对象扩大到社会主义民主主体的范围内，会不会造成阶级斗争扩大化呢?恰恰相反，过去所以出现阶级斗争扩大化，正是在于对社会主义专政的对象认识不清，把社会主义专政仅仅看成是对于敌对阶级的专政，因此在旧有剥削阶级被消灭以后，失去了明确的社会专政对象，只能人为去制造对立的敌对阶级，引起阶级斗争扩大化。把社会主义专政对象看成是对剥削压迫行为的专政，看成是对破坏社会主义制度、违法侵犯他人利益的人员的专政，能够为社会主义确定科学的社会专政对象，有效规范社会生活；同时避免把社会主义专政局限在传统的框框内，造成阶级斗争扩大化，导致社会主义社会实践的失误。

八、科学全面地加强社会主义民主政治建设

监督制民主是迄今人类社会民主发展的最高阶段，是社会主义民主形态的必然选择，是社会主义民主政治的鲜明标志。

① 菲德尔·卡斯特罗：见《参考消息》1993年11月10日第2版。

以监督制民主为根本规定，建立起科学完善的社会主义民主政治，是社会主义发展的必然要求，也是社会主义政治体制改革的必然要求。只有科学认识社会主义民主的根本规定和本质内涵，才能够为社会主义民主政治建设确定科学的发展目标和发展方向，保证社会主义民主政治建设的良好效果，在社会民主建设的层面，实现社会主义存在、发展和胜利的要求。

加强社会主义民主政治建设，必须为社会主义民主政治提供科学的理论说明。民主作为社会主义的伟大旗帜，曾经是动员劳动群众向着剥削制度发起战斗冲锋的激昂号角，在现实生活中，却被资产阶级以一张可有可无的选票作为攻击的借口，处于退守和被动的状态。所以出现这种不正常现象，首先是因为过去讲不清民主的本质规定和实质内涵，找不到能够体现社会主义发展特点和发展优势的社会民主形态。以劳动平等作为本质规定，以监督制民主作为基本民主形态，社会主义民主的先进性和科学性即彰显无遗，资本主义民主的虚伪性和落后性同样暴露无遗。劳动平等和民主监督是社会主义民主政治的两根坚实支柱，从本质规定和具体内容上，体现出完整的科学的社会主义民主政治要求。这样一种社会民主政治，既充分体现出社会民主主体的社会权力和社会利益，又充分体现出人类社会发展的根本规定和要求。只有以监督制民主为根本内容，才能使社会主义始终占领社会民主政治的道德制高点，使一切剥削社会的民主相形见绌，形成比较资本主义更为科学、更为先进的社会民主政治。

加强社会主义民主政治建设，必须坚持社会主义的本质规定。社会主义的本质是劳动创造。社会主义的民主政治建设，必须始终符合社会主义的本质要求，有利于社会主义本质的实现和发挥，特别是必须有利于社会主义经济基础的巩固和发展，为社会主义经济基础提供坚实的政治保障。剥削社会的民主政治，是在剥削社会生产关系基础上建立起来的，是为着保证阶级剥削压迫制度的存在而确定而设置的。社会主义的民主政治，是在社会主义生产关系基础上建立起来的，必须以社会主义生产关系为其存在和发展的社会物质基础。没有社会主义生产关系，就没有社会主义的经济基础，没有社会主义的社会生活，没有社会主义的民主政治。社会主义民主政治的一切形式和内容，都必须围绕社会主义经济基础来进行，以巩固和发展社会主义生产关系为根本要求，实现社会主义本质发展和发挥的要求。如果脱离开社会主义经济基础，那就不符合社会主义的本质规定，不是社会主义的民主政治。

加强社会主义民主政治建设，必须有利于社会主义的科学发展。社会主义民主政治建设应当围绕社会公正与社会发展相统一的要求，形成科学的社会治理理念和治理措施，以有效促进社会主义的科学发展。具体来说，应以强化社会规范、加强社会管理、促进社会发展为原则规定，以最为节约和最为合理的方式，达到维护和实现全体社会成员利益的目的。社会主义不搞那种相互扯皮的三权分立制度，不搞相互勾心斗角的全民选举，一个重要原因，就是必须注重社会发展效果，减少社会管理成本，提高社会民主效益，形成规范有序、科学高效的社会发展体制。监督制民主既能保证社会管理权力的正确行使和科学运用，保证社会公共资源的正确行使和有效使用，又能够保证社会发展的效率和效果，实现比较一切剥削社会形态更为理想的社会发展。如果搞那种所谓西方式民主，只是在表面上热闹，嘴巴上痛快，明争暗斗，相互掣肘，既浪费社会资源，又有碍于社会发展，那就必然是落后的混乱的低效的民主，而不是先进的科学的高效的民主。

加强社会主义民主政治建设，必须以制度创新、体制创新为基本工作内容。社会主义民主政治具有丰富的社会生活要求，包括具体的民主形态，也包括政党制度建设、行政体制建设、法律体系建设等，同时具有众多的社会民主主体，以及更为复杂的社会规范对象，实施起来具有更为复杂的情况和内容。资本主义的匿名选举制度，仅仅表现为大呼隆式的投票活动，授权者不用承担任何责任，可以随意表达自己的意愿。监督制民主则是对社会公共权力行使的具体管理和直接规范，既包括授予社会成员以管理权力，也包括剥夺不称职的社会管理者的权力，既具有“做好事”的性质，也是“得罪人”的事情。把监督制民主变成一种科学实践，必须综合利用各种社会民主形式，包括借鉴资本主义所创造的一切有利于实施社会民主的经验和做法，通过仔细咀嚼、认真消化，创造出能够有效发挥社会主义政治优势的民主形式和方法，形成最有利于社会主义发展需要的社会民主政治，形成丰富多彩的社会主义民主政治生活，实现社会民主政治的不断提升和不断超越。

加强社会主义民主政治建设，必须解决好民主主体权利与责任相统一的问题。这种权责统一，既是对领导机关和管理人员而言，也是对所有社会成员而言。实践说明，过去社会主义把社会权利无条件地赋予每一个社会成员，并没有实现应有的社会发展效果，反而形成了社会生活中的大锅饭。可以说，迄今社会主义民主政治建设中的失误，不是赋予社会成员的权利太少，而是缺乏责任规定，特别是缺乏相应的权利剥夺机制。如果丢掉社会责任规定，不注重社会规范，仍然只去强调赋予社会成员以民主权利，作为社会来说，已经没有多少权利可以拿来赋予和分配了，作为具体的社会成员来说，也仍然会以大锅饭的心态来对待这种权利实现。例如向下级机关放权的做法，如果只是把社会管理权力由上级机关下放到下级机关，却不予以有效规范，其弊端肯定比现在更大。实现社会主义的科学发展，没有社会管理肯定不行，没有对于社会权力的规范同样不行，仅仅满足于改变社会的权力主体照样不行。社会主义不能在经济生活中吃大锅饭，在政治生活中也不能吃大锅饭，否则就难以实现自身的科学发展。只有把权利行使与责任规定有机结合起来，强化社会监督机制和责任追究机制，才能形成科学有效的社会主义民主政治。

加强社会主义民主政治建设，必须始终坚持共产党的领导。如果说劳动平等和民主监督是社会主义民主政治的坚实支柱，党的领导则是社会主义民主政治建设的核心支柱。脱离开共产党的领导，就不可能有科学的社会主义民主政治建设，难以建设成科学的社会主义民主政治。在实际工作中，既要发挥党对社会民主政治建设的领导核心作用，又要以民主制作为党的基本组织方式，注重加强党内自身的民主政治建设。一方面，各级党组织和党员干部都拥有一定的社会管理权力，对社会权力行使具有引导示范的作用。另一方面，共产党员是社会生活中的先进分子，在社会民主政治建设中，同样应起到模范带头作用。各级党组织和每一个共产党员，必须按照社会主义的社会生活原则规定，既自觉接受社会和他人的监督，又要模范参与社会监督，履行好自己的社会责任和义务。没有党内监督，没有党员干部对社会监督的模范带头作用，就不可能实现有效的社会监督。尤其是在监督制民主实施初期，在社会监督还没有形成应有的舆论环境和工作氛围时，更要通过加强党内民主建设，形成社会主义民主政治建设的良好氛围，实现社会主义民主政治建设的良好效果。

加强社会主义民主政治建设，必须强调统一性和一致性的要求。社会主义经济生活具有多样性和多模化的要求，具有阶段性和地域性的特征。社会主义民主政治在不同的社会发展阶段和不同历史条件下，也会有形式和手段上的差异，但在根本上说，则不存在多样化和多模式的问题，不存在阶段性和地域性的问题。资本主义发展在本质上是一种盲目混乱的发展，其政治体制同样表现为混乱的社会政治体制，例如可以保留君主制，也可以不要君主制，可以是直接选举，也可以是间接选举，可以是总统负责制，也可以是内阁负责制，只要实现其现实的社会存在，就达到了资本主义民主政治的全部目的。因此美国的政治体制不同于英国的政治体制，法国的政治体制不同于日本的政治体制，形不成统一的资本主义民主政治体制。社会主义民主政治必须以监督制民主为基本形态，以劳动平等为原则规定，在整个社会发展中，包括在不同社会主义国家和地区之间，形成共同一致的政治原则，形成相同的实施方法和手段。以此建立起科学的社会主义政治体制，形成更为科学的社会政治发展模式，体现出社会主义规范有序的发展特征，以更好地适应人类社会的发展需要。

以监督制民主作为社会主义的民主形态，对于推进社会主义政治体制改革，建立科学的社会主义政治体制，具有重要的指导意义和实践价值。社会主义政治体制改革是社会主义改革的重要内容，建立科学的社会主义政治体制，是保证社会主义改革成功的关键环节和必然要求。而民主政治是社会政治生活的根本内容，是社会政治体制建设的原则规定和行为规范。以往由于我们对社会主义民主政治认识不清，对社会主义政治体制改革同样缺乏正确的理解，在实践中存在着极大的盲目性和无序性。例如把社会主义政治体制改革简单放在选人用人上，放在权力下放或层层分权上，忽视对社会权力的全面监督和有效制约，使滥用权力、违法用权的现象屡禁不止，同时对社会主义政治体制改革究竟要达到什么样的目标，应当实现什么样的社会效果，都处于含糊不清的状态。只有对社会主义民主政治以科学的认识和理解，才能确定正确的政治体制改革方向，避免政治体制改革中的盲目性和随意性，保证社会主义政治体制改革的科学有效进行。

在有关社会主义民主政治的理论探讨中，一些学者认为，要实现最佳的社会民主状态，必须形成有效的信息分享环境，需要依赖于有效的信息分享环境的生成。这种观点，有一定道理，与建设监督制民主的一般要求也是一致的。诚如列宁所说，“只有当群众知道一切，能判断一切，并自觉地从事一切的时候，国家才有力量。”① 实行监督制民主，同样包括及时收集各种信息，对工作开展及时提出意见和建议，对社会管理起到有效的规范和督促作用。但这种依赖于创建信息分享环境实现社会民主政治效果的设想，依然停留在民众对于社会政治生活的一般参与上，停留在依靠各级管理者的主观自觉上，既缺乏对社会民主主体的权力授予，也难以形成有效的工作手段，更缺乏社会责任规定和行为规范。只有实行监督制民主，才能使社会成员都有表达自己意见的机会，都具有行使社会管理权力的机会，既形成有效的社会信息分享环境，同时建立起完备有力的社会民主政治体制，实现最佳的社会民主政治状态。否则所谓有效的信息分享环境就不可能形成，所谓最佳的民主状态就只能是一句空话。

社会主义的社会监督，既是全面的普遍的社会监督，也主要表现为群众监督，表现为劳动者在做好本职工作的同时，对

① 《列宁选集》第3卷，第361页。

与自己有工作联系和责任关系的错误行为进行直接的监督，是一种个人工作职责范围内的监督。但把社会主义监督看成是一种利益监督，按照监督效果付给监督者以劳动报酬，也可能会出现一些人完全以监督作为自己的生存手段，专门去对别人进行监督。对此应当如何看待呢？一方面，由于监督活动的特殊性和风险性，在社会生活中，不可能人人都愿意去进行这样的监督，以此作为自己生存手段的社会成员，必然只是少数。另一方面，只要这种监督是在社会主义制度规定范围内，就是合法的和允许的。这种群众监督在社会监督的成本上，与专业监督部门相比较，同样是节约的低廉的，在效果上也比单纯专业部门监督更好一些。对于这种社会监督活动，应允许其适度存在，同时予以引导和规范，使之处于合理和必需的范围内。如果监督者违背社会制度规定，胡乱进行监督，那就同样要受到社会和他人的监督，也要受到制度和法律的制裁。由此使所有社会成员都能够把自己的行为限定在社会制度规范之内，使社会监督真正有利于社会主义的发展需要。

与人类社会发展的根本要求相一致，人类社会的民主政治，同样是一个能动的社会发展过程。以监督制民主作为社会主义的民主形态，能够为社会主义发展提供有效的政治保障，也能够为社会主义民主政治确定科学的发展方向，充分体现出人类社会民主政治的发展特点和要求，形成社会主义民主政治理想性与现实性的科学统一。剥削阶级因维护自身利益的本质所决定，必然把自己的民主形态看成是不可改变和不能超越的。社会主义以共产主义为发展目标，在社会民主政治生活中，同样具有更高的发展目标和要求。劳动平等是迄今人类社会所能实施的最为科学的社会民主，但与人的全面自由发展要求相比较，同样应当为后者所替代、所否定。这种社会主义民主政治发展的更高形态，就我们目前所能设想到的情况来看，即是在社会生活中实行普遍的全面的表决制民主。这样一种民主政治发展要求，对现实生活必然具有导向性的内涵，也使社会主义民主具有更大的发展优势。随着社会主义的不断发展，社会主义民主政治的优势必然会越来越明显，最终形成以表决制为基本形态的社会民主政治。而“民主愈完全，它成为多余的东西的时候就愈接近。”① 由此实现社会主义民主政治的历史性飞跃，实现人类社会民主的最高理想境界。

社会主义民主政治是社会主义政治生活的根本内容，是加强和完善社会主义制度建设的必然要求。从上面的分析中可以看到，社会主义民主是在劳动平等基础上所形成的社会主义监督制民主，社会主义民主政治是在社会主义基本民主形态基础上所形成的社会政治体制和政治制度。只有以劳动平等为根本规定，以监督制民主为基本形态，才能够实现人民群众对于社会生活的共同管理，形成具有强大发展优势的社会主义民主政治。以此在社会政治生活的层面上，充分体现出社会主义制度的先进性和科学性，保证社会权力和公共资源的科学有效利用，保证社会主义的科学健康发展，充分实现社会主义民主政治的根本目的和发展要求。

① 《列宁选集》第3卷，第259页。

第二章　社会主义法制建设研究

社会主义法制是社会主义社会行为规范的集中体现，是社会主义专政的重要工具和基本手段。加强社会主义法制建设，是社会主义制度建设的重要内容，是巩固和发展社会主义的必然要求。只有弄清楚社会主义法制建设的原则规定和根本要求，才能科学确立合乎社会主义发展要求的社会法律体制，实现社会主义法治社会建设的要求。本章从社会主义法制规范的本质特点和基本要求入手，从促进和保证社会主义的科学发展需要出发，对社会主义法制建设进行一些相对全面的系统的研究和探讨，以期为社会主义法制建设确定科学的原则遵循和发展方向，实现良好的社会主义法治建设效果。

一、社会主义法制建设的特殊性规定和要求

所谓法制，是社会法律制度规定的总称，包括社会的法律制定、法律执行和法律实施，是对现实社会生活的强制性规范和对社会秩序的强力维护。随着社会主义实践的发展，人们越来越认识到，社会主义是一个法治社会，社会主义必须加强法制建设。但至今为止，对于社会主义为什么是一个法治社会，为什么必须加强法制建设，怎样加强法制建设，在理论上和实践上，都还没有真正弄清楚。很显然，社会主义法制建设既具

有人类社会法制建设的共性内容和要求，也具有自己特殊性的规定和要求。进行社会主义法制建设，既应弄明白法制建设的一般要求，即法制建设的共性特征，更必须弄清楚社会主义法制建设的特殊性规定和要求。否则社会主义法制建设就难以科学有效地进行，不可能实现良好的社会法制建设效果。

社会法制建设是相对于社会道德建设而言的，二者都表现为具体的社会行为规范，在本质上具有一致性，在实施的手段和方式上，又具有根本的不同。道德是依靠社会舆论、传统习惯来维持的，既是社会法制建设的基础，又不需要具体的强制机关和强制手段。法律规定则是由国家立法机关予以制定、由国家政权保证执行的社会行为规则，包括社会的法律、法令、条例等，是统治阶级进行社会管理的强制性工具。法制建设体现着统治阶级的意志，必须具有强制执行的手段和机关。这种社会法制建设的内容和要求，是和私有制一起产生的，在本质上是社会利益矛盾的产物。进行社会法制建设，是为了维护现有的社会制度和社会秩序，保证社会统治阶级的利益。如果没有不同的社会利益要求，如果社会利益不具有冲突和对抗的性质，就没有进行法制建设的必要，也不会有法律的产生和存在。在社会主义之前，社会统治阶级是作为生产资料占有者的剥削阶级，社会法律都是为了保护私有制，保护因私有制所形成的剥削阶级的利益，是维护剥削阶级利益的手段和工具。由此体现出剥削社会法律规定的本质内涵，形成剥削社会阶级对抗和社会分裂的鲜明标志。

既然法律是生产资料私有制的产物，是社会利益矛盾的产物，而社会主义实现了生产资料公有制，社会利益实现了前所未有的一致和统一，为什么依然需要社会的法律规范，需要进行法制建设呢？概括起来说，主要有四个方面的原因。

（一）实行按劳分配要有社会的法律规定和法制规范

按劳分配是迄今最为合理的社会分配形式，从根本上否定了社会生活中劳而不获和获而不劳的现象，实现了劳动者对于自身利益的合理索求和正当获取，能够从根本上避免社会中的利益矛盾和利益对抗。但按劳分配以劳动作为社会利益分配的杠杆，还没有实现社会利益的绝对一致和统一。因此社会主义的社会利益，还表现为不同的社会利益主体和利益要求，既存在着社会的整体的利益，也存在着劳动者自己的个人的利益，并且在根本上表现为劳动者个人的利益要求和利益实现。而只要有个人的物质利益要求存在，就会有个人之间的利益矛盾存在，就会形成社会中的利益冲突。实现社会利益的和谐相处和共同发展，既需要社会的道德导向和道德规范，也需要社会的法律强制和法律规范，以此保证按劳分配的有效实施，防止因社会利益矛盾冲突引起对于按劳分配的否定。

（二）社会主义生产离不开社会的法律规定和法制规范

社会主义生产是商品计划生产，而商品生产必须是法制生产。在产品计划生产中，劳动者之间不产生直接的经济利益联系，因此也不存在直接的经济利益冲突，可以运用道德的手段，达到规范和组织社会生产的目的，形成社会的道德生产和道德经济。而在商品生产下，每个生产者既是一个社会活动主体，也是一个社会利益主体，同时是一个社会矛盾主体，彼此之间必然要产生利益矛盾和利益冲突。这些利益矛盾和冲突，有的可以通过道德规范予以解决，有的则不可能仅仅只用道德的力量予以解决。只有通过法律强制的形式，把社会生产和社会经济活动纳入到社会的强制规范当中，形成法制生产和法制经济，才能有效维护社会的生产秩序和经济秩序，保证社会生产和整个社会经济活动的规范有序进行。

（三）社会主义多种经济成分并存需要法律规定和法制规范

在社会主义社会中，社会所有制还不能是完全的生产资料公有制，还存在着私有制、混合所有制等多种所有制形式。由此形成不同的社会利益主体和利益要求，使社会生活呈现出多元化的状态，使社会利益要求呈现出多样性的特征。这样一种社会利益形式，必然使社会利益分配和利益矛盾呈现出普遍化和复杂化的情况，既能够形成共同一致的社会生活要求，又可能出现相互矛盾和彼此冲突的现象，既都应当得到社会的保护，又必须予以有效规范。而仅仅依靠道德规范的手段，显然达不到这样的要求。只有形成社会的法律规定，形成强制性的手段和力量，才能对各种社会利益要求予以有效的保护和规范，保证各种社会所有制经济的科学存在和发展。

（四）社会主义公有制离不开社会的法律规定和法制保障

社会主义公有制是对私有制的根本否定，必然会遭到一切剥削阶级的反抗和反对。而否定了公有制，就否定了社会主义的物质基础，社会主义也就不可能存在了。同时在社会主义社会生活中，还存在着各种社会利益主体对于公有制的利益要求，容易出现对于公有制的侵占、破坏和否定现象。而不论是来自哪一个方面的损害和否定，都不利于公有制的存在，不利于社会主义生产关系的存在。只有运用社会强制规范的手段，对一切否定社会主义的行为予以有效规范，才能保证公有制的存在和发展，维护全体社会成员的根本利益。这是社会主义法制建设与剥削社会法制规定的根本区别，是社会主义法制建设不可偏离的原则规定。只有通过法制建设，形成强制性的社会行为规范，才能达到巩固和发展社会主义生产关系的要求，达到巩固和发展社会主义制度的目的。

社会主义所以必须进行法制建设，所以要有法律规范的存在，从根本上说，是因为社会主义劳动还是生存性质的劳动，对劳动者还具有生存强制的性质，具有“负担”和“累赘”的性质。没有严格的劳动纪律和强制性规范，就难以保证社会生产的健康有序进行，难以确立良好的社会主义社会秩序。这种因劳动生存性质而形成的社会强制性规范，既在根本上不同于剥削社会中阶级强制的内容和要求，又不能单纯依靠道德规范来实现，而是必须具有社会暴力强制的性质，以法律规定的形式表现出来。在剥削社会中，社会强制以棍棒纪律和饥饿纪律为实施根据，表现为阶级对阶级的暴力强制；在社会主义社会中，社会强制是以劳动生存纪律体现出来，表现为社会与劳动者之间的联系和规范。由此决定了社会主义的法律强制，既在总体上表现为劳动者阶级对剥削者阶级的强制，又具体表现为社会对于劳动者个人的约束和规范，直接体现在社会劳动活动当中，体现在每个劳动者个人身上。

社会主义法制建设从本质上来说，是由社会主义劳动创造的本质所决定的，是社会主义本质的必然反映和体现，是一种劳动创造的社会规范。在劳动对劳动者仍然具有负担和累赘性质的情况下，社会主义本质同样不是仅仅通过道德导向和道德规范，就能够自然而然地得到实现，同样离不开社会的法律规范和法律强制。否则人们照样会有意无意地逃避自己的劳动责任，从而也就没有社会主义本质的实现，没有社会主义的存在和发展。只有运用法律强制的手段，对所有社会活动主体予以有效规范，才能保证社会主义本质的实现和发挥，保证社会主义劳动者本质的实现和发挥。这既是实现社会主义科学发展的必然要求，也是社会主义必须加强法制建设的根本原因。

从上面的分析中可以看到，社会主义法制建设在实质上是一个社会利益问题，必须能够有效规范各种社会利益要求，维护社会的利益秩序。进行社会主义法制建设，必须围绕维护社会利益关系、保证社会利益秩序来进行。维护和保证了社会主义的社会利益秩序，也就维护和保证了社会主义的生产关系，维护和保证了社会主义的社会制度。丢掉社会主义利益要求的法制建设，也就丢掉了社会主义生产关系的根本规定，丢掉了社会主义制度的根本要求，必然脱离社会主义的本质规定，失去其基本的原则遵循，而流于空洞的所谓维护或保护人权的误区，或者流于所谓公平正义的口号式空谈。

社会主义法制建设的规定和要求，说明社会主义法制建设必须体现出“公”与“劳”的统一，科学规范“公”与“劳”的社会关系，既保证公的利益不受侵犯和损害，也要保证劳的利益要求不受侵犯和损害。在这里，“公”表现为公有制的内容和要求，表现为社会的集体的利益；“劳”表现为社会主义的社会分配原则，表现为劳动者个人的自己的利益内容。体现不出公的内容和要求，或者体现不出劳的内容和要求，或者不能实现二者之间的科学统一，就不符合社会主义生产关系的性质，难以适应社会主义的发展需要，从而社会法制建设同样会脱离开社会主义发展的根本要求，不可能实现应有的效果。

社会主义法制建设的这种规定和要求，说明社会主义法律规定必须保证所有社会主义社会活动主体的利益，必须实现个人利益与社会利益的科学统一。任何一种社会利益要求只要符合社会主义的本质规定，就具有不可剥夺的社会存在权利，都是社会主义法律规定必须保证和维护的对象。在社会的法律制度和法律规范中，必须体现出劳动平等和报酬平等的要求，以劳动作为界定社会利益要求合法与否的根本标准，作为社会法律规定予以保护或者剥夺的根本依据。不讲社会的集体的利益，不能有效保护社会和集体的利益，自然不是社会主义的法律规定；同样，如果不能保证按劳分配的实施，不能保证劳动者个人的自己的合法权利，不能科学反映劳动者的自己的正当利益要求，那就同样不是社会主义的法律规定和法制规范。

社会主义法制建设的规定和要求，也说明社会主义法制建设对于每一个社会主义社会成员来说，都是一种权利与责任的统一，既必须保证每个劳动者通过劳动实现自己的合法利益，也要求着劳动者必须对社会尽到自己的社会责任和劳动义务。必须以劳动作为根本价值尺度，科学界定所有社会活动主体的权利和责任，正确导向和规范所有社会活动主体的社会行为。只讲劳动者的社会权利，必然导致社会生活中的平均主义和大锅饭，造成对于社会主义本质的根本否定，自然不是社会主义的法律规定；只讲社会责任，则会丢掉劳动者社会主人翁的地位和权利，在事实上否定社会主义劳动平等的原则规定，从而也不再是社会主义的法律规定。社会主义法制建设必须体现出权责统一的要求，形成科学的法律规定，在根本上体现出社会主义的社会生活性质，体现出社会主义发展的要求。

这样一种社会主义法律建设的特殊性规定和要求，说明社会主义法制建设必须始终以社会主义本质为根本规定，以社会主义生产关系为根本要求。这既是社会主义法制建设的鲜明标志，也是社会主义法制建设先进性和科学性的充分体现。只有从社会主义本质实现和发挥的需要出发，从社会主义生产关系的根本要求出发，才能够为社会主义法制建设确定科学的原则遵循，保证社会主义法制建设的科学性和正确性，体现出社会主义法制建设的社会意义和时代价值。

社会主义法制建设的这种规定和要求，是对剥削社会形态法制建设的根本否定和科学扬弃。在剥削社会中，社会的权利与责任是相互分离的，剥削阶级几乎享有一切权利，“却几乎把一切义务推给另一个阶级”①，即劳动者阶级，因此在社会的利益要求上，只能表现为剥削阶级的利益；与此相一致，社会法制建设同样只表现为剥削阶级的意志。社会主义法律则是全体劳动者意志的体现，以整个社会的利益为其保护对象。这样一种社会法制建设，不具有阶级剥削压迫的内容，也不是人与人之间绝对平等的实现，既具有社会强制的力量，又从根本上不同于阶级剥削和压迫，在方式、手段和目的上，都不同于剥削社会的法制规定。由此实现对整个社会利益关系和利益要求的科学的界定和规范，使所有社会成员都能实现和维护自己的正当权益，过上平等、安全、稳定的社会生活，“使所有劳动者过最美好、最幸福的生活”②。这样一种社会法制建设，是最符合人民群众根本利益、最有利于社会发展进步的法制建设，也是人类社会最为道德、最为正义的社会法制建设。

在以往的社会法制建设中，由于缺乏对于社会主义法制建设的科学认识，难以确定科学的原则规定和行为遵循，缺乏系统性、整体性的规划设计和工作要求，或者是就事论事，或者是照抄照搬资本主义的做法，导致法制建设与社会主义发展需要相脱节，甚至与社会主义发展要求相互矛盾和冲突。必须从社会主义发展的本质规定出发，从社会主义法制建设所独有的特殊性要求出发，为社会主义法制建设确定科学的原则规定和

---

① 《马克思恩格斯选集》第4卷，第174页。

② 《列宁全集》第34卷，人民出版社1985年第2版，第356页。以下引注版本同。

发展要求，确定科学的法制内容和行为规范。只有这样，才能为社会主义法制建设确定正确的目标和方向，实现社会主义法制建设在理论上和实践上的根本突破和升华，保证社会主义法制建设的科学有效进行。

二、尊重劳动是社会主义法制建设的道德基础

道德是法律的基础，任何法律规定都必须建立在社会道德的基础上。“财产的任何一种社会形式都有各自的‘道德’与之相适应”。[①] 缺乏科学的社会道德基础，就不可能建立起科学的社会法律规定，即使建立起来也难以得到有效实施。社会主义法制同样必须建立在社会主义道德的基础上，以社会主义道德为其存在和实施的根本保证。否则社会主义法制建设就会失去存在的正当性和合理性，自然谈不上科学进行和有效实施了。

在过去的社会主义社会生活中，社会主义道德被表述为“以为人民服务为核心，以集体主义为原则”的道德要求。这样一种道德规定，是社会主义道德的发展目标和方向，在现实生活中具有毋庸置疑的导向意义和规范价值。但不难发现，不加限定和规范，这样一种道德要求，本身即是对按劳分配的否定，是对社会主义生产关系的否定，只是反映了“公”的内容和要求，体现不出“劳”的内容和要求。而没有劳的内容和要求，就体现不出社会主义的基本原则规定，不能是社会主义的全部社会生活内容，不能简单以此作为社会主义的道德原则和道德规定。否则任何个人利益都会失去正当存在的道德根据，成为不合理和不道德的；任何维护个人利益的行为，同样都会成为不正确和不道德的。在这样的情况下，显然难以通过法制建设

① 《马克思恩格斯选集》第2卷，第431页。

来维护和保证劳动者的个人利益，必然使社会主义法制建设失去必不可少的道德基础和道德保障，并且在道德观念上形成对于社会主义法制建设的根本否定。

那么，什么样的道德，才是社会主义的道德呢？从社会主义的本质规定和社会生活的性质出发，社会主义的道德，必然是尊重劳动的道德观念和道德规范。对此作者在《社会主义研究》第四章中作了详细的论述。[①] 为了正确认识社会主义法制建设的道德基础，这里再作一点简要的说明。

社会主义的道德，是对社会主义经济基础的反映和体现，必须全面体现出社会主义生产关系的内容和要求，是公与劳在人们思想观念上的科学概括和理性升华。而就公有制与按劳分配来说，后者是社会主义独有的社会生活内容，既表现为社会主义的分配方式，也表现为社会主义的存在形式和发展方式，对于社会主义更具有决定的意义和价值。丢掉按劳分配，就丢掉了社会主义生产关系，丢掉了社会主义的鲜明标志。而丢掉尊重劳动，就丢掉了对按劳分配的尊重，丢掉了对社会主义生产关系的尊重，自然难以保证社会主义的存在和发展。以尊重劳动作为社会主义的基本道德规定，能够在思想观念上确立起“劳”在社会生活中的主导地位和决定作用，保证按劳分配的科学存在和有效实施。尊重劳动，就是尊重社会主义生产关系，尊重社会主义基本原则，就是尊重社会主义。尊重劳动的道德观念和道德原则，是社会主义道德规定的必然要求和唯一选择，社会主义的道德，只能是在尊重劳动基础上所形成的道德规范和道德准则。除此之外，社会主义就找不到适应于自己社会形态发展要求的基本道德规定。

---

① 参阅《社会主义研究》，第128—171页。

尊重劳动的道德观，是对剥削阶级道德观的根本否定，也是对一切剥削阶级的根本否定。劳动是人类生存发展的最基本的条件，是人类最为道德的社会实践活动。人类社会中一切美好的事物，都来自于人们的劳动创造，都是劳动者劳动创造的结果。在社会主义条件下，劳动更具有崭新的意义，成为推动社会发展进步的根本手段和途径。尊重劳动，就是在社会生活中，重视和尊敬劳动者，重视和尊敬劳动者的劳动和劳动成果。也只有在尊重劳动的道德中，劳动才能够成为“最受尊敬的事情”，劳动者才能够成为“最受尊敬的人们”,[1] 把千百年来被颠倒了的社会道德重新颠倒过来。也只有以尊重劳动作为基本道德准则，才能科学确立社会生活中权利与义务、公正与偏私、正义与非正义的道德界限，形成具有鲜明时代特征的社会道德生活，为社会主义提供牢固的道德基础，为社会主义法制建设提供科学的道德保证。

尊重劳动以劳动作为社会生活的根本价值杠杆，能够为社会主义提供科学的社会价值评定尺度。在社会主义社会中，人们的政治观点、价值取向、利益要求都不会达到完全的一致，各种劳动之间，劳动者与劳动者之间，劳动者与社会之间，既具有共同的利益要求和理想追求，又存在着利益差别和矛盾冲突。只有以尊重劳动作为基本道德规范，才能够确定科学的社会价值评判标准，解决好社会中的利益矛盾和利益冲突。在尊重劳动的道德面前，每个具有劳动能力的社会成员都必须以劳动者的身份而存在，既以自己的劳动和劳动成果赢得社会和他人的尊重，又必须尊重他人和社会的劳动。各种劳动之间，劳动者与劳动者之间，是一种相互尊重、相互珍视的关系，而不

① 《刘少奇选集》下卷，人民出版社 1985 年版，第 10 页。

是相互歧视和相互剥夺的关系。这样一种社会道德规定，既具有导向性，又具有规范性，能够对所有社会劳动和劳动者以有效的道德引导和道德规范，成为人们普遍接受的社会道德准则，为调节社会矛盾，平衡社会关系，强化社会制约机制，提供科学的措施和手段，保证社会主义的科学发展。

尊重劳动，也能够对社会主义利益关系予以科学的界定和规范。社会法制建设在根本上表现为一种社会利益规范。而道德是利益的引申，是确定社会行为规范的根本原则规定。社会主义道德同样是社会主义利益关系的引申，是社会主义法制建设的根本原则规定。由于实行公有制，社会主义利益在根本上表现为全体社会成员的共同利益，在社会生活中，包括在法制建设中，必须对这种公的利益以充分的承认和尊重。但由于劳动者还具有自己的个人的利益，相对于社会和集体利益，这种自己的个人的利益，表现为一种“私”的内容和要求。这种私，与社会主义生产关系相伴始终，存在于整个社会主义社会生活当中，是社会主义道德必须承认和予以维护的。只有尊重劳动的道德观，才能够“把个人利益和集体利益结合起来”，做到“公和私相结合”、“公中有私”、“私应该为公”、“公还要为私”,① 全面体现出社会主义的社会利益要求，体现出社会主义的社会性质和发展需要。

尊重劳动，既表现为对社会劳动和劳动成果的尊重，也表现为对社会劳动主体的尊重，即对劳动者的尊重。劳动是人的最根本的本质，劳动权是人的最根本的社会权利，是人权的最根本的内容。尊重劳动的实质，就是尊重劳动者从事劳动创造的权利，尊重劳动者通过劳动获取自身利益的权利。这样一种

① 《张闻天选集》，人民出版社 1985 年版，第 608、610、611 页。

尊重，是对人的最基本而又最主要的社会权利的尊重，因此也是对人的最根本的尊重，是对人权的最根本的尊重。在尊重劳动的道德规范下，社会和集体必须积极创造条件，优化劳动环境，“尊重和保护一切有益于人民和社会的劳动”①；劳动者个人必须积极投身于社会劳动，以劳动实现自身的利益，赢得社会和他人的尊重。由此形成劳动者劳动创造的精神动力源泉，最终表现为社会生产力的发展，表现为社会主义生产目的的实现。从这个意义上说，尊重劳动，就是对社会主义根本任务的尊重，是对社会主义生产目的的尊重，是对社会主义的尊重。脱离开尊重劳动，就难以体现出社会主义道德的先进性和科学性，难以对社会主义社会关系以科学的界定和说明，必然使社会主义失去科学的社会道德支持。

尊重劳动的道德观，能够为社会主义确定科学的社会行为准则，形成科学的社会行为规范。在社会主义社会中，所有社会成员都是平等的，彼此既享有平等的社会权利，又存在着彼此之间的利益矛盾和利益差别。只有劳动及其劳动成果，才能体现出劳动者对社会尽到的社会责任大小，以及对社会的贡献大小，由此体现出劳动者在享有社会权利上的差别，形成对于劳动者的生存压力和社会强制。只有以尊重劳动作为社会主义的道德观，以尊重劳动作为社会主义的基本道德规范，才能够在思想观念和理论说明中，体现出这种社会强制和生存压力的正当性与合理性，形成科学的社会主义社会规范，为社会主义法制建设奠定坚实的思想理论基础和社会实践基础。失去尊重劳动的道德观，就失去了对于全体社会成员进行社会强制的道德根据，从而任何社会强制都会成为不道德的行为，必然只能

① 《江泽民文选》第3卷，人民出版社2006年版，第540页。

以公有制的“公”作为社会生活的唯一规定，使社会主义滑向平均主义和大锅饭的泥潭。

社会主义的法制建设，必须能够有效维护社会的集体的利益，体现出集体主义的原则规定。否则社会主义法制建设和资本主义法制建设就没有本质区别了。但集体主义同样具有不同的本质内涵和表现形式。至今为止，我们一直把集体主义原则看成是毫无条件和毫无规范的集体利益要求，从而把任何集体利益都看成是不可否定的，在个人利益与集体利益发生矛盾时，总是简单以集体利益否定个人利益，牺牲个人利益以保证集体利益；在集体之间出现利益纠纷时，同样难以进行有效规范，以免侵害到集体利益，违背集体主义的原则规定。由此使整个社会利益失去必要的社会规范，使个人利益失去应有的社会保障。这显然有失偏颇。集体主义作为一种社会道德原则，既适应于社会主义的社会生活需要，也适应于共产主义社会生活的需要。而从社会主义和共产主义的生产关系性质出发，集体主义同样具有不同的社会生活内容和要求，表现为多数利益规定与全体利益规定两种存在形态。二者都表现为一种整体性规定，在本质上具有一致性，又有着不同的社会生活要求和具体内涵，前者以多数社会成员的利益要求来规范人们的社会行为，后者以实现全体社会成员的利益为其原则规定。对此将在《社会主义意识形态研究》中予以专门论述。对于保证社会主义的发展需要来说，只有以多数利益原则作为集体主义的基本规定，才能够与社会主义生产关系相一致，与社会主义基本原则相一致，为社会主义法制建设确定科学的道德原则。

尊重劳动的道德观，以及集体主义的多数利益原则规定，反映在社会主义的道德规范上，必然表现为公私并重的道德境界。道德境界是衡量人们道德水平高低的内在价值尺度，反映着人们的社会利益追求和价值取向，这种利益追求和价值取向，可以具有不同的社会活动内容，在观念形态上，则都可以用“公”与“私”的概念来概括。传统的社会主义道德生活中，往往把二者严格对立起来，或者以自私自利作为社会道德境界，或者以大公无私作为社会道德境界，并由此把社会主义定义为大公无私的道德境界。而大公无私不符合社会主义的经济基础规定，同样是对社会主义法制建设的根本否定。只有把公与私科学地统一起来，形成公私并重的道德境界，才能够符合社会主义的社会性质，适应于社会主义的社会生活需要。这种公私并重的道德境界，是尊重劳动在人们道德观念上的必然体现。由此在现实社会生活中，既必须体现出对公的尊重和重视，也必须体现出对劳动者正当权益的承认和重视。以私否定公，是社会主义必须反对的；而毫无条件地以公否定私，同样不符合社会主义的社会生活性质。认为只有公才是道德的高尚的，私则是庸俗和不道德的，在物质生活中必须保护和体现出劳动者的个人利益，在道德境界上却没有对私的合理性说明，必然造成道德生活与经济生活相脱节，使社会主义法制建设失去基本道德遵循，成为无所规范和无所适从的行为。

在过去的社会生活中，也有人提出以先公后私作为社会主义的道德境界。表面上看来，可以体现出个人的利益要求，给“私”留下存在的空间，实际上同样难以与社会主义经济基础结合起来，只是大公无私的另一种表述方式而已。在社会主义社会生活中，在按劳分配下，根本不可能为这种道德境界确定一个具体的“先”“后”标准，难以说明什么样的“先”是道德的，什么样的“后”是可以存在的。而不能区分“先”与“后”的道德合理性，任何个人利益不论是“先”是“后”，都同样可以成为不道德的行为。只有以公私并重作为社会主义的道德境界，才能与尊重劳动的社会主义道德观相一致，为社会主义法制建设提供科学的道德基础。

以尊重劳动作为社会主义的道德观，也说明社会主义法制建设必须始终坚持劳动本位的根本要求，以劳动作为社会法制建设的根本依据和决定杠杆。社会主义的社会强制和社会规范，社会主义的法制建设和法律规定，都必须体现出劳动创造的社会主义本质规定，体现出劳动平等的根本要求，都是在劳动创造基础上展开和存在的，都是劳动平等的具体社会保障形式。这样一种社会法制建设规定，既能体现出劳动者前所未有的社会权利，也表现为对于劳动者的社会责任要求，既是一种社会利益实现方式，也是一种社会民主机制和法制理念。如果背离社会主义劳动创造的本质规定，脱离开劳动这个基础和杠杆，社会主义法制建设就失去了基本的原则规定，从而科学地进行社会主义法制建设也就成为不可能。

三、社会主义法制建设的基本原则规定

社会主义法制建设的基本原则规定，既表现在社会的法律制定上面，也表现在社会的法律执行上面，体现在整个社会主义法制建设当中。与剥削社会的法律制度相比较，社会主义法制建设具有相对复杂的情况和内容，也具有更为丰富的社会活动主体和利益主体，具有更高的标准和要求。只有确定科学的原则规定，才能实现良好的社会主义法制建设效果。

（一）劳动本位原则

劳动本位是社会主义法制建设的首要原则，是社会主义法制建设的根本要求。法制属于社会上层建筑的内容，体现着社会形态的社会性质和根本规定。在剥削社会中，法律以维护剥

削阶级的利益为根本要求，建立在阶级剥削压迫的基础上，表现为剥削本位、压迫本位。社会主义以劳动作为自己的社会基础，以劳动创造作为本质规定。作为社会主义上层建筑的重要组成部分，社会主义法制建设同样必须以劳动作为自己的社会基础，必须建立在社会主义劳动的基础上，以劳动作为其根本和起点。社会主义的所有法律规定，整个社会主义的社会法制建设，都必须以有利于社会主义本质的实现发挥为出发点和落脚点，必须围绕着社会的劳动活动来进行。任何与劳动创造本质相背离、相对立的法律规定，任何有碍于社会主义劳动创造活动开展的社会行为，都是社会主义法律规范和强制的对象，是社会主义法制建设必须予以否定、惩戒和杜绝的。

（二）多数利益原则

在社会主义社会中，必然存在着各种不同的社会利益要求，存在着各种社会利益矛盾，而社会发展水平又不能绝对满足每个社会成员的利益要求，因此也就只能以满足大多数社会成员的利益实现为根本规定。这样一种社会利益实现，体现在社会的利益要求和利益规定上，必然表现为一种社会多数利益原则，是社会主义法制建设必须遵循的基本原则规定。这种法制建设的多数利益原则规定，不同于剥削社会中个人主义的法制建设原则，也不是毫无条件的人与人之间的绝对平等，而是以大多数社会成员的利益为根本要求，通过规范和强制少数人的社会行为，保证大多数社会成员的利益实现。这样一种社会利益原则，在根本上表现为一种人民利益原则，代表着劳动者的根本利益要求，是社会主义法制建设必须遵循的原则规定。而能够代表大多数社会成员的利益，也就在根本上符合社会主义的社会性质，符合社会主义的本质规定和发展要求。

（三）公私并重原则

社会主义法制建设是对社会主义利益关系的维护和规范，必须正确反映社会主义的社会利益关系和利益要求，能够对所有社会成员的合法权益以有效的保护和规范。只有能够同时反映出集体和个人的社会利益要求，并对这种利益要求予以科学的保证和实现，才符合社会主义的发展要求，是社会主义法制建设必须坚持的基本社会生活准则。这样一种社会主义法制建设要求，必然表现为公私并重的原则规定。只要是在社会主义基本原则的范围内，在社会主义制度规定的范围内，不论是社会的集体的利益，还是劳动者自己的个人的利益，都是正当的和道德的，都必须得到尊重和保护。反之，不论是什么样的利益要求，都是不正当和不道德的，都必须予以制止和剥夺。只有以公私并重作为社会主义的法制原则规定，才能解决好社会中的利益矛盾，有利于社会主义的发展和进步。

（四）权责一致原则

权利与责任相统一，是社会主义社会生活中的重要原则之一。社会主义法制建设同样必须体现出权责一致的原则规定，坚持所有社会成员在法律面前权利与责任相统一的要求。除了正常状态下的人的生命存在权利，对于任何社会活动主体来说，都必须把社会权利获取与对社会责任的履行结合起来，尽到社会责任，就应当获取社会权利，丢掉社会责任，就必须限制和剥夺其社会权利。由此体现出每个社会成员在社会权利拥有上的区别和不同，体现出社会主义的公平正义要求。例如同样是一种生命存在，在不法状态下就不能与合法状态下受到同样的法律保护。只有这样，才能体现出社会主义法律规定的科学性和公正性，把权利赋予与权利剥夺、利益保障与社会强制有机统一起来，真正体现出社会成员在法律面前人人平等，实现所有社会活动主体之间的彼此相互平等。不履行责任却要享有社会权利，享有权利却不履行社会责任，这样的法律规定，就不是社会主义的法律规定，而是剥削社会的法律规定。

（五）统一规范原则

在社会主义条件下，整个社会的发展水平必然存在着差异和差别，因此社会法制建设也应具有差异性的内容和要求，必须根据社会发展的不同情况和不同需要，确定不同的制度规定和行为规范，但在根本上必须坚持法制建设统一规范的原则。这种统一规范，是在根本法律制度和体系规范上的统一，以及法律执行中手段和方法的统一。一方面，社会主义具有法律统一的条件与可能；另一方面，法制规范是与社会根本制度联系最为直接的社会政治生活内容，理应实现统一和一致的要求。资本主义发展处于盲目随意的状态，在法律规定上同样处于盲目随意的状态。例如美国各州都有立法权，所制定的法律都可以与中央政府的法律相矛盾、相冲突。美国联邦政府在200年前已经废除了奴隶制，其一些州的法律规定直到前两年才正式废除奴隶制。这样一种法律运行体制，不利于维护法律的严肃性，不利于社会的发展进步。与资本主义法律体系相比较，社会主义法律建设必须以统一规范为基本原则规定。只有实现社会法制的科学统一，才能有效保证国家的统一，实现社会和谐稳定发展的要求。否则不仅不利于法制建设的有效进行，而且在公有制下，更容易形成否定法制建设的现象。

（六）有效实施原则

法律规定是对社会生活的强制规范和强力调节，只有得到有效的实施，才能体现出应有的社会效力，达到法制建设的应有的目的。加强社会主义法制建设，必须以保证社会法律规定的有效实施为基本要求。如果一项法律仅仅停留在文字上，缺乏具体的执行机关和执行手段，难以得到有效的实施，甚至根本不可能得到实施，那就偏离了法制建设的根本要求，不论在表面上如何热闹漂亮，主观愿望上是如何道德正义，都会成为毫无用处的东西，自然也不能称作是法律规定。进行社会主义法制建设，必须既保证法律规定具有正当合理的社会道德基础，也必须具有有效实施的手段和工具，设置科学的工作规范和执行程序，保证工作效率，减少执行障碍。像那种与法律判决相互重复的“执行通知书”之类，根本没有存在的必要。以此运用社会的整体的力量，营造科学的法律实施环境，保证各种法律规定得到有效实施。

上述社会主义法制建设的基本原则规定，符合社会法制建设的一般公理性要求，又主要表现为社会主义法制建设的体制性原则要求，具有鲜明的社会主义法制建设的特点和特征。这种社会主义法制建设的体制性原则规定，是社会主义法制建设科学性和先进性的具体体现，决定着社会主义法制建设能否得到科学有效的进行，以及社会主义法制建设的具体实施和实行效果。没有这种特殊性的法制建设原则规定，社会主义法制建设必然流于一般化和随意化的状态，从而不可能科学把握社会主义的法制建设要求，不可能形成科学的社会主义法律规定。只有在社会主义法制建设基本原则规定下，社会主义法制建设才能够具有明确的发展方向和发展目标，保证社会法制建设的健康进行和科学实施。

社会主义法制建设的基本原则规定，是深入分析社会主义法制建设之后所得出来的结论，同样为社会主义法制建设的实践所证明。以往社会主义法制建设所以存在着种种弊端，就在于缺少必不可少的基本原则规定，处于被动应对和盲目实践的状态。在进行法制建设时，不知道社会主义法制建设的重点内容和具体要求，不知道社会主义法制建设的发展目标和发展方向，缺乏科学的整体构思和系统规划，或者头痛医头、脚痛医脚，或者照抄照搬、东施效颦，或者异想天开、标新立异，随意提出些不伦不类的法律条文，不仅难以实现社会主义法制建设所应有的效果，而且有的法律规定本身即是对社会主义社会生活的否定，使社会主义法制建设走向社会主义发展的反面。只有以上述原则作为基本遵循，才能科学把握社会主义法制建设的内容和要求，科学有效地进行社会主义法制建设。

社会主义法制建设的基本原则规定，同样是由社会主义劳动创造的本质所必然决定的，是最有利于社会主义发展需要的法制建设原则。在社会主义法制建设基本原则规定下，就能够正确体现出社会主义法制建设的根本目的，使社会主义法制建设在各个方面体现出社会主义的发展特点，形成崭新的社会主义法制建设实践。这样一种法制建设原则规定，不是为了简单地去保证人的全面自由发展，也不像剥削社会那样，把人类的生存发展贬低到低级动物的生存状态，或者以没有任何实质利益的所谓“人权”作为根本规定，把社会法制建设等同于虚伪空洞的“爱”的呓语。由此使社会主义法制建设成为实实在在的社会生活要求，形成科学的社会主义法制生活内容。

社会主义法制建设的基本原则规定，也说明社会主义法制建设必须以实现人的本质的发展发挥为根本要求，以实现社会主义本质的发展发挥为根本要求，体现出祛邪扶正、惩恶扬善、激浊扬清的社会主义法制建设特点，是有原则、有规范的社会行为，不是简单地以人的自然权利作为社会法律准则，以毫无原则、毫无规范的所谓人人平等作为社会法律规定。这样一种法制建设要求，与社会主义的道德观、平等观和价值观完全一致，既包含着所有社会成员前所未有的社会权利，也表现为对一切破坏社会和他人合法权益行为的社会强制和权利剥夺。由此体现出社会主义法制建设与剥削社会法律规范的本质区别，形成人类最为道德、最为正义的法律规定和社会规范，实现人类社会法制建设由剥削压迫的制度规范，向着劳动创造制度规范转变的历史变革和时代跨越。

实现社会的公平与正义，是人类社会发展的必然要求，也是衡量社会法制建设的重要价值尺度。但任何社会公平正义都是由具体的社会形态的本质所决定的，也是历史的和发展的。社会主义的公平正义，是由社会主义本质所决定的，必须是具体的和实在的，而不是笼统的和空洞的。否则所谓公平正义不仅体现不出社会主义的发展要求，而且会形成对于社会主义公平正义的否定。有一则新闻报道讲，一个盗贼半夜进入到居民家中行窃，在黑暗中与户主打斗丢了性命，而法院以防卫失当为由，判处户主 5 年刑期。表面上看来，盗贼和户主人人平等，体现了所谓法律公平正义，实际上则脱离了权利与责任相统一的原则，把守法者与违法者放在一个板凳上打屁股，和《红楼梦》中的葫芦案判决差不了多少。户主是在守护自己的合法权益，盗贼是在剥夺他人的合法权益，以“天赋人权”的法制理念来评判，二者可以没有任何差别；但以社会主义劳动创造的本质来评定，彼此则具有本质区别。不能为了保护盗贼的人权，就去对户主进行法律制裁。这样的法律判决，不是在维护社会主义的公平正义，而是在维护剥削阶级的公平正义，不是在保护劳动者的利益，而是在维护剥削者的利益。社会主义法制建设的根本任务，应当是保护守法者，惩戒违法者。只有确定具体的原则规定，才能避免以空洞无物的所谓公平正义否定社会主义的公平正义，否定社会主义的本质规定，真正体现出社会主义的法制建设要求，维护社会主义的公平与正义。

四、社会主义法制建设的根本内容和目的要求

进行社会主义法制建设，在根本上是为了保护社会主义制度，维护全体社会成员的合法权益，保证社会生活的健康有序发展。要达到这样的目的要求，必须形成良好的社会秩序，使社会生活有条理、不混乱地运行和发展。以此保证社会主义法制建设的效果，实现社会主义法制建设的根本目的要求。

社会秩序是人们在社会生活中必须遵守的行为准则、道德规范和法律规章，表现为一种动态有序和相互平衡的社会运行状态，既体现着社会形态的本质规定和发展要求，也反映着社会制度本身的正当性和合理性；社会制度的总和构成具体的社会秩序，社会秩序是社会制度存在的必要条件。社会主义的社会秩序，同样是社会主义制度存在发展所必不可少的基本社会条件，是社会主义法制建设必须保证和维护的对象。只有使各项社会行为规范得到有效遵守和维护，才能保证社会生活的有序运行和动态平衡，为社会主义创造良好的社会发展环境。要达到这样的要求，需要运用各种社会发展手段，包括道德的纪律的法纪的手段，形成规范有序的社会生活内容和活动方式。而在各种社会规范中，法律规范具有最直接、最强力的作用，既是社会规范的重要内容，也是整个社会规范实施的重要保证。实现了维护社会秩序的要求，就实现了社会主义法制建设的根本目的，就能够保证社会主义的存在和发展。而从社会主义的根本发展要求来说，社会主义法制建设的根本内容，主要表现

在以下四个方面。

（一）维护社会主义政治秩序

所谓社会政治秩序，是人们依据政治共识与法律制度展开政治实践的社会活动状态。社会主义的政治秩序，集中表现为社会主义的政治制度规定和政治实践活动，表现为社会主义的社会管理秩序。维护社会主义政治秩序，就是维护社会主义管理秩序，维护社会主义政治体制，维护社会主义基本制度。必须运用法律规范的手段，包括运用暴力强制的手段，对一切破坏社会主义的敌对阶级和敌对势力予以必要的政治强制，保证社会政治秩序的健康运转。随着社会主义制度的巩固和完善，政治强制在社会法制建设中的比重也会退居到次要的和辅助的地位，但在整个社会主义社会中，在存在着敌对阶级和敌对势力的情况下，这种强制和规范都是不可缺少的，在某些时期，还会上升到社会法律强制的主体地位和主导方面。

社会政治秩序是与社会制度联系最为密切和最为直接的社会生活秩序，也是与社会法制建设联系最为密切的社会生活内容。与其他社会秩序内容相比较，社会主义政治秩序对社会主义具有更为重要的意义。没有社会主义的政治秩序，就没有社会主义的经济制度和经济秩序，社会主义的存在发展自然成为不可能。这样一种社会主义政治秩序，包括对剥削阶级的专政和强制，也包括各种社会主义政治制度规范，包括民主形态、政党制度、管理体制、领导方式等。只有在实现良好社会政治秩序的基础上，才能够建立起科学的社会主义社会秩序，实现社会主义存在发展的要求。同样，只有运用法制手段，通过科学的法律规定，建立起良好的社会主义政治秩序，才能保证社会主义社会秩序的科学存在和有序运行。

（二）维护社会主义经济秩序

社会经济秩序包括社会的生产秩序、分配秩序以及流通秩序，是最为基本的社会生活内容。没有健康有效的社会主义经济秩序，就没有科学的社会主义经济生活。在社会主义条件下，社会发展代表着最大多数社会成员的利益，社会经济生活从根本上摒弃了阶级剥削压迫的内容，既具有运用法制手段维护社会经济秩序的条件与可能，也具有依靠法律手段维护社会经济秩序的正当合理性。而社会主义加强法制建设的最为直接的社会原因，同样表现为社会经济生活的发展需要。由此要求着社会法律强制必须向维护社会经济秩序的方向侧重，以维护社会经济秩序作为社会主义法制建设的重要内容。

维护社会主义经济秩序，首先必须维护社会主义的劳动制度，保证社会主义劳动纪律的实施。这是社会主义法制建设独有的社会生活要求，是社会主义法制建设的鲜明特征。在剥削社会中，法律规定在根本上也是为着保证棍棒纪律和饥饿纪律而存在的，但这种劳动纪律实施，则首先是通过剥削者个人实现的，首先表现为一种个人对个人的压迫和强制。社会主义劳动纪律则由社会直接来确定、来行使，从而在社会法律规定中，必须具有劳动纪律的要求，表现为社会对于劳动者个人的直接强制和规范。没有在法律层面上的社会劳动纪律规范，那就只能把社会主义劳动纪律实施看作是劳动单位或者是劳动者个人的事情，从而在公有制下，失去对劳动者的社会强制和规范，造成劳动纪律松弛、劳动规范缺失等弊端。列宁说过，在社会主义条件下，“提高劳动生产率是一个根本的任务”。① 社会主义

① 《列宁选集》第3卷，第748页。

法制建设显然不能与这个根本任务毫不相干。只有使劳动生存纪律上升为法律规定，通过法律的手段，对不履行社会劳动责任、破坏社会劳动纪律的人予以必要的制裁，才能保证社会劳动纪律的有效实施。否则就难以体现出社会主义劳动纪律的强制性和权威性，难以保证社会主义劳动纪律的实施，也难以实现社会主义法制建设所应有的效果。

社会主义的法制建设，当然必须保证社会主义公有制的存在，保证按劳分配的实施。但与强化社会劳动纪律相比较，这样一种法制规范功能，显然只能处于次要的地位。这是因为，保证和维护公有制，实现社会的按劳分配，主要表现为对于敌对阶级的强制和规范，只是在一定时期内，才会在社会强制中占据主要地位。而对于社会主义劳动纪律的维护，则与社会主义发展相伴始终，同时具有更为丰富的社会生活内容，以及更为丰富的社会强制和规范的对象。保证了社会劳动纪律的科学有效实施，就能够达到巩固社会主义制度、发展社会主义生产关系的目的。如果仅仅以保护公有制和按劳分配作为法制建设的内容和目的，在社会劳动纪律实施中丢掉法律强制的手段，就不可能实现对劳动者不当劳动权利的有效中止和剥夺，难以实现有效的社会生产，最终使社会主义生产关系失去存在的社会物质基础，使公有制和按劳分配失去存在的意义和价值。必须把社会主义法制建设与强化社会主义劳动纪律紧密结合起来，把加强社会主义劳动纪律上升到社会法律规范的层面，形成科学稳定的社会劳动秩序，由此达到巩固和发展社会主义公有制、确保按劳分配有效实施的目的。

社会主义法制对于社会劳动纪律实施的保证作用，既是对劳动单位和劳动集体而言，也是对劳动者个人而言，既是对侵犯他人和社会利益行为的强制和规范，也是对放弃劳动义务、漠视劳动责任的社会行为的强制性规范。在这种法律规定下，每一个具有劳动能力的社会成员，都必须以劳动者的身份而存在，以劳动实现自身的生存和发展。只有通过对于劳动者的社会强制和规范，才能形成良好的社会经济秩序，保证社会劳动活动的有效进行，对社会主义的存在发展起到积极的促进和推动作用。不在法律层面上体现出社会劳动纪律的内容和要求，没有对于社会生产领域的法律规范，只强调对流通领域和分配领域的法律规范，就会丢掉社会主义最为基本和最为普遍的社会强制内容，必然偏离社会主义法制建设的根本目的要求。

加强社会主义法制建设，维护社会主义经济秩序，必须对各种经济犯罪行为予以打击和制裁，包括对腐败现象予以遏制和惩治。在社会主义条件下，由于社会公共权力行使范围的扩大，以及公有制本身的社会利益属性，利用公共资源谋取个人私利的现象必然随之增多，引发腐败的可能性也必然增大。这种腐败现象具有各种各样的表现形式，既主要表现在拥有社会管理权力的社会活动主体身上，即各级管理者的身上，也可能体现在每一个与社会公共资源具有直接联系的社会成员身上。社会主义既应通过实行监督制民主，通过加强制度建设和强化社会监督，对各种违法行为以有效的预防和遏制，也必须运用法制手段，对各种经济犯罪活动包括腐败现象予以打击和惩治。目前我们对于腐败现象的惩治，实际上依然局限在思想规范和临时处置的工作状态，局限在单纯的社会公共权力行使的范围内，没有把它与社会主义制度的特点联系起来，与整个社会主义社会生活内容联系起来，与维护社会主义经济秩序联系起来，缺乏明确的法律规定和长效工作机制。必须以维护社会经济秩序为统一规定，把打击腐败作为一项正常的法制建设内容，纳入到社会主义法制建设的轨道，通过维护和实现良好的社会经济秩序，达到预防腐败、惩治腐败、杜绝腐败的要求。

（三）维护社会主义公共秩序

社会公共秩序包括社会管理秩序、治安秩序、人际交往秩序等，是社会健康稳定发展的基本要求，与每个社会成员密切相关。实现良好的社会公共秩序，是社会主义法制建设的必然要求。否则就会形成社会动荡不定的现象，难以实现社会主义的健康有序发展。

社会主义的社会公共秩序，同样必须体现出社会主义的社会性质和发展特点，必须实现对于一切阶级剥削压迫行为的根本否定，实现对于一切否定劳动者正当社会权益行为的根本否定。否则就体现不出人类社会的发展和进步，难以为人民群众创造安全稳定的社会生活，在事实上降低社会主义存在的意义和价值。例如过去曾经有偷窃者被群众追赶跳进水中溺水而亡的事情，其责任当然应由偷窃者承担，但法律判决则让追赶者去赔偿偷窃者的损失。这显然只应是剥削社会的法律所为，不应是社会主义的法律行为，其判决不仅起不到维护社会公共秩序的效果，而且必然对社会公共秩序起着误导和破坏作用。现实生活中一些犯罪人员所以敢于肆无忌惮，显然与这种法律庇护有关。在社会主义的法律实施中，对那些具有危险行为的犯罪人员，只要不像美国警察那样，在其举手投降的情况下依然连续开枪射击，人为置其于死地，追赶者和执法者就不能承担法律责任。很显然，一个人在进行违法犯罪活动时，已经背离了法律所赋予的社会权利，因此也就不能按照正常法律规定去保护其原有的社会权利。社会主义法制建设必须以维护大多数社会成员的利益为根本要求，以维护正常的社会秩序为根本要求。只有这样的社会公共秩序，才符合社会主义的本质规定，是社会主义法制建设的应有之义。

人的生命自由是最珍贵的，人的生命权利是第一位的。在正常社会条件下，任何个人的生命权利都不容侵犯，不可剥夺。社会主义法律必须体现出对于社会成员生命权利的尊重，体现出对于人的生命存在权利的保护。如果不能对社会成员生命权利以有效的保护，甚至体现不出对于人的正常生命存在权利的尊重，这样的法律规定，就和剥削社会的法律没有什么区别了。例如在现代社会中，买卖人口往往毁掉一个人的一生，毁掉一个家庭，与杀人害命无疑，不论是卖方和买方，都属于严重侵犯他人生命权利的犯罪行为，理应予以严厉打击。而目前的法律规定却片面强调犯罪分子的所谓人权，罔顾被拐卖妇女儿童的人权，对买卖人口这种惨无人道的现象予以容忍甚至纵容，表现为只惩治卖方，不惩罚买方，在量刑标准上过于仁慈，根本体现不出对人的生命的尊重和保护。由此为拐卖妇女儿童的犯罪行为洞开了法律之门，使这种丑恶现象屡见不鲜。许多家庭为此家破人亡，一些学者却以事实婚姻为借口，来保护这种所谓的婚姻，实际上是以法律之名，行动物式的残忍之实。社会主义法制建设如果连买卖人口这样的行为都管不住，管不好，甚至不去管，那就不能是社会主义的法律规定，也不会有真正的社会主义法制建设。

（四）维护社会主义家庭秩序

家庭生活是社会生活的缩影，家庭秩序是社会秩序的重要内容。在社会主义社会中，家庭依然是社会的基本利益单位，也是社会存在的基础。社会主义的个人利益，实际上是通过家庭的形式体现出来的。没有家庭利益，就没有完整的个人利益，如果家庭这个社会细胞不稳定，整个社会就难以稳定。随着社会经济生活的变化和社会生产方式的改变，家庭生活与社会生活的联系越来越密切，家庭秩序理应被纳入社会法制建设的范畴，通过法律规定和法制规范，实现维持社会家庭秩序的要求。社会主义不能消灭家庭，而不能消灭家庭，就必须保护家庭，不仅每个家庭成员必须履行其责任和义务，社会也必须承担必要的管理责任，在家庭暴力、老人赡养、财产分配等方面，形成科学完整的法律规范，把维护家庭秩序与维护社会秩序有机统一起来，保证家庭秩序的规范性和有序性。以更好地维护社会主义的社会秩序，体现出人类社会发展进步的要求。

社会主义法律对于家庭秩序的维护，既不能像封建社会那样，采取民不告官不理的态度，必须由清官难断家务事，变成法制要管家庭事；也不能像资本主义那样，故作姿态，胡乱干预。应以保护家庭成员的基本权利为具体要求，科学制定相关法律规范，做到权责一致，合情合理，有利实施。例如资本主义为了体现对“人权”的所谓尊重，不分权利与责任的界限，不顾未成年子女的行为处事能力和认知水平，片面强调被监护人的所谓“隐私”和人权；甚至父母离孩子的距离远一点，就是违法行为。在对子女的教育管理上，既要家长承担一切社会责任，又不切实际地剥夺家长对于子女的体罚权力。很显然，体罚包括各种形式和内容，作为一种家庭教育方式，适度体罚既是必要的，对于几乎所有的家长来说，也是不可避免的。应当把家庭暴力与家庭教育区别开来，科学规范家庭教育，而不是不分形式内容和程度轻重，把所有体罚统统视为违法。否则法律规定就只能是一纸空文，同时人为制造家庭矛盾，不利于未成年人的健康成长。实际上，父母对子女的保护和付出，远远大于任何其他形式的保护和付出，法律规范理应体现出权利与责任相统一的原则，形成合乎情理的条文规定。再比如，夫妻财产应属夫妻二人所有，不能在夫妻一方去世后，就急着把夫妻财产的所有权逐一分配到每个后代亲属身上。这既是对当事人权利的不当处置，也不符合一般情理，画蛇添足，无事找事，对家庭秩序只会起到破坏作用。

家庭是以血缘关系为基础的社会组织。而血缘关系首先是婚姻关系，没有婚姻就没有家庭，也不会有血缘关系的延续。因此夫妻关系是现代家庭关系的核心和基石。这种夫妻关系一开始就“是由于经济的原因而产生的”，“不以自然条件为基础，而以经济条件为基础”。[①] 在社会主义条件下，不排除有个别人可以绝对抛开物质利益要求，完全以自然条件作为两性结合的基础。但对大多数社会成员来说，家庭依然是最基本的社会利益单位，婚姻必定是与经济利益联系在一起的，这种家庭经济利益，必须具有继承性、延续性和融合性。否则就否定了家庭存在的基本条件，就不会有社会主义的家庭存在。而没有社会主义的家庭存在，必然无邦无国，社会主义就用不着存在，也不可能存在了。而前几年在法律制定中，却从保护个别搞婚外恋人员个人财产的需要出发，制定了所谓婚前财产公证制度，把夫妻关系在经济联系上割裂开来。这样必然把夫妻关系仅仅看成是简单的“自然条件”结合，既不符合一般的伦理道德，也不符合社会主义基本原则要求，是对社会主义社会基础的毁灭和破坏，是纵容丑恶、保护犯罪的不人道、不道德行为，与社会主义的发展要求格格不入。

应当说明的是，社会主义对于家庭秩序的保护，既与社会主义的社会生活性质相一致，也与人类社会发展的一般特点相一致，既是人道的，也是合理的。男女利益互补是人类生存的自然需要，

① 《马克思恩格斯选集》第 4 卷，第 71、60 页。

是人类社会的基本存在形式。在社会利益分配没有达到按需分配的时候，男女之间必定存在着嫁与娶的区别，存在着事实上的家庭性别分工，女性既在体力上弱于男性，又承担着更为繁重的养育后代的责任。与此相一致，男性必须在其他方面承担更多的责任。否则既违背自然界的基本生物存在法则，也是对女性承担的特殊社会责任的蔑视。所谓婚前财产公证的做法，只能是一个不伦不类的法律怪胎。在存在着以父系为基本血缘关系延续形态的情况下，必须给予妻子获取丈夫家庭财产的权利，必须保证家庭财产在夫妻之间的共同性、继承性和融合性。由此形成安全稳定的社会家庭生活，形成科学的社会主义家庭秩序。

社会主义的法制建设，当然还有其他方面的内容和要求，但在根本上说，都可以概括为上述四个方面。以维护社会秩序作为社会主义法制建设的根本内容和要求，能够直接揭示出社会主义法制建设的本质内涵，便于在理论上和实践上予以把握和实施。由此避免社会主义法制建设中的随意性和盲目性，体现出社会主义法制建设的根本目的和要求。

一是保证社会主义的社会制度存在。社会主义制度是社会主义本质规定的外在表现形式，既是社会主义法律存在和实施的基本物质条件，也是社会主义法制建设的首要保护对象。没有社会主义制度，就没有社会主义的法制建设，而没有社会主义的法制建设，社会主义制度就失去了最主要的社会保障手段，难以得到科学的存在和发展。社会主义法制建设是对社会主义制度的有效保障，必须充分体现出社会主义的发展特点和要求，必须切实有利于社会主义的存在和发展。在法律制定上面，必须使各种法律规定符合社会主义的本质规定，符合劳动平等的原则要求；在法律执行上，必须建立起科学完善的实施机制，有效对抗敌对势力对于社会主义制度的破坏，解决好社会生活中公与劳、公与私等社会矛盾问题，在根本上实现巩固和发展社会主义的目的要求。

二是保证人民群众的社会利益实现。社会主义是为了实现全体社会成员的利益要求，必须能够有效保证和维护全体社会成员的正当权益。一些资产阶级法律学者也把法律的根本目的确定为社会利益实现，但在资本主义社会中，社会的法律规定只能是剥削阶级的法律规定，不可能以实现人民群众的利益为根本目的。社会主义在根本上否定了剥削阶级和剥削压迫，既承认和尊重每个社会成员的个人利益，也承认和尊重社会的整体的利益，社会主义的法律规定，则是这种社会利益实现的重要保证。必须正确运用法律的手段，对整个社会利益关系和利益要求予以正确的导向和规范，对各种违反社会利益原则规定、侵害他人利益的行为予以打击和惩处，保证人民群众的生命财产安全和社会利益的实现。

三是保证社会生活的健康有序运行。维护社会秩序，规范社会生活，保证社会稳定，是社会主义法制建设的必然要求，也是社会主义法制建设的根本要求。这样一种社会主义法制建设规定，必然要求着各种社会制度规范能够得到有效实施，必须形成良好的社会秩序，使各种社会利益行为处于规范有序的运行状态，保证整个社会生活处于有条理和不混乱的状态。只有通过法制建设，才能实现社会生活的规范有序，实现社会的长治久安，让全体社会成员拥有稳定安全的社会环境，积极投身于社会主义的各项建设事业。没有社会主义的法律规范和法律强制，形不成良好的社会秩序，社会生活必然会处于动荡不定的状态，甚至陷入混乱和对抗的境地，在根本上损害人民群众的利益，形成对于社会主义的根本否定。

社会主义的法制建设，当然要有利于社会主义的社会发展。

但这种法制建设对于社会发展的意义和作用，只是社会主义法制建设所要实现的客观效果，不是社会主义法制建设的直接目的。法律在根本上是一种社会强制性规范，既是对社会成员的权利保护和利益实现，也是对违法人员的利益剥夺，对每个社会成员同样具有限制和规范的性质。社会主义法制建设既要在根本上有利于社会主义发展，又必须与实现社会发展科学地区别开来。很显然，社会发展可以是正当的发展，也可以是不正当发展。比如制假造假，进行不正当竞争，搞地方保护主义，也能够促进所谓发展，却不符合社会主义的整体发展要求。社会主义法制应当按照自己的社会职责，保护正当的科学的发展，限制不正当不科学的发展。如果直接以发展作为法制建设目的，简单以发展作为工作要求，必然要把法律规范同所谓社会发展挂钩，导致以发展代替法律实施，以发展否定法律实施，反过来妨碍社会主义的发展。这也是过去法制建设中容易出现的弊端，是社会主义法制建设必须避免的现象。

有人以实现公平正义作为社会主义法制建设的根本目的，这同样是不正确的。法律是维护社会公平正义的工具，但不等于公平正义本身。社会公平正义是由社会形态的本质所决定的，法律规定只是其外在表现形式和具体实现手段。如果把实现公平正义作为法制建设的目的，很容易引起人们的误解，认为有了法制就必然具有公平正义，从而把法制建设凌驾于社会形态的本质规定之上，使社会主义法制建设成为盲目和随意的行为。其结果必然会单就法制建设去讲法制建设，导致以发展手段代替发展目的，进而失去原则规定，把社会主义法制与剥削社会的法律相提并论，把社会主义公平正义与剥削社会的公平正义相提并论。社会主义公平正义是由社会主义本质所决定的，不是由法律规定本身决定的。社会主义秩序是社会主义本质的外在反映和体现，维护了社会主义社会秩序，就是维护了社会主义社会制度，维护了社会主义的公平正义。只有以维护社会秩序为根本要求，才能使社会主义法制建设始终符合社会主义的发展需要，沿着正确的方向前进。

五、社会主义法制建设的具体实施手段

科学地进行社会主义法制建设，不仅要正确地制定社会的法律规定，而且必须保证各种法律规定得到有效实施。缺乏科学的实施手段，不能保证法律的有效实施，即使社会法律规定制定得再科学、再正确，也失去了存在的价值。

社会主义法律的实施手段，在根本上同样是由社会主义的本质所决定的，与社会主义法制建设的根本要求密切相关。任何社会形态的法律规定，都具有不同于他一社会形态的本质属性，也具有彼此不同的实施手段。只有这种不同的实施手段，才能保证不同的法律规定得到有效实施。在奴隶社会和封建社会中，法律实施以暴力强制作为唯一手段，表现为赤裸裸的强力统治和暴力规范。在资本主义社会中，法律实施既需要暴力强制，也需要金钱保证，既拥有军队、警察等强大的社会专政工具，也具有经济处罚的手段。社会主义的法律实施，既不能以暴力和金钱作为唯一实施手段，也不能像共产主义社会那样，仅仅依靠道德来实施社会的行为规范。保证社会主义法律规定的科学有效实施，离不开道德规范的参与和调节，也需要运用暴力强制和经济奖惩的手段，彼此相互作用、相互补充，共同保证社会主义法律规范的实施。只有综合运用各种社会规范手段，才能形成崭新的社会法治模式，更好地保证社会法律规定的实施，实现社会主义规范有序的发展要求。

保证社会主义法制规范的有效实施，必然离不开暴力强制的手段。这种暴力强制手段，是国家机器所固有的基本属性，具有国家的强制性力量，表现为一种社会专政的手段，即利用军队、警察、法庭、监狱等强制性工具，对破坏社会秩序、违反社会法律规定的行为，予以强制性的社会规范，剥夺违法者的人身自由和政治权利，表现为一种社会政治强制的内容和要求。这种政治强制或暴力强制，是社会主义法律强制的最高形式，是保证社会主义法律实施的重要手段，也是维护社会主义社会秩序的基本物质保证。其他社会规范的形式和手段，只有在社会专政规范的基础上，才能够得到有效的实施。有了这种暴力手段的强制，就能够保证整个社会主义法律规定的实施；丢掉这种暴力强制手段，社会主义秩序就失去了最为根本的保护屏障，其他法制实施手段都会大打折扣，社会主义法律规定自然难以得到有效实施。

社会主义法律实施的暴力强制手段，既表现为对于一切剥削阶级的强制和规范，又表现为对于一切严重违反社会主义法律规定的社会行为的强制和规范。社会主义法律规定是为了保卫社会主义制度，维护社会主义秩序。而任何恶意违反社会法律规定的行为，都在根本上违反了社会主义的社会制度规定，是社会主义法律必须制裁和惩处的。这样一种对于社会违法活动的制裁和惩处，既不同于对于敌对阶级的强制，又具有专政的性质，包括利用法庭、监狱等手段，对相关人员予以惩治和处罚，剥夺其人身自由和政治权利。这既是社会主义法制理论研究所必然得出来的结论，也是社会主义发展实践的鲜明启示。列宁在讲到实行社会主义劳动纪律时，多次提出“须要采取强迫手段”，“必须有铁的手腕”。① 这种强迫手段和铁的手腕，显

---

① 《列宁选集》第3卷，第512、517页。

然表现为暴力强制的手段。把暴力强制只看成是对敌对阶级的强制，把其他社会成员简单排除在社会强制性规范之外，显然达不到社会主义法制建设的应有效果。

在过去的社会主义法制理论中，专政似乎只能是对敌对阶级而言，而不是对其他社会成员而言。在社会生活中，只能讲劳动者的社会权利，不能讲对劳动者的社会强制，否则就是不人道的，就是“法西斯主义”。这在理论上和实践上都是错误的。社会主义专政是对整个社会主义社会生活而言，社会主义法律规范同样是对每个社会活动主体而言，对于所有社会成员都具有强制的性质，只是在具体内涵上不同于对敌对阶级的强制而已。对敌对阶级的专政和强制，以政治斗争为主要形式，以保护和巩固社会主义制度为根本目的，是阶级对阶级的强制；对背离社会主义法律规定的社会行为的强制，则是以维护社会主义社会秩序为根本要求，表现为社会对于个人的强制。不能认为社会主义专政只能是对敌对阶级的专政。否则必然把社会主义暴力强制对象狭隘化，把社会主义暴力强制手段局限化，或者失去对其他社会成员的社会强制和规范，或者走向极端，把一切违反社会主义法律规定的行为，都当成是阶级之间的对立和对抗，形成阶级斗争扩大化。实际上，列宁所讲的社会主义专政，同样包括对其他社会成员的专政。只有这样，才能形成科学稳定的社会秩序和社会生活，达到维护社会主义制度、保证社会主义发展的要求。

保证社会主义法制建设的有效实施，也离不开经济奖惩的手段。这种经济奖惩手段，表现为通过剥夺或赋予社会活动主体的经济利益，对社会成员的遵纪守法情况予以奖励和惩治，形成必要的社会法律规范和强制。社会主义经济是法制经济，社会主义法制规范必须包括经济手段。与暴力强制手段相比较，经济手段具有广泛的实施领域，也具有普遍实施的社会必要，既是社会主义法律实施的重要手段，也是最为普遍的法制手段。在社会主义社会中，大量违法活动并不直接涉及对于社会根本制度的否定，不是为了挑战社会秩序，而是仅仅表现为不正当的利益要求和利益行为。因此暴力手段在事实上只适用于少数社会成员，经济手段则适用于所有社会成员。社会主义法律实施必须把社会活动主体的行为与其自身利益实现联系起来，突出利益调节和利益规范的内容，保证整个社会生活的健康稳定发展。没有经济奖惩手段，社会主义社会强制必然是不完善和不完整的；经济强制手段不规范、不健全，社会主义法律强制也必然是不规范和不健全的，既体现不出社会主义的社会性质和发展特点，也难以对社会生活起到应有的强制和规范作用。

社会主义法制规定实施的经济手段，对违法者既要有社会利益补偿的要求，更必须有社会惩戒的性质，必须使违法者付出更多的经济利益，使受害者得到应有的补偿。在经济案件中是如此，在刑事案件中也应如此。否则体现不出法律惩恶扬善的作用，难以对受害人以应有的赔偿。例如在山东邪教杀人案件中，被害人为了严惩犯罪分子，被迫撤销经济附带赔偿。这样的法律规定，体现不出对犯罪分子的经济强制和社会惩罚性质，是对受害人的再次加害。对一般违法者的经济惩罚，应以受害人损失数额的两倍为罚没标准；对有主观故意和影响恶劣的刑事犯罪人员，应予以更高比例的处罚，直至没收其全部财产。对违法人员个人财产占有数额大大超出社会平均水平的，可以实行比例罚没制的办法，加大违法者的犯罪成本支出。对受害人的经济赔偿，同样不是损失多少就赔付多少，而是要有补偿性质，以赔付其损失额度的两倍为宜。对于罚没数额超出赔偿受害人金额的部分，一是用来补偿社会的执法成本，二是作为社会赔付基金，适当赔偿因加害方缺少赔付能力而得不到经济补偿的受害人。由此做到不让违法者在经济上占便宜，不让遵纪守法者在经济上吃亏，体现出经济奖惩手段的强制性和威慑力，有效惩罚和遏制各种社会违法活动。

这样一种社会经济强制手段，表面上看来，对占有较多财产的违法者似乎是不公正的，实际上并非如此。在刑法和民法中，所有社会成员在生命权利上是完全平等的，因此在法律面前也必须人人平等，必须统一刑罚标准，通俗地说，就是一命偿一命，命与命平等。而在经济处罚中，由于每个人的经济状况不一样，彼此具有不同的社会经济地位，表现为经济地位的不平等。这种不平等的社会经济地位，必须体现在社会法律实施中，表现为经济处罚上的不一致。如果不分自身经济状况，以同一个标准对待不同的社会活动主体，相同的处罚规定对财大气粗的人员就难以起到警示作用，因此对于其他社会成员来说就是不平等、不公正的。只有区分不同情况，予以不同的处罚，才能使社会法律由形式公正成为实质上的公正，更好地体现出法律面前人人平等的要求。

利用经济手段保证社会法律规范实施，不是一个新话题，却具有不同的社会要求。过去我们也讲经济处罚，却往往只具有象征性质，不具有真正的处罚和补偿功能。例如在对环境污染的处罚上，远远赶不上因污染而给社会造成的损失，也赶不上由此给违法者所形成的实际利益，根本达不到遏制违法行为的目的。这样一种经济处罚方式，是过去产品计划经济时代社会道德规范的产物，不能适应商品生产下的社会规范需要，体现不出社会主义的社会生活性质。再比如，英国高速公路最高违章罚款为 10 万英镑，相当于 100 万元人民币；中国高速公路罚款的最高数额只有 2000 元。因此在外国高速公路上根本看不到的现象，在中国高速公路上却屡见不鲜。其他诸如抢绿灯、绕红灯和各种不文明现象，都是现实生活中难以杜绝的痼疾。其根本原因，在于既不能都去依靠暴力强制来解决，又没有严格的经济处罚标准，自然起不到应有的社会规范作用。只有加大经济惩处力度，让违法者付出代价，才能有效保证社会法律法规的实施，保证社会秩序不受侵害。

以经济奖惩作为社会法律的实施手段，还要有社会的奖励措施。对积极进行社会监督、有效维护社会秩序的成员，应予以必要的物质奖励。这种物质奖励，要由社会来进行，以社会作为实施主体，由社会统一制定奖励标准和奖励规定，形成制度化的运行机制。同时必须符合人们的一般心理特点，做到规定明确，科学合理，不能是一些部门和个人的随意行为，或者仅仅表现为临时性的激励措施，造成随意性和无序性的现象。例如对应被判处极刑的犯罪分子，人们在举报时并没有后顾之忧，奖励标准可以低些。对一般的违法犯罪行为，人们在举报时存在着较多顾虑，奖励标准也应高些，同时还要制定出有效的保护措施，保障举报人的合法权益不受侵犯。如果只是把经济奖励作为一种临时性的应急手段，缺乏制度规定和长效机制，既会形成混乱随意的现象，也难以实现应有的法律实施效果。这些年来一些经济奖励行为及其实施效果，就是这种应急奖励、无序奖励做法的形象说明。

保证社会主义法制建设的有效实施，同样离不开社会道德规范的手段。在剥削社会中，法律代表着剥削者的利益，道德同样表现为剥削者的要求，对于劳动者都是一种社会强制和压迫，社会法制实施自然不需要道德的手段。社会主义法律规定是在尊重劳动的道德基础上建立起来的，在根本上代表了人民群众的利益，因此在实施中也具有崭新的社会形式和手段，具有丰富的道德性内涵，体现在社会的思想教育、典型引导、法律普及、舆论营造等工作中，形成社会主义法律实施的道德手段。这种法律实施的道德手段，能够把社会法制建设与社会道德建设有机统一起来，既具有保证社会法律实施的前所未有的主动性特征，也具有丰富的人性化内涵，使社会主义法律执行具有科学的道德因素，具有更为丰富的实施手段。以此提高人们的法制观念和法律意识，提高人们遵纪守法的自觉性，有效保证社会法律的实施。失去道德规范的手段，社会主义法制建设也就失去其重要的特点和标志，失去实施的内在动力因素，同样不利于社会主义法律的实施。

道德对于社会的活动主体来说，是一种自觉自愿的活动和行为，而法律规定是在社会道德基础上产生的，具有强制规范的性质。社会道德规定一旦形成为社会法律规定，就必须具有社会强制的性质，必须具有强制性的执法机关、执法主体和执法手段。因此道德规范对于社会主义的法律实施来说，只能是一种次要的辅助的手段。保证社会主义法律的实施，既要把道德规范与法律强制科学地结合起来，又不能把二者混淆和等同起来。尤其是避免以道德导向代替法律强制，以道德规范代替法律规范。道德规范对于社会主义法制实施的意义和作用，主要表现在法律学习、法制宣传等方面，表现为一种社会法制环境的营造，以及对于社会生沽的科学引导，只是在社会法制建设的一定阶段内，才具有重要的意义和价值，也只有与法律强制结合在一起，才能够起到应有的社会效果。离开道德规范的手段，不利于社会主义法律实施；但如果把道德规范抬高到不恰当的地位，同样难以保证社会法律的实施，甚至使社会主义法制建设流于空洞的道德说教。

社会主义法制实施的暴力手段、经济手段和道德手段，是一个相互联系的统一整体，都对社会主义法制建设起着重要的保证作用。这样一种社会主义法制建设的实施手段，说明社会主义法制建设具有不可否定的正当性与合理性，以及不可否认的政治优势。但是，如果处理不好彼此之间的相互关系，则会引起对于社会主义法律建设的否定，影响社会法律的执行。这在过去那种超前的社会道德原则下，表现得特别明显。社会主义道德建设是社会主义法制建设的思想基础，社会主义法制建设是社会主义道德建设的必要保证，社会主义法制建设离不开社会主义道德规范，更必须体现出惩戒作用和强制的性质。保证社会主义法律规定的有效实施，必须从思想引导、法制教育到经济处罚、社会强制等各个方面，形成科学完整的社会法律实施手段。也只有真正弄清楚社会主义法制建设的根本规定和要求，才能既有效地发挥道德的社会导向和社会规范作用，同时充分发挥法律强制的作用，发挥好经济奖惩手段的作用，从各个方面保证社会主义法律规定的科学有效实施。

保证社会主义法律的有效实施，还应保证社会法律条文具有刚性的标准规定，避免在具体实施中形成较多的的主观人为因素干扰。过去由于过多看重道德规范的作用，在法律实施标准上，在具体的法律条文中，都具有较大的弹性因素。同样一种违法行为，往往以主观愿望、思想意识等看不见摸不着的东西为理由，予以不同的处置，既给执法者以过大的自由裁量权，也给一些违法者逃避或减轻法律制裁提供了机会。只有切实改变法律执行中的道德化、模糊化和主观化现象，使法律条文做到具体化、明确化、刚性化，做到是什么行为就接受什么处罚，对号入座，一目了然，才能真正做到有法可依，有法必依。对于确实需要体现出差别的法律规定，必须把差别限定在尽可能小的范围内，把所谓思想因素放到其应该具有的位置上。由此体现出法律规定的严肃性和权威性，杜绝执法随意或执法不公的现象，避免各种干扰和妨碍执法的不正常现象存在。

保证社会主义法律的有效实施，还要保证所有社会活动主体在法律面前人人平等，避免因人施法、因事执法的现象。例如在贪污受贿的量刑标准上，凡是数额相同的，必须执行相同的处罚。如果犯罪数额相差悬殊，在刑罚上却没有多少差别，本身就是对法律规定的否定，是法律执行不规范的表现。而一个方面出现法律执行标准不一致，必然会产生连锁反应，使整个社会法律执行陷入随意和盲目的状态。再比如，人大代表必须首先做到在法律面前人人平等，不应当享有任何特权，而现在执法部门如果要对人大代表采取法律措施，则必须由人大自己先作出决定，才能予以实施。这种把立法权与司法权混淆在一起的做法，是“文化大革命”后为了避免出现随意践踏人大代表合法权利的现象而设定的，在当时具有必要性。而现时下人大代表在结构上已经有了很大变化，如果按照几十年前的规定来实施，必然使这种法律规定走向反面，成为一些不法分子的保护伞。湖南衡阳人大代表集体作弊案，就是一个例证。在社会主义社会中，不论是个人还是集体，不论是新闻机关还是执法机关，谁都不能拥有超越社会法律之上的权利，都必须平等地履行法律责任和义务。否则必然不利于社会主义法律的实施，必然会形成社会主义法制建设的否定因素。

保证社会主义法律的实施，还必须科学确定社会法律的执行主体，赋予法律执行机关应有的执法权力，保证执法部门、执法机关和执法人员的权威性和严肃性。法律规定具有强制执行的性质，要有具体的社会执行主体，要有社会强制机关来实施、来保证。没有具体的执行机关和执法主体，像那些所谓吸烟法、探亲法之类，只有法律条文，没有惩罚规定和执法机关，就不能称作是法律。对于执法机关和执法人员来说，必须明确工作责任，赋予其应有的权力，使之做到严格执法，规范执法，有效执法。对执法过程中出现矛盾和冲突的，只要执法者严格依照规章办事，不论由此引发什么样的结果，都不能去追求执法者的责任。否则同样是对社会主义法制建设的破坏，不利于法律规定的实施。

保证社会主义法律规定的实施，还应坚持社会主义法制建设的基本原则规定，正确认识社会主义法律执行的目的。过去由于对社会主义法制建设缺乏正确认识，赋予法律执行过多的社会责任，生怕因为法律执行影响社会稳定，人为制造法律执行障碍，为漠视法律、徇私枉法提供了借口。例如一些人住着豪华别墅，过着奢侈日子，就是不按照法律判决接受经济惩处，法律也难以对其予以惩处，形成中国社会特有的“老赖”现象。不仅没有达到促进社会稳定的目的，反而贬低了法制的尊严，形成普遍的法律“执行难”问题。社会主义法制建设必须有利于社会稳定，但这种社会稳定，同样只表现为法律实施的客观效果，不能是法律本身实施的直接目的，只应表现在法律制定上面，而不是表现在法律执行上面，不是表现在所有法律活动当中。法律执行是对违法者的强制性规范，必然具有对抗的性质，如果简单以稳定作为法律实施的直接目的，一味否定对抗和冲突，任何法律实施都会成为不可能。只要社会法律规定是科学的合理的，在执行时就不能再去强调所谓实现稳定，再去片面强调社会和谐。不能以损害法律尊严的方式去体现所谓亲民爱民，追求毫无原则的所谓社会稳定。否则必然导致以政策规定代替法律实施，以个别人的主观意志否定法律实施，与建设社会主义法治社会的要求南辕北辙正、背道而驰。

六、社会主义法制建设的统一性和差异性问题

社会主义法律规定是社会主义社会行为规范的集中体现，是上升为国家意志的强制性规范，既在根本上具有统一性的要求，在不同地区和不同社会发展阶段，又具有差异性的内容和规定。处理好法制建设统一性与差异性的关系，涉及到社会主义法制建设的质量和效果，也关系到社会主义的社会稳定和社会发展，是进行社会主义法制建设必须解决好的问题。

实现社会主义法制规范的一致和统一，是社会主义发展的必然要求，也是社会主义法制建设的重要标志。资本主义由于不具有社会利益相对统一的物质基础，其法律规定自然也表现为不同的内容，形成社会法制规范的相互矛盾和对立。在不同的资本主义国家中是如此，在同一个资本主义国家中同样是如此。在社会主义条件下，社会利益具有相对一致和相对统一的物质基础，作为社会生活的强制性规范，社会法制建设必须在根本上实现一致和统一，也具有实现统一和一致的社会条件。如果在公有制下，也像资本主义国家那样，实行各地自行立法、自行执法，更容易形成地方保护主义和本位主义，妨碍社会的发展进步。只有形成统一的法制规定和法律规范，才能形成科学的社会主义社会秩序，发挥法制建设的作用，保证社会主义的更好的前进和发展。

然而，社会主义法制建设的统一性，同样是相对的一致和统一，必然存在着差异性的内容和要求。这既是因为，社会主义是一个发展和前进着的社会形态，社会主义法制建设同样表现为发展着的动态过程，在不同的社会历史阶段，具有不同的法律规定；同时也因为，社会主义还达不到整个社会绝对统一

和一致的程度，在同一个社会主义国家内部，在不同的社会主义国家和地区之间，必然具有不同的社会生活要求。由此形成社会法制建设中的差异性特征。这种法制建设的差异性特征，是在社会主义本质规定下，由于社会的发展水平和发展阶段不同，以及民族的地域的文化的差别，所表现出来的具体社会行为规范的差异性。特别是在社会主义市场经济阶段，法律规定更具有丰富的内容。例如对公有制企业和私有制企业，既应具有共同一致的社会行为规范，也应具有不同的社会制度规定，以此增强法制建设的时效性和针对性。如果简单以同一个法律规定来要求整个社会生活，显然难以适应社会主义的发展需要。只有正确认识社会主义法制建设的差异性规定，科学利用这种差异性，才能有利于强化社会主义社会规范，适应社会主义的发展需要，形成健康有序的社会主义社会生活。

社会主义法制建设的统一性和差异性规定，首先表现在社会的立法过程当中。立法是执法的前提，既关系到法律内容的确定，也关系到法律的实施。科学确定社会主义法制建设的差异性，必须保证立法过程的科学性和正确性。而立法在根本上表现为一种社会利益格局确认和利益关系调整的过程，涉及到社会各个方面的利益要求，同时具有较强的主观人为因素。如果简单由各个社会利益主体自己去制定法律，很容易出现仅仅从自身利益出发去确定法律规范，而与社会整体利益相矛盾、相偏离的现象。只有从社会的整体发展要求出发，由中央立法机关统一行使立法权，统一制定各种法律、法规、条例、条令，才能保证社会法制建设的一致和统一，适应于社会主义的发展需要。这既是保证社会主义立法活动科学性的必然要求，也是社会主义政治一致和国家统一的必然要求。如果把立法权分散下放到各地去行使，必然难以实现法制建设统一性的要求，妨碍社会主义科学发展的实现。

强调法制建设的统一性，也能够保证社会主义法制建设的权威性和严肃性。很显然，只有上升到国家意志的层面，以国家最高权力机关的行为表现出来，才能有效体现出法制建设的权威性和严肃性。如果把法律制定当成是地方政府或各个部门的事情，就难以体现出法制建设的权威性，降低法律规定的强制力和公信力。对于社会主义法律规定来说，不论是统一性和差异性，都应由国家最高权力机关予以确定。否则既难以保证地方法律规定与中央的一致和统一，在彼此出现矛盾时，又必须以中央的法律规定否定地方的法律规定，既造成法律实施中的混乱现象，也损害法律的权威性和严肃性。地方和部门既不必要去制定法律法规，也不应当去制定法律法规。对于地方承担的一些特殊工作要求，可以用工作制度或政策规定的方式表示出来。确实需要运用法律规范的，可以由地方提出建议和要求，由中央一级立法部门统筹予以考虑和制定。在现时社会条件下，各种信息交流十分通畅发达，中央立法机关完全能够掌握下级的工作要求，形成既能体现统一性、又能体现地方特色的社会法律规定。

提出社会主义法制建设的统一性要求，同样有利于提高社会法制建设的质量，保证社会法制建设的有效进行。法律制定是一项严肃的工作，要有丰富的专业知识和专门的工作机构。从这些年的法制建设实践来看，地方基本上不具备立法的技术实力。把立法权简单地交给地方，表面上能够发扬民主，促进法制建设，实际上则缺乏实质性的工作内涵，既不可能制定出高质量的法律规定，又在整体上妨碍社会法制建设工作的进展。一方面，地方并没有因此制定出多少有分量的法律规定；另一方面，又造成法制建设工作中的权责不分，使能够制定法律的部门不去制定法律规定，不能制定法律规定的又无力制定法律规定，导致社会法制建设跟不上社会的实际发展需要。而各级立法机关谁都不用对此负责，形成了社会法制建设中的大锅饭现象。只有以国家最高权力机关作为法律制定机关，加大国家层面的立法工作，才能够加快立法进度，提高立法质量，保证社会主义立法工作的有效进展和实际效果。

提出法制建设的统一性规定，也有利于社会主义法律的执行和实施。有法不依、执法不严，是社会主义法制建设中的一大弊端。而这种现象的出现，一个重要原因，就是法律执行缺乏统一性，失去了权威性和强制性。一些地区和当事人往往打着从实际出发的幌子，千方百计钻法律的空子，使法律在人们心目中成为可有可无的东西。只有实现法制建设的统一性，明确划分工作职责，才能保证法律的权威性和强制力，实现社会法制建设的最佳效果。具体来说，必须把立法权收归中央统一行使，法律制定的质量高低，由中央负责；地方只负责执行和实施法律。以此体现出法制建设权责一致的要求，避免在法制建设中搞大呼隆，吃大锅饭。如果不分中央和地方，一律要求立法、执法一把抓，必然是能干的不去干，不能干的又干不好，使社会主义法制建设的效果大打折扣。

处理好社会主义法制建设统一性和差异性的关系，在当前具有重要的意义。以往由于各种原因，在社会主义法制建设上，存在着过于注重差异性的弊端。表现为中央、省、市一级都有立法权，中央各部委都拥有制定法规条例的权力，各个涉法部门都要进行所谓法制改革创新。表面上法制建设红红火火，实则空空洞洞，缺乏实效。不少法律条例既难以起到法制规范的作用，又相互矛盾打架，削弱了法制建设的整体效果。在对案件的处理中，同样存在着执行标准不一致、不统一的问题，形成法律执行中的随意性和无序性。只有真正实现法制建设的统一性要求，处理好法制建设统一性与差异性的关系问题，既保证必要的差异性，又坚持在总体上的统一性，才能够避免法制建设中出现混乱随意的现象，保证社会主义法制建设的扎实有效进行。

一般来说，社会主义法制建设的差异性，主要表现在经济生活和文化生活领域，在政治法律上，则必须实现一致和统一。但社会主义是在剥削社会基础上建立起来的，在实际发展中，还存在着一些特殊的地区和特殊的情况，必然会有不同的社会政治要求。因此在法制规范中，也应有不同的法律规定。例如中国的香港、澳门地区是如此，在内地少数民族居住地区同样是如此。在这些地区，其法律规定既应具有独特的社会生活内容，又不能与社会主义根本制度相矛盾、相冲突，不能导致对社会主义制度的否定。但严格来说，这种不同社会区域的法律规定，只是一个社会政治治理方式问题，不属于社会主义的法律规定内容，不能以此否定社会主义法律规定的统一性。

社会主义是一个开放的社会形态，社会主义法制建设同样具有开放的要求。这种法制建设的开放性，既表现为社会主义国家内部的相互开放，即社会主义法制建设的统一性规定和要求，也表现为对于外部世界的开放，有一个处理好国内法与国际法的统一性和差异性问题。由于社会制度和社会发展水平不同，在不同的国家中，必然具有不同的法律体系和法律规定。这些法律规定，有的具有普遍的社会规范价值，有的仅仅具有特殊的法律规范价值。而在世界发展呈现出融合性、统一性的历史趋势下，任何国家都要同其他国家打交道，必然存在着社会主义国家的法律规定与其他国家法律规定的对接互通问题。社会主义必须在保证自己法制建设统一性的前提下，制定出与世界通行规则相适应的社会法律规范；同时始终以有利于自身发展为根本目的，而不是简单地强调与国际接轨，以所谓国际通行规则替代社会主义法制建设，避免由此导致对于社会主义的事实上的否定。

七、科学利用人类社会法制建设的优秀成果

社会主义的社会法制建设，是人类社会最为科学的社会法制建设，是在人类社会法制建设基础上建立和发展起来的。资本主义是社会主义之前人类社会发展的最高社会形态，进行社会主义法制建设，自然应借鉴资本主义法制建设的经验和做法。把社会主义法制与资本主义法制绝对割裂开来、对立起来，当然是不正确的。但一切剥削社会形态的法制建设，都是建立在生产资料私有制基础上的，在目的、内容和手段上，与社会主义法制建设具有根本的区别和不同。保证社会主义法制建设的科学有效进行，必须正确认识社会主义法制建设与其他社会形态法制建设的联系和区别，处理好对于人类社会法制建设优秀成果的学习、继承和借鉴问题。

进行社会主义法制建设，建设社会主义法治社会，是社会主义存在和发展的必然要求。然而由于各种原因，在很长的一段时间内，法制建设并没有提上社会主义发展的议事日程，甚至排斥和否定法制建设，使社会主义处于事实上的人治状态，在社会发展中造成极大的失误和教训。随着社会主义的实践和发展，特别是中国实行改革开放以后，法制建设被提上了社会主义发展的重要议事日程，得到了普遍重视和较快的发展。但由于在理论上难以实现根本性突破，没有真正弄清楚社会主义法制建设的实质内涵和根本要求，加上片面接受以往社会生活

中的经验教训，因此在法制建设中，只能处于含糊懵懂的状态，难以充分适应社会主义的发展需要。一些法律规定在实质上表现为资产阶级和个人主义的社会生活内容，采取的又是共产主义道德规范的执行手段，偏离了社会主义的根本发展要求，存在着背离社会主义法制建设要求的现象。

一是法律制定随意化。由于对社会主义法制建设的本质规定弄不清楚，提不出科学的社会主义法制建设工作思路；而现实生活中又亟须法制规范，因此只能急用先做，把一些资本主义法律规定照搬进来，作为社会主义的法制建设内容。像所谓《反垄断法》，就是如此。同时脱离开法律建设的一般规律，该管的不去管，不该管的随便管，异想天开，标新立异，随意制定一些吸烟、探亲之类的法规条例。而对如何保护社会主义经济基础，如何保证人民群众的生命财产安全，却提不出有价值的法律规定。对买卖人口这种丑恶现象麻木不仁，不去认真解决，却从保护个别乱搞婚外情的违法乱纪者的个人利益出发，制定所谓婚前财产公证，用法律规定干着资产阶级曾经诬蔑过的共产党人要消灭家庭的事情。

二是法律执行空洞化。一些法律规定本身即缺乏正当性和合理性，执行中又存在着指导思想上的失误，动辄以实现社会稳定、促进社会发展为要求，给法律实施赋予了超出其自身所能承载的社会功能；同时过于注重道德规范的作用，缺乏强制性的法律实施手段，缺乏执法部门应有的工作权威，使很多法律徒有其名，难以实施。一些人拿着资本主义虚伪空洞的法律理念，忽视和丢掉对大多数社会成员的利益保护，忽视对于执法人员的社会权利保护，总是在强调和维护违法犯罪分子的人权，对法律执行设置了很多不应有的障碍，好象只有这样才算是人性、人道。致使有法不依、有法难依，形成法制建设中的空壳化、空泛化现象。

三是法律普及形式化。在全社会进行法律知识教育，是社会主义法制建设的工作特点和内在要求，既是必要的，也是必需的。但在过去的法制建设工作中，却以此为借口，避重就轻，避实就虚，片面去强调法律知识学习的重要性，把普法工作变成了表面文章。往往随意动用社会资源，随便提出工作要求，投入过多的人力、物力、财力，搞所谓的全民学法、全民普法。在领导干部的法律学习中，更是不论其从事什么工作，一律要求什么法都要学，什么法都要懂，并且年年考试，实行“一票否决”，造成普法学习中的上下造假、彼此糊弄，不仅起不到普及法律知识、提高人们法制意识的作用，反而淡化了法律尊严，使普法工作走向偏颇。

四是法律宣传片面化。把社会主义法制与资本主义法制混为一谈，把资产阶级法制理念当作是社会主义法制理论来宣扬，善恶不辨，是非不分。例如不是在伸张社会正义，而是为犯罪分子寻找开脱的借口，所谓人性化犯罪管理充斥于报端，对见义勇为者却动辄予以法律惩戒。一档电视节目在讲到一名妇女被非法拐卖、失去人身自由时，竟以形成了事实婚姻为借口，让这名妇女自己去公安机关报案。这样的说法，和纵容拐卖妇女儿童有什么区别？在法制宣传中经常出现以偏概全、弄虚作假的现象，用一些看不见摸不着的所谓典型为那些形式主义工作方式造势，似乎只要学法、知法，就必然用法、守法，而违法犯法就是不懂法、不学法，对法制建设起着片面引导和舆论误导的作用。

社会主义法制建设工作中的这种“四化”现象，有其产生的特殊历史背景。中国的“文化大革命”结束以后，由于法制被破坏殆尽，法制建设紧迫地摆在人们的面前，同时又处于摸着石头过河的探索阶段，因此只能急用先学，即学即用，从两个方面入手进行法制建设。一个是吸取极左年代肆意践踏民主与法制的教训，以矫枉过正的方式进行法制建设，这从对于人大代表的特殊权利规定中就看得很清楚。另一个方面，则是直接照搬资本主义的法律规定，以此作为社会主义的法律规范。对于社会主义法制建设的根本规定和发展要求，则缺乏深入细致的研究，很少有自己的观点和建树。因此虽然制定了不少法律，但符合社会主义本质规定和发展需要的并不多，真正的社会主义法律体系还没有建立起来，必然会出现社会主义法制建设东施效颦和水土不服的现象。

社会主义法制建设中出现的这些现象，首先与缺乏科学的社会主义理论建设有关，是社会主义理论不健全不完善在社会法制建设中的必然表现。社会主义法制是对社会主义社会生活的科学规范，必须在社会主义制度的整体框架内进行，如果对社会主义讲不清楚，对社会主义法制建设自然也就讲不清楚。而目前的社会主义法制建设，是在社会主义理论不完善不健全的情况下进行的，缺少科学的行为规范和原则遵循。例如改革开放以来，我国宪法对社会主义所有制形式的表述，就进行了多次修改。在这种情况下，社会主义法制建设同样会处于含糊迷茫的状态，不可能弄清楚社会主义法制建设的本质规定和根本要求，必然出现盲目性和随意性的弊端。

社会主义法制建设是一项繁重的创新性的社会工作，对于从事社会主义法制建设的人员来说，既要具备扎实的法律专业知识，还必须要有丰富的社会实践体验，更必须具备深厚的马列主义理论功底，如果在一个方面弄不清楚，对于社会主义法制建设也就不可能弄清楚，必然局限在支离破碎、零打碎敲的状态。在社会主义法制建设中，也有一些专家学者能够耐得住寂寞，对社会主义法制进行认真的理论思考。如提出“社会主义劳动论”的法学家杨震山先生，就是如此。但不少人以急功近利的心态，来参与社会主义法律建设，总想着扬名立万，语出惊人，与众不同，闹出一些令人困惑不已的笑话。一位法律学者在爱人遭遇难产、医生问其是保大人还是保孩子时，竟以尊重人权为由，不关心妻子的安危生死，让医生去问处在难产状态下的妻子，要妻子自己去选择，并以此为荣，到处宣扬。以这种缺乏人伦道德的法制理念进行法制建设，其效果自然不言而喻。也正是由这些人进行法律建设，才能制定出戒烟法、探亲法、婚前财产公证等所谓的法律规定。

社会主义的法制建设，是由社会主义劳动创造的本质所决定的，必须体现出社会主义的本质规定，体现出社会主义制度的根本要求，对社会主义制度起到保护和保障的作用。这是社会主义法制建设的根本规定，是社会主义法制建设与其他社会形态法制建设的根本区别。只有以辩证唯物主义和历史唯物主义的态度，科学认识人类社会的法制建设进程，才能正确利用人类社会法制建设的优秀成果，促进社会主义的法制建设。

科学利用人类社会法制建设的优秀成果，必须认识到社会主义法制与资本主义法制的本质区别，不能简单奉行拿来主义，不是对资本主义有用的东西，就一定适应于社会主义。资本主义有着300多年的发展历史，在法制建设上也积累了丰富的经验和做法，通过对资本主义法制建设历程的学习借鉴，无疑有助于进行社会主义法制建设。但这种学习和借鉴，必须是在弄清楚社会主义本质规定前提下的学习借鉴，通过科学的否定和扬弃，使之真正适应于社会主义的发展需要。任何法制都是为了维护现有的社会秩序，而社会的根本制度不同，社会秩序也就不同，由此形成的法律规定必然也不相同。资本主义法制是建立在私有制基础上的，是为保护私有制而确立的，以保护剥削压迫为根本目的；社会主义法制是建立在公有制基础上，是为保护社会主义生产关系而确立的，以保证全体劳动者的利益实现为根本目的。学习资本主义的法制建设经验，必须在本质上把二者区分开来，创新内容，剔除糟粕，不仅要形成社会主义的政治秩序，也必须形成社会主义的经济秩序和社会公共秩序。背离社会主义本质规定，盲目迷信资本主义的做法，必然走到社会主义法制建设的反面。

科学利用人类社会法制建设的优秀成果，必须从人类社会发展规律的高度，实现社会主义法制建设的发展和创新。社会主义法制建设是一项前所未有的开创性事业，一切剥削社会包括资本主义社会，都不可能为社会主义提供现成的国家机器，也不可能为社会主义提供现成的法律规定。恰恰相反，作为社会主义上层建筑的重要组成部分，社会主义法制建设更具有阶级性和时代性，是对剥削社会法律制度的根本否定，包括对资本主义法律规定的根本否定。进行社会主义法制建设，必须立足于社会主义的实际发展需要，体现出创造性、创新性和发展性的特征。只有这样，才能为社会主义法制建设开辟崭新的道路，形成与社会主义社会性质相一致、相适应的法律体系和法制规定。

科学利用人类社会法制建设的优秀成果，必须从根本上否定资本主义的法制理念，特别是否定资本主义空洞虚伪的人权观，树立起科学的社会主义人权观。资本主义法律理念以“人都是人”为其根本规定，把人的社会存在等同于一种生物存在，以人的自然权利代替人的社会权利，在现实生活中必然失去基本的原则遵循，成为一种毫无规范的行为。例如资本主义拥有大量的军队、警察、法庭、监狱，动不动就对示威者大撒辣椒面，施放催泪弹，却连打死一只苍蝇也要被谴责为不人道、不正当。这种相互矛盾的现象，以所谓“天赋人权”的观念来评价，又都是正当的和合理的，都应该存在和不该被否定。社会主义则以“人本身是人”作为法制建设理念，表现为社会权利与社会责任的科学统一，以及个人与整体、民主与法制的科学统一。从而为社会主义法制建设确定科学的思想基础，保证社会法制建设的有效进行。否则就不能确立起科学的社会主义人权观，不能确立起科学的社会主义法制理念，社会主义法制建设必然不可能得到有效进行。

科学地进行社会主义法制建设，必须坚持以马克思主义为指导，增强法学工作者的马列主义理论修养。否则很容易偏离社会主义的根本发展要求，造成根本性的偏颇和失误。例如马克思和恩格斯在《共产党宣言》中，即对资产阶级诬蔑共产党人“消灭家庭”的谬论予以批驳，一些人却在现实法律规定中干着消灭家庭的事情。如果脱离开社会主义的社会生活性质，崇尚资产阶级的两性观，把家庭仅仅看成是两性之间的自然结合，在现实生活中，就难以形成牢固的负责任的家庭，必然把人类降低到一般动物的生存水平上，甚至连动物界的本能意识也不如。抛开人类自然生存繁衍的生物特性，在存在着个人经济利益和事实上男娶女嫁的情况下，割断家庭在经济联系上的承续性和统一性，一旦夫妻离异，女方就只能像部队战士退伍复员一样，从哪里来回到哪里去。如果法律制定者有一点马列主义的常识，有一点自然知识和人伦是非观念，稍微考虑一下现实生活中的社会利益关系，就不会干出诸如婚前财产公证之类荒唐不经的事情了。

八、坚持科学的社会主义法制建设方向

总结社会主义法制建设的工作实践，我们不能不说，迄今为止，还没有形成科学的适应社会主义发展需要的社会法律体系，社会主义法制建设依然具有艰巨的任务要求。这样一种社会主义法制建设的水平和状况，当然与目前人们对于社会主义的整体认识水平相一致，有其客观的社会历史原因。但现实社会生活又离不开社会的法律规范，要求着尽快建立起科学完善的社会主义法律规定和制度规范。进行社会主义法制建设，必须与整个社会主义发展要求有机结合起来，为社会主义法制建设确定正确的目标和方向，通过对于社会主义法制建设的理论创新和实践创新，使社会法制建设真正适应于社会主义的发展需要，形成科学完善的社会主义法制体系和制度规范，实现社会主义法制建设的良好社会效果。

进行社会主义法制建设，必须注重合理化的要求。这种法制建设的合理化内涵，首先表现为法律内容的合理化，必须在道德上逻辑上讲得通，合乎人们的一般心理认知需要，符合社会主义发展的根本要求。如果一项法律在基本内容上缺乏合理性，不管在主观上出于什么目的，在客观上都不利于社会主义的法制建设，必然会损害社会主义的法制建设。例如按照同一个标准对行贿和受贿犯罪进行量刑处罚，看起来很严厉，能够有效打击腐败，实际上却有悖常理，不合情理，难以实施。很显然，收钱的和送钱的不能是一个心态，彼此也不能等同于一个罪别。如果按照同一个标准量刑定罪，行贿者当然能不说就不说，实际上是保护了受贿人，保护了违法犯罪。如果把二者区别开来，属于一般行贿的，按照受贿标准的三分之一甚至更

少予以处罚。而对于受贿者，也应区分是一般受贿、主动索贿和被迫受贿，对于后者，同样可以把行贿受贿的刑罚标准倒过来，按照行贿的标准对受贿者予以处罚。这样既合乎人们的一般心理认知，也有利于揭露犯罪、惩治腐败，使法律规定更具合理性和科学性。

进行社会主义法制建设，必须突出实用化的要求。制定法律是为了实施法律，要有科学的执行机制和执行手段，以法律实施效果作为基本要求。在法律制定时做到科学全面、宽严适度，在执行中做到有法必依、执法必严，有措施，有手段。如果在法律条文的制定上过于严格，法律执行时却要求不严，本身即是对法律权威性的否定，有碍于法律实施。如果一项法律对绝大多数社会成员来说都难以做到，或者缺乏实施的手段，就不能作为法律规定。必须把道德规范与法律规范区别开来，把道德导向与法律强制区别开来，弄清楚什么行为必须实行法律强制，什么行为属于道德规范。不能够予以执行的法律是无效的法律，执行无效的法律就是无用的法律。如果只管法律制定，不管法律执行，既没有执行的主体，也没有执行的手段，任何法律都毫无价值。像那种子女探望父母之类的法律，只能属于道德范畴，不能作为法律规定，其实施以来，既找不到一个具体的社会强制对象，也没有对任何社会成员进行法律强制。这些有和没有一个样的法律规定，与社会主义法制建设实用化的要求完全相悖，自然没有存在的必要。

进行社会主义法制建设，必须达到明晰化的要求。在所有法律条文的具体确定上，必须做到清晰明确，便于操作，易于把握，具有刚性的执行标准。不能停留在一般的原则规定上，更不能局限在道德规范和思想教育的基础上。过去一些法律规定，过多地强调思想教育和道德规范的作用，缺乏细化、量化的具体标准，在执行中存在着较大的伸缩性，形成法律实施的否定因素，难以保证法律的实施效果。法律是一种刚性的社会行为规范，只有把法律规定具体化、明晰化，形成明确的执法标准和行为规范，才能杜绝执行中的随意性和盲目性，有利于法律的实施。必须充分体现出法制建设的强制性规定，避免法律条文规定中含糊不清和弹性过大的现象，做到是什么社会行为，就实行什么样的法律规定。以此增强社会主义法律规范的统一性和规范性，体现出法律规定的严肃性和权威性，保证法律实施的可行性和有效性。

进行社会主义法制建设，必须体现民主化的要求。社会主义法制建设是全体社会主义社会成员的事情，必须突出全体社会成员的社会主体地位，充分尊重人民群众的意志和意愿，发挥人民群众在法制建设中的积极作用。特别是在法律制定中，形成健全的社会法律制定机制，从法律建议提出到法律文本形成，都应向全社会公开，采取征询、讨论等形式，充分体现出人民群众的社会民主权利，听取各方面的意见和建议，保证法律内容的正当性和合理性。尤其应体现出社会主义法律弘扬正义、激浊扬清的本质特征，使法律规定真正有利于良好社会秩序的形成，有利于社会主义制度的维护，让具有切身感受的基层群众讲话，让遵纪守法的社会成员讲话，让见义勇为者讲话，而不是凭着维护违法犯罪者的所谓人权来制定法律。由此使社会主义法制建设充分体现出人民性和时代性，保证社会主义法制建设的正义性和正当性。

进行社会主义法制建设，必须坚持动态化的要求。以维护社会秩序、巩固社会主义制度为根本要求，及时制定和修正法律制度，使法制建设充分适应于巩固和发展社会主义的需要。目前的法律制定工作，或者存在着懈怠心态，或者盲目迷信法律的崇高神圣，致使法律制定的速度太慢，赶不上现实社会生活的发展需要。如对互联网的管理，明知道必须强化行为规范，却长期形不成法律规定，引起社会中的不少弊端和失误。任何法律规范都不可能做到一劳永逸，社会主义法制建设同样不能从社会主义制度建立到社会主义终结，都停留在一个标准和一个水平上。在社会生活中，有规范比没有规范好，实行法律规范比实行其他规范要好。法律是人制定的，为人服务的，只要有利于社会秩序的维护，有利于保护社会成员的合法权益，就应及时形成法律规定，做到先制定，后完善，再发展。不是一定要绝对完善才可以出台法律规定，或者认为只要是法律规定，就是绝对正确和不能改变的。

与其他社会管理活动相比较，法律规范是最为严格的社会行为规范，必须具有公开性、透明性的发展要求和运行特征。在社会主义法制建设中，包括在法律的实施和执行中，除开个别特殊的情况外，都应是一种公开的社会行为。由此既保证公正执法、公平执法，又能够对违法行为起到有效的惩戒作用。否则必然降低法律的实施效果。如轰动全国的南京见义勇为案件的审理，就是法制建设中的一大败笔：如果是见义勇为，应对见义勇为者以公开支持；如果不是见义勇为，法律应公开指责和惩罚这种行为。而法院判决采用隔布袋买猫的方式，采取暗箱操作的手段，让人弄不清是非真假，对败坏社会风气，助长歪风邪气，起到了恶劣的引导作用。必须把社会主义法制建设放在社会主义民主政治建设的框架内，予以科学的限定和规范，接受各方面的监督和制约。只有保证社会主义法制建设的公开性，使法制建设处在阳光下面运作，才能保证社会主义法制建设的公平性和科学性。没有法律实施的公开性，缺乏有效的法制建设监督机制，即使法律制定得再科学、再详尽，也难以实现科学的实施效果。

加强社会主义法制建设，必须增强全体公民的法制意识。这既需要运用社会整体的力量，通过法律学习、法制宣传等手段，形成良好的社会法制环境；更必须依靠社会成员的个人努力。对于法律知识的学习掌握，既应有全社会共同的学习教育内容，更必须强调学以致用，强调社会成员个人的责任和义务。社会的法律条文浩繁复杂，社会不可能把所有社会成员的法律学习都承担下来。而对于绝大多数社会成员来说，法律学习主要是弄清楚与自己工作生活相关的社会制度规定。必须把社会的公共法制教育与个人的法律素质提升区别开来，把各种实用法律学习作为社会成员的个人义务，由社会成员根据自己的需要确定学习的内容和方式，而不是都要由社会负责，以大锅饭的方式去进行学法用法工作。

资本主义由于其自身的社会性质所决定，其每届政府在执政时间上，具有短期性和临时性的特点，容易引起社会中的动荡不安和摇摆不定。因此资本主义必须保证司法活动的独立性，以此实现社会相对稳定的要求。这样一种法律实施模式，可以避免一个临时的政府对司法活动的人为干扰，形成相对稳定的社会司法体制；但也存在着司法人员权力过大、缺乏系统管理的弊端，容易造成司法活动中蛮横霸道和任意而为的现象。例如在美国“孩子换金钱”的司法丑剧中，执法人员竟达到长期私设少年监狱的程度；在陪审团制度中，相关人员同样以一锤子买卖的方式进行案件审理，不论判决结果如何，谁都奈何不得。至于政府与司法的对立，更是屡见不鲜，造成国家的动荡不定和社会混乱。社会主义政府具有执政的长期性和持久性，必须实现党和政府对于社会生活的统一管理和领导，包括对法制建设进行统一的管理和领导。正如马克思在论述巴黎公社时所表述的那样，公社“应当是同时兼管行政和立法的工作机关”。① 这样一种法制体制，有利于实现整个社会生活的规范和统一，减少相互掣肘和矛盾对抗，更有利于社会发展。在社会主义社会中，没有党和政府的参与和领导，就不可能形成科学的社会法律规定，也难以形成科学的法制建设环境。只有通过党和政府的监督管理和协调指导，才能使法制建设处于有效的社会监督和规范之下，保证法制建设的有效进行。

提出党和政府必须加强对法制工作的领导，不是说每个党政部门都可以随意去干预司法，更不是以党和政府的工作去替代司法工作，否定司法工作，而是形成科学严谨的工作机制，做到依法干预，规范干预。不难发现，过去所以容易出现政府对于法律执行的乱干预、瞎干预，主要是缺乏有效的社会规范和责任规定，使个别人可以打着政府或集体的旗号，随意干涉司法，违规干预司法。这种所谓的政府干预，实际上都是一种个人干预，属于一种个人行为，只是打着政府的旗号而已。只要制定出相关制度规定，体现出权责一致的要求，就能够实现政府司法干预的规范化和有序化。至于社会管理体制中的一些弊端，如以信访否定司法，同样能够通过对于社会管理体制的规范和完善，予以有效的解决。在社会生活中，既应保证立法、司法、执法的相对独立性，又必须保证各部门之间的相互合作和有效配合。不能像资本主义那样，把政府与司法绝对分割开来，变成是互不相干的社会管理体系。只有既保证法制工作的相对独立性，又发挥社会各方面的作用，充分体现出党和政府对于法制建设工作的领导，才能体现出社会主义民主政治和集体领导的性质，使社会主义法制建设得到有效进行。

① 《马克思恩格斯选集》第2卷，第375页。

加强社会主义法制建设，必须体现出法律执行严肃性的要求。特别是要做到所有社会成员在法律面前人人平等，违法必究，有罪必惩；同时保证社会法律体制运行的稳定性和规范性，不能随意否定法律的执行和实施，导致有法不依、有罪不惩的现象。例如过去为追求所谓平安建设，人为设置法律实施障碍，事先规定犯罪率，以此作为工作考评标准，使“平安建设”走向法制建设的反面。各种违法犯罪活动既有必然性，也有偶然性，不可能仅仅以执法者的主观意愿为意愿，不是事先可以具体确定的，因此也就不能事先硬性规定所谓犯罪率。只要对违法犯罪活动及时予以制止，对各种犯罪分子及时进行处理，就是尽到了执法者的工作职责，不论实际发案率高低，都不能作为问题对待。反之，如果为了表示所谓工作政绩和社会安定，对违法犯罪活动弄虚作假，隐瞒不报，即使发案率再低，也必须作为问题进行处理。否则同样是对法律尊严的亵渎，不利于良好社会秩序的形成。

这样一种法制建设要求，会不会导致法律规定繁多冗杂，形成不必要的社会恐慌情绪呢？一方面，社会主义法制建设必须对社会生活予以全面规范，必然需要大量的法律条文。另一方面，人类社会是不断发展的，社会法律规范同样是不断发展和完善的。从古埃及的几十条法律规定，到现代社会法律条文成千累万，既是人类社会发展的必然要求，也是人类社会发展进步的标志。美国的法律条文同样多到了数不清的地步。社会主义具有更为丰富的社会生活要求，法律规定自然也应具有更多的内容。这是人类社会法律从有到无的必然历史过程，是最终消灭法律的必然社会历史阶段。至于法制建设对于社会成员的警示和威慑作用，正是法制建设必须具有的社会效果。社会主义法律不仅在本质上不同于剥削社会那种暴戾恣睢的性质，在强制对象上，同样只是对少数违法乱纪的人员而言，自然也不用担心形成社会的恐慌情绪。

还应当指出，一些人动辄讲西方国家的公民素质如何的高，实际上这种所谓公民素质，同样是慑于法律的严厉惩处，否则在个人主义价值观的导向下，其素质必然更低。据报道，一位美国女青年为真实了解美国公民的素质，只身行走在美国的街道上，3 个小时内受到了 108 次侵袭和骚扰。美国人口占全球总人数的 5%，但关押的犯人总数占全世界该类人员的 25%，高居全球榜首，按比例计算，平均不到一百名美国人就有一个人在监狱服刑，每 9 位年龄在 20—34 岁的美国年轻黑人就有一人被关在监牢里。社会主义法律强制显然不可能达到这样荒唐的程度，因此也不用担心由于进行法制建设，而遭到资本主义和敌对势力的攻击诽谤。

保证社会主义法制建设的健康有序进行，必须把社会主义法制建设纳入到制度化的轨道，做到以法立法、以法执法、以法治法，杜绝那种标新立异或临时动议的工作方式。例如社会主义法制建设必须维护社会成员的利益，但这种维护，是对法律规定范围内的社会利益保障，不是随意把一些工作主张作为法制建设要求。像以保护弱势群体利益作为法制建设工作要求的提法，就是典型的以人代法行为。在现实生活中，每个人都有自己相对强势的一面，也有相对弱势的一面。警察在违法人员面前是强势群体，作为病人出现在医生面前又是一个弱势群体。而在社会主义法律面前，既不会形成一个凌驾于他人之上的强势群体，也不会有所谓的弱势群体存在，因此也就不能以保护弱势群体作为社会主义法制建设要求。法律是维护社会利益秩序的手段，但不是对社会利益进行直接分配或赋予的机关。对社会中的困难人群，应通过政府的政策规定予以解决和照顾，不能以此作为法制建设的任务规定。否则同样会把法制建设置于临时动议或领导决策的尴尬地位，进而随意否定社会主义的法制建设。对于社会主义的法制建设来说，只要严格执行法律规定，就是实现了社会主义法制建设的根本要求。如果真的在社会法制规定中存在着一个弱势群体，那就表明在社会主义法律规定中，还存在着一个享有法律特权的强势群体，从而也就把社会主义法制建设置于不正当的地位，自然不可能科学地进行社会主义的法制建设。

法律规定是社会规范的集中反映和体现，也是各种社会规范实施的重要保证。建立社会主义法律规范，必须与整个社会主义社会规范结合起来，与道德规范、工作规范、纪律规范结合起来，形成统一的社会规范体系，共同体现出社会主义法治社会的规定和要求。如果其他社会规范不完善，社会法律规范也不可能得到真正完善；如果其他社会行为规范难以得到有效实施，社会法律规范同样不可能实现最佳的社会效果。例如在对腐败现象的遏制上，就必须强化党纪政纪规范，对那些违规违纪者，或是对这种现象不闻不问的行为，予以必要的纪律惩处。这样一种社会规范体系，既是社会主义法制建设的重要社会基础，是社会主义法制建设的必要保障，也是社会主义法制建设的政治优势，是社会主义法制建设不可忽视的重要内容。

加强社会主义法制建设，实现社会主义法制建设的良好效果，必须对社会主义以科学的认识和理解，对社会主义本质规定和发展要求以科学的认识和理解。否则社会主义法制建设就会失去基本准则和行为遵循，失去科学的发展目标和发展方向。实现社会主义法制建设的发展、完善和突破，需要一批能够为社会主义法制建设默默工作的优秀人才，需要一大批静下心来、致力于社会主义法制建设事业的专门人才。否则社会主义法制建设就只能停留在低水平的抄袭重复上，不可能实现真正的突破和完善。与其他社会生活领域相比较，法制建设更需要马克思主义的理论指导，进行社会主义法制建设，更需要有马克思主义的理论素养。不是背下了资本主义的法律条文，就能够成为社会主义的法律权威。只有真正弄清楚社会主义的社会生活要求，真正弄清楚社会主义的社会性质，才能科学认识社会主义的法制建设要求，弄清楚社会主义法制建设的根本规定和发展方向。

社会主义法制建设是社会主义发展中一个亟待解决的重大问题，也是社会主义发展中必须解决的重大问题，既具有人类社会法律规范的一般要求，更具有社会主义独有的法制建设内容。只要弄清楚社会主义的本质规定和发展要求，建立起科学的社会主义法制规范，实现社会主义法制建设的根本性突破，实际上并不难。随着社会主义实践的发展，社会主义法制建设必然越来越成熟，越来越完善，最终形成科学的社会主义法律规范体系，为社会主义发展提供牢固的法律基础和法治保证。

第 三 章
社会主义行政管理体制研究

行政管理体制表现为社会的基本组织管理制度及其运行方式，是人类社会最为基本的社会管理活动，既主要表现为社会政权机关的活动内容，又体现在整个社会管理活动当中，是人类社会管理活动的根本要求和集中体现。没有对于社会主义行政管理体制的科学认识，失去科学的社会主义行政管理体制，就难以适应社会主义的社会管理需要，难以适应社会主义存在和发展的需要。只有对社会主义行政管理体制以科学的认识和理解，真正弄清楚社会主义行政管理的发展特点和发展要求，才能建立起科学的社会主义行政管理体制，科学地适应社会主义的社会管理和社会发展需要。

一、社会主义行政管理的社会包容范围

社会行政管理既是指通过对国家权力的行使和运用，对社会公共事务所进行的一系列计划、组织、协调、控制等社会活动内容，主要通过社会政权机关即政府的活动和行为表现出来；也包括机关、企业、团体等社会组织内部的一般管理工作。我们这里对于社会主义行政管理体制的研究，主要是就确立社会主义的社会行政管理体制而言，是就社会主义的具体社会行政

管理活动而言，也就是说，是就社会主义国家权力的行使和运用状况而言，是就社会主义政府及其职能部门的具体活动状况而言。一定的社会行政管理活动，是由具体的社会制度所决定的，体现着一定的具体的社会制度的发展特点和发展要求。社会主义的行政管理体制，同样是由社会主义的社会制度所决定的，既具有人类社会行政管理的一般要求，也具有独特的社会活动内容。建立社会主义行政管理体制，首先应当弄清楚社会主义行政管理的包容范围，即社会主义行政管理的实施范围问题。否则就不可能科学把握社会主义的行政管理要求，不可能建立起科学的社会主义行政管理体制。

人类社会的社会行政管理活动是与国家权力同时出现的，目的是维护现有社会秩序，保证现时社会制度的存在和发展。对于每一个社会成员来说，社会行政管理既有利益保护的性质，也有社会规范的要求。在剥削社会中，由于实行私有制，既缺乏对社会经济生活进行管理的社会物质基础，也缺乏具体的管理手段，因此行政管理仅仅局限在社会公共秩序的维持上，表现在政治领域、外交领域等方面，经济生活基本上不在社会行政管理的范围。社会主义以公有制为其社会物质基础，以社会化大生产为基本要求，在社会生活的各个方面，都与剥削社会具有根本的不同。表现在社会行政管理上，除了必须对剥削社会形态的行政管理本质以根本的否定，在管理的范围和内容上，同样必须向整个社会生活领域延伸和扩展，向经济领域、文化领域等方面延伸和扩展，体现在整个社会生活当中。由此使社会主义行政管理具有丰富的社会生活内容，具有不同于剥削社会形态的崭新的社会生活规定。

社会主义行政管理范围的延伸和扩大，首先是由人类社会发展规律所决定的。人类社会生活是不断丰富和不断发展的，与之相一致，社会行政管理内容也必须不断丰富和扩展，社会行政范围同样越来越丰富，越来越发展。在人类社会发展的低级阶段，在私有制的社会当中，由于缺乏必要的物质基础和管理手段，作为社会权力行使主体的政府，难以对社会生活进行全面的管理，只能以政治活动和政治管理作为社会的根本管理内容。随着人类社会生活的不断丰富和发展，社会行政管理范围也必须不断丰富和扩大，例如金融管理、信息管理、技术研发、精神文明等。只有不断改进社会的行政管理方式，不断增加社会行政管理的手段和内容，才能够适应人类社会的发展需要，更好地实现人类社会的存在和发展。不仅从人类社会发展的根本要求上来说是如此，就是鼓吹自由经济的资本主义社会，也在不断强化政府对于社会生活的干预和控制。社会主义行政管理范围的延伸和扩大，符合人类社会的基本发展规律，是人类社会发展的必然要求。

社会主义行政管理范围的延伸和扩大，同样是人类社会发展进步的鲜明标志。人类社会是一个统一的社会活动整体，人类社会发展是在人们主观意识指导下的能动的社会活动过程，必然要求着对于整个社会生活的统一管理和统一规范。社会主义行政管理既与社会主义根本制度密切相关，也与社会的物质技术基础发展水平密切相关，不仅具有生产资料公有制这个坚实的社会物质基础，还具有信息技术等先进的社会管理手段。由此使社会行政管理活动越来越全面，越来越多样。社会主义之前的社会行政管理，既不需要对整个社会生活进行全面的管理和规范，也没有进行管理的物质技术手段。例如唐代同样出现过生产流通领域的比例失调问题，但当时社会既不能通过社会计划来解决这些问题，也没有解决这种社会问题的物质条件，不可能对社会生活进行科学有效的行政管理。只有随着人类社会的发展进步，人们对于社会发展的预估和把握能力不断提高，对社会发展的规划和调节能力越来越强，才能够把更多的社会生活内容纳入到行政管理的范围内，使社会行政管理范围的扩大成为可能，也成为必然。

社会主义行政管理所以要向经济领域延伸扩展，也是社会主义社会生活的必然要求。人类的社会活动，都与社会的经济活动密切相关，只是在不同的社会形态中，具有不同的内容和表现形式，以及在参与程度和管理方式上彼此不同而已。在原始社会中，社会管理表现为简单的物资分配和生产组织，实际上主要表现为经济活动的内容。只是随着私有制的产生和阶级的出现，社会管理才演变为以政治管理为主要内容。社会主义实行公有制，具有与剥削社会根本不同的社会发展要求。与此相一致，社会行政管理也必须包括社会经济和社会生产的内容，必须具有社会统一调节的规定和要求。只有通过社会的统一指导管理，才能协调和处理好各种社会利益关系，充分利用各种社会资源，形成更为理想的社会发展效果。如果没有生产资料公有制，就不需要实行计划经济，也不可能实行计划经济，政府也不必要对社会生产进行管理。这样一种对于社会生活的组织管理，既需要经济手段，也需要行政手段。否则必然失去对于公有制的有效管理，公有制发展也就难以得到有效的实现。

社会主义行政管理范围的延伸和扩展，也是由社会主义行政权力的性质所规定的。剥削社会的行政管理，在本质上代表着剥削阶级的利益，对于社会发展和人民群众的利益实现，必然表现为“不管”的状态。社会主义行政管理在根本上代表着人民群众的利益，必须最大限度满足人民群众的社会生活需要。而要达到这样的要求，必须赋予社会行政管理以必不可少的社会职能，把个人和其他社会劳动组织不愿干或干不了的事情承担下来，对各种事关社会生产的内容予以干涉和平衡，既承担起社会公共管理的责任，也承担起社会经济管理的责任，承担起保障民生、保障民权的责任。否则就不可能实现整个社会的健康有序发展。例如我们现在既实行市场经济，把劳动者推向市场，又强调保证社会就业，建立社会就业保障系统，解决“4050”人员的就业问题，如果没有政府的管理和参与，就不可能实现这样的要求，必然影响到社会的稳定和发展，不利于人民群众根本利益的实现。

社会主义行政管理的包容范围，表现为对于所有社会公共权力的管理和使用，由此说明社会主义行政管理具有更多的社会管理对象，以及更多的社会管理主体。在社会主义条件下，任何社会管理部门实际上都可以称作是社会行政管理部门，而任何集体劳动单位同样包含有社会行政管理的性质，必须按照社会的统一要求进行组织、协调和控制。如果没有社会行政管理范围的延伸和扩展，依然把行政管理局限在政治和社会公共活动领域，显然不能适应社会主义的发展要求。同时在公有制下，人们的活动和整个社会发展密切相关，社会生活中出现的弊端，包括社会经济生活中的弊端，同样和政府直接相关。不能拿着资本主义的做法，甚至拿着小农生产的做法，作为社会主义的行政管理实施根据，把社会行政管理依然局限在旧有的社会生活领域内。

社会主义行政管理范围的延伸和扩展，既体现出人类社会的发展进步，也体现着社会主义劳动者前所未有的社会权利和社会地位。在剥削社会中，社会行政管理表现为纯粹“治人”的活动方式。在社会主义社会中，社会行政管理则是实现所有社会成员自身利益的方式和手段，既包括对现实社会生活的管理，也具有促进社会发展的内容，既包括对人的管理，也包括对物的管理。由此使社会主义行政管理成为促进社会发展的重要手段，既具有社会管理的性质，也表现为全民管理的要求，是一种新型的社会行政管理关系。例如对于一个普通劳动者来说，表面上看来，只是一个被管理者，不涉及社会的行政管理工作，实际上同样负有对相关社会生产资料进行保养和管理的责任，负有对其他社会活动进行监督和管理的责任。由此使所有劳动者同时成为社会生活的管理者，体现出社会主义行政管理的崭新内涵。

社会主义行政管理范围的延伸和扩大，也说明社会主义行政管理具有更为繁重的社会任务，必须体现出人类社会发展的整体性的规定和要求。对于所有社会行政管理主体来说，进行行政管理既是一种社会权利，也是一种社会责任；而实现社会行政管理的良好效果，既需要确定科学的原则规定，还必须具有必要的技术手段。只有从社会主义的本质规定出发，从社会主义生产的根本要求出发，才能够科学把握社会主义行政管理的根本规定，形成科学的社会主义行政管理机制。既不能使社会主义行政管理停留在小农经济或单纯的市场经济的阶段，也不能简单沿袭过去那种传统的社会主义行政管理体制，以产品生产和大锅饭的方式进行社会行政管理。否则必然背离社会主义行政管理的原则规定，使社会主义行政管理走向社会主义发展需要的反面。

有人可能说，社会主义要实行市场经济，政府不应当对整个社会生活进行管理和干预，不能对社会经济生活进行管理和干预。这是只看到了眼下的现时的社会发展需要，在根本上不符合社会主义的发展要求。从公有制的基本属性出发，社会主义经济形态不能是简单的市场经济，不是依靠市场经济就能保证社会主义的最后胜利。实践也证明，市场经济根本不是完美无缺的，更不是人类社会经济形态的发展尽头。对此在《社会主义经济形态研究》第八节中，作者已经做了详细的论述。希望依靠市场经济来实现社会主义的最后胜利，是根本不可能的。公有制的社会管理方式必然不同于私有制的管理方式，社会主义行政体制必然不同于资本主义行政体制。对于社会主义来说，不论是实行商品计划经济，还是实行市场经济，都需要政府对社会经济生活的参与和指导，由此才能够保证社会主义的存在、发展和胜利。

把行政管理扩大到社会生活的各个领域，会不会造成社会行政管理工作过分庞杂，造成行政机构臃肿和管理人员膨胀的现象？一方面，社会管理包含在所有社会活动当中，而任何管理活动都要有相应的管理机构和管理人员来承担，来进行，社会主义只是使这种管理活动具有社会性的内涵而已。另一方面，在公有制下，企业管理必然具有社会管理的性质，必须也能够通过社会的整体的力量，对企业活动进行管理和分配，保证整个社会发展的统一性和协调性。同时这种管理能够运用不同的形式来进行，例如企业管理人员的工资可以由企业开支，与企业生产经营情况挂钩。只要严格制度规范，就完全可以避免行政管理冗乱繁杂的弊端。否则即使社会行政管理的范围再小，也会出现冗官冗员的现象。例如封建社会中就是如此。不是说扩大行政管理范围就必然导致社会管理机构膨胀，形成社会管理机构人满为患、人浮于事的弊端。

说社会主义行政管理具有丰富的社会管理内容，说每个社会成员都是社会管理的主体，不是说每个行政部门什么都可以管，什么都必须管。这也是过去社会主义发展中容易出现问题的原因之一。社会主义的行政管理部门，同样是社会主义社会分工的产物，必须根据不同的社会管理需要，设定不同的社会管理机构，明确不同的管理责任。既不能不分岗位职责，要求每个行政机构和行政管理人员什么都要去管，也不能把社会管理完全交给市场，由市场决定一切、主导一切。越是扩大社会行政管理范围，越是强调社会的指导干预，越必须加强对于社会行政管理的约束和规范。这在后面的论述中，还要予以专门说明。

社会主义的行政管理体制，具有无可否认的科学性和合理性，是社会主义的发展优势。但在以往的社会发展实践中，社会主义行政管理体制同样造成了不少弊端和失误。这些弊端和失误，既有技术手段上的原因，更存在着指导思想上的失误，而且在根本上是由后者所造成的。例如“文化大革命”中那种“一元化”的领导方式，即表现为政治路线和思想路线的失误。但也正是那样一种管理体制，才能在十分混乱的状态下，保证了社会生活的运转，否则社会的发展状况必然会更糟。而在混乱的情况下可以体现出这种社会管理体制的优势，在正常情况下更能体现出这种管理体制的优势。政府干预不是只有弊病和失误，关键是应扬其长避其短，用其利避其害。不能以过去曾经出现过失误为理由，以实行市场经济为理由，把社会主义行政管理局限在狭小的范围内。

扩大社会主义行政管理范围，要有相应的社会财政支出。但这种社会管理成本支出，同样是人类社会的发展需要，从总体上说，还会降低社会管理成本，提升社会总体效益。例如在对劳动者的工作岗位安置上，由社会统一去进行安置，比由所有劳动者个人去寻找工作岗位更能减少费用开支。资本主义实行私有制，只能以企业作为市场主体，由个人根据自己的利益决定自己的行为，表面上看，政府不需要付出任何管理成本，实际上却并非如此。这从美国政府在金融危机中，一次为房利美、房地美付出数百亿美元的财政补贴，就能够看到，而由此造成的经济衰退和社会倒退，比起社会主义付出的正常社会行政管理费用，成本显然要大得多。社会主义行政管理不是不讲管理成本，而是要在社会投入和产出的总体比较中，实现最大的社会管理效益。这也是马克思评价巴黎公社时所指出的："公社是以大规模的节约，不但以政治改造，而且以经济改革来开始其工作的。"① 这同样是社会主义行政管理所必须遵循的原则规定，是社会主义行政管理范围延伸扩大的重要原因。

二、社会主义行政管理的基本社会属性

社会主义行政管理的基本社会属性，是社会主义行政管理工作的质的规定性。弄明白社会主义行政管理的包容范围，还必须弄明白社会主义行政管理的基本属性，弄清楚社会主义行政管理的本质规定。否则就不可能确定正确的管理内容和管理方式，不可能实现对于社会主义社会生活的科学管理。

进行社会主义行政管理，首先是为了建立良好的社会秩序，保证整个社会生活和社会发展有条理、不混乱地进行，保证社会主义制度的科学存在和有效运转。在社会主义社会中，还存在着各种社会矛盾，需要利用各种手段和方法，对社会矛盾进行科学协调和有效规范。而行政管理是最为普遍的社会矛盾协调手段，是解决社会矛盾的有效工具，既具有对社会生活进行组织和引导的功能，也具有对社会生活进行约束和规范的性质。必须充分运用社会行政管理的手段，保证社会主义社会利益的协调共存和科学实现。具体说，就是保证社会主义经济基础的科学存在，保证社会主义生产关系的有效运转，保证社会关系

① 《马克思恩格斯选集》第2卷，第416页。

的和谐融洽运行，避免危害社会秩序的社会行为发生。这样一种社会主义行政管理要求，是社会行政管理的一般职能，自然也是对社会主义行政管理的基本要求。

进行社会主义行政管理，也是为了实现社会主义社会的科学有效发展。这是社会主义行政管理与私有制社会形态行政管理的显著区别，是社会主义行政管理的崭新的社会职能。在剥削社会中，行政管理只是为了维持现有的社会制度，社会发展仅仅是一种附带的社会客观活动效果，表现为无目的无意识的社会行为。社会主义在根本上是为了实现人类社会更好的存在和发展。社会主义行政管理同样必须体现出社会发展的要求，对整个社会生活予以科学的组织和引导，包括对社会经济生活进行组织和引导，通过科学配置和整体调剂，使社会资源发挥出最大效益，实现更为科学的社会发展。丢掉行政管理的手段，那就只能把社会主义社会发展也当成是一种简单的个人行为，把社会主义行政管理局限在私有制社会形态的水平上，不可能实现社会主义科学发展的要求。

这样一种社会行政管理职能，说明社会主义行政管理具有无可置疑的人民性，体现着人民群众的根本利益要求。社会权力在实质上体现着社会的利益要求，而所体现出来的社会利益要求不同，这种权力的社会属性也就不同。在社会主义社会中，任何行政权力行使都是代表人民群众来进行的，在本质上都是为了整个社会的发展需要。对于所有的社会行政机构和行政工作来说，除了全体人民群众的根本利益，其自身不能有任何特殊的利益要求，其活动必须以社会的整体利益实现为根本规定。这是社会主义行政管理与剥削社会行政管理的本质区别，也是社会主义公有制在社会行政管理中的必然体现。由此为社会主义行政管理提出了崭新的社会任务和发展要求，内在决定着社会主义行政管理的基本社会属性。背离了这个基本社会属性，自然不符合社会主义行政管理的本质规定，是社会主义行政管理所必须否定的。

社会主义行政管理工作的这种基本社会属性，说明社会主义行政管理必然是社会总劳动中不可或缺的重要组成部分，既具有政治管理的性质，也具有经济管理的功能，担负着促进社会发展进步的要求。只有通过社会的行政管理，对社会生活进行组织、引导和规范，才能保证整个社会有秩序、高效率地存在和发展。这样一种社会主义行政管理，既承担着对社会发展的组织、引导、协调、规范功能，与其他社会劳动活动之间，又处于相互平等的社会地位，表现为平等、互利、协作、竞争的社会关系要求，而不能像剥削社会那样，把行政管理凌驾于整个社会生活之上，凌驾于其他社会成员之上，形成“治人”与“治于人”的相互对立的社会关系。

社会主义行政管理既然是社会主义总劳动的有机组成部分，对于社会的行政管理机关和工作部门来说，也就必然是一个社会主义劳动单位，是一个社会主义的劳动者。与此相一致，每一个社会行政管理人员，同样必须是一个社会主义劳动者。也就是说，所有社会行政机关和行政管理人员，都必须以劳动者的身份存在于社会生活之中，以劳动作为自身存在发展的根据。这样一种对于行政机关和行政人员的社会身份认定，与对其他社会主义劳动者的要求是完全一致的，只是表现为工作性质和社会分工不同，彼此之间没有任何根本的利益冲突，也没有高低贵贱之分。必须以社会主义劳动者的标准来要求每一个社会行政机关，要求每一个行政管理人员。以此形成对于社会主义行政机关和行政人员的基本行为准则，包括道德导向、法律规定和制度约束，实现对于社会主义行政管理工作的有效的社会管理和行为规范。

社会主义的行政管理机关和管理人员，既然在根本上是一个社会主义劳动者，就必须按照社会主义的社会分工原则，对其以科学的要求和规定。社会主义必须实行社会分工，所有社会主义劳动者同样必须实行社会主义的社会分工。行政管理工作有其特殊性的要求，必须根据社会的发展需要，临时去开展一些工作，但在根本上同样是社会分工的产物。对于每个行政管理者来说，必须遵循社会主义分工的要求，具体确定其岗位职责和工作规范。在非特殊的情况下，不能随意变换劳动岗位和工作职责，随便要求其今天干这样，明天干那样，什么都必须干，什么都必须干好。否则必然造成职岗不分、责权脱节的弊端，妨碍行政管理工作的效率和质量，也会造成对于社会主义社会分工的否定和破坏，在根本上不符合社会主义的社会生活性质和发展需要。

社会主义的行政管理机关和管理人员，既然在本质上是一个劳动者，就必须具有社会竞争的因素，而不是仅仅以社会管理者自居，只要求其他劳动者进行社会竞争，自己去吃大锅饭。但这种竞争，又不能简单等同于商品生产的竞争，不能以经济效益作为根本规定，而是以社会发展的总体效果作为根本评定标准。这样一种竞争要求，也存在着行政单位之间的相互比较和社会评定问题，但主要是行政管理人员个人之间的竞争，表现为一种社会管理岗位的竞争，也就是劳动者在获得社会管理权力上面的竞争。其具体要求，是在党政机关工作人员中，实行全面的末位淘汰制度，建立起科学的党政机关竞争激励机制。只要在行政管理人员之间开展有效的社会竞争，就能够形成必要的社会压力，保证行政管理工作的效力和活力。没有行政管理人员之间的相互竞争，就没有社会主义行政机关的竞争，也难以形成整个社会的科学有效竞争，必然使整个社会生活陷入平均主义和大锅饭的泥潭。

社会主义的行政管理机关和管理人员，既然是社会主义的劳动者，就必然具有自己的利益要求，必须按照社会主义基本原则规定，付给其劳动报酬。在行政管理工作中，必须把管理者的个人利益实现与其工作职责联系在一起，与管理者的生存发展状况联系起来。例如不论是在企业还是在行政部门，单位主要领导往往承担着较大的工作责任，具有更大的社会劳动量，在工资报酬上，应通过岗位津贴或工作补助的方式，对其以应有的补偿。同时对行政管理部门和管理人员以严格的社会制度规范，杜绝以权谋私、损公肥私、假公济私等不正当的现象，杜绝乱发福利、乱发奖金、乱请客送礼的现象。只有以劳动者的标准来确定行政管理机构的劳动报酬，按照劳动量的大小合理分配社会收入，才能体现出社会主义的基本原则要求，有利于社会主义的社会发展。

社会主义的行政管理机关和管理人员，既是社会主义的劳动者，又具有特殊的社会地位，其自身素质和工作状况，直接关系到社会主义的社会形象和社会发展，必须具有更高的任职标准，在社会行为规范上，形成更为严格的制度约束。特别是从行政工作的权力行使和工作特点出发，切实规范党政机关的自身行为，并把这种行为规范具体到每个管理岗位和每个管理者身上，形成科学的社会行政管理规范。既不能超越社会主义基本原则规定，对党政机关提出过高的要求，又不能简单拿着市场经济的标准，或者是对一般劳动者的要求，来评定党政机关的活动和行为，以此实现社会主义行政管理工作的良好效果。

过去在对社会主义行政管理工作的要求中，一般把行政管理人员看作是“社会的公仆”和人民的“勤务员”，以此作为社会主义行政管理工作的基本属性，设计和确定社会主义行政管理的制度规定和运行方式。社会公仆和勤务员的说法，最早见于马克思在《法兰西内战》中对巴黎公社行政管理的叙述，就社会主义行政管理的本质规定来说，当然是正确的。但在社会主义条件下，社会权力属于全体社会成员所有，每一个社会成员，不论是管理者还是被管理者，都是社会的主人，也是社会的仆人，表现为“人人为我、我为人人”的新型人际关系。依据这样一种社会生活要求，在社会主义社会成员之间，彼此都具有公仆和勤务员的性质，只是在行政管理人员身上表现得更为鲜明一些。因此公仆和勤务员的表述，是就社会主义的社会人际关系而言，是对剥削社会中人剥削人、人压迫人的社会管理性质的根本否定。社会主义的行政管理人员，其自身同样是一种主人与仆人的辩证统一，是一种权利与责任的科学统一。如果简单地把行政管理者看作是公仆，以仆人的标准设计社会主义的行政管理制度，表面上把行政管理放在社会最底层的位置，实际上既与现实生活不相符合，又容易否定社会主义行政管理的基本社会属性，引起社会管理中的失误和偏差。

社会主义行政管理也必然具有为社会服务的性质，但这种服务的要求，只是对社会主义行政管理性质的一般概括和说明。在社会主义条件下，服务同样是对所有社会活动主体的要求，是对每个社会成员的要求，不能简单以此作为对于社会行政管理工作的职能定位。行政管理具有为社会提供服务的工作内容，也具有社会强制和社会规范的功能。如果简单以服务作为唯一要求，不仅难以全面反映出社会主义行政管理的工作特点，而且容易为随意行政、消极行政提供机会和借口。社会主义行政管理必须对社会发展进行协调、规范和引导，既具有社会服务的性质，也具有社会组织协调的功能，只有把组织与服务结合起来，才能全面体现出社会主义行政管理的本质特点，为社会主义行政管理确定科学的发展手段和运行方式。对于每一个行政管理部门和管理人员来说，只要按照岗位职责做好本职工作，就在根本上体现出社会服务的性质，而不是脱离开对于社会的组织和强制功能，简单地以服务作为社会主义行政机关的工作要求和根本规定。

三、社会主义行政管理的基本工作特点

社会主义行政管理工作的包容范围和基本属性，决定了社会主义行政管理具有自己独有的工作内容和要求，具有不同于其他社会形态的基本特点和特征。这种社会主义行政管理的基本工作特点和特征，集中表现在以下六个方面。

一是具有全面性。社会主义的生产关系，主要表现为生产资料公有制和社会产品按劳分配。体现在社会生活中，自然离不开社会在整体上的组织、协调和规范，从而社会主义行政管理也就必然具有全面性的要求。在私有制的社会形态中，行政管理局限在社会政治活动方面，局限于对社会公共秩序的维护，表现为一种片面的部分的社会行政管理活动。社会主义的行政管理，显然不能仅仅局限在对于社会日常事务的管理上面，而是表现为对于整个社会生活的全面管理和全面责任要求，不仅要负责社会的政治管理和公共秩序管理，而且涉及到社会的经济、文化等领域。如果丢掉对于社会生活的全面管理，依然局限在对于社会政治活动和日常公共事务的管理，必然使公有制失去必要的管理主体，流于无主管理的状态，造成社会发展中的弊端和失误。

二是具有统一性。社会主义实现了整个社会利益的相对一

致和统一，具有整个社会相互统一和一致的社会物质基础，因此社会管理同样具有前所未有的内在一致性，具有实现整个社会管理活动相互统一和一致的条件。进行社会主义行政管理，应当把各种社会管理主体和管理内容有机结合起来，使之成为一个统一的整体，实现社会行政管理的总体优势效应。必须科学利用各种社会管理资源，包括政治的、经济的、文化的资源，使之共同成为社会发展的推动力量；同时利用各种管理手段，包括行政手段、教育手段、法律手段，形成科学的社会管理方式，以此实现对于整个社会生活的科学管理、有效管理。也只有把各种社会管理活动和管理手段有机统一起来，把政治发展与经济发展、政治手段与经济手段有机统一起来，才能形成社会主义行政管理的综合优势，促进社会主义的发展和进步。

三是具有计划性。人类社会发展是一个有意识有目的的社会活动过程，这种有意识有目的的社会发展，集中表现为计划性的内容和要求。在私有制的社会里，社会的发展计划仅仅表现为一种个人的自己的发展计划，难以体现出社会发展在整体上的计划性。在社会主义社会中，这种计划性既表现为劳动者个人的计划性，也表现为社会整体上的计划性，是个人计划与社会计划的科学统一，并集中以社会发展的计划性表现出来。这种社会发展的计划性，同样表现在社会行政管理当中，使社会主义行政管理具有鲜明的计划性特征。这种行政管理工作的计划性，是对整个社会生活和社会发展的计划性，既表现在经济生活方面，也表现在政治生活、文化生活等方面，表现为对于社会生活的整体规划和计划，以及对于社会发展前瞻性和预见性的内容和要求。必须科学运用行政管理的手段，通过行政管理，统筹考虑社会的发展要求，使人类社会发展真正成为有意识有目的的自觉主动的社会行为。

四是具有融合性。建立社会主义生产关系，既是为了实现社会的科学发展，也是为了形成和谐一致的社会关系，避免社会中的矛盾和对抗。作为实现社会发展的重要手段，社会主义行政管理必须体现出和谐一致的社会发展特点，使各种社会利益要求有机融合起来，形成融洽的社会发展环境，实现社会和谐发展的要求。必须有效利用公有制和按劳分配的发展优势，合理分配各种社会资源，调剂和平衡各种社会利益关系，实现所有社会利益之间的和谐一致和互利共存；同时利用思想教育、道德引导、文化建设等手段，有效导向各种社会利益行为，为形成和谐融洽的社会关系提供思想基础和社会基础，保证社会主义基本原则的有效实施。由此减少社会矛盾，避免社会对立，实现整个社会利益的相互一致和协调共存，实现社会主义和谐发展的要求。

五是具有稳定性。社会稳定是人们对于社会生活的基本要求，也是社会主义行政管理的重要工作目标。实现社会稳定，必须建立起各种社会预警机制和防范机制，增强人们对于自身生存发展需要的预见性，有效解决各种社会矛盾和冲突，保证人们的合法权益和基本生存需要，保证整个社会发展的科学统一和有序进行。而要实现这样一个社会发展目标，显然离不开社会主义的社会行政管理，必须充分发挥社会主义行政管理的作用。在社会行政管理工作中，必须既注重社会引导的功能，也注重社会强制的要求，既要有正确的社会权利赋予，也要有必要的社会权利中止和剥夺。以此实现良好社会秩序的生成，使各种社会关系处于相互平衡和良性运转的状态，为社会主义发展创造必不可少的社会环境和条件。

六是具有连续性。在资本主义社会中，由于政府变幻不定，政权更迭频繁，在执政主体和政策规定上，存在着极大的不稳定性和不确定性。所谓一朝天子一朝臣，既不利于实现社会行政管理的最佳效果，也不利于社会的发展进步。社会主义执政主体具有长期性和稳定性的特点，在行政管理工作中同样具有连续性和一贯性，能够形成科学稳定的社会政策规定和发展规划，形成各种社会行政行为之间的相互衔接和有机统一。这样一种社会行政管理要求，能够避免仅仅以眼前利益为唯一追求的社会发展模式，避免因政权更迭、政策变化引起的社会发展障碍，增强全体社会成员的稳定感和安全感，使整个社会得到持续稳定的发展。应当通过党和政府对于人类社会发展规律的科学把握，通过对于社会主义发展要求的科学把握，制定出科学的路线、方针、政策，实现社会行政管理工作的持久性和连续性，保证社会发展的持久性和连续性，实现社会主义可持续发展和科学发展的要求。

上述社会主义行政管理的六个基本工作特点，说明社会主义政府必须是一种全面责任政府。社会主义的政府，是社会主义国家权力的具体执行机关，是最为重要的社会行政主体，担负着代表共产党对于社会主义社会生活进行具体管理的责任。而社会主义的社会生活性质，也说明社会主义政府必须对整个社会生活负起直接的管理责任，对整个社会发展负有具体的管理责任，不能像资本主义政府那样，只负责看家护院，不负责社会发展。只有这种全面责任政府，才能够在根本上适应社会主义的发展需要，有利于社会主义的社会发展。如果把社会主义政府也当成是一种有限责任政府，把社会行政局限在局部的个别的社会生活领域，显然不能适应社会主义的发展需要，也不符合人类社会的根本发展要求。

社会主义行政管理的基本工作特点，说明社会主义行政管理具有明确的社会发展目标和发展方向。社会主义行政管理必须从人类社会发展的根本要求出发，以实现人类社会的科学发展为根本规定，确定明确的社会发展目标和发展方向。这样一种社会行政管理行为，既在根本上不同于剥削社会中那种盲目的自发的社会发展，也不同于无政府主义条件下那种各自为是、无所规范的社会发展，能够充分体现出人类社会有意识有目的的发展特征和发展要求，实现人类社会更为有效的发展。只有充分体现出人类社会发展的目的性和意识性要求，科学把握人类社会的发展规律，科学把握社会主义的发展规律，才能通过实行科学有效的社会行政管理，保证社会主义始终向着正确的社会发展目标前进。

社会主义行政管理的基本工作特点，说明社会主义行政管理能够形成比较以往社会形态更为积极有效的综合发展优势。社会主义实行公有制和按劳分配，能够充分运用行政管理的手段，使各种社会资源得到有效利用，实现社会发展效果在总体上的最大化和最优化。资本主义也可以采取一些宏观调控手段或限制性措施，如信息发布、技术壁垒、贸易保护等，来适应社会的发展需要，但由于其社会本质所决定，难以形成社会发展的综合优势，不可能实现理想的社会发展效果。公有制和按劳分配的存在，既需要政府的干预指导，也具有政府对社会生活进行计划干预的条件，为实现社会行政管理的良好效果奠定了社会物质基础。只有把所有社会管理资源有机结合起来，把立法、执法、司法、群团等各种管理手段有机结合起来，把经济、政治、文化、社会等各方面的发展有机统一起来，才能形成社会管理的总体合力，更好地促进社会的发展。

社会主义行政管理的基本工作特点，也说明社会主义行政管理必须始终坚持共产党的领导。社会主义行政管理具有更高的标准和要求，也具有更大的实施难度。作为社会行政管理的基本行为主体，政府往往以对现实社会生活的具体管理为根本要求，以解决现有社会矛盾为根本要求，以实现现实社会利益为根本要求，缺乏对于社会发展的长远规划和科学指导。只有以实现人类最为理想的社会形态为己任的工人阶级政党——共产党，才具有明确的社会发展目标，能够通过对于人类社会发展规律的科学把握，通过对于自己未来理想社会发展目标的科学追求，使社会主义社会行政管理成为一种有意识有目的的行为。没有共产党的领导，就不可能为社会主义行政管理确定科学的社会发展目标和前进方向，难以全面实现社会主义行政管理的要求。由此也说明，社会主义行政管理是一种崭新的社会管理模式，进行社会主义行政管理体制建设，不能盲目套用其他社会形态的做法，必须通过政治体制创新和管理体制创新，建立起崭新的社会主义社会行政管理体制。

社会主义行政管理的基本工作特点，是社会主义本质规定的必然要求，也是社会主义行政管理的独特优势，同时又容易出现公有制下常见的社会弊端，造成社会管理中的失误。这在过去的社会主义行政管理中，表现得十分明显。保证社会主义行政管理的科学有效进行，必须建立科学的社会行为规范和制度规定。只要真正弄清楚社会主义行政管理的性质和要求，切实加强社会规范，解决现有社会行政管理工作中的弊端，实际上也并不难。这在后面各节中将予以专门论述。

社会主义行政管理的基本工作特点要求，也说明社会主义不能像资本主义那样，实行所谓的“小政府”。社会主义行政管理范围在根本上不同于资本主义的行政管理范围，因此社会主义政府也从根本上不同于资本主义的政府。资本主义政府的管理活动非常有限，所以可以是“小政府”，也必须是“小政府”。这不是资本主义的发展优势，而是资本主义制度的缺陷和不足。社会主义行政管理具有更为广泛和更为丰富的管理对象，而既然有社会的管理对象，就要有社会的管理机构，要有相应的社会管理人员。那种“小政府、大服务”的提法，对于社会主义是行不通的。毫无疑问，小政府只能是小服务，或者是空服务、不服务，形成无为政府和空壳政府。有什么样的社会管理机构，才能够有什么样的社会管理内容，没有这种办事机构和办事人员，就不可能去实行所谓的“大服务”。

必须说明，社会主义政府是一种全面责任政府，但不是无限权力政府，不是把一切权力无条件地赋予政府机关，简单由政府来行使。社会主义行政管理的基本工作特点，本身就说明社会主义行政管理是一种集体领导和集体管理，表现为一种全民管理和全社会的管理，也是一种相互管理和社会共同管理。一方面，政府要有一定的社会管理权力，否则社会管理活动就难以有效进行；另一方面，这种管理权力的授予和使用，必须符合社会主义的基本原则规定，必须体现出社会主义行政管理的基本社会属性。政府拥有的权力越大，其承担的责任也就越大，越必须接受社会的规范和监督。这在后面各节中也要予以具体的论述。

四、社会主义行政管理的基本原则规定

社会主义的行政管理工作，既在本质上表现为社会的整体利益要求，也具有更为丰富的社会管理内容。缺乏科学的社会行为规范和原则规定，即使是具有良好的主观愿望，也容易造成与社会发展需要相脱节，形成社会行政管理中的弊病和失误。实现良好的社会主义行政管理效果，必须确定科学的原则规定和行为遵循，体现出社会主义的发展特点和本质要求，保证社

会主义行政体制建设的规范性和实效性。这样一种社会主义行政管理的工作要求，概括起来说，表现为五个统一的基本原则规定。

（一）中央与地方相统一的原则

社会主义行政管理具有统一性的规定和要求，也具有上下一致的内容和要求，并且集中表现为中央与地方相统一的要求。在社会主义条件下，社会利益实现了相对的一致和统一，又存在着各种矛盾和冲突。这种矛盾和冲突，表现为局部与全局、部分与整体之间的不同利益内容，以及中央和地方之间的利益矛盾。社会主义的行政管理必须解决好中央与地方之间的相互统一问题，包括局部与全局的统一，上级与下级的统一，条条与块块的统一，既充分发挥各个方面的积极性和创造性，又坚持中央政府的统一领导和整体协调，形成全国一盘棋的领导体制和管理方式。中央作出的工作决策和发展计划，应以地方发展为基本依据；地方在行使行政管理权力时，既要促进自身发展，又不能与社会的整体发展要求相矛盾，必须按照中央和上级政府的要求来进行。由此实现中央与地方的科学统一，体现出社会主义行政管理内在的统一性和一致性要求。

（二）民主与集中相统一的原则

社会主义政治是一种新型的社会民主政治，社会主义行政管理体制是一种新型的社会民主管理体制，既包含有充分的社会民主，也包括科学的社会集中。只有坚持社会民主的要求，才能做到集思广益、群策群力，在根本上否定独裁政治和专制政治的治理模式，避免社会管理中的弊端和失误。但任何社会行政管理最终都表现为一种个人的活动和行为。只有把民主与集中科学地统一起来，把个人行为与集体行为科学地统一起来，才能有效发挥社会的整体的作用和力量，同时发挥每个社会成员的积极性和创造性，保证社会行政管理的有效进行和良好效果。必须通过科学的社会制度规定，把民主与集中的内容和要求具体化、实在化、规范化，形成科学的社会工作机制。特别是体现出个人负责与集体决策的科学统一，处理好民主施政与社会集中的问题，既避免个人独断和少数人政治，又避免以集体领导为由，造成工作扯皮、无人决策、随意而为等现象。

（三）组织与服务相统一的原则

组织与服务，是社会主义行政管理工作的两项基本职能。在剥削社会中，行政管理表现为阶级压迫的性质，是一种强制性的社会规定，不具有社会服务的功能。在社会主义条件下，行政管理必须体现出社会组织的功能，也必须具有社会服务的性质，既不能以服务削弱社会行政管理的组织功能，也不能简单以组织功能作为行政管理工作的唯一要求。没有服务，体现不出社会主义行政管理的本质内涵，必然背离社会主义行政管理人民性的要求；而没有组织，就难以实现良好的社会秩序，难以引导社会主义实现科学的社会发展。这种组织与服务之间，是一个辩证的统一整体，既可以共同体现出社会主义行政管理的根本规定和要求，促进社会主义的社会发展，又可能出现相互矛盾和相互否定的现象。只有正确把握二者之间的关系，既为人民群众提供良好的社会服务，又对社会生活予以科学的引导和规范，才能全面体现出社会主义的行政管理要求，实现行政管理的良好社会效果。

（四）权利与责任相统一的原则

保证社会主义行政管理工作的有效进行，必须按照劳动者的社会行为标准，明确各级政府的职责权限，形成规范化和制度化的社会行政管理规定。应当按照社会主义社会分工的要求，把行政管理职责划分到每个社会管理岗位，使政府的工作职责具体到单位、到部门、到个人，而不是笼统地以集体作为社会的行政主体，形成行政管理中职责混淆和权责不清的现象，造成工作中的无序性和盲目性。如果形不成科学的社会分工和责任规定，不是把管理责任具体到每个社会活动主体身上，特别是具体到每个行政管理者个人的身上，对于社会行政管理者来说，就等于只有权利没有责任，很容易导致随意用权甚至恶意用权的现象，同时在出现问题后，谁都应当负责任，却谁都不用去具体负责。只有做到事责统一、权责统一，把社会权力行使具体到每个社会管理者身上，才能形成严格的社会责任规范，保证社会管理权力的规范行使和正确运用。

（五）德治与法治相统一的原则

开展社会主义的社会行政管理，必须利用各种社会管理手段，包括行政手段，思想教育和道德规范的手段，以及法律强制的手段，形成崭新的社会治理方式。在共产主义社会中，社会管理完全依靠道德规范来进行；在剥削社会中，社会管理只能依靠阶级强制来进行。只有在社会主义社会中，才必须采用各种社会管理手段，以形成有效管理。在这种社会管理手段中，道德与法制是最为重要的两个方面，前者表现为一种导向性规范，后者表现为社会的强制性规范。只有做到道德规范与法律规范相结合，才能实现德治与法治相统一，实现以德治国与以法治国相统一，实现最佳的社会行政效果。只强调法制手段，不强调道德手段，或者只强调道德规范，不强调法律强制，都不符合社会主义的性质，难以适应社会主义全面发展要求，难以实现社会行政管理的良好效果。

社会主义行政管理工作的基本原则规定，是一个相互作用、相互促进的社会规范体系，在全面性、总体性和根本性的要求上，体现出社会主义行政管理的本质规定和发展要求。依照这样的原则规定，就能够科学确定社会主义的行政管理体制，规范社会主义的行政行为，使社会行政管理充分体现出社会主义的社会生活要求，有效促进社会主义的发展。从而实现人类社会行政管理从形式到内容、从理论到实践的升华，保证社会主义行政管理的有序运行和实施效果。脱离开这样的原则规定，社会主义行政管理就失去了基本的行为准则，必然导致实践中的偏差和失误，引起对于社会主义行政管理的误导和否定。

上述社会主义行政管理工作的基本原则规定，与社会主义的社会生活性质相一致，同样是由社会主义本质所决定的，既不同于剥削社会中的社会行政管理规定，也不同于未来共产主义的社会管理要求。由此体现出社会主义行政管理的科学性和先进性，避免以往社会行政管理中的弊端和失误，使社会主义行政管理优势得到充分的发挥和体现。失去社会主义行政管理工作的基本原则规定，就不可能建立起符合社会主义发展需要的社会行政管理体制，难以对社会行政管理以有效的规范，也就体现不出社会主义的发展要求，难以适应社会主义本质发展的需要。

有人认为，以往社会主义行政管理所以出现弊病，是上级部门的权力过大和中央政府集权所致，只有把权力下放到各个下级部门，下放到地方各级政府，才能够规范权力运作，实现社会行政管理的效果。这种思想认识，是不全面和不正确的，不可能达到杜绝以往社会行政管理弊端的目的。在社会行政管理工作中，当然必须根据社会发展的实际情况，对一些行政管理权限不断进行调整和改变。但社会主义行政管理要有相对统一的工作要求，必须树立中央政府的权威，否则就难以保证社会管理工作的有效开展。至于过去行政管理中的弊端，主要是因为对社会主义行政管理的性质认识不清，缺乏有效的社会规范。而任何权力行使如果缺乏制度规范，都有可能出现嬗变。没有严格的制度规定和行为规范，幻想中央政府不再审批项目，就能避免项目发展中的弊病，是根本不可能的，无非是把“跑部进京”变成跑厅进省、跑局进市，其结果更容易形成工作中的随意性和盲目性。

有人觉得，社会主义行政管理所以容易出现弊病，是因为管理者掌握的权力太大，只有实行权力分散才能避免出现问题。不可否认，在公有制下，既具有比较资本主义更大的社会行政范围，也具有更多的行政管理权力行使机会，因此社会行政管理出现问题的机率也要更多一些。但能不能实现社会权力的规范运作，从根本上说，不在于权力本身大小，不是说权力大就会出现问题，权力小就没有问题。实际上，所有权力使用最后都要通过具体的劳动者个人体现出来。以往社会主义行政管理容易出现问题，主要在于工作中权利与责任相脱节，用权者只有权力行使，没有责任规定，因此必然出现“有权谁不用、不用白不用、用了也白用”的现象。实践证明，没有有效的社会行为规范，用权者只有权力没有责任，自然会出现主观臆断、个人说了算的现象，而一旦出现问题，又把责任全部推到社会和集体身上。只要依照社会主义行政管理的基本原则规定，建立起科学的社会行为规范，就能够有效解决随意用权的现象，保证行政权力行使的人民性和正当性。

有人提出用资本主义三权分立的方式，即立法、执法、司法相互独立的方式，来实现社会主义社会权力的规范运作。这在根本上是错误的，也是背离人类社会发展基本规律的。人类社会发展在根本上是一个统一的整体，人类社会行政管理在根本上同样应是一个统一的整体。实现科学有效的社会管理，必须把各种社会管理资源融合为一个统一整体，使之共同发挥出最大的社会效果，而不是人为制造对立和分割，造成社会权力行使中的掣肘和扯皮现象。资本主义实行三权分立，是由于只能通过司法独立来实现社会相对稳定的要求，并由此形成社会管理中的人为分割和对立，造成社会发展中的消极因素。社会主义具有实现社会管理科学统一的物质基础，只要建立起严格的制度规范，形成权责一致的管理体制，就能够保证社会权力的正确运用，根本不需要通过人为制造权力部门之间的掣肘和争斗，来实现社会权力的使用和运作。实际上，资本主义社会管理同样不是靠着三权分立就万事大吉，而是同样制定了数不胜数的社会制度规范。进行社会主义行政管理体制建设，应当借鉴其他社会形态的经验和做法，更必须通过建立科学的社会制度规定和行为规范，来保证社会行政管理体制的健康有效运转。如果也把立法、执法和司法当成是彼此独立的社会管理体系，使之鼎峙而立，既与社会主义的本质规定相冲突，也必然造成社会生活中更大的弊端和失误。

五、社会主义行政管理的基本运行方式

社会主义行政管理的基本运行方式，表现为社会主义行政管理的基本工作方法和工作手段。而从社会主义行政管理的包容范围和基本属性出发，就能够发现，以往传统的社会主义行政管理方式，虽然存在着不少弊病和缺陷，但在根本上是符合社会主义社会发展要求的。研究和确立社会主义行政管理工作

的基本运行方式，主要应在现有社会主义行政管理体制的基础上，予以科学的补充、改进和完善，形成制度化、规范化的工作运行机制，以有效适应社会主义行政管理工作的需要。

（一）形成规范有序的工作决策机制

科学决策是正确进行社会行政管理的基本前提。过去社会主义行政管理出现的失误，在具体运行方式上，首先表现为工作决策中的失误，表现为官僚主义、形式主义盛行，长官意志、个人独断的现象屡屡可见，往往是不顾社会发展实际，随意提出工作要求，任意制定社会发展计划。社会主义行政管理既必须坚持集体领导，又必须依靠具体行政管理者个人来进行，缺乏制度规定和程序规范，在工作决策中，或者会出现不负责任的大呼隆现象，或者出现随心所欲的现象。必须把集体领导与个人负责有机结合起来，明确社会管理的权力范围和程序规范，形成规范有序的社会决策机制。在工作决策中，必须注重程序性和规范性要求，把一般性决策与创新性决策区别开来，把一般工作要求与特殊工作要求区别开来。凡属常规性和一般性的决策，由具体行政管理部门自行制定；凡属创新性和特殊性的工作决策，必须由上级部门审定批准。同时明确决策参与者的权利和责任，明确什么样的决策由个人负责，什么样的决策由上级和集体负责，做到依照制度规定决策，按照职责权限决策，按照工作规范决策。因决策造成工作损失，应当追究所有决策人员的责任，以确保工作决策的正确性和科学性。

（二）形成刚性有力的工作制约机制

社会主义的行政管理活动，在实质上是一种社会利益实现过程，缺乏约束和规范，必然出现不慎重用权、随意用权甚至以权谋私的现象。而社会主义行政管理工作同样是一个矛盾的统一体，在各个部门和各级政府之间，在所有行政管理人员之间，既存在着本质上的一致性，又存在着相互矛盾和冲突的一面。保证社会主义行政管理工作的有效进行，必须科学利用这种矛盾存在，形成行政管理主体之间相互监督、相互规范的制约机制，以保证社会权力的正确行使和运用。必须通过强化制度建设，明确所有行政管理主体的责任和权力，实现整个社会行政规范的科学统一，使各种权力都能在阳光下运作，在相互制约和相互监督下运作。否则实现良好的社会行政管理就根本不可能。例如所谓部门文件打架，就是既给了部门权力，又没有责任规定，因此一些部门利用自己手中的权力，从部门的利益出发，制定出所谓制度规定，以谋求单位和个别人的利益。只有使各个部门、各个单位明确自身的权利和责任，形成刚性的权力运行制约机制，才能使各种权力行使得到有效规范，避免各自为是的现象，避免各种违规违纪的现象。

（三）形成健全完善的工作执行机制

工作执行是实现行政效果的关键环节，具有丰富的社会活动主体，也具有复杂的社会活动内容。保证工作决策和工作制度落到实处，必须弄清楚工作执行的特点和要求，把工作执行与具体社会行政主体的职责权限联系起来，形成严格的工作责任规定。如果说在工作决策中必须以集体领导为主，在工作执行中则必须以个人负责为主；在工作决策时讲民主，在工作执行时讲效率。具体来说，必须按照劳动者的社会行为标准，科学确定社会主义行政管理部门的工作分工，就像工人生产劳动产品、农民承包责任田那样，把各种工作要求标准化、具体化，把各种行政管理责任落实到每个社会管理主体身上，把工作执行具体到每个行政管理者个人身上。一项工作要求一旦形成工作决定，就交给具体执行机关去实施。执行中出现问题的，由执行者及时向有关部门汇报和反馈，提出意见建议。提不出意见和建议，又不能保证工作执行，则视为不称职和不合格。只有形成健全完善的工作执行机制，才能保证行政管理体制的有效运行，实现良好的社会行政效果。

（四）形成科学有效的工作考评机制

进行检查考评是保证行政管理工作效果的重要手段。这种行政工作考评机制，一是必须做到考评标准具体化。由社会统一制定考核标准，以便于做到按照制度进行考核评价，按照工作程序进行考核评价，按照工作职责范围进行考核评价。二是必须做到考核内容专业化。行政管理工作考评是一项严肃的工作，具有较高的技术含量，既需要一定的专业知识，更需要明确责任规定。应由上级组成专门考评考核机构，强化专业检查考评，不能总是临时从其他单位抽调一些人员，到各个单位进行蜻蜓点水式的所谓工作考评，形成大锅饭的考评方式。三是必须做到考评活动常态化。把工作考评作为一项经常性工作，按照单位的工作职责和工作开展情况，实行定期与不定期考核相结合的办法，加大对工作运行中的跟踪检查和督察力度，做到及时发现问题，有效解决问题。而不是每年年底程序性地下去一趟，找几个人坐坐谈谈，然后各回各单位，基本上发现不了问题，也不解决问题。四是必须做到考评手段科学化。增强考评工作的公开性和公平性，让人们公开讲话，按照事实讲话，而不是依照一些空洞无物的评价方式，采用那种背靠背的一人一票的评价方式，去进行所谓工作评定，或者在报纸上登出相关单位的名字，让人们去进行那种可有可无的打勾评价。

保证社会主义行政管理工作的科学有效运行，除了必须建立起科学的社会行政管理工作机制，在具体运行过程中，还应处理好以下五个方面的关系问题：

一是社会行政管理部门之间的关系。社会主义行政管理部门既表现为统一的社会组织机构，又表现为各不相同的行政部门和行政机关，包括上级部门、下级部门和同级管理部门，彼此既是服从与被服从的关系，又是相互平等和相互制约的关系。这种行政管理部门之间的关系，既在根本上是一种劳动者的关系，又具有特殊的社会生活要求。就上下级部门来说，是一种集体劳动者与个人劳动者的关系；就同级管理部门以及管理人员个人之间来说，则表现为劳动者与劳动者的关系。保证这种社会关系的相互融洽与和谐一致，必须把所有行政管理部门和管理人员纳入到制度规定的范围内，既保证彼此相对独立的社会活动主体地位，又要形成科学统一的社会工作机制，真正实现民主与集中、个人与集体、上级与下级、权利与责任的统一，既不能形成“官大一级压死人”的封建官僚治理模式，也不能人为形成行政部门之间的矛盾和对立，而是以社会主义劳动制度为根本规定，形成彼此之间相互制约、相互监督、相互协作的新型社会关系，形成责任明确、权利具体、界限分明的新型社会政治关系。

二是行政管理与经济管理的关系。社会主义行政管理包含对社会经济生活的管理。但行政管理与经济管理具有不同的内容和要求，不能简单相互替代。特别是在社会主义市场经济下，更不能以行政管理取代经济管理。像那种要求每个行政部门都去招商引资的做法，就是混淆了企业发展与政府管理的关系，盲目以行政手段干预经济生活。政府对于社会经济生活的管理，主要表现在计划制定、宏观调控、综合平衡、具体规范等方面，而不是随便直接去进行生产经营活动，不是把政府简单作为一个市场主体。对公有制的劳动单位，既要通过委派管理人员，使管理者与企业形成直接的利益关系，具体负责生产经营活动；同时通过派驻监督员的办法，对相关活动进行有效监督，及时掌握其生产经营情况，为政府决策提供科学依据。对于非公有制单位，则是创造规范有序的社会发展环境，使各种经济组织和劳动单位做到依法经营，科学竞争，避免各种不当干预和干扰。没有对于社会经济生活的行政管理，或者不分青红皂白，把所有社会经济活动统统由政府管起来，都不符合社会主义行政管理的规定和要求。

三是政府部门与司法部门的关系。在人们的习惯表述中，政府部门一般指国家的行政机关，司法部门是指法院、检察院、公安等社会司法组织和国家机关，在社会生活中，彼此既是一种从属关系，又具有相对的独立性。社会主义行政管理必须把法律规范与政府管理结合起来，既突出法律在社会治理中的保障作用，也要体现出政府在社会管理中的中心地位，通过政府的主导和协调，使之相互一致、相互促进，又相互制约、相互规范。实际上，人类社会的管理活动都必须以政府行政为中心，其他社会管理活动都是围绕着政府行为展开的，离开了政府，其他社会管理活动就难以有效进行。在社会主义社会中，更必须体现出政府管理与司法管理的统一性和一致性，既不能把法律活动随意置于政府活动之外，似乎一讲法律，就不能讲政府的主导和统领作用；又要体现出法律对于社会生活的强制和规范作用，不能简单以政府行为否定法律规范。必须明确什么属于政府领导，什么属于司法管理，什么情况下政府可以改变和确定社会的法律规定，什么情况下法律能够否定政府的活动和行为。由此实现社会行政规范与法律规范的统一，形成彼此相辅相成的科学的社会管理机制。

四是政府管理与政府干预的关系。所谓政府管理，是政府在正常社会发展状态下对社会生活进行的组织和指导，具有相对稳定性和确定性的工作内容和工作要求；政府干预则是在非常态情况下对社会生活的参与和涉入，表现为临时性和机动性的社会管理活动，具有相对的不确定性和较强的主观性因素。在以往人们的理解中，政府管理是必不可少的，政府干预则是不应该的。这同样不符合社会主义的行政管理需要。政府作为社会的基本管理机关，其行为不像司法管理那样都可以形成绝对的界限和标准。人类社会具有丰富的社会生活内容，谁都不可能予以绝对准确的预先规划和确定，必然要在实践中予以具体应对和临时调整。政府干预则是进行这种社会调整的重要手段。在社会主义条件下，政府干预更是不可避免的，也是完全必要的。不能说政府干预就一定是错误的，是社会主义行政管理必须抛弃的。只要科学使用这种手段，确定具体的干预范围和责任规定，就能够形成科学的行政干预机制，做到合理干预、依法干预，实现更好的社会管理效果。

五是社会分工与临时工作需要的关系。科学有效地进行社会行政管理，必须按照社会主义社会分工的要求，理顺社会的行政关系，严格工作程序，保证社会行政管理的规范有序进行。但行政管理负有应对各种临时性突发事件的工作职责，必须根据社会发展的实际需要，承担起各种暂时性和应急性的工作任务。这些临时性和应急性的工作，有的具有突发性和意外性，如抗震救灾；有些属于阶段性工作，如思想教育、学习活动等。对于前者，必须科学利用各种资源，组织社会力量进行攻坚克难，以有效实现社会的稳定和发展。对于后者，则应尽量控制工作数量，强化行为规范，由上级部门审定和核批，而不是仅由同级政府自己拍板定夺，想怎么干就怎么干。对于一些确实必须开展的临时性和阶段性工作，应由社会设置专门的机动机构，确定专门人员，来进行这些工作。对属于某一职能部门工作职责的工作内容，对那些具有较强专业性内涵的工作，如招商引资、扶贫助困等，都应由专门人员来进行。以此形成良好的社会管理秩序，保证行政管理工作的有效进行。

社会主义行政管理工作的基本运行方式，说明社会主义行政体制是一种管理程序规范与管理效率并重的工作运行体制。在社会行政管理体制运行中，既必须注重程序规范，又必须保证管理效率，以程序规范保证工作质量，以管理效率保证工作效果。没有程序上的约束和规范，容易出现随意行政、盲目行政的现象，最终否定社会行政的管理效率；而没有管理效率，在行政管理中相互扯皮、敷衍塞责，程序规范也就没有意义。必须以此为根本遵循，设计出具体的工作程序和工作规范，在制度规定上保证二者的有机统一。这样一种社会行政管理体制，与社会主义公正与发展的要求完全一致，是社会主义公正与发展在社会行政管理中的必然体现，也是实现社会主义科学发展的必然要求。

社会主义行政管理的基本运行方式，说明社会主义行政体制是一种高效率高质量的社会管理体制，能够实现立法、执法和司法的科学统一，使各种社会管理资源和管理主体共同体现出社会稳定和社会发展的要求，在根本上优于资本主义的行政管理体制。资本主义由于其社会内部的矛盾和对立，导致政府的频繁更迭和经常变换，使政府成为一种不确定不稳定的社会行为主体，只能把立法、执法、司法分割开来。这样虽然可以遏制政府的胡乱行政、任意行政，却容易造成社会管理系统的分散和分割，不利于提高管理效率，形成社会发展的不稳定因素。例如美国国会议员不论在枪支管理、医疗改革上，还是在移民规定、行政管理人员的吃饭问题上，总是喜欢从各自的利益出发，随意否定政府的决策，既影响工作效率，也不利于社会发展。至于一些所谓民主国家利用法律否定民选政府的行为，更容易造成社会中的动荡和混乱。这显然是社会主义行政管理体制必须否定的，是人类社会发展必然应予否定的。

社会主义的行政管理体制，必须突出中央政府和上级政府的作用，属于层级制的社会管理体制。而层级制被一些人看成是落后的社会管理方式。其所以如此，既是这种管理方式确曾给社会主义发展带来过失误，也在于一些人片面鼓吹资本主义扁平式的行政管理方式。资本主义的管理方式，是适应于资本主义的存在而建立的，在历史上有其进步意义。但资本主义管理体制不是人类社会管理体制发展的尽头。如果按照资本主义的社会管理模式，就不可能有公有制的存在，不可能有按劳分配的存在。人类社会发展是由分散对立走向集中统一的历史过程，人类社会管理同样是由彼此分散走向彼此统一的发展过程。在私有制的社会中，由于缺乏社会利益统一的基础，只能实行分散管理或松散管理。社会主义既有对社会生活进行统一管理的物质基础和发展要求，同时随着科学技术的发展进步，也具有进行这种管理的物质技术手段，因此社会主义行政必须实现社会统一管理的要求，对整个社会生活进行统一的引导和规范。至于过去社会主义行政管理中所出现的弊端，可以通过建立健全社会规范予以有效解决，不能以此为由，对传统的社会主义行政管理方式简单地予以否定。

六、社会主义行政管理的基本评价标准问题

社会主义的行政管理，既具有行政管理工作的一般社会属

性，又具有独特的社会生活要求，既必须对其进行科学的价值评定，又不像具体生产经营单位那样，能够以经济效益作为评定标准，在社会生活中，更容易出现随意性和盲目性的问题，以及形式主义、官僚主义等弊端。加强社会主义行政管理体制建设，必须建立起刚性的社会价值评定杠杆，对社会主义行政管理进行科学的价值评定。这种社会主义行政管理工作的价值评定标准，集中表现为廉政、勤政、效政建设的要求，表现为对于所有行政管理人员廉政、勤政和效政的工作要求。

（一）强化社会主义行政管理部门的廉政建设

廉政是对社会主义行政管理工作的最基本的社会行为规范，也是最基本的工作要求。所谓廉政建设，就是要求所有行政管理部门和行政管理人员，必须做到秉公办事，坚持原则，不谋私利，权为民所用，利为民所谋，情为民所系。每一个行政管理部门和管理人员，既应通过自己的劳动获取应有的社会报酬，又必须按照社会制度规定用好权力，不能有以权谋私的现象发生。对腐败现象予以零容忍和全清除，是对所有行政机关和行政管理人员最起码的道德规范和工作要求。

以往对社会行政管理部门的规范中，廉政建设一直处于重要的地位，但效果却不尽人意。一个重要原因，是把廉政建设主要看成对党员干部个人的思想要求和品质规定，使廉政建设局限在思想教育和道德规范上，局限在对具体腐败案件的处理上，而与党政机关工作职责相脱节，就“廉”讲廉，使廉政建设失去根本的内容和要求。一些腐败案件所以“前赴后继”，不是因为缺乏警示教育和打击力度，而是缺乏制度规范，给腐败分子以可乘之机。往往是讲廉政建设忽视工作要求，讲工作又忽略廉政建设，导致“说”与“做”两张皮，形成“上有政策、下有对策”、“闯红灯、绕绿灯”等现象。必须把廉政建设与行政管理机关的工作要求联系起来，根据岗位职责和业务分工，制定出不同的廉政建设规定，增强针对性，强化约束力，从制度上保证行政管理部门的清正廉洁。对行政管理人员实行廉政建设一票否决，凡廉政建设不合格的，必须剥夺其拥有的社会管理权力。只有使违规违纪者占不到任何便宜，而且付出更大的代价，才能使那些心存侥幸的人不敢腐败、不去腐败，在廉政建设面前不触底线、不闯红线。

（二）增强社会主义行政管理人员的勤政建设

对于社会主义的行政机关和行政人员来说，勤政主要表现为一种主观愿望和工作态度，表现为一种思想境界和工作精神。具体来说，必须做到爱岗敬业、认真负责、吃苦在前、享受在后，必须做到兢兢业业、任劳任怨、踏踏实实、言行一致，必须做到谦虚谨慎、不骄不躁、殚精竭虑、勤勉工作，始终保持良好的工作作风和精神状态，严肃认真地履行工作职责。

勤政具有较强的主观性因素。保证勤政建设落在实处，必须使勤政具体化、实在化，不能停留在带病坚持工作、经常加班加点之类的套话上，或者流于个人的工作总结和自我评价上。增强勤政建设，一是必须与“政”相结合。在行政机构设置和人员安排上，应当具有科学的标准和依据，凡能够量化和细化的工作内容，如调查研究、办事程序等，都应做到具体明晰，同时按照工作岗位的具体职责，形成刚性的工作要求和考评规范，使这种考评真正具有可行性、可比性，而不是用个别典型事例作为评定标准。二是与行政管理者的自身素质相结合，包括个人对相关专业知识的了解掌握，对本职工作的熟悉程度和办事效率，个人素质的提高和变化等，使其始终处于虚心好学、勤勉上进、自强不息的状态。三是与具体的社会活动和社会行为结合起来，特别是在遇到突发事件和意外事故时，例如在遇到自然灾害时，在人民群众生命财产安全遇到威胁时，能够奋不顾身，挺身而出，敢于为人民群众的利益牺牲自己的利益。以此使勤政建设成为一种实实在在的工作要求，成为一种实实在在的工作标准。

（三）加强社会主义行政管理工作的效政建设

社会主义行政管理工作的自身价值如何，最终要看其工作效果好坏。没有良好的工作作风，自然难以实现良好的工作效果；但有了良好的工作作风，不等于实现了良好的工作效果。这样一种对于行政管理工作的要求，应当通过效政建设来实现，依靠效政建设来保证。对于效政建设，作者十多年前在报纸杂志上进行过多次论述。[①] 但相对于廉政和勤政建设来说，效政建设仍然是个新提法，因此需要多作一点复述。

在社会主义行政管理工作中，经常会出现形式主义、官僚主义等弊端，形成无效劳动、不负责任、推诿扯皮等现象，造成社会发展中的损失和失误。官僚主义可能是无意识的形式主义，形式主义则是有意识的官僚主义，二者都表现为不讲实话，不报实情，不干实事，不务实效。这既有当事者的思想认识和工作能力问题，更为主要的，是缺乏有效的工作规范，为形式主义、官僚主义提供了滋生蔓延的环境和土壤。在工作中往往简单地从公仆和服务的要求出发，只讲过程，不讲结果，以主观动机代替客观效果。一个党政机关工作人员，不论其工作效果如何，只要表明自己做到了廉政勤政，就无可指责。由此使

① 参见《市县经济周刊》2001 年 11 月 29 日第 007 期《效政建设：党风建设的必然要求》、《学习论坛》2002 年第 3 期《论效政建设》等。

一些人利用手中的权力大搞形式主义，搞对了，作为自己升官晋级的本钱；搞错了，给党和人民的利益造成损失，则以所谓廉政勤政来解脱，形成搞形式主义得实惠、得实惠的人搞形式主义的恶性循环。

什么是效政？效政，就是社会行政管理工作所要实现的良好的行政工作效率和工作效果，表现为一种有效行政、高效行政。进行效政建设，就是在社会生活中建立起“结构合理、配置科学、程序严密、制约有效”的权力运行机制，形成“行为规范、运转协调、公正透明、廉洁高效”的行政管理机制，防止权力出现越位、缺位和空位，形成科学的工作机制和行为规范，以工作效果作为检验行政管理人员工作好坏的根本标准。效政建设既适用于所有具有行政管理职能的部门和个人，又主要是就党政机关而言。工人做工要出产品，农民种地要打粮食。如果行政管理工作没有实际效果，就无异于工人做工不出产品，农民种地不打粮食。对于党政机关及其工作人员来说，没有效政，就失去了存在的价值，廉政、勤政同样失去应有的意义。必须立足“政”字，突出“效”字，紧扣系统效率和工作效果这个主题，形成科学的工作准则和行为方式，努力建立起规范有序、科学运转、合理稳定的社会行政管理秩序。

一是科学设置管理机构。建立适度、稳定、合理的行政管理机构，是保证行政效率和行政效果的前提。应当按照精简、统一和效能的原则，合理确定行政机构设置，既避免公婆多、制约多的现象，又避免断档缺节、制约乏力的弊端；既避免因机构变动频繁影响工作效果，同时对影响行政效率效果的单位和部门，及时进行改革和调整，使行政机构设置始终处于相对稳定的动态过程之中，始终充满生机与活力，保证其运行效率和工作效果。

二是严格规范工作环节。从系统学、工程学的角度，理顺行政管理体制，确定具体工作程序。特别应科学确定执行与决策的界限、范围和程序，对经常性、一般性的工作，可以不管过程，只讲结果；对决策性、创新性的工作，应当切实加强规范和督查，避免盲目性和随意性。对廉政建设、财务管理等具有统一要求的内容，应由上级机关或专门机构制定出统一规定，以增强权威性和可行性，保证其得到有效实施。

三是明确工作职责范围。不论是对具体工作单位还是对于管理者个人，都应明确工作职责，细划工作范围，避免工作交叉重复的现象，真正做到各司其职，各负其责，以便于监督和考核。同时建立起完善的工作责任追究制度。不论是正常性工作还是创新性工作，都要设定责任时限，不论当事者在任与否，在责任时限内都应对自己的工作承担责任，避免一些人片面追求个人的所谓“政绩”，而给工作留下后患。

四是改变陈旧的工作方法。积极探索商品生产条件下行之有效的工作方式和方法，不能动辄以大轰大嗡的方式开展行政管理工作。一些可有可无的临时性工作，是形式主义的主要来源，既破坏正常的工作秩序，又普遍存在着临时观点，必须予以严格的控制和规范。通过强化社会分工，加强制度建设，真正做到变软约束为硬规范，达到有效否定形式主义和官僚主义的目的。

加强效政建设，需要一个讲真话、讲实话的社会环境。从这个意义上说，效政建设也是思想建设。假话、大话、空话是形式主义和官僚主义的最好掩体，杜绝假话、大话、空话，能够对形式主义、官僚主义起到釜底抽薪的作用，是进行效政建设的最佳切入点。对不讲实话、弄虚作假的，必须严肃处理。搞形式主义的人，对于自己的行为大都心知肚明，所以乐此不疲，在于期望以此为自己捞取好处，实质上是一种权力腐败行为。加强效政建设，必须确定刚性的纪律规范，既强调动机与效果的统一，又以工作效果作为根本检验标准。廉政勤政是基本规定，效政是根本要求，前者是一种普遍的社会道德规范，后者是具体的职业道德规定。由此使所有党政机关工作人员树立起正确的道德观念，既清清白白做人，兢兢业业干事，又必须把事情干好，干出成效。

效政建设涉及到社会学、领导学、组织学等多门学科和领域，牵涉到政治体制改革等多方面的内容和要求。加强效政建设，应当突出制度创新、体制创新，既发挥基层和群众的积极性、创造性，又要坚持系统化和专业化的要求，确定专门机构，强化专业内涵，使效政建设处于科学化、规范化的运作状态。特别要摒弃那种各自为政、层层发动、人人动手的工作方式，坚持以上级领导机关为主和下管一级的原则，保证效政建设工作机制的有效运转。对于下级机关和一般的行政管理部门来说，开展效政建设，主要是严格贯彻执行有关规章制度，按要求进行监督和反馈，而不是到处制定制度，到处都去创新。否则只能是徒劳人力物力财力，使效政建设落入形式主义的俗套。

效政建设是加强行政机关建设的根本要求，也是对廉政和勤政建设的深化和完善。廉政、勤政、效政，是一个有机的统一整体，效政是廉政、勤政最终所应达到的结果，廉政、勤政是效政的前提条件和基本要求。不讲廉政、勤政，自然不会有效政；只讲廉政、勤政，却囿于形式主义、官僚主义那一套，同样不会有效政。廉政是基本要求，勤政是工作手段，效政是最终结果，只有将三者有机结合起来，统一于社会主义的行政体制建设当中，才能够形成整体合力和优势效应，硬化为具有刚性约束力的行为规范，保证行政管理部门建设的应有效果。

对工作中造成失误的，不论其是否勤谨，主观愿望上是如何美好，都应按照规定承担责任。由此才能够从根本上避免形式主义和官僚主义。

加强效政建设，也是进行政治体制改革的必然要求。社会主义政治体制改革的目的，是消除官僚主义，提高行政效率，增强党和国家的活力，与效政建设的要求是完全一致的。多年来，我们一直强调进行政治体制改革，例如进行机构改革，探索选人用人办法等等，但由于没有以工作效率、效果作为根本要求，使之失去基本的规范和遵循，不仅难以取得实质性突破，甚至为形式主义提供了可乘之机。效政建设离不开政治体制改革，政治体制改革也离不开效政建设，只有以效政建设作为根本途径，才能够有效促进政治体制改革，保证政治体制改革的顺利进行。

七、社会主义行政管理人员的选用问题

行政管理是对社会公共权力的行使和运用，在其运行过程中，必须由具体的个人来行使，表现为行政管理者的个人行为。这就必然要提出社会主义行政管理人员的选用问题，包括一般管理人员的选拔任用，以及对各级领导者的选拔任用。这个问题，同样是社会主义行政管理体制建设必须解决好的问题。

治国必先治吏，治吏应先选吏。社会主义的行政管理者，不论是一般人员还是领导干部，本质上都是一个社会主义劳动者，既承担着社会管理的工作责任，又是社会主人翁中的平等一员。对于行政管理人员的选拔任用，实际上也是一个劳动者的劳动权利赋予问题，属于社会劳动权利分配的范畴。这样一种社会劳动权利分配，既具有社会主义劳动权利分配的一般规

定和要求，又具有特殊的规定和要求。一方面，行政管理对于社会生活具有更大的作用和影响，对于行政管理人员也应具有更高的权利授予标准，包括政治素质、业务素质、文化素质等。另一方面，行政管理不像其他劳动活动那样，其效果能够直接以经济效益和具体效果体现出来，难以形成绝对的价值比较尺度；加之行政管理具有相对较高的社会地位，是许多劳动者渴望进入的社会劳动部门，而社会行政管理的成本高低，又与其他社会成员缺乏直接联系，因此在行政管理人员的选用中，很容易出现违规违纪现象。那些9岁即成为机关干部之类的案例，即与这种行政管理性质有关。而在干部提拔中，同样具有较强的主观性因素，容易导致以权谋私、买官卖官等现象。进行社会主义行政管理体制建设，必须保证行政管理人员选用的准确性和科学性。否则既难以实现对党政机关的有效规范，也必然对社会生活形成负面的社会效应。

社会主义的行政管理部门，体现着社会主义政权的性质，代表着党和政府的形象。做好行政管理人员的选拔任用，首先必须把好行政管理部门的入口，保证行政管理队伍所应具备的基本素质。在行政管理人员的选定上，应当建立起科学的任职资格制度，在道德品质、文化素质、工作能力等方面，制定出明确标准，设置较高的进入门槛，做到严格规范，优中择优。凡不符合任职资格的，必须予以辞退；达不到任职资格的，例如在年龄、工龄、学历等上面弄虚作假，有违规违纪行为的，一律限制进入党政机关。在人员招录中，既坚持必要的考试制度，又不能像封建社会的科举制度那样，以文凭决定官帽的大小。必须广开门路，把各种优秀人员选拔进管理机关，形成党政机关管理人员能出能进的多元组成结构。例如对见义勇为或者是作出突出贡献的人员，只要达到任职条件，就可以根据他们的意愿和工作需要，直接调入行政部门，或赋予一定的领导职务。由此保证行政管理队伍来源的纯洁性，保证行政管理队伍的整体素质和工作质量。

在社会主义社会中，任何劳动者都应具有平等获得社会劳动权利的资格，包括获得社会管理岗位的资格。这种社会管理权力获得，必须以德才状况为根本标准，以能否完成岗位工作任务为原则规定，不能简单在年龄、文凭上定调调，更不能在相貌、身高上搞歧视。从行政管理工作的实际需要来看，只要具有高中以上文化程度，就能够适应一般行政管理工作需要，不能一味强调所谓文凭、职称之类。公务员选任不是搞选美比赛，不是挑选仪仗队员，不能讲年龄、讲个子、讲相貌。除了极个别工作和工种之外，对所有招聘者必须不分个头高矮，不分相貌好坏，不分年龄大小，一视同仁，平等对待。一个劳动者只要是在国家法定的工作时限内，就必须享有与其他人员同等的权利，包括参加公务员招聘的权利，获得职务提拔的权利。否则就不符合社会主义的社会性质，是对社会道德准则的扭曲和践踏。如果行政部门在人员招聘中随意破坏社会劳动制度，搞一些歧视性、非合法性的所谓任职条件，必然形成恶劣的社会导向，引起整个社会生活的失误。

与招录一般行政管理人员相比较，选拔和任用各级领导干部，显得更为重要。领导干部对社会发展负有更大的责任，在选拔任用中，必须具有更为严格的标准和程序，按照德才兼备的原则，保证各级领导干部选用的科学性和准确性。在选拔方式上，应以任命制为主，辅以一定比例的社会招聘和选民选举。在社会主义条件下，党和政府与人民群众的利益是完全一致的，一个领导干部只要真正做到对党和政府负责，那就必然能够做到对人民的利益负责。也正因为这样，在任命制中，才能够选拔出焦裕禄、孔繁森等优秀领导干部，既做到激情干事创业，也不缺乏应有的工作能力。而一些党员干部所以出现问题，恰恰是不对党和政府负责，因此也不可能对人民负责。只要确定科学的社会行为规范，严格德才兼备的标准，按照程序规范选拔干部，就能够保证干部选拔任用的正确性，同时有效节约社会资源，形成科学的领导干部选拔任用机制。

在现时下的干部选拔任用中，有关部门总是以德能勤绩廉作为考核标准，表面上看似乎非常全面，十分严格，实际上必然表现为软指标，形不成硬规定。往往是任何一项评价内容都能够作为任用干部的依据，因此只能是胡乱评价，胡乱凑数。在干部考核或干部推荐中，往往以多一票少一票来决定优劣任免，即是这种考核评价所形成的负面结果，并由此养成了很坏的社会风气。必须以德才兼备作为根本要求，以工作效果作为参考标准，通过实行“末位淘汰”等办法，对工作最差或者无实际效果者予以降职或者辞退处理，真正做到能者上、庸者下。如果以笼统的工作态度或者民意高低作为考核依据，以德能勤绩廉作为工作考评标准，必然使工作考核失去明确的标准规定，只能流于空洞的道德空谈。

在领导干部选用中，必须注重选用那些敢于讲原则、讲党性的干部。对于领导干部来说，原则就是理想和纪律，没有原则就不可能有理想，也不会守纪律，必然是不合格的。社会主义在本质上是一个和谐社会，但并不是没有矛盾和冲突。领导干部的职责之一，就是解决社会矛盾，只要按照规定开展工作，就是称职的干部。那种一人一票的匿名评议，往往带有较强的个人感情色彩，很难确定一个干部称职与否、优秀与否。一些所谓会办事的领导者，往往都要千方百计利用公有制的资源去讨好他人，换取民意，实际上是以公有制资源捞取个人优秀票的“乡原先生”，是一种不负责任的行为。许多违法乱纪人员在民意投票中能够得到很高票数，年年优秀，原因正在于此。必须制定出具体工作规定，鼓励人们坚持原则、坚持党性。如果有意见、有看法，应当公开讲出来，以增强社会评价的公开性和公正性，不能搞那种弄不清是张三李四的所谓票决制。对公开反对和抵制各种违法违纪现象的人员，应根据实际社会效果，优先提拔或破格重用。反之，在匿名评议中没有一张反对票，则应予以认真的了解和考评。以此弘扬讲党性、讲原则的社会风气，形成正确的社会用人导向。

过去还有一种说法，叫作凭政绩用干部。表面上似乎有些道理，实际上具有很大的主观随意性，既容易引起形式主义和花架子，也容易形成干部提拔使用中的不公正不合理现象。政绩具有各种各样的内容，一项政绩的取得，除了个人的因素，更具有社会的因素。而行政人员由于具体承担的工作职责不同，对于社会资源的使用不同，工作结果自然各不相同，所谓政绩很难对不同行政管理人员进行客观公正的评定和比较。在这种情况下，往往是想提拔谁谁就有政绩，想重用谁谁的政绩就大。而有些所谓政绩，诸如办了几件实事、好事之类，实际上大都是人为拼凑出来的，甚至违背国家政策规定，单凭自己的好恶行事，造成劳民伤财的面子工程、形式主义工程。而那些踏实勤勉、默默无闻的行政管理人员，对于社会发展同样具有崇高的价值，却因为所谓政绩不突出而得不到提拔和任用。这些年来形式主义越来越严重，明显与这种政绩标准有关。对于社会主义行政管理人员来说，不论从事什么工作，是否具有一眼看得见的政绩，只要能够履行好工作职责，就是胜任工作的表现，就应该获得平等提拔任用的权利。

科学选拔任用各级领导干部，必须严格程序，不能随意搞所谓的创新改革。就社会主义行政管理的现有弊端来说，其原因在于缺乏社会规范，而不是缺乏具体人才。过去一些地方随意突破制度规定，总是在提拔干部上出点子，玩花样，例如授予硕士科级待遇，授予博士处级待遇，哗众取宠，制造新闻效应。而在现有的社会规范下，这些被提拔起来的干部同样难有特殊之处，一样会出现问题。如原河南省副省长雇凶杀人案，一些获得特殊领导位置的官员相互攻击诽谤，等等。只要有了好的工作制度，就能充分发挥干部队伍的积极性和创造性，实现良好的社会行政效果。干部队伍重在管理使用，不在于增添多少新人，怎样增添新人，也不是现有干部都不行，必须靠"掺沙子"解决问题。否则只能是缘木求鱼，事与愿违，也是对社会主义发展不负责任的做法。

进行社会主义干部队伍建设，应在坚持民主施政的前提下，以考录制和任命制作为干部选拔任用的主要方式。在此基础上，留出一些工作岗位，给所有社会成员提供直接参与社会管理的机会，以增强干部队伍的活力。对那些作出突出贡献的人员，对具有正面影响力和感召力的人员，可以直接调入行政机关，予以提拔任用。同时通过竞聘的办法，使下级官员和一般社会成员能够通过竞争，获取相应的领导职务。这种社会竞聘，岗位级别应限定在副部级以下。对竞聘人员既应有条件限制，又不能过于苛刻。从工作需要的角度讲，只要具有农村支部书记任职经历和高中以上文化程度，多数都能胜任县级领导干部的工作职责。在职务竞聘范围上，以应聘人员的现有职级为基准，向上延伸 4 个级别。那种参与县级干部竞聘必须是科级干部、参与厅级竞聘必须是县级干部的做法，和论资排辈没有多少区别，难以体现出竞争的要求。对通过竞聘获取领导职务的人员，依据选举制要求，严格任职时间和任后安置办法。这样既能增强行政管理队伍的竞争力，也有利于打破官民界限，增强全社会的民主意识，比简单地定向选拔某个社会群体人员的做法，显然要科学有效得多。

在行政管理人员的选拔任用中，必须做到言出必果，取信于民。干部选拔任用往往表现为阶段性的临时工作，更容易出现违规违纪的现象。过去不少地方进行干部招聘，实际上早已内定了人选，如果内定人选不能入围，就谁也不招，过上一年半载，再以工作需要为名，把内定人员调进单位。这样的所谓招聘，只是一些人变着法子违法乱纪，是一种变相的腐败行为。必须切实加强对干部招聘选拔工作的行为规范，严明纪律，严格程序。对徇私舞弊、违法乱纪的，必须予以更为严厉的惩处，切实维护干部选拔任用工作的公正性和公信力。同时不能把干部招聘变成作秀的平台，一味追求新闻效应、轰动效应。2000年8月，杭州市在《人民日报》发布公告，在全国范围内招聘科处级干部。此举颇令人匪夷所思：如果连个科级干部都选不出来，那就不是“人间天堂”了；而其招聘的博士生处级领导干部的年龄，因笔误注明必须在5岁以内。[①] 如此招聘，只能败坏党和政府的形象，影响政府在人们心目中的地位。

加强社会主义行政管理队伍建设，必须体现出劳动者全面发展的要求，即国家公务人员的自身发展问题。这既需要一定的职业培训，如一项政策出台，一些时事政治内容，必须进行必要的宣讲和辅导；同时又主要是行政管理人员个人的事情，不能简单作为社会的责任和义务。现在一个劳动者进入到行政管理机关工作，或者被提拔为领导干部，有关部门不论其工作性质和个人基础，从穿着打扮到交往细则，从经济工作到财务

① 招聘公告称，博士生应聘者必须是1995年以后出生。

管理，都要对其进行全面培训。这是本末颠倒了。进入党政机关和担任领导职务，是为了进行工作，不是为了进行学习。行政管理人员的文化知识补充，属于个人基础性学习的范畴，应是劳动者的个人行为，其成本应由个人支付，不能由公共财政买单，没有必要用公共资源去培养一些人的个人素质。更不是隔一段时间就把大家集中起来，把过去学习过的知识再复习一遍。否则既造成社会资源浪费和分配不公，也难以达到促进劳动者发展的目的。例如所谓领导干部正规培训，被戏称为“三稀”教育，即“联系联系，休息休息，咪西咪西”。世界科技知识发展日新月异，与行政管理知识更新不可同日而语，但微软总裁比尔·盖茨每年只用 15 天时间进行专业学习。因此一个行政干部每年根本不需要用那么长时间进行专职学习。同样，如果一个行政干部连基本的法律规定都不知道，连基本的待人礼节都不懂，那就根本不能进入行政管理机关。

进行社会主义行政管理，要有一定的干部培训计划。但这种计划，必须以实际实用为原则，应是为了在干部使用中做到心中有数，合理搭配，在时间上以 5 年左右为宜，不需要太长的工作规划。不能整天想着去培养干部，培养几十年后的干部。组织人事部门的工作职责，在于使用干部、监督干部、用好干部，除个别的特殊人才和特殊岗位，没有必要去大面积培养干部。这样既有利于形成行政管理机构的干事创业风气，也能够体现出干部选拔任用公平公正的要求。否则只能是浪费社会资源，甚至成为有害劳动。像那种简单以得票多少确定后备干部的做法，就养成一些人四面讨好、八面玲珑的习气，在没有提拔之前即开始请客送礼，升迁之后更容易变本加厉地违法乱纪。1982 年河南省委选拔一批大学毕业生，直接分配到基层乡镇工作，准备经过几年锻炼，把优秀人才选调进省直机关工作，在实践中培养干部、选拔干部。但后任省委书记以不好安置为由，随意否定了这种做法，同时却直接向省直机关调配人员，然后让这些人到基层进行所谓挂职锻炼，既不干工作，又几头享受福利待遇，镀金两年后都回到了省直机关。这样的所谓干部培养方式，没有一点益处，且带坏了一些人。也只有拿着公有制的资源才能够做得出来。

长期以来，在干部队伍管理中，存在着所谓“退二线”的问题。这种做法形成于上个世纪 80 年代初期，当时由于国家的退休制度不健全，各级领导机关普遍存在着老龄化的现象，加上特殊的政治历史原因，后续领导力量跟不上来，让一部分老同志退出领导序列，具有实现新老交替的意思。但此后由于缺乏明确的制度规定，一些地方普遍把“退二线”变成了能够多提拔干部的好路子，层层降低年龄标准。一些不到 40 岁的干部就失去了提拔晋级的机会。这样一种畸形的干部政策，既不符合社会劳动制度规定，也是对社会资源的极大浪费。一个干部如果不能胜任工作，不论年龄大小，都应当予以免职，如果能够适应工作，就必须干到退休为止，应当享有与他人平等的工作权利。在现实条件下，40—60 岁的劳动者只要没有特殊情况，在体力和智力上完全能够胜任工作需要，并且处于年富力强、干事创业的时期，是社会的重要劳动资源，显然不应剥夺他们正当的社会劳动权利。

这样一来，在干部选拔任用中，会不会造成严重的论资排辈现象，不利于调动干部队伍的积极性呢？不会。干部队伍是否具有活力，不在于年龄层次，而在于是否具有严格的工作规范和动力机制。否则不论年龄大小、资历深浅，都会出现熬天数混日子的现象，或者思想僵化、不思进取的现象。只要形成明确的社会责任规定，形成科学的社会导向，就能够使每个行政管理人员增强责任意识，使干部队伍保持应有的活力。同时行政工作必须建立稳定的工作秩序，适当的论资排辈有利于形成科学的社会管理秩序。而每个人都有年轻和年老的时候，因此这样一种社会行政管理秩序，对于每个行政管理人员都是公平的，不会造成对于任何人的社会歧视问题。在同等情况下，也应优先任用工作时间长、工作经历丰富的人员担负社会管理工作。只要强化工作规范，形成科学的竞争机制和淘汰机制，就完全能够保证行政管理队伍的持久活力和蓬勃动力，保证社会行政管理工作的实际质量和应有的效果。

社会主义行政管理具有稳定性和长期性的特征，社会主义行政管理人员任职同样必须具有稳定性和长期性的要求，不能简单按照所谓选举任期，或者是进行所谓异地交流，来设定管理人员的任职期限。在现实社会条件下，任职时间限制或者异地交流，根本起不到对干部进行行为规范的作用。从一般的工作周期来说，地方主要领导任职时间不应当少于 5 年，任职期间一般不应调动和调整。对副职可以取消任职时间限制。同时不搞那种“浪费汽油”的所谓异地任职。不论是对地方来说，还是对中央一级领导干部来说，从体力、年龄等方面予以综合考虑，应以 20 年左右作为一个工作岗位的最高任职时间限定。这样既有利丁增强各级管理者的责任意识，保证工作的稳定性和连续性，避免出现临时性和短视性，也能够避免因干部流动过快失去对干部的管理和监督。

加强干部队伍管理，必须按照工作需要确定行政管理人员的工作待遇、职务级别和工作条件，既要讲原则性，也要讲灵活性。例如适当提高基层干部的待遇，在利益分配、职务提拔上，注意向基层倾斜，向在艰苦的地方倾斜；对各级各部门主要领导干部实行提高岗位工资的办法，以体现出社会主义的分配原则规定。对于因受机关级别限制而难以得到职务提升的基层工作人员，可以依照年龄和自身的基础情况，适当提高物质待遇。同时不能随意打破行政级别规定，用提升个别主要领导者职务级别的办法，像让乡镇干部享受县处级待遇，让县委书记享受地厅级干部待遇，来实现所谓的干部队伍稳定。干部队伍建设是一个统一的整体，必须考虑到每个社会成员的利益要求，形成统一的社会制度规定。如果仅仅因为个别人不愿去做县委书记，仅仅为了个别人的利益要求，就要改变社会的行政管理级别，显然不利于提高干部队伍的积极性，也容易造成对于社会主义行政管理体制的破坏和否定。

社会主义的社会行政管理人员，包括党政机关工作人员，也包括其他劳动单位中的管理人员。而其他劳动单位如企业中的管理人员，由于具有相对客观明确的工作标准，因此在选拔任用中，既同样要坚持德才兼备的标准，又应与行政部门的管理人员有所区别。一方面，必须更好地体现出专业化的内涵，根据具体劳动单位的发展特点，来确定管理准则和工作要求；另一方面，应当使企业和其他社会劳动单位的管理者，享有与行政管理人员相同的社会权利，彼此既具有不同的社会分工和工作职责，也可以进行相互流动。但党政机关的管理人员在选拔标准上更高一些，在升迁机率上也更低些，因此企业管理人员进入党政机关后，应以降低 1—2 个级别为宜。这样既能增强所有社会管理人员的荣誉感和责任感，也有利于增强整个社会管理队伍的活力。

八、社会主义行政管理的行为规范问题

社会主义行政管理具有更多的社会管理对象和管理事务，

管理者具有相对较大的社会管理权力，因此出现问题的机率也相应增大。可以说，因公有制所形成的各种弊端，在社会主义行政管理中都可能出现，并且表现得更为明显和突出。而行政管理对于整个社会生活来说，具有重要的导向和示范作用，如果社会的行政管理出现问题，社会生活中的弊端也就不可避免。由此决定了社会主义行政管理必须具有更为严格的社会行为规范，必须形成更加严格的社会管理和制约机制。

在过去的社会主义行政管理工作中，经常出现所谓乱决策、乱负责、乱审批、乱行政等问题，其根本原因，是由于对社会主义行政管理的基本社会属性认识不清，对社会主义行政管理的根本要求认识不清，缺乏科学的社会制度规定和行为规范。保证社会主义行政管理工作的有效进行，既应切实加强思想建设和作风建设，更必须从程序规范和职责规定上，对社会行政管理工作进行必不可少的约束和限定。只有按照社会主义的社会分工原则，按照人类社会发展的规律，形成科学的社会规范机制，才能够保证社会主义行政管理工作的科学有效进行，避免社会行政管理中的弊端和失误。而从制度建设上来说，就其关键环节而言，加强对社会主义行政管理的社会规范，主要表现为四个方面的内容和要求。

（一）建立科学的行政管理监督机制

实现对于社会行政管理工作的有效监督，包括专业监督和群众监督、社会监督和行政机关的自身监督，是保证社会主义行政管理规范有序进行的重要条件，也是社会主义民主政治建设的重要内容。应当按照全民监督、利益监督和责任监督的要求，制定出科学的社会行政管理监督规定，把社会监督落实到每个社会行政机关和行政部门，落实到每个社会行政管理主体身上，体现在每个社会成员个人身上，形成全面有效的社会监督，保证社会权力运行的科学性和正确性。

社会主义的社会监督，是对全体社会成员而言，但重点是对各级官员和行政机关的监督，是对各级领导干部的监督。行政管理部门和领导干部掌握的权力大，对社会担负的责任大，其行为对社会发展具有更大的影响力，自然也应对其予以严格限定和规范，应是实行社会监督的重点工作目标和工作对象。必须形成有效的社会管理监督机制，形成完整的社会监督链环，既发挥专业监督、上级监督的作用，更必须强调内部监督、身边人监督的作用，形成整个社会相互衔接、相互制约的监督体系，避免断档脱节、监督缺失的现象。对于所有社会成员来说，既应明确自身权利，还要明确自己的责任，把进行社会监督与自身利益实现联系起来。凡不履行监督责任的领导者和管理者，必须作为违规违纪行为进行处理。只有这样，才能保证社会行政管理监督的有效进行，保证党政机关的廉洁、高效。

有人可能说，确定行政管理主体的社会管理者身份，又让行政部门自己监督自己，这是既当运动员，又当裁判员，是不可能进行有效监督的。但任何政府都不是一个绝对的利益统一体，政府同样是由各种社会活动主体和利益主体组织起来的矛盾统一体，在政府内部，照样具有不同的工作部门和利益要求，并最终表现为劳动者个人的利益要求和利益行为。只要把政府看成是一个社会主义劳动者，看成是一个权利与责任相统一的社会活动主体，而不是当成一个简单的社会服务机构或社会公仆，形成科学的社会利益机制，就完全可以达到应有的社会监督效果，避免以往社会行政管理工作中的弊端。加强对于社会主义行政管理的有效规范，必须从社会行政主体的活动特点出发，在社会的物质利益导向和政策激励上，为监督提供动力源泉，形成科学的监督机制，不仅使监督成为一种道德义务，更成为一种社会责任要求，形成人人愿意参与、又必须参与的社会行政监督机制。

（二）建立明确的行政工作责任机制

社会主义的行政管理工作，既在总体上表现为社会的集体的行为，又最终以个人的活动行为体现出来。因此社会主义行政管理规范最终同样必须体现在行政管理者个人的身上，表现为对于行政管理人员个人的责任规定和要求。而管住了每个行政管理人员的个人行为，也就管住了所有行政管理机关的行为，管住了整个社会的行政行为。必须科学区分什么是集体领导和集体负责，什么是个人行为和个人责任，既实现二者的有机结合，又要明确彼此的责任，不能笼统以政府或者集体来代替行政人员的个人行为，或者把个人行为随意当成是社会和集体的行为。只要把社会权力运行具体到每个行政管理者个人身上，就能够防止随意用权或恶意用权的现象，保证社会权力的正确行使和运用。

迄今为止，社会主义行政部门中的最大问题，依然表现为大锅饭和平均主义，导致社会行政管理中或者无人负责，或者是乱负责，形成干与不干一个样，干好干坏一个样。其中一个重要原因，在于随意打破社会分工，缺乏科学有效的社会分工，既难以确定具体的工作责任规定，也缺乏有效的社会考评标准。加强社会主义行政管理的行为规范，必须遵循社会主义社会分工的原则，明确所有社会行政单位和行政人员的工作职责，形成对于所有社会行政管理主体的社会责任规定。除开一些特殊的情况，不能总是拿着战争时期的分工模式，来开展社会行政管理工作，例如要求每个政府部门都到农村去扶贫，都到企业去帮困。否则就难以保证行政工作的效果，甚至形成弄虚作假、随意糊弄等弊端。不难发现，按照现时下的机构编制，每个部门的人员数量都绰绰有余；但按照额外增加的一些临时性工作要求，任何单位都难以完全适应工作需要，往往是十来个人的单位，要同时去农村包村扶贫、建设小康村、进行基层组织建设，实际上什么也干不了，什么也不能干，既影响基层工作的积极性，又影响机关正常工作，造成机关工作的混乱无序和随意应付，既管不住行政管理人员的个人行为，也管不住行政部门的活动和行为。只有做到责任到人，职责明确，才能够有效杜绝社会生活中的弊端，保证行政管理工作的实际效果。

把行政管理职责具体到每一个行政管理者身上，会不会造成工作程序繁琐、制度冗杂的现象，在实践中难以做到呢？不会。任何单位的工作职责和制度规定，都必须具体到每个劳动者个人身上，否则这种制度规定就难以得到真正的实施。同时在以往的行政管理部门和行政管理工作中，照样搞了太多的制度规定，只是缺乏刚性规范、难以得到落实而已。只要进行必要的分解和限定，特别是经过上级部门的审核确定和有效监管，就能够形成对于每个行政管理人员的工作规范。如果一次分解不清，或者在实践中存在缺陷，可以通过总结经验、改进完善，使之逐步适应社会行政管理需要，保证社会行政管理工作的效率和效果，避免乱行政、乱施政的现象。如果社会主义行政管理连自身的工作分工都做不到、做不好，那就说明社会主义行政管理必然是不成熟、不完善的，是进行社会主义行政管理首先要解决的社会问题。

（三）建立严格的工作责任追究机制

确定社会行政管理工作的具体岗位职责，是为了做到权责明确，便于进行责任追究，形成权力行使与责任追究相统一的社会用权机制。没有工作责任追究机制，就形不成对于社会行政主体的责任和压力，必然导致行政管理工作中的无序性和盲目性。只有通过建立严格的工作责任追究机制，使每一个行政管理人员必须对自己的行政行为负责，才能有效增强全体行政人员的工作责任心，形成科学的社会主义用权机制。

社会主义行政管理工作的追责机制，既要做到严肃严明，也必须做到合情合理。在过去的行政管理工作中，长期缺乏必要的追责机制，存在着“过后不管”的弊病。而近些年来，在有些地方和有些领域，又过分强调所谓责任追究。例如对发生事故造成损失的，不论具体原因和工作状况，一律强调所谓免职或处分；在银行的业务经营中，要求信贷人员必须终身为自己的放贷行为负责，表面上是在严格规范，实则缺乏科学性和正当性。社会活动具有意外性和偶然性的因素，有些可以把握和确定，有些则难以完全予以把握和确定。例如在经济活动中，往往因为一个意外变故，就能导致生产经营状况出现根本性的变化。以银行资金放贷工作来说，只要在贷款时企业处于正常状态，有关人员完全按照制度规定放贷，就不能去进行所谓责任追究。同时应当把决策性工作与执行性工作加以区别，制定出不同的时间界限规定和责任追究办法，明确各种具体实施细则。从而既体现出必要的工作责任规定，又不能搞那种不合常理的过分的所谓责任追究。

（四）建立公正的社会利益赏罚机制

社会主义的行政规范，最终体现在社会行政主体自身利益的实现上，表现为对于社会行政管理主体的奖励和惩罚。必须把行政管理活动与行政管理主体的自身利益实现紧密联系起来，从政治、经济等各个方面，建立起客观公正的社会利益奖罚机制。只有做到权力、责任、利益三位一体，使之科学地体现在每个社会行政主体身上，才能保证社会行政管理制度的有效实施，实现社会主义行政管理的良好社会效果。

建立社会主义行政管理的利益奖惩机制，其根本保证措施，是能够有效剥夺和中止不称职管理人员的现有社会劳动权利，也即是能够及时收回其现时所掌握的社会管理权力。在过去的社会主义行政管理中，对行政管理人员往往只有奖励规定，缺乏惩罚措施。在涉及人员进退去留时，领导者更是只愿意调进人员，不愿意也不能够清退人员。泛泛而论，往往是“人多没活干、活多没人干”，具体到对每个人的评价，则是个个积极工作，人人加班加点。保证社会主义行政管理奖惩机制的有效实施，必须在党政机关实行全面的末位淘汰制度，使所有行政管理人员接受末位淘汰的检验和评定，即将一定时限内在单位整体考评中处于最后位次的公务员予以辞退，使其离开党政机关，进入社会失业队伍。不按规定进行末位淘汰的，单位主要领导应当首先被淘汰。这样一种淘汰机制，不属于纪律处分的性质，在淘汰比例上也应予以严格规定，却能通过对个别人员的淘汰，对所有行政管理人员起到生存压力的作用，增强行政管理工作的内在活力。没有末位淘汰，就不能实现对于党政机关人员社会劳动权利的有效中止，其他社会行为规范都难以得到落实；只有实行末位淘汰，才能使其他社会行为规范得到有效落实，在根本上解决干部能上不能下、能进不能出的弊端。这在《社会主义劳动者研究》中，已经作了详细论述。

有人提出把市场竞争引入党政机关，采用考试招录或全员竞聘的办法，来加强对党政机关的行为规范。这是不切实际的，也不可能真正解决问题。很显然，不论是考试招录还是全员竞聘，都仅仅表现为一种机关进人方式，难以对现有机关人员起到社会强制和生存压力的作用。加强社会主义行政管理规范，不能老是在选拔人员上做文章，而应在纪律强制上下功夫。对于社会主义的行政管理规范来说，难的不是机关如何进人，而是把不称职、不合格的人员清退出去。前者是“维持”人的事，大家都喜欢创新；后者是“得罪”人的事，往往没有人涉及。说是撤销一个单位，最终是一个人也撵不走，而新增加一个单位，牌子还没挂起来，人员就超额到位了。社会主义行政管理规范既要体现出内在竞争的要求，又不能脱离开社会主义的社会性质，把行政管理人员仅仅当成是雇佣劳动者。社会主义劳动者不能简单实行市场竞争，社会主义行政管理人员更不能简单实行市场竞争。强化社会行政管理规范，既要体现出对于党政机关的生存压力和竞争要求，又不能采用全员竞聘之类的大锅饭方式。只有全面实行末位淘汰的竞争机制，才能形成科学的用人机制，既畅通党政机关的进人入口，又理顺其出人的出口，保证各种社会行为规范的有效实施，从根本上避免党政机关机构臃肿和人员膨胀的现象。

保证社会主义行政管理规范的有效实施，还应着重解决好以下六个方面的问题。

一是解决好社会行政主体的自我约束与制度规范问题。保证社会主义行政管理规范的实施效果，既必须强化相关制度规范和体制约束，也离不开行政管理主体的自我约束。这里所以特别强调制度规范的作用，是针对社会主义行政规范的根本要求来说的，也是就现时下社会生活中的弊端而言的。在过去的社会行政管理中，由于主要是按照公仆的标准来设计社会的行政管理规范，往往以个人思想觉悟和道德境界作为其检验评价标准，在实践中过多强调行政机构和行政人员的自我约束，总是希望通过思想教育、学习活动等手段，来提高行政管理人员的素质，实现社会权力的正确运用。这些工作要求当然也是必要的，但对于保证社会权力的正确使用显然又是不够的。只有把自我约束和制度规范有机结合起来，以制度规范为根本保证，以自我约束为基本要求，才能实现对于行政管理的有效规范，实现社会行政管理规范的良好效果。

二是解决好行政工作安排的科学性与合理性问题。必须切实坚持实事求是的原则，尊重社会发展规律和经济发展规律，合理确定各种工作任务。对于每一项工作安排，都应做到符合实际，合情合理，有根有据。例如在社会经济发展指标的确定上，必须符合社会经济发展的一般规律，不能简单从主观愿望出发，提出过高的工作标准，使下级左右为难，形成说瞎话、说假话、虚报浮夸等弊病。在以往的工作中，一些上级部门为了追求工作政绩，一味要求地方去发展经济、发展社会事业，对下级提出不切实际的工作要求，形成工作中村骗乡、乡骗县、一级骗一级的痼疾。再比如，那种“8＋1”之类的工作安排（即1家行政部门协助8家专业部门共同管好一段马路），本身就是形式主义的东西，下级自然只能以形式主义应对之。必须制定出切实可行的工作标准，保证各种工作安排的合理性和科学性。对于因工作安排脱离实际造成失误的，或者明显超出一般社会发展要求的，应及时追究相关人员的责任，避免因工作安排不合理形成弊端和失误。

三是解决好各级主要领导人员的责任规定问题。各级管理机关的主要领导者，即单位的“一把手”，是单位工作的主要决策者和实行者，对工作开展负有主要责任；而工作中出现的问题，包括机关管理混乱、财政开支过大等，同样与一把手有关。在过去的工作中，很多一把手在离任时总要把单位的钱花光，把空出来的位置占满；而新的一把手上任后，同样要千方百计向上级争取资源，用以“办好事”、拉关系，以公有制资源谋取个人私利。再比如，看到一个项目可能有效益，就一哄而上，盲目上马，而项目倒闭时，其决策者已经离开了原岗位，不仅不承担责任，而且可能因此得到了提升重用。在某种意义上可以说，管好了单位的一把手，就能够实现对于社会行政管理工作的有效规范。缺少对单位主要领导者的行为规范，其他行政规范的效果都会大打折扣。在工作中，既必须赋予各级一把手以必不可少的工作权力，赋予其应得的劳动报酬；同时严格社会行为规范，对一把手进行严格的监督和制约。对违反制度规定的领导干部，必须及时剥夺其所掌握的社会管理权力。从而有效管好各级领导干部，管好各级一把手，保证社会权力得到科学有效的行使和运用。

四是解决好行政管理规范的可行性与正当性问题。保证社会主义行政管理规范的实施，必须与社会主义社会生活性质相一致，不能超越现实社会生活要求，提出过高的标准和规定。比如乡镇干部夜晚是在乡镇过夜还是回家睡觉，防汛值班人员是躺在床上还是坐在凳子上，只要不影响工作，不花费公帑，就不应予以规定和干涉。再比如，基层和地方干部应有必要的办公条件，不能认为中央机关同级别干部占有多少办公用房，基层和地方的同级别干部也必须照此办理。再比如，规定父亲做官儿子不能在本地做生意，本意是要防止腐败，但在市场经济下，政府不可能为每个劳动者安排工作岗位，对领导干部子女来说同样是如此。而不能为领导干部的亲属安排劳动岗位，又额外对其就业提出限制性规定，既不近情理，也是缺乏制度自信的表现。实际上，一些违法乱纪行为并不都是为了亲属关系而发生的，也不是因为儿子不做生意，老子就清正廉洁了。

还比如，行政部门本来就是为解决问题而存在的，不能因为一出现问题，就不看解决问题的质量和效果，简单地实行所谓一票否决。

五是解决好进行社会行政制度建设的问题。加强行政管理工作的社会行为规范，必须加强制度建设，特别是实现社会制度规定的统一性规范。过去在行政管理工作规范中，往往把制度建设当成是各个部门自己的事情，缺乏社会的统一规定和要求，既在具体制定和执行标准上存在着混乱随意的现象，又不具有权威性和严肃性。因此相同的制度订了一次又一次，各种制度叠床架屋，但谁都知道是应付支差，谁都不把它当一回事。虽然讲要把权力关进制度的笼子里，实际上这种制度笼子本身就形同虚设，权力实施自然难以得到有效规范。保证社会行政规范的可行性和实效性，必须改变过去由各个单位自己为自己制订工作制度的做法，对具有共性内容和一般性要求的制度规定，由社会统一制定出具体的行为规范。对一些特殊性工作规定，可以由具体单位提出建议，由上级部门审定和确定，然后由下级单位予以执行，上级部门进行检查和评定。以此建立起社会主义的行政管理秩序，加强对社会行政管理工作的规范，真正把权力关进制度的笼子里，放在阳光下面运作。

六是解决好管理者与被管理者之间的矛盾问题。管理者与被管理者，是一个矛盾的共同体，在社会主义条件下同样是如此。解决这种矛盾的办法，是强化社会行为规范，按照制度规定办事，实现彼此相互促进、共同发展的要求。与被管理者相比较，管理者处于相对优势的社会地位，必须切实加强对管理者的规范和约束。但社会主义社会成员都是社会的主人，都应有社会主人翁的骄傲和自豪。必须把管理者和被管理者共同置于社会的制度规范之下，把所有社会活动限定在社会制度规定的范围内。社会主义要让群众好，即让被管理者好；也要让官员好，即让管理者好。不论是哪个方面不好，都不符合社会主义发展的要求。对于社会主义的行政管理来说，为官不易不是发展的目标，不能把官员放在社会生活的对立面，一出现问题就要向党政机关问责，把行政管理置于被动和尴尬的地位。否则必然妨碍社会管理的有效进行，人为制造社会矛盾，造成你不易我也不易、你不好我也不好的现象，形成不必要的对于社会主义的否定因素。

九、科学有效地进行社会主义机构改革

建立科学的社会主义行政管理体制，必须科学设定社会主义的社会行政管理机构，科学确定社会行政管理的人员编制。社会主义机构改革，就是对社会行政机构和人员编制重新进行科学的编排，对社会行政管理工作进行必要的改变和调整。而机构改革与经济改革相比较，同样缺乏刚性的标准规定，容易出现不珍惜社会资源、随意进行改革的现象。这些年来行政机构改革每进行一次，政府机构就膨胀一次，行政人员和行政经费就增加一次，即是这种社会现象的写照。没有科学的社会主义机构改革，必然难以形成良好的社会行政管理秩序。如果说末位淘汰是对行政管理人员的个人评价，机构改革则是对社会行政管理的总体性评价，只有把二者科学结合起来、统一起来，才能对社会行政管理予以有效的规范，保证社会主义行政管理工作的科学性和实效性。

社会主义的机构改革，涉及到社会行政管理的理念、职能、机制、机构等各个方面的调整和变化。进行社会主义机构改革，首先必须确定科学的工作目标。而至今为止，人们一般把机构

精简和职能转换看成是机构改革的根本要求，把改革重点放在党政机构的精简合并和人员减裁上。这是把机构改革表面化了，在目标设置上是不科学的，在实践中也是难以实行的。社会主义机构改革应以建立“结构合理、配置科学、程序严密、制约有效”的权力运行机制为目标，以形成“行为规范、运转协调、公正透明、廉洁高效”的行政管理机制为要求，努力实现政府机构设置运作的科学化和规范化，确保行政管理工作的效率和效果。这样一种工作要求，与进行效政建设的目标完全一致，是效政建设在社会主义行政体制建设中的具体体现。因此社会主义机构改革应以效政建设为目标，以实现效政建设为目的。[①]否则很容易使机构改革成为盲目的行为，从而科学地进行社会主义机构改革也就成为不可能。

进行社会主义机构改革，还必须确定科学的工作原则，设定具体的工作方针。社会主义机构改革是社会主义制度的自我完善，必须与社会主义的基本制度规定相一致，与共产党执政的规律相一致，有利于社会主义制度的巩固、完善和发展。其鲜明的标志，是能够巩固党的执政地位，保证党的执政效果，实现社会政治体制的顺畅运转和高效运行。必须从社会主义发展的实际需要出发，科学确定社会行政管理的机构设置和人员编制；同时制定出具体工作要求，做到明确规范，严格纪律，强化整体协调，避免各自为政、随意行事和有章不循、有法不依的现象，使机构改革充分体现出社会主义的社会生活要求，有利于社会主义的发展需要。

转换职能或转变作风，也曾被作为机构改革的目标和重点，表面上看来，似乎有些道理，实际上是避重就轻、避实就虚，

① 李克实、李青：《以效政建设促进政治体制改革》，《决策探索》2002 年第 3 期，第 20—21 页。

偏离了机构改革的根本要求。转换政府职能是实现机构改革的手段，只是对政府机构设置的整体性要求，不触及具体的个人利益，因此既不会成为机构改革的障碍，也不应成为改革的重点。而作风建设是一项机关经常性工作，以此作为机构改革的根本要求，容易冲淡主题，妨碍机构改革的正常开展。应从提高行政效率、保证工作效果的要求出发，既着力于克服现实工作中的弊病，更着眼于体制创新和制度建设，努力实现建立科学的社会权力运行机制和行政管理体制的要求。

社会主义机构改革的重点，也不能简单以分权或者收权作为要求，停留在各部门、各单位之间权力收收放放的所谓改革上。社会管理权力行使本来就应当随着社会生活的发展变化而经常予以调整和改变，属于动态性的社会管理活动范畴，表现为社会整体性的活动要求，只要形成科学的社会权力行使机制，实行起来也并不难。而就个人对于社会管理权力的实际占有和使用来说，资本主义政府是一种个人政府，其主要管理者的权力要比社会主义条件下的个人权力大得多，其所以较少出现问题，是因为有相应的制度规定，受到较多的制约和监督。社会主义必须坚持集体领导，对于作为具体社会管理者的所有领导者来说，在权力拥有上远远比不上资本主义的官员。其所以容易出现问题，在于缺乏科学的权力界定和行为规范，使集体领导流于形式，使一些人能够打着集体的旗号随意用权，甚至是恶意用权，形成权力运行中的随意性和盲目性。像目前一些组织部门只管任命干部，却不对干部任用的效果负责，就是如此。社会主义机构改革必须形成科学的社会监督制约机制和利益惩戒机制，否则即使把所有权力都下放到基层，下放到地方，也难以保证社会权力的正确行使和有效运用。

从上述要求中不难看到，社会主义的机构改革，既可以是一种临时性的工作行为，更应该是一种常态化的工作要求。社会行政管理工作是不断变化的，社会行政管理机构也应是不断变化的。一方面，行政机构的稳定关系到整个社会管理秩序的稳定，关系到相关人员的切身利益，因此对行政机构的设置和撤销都必须慎重对待，不能因为机构变动频繁形成社会生活中的动荡和混乱；另一方面，又应根据行政管理工作的实际需要，及时对行政管理机构进行调整和变更，把机构的设置撤销变成一项正常的机关建设工作。应当采取上管一级和专家论证相结合的方法，既遵照统一的标准规定，又根据实际情况，科学确定各级行政管理机关的机构设置、单位规模、职级设定和运作体制，而不是简单地由各级行政管理部门自己来决定、来设置。对于行政机构和行政编制，应逐年审定登记，对不符合社会发展要求的部门，及时予以撤销；对需要增设的部门，严格依照程序审定报批。一些省市以上应当设置的机构，在县乡一级并没有多少意义，不是每个地方都要设置。这样既能减轻集中改革的压力，同时增强行政机构的责任心和危机感，确保工作的效率和效果，避免动辄采取一阵风、大呼窿的方法，把机构改革局限在临时动议和集中突击上。

社会主义的机构改革，既有打破平均主义和大锅饭的任务，也有精简机构、分流人员的要求。而能否实现机关人员的精简分流，往往是机构改革能否成功的重要标志。由于这个问题是以往机构改革中的最大难点，因此需要多作一些论述。

社会主义的行政管理人员，其权利是由社会赋予的，其生老病死都要由社会来保障。即使是离开党政机关，实际上仍是依靠国家的力量，对其就业状况所进行的具体调整。由于党政机关具有相对稳定的职业保障，在一般情况下，要求党政干部自己自愿离开行政机关，向其他劳动单位转移，是很难办到的。

在机构改革中，作为单位的主要领导者，显然不能简单地对机关人员予以清退，加上在过去那种用人制度下，机构臃肿、人员膨胀主要都是由单位领导者造成的，因此单位领导人员也很难对机关人员进行强制性精简。而机关一般人员同样可以在与其他机关人员的比较中，找出自己不应被精简的理由。这样也就不可能简单通过减人裁员的办法，去达到机关精简的目的，最多是采取划年龄段、搞一刀切、拿钱把干部养起来等自欺欺人的做法，去实现所谓的人员精简分流，不仅起不到改革的作用，反而引起相反的社会效果。

社会主义行政管理机构的基本工作特点，也说明社会主义必须以严明工作职责，提高工作效率，保证工作效果，作为机构改革的根本规定。只有在这个原则规定下，才能找出机构精简的有效措施，形成科学的机构改革规定。一是在党政机关引进竞争机制，增强对于党政机关人员的社会责任规定和生存压力，避免把党政机关简单当成是大锅饭、安乐椅。二是形成科学的淘汰机制，通过严把进人关口，畅通出人通道，形成党政机关能出能进、能上能下的用人机制。而不是拿钱把现有人员养起来，再拿钱去招录新的管理人员。三是以机构本身的增减为主，通过“拆庙”搬动菩萨，而不是撵走菩萨再拆庙。对于精简和分流的人员，应当有一个相对稳定的过渡期，建立和健全相关社会保障机制，使其既必须离开党政机关，也能够离开党政机关。而不是指望一个文件或一个讲话，就要求各级党政机关硬性去减裁人员，实现所谓人员分流。

当前，党政机关人员膨胀、人浮于事的现象依然存在。尤其是在县乡两级，表现得更为突出。这是社会主义行政管理体制建设所必须解决的问题，也是社会主义机构改革所必须解决的问题。而只要弄明白社会主义机构改革的根本规定和要求，就能够从社会的发展需要出发，利用现有机关人员较多的现实，做好党政机关应该干、能够干而过去没有干或没有干好的事情，既有效实现对于党政机关的机构精简和人员分流，同时为今后党政机关精简和各项工作开展奠定必要的基础。

一是大力开展调查研究工作。调查研究是保证社会管理科学有效进行的基本要求。在过去的工作中，我们一直强调开展调查研究，但这种所谓的调查研究，基本上局限在本系统或本单位的范围内，调查者碍于和单位之间的关系，往往不能讲真话，不敢讲真话，使调查研究失去应有的价值。可以设立专门的机构，把那些年龄较大、但不到退休年龄的人员组织起来，发挥他们经验丰富、作风朴实的长处，打破行业局限，实实在在地进行调查研究，为党和政府提供科学的决策依据。

二是科学制订乡村发展规划。县乡两级工作中，一直存在着工作随意性大、规范性差的弊病。特别是乡镇一级，长期处在“张书记填坑李书记挖，王书记来了再规划”的工作状态。一个重要原因，在于缺乏具有科学性和长期性的工作规划，在工作中只能是只顾眼下，不顾长远。可以组织相关人员，用3—5年时间，逐县逐乡制订发展规划，包括近期、中期和长期规划，既增强群众的发展信心，同时使基层工作走上规范化的轨道，为今后机关精简提供必要的社会环境条件。

三是向企业派驻监督员。国有和集体企业自主权扩大以后，企业资产实际上由少数企业经营者掌握，甚至由个别人说了算，容易出现各种违纪违规现象，导致决策失误和国有资产流失。国家对大型企业采取派驻监督员的方法。对国有中小型企业，甚至对一些较大的私营企业，也可以由市县一级通过政府行为，向其派驻监督人员。监督员的职责，是对企业活动进行监督，对上级领导报实情，讲实话。这样，能够把机构改革与社会主义市场经济建设统一起来，促使企业和其他社会劳动组织的科学经营、依法经营，实现更好的社会发展效果。

四是选派国家干部到村级政权组织任职。由于现有干部体制的限制，目前村级组织负责人只能从农民中产生。农村干部就其整体文化素质来说，仍停留在“中学生时代”。而乡镇干部则延续着过去分片包村的工作方法，临时性强，随意性大，缺乏责任规定，实施效果不佳。应当从制度和法律上扩大公务员的任职范围，对一些地理位置特殊、发展要求较高的村，可以由国家干部担任主要职务。从而既有利于县乡机构改革的进行，对于加强基层政权建设，改变农村面貌，同样具有重要的意义。

上述机构精简和人员分流的做法，既有利于实现社会发展，也能够保持社会稳定，解决好党政机关机构臃肿和人员膨胀的问题，解决好机关现有富余人员的安排问题，在3—5年内，真正达到党政机关减人裁员的要求。同时严明工作纪律，严格控制党政机关人员编制，避免因一边出、一边进导致机关膨胀的弊端重演。特别是必须取消行政机关自己调进人员的权力，凡是单位缺编的，由专门机构按照条件和程序统一进行安排。这样既能有效控制机关人员膨胀，对单位主要负责人也是一种解脱。必须确定科学的措施和手段，包括政治、经济、法律等措施，形成靠制度精减人员、靠机制规范机构规模的工作理念，而不能指望依靠改革来减人裁员，靠临时动议、临时突击来进行机构改革。

社会主义机构改革关系到社会主义的社会存在和发展。如果机构改革出现失误，其他方面的失误也就在所难免。而实现了社会主义机构改革的成功，就能够保证社会发展的规范有序进行，保证整个社会改革的规范有序运行。上述社会主义机构改革的内容和要求，是保证现阶段社会主义机构改革成功的必然要求，也是保证社会主义机构改革有效进行的常态化措施。这样一种机构改革的方法和措施，同样适应于企事业单位，能够为其他各个方面的改革提供必要的借鉴。例如对企业来说，既应适当授予企业管理者调进企业急需人才的权力，同时严格工作规范，在企业内部实行全面的末位淘汰，避免企业出现管理机构过多、管理人员过多的弊病。也只有这样，才能保证社会主义改革有秩序有规范地进行，实现社会主义有秩序有规范地健康发展的要求。

十、正确认识社会主义行政管理体制的制度优势

我们这里确立的社会主义行政管理体制，属于一种统一规范、统一要求的社会行政管理体制，与传统的社会主义行政管理方式显然具有一致性和共同性。而过去那种计划经济下的行政管理方式，曾经造成过不少失误，以上述内容作为社会主义行政管理体制建设的根本要求，是否与社会主义改革相矛盾，与现实社会主义发展需要相矛盾？为着说明这个问题，在对社会主义行政管理体制以系统的研究之后，还应对社会主义行政体制的发展优势进行一些论述，以使人们科学地认识社会主义的行政管理体制建设问题。

回顾社会主义的发展历史就能看到，传统的社会主义行政管理体制对社会主义发展起到过巨大的推动作用。这尤其表现在社会发展处于特殊困难的时期，表现在集中力量办大事方面。可以说，以往社会主义取得的成功，与这种行政体制密切相关。但传统的社会主义行政管理体制，也存在着不少弊端。这些弊端的存在，既有行政管理体制本身的原因，更有政治性的因素，

表现为对于社会主义认识的偏差和失误。例如对劳动者缺乏必要的社会强制性规定，对社会管理缺乏科学的行为规范，以阶级斗争作为社会管理的根本要求，等等。建立科学的社会主义行政管理体制，既必须对社会主义行政管理体制以科学全面的认识和理解，更必须对社会主义以科学全面的认识，从社会主义的本质规定出发，科学地确定社会行政管理的内容和要求。只有这样，才能有效发挥其有利的一面，避免其不足的方面，建立起科学的社会主义行政管理体制。

不难发现，我们目前对于社会主义行政管理的认识，在社会行政管理体制的设计上面，依然处在含糊不清的状态，甚至简单以资本主义行政体制作为基本模式，来进行社会主义的行政管理体制建设。这种做法，也能解决一点眼下的问题，实行起来也显得轻松简便，却在根本上不符合社会主义的发展需要。例如简单地把金融推向市场，就是一种随心所欲、短视自残的做法。如果社会主义失去对金融的管理和控制，社会主义公有制就失去了基本的内容和保障，长期下去，社会主义就很难存在；如果社会主义连金融都管不好，任何公有制劳动组织都不可能管好，社会主义也就失去其存在的合理性。同样，社会主义金融如果脱离开政府的管理，必然形成更大的社会弊端。像目前那些金融担保公司，所谓私人银行，都为社会发展埋下了隐患。建立科学的社会主义行政管理体制，不是绝对崇尚过去的社会主义行政管理体制，不承认其弊端和缺陷，但也不能缺乏分析思考，对其弃之如敝屣，倒洗澡水时连小孩子也一起倒掉。必须以实事求是的态度，对社会主义行政管理体制进行科学的研究和探讨，予以科学的改进和完善，努力形成新型的适合社会主义发展要求的社会行政管理体制。这才是进行社会主义行政管理体制建设所应持的态度。

建立科学的社会主义行政管理体制，必须符合社会主义商品生产的要求，按照经济规律和价值规律办事。过去社会主义行政管理中出现的弊端，一个重要原因，是把社会主义生产简单看成是产品生产，把社会主义经济形态简单看成是产品计划经济。加上缺乏社会规范，一些领导者听风就是雨，凭些道听途说的信息，甚至从个人面子和个人情绪出发，来进行工作决策。如简单运用行政手段，盲目追求经济发展速度，随意要求企业拢大个、堆大堆，结果是老企业救不活，新企业也搞垮了。再比如，过去一些地方政府把银行当成自己的钱袋子，随意干预银行的业务活动，影响金融业的稳定发展。在社会主义条件下，社会掌握着整个社会资源，对社会资源的使用当然可以通过行政手段来进行，但这种手段的行使，必须符合商品生产的规定，符合价值规律和经济规律的要求。只要真正认识社会主义的发展要求，就能够避免以往行政管理中的弊端，保证社会主义行政管理的科学有效进行。

以政府行为作为社会发展的主导性因素，既具有无可否认的社会发展优势，也容易引起社会生活中的弊端和失误。这些弊端和失误，主要表现在两个方面，一个是容易形成社会生活中的大锅饭，导致社会行政管理内在动力不足；一个是导致权责不分、无人负责或胡乱负责的弊端，引起随意化的现象出现。二者既具有不同的表现形式，又属于一个问题的两个方面。对于社会主义行政管理来说，解决了发展动力问题，就能够解决随意化的问题；反之亦然。而解决这些问题的根本手段，就是在行政机构和行政管理人员中实行末位淘汰，形成科学的工作责任规范。由此解决行政工作中长期存在的权责不清、职责混淆、好坏不分的问题，增强行政管理人员的事业心和责任感，杜绝行政管理机构中的大锅饭和随意性现象，在根本上解决社会主义行政管理的弊端。

对于社会主义行政管理体制中出现的弊端，一些人认为是中央管得太多，上级部门权力过大。实际上，权力大小是相对而言，权力大小也不是必定会出现问题或者就没有问题。照目前的行政建制来说，乡镇一级是最小的国家政权单位了，而一个乡党委书记的腐败金额却达到了 9000 万元。甚至一个村支部书记的涉案金额也达到了数亿元。简单以权力分散保证权力的规范运作，是行不通的。对于社会主义行政管理来说，没有权力是不行的，权力太小也是不行的。对过去行政管理中的弊端，必须通过加强社会规范来解决，而不是通过所谓分权或权力下放来解决。只要对权力使用进行有效制约，使用权者承担起用权的责任，一旦造成不良后果，违反制度规定，就严格追究相关人员的责任，用权者自然不敢随意用权、胡乱用权，从而遏制滥用权力和权力不作为的现象。

有人可能说，依靠法制建设，就可以实现对社会的有效治理，用不着再去研究社会主义的行政管理体制了。这同样是错误的。作为社会的基本管理机构，政府对整个社会管理负有最基本和最重要的责任，对整个社会生活具有普遍的社会规范和组织功能，其管理范围远大于法律规范。行政管理是实现社会有序存在和正常发展的根本手段，法律规范只是社会规范的一个方面。丢掉或者忽视社会行政管理，任何社会形态的存在发展都会成为不可能。在现实生活中，特别是在社会主义条件下，对于社会中所出现的问题，人们首先都会把它归咎于政府，让政府买单。而政府既然负有对整个社会的管理责任，就应当拥有必要的管理权力，包括对所有社会部门负有协调和管理的责任。显然不能简单以法律规范代替行政体制建设。

在以往人们的认识中，还存在着一个错误命题，即人为地去区分是政府大还是法大，把政府与法对立起来。资本主义为了避免一个短暂的政府任意凌驾于整个社会之上，为了维护和平衡不同统治集团的利益，只能把法律置于政府之上，人为制造政府与法律的对立。在社会主义条件下，政府与法律则是一个科学统一的整体，法律是人人必须遵守的社会制度规范，政府则是整个社会的领导力量，政府制定和执行法律，法律规范政府的行为。作为具体的社会行政机关，所有政府部门都必须按照既定的法律规定行事；但作为社会的管理机构，任何法律如果没有政府的关注和参与，就既不可能得到科学的制定，也不可能得到有效的实施。社会主义的政府和法律，是一种相互制约、相辅相成的辩证统一关系，不是谁大谁小的问题。对于社会主义的立法和司法机关来说，显然必须在政府的统一领导下开展工作，不能是独立于政府之外的特殊社会机关，否则照样会形成社会主义法制建设的否定因素。只要把政府真正当成是一个社会管理集体，形成科学的制度规定，就能够实现行政管理与法律规范的科学统一。

强调社会主义行政对于社会主义社会生活的全面管理要求，不是不分具体情况，不讲可能与效果，简单利用行政手段，把社会生活内容统统都由政府管起来。社会公共事务管理首先能够给具体的经办者带来现实的利益，往往是行政管理者希望获取的社会权利内容。而在社会主义条件下，特别是在社会主义初级阶段，社会还不可能把全部社会生活内容都由政府管起来。在社会行政管理工作中，必须注重社会管理需要与社会管理条件的统一，以实现最佳社会管理效果为根本规定，从社会发展利益最大化的要求出发，科学确定社会行政管理的范围和内容。特别是要把权力行使与责任规范统一起来，避免导致对承办者没有好处的事没人办、对承办者有益处的事抢着办的现象，防止一些部门单纯从自身利益出发，超越社会发展的承受能力，盲目扩大自身职权，造成随意行政的问题。同时不断创新管理手段和管理方式，增加社会行政管理的技术性内涵，保证社会行政管理的质量和效果。

进行社会主义行政体制建设，必须实施政务公开。但目前的一些理论观点，把政务公开作为社会主义行政体制建设的根本要求，认为只有这样，才能解决好行政管理中的弊病和缺陷。这对于科学进行社会主义行政管理体制建设，既是根本不够的，也难以确定具体的实施准则和行为规范。政府施政必须具有一定的权威性，在行政事务的公开程度和公开范围上，也必须具有层次性和时限性。一个人出门要穿件衣服，政府办事也要穿件衣服，既要经常接受各种体检包括“裸检”，也要注意事务公开的程度和范围。在人类进入到共产主义社会之前，任何社会管理活动都不会做到百分之百的“裸政”。因此政务公开不是人人都要公开，事事都要公开，而是以保证社会权力的规范运作、有效运作为根本要求。对于规范社会主义行政管理活动而言，政务公开只是其中的一个方面，不能指望通过政务公开就能解决所有问题。只有形成科学的社会主义行政管理体制，才能有效杜绝以往行政管理工作中的弊病，实现科学地进行社会主义行政管理的要求。

通过上述分析也能够做出这样的结论，即我们目前所实行的社会行政管理体制，在根本上是符合社会主义发展需要的，与社会主义的根本发展要求是相一致的。只有这样一种行政管理体制，才能适应社会主义公有制的管理和发展需要，适应社会主义经济形态的发展需要，适应社会主义本质的发展需要。必须按照廉政、勤政、效政的要求，在历史发展的比较中，在现实生活的比较中，既突出先进性，又强调实效性，形成既有利于开展工作、又能加强党同人民群众血肉联系的新型社会行政管理体制。特别是应当增强社会行政管理的统一性和一致性，以及执行中的强制性和规范性，避免地区或部门之间因制度规定的差异性造成工作中的盲点和漏洞，导致“短板效应”，削弱社会主义行政管理体制的实际建设效果。

进行社会主义行政管理体制建设，是社会主义制度创新的重要内容，是社会主义改革的重要方面。没有科学完善的社会主义行政管理体制，就不可能实现对于社会主义社会生活的科学有效管理，不可能有社会主义制度的科学完善和科学发展。只有把社会主义行政管理体制建设上升到社会主义制度创新的高度，才能够正确把握社会主义行政管理体制的发展目标和建设要求，建立起科学完善的社会主义行政管理体制。而解决了社会主义行政管理体制的建设问题，就能够切实解决好整个社会主义的社会管理问题，实现对于社会主义社会生活的科学有效管理，形成科学的社会主义社会秩序，为社会主义发展提供必不可少的社会管理保障。

第四章　社会主义政党制度研究

政党是代表阶级、阶层或集团并为实现其利益而奋斗的社会政治组织，是现代社会发展的主导政治力量。政党政治是现代社会生活的基本组织特征，政党制度是现代社会政治制度的重要内容；政党的性质不同，其领导和治理下的国家政权性质也就必然不同，从而社会的发展要求自然也不相同。进行社会主义政党制度研究，是对社会主义社会中的政党制度进行研究，但主要是对作为社会主义领导核心的共产党的研究，是对共产党与其他政党和社会执政主体之间的关系的研究。只有科学认识社会主义的政党制度，科学认识共产党的自身规定和发展要求，才能科学确定共产党在社会主义社会中的地位，实现其良好的执政效果，在根本上保证社会主义的存在、发展和胜利。

一、社会主义必须坚持共产党的领导

政党政治是在资本主义社会中形成和发展起来的，政党制度是在资本主义社会中不断确立和逐步规范的。而政党对于社会发展的意义和作用，则与政党的性质密切相关，也与具体的社会形态密切相关。在资本主义社会中，社会利益处于分裂和对立的状态，资产阶级政党在其代表的社会利益上，同样处于一种相互矛盾和对抗的状态，由此形成资本主义政党利益狭隘性和政治对抗性的特征，形成资本主义政党相互攻击、彼此争斗的制度性弊端。社会主义政党制度是比较资本主义更为科学的政党制度，这样一种政党制度，必然表现为共产党的政治组织制度，是共产党的政党制度。由此也决定了社会主义的政党政治，必然是共产党的政党政治，决定了在社会主义社会中，必须始终坚持共产党的领导核心地位，必须始终坚持共产党对于社会主义事业的坚强领导。

社会主义是迄今人类社会发展最为先进的社会形态，在社会的领导力量和治理方式上，同样具有前所未有的先进性和科学性，要有共产党来体现、来规定、来领导。这是由社会主义的根本发展要求所决定的，是由共产党的社会性质和奋斗目标所决定的，也是由人类社会发展的基本规律所决定的。只有在共产党的领导下，社会主义才能够得到科学的存在和发展，才能够实现社会主义不断前进和不断胜利的要求。

首先，共产党是为实现全体人民的利益要求而建立、而存在的，是代表全体劳动群众利益的政党。现代社会存在着各种政党或政治组织，但这些政党或政治组织，大都是代表某个阶级或阶层的利益，都具有自己特殊的利益要求。只有共产党，才能够超越一切狭隘的阶级利益局限，代表着全社会的利益，代表着所有劳动者的利益。在共产党的建党宗旨和奋斗纲领中，找不到任何为自己谋取私利的内容，因此在社会生活中，能够抛开一切阶级和阶层的利益束缚，从整个社会的发展需要出发，协调和解决好各种社会矛盾，实现社会和谐一致发展的要求，科学地实现好、维护好全体社会成员的利益。而社会主义同样是以实现全体社会成员利益为根本要求的，自然要有以实现全体社会成员利益为根本要求的政党，作为其领导者和管理者。只有共产党，才能担负起这样的历史重任，保证社会主义的科学存在和科学发展。

其次，社会主义的发展特点与共产党的发展要求具有根本上的一致性。社会主义的本质是劳动创造，必须消灭阶级剥削压迫，实现全体社会成员的共同富裕。而共产党的存在和发展，就是为了消灭人剥削人的社会制度，消灭一切阶级剥削压迫，追求全体劳动人民的共同利益，实现对于人的劳动创造本质的整体升华，最终实现人的全面自由发展的要求。只有在共产党的领导下，才能够形成强大的阶级力量，彻底消灭一切剥削制度，以劳动创造作为人类社会的本质规定，建立起社会主义的社会制度。共产党的奋斗目标与社会主义的发展要求是完全一致的，离开了共产党，社会主义就失去了赖以建立的基本政治力量，从而既不会有社会主义制度的存在，更不会有社会主义的发展。只有以实现共产主义为最终奋斗目标的工人阶级政党——共产党，才能够担负起领导社会主义事业前进和发展的历史使命，保证社会主义本质的实现和发挥。

其三，共产党深谙人类社会的发展规律，代表着人类社会的前进方向。人类社会发展既表现为一种社会物质生活发展过程，也表现为社会精神生活的发展过程，并集中表现为人的自身价值的不断发展和不断实现，最终表现为人的全面而自由的发展。社会主义充分体现出人类社会发展的根本要求，是一种有意识有目的的社会发展。这样一种社会发展要求，只有共产党才能够予以科学的把握，并带领全体人民群众，共同为实现社会主义的发展任务而奋斗。只有在共产党的领导下，才能充分适应社会主义的发展要求，形成更为有效、更为稳定的社会发展方式，实现人类社会更为科学、更为理想的社会发展。没有共产党的领导，社会主义必然失去科学的领导力量，同样会流于一般的社会发展状态，成为盲目的混乱的社会行为，从而也就不可能有社会主义的科学存在和科学发展。

社会主义的存在发展离不开共产党的领导，而共产党的存在发展同样离不开社会主义的存在和发展。实现共产党人的最终奋斗目标，实现人类最为理想的社会发展形态，必须经过社会主义的发展阶段，通过人的劳动创造本质的充分实现和发挥，才能达到人的全面而自由发展的要求。没有共产党就没有社会主义，而没有社会主义，共产党同样会失去奋斗的载体，失去向着更高理想境界迈进的科学阶梯，进而失去共产党存在的意义和价值。否定社会主义，必然要否定共产党，否定共产党，也必然否定社会主义。其他政党和政治组织，或者可以提出一些社会主义发展的具体要求，或者能够实现对于剥削压迫的部分否定，但都不能提出完整的社会主义政治主张，既不能从根本上否定一切剥削社会制度，也不可能成为社会主义的基本领导力量。在社会主义社会中，不论执政党的名字如何不同，在具体工作方针和任务目标上有什么不同，本质上都是完全一致的，都必须坚持共产党的领导核心地位，不能否定共产党对于社会主义事业的核心领导地位。

共产党的奋斗目标和执政理念，充分体现在党的奋斗纲领中。《中国共产党章程》明确规定，中国共产党是中国工人阶级的先锋队，同时是中国人民和中华民族的先锋队，是中国特色社会主义事业的领导核心。这说明党的发展与社会主义发展是完全一致的，由此使社会主义能够科学地解决好各种社会利益矛盾，使社会发展体现出长期性、稳定性和持续性的特征，形成更为科学的执政方式和发展模式。一些外国人说，共产党一个党要胜过资产阶级的几个党，原因正是在于共产党代表了全体劳动者的利益，代表了人类社会的发展方向。也正是共产党不具有任何自身特殊的利益要求，才能够把各种社会利益科学地统一起来，全面把握人类社会的发展规律，形成社会主义发展的整体优势，实现更为理想的社会发展效果。如果其他政党能够提出更好的政治主张和奋斗纲领，以共产党的政治品质，自然会让出自己的领导地位。而不论是从理论上分析，还是从实际生活中来看，在人类社会中，都不可能有比共产党更能代表人类社会发展要求的社会政治组织，不可能有更能代表全体社会成员利益的政党组织，不可能形成比共产党更为科学的社会政治主张。因此也就没有任何政党能够超越或者取代共产党，成为社会主义的核心领导力量。

有人会说，政党的纲领先进，不能说明其行为一定先进。但政党的纲领是政党的旗帜，是人们对政党进行判断和评价的根据。如果这种纲领和行动毫不相干，人民就不会买账，这个政党自然就失去了存在的道德基础。因此资产阶级政党从来不说自己代表全体劳动人民的利益，也不会讲人类社会发展的长远利益和根本利益，在其党纲和政治诉求中，只能把自己的利益要求限定在特定的社会政治集团之间，限定在现实的社会利益追逐上，形成特定的社会集团利益，一旦涉及到具体的社会利益，其阶级和集团利益的狭隘性即暴露无遗。美国枪支管理就是一个例证，表现为一些政党只从一己之私出发，宁可随便用枪打死人，也不愿自己丢掉选票。对于共产党来说，其政治纲领是怎么标明的，在行动中就是怎么实践的。这从共产党的整个奋斗历程中，从共产党员中涌现出来的大批先进英模人物中，就能看到这一点。

有人可能说，共产党内也有腐败分子，所以不能说共产党就是完全代表全体社会成员的利益。这显然是错误的。共产党作为一个政治组织，是由一个个党员个人组织起来的，这些共产党员个人，既与党的整体形象和整体发展密切相关，又不完全等同于党的整体，不是说党的活动绝对等同于每个党员的活动，每个党员的活动绝对等同于党的整体活动。一方面，党员个人和党的组织之间，是一种辩证统一的关系，在社会活动和利益要求上，不会是完全一致和绝对等同的。另一方面，一个党和一个人一样，身上总要有些炎症、瘀肿，有些不卫生的地方，只要及时清除病变，就能够保证党有一个健康的体魄，维护和保证党的纯洁性和先进性。而党的宗旨决定了共产党能够从人民群众的根本利益出发，对各种腐败和肮脏的东西及时予以清除，充分保证自身的纯洁性，体现出党所具有的不可否认的先进性。不是说保证共产党的先进性和纯洁性，就必须保证党不能出现任何污点，只有做到没有一点瑕疵，才能说是具有先进性和纯洁性。

有人还会说，共产党执政同样会犯错误，照样会出现失误。但共产党所出现的失误，是在奋斗和前进过程中的失误，在指导思想上仍然是为了争取和实现最大多数人民群众的利益，并且总是能够通过党自身的力量，来纠正和避免这种失误。这同样是共产党能够实现对于社会主义科学领导的充分证明。对于这种失误和弊端，必须在实践中不断改进和纠正，也完全能够通过对于社会主义认识的不断深化，通过社会主义的不断实践，实现理想的社会发展效果。在现实生活中，任何政党都不可能没有失误。资产阶级政党同样存在着各种问题，例如引发经济危机，导致经济大萧条和金融风暴等。共产党能够使自己的失误更少些，在社会发展效果上更好些。只要从人类社会发展的根本要求出发，不断深化对于人类社会发展规律的认识，深化对于社会主义发展规律的认识，修正错误，弥补不足，就能够从被动到主动，从自发到自觉，从必然到自由，实现共产党科学执政的要求，实现人类社会的更好的发展。

有人讲，共产党的江山是靠枪杆子打出来的，不是通过选举获取的，确定共产党在社会主义社会中的天然执政地位，是不是剥夺了人民群众的选择权？根本不是。到目前为止，社会主义政权基本上都是由共产党领导人民，在推翻剥削压迫制度的基础上建立起来的，这是由人类社会发展规律所决定的，也是由剥削阶级对于社会主义的暴力对抗性质所决定的，恰恰说明了共产党执政的合法性和历史必然性。其根本原因，在于共产党代表全体人民群众的利益，代表着人类社会的发展方向。而社会主义与资本主义是根本对立的，在资本主义依然占据优势地位的情况下，指望通过普选去建立社会主义制度，是根本不可能的。前智利总统阿连德就是在合法当选之后，被资产阶级用枪弹从肉体上予以消灭的，等到阿连德拿起机枪自卫时，已经毫不济事了。共产党执政的合法性，充分表现在党的性质和宗旨上面，只要有利于人民群众利益的实现，就是真正的社会民主，就在根本上具有执政合法性。共产党可以通过建立监督制民主，实现对于社会的科学管理，实现人民群众共同管理社会的要求。相反，如果一个政党代表的利益具有狭隘性和封闭性，在思想上是反动的和落后的，即使是通过选举获得执政地位，也不应当存在。否则希特勒的法西斯政权就不应当被打倒，日本的军国主义政权也就不能去触动了。

有人可能会说，既然共产党代表了全体人民群众的利益，为什么不要全体人民去进行最高领导人的选举呢？这同样是由社会主义发展特点所决定的，是由共产党的本质属性所决定的。社会主义既必须注意社会的现实发展，也要注意社会的长远发展，必须综合考虑局部与整体、眼前与长远、个人与社会的利益，实现彼此间的相互平衡和协调一致。而在社会选举中，选民往往以自身现实利益为选择标准，必然影响到社会的整体的发展。因此就实现人民群众的根本利益要求来说，共产党的领导是必然不可否定的；但就某一次具体选举来说，则可能恰恰相反。资产阶级政党仅仅从追逐自己的现实利益出发，在选举中可以胡乱许愿。而在任何情况下，共产党都必须坚持原则。这也说明所谓选举正当性同样是相对的，不是当选者就一定优于落选者，也不是落选者就不如当选者。在社会主义条件下，没有比共产党更能代表人民群众利益的政党，也没有必要让共产党员彼此去进行所谓普选。如果以代表某个集团或阶级利益的政党，来替代和否定代表全体人民利益要求的共产党，本身就是不合法、不正当的。资本主义选举是对不同政党和政治集团所作出的评价和选择，是对政党的选举。社会主义选举是为了选出具体的领导者个人，是对劳动者个人的选举，因此能够通过正常的工作程序，选出合格的领导者和管理者，不需要搞那种华而不实、劳民伤财的全民选举。

到目前为止，当然没有比共产党更为先进的社会政党组织，那么将来是不是会有比共产党更为先进的政党组织出现呢？这照样是不可能的。拿一些人津津乐道的民主社会主义政党来说，虽然比传统的资产阶级政党具有一定的进步意义，却把人类社会发展仅仅局限在物质利益的纷争上，同时看不到资本主义社会基本矛盾产生的根源，不可能从根本上解决资本主义社会的基本矛盾，不可能从根本上否定剥削压迫的社会制度，不可能完全适应人类社会的发展要求。至于其他一些政党组织，如绿党、民族主义政党等，或者只是一种虚无缥缈的政治主张，或者存在着绝对化、极端化或实用主义的倾向，照样不符合人类社会发展的根本要求，同样要为人类社会的发展规律所否定，为共产党所否定。

坚持共产党在社会主义社会中的领导地位，是人类社会发展的必然要求，是具有科学逻辑思维的人们所不难得出的结论。但要保证党的领导的正确性和科学性，不是自然而然就可以实现的，同样具有艰巨的任务和要求。尤其是必须弄清楚社会主义的本质规定，弄清楚社会主义的发展要求。而要保证社会主义发展的科学性和正确性，必须对党的建设以科学的认识和把握，从人类社会发展规律的高度，加强和完善党的建设，加强和改进党的领导。这也正是本章研究所要重点解决的问题。

二、科学认识共产党的先进性问题

共产党与人类社会发展的根本要求相一致，与人民群众的根本利益要求相一致，具有毋庸置疑的历史进步意义和存在价值。这种历史进步意义和存在价值，必然以党的先进性体现出来。研究社会主义政党制度，必须弄清楚共产党的先进性问题，从而科学确定党的组织制度规定，实现党的先进性的要求。

从党的奋斗纲领中能够看到，共产党的先进性，主要表现在两个方面，一个是建设社会主义，一个是实现共产主义。前者是一种具体的社会实践，与既往一切社会形态相比较，具有不可否认的先进性；后者是社会主义的发展目标，是人类社会发展的最高理想境界，更具有无可比拟的先进性。由此从现实性与理想性的双重内涵，充分体现出人类社会的发展要求。实现共产党的科学存在和发展，既不能局限于现实社会的利益追求，也不能仅仅以未来社会发展目标作为党的任务要求。否则或者就会陷入现实利益的纷争当中，从而和资产阶级政党没有多少区别了；或者就会陷入空想臆测之中，同样不可能有最为理想的人类社会形态的实现。实现共产党的根本宗旨和奋斗目标，必须以建设社会主义、实现共产主义为根本要求，以实现人民群众的利益为根本要求。以此全面体现出共产党的先进性，体现出共产党员的先进性。

党的先进性的现实性与理想性内涵，既是一个统一的整体，彼此不可或缺和分离，又有着不同的社会生活内容。对于社会主义的存在发展来说，前者表现为一种基础性的社会生活规定，后者表现为一种导向性的社会生活要求。对二者予以科学的把握，就能够形成党的自身发展优势，形成社会主义的发展优势。反之，如果把二者混淆起来，或者否定党的先进性的现实性要求，或者否定党的先进性的理想性要求，或者以现实性代替理想性，或者以理想性代替现实性，都会妨碍党的政治任务和发展目标的实现。过去社会主义发展中的失误，很大程度上就是混淆了党的先进性的具体内涵，以超前的社会生活准则作为现实的社会生活规定，在社会主义建设任务远没有完成的时候，就提出共产主义实现不是遥远的事情，造成社会发展中的重大失误，使党的先进性走到否定社会主义发展的方面，走到党的自身建设和自身发展的反面，留下了深刻的历史教训。

这样一种共产党的先进性，说明在社会主义社会中，必须始终坚持党的最终奋斗目标，同时科学确定党的现实任务要求，以社会主义社会生活准则作为党的发展的基本要求，以党的先进性的现实性要求作为基础性规定，以党的先进性的理想性内涵作为导向性规定。这是因为，任何政党都不能超越现实社会条件而存在，都必须建立在现实社会生活的基础上。而党的先进性的理想性内涵与现实性要求相比较，表现得更为崇高和美好，如果以理想性内涵作为党的先进性的基础性规定，必然会以理想性否定现实性，以共产主义社会生活准则作为社会主义的社会生活规定，必然要否定社会主义。只有把党的先进性放在社会主义条件下来规定、来体现，与社会主义的社会生活要求一致起来、统一起来，以现实性作为基础性规定，以理想性作为导向性要求，才能够实现现实性与理想性、基础性与导向性的科学统一，全面体现出党的建设发展需要，在根本上适应于社会主义的发展要求，保证党的领导的正确性和科学性。

党的先进性的现实性规定，也说明共产党的自身建设与社会主义发展要求是完全一致的。保证社会主义的存在和发展，必须保证共产党的先进性的实现和发挥，而实现党自身的科学发展，也必须对社会主义以科学的认识和理解。社会主义的发展实践说明，以往党的建设中的失误，与社会主义发展中的失误是完全一致的，彼此相互作用和影响。所以造成这种失误，首先在于对社会主义的发展要求认识不清，使党的先进性失去了现实性规定，导致党的自身建设失误，导致党对社会主义事业领导的失误，导致社会主义发展的失误。弄清楚社会主义的本质规定和发展要求，就能够科学把握党的先进性要求，保证党对社会主义事业的正确领导，实现党的建设与社会主义发展同步进行的要求。

作为人类社会发展迄今最为先进的社会形态，社会主义必须以实现社会的整体的利益为根本要求，又必须承认和尊重所有社会成员的个人利益。与此相一致，在党的先进性上，也必须把党作为一个自身没有任何特殊利益的社会政治组织，与每个共产党员作为社会主义劳动者个人科学地加以区别，把二者看作是“特殊”与“不特殊”的辩证的统一。资产阶级政党以现实利益索取为唯一目的，党的利益索取就是党员个人的利益要求，彼此是完全一致的，否则党员就要与之分道扬镳、挥手再见了。共产党的社会利益追求，则具有现实性与理想性的双重内涵，必须具有不同的社会利益要求和规定。作为党的整体来说，人民群众的利益就是党的利益，共产党在任何时候都没有自己的特殊利益。但作为共产党员个人，则既必须具有为共产主义奋斗的理想信念，在党和人民需要时，勇于牺牲个人的一切；同时在社会生活中，必然要有自己的个人的利益。这种共产党员的个人利益，是社会主义基本原则所规定、所允许的，与党的整体利益规定相比较，与其他社会活动主体相比较，必然具有“特殊”的要求。由此决定了在对党的整体要求和对党员个人的要求上，必须形成不同的利益规定，必须赋予党员个人追求自身正当利益的权利。否则就没有社会主义基本原则的实施，也不可能有共产党的科学存在和发展。

这样一种对于共产党员的标准规定，说明共产党员必须首先是一个社会主义劳动者，必须依照社会主义基本原则规定，来获取和实现自己的个人利益，而不是像党作为一个整体那样，不能提出任何个人“特殊”的利益要求。对于共产党员来说，既应具有比较一般社会成员更高的道德境界和处事标准，又必须是“普通人中的先进分子”①，是一个社会主义劳动者。不能脱离开社会主义的基本原则，简单以党的先进性的理想性内涵来要求每个共产党员，把共产党员看作是不食人间烟火的圣僧。每一个共产党员既是社会主义事业的引领者，也是社会主义事业的建设者，只要按照社会主义基本原则规定，积极履行自己的责任义务，在社会生活中起到模范带头作用，并以自己的劳动获取社会报酬，在制度范围内实现自身的利益，就符合共产党员的先进性要求。既不能片面地去强调共产党员的个人利益，把共产党员混同于一般老百姓，也不能以党的整体利益规定来要求每个共产党员，否定党员的个人利益要求。不是说只有完全抛开个人利益，完全不讲个人利益，才能够成为一名共产党

① 《邓小平文选》第1卷，人民出版社1994年版，第258页。以下引注版本同。

员，才符合党的先进性要求。

这样一种对于共产党员的标准和要求，与社会主义劳动创造的本质是完全一致的，也是共产党的性质所必然要求的。共产党要消灭一切阶级剥削压迫，消灭一切剥削压迫制度。而只有劳动创造，才能在本质上实现对于一切剥削压迫的根本否定，实现对于一切剥削社会制度的根本否定。离开劳动创造，消灭剥削压迫就只能是一种空想。因此从根本上说，共产党是以劳动创造作为自己本质规定的政党，必须以劳动创造作为党的根本规定和要求，作为对于共产党员的根本规定和要求。正如邓小平在党的八大所作《关于修改党的章程的报告》中指出的，共产党员"必须是从事劳动而不剥削他人劳动的人"，共产党员必须"在劳动和剥削之间，坚决地划清界限"。[①] 这样一个共产党员的标准规定，既是本质的和根本的，也是具体的和实在的，是党的先进性的现实性内涵对于共产党员的必然要求。也只有这样，才能够把共产党的先进性与社会主义的先进性科学统一起来，形成科学的社会主义社会生活。劳动创造是党的先进性的内在要求和集中体现，保持党的先进性，必须保证党的劳动创造的本质，保证共产党员社会主义劳动者的政治本色。只为现实利益而奋斗，体现不出党的先进性的全部内涵，不能是一个共产党员；但丢掉劳动创造，党的先进性就失去了自己的基础性规定，照样不符合党的先进性的根本规定和要求。

这样一种党的先进性规定，也说明共产党员的先进性，是在与其他社会主义劳动者的相互比较中体现出来的，既是相对的，也是发展和变化的。对于共产党员来说，既要建设社会主义，又要实现共产主义，必须以自己的辛勤劳动和诚实工作，

① 《邓小平文选》第1卷，第242、243页。

为社会主义建设作出贡献。随着社会主义的前进和发展，党的先进性必然会越来越多地注入理想性的内涵，最终以理想性代替现实性。体现在每一个共产党员身上，同样表现为劳动、创造、奉献的具体社会实践活动，表现为一个不断发展的历史路程。没有这样一个共产党人先进性的发展和提升，就没有社会主义事业的不断前进，没有党的奋斗目标的不断实现，也不会有共产主义的最终实现。但如果不顾社会主义发展的实际和需要，一味拿未来的社会生活准则来要求每个共产党员，不仅不会由此使人类社会进入到理想的大同境界，而且必然导致对于党的先进性的否定，导致对于党的奋斗目标的否定。

以劳动创造作为共产党的本质规定，会不会降低共产党员的标准，不利于展示党的形象呢？不会。一方面，共产党员必须具有更高的理想追求。如果一个劳动者仅仅是为现实利益而努力工作，他可以是一个优秀人才，是一个劳动模范，但不能成为共产党员。另一方面，在社会劳动还没有达到人们第一需要的时候，劳动创造既是对剥削压迫的根本否定，也是一种先进的价值观念和道德追求，既是每个社会成员都应做到的，又不是每个社会成员都能做到的。对于共产党员来说，只要在根本上否定剥削思想和剥削压迫，在劳动、工作中起到模范带头作用，严格遵守国家的法律规定，同时具有共产主义信念，就无愧于共产党员的称号。实际上，像韩国“岁月号”客轮事件中全体船员置旅客生死于不顾、自己带头逃命的现象，在共产党员身上是很难看到的。这样一个共产党员标准，同样是崇高的光辉的，这样一种党员标准，同样具有毋庸置疑的先进性。

在战争年代和一些特殊情况下，共产党员能够完全抛开个人利益，以党和人民的利益为唯一追求；在正常社会条件下，同样有许多勇于为人民利益牺牲一切的共产党人。那么能不能以此作为对于共产党员的唯一要求呢？显然不能。在战争年代和一些特殊情况下，人的生命存在是第一位的，其他社会物质要求自然退到次要的地位，同时这种牺牲同样是以向往美好的社会生活为理想追求的，不是完全抛开一切利益要求的单纯牺牲行为。这就是为什么地震到来时大家可以万众一心、同甘共苦，地震过后则会出现抗震英雄违法乱纪的原因。这也是邓小平所讲的，“不讲多劳多得，不重视物质利益，对少数先进分子可以，对广大群众不行，一段时间可以，长期不行……革命是在物质利益的基础上产生的，如果只讲牺牲精神，不讲物质利益，那就是唯心论。”① 对于共产党员来说，只有以党的先进性的基础性要求作为普遍原则规定，才能体现出社会主义的本质规定，实现党的科学建设和科学发展。否则必然引起社会生活中的超前导向和超前规范，既不利于社会主义的社会发展，也不利于党的先进性的发挥。

从党的先进性的本质内涵中也可以看到，共产党在本质上同样是一个社会主义劳动者，必须以集体劳动者的身份存在于现实生活当中。这样一种对于共产党的社会地位界定，与共产党的历史任务相一致，与党的奋斗目标相一致。在社会主义社会中，共产党必须始终以建设社会主义为根本任务要求，以劳动创造作为本质规定，而不能仅仅以社会管理者和领导者自居。这样一个对于共产党的社会地位界定，是共产党与资产阶级政党的本质区别，也是实现共产党奋斗纲领的最为坚实的社会基础，是实现党的最终奋斗目标的前进阶梯。也只有把共产党看作是一个社会主义劳动者，才能够科学确定党在社会生活中的活动形式和存在方式，形成科学的政治主张和发展理念，通过

① 《邓小平文选》第2卷，人民出版社1994年版，第146页。

党的辛勤工作和不懈奋斗，通过全体共产党员的诚实劳动和积极努力，带领广大人民群众向着人类最为美好的理想境界进发，不断实现共产党人的历史任务要求。

这样一种对于党的先进性的界定，是加强党的自身建设的必然需要，也是社会主义发展的必然需要。建设和发展社会主义，离不开共产党的领导，离不开共产党人的劳动创造。如果党对自身先进性的要求界定不准，背离劳动创造的根本要求，那就很容易导致社会发展实践中的失误。例如过去社会主义所以出现大锅饭的问题，首先是因为共产党对于自身发展要求确定失误，以平均主义作为对于共产党员的现实生活要求，形成党内大锅饭的思想基础和习惯性做法。而共产党内吃大锅饭，社会主义的大锅饭就不可避免。完全可以说，党内大锅饭是社会主义大锅饭的主要根源，避免社会主义的大锅饭，首先要避免在共产党内吃大锅饭。如果不能从根本上弄清楚社会主义大锅饭的来源和出处，仅仅从社会主义生产关系上来否定社会主义的大锅饭，就不可能解决好社会主义的大锅饭问题，自然也就不会实现社会主义的科学存在和科学发展。

在过去党的先进性的表述中，由于没有把现实性与理想性区别开来，没有把基础性与导向性区别开来，往往以理想性否定现实性，以导向性否定基础性，以超出社会主义基本原则的社会生活内容，来要求每一个共产党员。表面上看来，能够体现出共产党人的先进性，却既与社会主义的基本原则相冲突，形不成科学的社会评价标准，在实际生活中也很难完全做到。其结果反而不利于维护党的形象，不利于党的先进性的实现和发挥。只有科学全面地认识共产党的先进性，把现实性与理想性科学地结合起来，才能够全面体现出党的先进性要求，全面体现出党的先进性对于社会主义的意义和价值，为党的建设和党的发展奠定坚实的理念基础和社会基础。

按照共产党员的标准规定，共产党员必须是不剥削他人劳动的人。但在社会主义社会中，由于存在着多种所有制成分，在劳动者的就业选择上，还存在着不同的劳动职业，包括有个体劳动者和私营企业主的存在。而按照传统的剥削的定义，作为私营企业主的劳动者，在社会收入上必然存在着对他人劳动的占有问题，因此这些人是否就不能成为共产党员？对此必须予以科学的分析。一方面，在社会主义条件下，这种剥削现象在根本上不同于剥削社会中的阶级剥削压迫，只是表现为一种劳动者之间的互利竞争行为；另一方面，这种剥削现象的存在，是社会主义发展所需要的，也是在社会主义制度规定下进行的。作为私营企业主来说，只要把自己的行为限定在社会法律规定的范围内，同时具有共产主义理想追求，在关键时刻敢于为人民的利益做出牺牲，就同样能够成为一个共产党员。在这方面，作为无产阶级革命导师的恩格斯，就是最为光辉的榜样。社会主义本质是一个不断实现和不断发展的历史过程，对于共产党员的标准和规定，也必须与社会主义本质的实现和发展相一致、相适应，必须有利于社会主义本质的实现和发展。如果简单以传统的理论定义为圭臬，同样会导致党的发展与社会主义发展要求相脱节，形成对于社会主义的否定因素，在根本上不利于党的先进性的发挥。

共产党员的先进性，应当体现在具体的社会劳动活动当中，体现在社会主义的社会发展上，但不能由此把党的先进性等同于社会经济发展或具体的劳动效果，也不能简单地把党的历史责任等同于对于每个党员的个人规定。过去一些地方简单地把党的建设与经济建设等同起来，例如在农村基层组织建设中，提出所谓“双强”标准，发展能人入党等。这显然是不正确的。

思想境界与劳动效果既相互统一，又不能等同，社会主义根本价值标准与共产党员的标准同样不能完全等同，不是思想先进就一定能够实现经济发展，也不是经济发展就达到了党员标准。共产党是最为先进的社会政治组织，不是一个单纯的生产组织、经济组织。在社会主义社会中，共产党员必须积极从事社会劳动，却不是只有实现丰富的社会劳动成果才能够成为共产党员，不能以劳动效果作为衡量共产党员的标准，更不是只有富了才能是共产党员，穷就不能是共产党员。共产党员首先是一种思想信念和政治信仰，党员的先锋模范作用体现在社会生活的各个方面。发展党员不是评选劳动模范，不是选拔领导干部。一个共产党员能够实现良好的社会劳动效果，当然是一个优秀的共产党员；但不论其实际劳动效果如何，只要具有崇高的道德品质和理想追求，勇于为党和人民的利益牺牲自己的一切，那就同样是一个合格的共产党员。反之，再有钱、再能干也不能入党。不能把党员标准降低成为一种经济标准，甚至是金钱标准。否则也就不是在体现党的先进性，而是在贬低党的先进性。这也是应当把党员个人与党的整体予以科学区分的原因。

三、关于共产党的基本组织方式问题

2012 年 6 月 28 日，习近平同志在全国创先争优表彰大会上的讲话中指出：必须健全党的组织体系，完善党的组织方式。由此在共产党的建设历史上，提出了“党的组织方式”这个概念。① 共产党是人类社会生活中最为先进的社会政治组织，在组织方式上，同样应是最为先进的政党组织方式。这种共产党的基本组织方式，必然表现为民主制的政治组织方式。只有依照

① 《人民日报》2012 年 6 月 30 日第 1 版。

民主制的要求建设党、发展党，才能够形成符合社会主义发展要求的党的组织制度，保证党的建设科学有效进行，保证社会主义的健康发展和有序运行。

事物的组织方式，是事物作为一个系统和整体的存在形式和活动方法。共产党的基本组织方式，就是共产党建立和存在的根本形式和根本方法，表现为党是依靠什么样的结构和方法组织起来，并进行活动、开展工作的。这种党的基本组织方式，是党的宗旨和性质的必然体现，是加强党的建设、实现党的发展的必然要求，决定着党的工作方式和活动形式，也决定着党的基本组织原则规定。而这个问题，恰恰是过去党的建设中被忽视的问题，表现为简单以组织原则代替组织方式，只有对党员的具体纪律规定，没有对党员民主权利的具体规定，缺乏明确的党内民主运行机制和工作手段。政党是现代民主政治的产物。作为对于资本主义政党的科学扬弃，共产党必须以民主制作为基本组织方式，既要有铁的纪律，以保证党的战斗力，又必须以民主制作为自己的根本存在形式，形成更为科学的政党组织方式。与党的组织原则相比较，党的组织方式对党的存在发展更具有决定意义，党的整个组织和整个活动，都必须建立在民主制的基础上，以民主制作为基本运行方式。丢掉民主制，党就失去了存在发展的基本组织手段和科学的活动方式。

以民主制作为共产党的基本组织方式，是人类社会发展所必然决定和要求的。人类社会的政治生活，是一个从氏族民主走向专制独裁、再由专制独裁走向社会民主的历史过程。而政党政治是由独裁制政治走向民主制政治的必然社会发展阶段。民主的本质内涵是由多数人共同管理社会事务，按照大多数人的意愿决定社会事务。这种民主制的要求，与共产党的社会性质和活动方式完全一致。作为人类社会中最为先进的政党组织，共产党必须以民主制作为党的组织方式，通过相关工作途径和工作手段，由全体党员共同决定党的重大事务，管理党内相关事务。每一个共产党员既是党的战斗的细胞，也是一个自觉主动的活动主体，既应严格遵守党的纪律，也必须充分发挥积极性和主动性，为党的建设尽到自己的责任义务。只有以民主制作为党的组织基础和活动方式，才能保证党员的民主权利，创新党内民主的形式和手段，真正体现出党内民主的要求，保证党的科学存在和发展。

在过去的党的组织建设中，一直强调以民主集中制作为党的基本组织原则，以“个人服从组织，下级服从上级，少数服从多数，全党服从中央”的“四个服从”，来要求党员和党的组织。这样一个基本组织原则，是对党的组织和党员个人的行为规范，表现为党的纪律规定，是必然不可或缺的，却不能替代党的基本组织方式。党的组织方式与组织原则，是一个既相统一、又有区别的不同的社会生活要求，前者是一种基本规定，后者是一种工作手段，前者决定后者，后者决定于前者。没有党的组织原则，党的组织方式自然难以得到科学的体现和反映，必然影响党的凝聚力和战斗力；而没有党的组织方式，就产生不出科学的党的组织原则，难以保证党的纪律实施的科学性和正确性。失去民主制的要求，仅仅以组织原则作为根本要求，必然使民主集中制失去科学的行为规范，形成实际执行中模糊不清和主观随意的现象，为违背党的纪律、个人独断专行等错误行为提供机会和借口。只有科学确定党的基本组织方式，才能科学设定党的基本组织原则，保证党的活动的健康进行，实现巩固和发展社会主义的要求。

现实生活也说明了这一点。在民主集中制中，民主与集中都具有基本组织原则的地位，既不能以前者否定后者，也不能以后者否定前者，因此难以科学界定民主和集中的内容和要求，形不成规范性的工作制度规定，必然造成实践中的随意性和不确定性。而民主一般表现为党员和下级党组织的要求，集中则是由上级组织和党员领导干部所决定的。单讲民主集中制，人们往往只看到党的纪律规定，而丢掉民主的要求，在工作中总是不自觉地向集中倾斜，最终把民主集中制变成集中制，导致个人说了算等弊端。同时由于缺乏具体的标准规定，任何一项工作都可以说坚持了民主集中制，而出现问题后又用民主不够、集中也不够来搪塞。正因为这样，苏联和东欧一些国家的共产党，才能在个别当权者的驱使下，顷刻之间土崩瓦解。共产党的组织原则只有建立在民主制的基础上，才能得到有效的规范，保证其得到有效的实施。否则也就只能以领导者的工作作风甚至是个人性格，来决定民主集中制的实施与否，很难保证民主集中制的正确执行。

民主集中制是列宁首先提出来的，对于保证共产党的存在和发展，实现社会主义的发展和胜利，具有必不可少的意义和价值。特别是在党处于地下斗争的阶段，既需要严格的组织纪律规定，客观上也没有充分实行党内民主的条件，如果片面去要求党内民主，党就不可能生存下来，更不可能得到发展壮大。而在社会主义条件下，共产党成为公开执政的党，具有繁重和复杂的工作任务要求，同时拥有对于整个社会的管理权和领导权，既具有充分实行党内民主的条件，也必须实行广泛的党内民主。只有以民主制作为党的基本组织方式，把民主集中制建立在党的民主制的基础上，做到以民主制规范民主集中制，以民主集中制保证民主制的实施，才能体现出新形势下党的建设的新任务、新特点，实现党的建设的新要求、新发展。

从具体的表述中也可以看到，民主集中制同样是把民主放在首位，以民主作为实行集中的前提。这也从另一个方面说明，党的组织方式必然是民主制，健全党的组织体系、完善党的组织方式，只能是健全和完善党的组织方式的民主制。确立党的组织方式的民主制，既能充分包含党内民主的要求，同时民主本身必须以大多数人的意见为决策的依据，自然包含着集中的要求。在民主制的基础上，能够对党内民主和党内集中予以科学的界定和规范，形成科学的工作程序和制度规定，既保证党内民主，又能够严格党的纪律，同时实现党的组织建设和组织生活制度化、规范化的要求，实现党的建设的良好效果。

以民主制作为党的基本组织方式，必须以发扬和健全党内民主为根本要求，形成健全的党内民主机制。民主是党的生命，丢掉党内民主，党的生命就会枯萎，党的组织原则同样不可能得到有效贯彻实施。保证党的科学存在和发展，必须充分保证党员的民主权利，充分体现出党员作为党的活动主体的价值，形成常态化的党内民主运行机制，形成生动活泼的党内民主生活。在有关党的大政方针的制定上，在关系到党的前途命运的重大事项上，应当通过政策问询、党内调查等形式，充分征求党员的意见。在党内生活中，既注重健全民主集中制，更应当在发挥党内民主上下功夫。不能是只在遇到困难的时候才会想到共产党员的责任和义务，甚至是到交党费时才想起来谁是一个共产党员。

实行党内民主制，能够对党的活动进行有效的约束和规范，建立健全各项工作制度和具体规定，使党的活动实现制度化、规范化。长期以来，我们以民主集中制作为原则规定，希望以此达到既发扬民主、又实现集中的要求。而在实际生活中，却难以形成明确的社会规范，造成工作中的主观化、任意化倾向。往往在肯定某个领导人时，要用模范坚持民主集中制作为评价用语，一旦工作中出现问题，又以违背民主集中制作为其重要的错误内容。民主制的关键在于进行科学的工作决策。因此按照民主制的原则规定，能够保证工作决策的规范性，保证各项工作执行的程序性。例如什么情况下由个人决定和安排工作，什么样的工作内容必须由上级部门和集体进行决定。由此使民主集中制具有可行性和可操作性，而不再囿于笼统的原则规定。

以民主制作为党的基本组织方式，也说明共产党的领导必然表现为一种领导集体，是一种集体领导。在党的建设和党的工作中，必须坚持集体领导的要求，实现个人领导与集体领导的科学统一，实现党的行为民主化，实现党的工作民主化。失去集体领导，就丢掉了党内民主制的基本要求，必然导致各种不民主的现象出现。这样一种党的生活民主化，是现代社会民主政治发展的必然要求，也是共产党自身发展的必然要求。在工作开展中，既必须确定科学的社会制度规定，体现出具体的工作责任要求，又必须形成民主决策、民主建党的工作运行机制和行为方式，否则就不可能实现党的建设民主化的要求，不可能实现党对社会主义事业的正确有效的领导。

科学确定共产党的基本组织方式，也与社会主义发展需要密切相关。在社会主义社会中，党的组织方式直接决定着社会的组织管理方式，党的活动方式直接规定着社会的活动方式。在党的组织方式上出现失误，必然会影响到整个社会生活和社会发展。例如在过去的社会生活中，我们以民主集中制作为党的组织原则，在国家领导体制中，同样简单地以此作为社会的管理原则，从而容易脱离开社会主义民主的要求，形成一言堂、家长制的弊端，同时丢掉工作责任规定，一项工作人人都要负责，又人人不用负责，有了成绩谁都可以争功，有了失误谁都能够诿过。只有以民主制作为党的基本组织方式，才能够为社会主义确定科学的社会管理方式和发展模式，建立起科学的社会主义民主政治，形成科学的社会主义社会管理体制。

党的组织方式的民主制，是共产党自身活动的民主制。在社会生活中，党和党员都必须接受人民群众的监督，接受每一个社会成员的监督。但党内民主主要是对党员和党的组织而言，必须符合党的组织原则和相关规定。党的组织必须和一般群众组织有所区别，党内活动与群众行为也应有所区别，不能以实行民主制为由，随意去创造所谓党内民主，更不能违背党的组织原则规定，盲目扩大党内民主的范围。例如党的十三大之后，让新当选的中央主要领导人一人端一个酒杯与记者见面，看似一缕民主新风，实则很不恰当。再比如，村党支部书记应当接受村民的监督，村民可以对支部书记进行公开评议，但不能由村民去进行党支部书记选举。只要人类还没有进入到共产主义社会，就必须保证共产党的相对独立性。不能让党员把自己混同于普通老百姓，也不能把党的组织混同于一般社会组织，把党的活动简单当成是全体社会成员的事情。党内的事情必须在党内办，党员的事情必须由党员来办，否则既不可能增强党在群众心目中的地位，也不利于发挥党员的积极性和主动性，不利于形成党的凝聚力和战斗力，不可能把党的事情真正办好，不可能把党真正建设好。

四、正确处理好党与政府之间的关系

实现社会主义的科学存在和发展，必须始终坚持共产党的领导，又离不开社会主义政权机构的科学组织和有效管理。这种社会主义政权机构，包括政府机构，也包括立法和司法机关。这就必然要提出党的领导与政府领导之间的关系问题，必须处理好党与政府之间的关系问题。否则既难以实现社会主义的科学存在和发展，也难以实现共产党的良好执政效果。

处理好共产党与社会主义政府之间的关系，首先必须把社会主义政权置于共产党的绝对领导之下。社会主义制度是在共产党的领导下建立起来的，只有共产党，才能够提出建设社会主义的政治主张，也只有在共产党的领导下，才能够保证社会主义的存在和发展，因此才能够有社会主义政权的存在和发展。皮之不存，毛将焉附？没有共产党，就不会有代表社会主义利益要求的社会主义政权存在，自然也就不存在社会主义政权机关的社会地位和社会管理问题，不存在社会主义的所谓“行政”问题。共产党对社会主义的存在发展负有根本的社会责任，社会主义政权是实现党的奋斗目标的工具和手段，只有在共产党的领导下，才能够体现出社会主义政权独特的社会性质，履行好社会主义政府的管理职责。任何脱离开共产党的领导，贬低和否定党对政府领导作用的思想认识和观点，显然都是不正确的，在根本上有违于社会主义的发展需要。

这样一种对于党和政府的关系定位，是不是把党凌驾于政府之上，形成所谓的“党国”治理模式，贬低社会主义的形象呢？不必讳言，社会主义国家本来就是共产党领导下的国家，是一种政党与国家政权之间相互协调一致的社会治理体制，在根本上表现为一种党国治理模式。这样一种社会治理模式，是对封建社会“家国”统治模式的否定，是人类社会发展的必然要求。当今世界上的所有国家，除了一些封建世袭国家之外，都是由政党在主政，其社会治理同样表现为党国治理模式。只是资产阶级政党由于其自身利益的局限性和狭隘性，属于挂羊头卖狗肉的性质，尤其是脱离开普选和任期制规定，必然会变成独裁政治。对此只要在本质上予以揭露和区别，体现出社会主义国家的社会性和人民性，就没有必要在词语上斤斤计较。不是说党国就一定表示独裁，只有把政党与国家完全区分开来，才是科学的和正确的。人类社会只有经过党国政治阶段，才能实现由个人独裁向绝对民主政治的转变，最终达到消灭国家、实现全体社会成员共同治理社会的要求。没有从家国到党国的历史性转变，就体现不出人类社会民主政治的发展要求，也没有人类社会的不断发展和进步。

社会主义政府所以必须由共产党来领导，同样是由社会主义的发展特点所决定的。一般来说，政府是以实现现实社会利益为工作要求，必然具有短期性和实用性的特点；而政党具有更为长远的社会发展目标和政治主张，对社会发展具有更为长期的规划和打算。社会主义发展既具有现实性的要求，也具有理想性的内涵，既必须有效实现人民群众的现实利益，还必须充分考虑到最广大人民群众的长远利益和根本利益。没有共产党的领导，政府行为必然会囿于现实的社会事务管理，局限于对现实社会的利益实现，丢掉社会发展的根本要求和长远打算，从而这样的政府，就和资本主义的政府没有多少区别了，不符合人类社会发展的根本要求。只有在共产党的领导下，才能够保证政府执政的长期性和稳定性，把各种社会发展资源和发展要求科学地结合在一起，形成更大的社会发展优势。

在社会主义社会中，共产党与政府之所以是一种领导与被领导的关系，在根本上是为着实现全体社会成员的利益，为了实现人类社会的更为科学的发展。共产党是最为先进的政党组织，理应发挥更为积极的社会领导作用。资本主义政党不能做和做不好的事，不等于共产党就不能做和做不好；资本主义政党不能涉及的领域，不等于共产党也不能涉入。在资本主义社会中，任何资产阶级政党都只代表着某个阶级和集团的利益，政府则相对体现出整个社会的利益要求，政党自然不具有对政府的领导资格。不要说让某个政党凌驾于政府头上去指手画脚，就连小罗斯福多干了两届美国总统，都要遭到其他资产阶级政党的反对。共产党则代表着全体社会成员的利益，代表了社会发展的根本要求，能够把自己的活动与国家政权有机结合在一起，克服政府管理中的短期性和临时性的弊端，形成独有的政治优势，形成更为科学的社会治理模式。否则就体现不出共产党的先进性，也难以真正适应社会主义的发展要求。

说党对政府具有领导作用，不是说党就可以决定政府的一切事务，完全以党代政，甚至有党无政。保证社会主义的存在和发展，既离不开共产党的领导，也离不开政府的组织和管理，二者具有内在的不可分割的一致性，又具有不同的组织方式和工作职能。党的组织不同于政权组织，党的领导不能替代政权的工作职能。在实际工作中，二者应具有不同的领导机构和工作部门，具有不同的职责分工：党是一种政治主张，政府是一种具体社会管理行为；党在根本上代表人民群众的利益，政府必须在现实生活中保证人民群众利益的实现和满足；党制定政策，政府执行政策，党的领导必须通过政府来实施，通过政权机关来体现；党保证政府的存在，政府保证党的执政理念的具体实施。没有共产党，社会主义政权机关就不能存在，而没有政权机关，共产党的执政理念就难以得到体现和实现。只有既坚持党对政府的领导，又坚持科学的党政分工，才能实现理想的政府工作效果，实现应有的党的执政效果。

长期以来，人们往往觉得党政分开是正确的、科学的，否则就是不正确、不科学的。这是一个误解，在实践中也很难办到。共产党对社会主义发展负有不可推卸的领导责任，必须参与到社会的组织管理当中；政府同样必须以党的指导思想作为行政准则，必须接受党的领导和监督。正因为这样，虽然人们一直讲党政分开，党与政却一直难以分开，事实上也不可能分开。既然难以实行党政分开，就没有必要在这个问题上缠住不放，而应从实际出发，在加强党政权力的运行规范上下功夫，在形成科学的社会管理机制上下功夫，以实现科学的党政分工为根本要求，有效规范党和政府的活动和行为。如果承认共产党对于社会主义的领导核心地位，又要把党与政府分割开来，在逻辑上是说不通的。在社会主义社会中，党是一个劳动者，政府也是一个劳动者，可以强调党政分工，而不能要求党政分开。只要形成科学的社会分工机制，就能够明确党和政府的工作职责，实现党政合力、党政一体的良好执政效果。

过去人们强调党政分开，既有对社会主义认识不清的原因，也有其产生的特殊历史背景。比如在战争年代，在共产党领导的解放区中，就反复强调党政分开。这既是为了与挂羊头卖狗肉的国民党的党国区别开来，也与当时的社会环境有关。一方面，党在整体上处于地下活动状态，在行政事务管理上必须由政府出面；另一方面，这种管理还不等于社会主义社会管理，在管理内容上相对简单，不需要长期性的计划和打算。社会主义社会管理则具有复杂的内容和要求，如果照搬过去的管理办法，既会人为增加社会矛盾，也难以对社会生活进行有效管理。实践也说明，没有党的监督和干预，政府行为更容易出现弊端和偏差。不是说政府领导就比党的领导高明，单纯依靠政府管理，就能够实现更好的社会效果，实现社会主义的更好的发展。

一些人也讲共产党对于社会主义的领导核心作用，却把这种领导仅仅看成是思想领导和政治领导。这同样是不够的。毫无疑问，有思想领导和政治领导，就不可能不进行实际领导。作为代表人民群众根本利益的共产党，也不可能丢掉自己的社会责任，仅仅把自己的存在建立在思想号召和政治主张上，而是必须运用各种手段，参与社会的政治管理，实现自己的政治主张。而“政”既包括决策执行，也包括检查监督。作为共产党来讲，其执政的根本要求是科学地进行社会决策，负责社会发展方向的确定和大政方针的制订；政府则负责党的方针政策的落实和执行。党是社会生活的领导者和决策者，政府是具体的管理者和执行者，在决策中以党的行为为主，在执行中以政府行为为主，在工作检查监督中，则由党和政府相互协调，相互监督，共同负责。在正常条件下，党应当把日常社会事务交由政府办理，在社会生活出现重大变故时，在关系到社会发展的方向选择时，则由党予以决断和主导。只有在这种社会管理活动中，才能真正体现出党的领导地位，体现出党的执政理念，实现共产党科学执政的要求。

这样一种党与政府的关系，能够实现党与政府之间的良性互动，形成更为科学的社会管理模式，既是社会主义社会治理的鲜明特征，也是社会主义的发展优势。党主要以政治管理和思想引导的手段来开展工作，政府则具有强制的性质。资本主义之前的社会形态，包括资本主义社会在内，社会管理只能依靠强制的手段来进行。在社会主义社会中，则能够通过共产党的领导，形成全体社会成员的共同理想追求，实现党与政府之间的协调统一，形成主观能动的社会发展力量。再比如，资本主义政党具有短期性和功利性的特征，在其政治基础上所形成的资本主义社会管理，同样具有短期性和功利性，难以实现社会持续稳定发展的要求；共产党的政治主张和执政理念则具有长期性和根本性的要求，由此决定着社会主义政府在工作要求和社会发展上，同样必须具有长期性和稳定性的特征。也只有这样，才能实现对于资本主义发展模式的科学超越，实现人类社会更为理想的社会发展效果。

共产党与社会主义政府之间的关系，也说明社会主义的党政机关之间，必须要有科学的社会分工，应当科学确定彼此之间的权责关系。在过去党的建设和党的工作中，往往随意打破正常的社会分工，要求党的组织和党员个人今天去干这样，明天去干那样，相互交织，相互替代，形成随意性和无序性的工作行为。而党内缺乏科学的社会分工，必然导致整个社会违背社会主义的分工原则，导致党与政府之间的职责混淆和权责不清，从而难以对党和政府的行为予以有效规范和限定。正确认识党与政府之间的关系，必须明确党政之间的权利和责任规定，不仅党的工作部门要有科学的工作分工，党与政府之间更要有明确的社会分工，避免彼此间的权责混乱和职责不清，在根本上杜绝社会生活中乱行政、乱干预、乱当家的问题。

这样一种党与政府之间的关系，也说明共产党与社会主义的政权机关之间，是一种相互协作、相互促进、相辅相成的关系。从社会主义的本质规定来说，党是一个劳动者的社会组织，是一个社会主义劳动者；政府同样是一个劳动者的社会管理机构，也必须以劳动者的身份而存在。在社会生活中，党与政府既是领导与被领导的关系，又是完全平等、相互发展的关系，党可以监督政府，政府也必须依照规章制度监督党的行为，使党的领导符合有关社会行为规范。党的主张离不开政府的贯彻和实施，政府行为离不开党的指导和指引，以此使党和政府之间切实做到协调一致，共同实现社会主义发展的要求。

在以往的社会主义革命和社会主义建设中，党领导人民取得了巨大的成就，但也存在着不少失误和弊端。这些失误和弊端，既表现为党的失误，也表现为政府的失误。而人们往往都会把这种失误算在党的身上，看作是党的工作失误。这既说明，必须把共产党和社会主义政府看作是一个统一的整体，加强党对政府的领导；同时也说明，实现社会主义的科学发展，从根本上说，必须避免党的领导出现失误。只有真正弄清楚社会主义的发展要求，弄清楚党与政府之间的关系，才能够从制度设计和行为规范上，处理好党与政府之间的关系，保证党的领导的正确性和科学性，保证政府行为的正确性和科学性。

从上面的分析也可以看到，正确处理党与政府的关系，必须对党和政府的行为予以科学确定和有效规范。对于共产党来说，必须抓住事关社会发展的重点方面和关键环节，进行科学有效的领导，而不是事无巨细，都由自己说了算。其最为重要的工作任务，就是"出主意"和"用干部"。前者是对社会发展的原则性指导和总体把握，后者表现为对于社会管理人员的选拔任用，包括对政府和其他社会组织的干部进行选拔任用。很显然，单就政府机构的管理需要而言，其对管理者的选任往往是以能力为标准。对于共产党来说，则既必须强调管理能力和管理水平，也必须强调政治信仰和道德品质，以保证社会管理队伍的纯洁性和人民性。只要做好出主意、用干部这两项工作，就能够充分体现党在社会生活中的领导地位，使党的管理真正符合社会主义的发展需要。

在科学处理党与政府之间的关系时，还必须注意理清党政领导之间的关系，尤其是理清党政主要负责人之间的关系。在现实生活中，人们往往把一个地区或一个单位的主要党政负责人，称作是党政一把手，或者是两个一把手。在一些理论表述中，更是以党政分开为由，要求党政一把手平起平坐。表面上看，是为了发挥两个积极性，实际上则人为造成掣肘现象，不利于工作开展。很显然，党必须对整个社会发展负责，作为具体领导者的党的各级负责人，也必须对各地的工作负责，必然要干预和参与社会的管理活动，必须明确其工作中一把手的身份。一个地方、一个部门、一个单位，都不应形成两个不同的社会管理体系，不能形成两个不同的社会管理思路。对于一个地区或一个单位来说，只能有一个一把手，不能形成两个平起平坐的一把手。以此科学确定党政领导者之间的关系，形成权责统一的社会管理体制，保证社会主义社会管理的有序进行。

在确定党与政府之间的关系时，还有一个科学确定企业和其他劳动单位的具体管理制度问题，有一个处理好党的组织在这些劳动单位中的社会地位问题。在社会主义社会中，党的组织存在于所有社会劳动组织当中。而具体劳动单位不同于社会行政管理机构，是以业务工作开展为根本要求的，党的组织不负责业务工作开展，也不能像行政管理机构中那样，对单位活动拥有决定性的领导职权。在这些单位中，应当突出业务管理的性质，明确由负责生产经营的人员为主要领导，以党的工作为其提供思想保证和业务监督。这和我们现行的做法基本上是一样的，是实践中已经基本解决的问题，这里不再赘述。

五、正确认识共产党与其他政党组织之间的关系

政党是一定的社会利益群体的代表，没有不同的社会群体利益，就不会有不同的政党存在。在社会主义社会中，社会利益具有前所未有的一致性和统一性，又存在着不同行业和不同阶层的利益要求，由此决定了在社会生活中，同样要有不同的社会政治组织存在。这些社会政治组织，或者以群众团体的形式表现出来，或者以政党组织的形式表现出来，既是不同社会利益要求的体现，也是具体进行社会管理的需要。实现社会主

义的科学发展，同样必须处理好共产党与其他政党之间的关系，处理好共产党与其他社会政治组织之间的关系。

如前所述，在所有的政党和政治组织中，只有共产党，才能够提出社会主义的政治主张，保证社会主义的存在和发展。其他政党或政治组织，或者只是在某些方面与社会主义的发展要求相一致，或者只是在某个阶段与共产党的奋斗纲领相一致，都不可能提出科学完整的社会主义政治主张，不具备彻底的为社会主义事业而奋斗的牺牲精神和领导能力。如果共产党垮掉了，就是具有再多的政党或政治组织，都难以实现社会主义的存在和发展。坚持社会主义，必须坚持共产党的领导，包括坚持共产党对其他各种政党和政治组织的领导。在社会生活中，共产党对于其他政党和政治组织必须具有绝对的领导地位，彼此不是平起平坐的关系，更不能颠倒过来，以其他政党来主导和决定共产党的社会行为。

现今世界上的社会主义国家中，都存在着多党合作的问题。这有其历史的必然性。以我国的社会发展为例，中国共产党领导的中国革命，是在半封建半殖民地条件下进行的，具有更多的革命对象和革命任务，也具有更多的革命力量和革命主体，由此形成不同的社会民主党派。这些民主党派对中国革命都做出过贡献，在进入社会主义社会之初，也具有技术管理特长。但随着社会主义制度的巩固，共产党执政水平不断提高，整个社会利益日趋统一和一致，民主党派作为社会利益代表的性质必然逐渐弱化，其政党的职能也不断淡化。在社会主义条件下，共产党代表了全体社会成员的利益，包括代表所有民主党派的利益。因此对于民主党派来说，也有一个发展和调整的问题，有一个适应时代发展变化需要的问题。人类社会最终要消灭一切政党，而要消灭一切政党，必须首先消灭多党制，既不能人为去制造所谓反对党，也没有必要让所有政党永久存在和发展。只有根据社会的发展需要，对民主党派以科学的社会定位，正确认识共产党同民主党派的关系，才能保证社会主义的发展需要，更好地实现共产党的领导。

在社会主义社会中，在一定时期内，民主党派当然有其存在的价值，必须发挥其参政议政的功能。但这种参政议政功能，应放在整个社会的发展要求中去进行，按照社会的共同标准去进行。如果简单强调民主党派的作用，在各级行政机构中都给其留下一个位置，必然造成社会发展的负面因素，不利于社会主义的社会发展。1998 年中央提出进行机构改革，要求全国党政机关精简一半人员，而当年选出的全国人大常委会副委员长和全国政协副主席就有 50 多位，仅政协副秘书长就有 16 位。如此一来，自然上行下效，机构改革目标必然流于空谈。再比如，政治协商制度是中国共产党在建国之初创造的科学的社会执政形式，在历史上产生过巨大作用。但随着人民代表大会制度的建立，政协由政权机关变为咨询性机构，其领导地位也应相应改变。特别是地方政协机关，根本起不到资政和监督的功能，极易成为一些人沽名钓誉的手段。作为全国来讲，由于发展条件复杂，发展任务繁重，政协组织应当继续存在，但在规模上应逐步缩小，功能上应向咨询和监督性机构转变；地市以下则一般没有存在的必要。否则只能是浪费社会公共资源。

有人可能说，强调民主党派参政议政，可以提高共产党的执政水平。在社会主义制度建立之初，民主党派具有一定的专业知识和管理经验，在社会管理中具有重要作用。但经过几十年的发展，社会主义的管理水平和管理队伍发生了根本变化，没有必要专门再去强调民主党派的技术和管理作用。很显然，如果其他政党的政纲与社会主义相矛盾，自然不能允许其存在；

而就实现社会主义的存在发展来说，其他任何政党的纲领都不可能超过共产党。实践也证明，民主党派只有在共产党的领导下，才能体现出对于社会主义的意义和价值，同时也提不出比共产党更为高明的治国施政理念。实现党的良好执政效果，应当利用一切积极力量，包括利用民主党派的力量，实现对于社会主义社会生活的科学管理，但必须实事求是，切合实际，不能过分强调其他政党或政治组织的作用和力量。

有人说，强调民主党派的作用，可以做到相互监督，减少共产党执政中的失误。但在社会主义社会中，所有社会成员都有进行社会监督和民主参政的权利，都可以通过多种渠道，对党和政府提出意见和建议，而不是只有形成政党或社会团体，才能够实现其社会监督和民主参政的要求。对于社会成员个人来说，不论提出的意见和建议是否系统完整，只要能够对党和政府的工作起到参考和启示作用，就是正当的和必须允许的。作为政党组织来说，其提出的意见和建议则必须相对系统和完善，必须形成完整的施政理念和治理方案，因此反而不如采用个人监督更能实现其社会效果。诸多社会发展实践已经证明，进行社会监督的最好形式是个人监督，只有形成普遍的有效的个人监督，才能够真正实现有效的社会监督。以政党或政治组织作为社会的监督主体，往往是大呼隆、干糊弄，彼此都不会提出多少有价值的意见或建议。进行社会主义监督，关键在于形成科学的社会监督机制，否则必然使社会监督流于形式和空谈，包括使民主党派的监督流于形式和空谈。

有人可能还会说，让民主党派进入社会权力部门，可以体现出多党执政和民主政治的要求，树立社会主义开明、民主的形象。这同样是不必要的。共产党执政的民主形象和开明程度，在根本上表现为对于人民群众利益的科学实现。对于民主党派来说，可以通过确定其相对独立的社会活动主体地位，建立起科学完善的社会民主咨询机构，给予其充分发表意见和建议的权利，而不是简单地在每个行政机构中安排进一个领导成员。事实也说明，民主党派处于社会的权力机构之外，更能自由地表达自己的意见和观点；如果进入到社会的管理机构和管理部门，其自身利益也就和社会的执政主体合为一体，从而就不再是无官一身轻了，必然会受到更多的限制，具有更多的顾忌，所谓实现相互监督或共同监督，自然也就难以做到。

这样一种对于民主党派社会地位和社会作用的确定，也说明在社会主义的干部任用工作中，必须切实做到人人平等。过去在共产党与民主党派的关系上，往往存在着极端化的倾向，或者把民主党派看成是可有可无的，或者看成是无原则的官位授予。尤其是改革开放的一段时间以来，过于强调在民主党派中选拔领导干部，形成一些特殊的选用办法。这对于加强社会主义管理队伍建设，既是不必要的，也容易造成消极的后果。现实生活中一些人所以要加入民主党派，就是觉得既比加入共产党的组织更轻松，又能获得更多的升迁机会。在社会主义社会中，共产党是一个社会主义劳动者，其他政党同样必须是一个社会主义劳动者。在干部任用中，必须使所有社会成员站在同一个起跑线上，公平合理地进行竞争。不论是民主党派还是一般劳动者，都应按照规定予以提拔任用。如果工作确实需要，应当在民主党派中限定名额，让民主党派各自提出人选，通过竞争来获取社会的管理岗位。如果不够条件，任何人都不能享受额外的特权，不应当获得特殊任用的机会。

这样一种共产党与其他政党之间的关系，也说明在社会主义社会中，除了一些民族的和历史的因素，以及一些特殊的社会工作部门，应当优先任用共产党员从事各级领导工作。相比较来说，共产党员是社会主义社会生活中的先进分子，是劳动者中的优秀分子，既经过较多的社会实践锻炼，也具有更强的组织观念和崇高的理想信念。作为一种社会荣誉和对社会贡献的标志，在干部任用上，同样应体现出社会主义基本原则的要求，赋予那些德才兼备、对社会做出更多贡献的社会成员以更多的劳动权利。对确实需要具备一定专业知识的领导岗位，应根据实际需要，定向选拔人员，不能不分专业性质和个人素质，片面去选拔所谓有文凭、有职称的人。

在确定共产党与其他政党之间的关系时，还有一个党与群团组织之间的关系问题。这样一种社会关系内容，主要表现在党与共青团的关系上。在长期的中国革命和建设实践中，共青团是中国共产党最为可靠的助手和后备军；在党处于地下活动的状态时，这种作用还具有独特甚至是唯一的性质。而在现实生活中，共青团对于党的助手和后备军的作用，主要应表现在思想政治工作方面，不能继续像战争年代或地下工作状态下那样，在组织建设和干部建设等方面，都具有全面性和不可替代性。在社会主义条件下，各种群团组织得到了全面建立，彼此在与党的关系上是完全平等的。而共青团组织由于其特殊性，在干部任职年龄上相对年轻。如果简单用同一个行政级别来任命共青团的干部，既难以像其他社会部门那样，形成严格的考评和竞争机制，同时在此后的干部任用中，共青团干部也具有更多的提升机会。这对其他社会部门和管理人员来说，显然是不公平的，不利于干部的科学选拔和使用。正因为这样，在一些地方，共青团成了一种谋求官职上升的阶梯。从共青团组织的活动特点来看，其行政级别应以比同级其他社会团体和行政部门降低一些为宜。由此才能够做到科学地培养和使用干部，体现出干部选拔任用工作的公正性和科学性。

解决好社会主义政党组织之间的相互关系，还有一个正确认识共产党与其他各种社会组织的关系问题。这些社会组织，包括各种学会、协会、研究会等机构，有的属于政治性的，有些属于学术性的。这些社会组织存在，有利于加强社会不同人群之间的联系交往，促进学术探索创新，提高社会管理水平。在资本主义条件下，这些组织基本上属于民间的性质。在社会主义条件下，这些组织则差不多都具有官方的色彩。特别是一些领导干部，或者为了附庸风雅，或者是另有他图，千方百计去成立所谓民间机构，以从中捞取个人名利，实际上是通过占有社会公共资源，实现个人的利益要求。由此造成各种社会组织多如牛毛，形成另一种公开的腐败。必须加强对于专业技术领域和学术领域的管理，杜绝那些可有可无的所谓社会组织，不能使之成为毫无约束和毫无规范的行为，更不能使其成为社会主义的否定因素。

在现实社会生活中，处理好共产党与其他政党之间的关系，还必须处理好与不同国家政党之间的关系，包括处理好与其他国家共产党之间的关系。这种国与国之间的政党关系，就共产党之间来说，应是一种志同道合的同志关系，同时由于彼此具有不同的国家和民族利益，在本质上又是一种劳动者之间的关系；就共产党与资产阶级政党或其他政党的关系来说，则是一种互利共赢的关系，也是一种相互竞争的关系。应当通过相互间的交流与交往，汲取他人长处，避免其他政党的弊病和不足，以更好地实现共产党的政治主张和奋斗纲领。

马克思和恩格斯在《共产党宣言》中开宗明义地指出："全世界无产者，联合起来"。作为有着共同理想追求的政党，所有国家的共产党组织在同剥削阶级的斗争中，有着更为一致的立场和追求，在党的建设和党的发展方面，也能够相互借鉴和学习。任何社会主义国家的发展和胜利，对其他社会主义国家都是一个支持和激励。作为用马克思主义武装起来的无产阶级政党，自然应当相互学习，相互支持。但在社会主义条件下，每一个国家的共产党人都具有自己不同的社会利益追求，具有不同的发展特点和发展要求，彼此之间同样会存在矛盾，甚至发生冲突，其相互间既不能不讲联合和协作，又不能一味强调统一和一致。这应是科学处理社会主义政党关系必须遵循的原则，也是以往社会主义发展留下来的一笔沉重文化遗产。

六、严格共产党的纪律规定和行为规范

在社会主义社会中，共产党始终居于执政党的地位，其自身的活动和行为，对于整个社会具有十分重要的导向和示范作用。严格党的纪律规定和行为规范，关系到党的先进性的实现和发挥，关系到社会主义的存在和发展，同样是社会主义政党制度研究必须涉及和必须解决好的重要问题。

不可否认，共产党是人类社会中最为先进的政党组织，共产党员是社会成员中的先进分子。但社会生活是不断发展变化的，党的活动主体同样会受到来自各个方面的影响和干扰。因此不论是党的组织还是党员个人，其先进性的保持和发挥，都需要必不可少的思想自觉和行为自律，也必须具有严格的组织纪律规定和党内行为规范。在革命战争年代，加入共产党首先意味着牺牲和奉献，党的发展具有天然的净化功能和淘汰机制，相对容易保证党的纯洁性和先进性。而在社会主义社会中，成为共产党员意味着能够得到更多的荣誉和尊重，拥有更多的获取社会劳动权利的机会。在这种情况下，不仅优秀的社会成员渴望加入党的组织，一些思想境界不高甚至在本质上反对共产

党的人，也会千方百计加入共产党，像列宁所说的“改头换面”地混进共产党内。同时一些原本合格的共产党员，也会由于各种原因丢掉理想信念，走到党的发展的反面。所谓党内的腐败现象，就是典型的例证。因此在社会主义条件下，必须特别强调加强党的纪律和党的行为规范。以此保持党的先进性和纯洁性，有效发挥党对社会主义事业的领导核心作用。

严格党的纪律规定和行为规范，包括对党的组织和党员个人提出严格的纪律要求和行为规范，但最终必然表现在共产党员个人身上，表现为对于共产党员个人的纪律要求和行为规范。在以往党的纪律规定中，或者动辄把工作中的不同看法上升到路线斗争的高度，导致阶级斗争扩大化；或者以反对腐败作为根本内容，二者都存在着失误和偏颇。列宁指出，“要成就一件大事业，必须从小事做起。”① 严格党的纪律规定和行为规范，同样必须从小事做起，从对共产党员的基本要求做起。共产党员是社会生活中的先进分子，也是普通人中的先进分子，理应具有比较一般劳动群众更高的行为标准，凡要求群众做到的，共产党员必须做到。对于共产党员来说，在思想认识和工作方法上可以有不同的见解，也可以有不同的纪律规定，而牵涉到法律规定和道德品质的，则不能允许违法乱纪和不道德的行为发生。如果一个共产党员连社会主义的法律规定和道德准则都不遵守，不论其情节如何，都必须从党内清除出去。例如在贪污受贿上面，不能是数额大的必须开除党籍，数额小的继续是一个共产党员。否则就体现不出共产党的先进性，必然损害党的纪律的严肃性，玷污党的形象和声誉。

强调严格党的纪律规定和行为规范，必须体现出党的纪律

① 《列宁选集》第4卷，第176页。

的严肃性，形成严格的纪律要求。从党的本质属性来说，共产党员必须具有更多的牺牲精神。在党纪规范中，不能把党员的称号蜕变为一种社会特权，甚至成为一些人违法乱纪的防空洞和庇护所。例如一般群众违反社会的制度规定和劳动纪律，要受到行政纪律和劳动纪律处分，直接与其劳动岗位和物质利益挂钩。而共产党员违反相同的制度规定，则往往是先进行党内处分，然后再去进行行政处分，甚至以党内处分代替政纪处分。而党内处分一般不直接与个人的物质利益相联系，由此在事实上形成党员的特权现象，形成对于违法乱纪党员的不当庇护。共产党员既然是社会生活中的先进分子，就必须具有更为严格的纪律规定，在相同的案件处理上，既应接受党纪处分，也必须同时接受政纪处分，不能以党纪处分代替行政处分。否则就起不到对党员的惩戒作用，也谈不上共产党员对于一般群众的模范带头作用。

强调严格党的纪律规定和行为规范，必须特别强调党的纪律执行问题。以往在对违纪党员进行组织处理时，总是片面强调所谓“思想教育从严，组织处理从宽”，或者“处理不是目的，教育才是目的”。这显然是不正确的。思想教育和纪律惩戒，都是规范党的自身行为的手段，二者表现在不同的党内活动主体身上。对于党的纪律来说，处理党员既是手段，也是目的，只有通过严格的纪律惩戒，才能形成党的纪律的威慑力和约束力，使所有党员增强自律意识和敬畏意识，保证党的纪律的有效执行。老虎不吃鸡，山羊都敢与之作对。如果缺乏应有的纪律执行力度，必然导致党的纪律涣散、组织松懈的现象。每一个共产党员在加入党组织前，就完全明白党的纪律规定，如果明知故犯，月攘一鸡，自然必须予以严惩。不能以思想建设否定纪律建设，把党的纪律简单放在思想教育下面，形成党的纪律惩戒失之于宽、失之于软的现象，形成蔑视党的纪律、践踏党的纪律的不正常现象。

随着社会主义改革开放的深入，党内的腐败现象随之增多，党面临着新的考验。近些年来，党中央不断加大反腐工作力度。这是党的纪律必须重点遏制和解决的问题，也是一个与党的存在相伴始终的严肃课题。但必须明确，对于腐败现象的惩处和打击，只是党纪规定中的一个方面，不是党的纪律规定的全部内容，也不能是最主要的内容。共产党是先进的社会政治组织，但不是专门的反腐机构，以反对腐败作为党的纪律检查工作的重点，只是一个暂时的现象。事实上，那些被揭露出来的腐败案件，都已触犯了国家的法律规定，是社会法律所应制裁和打击的。党的纪律检查机关应对腐败现象予以揭露和遏制，但不能代替政法机关去进行案件查办。党的纪律检查工作是对整个党纪党规的执行和落实，包括对所有党内违规违纪的案件予以查处，必须突出党的纪律规定，对所有党员进行纪律约束和行为规范。而单就加强党的纪律来说，处理好违纪金额在几百元甚至几十元的案子，既要好办得多，也比枪毙几个省部级官员更有震撼力，对党员干部更具有教育意义，更能起到预防和遏制腐败的作用。

加强党的纪律规定和行为规范，必须形成科学的党内清理机制，设置党员退出党组织的常态化出口。目前在党的组织建设中，往往只有党员发展计划，没有对不合格党员的长效治理办法，形成党组织只进不出的现象。列宁在十月革命刚刚取得胜利的时候，在苏维埃俄国处于帝国主义重重包围的时候，在俄共党员不到一百万人的时候，即坚持连年开展清党工作，其每年清理的党员人数都在党员总数的20%以上，甚至达到50%左右。由此保证了党的先进性和纯洁性，保证了党的凝聚力和战斗力。在社会主义制度已经得到极大巩固和发展的时候，更必须形成具体的制度规定，每年进行一次不合格党员的集中清理工作。凡是违规违纪、触犯刑律的，凡是违反社会主义道德规定的，凡是丢掉共产主义信仰的，都必须及时从党内清除出去。以此畅通党的组织出口，形成常态化的党建工作机制，真正实现党的建设吐故纳新，保证党员队伍质量，保持共产党员的先进性和纯洁性。

这样一来，会不会造成党的队伍不稳定的现象，影响到党的形象和声誉呢？不会。一方面，模范执行党纪党规的共产党员，必然是党内的主导力量，只要加强制度建设，健全行为规范，明确纪律规定，就能够有效杜绝党内的违法乱纪行为。而那些触犯法律规定和社会主义道德底线的人，那些对共产主义缺乏理想信念的人，本来就不应成为共产党员，自然不能留在共产党内。正象列宁所说的，“徒有其名的党员，就是白给，我们也不要。”① 流水不腐，户枢不蠹，按照这样的标准进行党的建设，能够充分增强共产党员的责任感和使命感，即使党员人数减少了，党的战斗力反而会更强，更有利于树立党的形象，维护党的声誉。

如果被清退的不合格党员太多，这些人联合起来反对共产党怎么办？不可否认，被清退的不合格党员，有一些的确会成为党的反对力量，成为社会发展的消极因素。但从人类社会的发展历史来看，不论在什么样的社会形态中，凡是有贪污受贿、徇私枉法等行为的人，都不会有真正的号召力，也不会有真正的力量。即使他们狼狈为奸、沆瀣一气，也只能是做些见不得人的勾当。对于这些人来说，其在本质上已经背离了党的宗旨，

① 《列宁选集》第4卷，第76页。

走到了剥削阶级的方面，自然也走到了人民群众利益的对立面，不仅是党所唾弃的，也为人民群众所不齿，是广大劳动人民所必然反对的，并不会由此加强反对和否定社会主义的力量。

这样做，是不是对共产党员的要求太过苛刻，引起人们对于共产党敬而远之，甚至不愿意加入共产党呢？照样不会。对于所有具有正义感和道德感的社会成员来说，加入共产党是一种人格升华，也是人生价值的体现。而党的队伍越纯洁，共产党员也就越是成为荣誉和崇高的标志，党就越具有吸引力和号召力，党的队伍也就越具有蓬勃旺盛的活力。有人讲苏联共产党在有20万党员的时候建立了社会主义政权，在有200万党员的时候打败了法西斯的侵略，在有2000万党员的时候导致了苏联亡党亡国。而实际上，这个所谓2000万党员，就其先进性、纯洁性和战斗力、凝聚力来说，显然远不如十月革命时的20万党员，在现实生活中，也根本不可能有那么多的先进分子。所谓党员多，恰恰是党内混进了太多的不合格人员，内在形成了党的腐蚀剂和离心力。一头狮子胜过一百只老鼠。对于加强党的战斗力和凝聚力来说，在对共产党员的要求上，显然重在质量，不在数量。

加强党的纪律规定和行为规范，从根本上说，必须立足于对于党员个人的纪律要求和行为规范。只要科学规范党员个人的活动，就能够在根本上规范党的活动和行为。不能把党的纪律笼统停留在对于党的整体规定上，把党内一些不健康现象简单地与党的整体活动联系起来，把个别党员的行为看成是党的集体行为，导致在纪律规定上南辕北辙、张冠李戴。江泽民同志指出，“所有党员干部必须真正代表人民掌好权、用好权，而绝不允许以权谋私，绝不允许形成既得利益集团。”① 这本来只

① 《江泽民文选》第3卷，第280页。

是提出一种警示，但一些人却望文生义，借题发挥，认为党内形成了一个“既得利益集团”。很显然，所谓“既得利益集团”，应是组织起来共同行动、并共同得到好处的社会团体，是利用特权公开窃取社会利益的行为。而共产党的性质和宗旨，决定了在党内决不允许有腐败分子的藏身之地，不存在形成既得利益集团的条件，不可能存在任何特殊的利益阶层或利益集团。谁都不会否认，党内腐败分子在任何时候都不可能公开组织起来，明目张胆攫取个人利益，都是一种“个体户”的性质。不能把党内存在的腐败现象与所谓既得利益集团相提并论，模糊党的性质，妨碍党的纪律实施。

严格党的纪律规定和行为规范，必须确定科学的工作手段和管理办法，保证党的纪律规范的公正性和合理性，不能以一些似是而非的东西替代党的纪律要求。例如在“三讲”教育中，简单地以群众匿名投票作为认定领导干部是否合格的标准，凡是达不到70%赞成票的，就要作降职处理。这样的纪律规定，本身就不合格。在社会主义社会中，必然存在着各种矛盾和冲突，在社会利益分配上，谁都不可能让所有人都满意、都赞成。领导干部同样是如此。作为群众来说，对领导干部提出意见是完全正常的，但作为党的组织来说，如果简单以此作为评价干部的标准，则是完全错误的。只有以事实为依据，以党的原则为根本规定，才能体现出党的纪律的科学性和严肃性。否则不仅不是在严格执行党的纪律，而是在随意破坏党的纪律。

严格党的纪律规定和行为规范，也必须把党的活动限定在制度规定的笼子里。在社会主义条件下，共产党掌握着各种社会管理资源，具有繁重的社会管理任务。保证党的领导的科学性和正确性，必须加强对于党的权力行使的规范和约束，把党的活动限定在制度规定的范围内。习近平同志指出，“要加强对权力运行的制约和监督，把权力关进制度的笼子里”。[①] 而如果党的工作缺乏有效规范，作为党领导下的社会主义政府机关和其他社会团体，其行为必然难以得到限定和规范。保证政府的权力规范运作，首先必须健全党的工作行为规范，在工作决策、工作程序、工作执行、工作考评等方面，形成科学完整的制度规定。否则就难以实现把党的活动限定在制度规定范围内的要求，也难以实现把各种权力关进制度笼子里的要求。

严格党的纪律规定和行为规范，必须充分保障共产党员的民主权利。特别要保证广大党员对于上级党组织和党员领导干部进行民主监督的权力，形成层层相连、环环相扣的工作责任制度，形成首尾相接、上下相通的党内监督链环，形成思想激励与物质奖惩相一致的党内监督机制。这是实施党的纪律的根本保证，也是最有效和最节俭的社会监督模式。在工作中，既应加强和发挥专职纪律检查部门的作用，又不是仅仅以纪检监察部门作为唯一的纪律执行主体，希望仅仅依靠扩大纪检监察部门，增加纪检监察人员，来实现严格党的纪律的工作要求。党的前途命运要靠广大共产党员来掌握，党的纪律实施同样要有广大共产党员来保证。只有通过科学有效的党内监督，充分发挥所有共产党员对于党的纪律实施的责任主体作用，才能使党的活动处于严格的社会监督之下，为执行党的纪律创造必不可少的社会环境。缺乏科学的工作机制和行为规范，特别是缺乏科学的党内监督机制，即使增加再多的专职纪检人员，也难以实现良好的社会效果，甚至同样会导致社会管理权力嬗变，成为出现党内腐败的新的诱因。

---

① 《人民日报》2013 年 1 月 23 日第 1 版。

七、不断加强和完善共产党的自身建设

建设和发展社会主义，是一个长期的社会历史过程。作为社会主义事业的领导核心，共产党的建设同样是一个长期的社会历史过程，与社会主义的存在发展相伴始终。以往社会主义取得的巨大成就，首先都是在共产党领导下的结果，而社会主义发展中的失误，同样表现为党的领导的失误。社会主义的发展必须靠党，建设社会主义必须把党建设好。如果说在以往的社会发展中，我们对党的建设缺乏科学的认识，在经过近百年的社会主义发展实践之后，我们对社会主义已经有了比较清晰的认识，对党的建设同样有了比较清晰的认识。必须不断加强和完善共产党的自身建设，使党的建设始终符合人类社会的发展需要，符合社会主义的发展要求。

加强和完善党的自身建设，必须解决好党的思想理论建设问题，为党的发展奠定坚不可摧的思想理论基础。

在当前党的建设工作中，不少人都把反腐败作为党建工作的重中之重。这并没有抓住事关党的生存发展的关键问题所在。腐败是党的建设中必须解决的问题，但不是最根本的问题。党的建设的根本问题，在于缺乏对于党的发展的科学的理论说明，在于现实社会主义理论与社会主义发展现实需要相脱节，是一个理论建设的问题。正是由于理论上的含糊不清和软弱无力，使一些共产党员对社会主义和共产主义丧失了信心，进而丢掉共产党人的价值观，仅仅以眼前利益为唯一要求，形成错误的人生追求。保证党的建设的科学有效进行，必须大力加强党的思想理论建设，加强社会主义理论研究，科学说明社会主义的合理性问题，正确地说明共产主义实现的历史必然性。只要真

正弄清楚社会主义的发展要求，党内所存在的问题，包括腐败问题，并非难以解决。党的纪律规定是一种外力强制，思想理论建设是党的发展的内在动力，党的纪律只解决个别问题和表面问题，党的理论则解决党的发展的根本问题和全部问题。没有在思想理论方面的强大吸引力和向心力，任何外在力量都难以从根本上解决问题。

加强和完善共产党的自身建设，必须建立科学的党内民主机制，增强党的内在发展活力和前进动力。

民主是社会主义的生命，也是党的生命。没有党内民主，就不可能有社会主义民主，形不成社会主义的民主政治。共产党是全体劳动人民的政党，更是全体共产党员的政党，只有以民主制来确定党的活动方式和运行要求，才能充分发挥共产党员的积极性和创造性，增强共产党员的自豪感和荣誉感，形成党的建设的内在动力源泉。作为人类社会最为先进的政党组织，共产党具有更为高级的社会民主形式，必须让自己的党员享有更大的民主权利。而确定党的组织方式的民主制，实现党内生活民主化，同样是一个很大的党建课题，必须通过理论研究和实践探索，形成科学完善的党内民主机制，形成增进党内民主的科学的方式、方法和手段。特别是要解决好党员的自身权利保障问题，既坚持民主集中制的原则要求，又坚持党内民主制的根本规定，让每个党员都拥有作为党的成员的荣誉和尊严，都能感受到自己存在的意义和价值，真正体现出党内民主的要求，体现出民主建党的要求。

加强和完善共产党的自身建设，必须解决好党的管理体制与社会主义管理体制相统一的问题。

坚持和改善共产党的领导，是为了坚持和发展社会主义。必须把党的建设与社会主义的发展紧密联系起来，与人类社会发展的根本要求紧密联系起来，科学确定党的工作形式和活动方式。在社会主义社会中，共产党既是领导者和管理者，又是一个社会主义的劳动者。必须从劳动创造的本质规定出发，科学设计党的组织形式、纪律规定和运行方式，体现出社会主义的根本规定和发展要求。尤其是要把社会主义社会分工原则和按劳分配原则应用于党的建设当中，对党的组织和党员以正确的价值评定和社会规范。只有坚持社会主义的本质规定和发展要求，在党内实现科学的工作分工，做到权责一致和权责分明，才能够对党的工作进行有效规范，保证社会主义社会分工的有效进行。同样，只有保证党的生活严格按照社会主义的基本准则行事，才能够充分适应社会主义的发展要求，保证党的领导的正确性，更好地实现促进社会主义事业发展的要求。

加强和完善共产党的自身建设，必须坚持与时俱进、科学创新的要求，不断实现党的建设现代化。

实现社会发展的现代化，是对所有现实社会发展主体的必然要求，也是对所有政党存在和发展的必然要求。作为以领导全体人民为实现社会主义现代化而不懈奋斗的政党，共产党更应根据人类社会的发展需要，及时增进党的建设的时代性内涵，始终走在时代的前列，首先实现党的自身建设现代化。例如在对现代科学技术的学习掌握上，应当以建设学习型政党为工作目标，形成常态化、制度化的学习机制，努力打造学习型政党，为建立学习型社会起到引领和推动作用，为实现社会主义现代化奠定坚实的知识文化基础；在党的组织建设理念上，必须适应于现代社会民主政治发展的要求，健全党的组织体系，完善党的组织方式，努力实现自身运作形态的科学化、有序化。只有科学把握时代跳动的脉搏，使党的思想行为始终处在不断创新、不断进取的状态，才能使党的建设充分适应党的奋斗目标需要，使共产党真正成为适应时代发展要求的党，成为符合社会主义现代化发展需要的党，成为为实现人类美好未来而奋斗不息的党。

加强和完善共产党的自身建设，必须着力加强党的规章制度建设，实现从思想建党向制度建党的历史性跨越。

共产党是在马克思主义指导下建立起来的工人阶级政党，必须把思想建党作为根本要求和基础性规定。就中国共产党的自身发展来说，党的建设经历了思想建党、组织建党和作风建党的发展阶段，这在共产党成立之初和在特定的历史条件下，具有特别重要的意义，能够适应党的自身建设需要。而在现实社会条件下，党面临着各种社会发展任务，面临着更为复杂的社会发展环境，如果依然仅仅依靠思想建党和组织建党的做法，缺乏科学的制度规定，就难以实现党的科学领导的需要，难以完全适应党的自身建设的需要。必须突出制度建党和制度立党的新时代党建要求，实现党的建设由思想建党向制度建党的历史性跨越，在党的建设中形成讲制度、讲规范、讲原则的风气。由此把党的活动纳入到制度规范的框架内，形成制度化的工作方式和运行模式。否则也就不可能有科学的社会主义制度建设，不可能有社会主义的科学发展，必然会否定和削弱党的领导。

加强和完善党的自身建设，还必须使党和全体党员真正接受全社会的监督。目前在党的政治生活中，虽然不断强调发挥党内监督的作用，却并没有形成真正有效的监督。这从一些腐败官员所谓犯罪原因的表白中，就看得很清楚。这既与过去简单以民主集中制作为党的组织原则，在实践中不易进行监督有关，也在于缺乏激励机制和鞭策机制，使一些人能够逃避社会监督责任，使一些违法乱纪行为能够随意逃脱责任追究。加强对于党内政治生活的监督，既应形成有效的党内监督机制，也必须使党的组织和党员接受全体社会成员的监督。应当与社会主义监督制民主建设结合起来，既让人民群众监督政府，也让人民群众监督党，使党和党的成员始终处于全社会的监督之下，保证党的纪律规定得到有效落实。

加强和完善党的自身建设，必须特别提出共产党员讲真话的问题。每一个共产党员，都应对党襟怀坦白、诚实守信，讲真话，办实事。只有对党和人民讲真话，才能讲道德、讲原则、讲人格，才能讲学习、讲政治、讲正气。由于各种原因，在党和社会主义的发展历史上，普遍出现过不敢讲真话、不愿讲真话、不能讲真话的现象，给党和社会主义事业造成过极大危害，其后果比腐败还可怕。没有共产党员讲真话，就不会有整个社会的讲真话，很容易引起工作失误，使党“犯大错误”，甚至导致众叛亲离、人亡政息的悲剧。能够讲真话，敢于讲真话，是我们党的力量所在，是共产党人应有的政治品格和政治责任，也是社会主义发展胜利的重要保证。“我们的力量在于说真话”，“吹牛撒谎是道义上的灭亡，也势必引起政治上的灭亡。”[①] 应当把讲真话作为加强党的建设的重要内容，以讲真话作为重要工作目标之一，以共产党员讲真话促进整个社会的良好风气形成。以此体现出共产党人的浩然正气和崇高人格，使之在社会生活中当之无愧地起到模范带头作用。

加强和完善党的自身建设，还必须正确认识和处理好党内的矛盾问题。在社会主义社会中，矛盾无处不在、无时不有。在共产党内，同样存在着各种矛盾和问题。而共产党的存在本身就是为了解决这种矛盾，包括解决党内的各种矛盾和问题。这就要求党和党的成员在原则立场和大是大非的问题上，要有

---

① 《列宁全集》第11卷，人民出版社1987年版，第329、331页。

坚强的党性。在过去很长一段时间内，由于对党的建设认识不清，对社会主义认识不清，过分强调党内斗争，在解决党内矛盾和解决社会矛盾上面，出现过不少错误的做法。但从目前的实际发展需要来说，则应强调坚持党性原则的必要性和重要性，形成坚持真理、坚持原则的良好风气。在面对敌对势力的攻击诽谤时，必须体现出共产党人应有的原则性和斗争性。对于各级领导干部来说，更必须以能否坚持党性原则作为评定其合格与否的根本标准。只要把这种原则性限定在党的制度规定的范围内，限定在党的组织活动的范围内，就能够防止偏差和失误，保证党内生活的民主化和科学化。否则既解决不好党内的矛盾问题，也不可能解决好社会主义的矛盾问题，必然会妨碍党的科学存在和健康发展。

加强和完善党的自身建设，必须特别强调坚持实事求是的原则，真正做到研究新情况，解决新问题，使党的工作和制度规定符合社会发展的实际情况，符合党的建设的实际需要。而在现实党的建设工作中，同样存在着表面化、形式化的倾向。有些所谓工作创新，看起来很热闹，实际上并没有多少用处；有些工作看似不够光鲜耀眼，却是党的发展所必须解决的。例如，资产阶级政党的成员，其活动是为了得到自己的现实利益，退休后也就无所谓党员和非党员了。而共产党员必须始终坚持共产主义的理想追求，什么时候都不能失去政治信念和道德人格。在革命战争时期，党员的年龄普遍偏小，在智力和体力上都能适应党的活动需要。随着共产党持续掌握国家政权，党员的年龄状况具有较大的变化，一些党员由于身体和年龄的原因，难以正常参加组织活动。对此应当采取特殊的管理办法，既使共产党员能够体验到自己的责任和价值，又符合一般的人之常情，使党的建设真正适应党的发展需要。

运用整党的形式，包括运用集中学习、思想教育等方式加强党的建设，是实现党的建设的重要手段，也是党的建设的成功经验。但这种整党活动，应主要是整顿党的思想作风、组织作风、工作作风，表现为一种政治思想和党的纪律要求，不能是什么都包，什么都整。延安整风所以能够成功，就在于主要是整思想、整作风。而 1983 年以后的历次整党中，却把整党同经济发展、行政工作等混淆在一起，内容上既乱且杂，目标确定上既大又空，往往是什么都要去整，幻想一下子把什么都整好，结果却什么都没有整好，什么也没有整成。党的建设与行政工作既相互联系，又彼此不同，前者主要是思想作风问题，后者具有更为复杂的社会因素。如果在整党中把思想认识与具体工作混为一谈，必然会冲淡整党的主题，导致在行动中无所适从。如果一会儿说要党政分开，一会儿又要党对政府的所有工作负责，显然只能造成混乱的工作局面。正因为这样，在整党活动中，往往连打口水井、修个厕所等正常性工作，也都作为整改成果去宣扬，造成欺上瞒下、虚报浮夸、彼此糊弄等不正常的现象。工作整顿属于经常性的工作考评范畴，党的整顿主要是思想建设和作风建设，在工作中可以通过强调德才兼备把二者联系起来，在整党工作中则必须突出党的活动特点和工作要求。否则只能以大锅饭的方式来开展整党工作，只会否定党的建设的实际工作效果。

与资本主义政党相比较，共产党的执政方式具有固定性和长期性的要求，能够实现人类社会的更好的发展。就巩固党的执政地位、实现党的执政效果来说，当然还有许多需要破解的理论和实践课题。对于实现党的科学领导来说，当政之要在于发展，从政之要在于国治，治政之要在于安民，这是对共产党执政的基本要求，是共产党必须实现的社会发展目标，也是建设和完善社会主义政党制度的必然要求。共产党是政党历史发展的最高阶段，也是政党发展的最后阶段，只要科学确定党的活动准则和制度规定，就完全能够克服以往工作中的缺陷和弊病，实现共产党自身的科学发展，实现社会主义的科学发展。

通过以上分析可以看到，在社会主义社会中，共产党始终处于执政党的地位，党的形象关系到社会主义的形象，党的建设关系到社会主义的建设，党的发展决定着社会主义的发展。党的问题解决不好，社会主义的问题就解决不好，要办好社会主义的事情，必须首先办好党的事情。只有建立起科学的社会主义政党制度，才能够实现共产党对于社会主义事业的坚强领导，实现巩固和发展社会主义的要求。没有共产党的存在就没有社会主义的存在，没有共产党的发展就不会有社会主义的发展，这就是我们研究社会主义政党制度所得出的结论，也是社会主义发展实践所充分印证了的历史事实。

第五章　社会主义多元化研究

多元化是社会主义社会形态的基本存在形式，是社会主义的鲜明的外在本质特征，是实现社会主义社会发展的必然要求。社会主义必然是一个多元化的社会形态，对社会主义的多元化讲不清楚，对社会主义也就讲不清楚。而到目前为止，虽然已经有人把社会主义与多元化联系在一起，已经有不少对于社会主义多元化的理论说明，但离弄清楚社会主义与多元化的关系，以及多元化对于社会主义社会的意义和作用，还有着不小的距离。对社会主义多元化问题进行系统深入的研究和探讨，从多元化社会形态的角度，来认识和实施社会主义的多元化，是社会主义理论研究中的一个重要问题，也是社会主义发展中必须解决好的重要实践课题。

一、什么是多元化的社会形态？

多元化并不是一个新名词。但以往很少有人从人类社会形态发展的角度，对多元化以系统的研究和探讨，甚至简单以多元或者是单元，作为评价社会制度优劣的标准。把社会主义界定为一个多元化的社会形态，必须对社会形态多元化以科学的认识和说明，弄清楚什么是多元化的社会形态，进而弄清楚社会主义多元化的根本规定和要求，以科学发挥多元化对于社会主义存在发展的意义和作用。

从哲学上来说，“元”是相对独立存在的构成事物的基本要素，是事物的具体存在内容和表现形式。所谓多元化，是指由多种要素所共同组成的事物存在形态。具体到人类社会的发展要求来说，凡是由单一社会生活要素组成的社会形态，属于单一制或一元化的社会形态；由多种社会生活要素组成的社会形态，则属于多元化的社会形态。人类社会是由众多社会活动主体和活动内容所组成的统一整体，既具有内在的统一性，又具有相互间的矛盾性，因此在社会形态的存在形式和表现形态上，可以是一元化的社会形态，也可以是多元化的社会形态。社会生活中“元”的内容和要求不同，所形成的社会形态也就不同。这种多元化或一元化社会形态，是人类社会发展规律所必然要求的，是一个客观的自然历史过程。评价社会形态的先进优劣与否，必须与具体的社会本质规定结合起来，与社会生产力的发展水平和发展状况结合起来，才能得出科学的结论。不是说多元化社会形态就一定比一元化社会形态先进，也不是说一元化社会形态就一定比多元化社会形态优越。

很显然，元作为事物的基本组成要素，具有丰富的内容和表现形式，既表现为事物在整体上的内容和要求，在同一个事物的组成要素当中，又可以区分为不同的层次和内涵。具体到人类社会来说，任何社会活动内容都具有元的性质，都有其应有的社会地位和存在的理由，否则就不能够存在和发展，也不允许其存在和发展。但作为社会形态的多元化，则表现为一种社会的整体性规定和要求，并且集中表现为社会经济基础和上层建筑的内容和要求。在社会生活中，这种不同的内容和要求，能够做到相互尊重与相互包容，都能得到应有的存在和发展。确定社会形态是多元化的社会形态，还是单一制或一元化的社会形态，必须从社会经济基础和上层建筑相统一的角度，对现实社会生活内容进行科学的分析和界定：如果社会经济基础和上层建筑表现为单一的和统一的内容和要求，这样的社会形态，就是一个单一制或一元化的社会形态；反之，则属于多元化的社会形态。按照这样一个理论思路，从人类社会的根本发展要求出发，所谓多元化的社会形态，必然具有其基本的原则规定，表现为以下三个方面的基本特征。

（一）必须允许社会的多元利益要求存在

在人类社会生活中，元表现为各种各样的内容和要求，但最终都表现为一种社会利益内容；这种社会利益，又最终表现为社会的经济利益。这是因为，人类社会的存在和发展，在根本上是由社会物质生活即经济生活所决定的，人类社会的利益要求，在根本上表现为社会的经济利益要求，人类社会的矛盾冲突，在根本上表现为社会经济利益的矛盾和冲突。因此社会多元化在根本上表现为社会经济利益多元化，其他社会多元化的内容，都是在经济利益多元化的基础上产生和存在的。只有在经济利益多元化的基础上，才能够形成社会的政治、文化多元化，形成多元化的社会形态。如果不存在社会的多元经济利益要求，或者不能允许多元经济利益要求存在，这样的社会形态，也就不是多元化的社会形态了。

（二）必须表现为系统化的社会生活内容

一个社会形态的基本组成要素，应是这个社会形态经济基础和上层建筑所必须包含和包容的内容，能够对社会经济生活、政治生活、文化生活产生作用和影响，表现为相对独立的社会生活系统。否则就不能称之为社会形态的基本组成要素。社会形态的多元化，不是表现为零散的任意的社会生活内容，而是一个从经济、政治到意识形态的有机整体，表现为一个完整的社会生活系统。只有形成系统完整的社会生活要求，形成相对独立的社会生活系统，才符合社会形态元的规定和要求，具有社会形态元的地位和性质。如果只有经济利益要求，或者仅仅表现为一种政治主张，就不具有作为社会形态元的地位和资格，不能作为多元化社会形态的一元而存在。

（三）必须形成制度化的社会生活规定

作为社会形态的多元化，必须符合这个社会形态的本质规定，是这个社会形态能够允许或必须允许其存在的社会生活内容，是实现这个社会形态存在发展所必然需要的。因此对于社会形态的多元化来说，必须是通过社会制度所确定下来的社会生活内容，是社会制度规定范围内的社会利益要求，是有利于这个社会形态存在发展的社会生活内容，具有“化”的性质和规定。如果社会制度规定不具有这样的内容，或者不允许其存在，或者不能保障其存在，这样的社会生活内容，就不能是社会形态多元化的内容，并且是社会形态多元化必须否定和反对的，也是这个社会形态所要反对和否定的。

可见，社会形态的多元化内容和要求，应是通过社会制度规定所确立的系统化和制度化的社会利益要求，是社会形态经济基础和上层建筑的必然组成部分。与此相一致，所谓多元化的社会形态，就是在社会的生产关系中，允许多种社会利益要求存在，给予不同社会利益主体以应有的社会存在权利。只有上升为系统化和制度化的社会生活要求，才能以社会形态基本组成要素的地位得到存在和发展，才具有社会形态元的地位和权利；而只有多种社会利益并存的社会形态，才能体现出多元化社会形态的根本规定和要求，体现出多元化社会形态的发展特点和基本特征。

从上述分析中可以看到，正确认识社会形态的多元化，必须把社会生活中的利益多元现象与社会形态多元化区别开来，既维护和允许各种不同的社会利益要求，又避免简单以具体的不同的社会利益要求替代社会形态的多元化内涵，作为确定社会形态多元化的根本依据。很显然，在任何社会形态中，每一个社会活动主体都具有自己的利益要求，这种利益要求就人类社会的存在和发展而言，都具有元的性质和地位。但这种“元”的内容和要求，可以是多元化社会形态的具体内容和具体表现形式，甚至直接等同于社会形态的多元化要求，又不同于社会形态多元化的基本规定，并且可能是这个社会形态所必须否定和抛弃的。不是说只要存在着不同的社会利益要求，就必然是多元化的社会形态，也不是说，任何社会利益要求都具有社会形态元的地位和价值。社会利益多元具有分散性和自然性的特点，是与人类社会相伴始终的社会生活现象；社会形态多元化则具有集中性和概括性的要求，是人类社会发展到一定阶段的产物。不能简单以社会形态中的多元利益要求为依据，把所有社会形态都看成是多元化的社会形态。

通过上述分析还可以看到，社会形态的多元化，在根本上表现为社会生产关系的多元化。确定一个社会形态是多元化还是一元化，主要看这个社会形态的生产关系是单一的完全一致的社会利益规定，还是具有不同的社会利益要求，是只允许一种社会利益要求存在，还是允许多种社会利益要求并存。只有在社会生产关系的基础上，才能够形成社会的经济基础和上层建筑，形成具体的社会形态。同样，只有在生产关系多元化的基础上，才能够形成多元化的社会上层建筑和意识形态，形成多元化的社会形态。这样一种社会生产关系的多元化，必须是社会经济基础与上层建筑相统一的产物。也只有从社会生产关系入手，才能在最简单、最根本的社会生活层面上，正确区分社会形态存在和发展的具体规定，科学认识社会形态的外部特征和表现形式。否则就会使人类社会形态的多元化成为失去原则和规范的行为，难以讲清楚人类社会发展的历史进程，难以对人类社会发展以科学的说明和确定。

我们以奴隶社会、封建社会和资本主义社会为例，来说明生产关系对于确定社会形态多元化的决定意义。上述三个社会形态，都以剥削压迫为本质规定，生产关系都表现为私有制和按资分配。但奴隶社会和封建社会以王权神授作为其存在的根据，具有强烈的人身依附和人身奴役性质，社会生产关系表现为奴隶主阶级和地主阶级的利益，因此在社会生活中，不存在被剥削阶级的社会主体地位，自然谈不到社会形态的多元化问题，表现为单一制的独裁专制的社会形态。而资本主义以天赋人权作为社会的思想基础，以物竞天择、适者生存作为社会生存准则，使压迫者和被压迫者彼此实现了生命存在权利的平等，为所有社会成员的个人利益存在提供了可能性，使所有社会生命主体都有追求自身利益的权利，成为所谓的“经济人”。由此使社会成员相对都具有社会生活中“元”的地位，形成资本主义社会利益要求的多元化，形成资本主义多元化的社会形态。从而体现出资本主义与奴隶社会和封建社会的不同，体现出资本主义社会的发展进步和历史意义。

如上所述，社会形态的多元化，既在根本上表现为社会生产关系的多元化，又表现为社会生活中的多元利益要求。这种多元利益要求从广义上说，同样属于社会多元化的内容，是社会多元化的具体表现形式。但不难发现，作为社会形态的多元化内容，不论具有什么样的社会表现形式，都能够包含在这个社会形态生产关系的范围之内。而社会中的多元利益要求，则具有比较社会形态多元化更为丰富的内容，既可以是这个社会形态的社会生活内容，也可以是这个社会形态生产关系之外的社会生活内容。在人类社会利益要求达不到绝对统一和一致的时候，在任何社会形态中，其社会生活内容都不是绝对纯而又纯的，其社会利益要求同样是丰富多彩、繁杂多样的。一方面，旧的社会生活痕迹不可能从现实生活中一下子被完全消除干净；另一方面，新的社会生产关系的萌芽又会在社会生活中不断生长和壮大起来。这些新的和旧的社会生活内容，既属于现实社会形态的社会多元内容，又存在着对于现实社会生活的否定因素。在社会发展中，既必须在一定条件下允许这种多元利益要求存在，又必须对此予以限定和规范。而不论这个社会形态具有多少其他社会形态的社会生活内容，只要其生产关系在社会中居于主导地位，这个社会形态的经济基础和上层建筑就不会改变，从而也就不会改变这个社会形态的性质，不会改变这个社会形态多元化或一元化的社会地位。

从上面的论述中也可以看到，多元化社会形态不是自古就有，也不是必须永远存在下去，而是表现为一个历史的发展过程。封建社会之前的社会形态，或者由于社会生产力极其低下，或者由于阶级剥削压迫的强制束缚，都不能允许其他社会利益要求的存在，因此只能是一种单一制的社会形态。正如恩格斯所说的那样，“古代世界根本没有主体权利”。[①] 只有当社会生产力有了较大发展，人们的社会主体意识明显增强，从而给予人们以更多社会利益追求的权利，才能够形成资本主义的社会制

① 《马克思恩格斯全集》第1卷，第662页。

度，形成资本主义多元化的社会形态。这种资本主义多元化，在本质上同样表现为阶级剥削压迫，与奴隶社会和封建社会相比较，却能够体现出所有社会成员的社会活动主体地位，实现更为丰富的社会劳动效果。由此可见，多元化社会形态是人类社会发展的必然结果，能够有效实现人类社会发展的要求。

作为一种哲学概念，一元化与多元化是一个辩证的统一，有多元化就有一元化，多元化也是相对于一元化而言。我们这里的论述中，却把资本主义之前的社会形态，归结为一种单一制的社会形态。对此应当怎样理解呢？不难发现，一元化社会形态与单一制社会形态，在社会生产关系的存在方式上是彼此相同的，都只能允许一种社会利益要求存在，但在本质上则是完全不同的。一元化社会形态应是实现了整个社会利益要求的相互一致与统一，在社会生产关系中，仅仅表现为社会的整体的利益。因此从一般意义上来说，原始社会也应属于一元化的社会形态；但严格讲，只有共产主义的社会形态，才能够是完全意义上的一元化社会形态。而在奴隶社会和封建社会中，则是通过阶级强制和压迫，以对抗和对立为手段，来实现统治阶级的利益要求，因此只能用单一制社会形态的概念，来说明这些社会形态的利益存在和本质特征，并以此与共产主义社会鲜明地区别开来。具体来说，单一制社会形态以社会利益的对抗和对立为基本特征，只能允许社会统治阶级的利益要求存在；一元化社会形态以社会利益的和谐一致为根本要求，表现为全体社会成员的共同的利益实现。把一元化社会形态与单一制社会形态区别开来，能够正确说明人类社会的发展进程，避免失去本质规定，把不同性质的社会形态混为一谈。如果简单地把彼此都称作是一元化的社会形态，在理论说明中，显然还需要予以具体解释，并且容易引起人们的误解。因此这里一步到位，对二者直接予以科学的区分和本质界定。

通过上述分析也可以看到，“元”是一个一般性的事物名词，多元化同样仅仅表现为一般性的事物名词。多元化只有与具体事物联系在一起，才具有不同的意义和要求，体现出彼此间的区别和不同；也只有通过彼此间的相互比较，才能确定元的具体属性，形成科学的社会生活准则和行为规范。越是复杂多样的事物，元的内容就越丰富，越具有不同的层次和要求；同样，在一个社会生活层面上表现为元的内容和要求，在另一个层面上则不具有元的地位和规定。由此把社会主义多元化看作是一个具有科学原则规定的社会生活范畴，看作是一个不断发展变化的动态过程，避免把元限定在一个机械的固定不变的社会存在状态，或者看成是主观随意的东西，进而影响和妨碍社会主义的存在和发展。

二、多元化是社会主义的基本社会存在形式

从多元化社会形态的基本要求中可以看到，社会主义必然是一个多元化的社会形态，以多元化为其基本存在方式和表现形式。丢掉了多元化，就丢掉了社会主义的外在本质特征，难以实现社会主义科学存在和科学发展的要求。

社会主义的多元化，是实现社会主义发展的必然要求，是社会主义生产关系在社会生活中的必然反映和体现。社会主义实现了整个社会利益的相对一致和统一，以公有制和按劳分配作为社会生活中的根本一元，作为社会生产关系的根本要求。但在社会主义生产关系中，还存在着不同的社会利益要求，具有社会、集体和个人三个方面的利益规定，表现为既具有社会所有制，也存在着劳动者集体所有制，既要体现出社会和集体

的利益，又必须保证劳动者的个人利益。这些不同的社会利益要求，都具有相对独立的社会利益地位，是社会主义必须允许和予以维护的社会生活内容。由此使社会主义具有不同的社会活动主体和利益主体，形成不同地区、不同阶层、不同群体和不同劳动者的利益要求，形成不同的社会主义社会利益实现形式，呈现出多元化的社会生活特征，使社会主义成为一个多元化的社会形态。在公有制条件下，如果社会利益要求实现了完全的一致和统一，自然也就没有社会生产关系中的多元利益要求存在，因此也就没有多元化的社会形态存在。在社会主义条件下，这显然是不可能的。

社会主义是一个多元化的社会形态，还在于在社会主义的社会生活中，必然存在着一些不属于社会主义生产关系的社会生活内容。社会主义的多元化，在根本上是指社会主义生产关系的多元化，但社会主义生产关系的多元化，不是社会主义多元利益要求的唯一表现形式，在社会生活中，还存在着超出社会主义生产关系的社会生活内容，具有更为丰富的多元利益要求存在。社会主义不可能一下子实行完全的公有制，实行纯粹的按劳分配，在各个方面一下子确立起社会主义生产关系的内容和规定。由此形成多种所有制和多种分配形式并存的现象，形成社会中的多元利益要求，形成社会生活中的多元现象。这种社会生活多元现象，与社会主义生产关系中的多元化不是同一个概念，又是社会主义多元化社会形态的具体内容和表现形式，是社会主义多元化的反映和体现。由此同样使社会主义成为一个多元化的社会形态。

社会主义是一个多元化的社会形态，还在于社会主义处在一个多元化的社会发展环境当中，必须实行社会生活的多元化，允许社会多元利益要求的存在。这种多元化的社会发展环境，主要是指社会主义所面对的国际社会发展条件。社会主义是人类由剥削压迫的社会形态，向着彻底消灭剥削压迫社会形态的过渡，在这个过渡阶段，社会主义必须与不同社会形态的国家相互并存、和平共处。而不论是与社会主义国家之间的联系和交往，还是与其他社会形态国家的联系和交往，彼此都具有各自的利益要求，具有相互独立的社会地位。由此决定了社会主义国家在与其他国家进行交往时，必须以独立的社会利益主体而存在，使社会主义必然地成为一个多元化的社会形态。否则就丢掉了社会主义国家相互独立的社会地位，社会主义就难以同其他国家打交道，社会主义也就难以存在和发展。

社会主义的多元化，在根本上说，是由社会主义劳动的多重性所决定的。在社会主义社会中，劳动既是劳动者的谋生手段，也具有对社会奉献的性质，既是劳动者的负担和累赘，又是劳动者展示自身价值的唯一方式。这样一种社会劳动的多重意义和价值，必然使社会主义劳动者具有不同的活动目的和要求。如果劳动仅仅表现为一种人身束缚和社会强制，或者纯粹成为人们的生活乐趣，在社会生活中，也就不存在不同的社会利益要求，从而也就没有社会多元化存在的必要，人类社会也就不再是多元化的社会形态，而是成为单一制或一元化的社会形态了。

社会主义是一个多元化的社会形态，也是由社会生产力发展水平所决定的。社会主义生产力就其物质技术发展水平而言，可以表现为社会生产中出现了剩余产品，也可以表现为社会产品能够实施按需分配，具有极大的发展余地和弹性空间。由此使社会主义具有十分复杂的社会发展情况，具有不同的发展要求。而保证社会主义的存在和发展，是为了更好地实现人类社会的发展进步，包括促进社会生产力的发展进步。要达到这样的要求，必须以实现社会化大生产为根本要求，以实现整个社会生产的科学计划管理为根本要求。在社会还不能对所有社会生产以精确的统计和计算的时候，就不能实行高度集中的社会化大生产，不能实行绝对的社会计划管理。由此形成各种社会生产活动和不同的社会利益要求，形成各种所有制内容和社会分配形式，使社会主义呈现出多元化的发展特征。

社会主义多元化的社会形态，是社会主义本质的必然要求和直接体现。与一切剥削社会形态相比较，社会主义劳动创造的本质规定，是最为科学的社会本质规定。但劳动创造本身具有不同的社会生活内容，既表现为劳动者实现自身生存发展的手段，也表现为人的本质的发挥和展示方式，还表现为对社会的牺牲和奉献。这样一些社会活动和行为，具有不同的道德层次和社会生活内涵，又都符合劳动创造的本质要求。可以说，人类社会中除开剥削压迫，其他创造性的社会活动，都包含在人们的社会劳动创造活动当中，都可以用劳动创造来概括。以劳动创造作为社会主义本质规定，必然使社会主义具有不同的社会生活要求，形成社会中的利益多元和价值多元现象。没有这种多元化的内容和要求，那就体现不出社会主义的本质规定，不符合社会主义的社会性质和发展要求。

社会主义是多元化的社会形态，也是与共产主义社会形态相比较而言。在共产主义社会中，已经实现了完全的生产资料公有制，实现了按需分配，在社会生活中，个人利益要求还会存在，但这种个人利益，已经不具有物质利益获取的性质，不具有社会利益群体或社会利益阶层的性质，没有政治分歧和思想观念形态上的差异，而是仅仅表现为个人的兴趣爱好不同，成为一种纯粹的个人行为。所有社会成员互为发展的条件，即马克思和恩格斯所说的，“每个人的自由发展是一切人的自由发展的条件”。[①] 在这种情况下，整个社会必然成为一个统一的利益共同体，成为自由人的“联合体”，成为一元化的社会形态，社会规范仅仅限定在生产组织和公共秩序的维护上，不存在经济利益的协调平衡问题。这显然已经不是社会形态的多元化，而是个人作为独立社会存在物的自然表现形式，在根本上不同于多元化的社会形态，与社会主义有着本质的区别。

以往人们所以要否定社会主义多元化的提法，其中一个原因，就是把社会主义与共产主义当作是同一个社会形态，认为共产主义必须是一元化，社会主义也就必须是一元化。这是对社会主义社会性质认识不清的结果，也是社会主义理论不完善的表现。社会主义生产关系与共产主义生产关系，都是对剥削压迫的根本否定，都以公有制作为所有制形式，但在实质上同样有着根本的区别。社会主义与共产主义相比较，必然表现为一种多元利益要求。在社会主义条件下，显然不能以一元化的标准来要求整个社会生活，把社会主义看成是清一色的纯而又纯的社会形态。否则必然引起社会主义社会生活的超前规范和盲目过渡，引起对于社会主义的误解和否定。

在过去的一些论述中，有人把社会中的多元现象当成是社会主义多元化的根本依据。这同样是不正确的。说社会主义是一个多元化社会形态，在于其生产关系中存在着不同的利益规定，是就社会主义生产关系中的多元利益要求而言；而社会中的多元现象，则表现为零碎的分散的社会生活内容，与社会形态多元化不是同等程度的概念。资本主义以天赋人权作为社会生活准则，难以区分什么样的利益要求是正当的，什么是不正当的，只能以人的生命存在为依据，谁想干什么就干什么，谁

① 《马克思恩格斯选集》第1卷，第273页。

能干什么就干什么，物竞天择，适者生存，从而在社会利益规定上，也只能以所有社会利益要求内容作为社会多元化的根本规定，把社会的多元利益要求直接等同于社会形态多元化，形成资本主义混乱无序的多元化。社会主义多元化是在劳动创造本质规定下的多元化，如果也像资本主义那样，以社会生活中的多元现象作为社会形态多元化的根本规定，必然使社会主义多元化成为随意和混乱的社会生活要求，成为毫无规范的社会行为。以社会主义生产关系中的多元利益要求作为社会主义多元化的根本内容，能够使社会主义多元化具有科学的理论根据，同时与资本主义多元化在根本上区别开来。

过去人们不敢讲社会主义多元化，还有一个原因，就是搞资产阶级自由化的人鼓吹多元化，把多元化等同于资本主义化。而那些提出多元化的社会主义国家，最后一个个改旗易帜，乾坤倒转。至于鼓吹多元化的民主社会主义，既与马克思主义基本原则根本相悖，理论表述上存在着明显缺陷，也没有搞出一个真正的标本出来。但通过上面的分析可以看到，多元化并不等同于社会形态的本质规定，不是说提倡单元就是坚持社会主义，允许多元就是搞资本主义。所谓社会形态的多元化，只是在哲学层面上，对社会生活内容的说明和概括。社会形态多元化的名词，资本主义可以用，社会主义也可以用，资本主义讲资本主义的多元化，社会主义讲社会主义的多元化。只要弄清楚多元化的本质内涵，就能够保证社会主义的社会性质和发展需要，使多元化达到巩固和发展社会主义的目的。

由上分析也可以看到，社会主义的多元化，在根本上表现为社会主义经济利益多元化，并在社会经济利益多元化的基础上，形成社会主义的政治多元、文化多元和价值观念多元。这种社会主义多元化，是由人类社会的物质发展水平所决定的，也是社会主义本质所要求的，既在基本特征上体现着社会主义的本质规定，又不等同于社会主义的本质。正是社会主义是一个劳动创造的社会形态，才要允许各种社会生活内容存在，也正是因为社会主义是一个多元化的社会形态，才必须允许多种社会生活内容存在，包括允许一些不属于自己社会形态的社会生活内容存在。确定社会主义社会形态的先进与否，不是看其是单元的社会形态，还是属于多元的社会形态，而是与社会主义本质联系起来，把社会主义的本质规定与本质特征联系在一起，全面进行考察，才能得出正确的结论。

随着社会主义的发展，现在人们对多元化也有了新的认识，社会主义多元化的提法不断见诸报端。如 2015 年的《新华文摘》中，就有社会主义多元化的提法。[①] 但现在人们讲的社会主义多元化，还主要局限在社会主义国家之间，没有与社会主义发展的根本要求联系起来，没有与社会主义社会形态联系起来。在社会主义条件下，必然存在着多种社会利益要求，必须允许各种有利于社会发展需要的社会生活内容存在。这样一种社会主义多元化，在理论说明上更为科学和准确，在实践中更容易把握和确定。也只有承认社会主义是一个多元化社会形态，才能够采取有效的措施，实现社会主义科学发展的需要。否则即使提出来一个更好听的名词，也不见得就有多大价值。

三、社会主义多元化的具体内容和根本规定

社会主义的多元化，是在社会主义本质规定下的多元化。坚持和实施社会主义多元化，必须科学确定社会主义多元化的

① 王怀超：《当代世界社会主义的发展态势》，《新华文摘》2015 年第 7 期，第 27 页。

具体内容和根本规定，以实现其良好的社会发展效果。

社会主义的多元化，具有丰富的社会生活内容和要求。但不论其具有什么样的内容和形式，都必须符合社会主义的本质规定，不能背离社会主义本质的要求，必须有利于社会主义本质的发挥和发展。正是劳动创造的本质规定，决定了社会主义具有比较一切剥削社会形态更为巨大的制度优势，能够更好地促进人类社会的发展和进步。但另一方面，劳动创造在价值导向和活动内容上，必然具有多元的社会利益要求，既必须以社会主义生产关系为主体，也能够包括不属于社会主义生产关系的社会生活内容，同时能够形成和孕育出新的更为理想的社会生产关系的萌芽，引导人类社会向着更为美好的社会境界进发。由此充分适应社会主义的社会发展需要，体现出人类社会的发展进步，体现出人的本质发展和发挥的要求。

社会主义的多元化，首先体现在社会经济生活方面，表现为社会主义的经济多元化。这种经济多元化，既表现在社会主义公有制的实现形式上面，表现在社会主义的社会分配形式上面，还表现在社会生活中各种所有制形式和各种社会分配形式并存上面。社会主义必须以社会主义生产关系作为社会经济生活的根本规定，在社会生产关系中，既要形成相对一致的公的利益内容和要求，又必须体现出劳的内容和要求。从而形成不同的公有制存在形式，形成不同的社会劳动分配形式，体现出社会主义生产关系多元化的规定和要求。而与社会主义生产关系的多元化相一致，在社会经济生活中，还必须根据社会生产力的发展水平和状况，以及社会的发展环境和条件，允许其他社会所有制形式的存在，允许和保护不属于按劳分配的社会分配形式存在。以此作为社会主义生产关系的重要补充，形成社会主义的多元经济制度。

社会主义的多元化，也体现在社会政治生活当中，表现为社会主义的政治多元化。在现实社会生活中，有什么样的社会经济利益要求，就有什么样的社会政治要求。社会主义既然允许多元社会经济利益要求存在，在社会政治生活中，就必须体现出这种社会经济利益的要求，要有相应的社会政治主张和政治要求存在，使社会主义政治生活呈现出多元化的状态，具有多种社会政治要求。否则这种经济利益或者就难以得到正确的反映，或者就难以得到有效的存在。这种社会主义政治多元化，是巩固和发展社会主义经济制度的重要手段，也是巩固和发展整个社会主义制度的重要手段，既表现为不同的政治倾向和政治主张，也具有相应的社会政治组织和政治机构。由此形成科学的社会主义政治机制，形成社会主义的民主政治，对各种社会利益要求以应有的社会政治保障。

社会主义的多元化，还表现为社会主义文化的多元化，包括民族文化、地域文化、传统文化等。在社会主义社会中，由于各种原因，不同文化之间的差异不可能一下子被取消，必然要有不同的社会文化要求。这种文化多元化，实际上是形成人们具体生活习惯的社会利益要求，是社会经济多元化和政治多元化的必然反映，既必须在根本上符合社会主义的本质规定，不能与社会主义的本质相对抗、相冲突，又不是完全属于社会主义社会生活的性质，而是具有比较社会主义生产关系更为丰富的内容，能够从心理特征、生活习惯等方面，体现出不同社会群体的利益要求。只有这种多元文化的内容和要求，才能够在心理需求和传统习惯上，适应社会主义的发展需要，起到科学引导和有效调节社会生活的目的，形成促进社会主义社会发展的积极推动力量。

社会主义的多元化，同样表现为社会主义价值观念的多元化。这种价值观念多元化，是升华为观念形态的社会主义经济生活和政治生活，集中表现为人们对于公与私的态度和看法。社会主义的经济多元、政治多元、文化多元，都必须以相应的多元社会价值观念来体现、来反映。这样一种社会主义价值观念多元化，必须以劳动、创造、奉献为根本要求，表现为公私并重的社会道德境界。只有劳动、创造、奉献的价值观，只有公私并重的社会道德境界，才能够在思想观念上，正确导向和规范社会主义的社会生活，为社会主义多元化奠定必不可少的思想道德基础。也正是社会主义具有不同层次的价值导向和价值规范，才能有效发挥所有社会活动主体的积极性和创造性，体现出各种社会活动主体的利益要求和发展愿望，有效实现社会主义发展前进的要求。

上述社会主义多元化的具体内容和要求，说明社会主义的多元化，是一个从经济、政治到观念形态的系统完整的社会生活范畴，是与社会主义经济基础和上层建筑相一致、相适应的社会生活要求。只有形成完整的社会主义经济、政治、文化生活，同时在社会观念形态中得到必要的体现和反映，才能形成完整的社会主义多元化内容，才具有社会主义多元化的性质和规定。不能把社会主义多元化看成是彼此孤零零地存在着的东西，也不能脱离开系统化的规定和要求，仅仅就经济生活或政治生活，来确定社会主义多元化的内容和要求。如果缺乏系统性和整体性的要求，只讲经济多元化，否定政治和文化的多元化，或者否定社会价值观念多元化，既难以体现出社会主义多元化的本质规定，也必然陷入唯心主义的境地，使社会主义发展陷入盲目和混乱的状态。

社会主义的多元化，必然表现在所有社会主义社会劳动单位的身上，表现在所有社会主义劳动者的身上。但社会主义社会中的个人利益，不同于资本主义社会中的个人利益，社会主义的利益多元化，也不同于资本主义的利益多元化。在资本主义社会中，个人只是为了个人而存在，表现为自私自利和个人主义的利益要求。在社会主义条件下，不论是社会的集体的利益，还是劳动者的个人利益，本身都具有社会整体利益的性质，必须以社会的整体的发展为根本要求。这是因为，社会主义劳动者是公有制下的劳动者，既必须以个人身份参加在社会生活当中，又是作为社会联合劳动中的一员而存在的。这样一种社会利益要求，必然是个人与社会、集体与社会、个人与集体的有机统一。因此社会主义社会中的个人，首先表现为劳动者个人的总和，是劳动者自己与他人的统一。这同样是社会主义生产关系在社会利益多元化中的反映和体现，是社会主义劳动创造本质在社会生活中的反映和体现，也是社会主义多元化与资本主义多元化的根本区别和本质不同。

从社会主义多元化的具体内容和发展要求中可以看到，坚持和实施社会主义多元化，必须体现出以下根本规定和要求。

一是必须从根本上否定阶级剥削压迫。社会主义的多元化，是在劳动创造本质规定下的多元化，表现为劳动创造的多元化，必然以有利于社会主义本质的发展发挥为根本要求，必须杜绝阶级剥削压迫这一元的存在。资本主义的多元化，是剥削压迫的多元化，必然要放任和纵容剥削压迫的行为存在。如资本主义最为发达的美国，直到2013年，才从法律上完全废除了奴隶制。社会主义多元化不论具有什么样的内容，都不能允许阶级剥削压迫存在，不能使剥削压迫具有合法的社会地位。以此形成人类社会发展迄今最为合理的社会制度规定，使多元化充分适应人类社会发展需要，实现人的本质发展和发挥的要求。

二是必须有利于社会主义的发展进步。实行社会主义多元化，是为了促进社会主义的社会发展，增强社会主义的综合国力，提高人民群众的物质文化生活水平，实现人类社会的更为科学社会发展效果。因此社会主义多元化必须以有利于社会主义发展为根本要求，以有效推动社会主义发展为原则规定。必须在彻底否定阶级剥削压迫的前提下，采取一切有效的社会发展手段，实现社会主义发展前进的要求。这样一种社会主义多元化，必须与社会主义生产力发展水平相一致，必须坚持社会主义的生产力标准，以此体现出社会主义发展进步的要求，形成最有利于人类社会发展进步的多元化。

三是必须有利于社会主义的整体利益实现。资本主义的多元化，在本质上是建立在个人利益基础上的，表现为单纯的个人的利益要求。与资本主义多元化具有根本不同，社会主义多元化则表现为社会利益至上，必须兼顾到社会各方面的利益要求，以实现社会利益最大化为根本规定。在社会生活中，既不能仅仅去要求个人的利益，也不是简单地去追求集体的利益，而是以实现全体社会成员的利益为根本要求，努力实现社会公正与社会发展的统一。任何否定社会和集体利益、片面强调个人利益的行为，都会背离社会主义的社会性质，既形成对于社会主义多元化的否定，也必然形成对于社会主义的否定。

四是必须是发展和前进着的多元化。社会主义多元化是由社会主义本质和社会发展水平所决定的，而社会主义的本质规定和社会发展水平，都是不断发展和变化的，因此社会主义多元化同样是不断前进和发展的。资本主义多元化由于其剥削压迫的本质所决定，自始至终只能局限于一个固定不变的社会存在状态，表现为一种无所遵循和无所规范的任意发展状态。社会主义多元化既要有现实的社会发展要求，也具有自己的社会发展目标，是一个从低级形态走向高级形态的过程，也是一个从多元到单元的社会历史发展过程。这样一种多元化的发展和变化，必然使现有社会生活内容不断向着人类更为理想的社会形态发展，向着最终实现人类社会生活一元化的方向发展。如果把社会主义多元化仅仅限定在现实的社会发展要求上，局限在现实的社会利益实现上，那就必然把社会主义多元化降低到资本主义的发展水平上。对此本章第六节中还要讲到。

从上面的分析中也可以看到，就其基本组成要素和外在本质特征来说，人类社会存在着各种社会形态，包括单一制、多元化和一元化的社会形态。资本主义之前的社会形态，以单一制或单一化为其基本的社会存在形式；而共产主义以一元化为其社会存在形式。只有资本主义和社会主义两个社会形态，才表现为多元化的社会形态。这两个多元化社会形态的产生和存在，既体现出资本主义社会的发展和进步，要求着社会主义对于资本主义的继承和借鉴，又表现为社会主义对于资本主义多元化的否定和扬弃。保证社会主义的科学存在和发展，必须认真学习借鉴资本主义的发展经验和做法，同时始终坚持社会主义的本质规定，通过对于资本主义多元化的批判、吸收和扬弃，实现社会主义多元化的最佳社会发展效果。

通过上述分析还不难看到，社会主义多元化与资本主义多元化相比较，是一种更高阶段、更高形态的多元化。资本主义多元化是在封建专制主义基础上发展起来的，表现为个人主义的发展内容和要求，在社会生活中必然缺乏规范和限定，表现为自私自利和剥削压迫的多元化。社会主义通过科学地确立自己社会形态的本质规定，在根本上否定了资本主义的社会发展方式，包括否定资本主义多元化的本质内涵和发展要求，把资本主义随意的盲目的多元化，改变为道德的和正义的多元化，使之向着更有利于人类社会发展的方向发展，向着有利于全体社会成员利益实现的方向发展。与共产主义相比较，社会主义是一个多元化社会形态，与资本主义相比较，社会主义又是一种规范的科学的多元化，能够充分体现出人类社会的发展要求，体现出社会主义的发展特点和制度优势。

社会主义多元化的具体内容和根本规定，也说明社会主义多元化与资本主义多元化具有本质的区别，是两种根本不同的多元化。资本主义多元化以剥削压迫为其本质规定，是剥削压迫的多元化，以实现阶级剥削压迫为根本要求；社会主义多元化以劳动创造为根本规定，是劳动创造的多元化，以实现人的劳动创造本质的发展发挥为根本要求。社会主义多元化可以超出社会主义生产关系的具体范畴，但不能超出社会主义的本质规定。劳动创造是社会主义多元化的本质规定和根本要求，社会主义多元化是社会主义本质规定的实现手段和本质特征。必须以社会主义本质为根本要求，把社会主义多元化限定在社会主义本质规定的范围内。这样一种社会主义多元化，不能是随心所欲的多元化，更不是不分青红皂白的多元化，不是资本主义怎么做，社会主义也就怎么做。不承认社会主义的多元化，不是历史唯物主义的态度，但把社会主义多元化与资本主义多元化简单地混为一谈，同样是错误的。

如前所述，社会主义多元化是由社会主义本质所决定的，而社会主义的劳动创造本质，本身就具有层次性和差异性，由此形成不同的社会利益要求，形成不同的社会思想境界、道德规范和价值追求。这些不同的社会生活内容，都是社会主义所允许的，也是道德的和正当的。显然不能以一个绝对统一的标准规定，来要求所有社会成员，要求每一个社会主义劳动者，要求整个社会主义社会生活。既不能是任何利益要求都是正确的，不可否定的，也不是只有无私奉献或大公无私才是道德的和正当的。只要把这种社会活动限定在社会主义本质规定的范围内，就能够在思想观念和政治要求上，体现出社会主义的发展要求，有效实现社会主义的社会发展。

四、正确处理社会主义多元化之间的社会关系问题

社会主义的多元化，是实现社会主义发展的必然要求，又具有相互矛盾和对立的性质，是一个辩证的统一体。科学实施社会主义多元化，必须处理好社会主义多元化之间的相互关系问题，保证彼此间的和谐共存和有机统一，避免引起社会中的矛盾和对抗，确保社会主义的科学存在和有效发展。

毫无疑问，元在社会生活中，最终都表现为一种社会利益要求。而每一种社会利益与他一种社会利益之间，都会存在着相互矛盾的方面。在社会主义多元化之间，同样存在着相互否定的因素，彼此可以共同成为社会主义发展的推动力量，也可能形成社会主义发展的障碍性因素。社会主义必须允许社会多元化存在，又必须避免形成彼此间的对立和对抗。如果失去科学的引导和规范，多元化同样会冲击社会主义生产关系，最终否定社会主义的社会制度。坚持社会主义多元化，必须依据社会主义的本质规定，对整个社会生活以科学的限定和规范，正确界定社会多元之间的关系，保证彼此处于相互适应和相互协调的状态。要做到这一点，应当处理好以下五个方面的关系。

一是共存与主导的关系。社会主义的多元共存，对于社会主义发展具有不可否定的必要性。但这种多元共存，不是不分彼此、不分主次，具有完全同等的社会地位，而是必须从社会主义的根本发展要求出发，形成主导和次要、决定和从属的社

会关系规定。资本主义多元化以资产阶级这一元为主导、为根本。社会主义的多元共存，必须坚持社会主义生产关系的决定和主导地位，以公有制和按劳分配为主导、为根本，以其他社会生活内容为从属、为补充。以此形成科学的社会主义多元化，按照不同层次、不同方面，把社会多元并存与社会发展主导科学地区分开来、统一起来，避免以多元并存否定社会主义生产关系，否定社会主义。

二是手段与目的的关系。对于社会主义来说，实行多元化表现为一种社会发展手段，实现社会主义的科学有效发展，才是社会主义多元化存在的目的。在社会生活中，必须以劳动创造为本质规定，以促进社会主义发展为根本要求，科学确定社会多元化的具体内容，使多元存在符合社会主义的发展需要，达到有效促进社会主义社会发展的目的。在社会生活中，不是说多元越多越好。不能把多元化抬高到不恰当的地位，就实行多元化去强调多元化，就实行多元化去追求多元化，使社会主义多元化走到社会主义发展的反面。

三是发展与规范的关系。社会主义的多元化，是社会主义发展所需要、所允许的，必须给予多元化以应有的社会地位和发展空间。这样一种社会多元化的发展，必须有利于社会主义的存在和发展，有利于社会主义的发展进步。而社会主义的多元化，本身同样会存在着对于社会主义的否定因素。保证社会主义多元化的社会发展效果，必须科学确定社会多元的内容和要求，使之既符合社会主义本质规定，保证其协调有序发展，又能够对各种社会多元现象以科学的规范和限定，使之在根本上符合社会主义的发展需要。

四是允许与提倡的关系。在社会主义社会中，必须允许一些不属于社会主义生产关系的社会生活内容存在，包括允许一些旧的属于剥削社会中的社会生活痕迹的存在，鼓励新的社会生产关系内容的存在。前者是社会主义为了实现自身发展，而在一定时期和一定条件下所要允许的；后者是社会主义必须予以提倡和不断发扬光大的。但二者都不能代替社会主义生产关系的内容，不能冲击社会主义的生产关系。对于社会主义所允许的社会生活内容，应当根据社会的发展要求，不断予以提升和否定；对社会主义所应提倡的社会生活内容，努力创造条件，使其得到科学的发展和生长，最终以新的更为高级的社会生产关系，否定现存的社会主义的生产关系。

五是现实与导向的关系。社会主义是不断前进和发展的，社会主义多元化同样是不断前进和发展的。对于社会主义的社会发展来说，多元化是一个历史的发展过程，既不是要永远存在下去，也不是完全不可否定的。必须以前进和发展的眼光，来认识和实现社会多元化，使多元化存在成为一种动态的社会活动过程，既坚持社会主义的本质规定，又保证社会主义多元化的正确发展方向，最终实现社会生活的一元化。不能把现有社会多元化内容看成是不可改变的，或者把多元化作为社会生活的根本准则规定，使社会主义多元化走到形而上学的方面。

上述社会主义多元化之间的相互关系要求，说明实施社会主义多元化，必须使之始终处于社会主义本质的规范和限定之下，离不开劳动创造的导向和约束。很显然，不论是资本主义多元化，还是社会主义多元化，都是由社会的本质所决定的，并由此表现为不同社会形态的多元化。社会主义多元化只有以劳动创造作为本质规定，才能够实现社会多元内容的相互一致和统一，保证社会主义的和谐发展和有效发展。对于那些否定社会主义的多元化，对于有碍于社会主义本质实现的多元化，必须理直气壮地予以制止和反对，充分体现出社会主义多元化的根本规定和要求。

社会主义多元化的这种规定和要求，也说明社会主义的多元化，必须是有选择和有规范的多元化，而不能是随意和盲目的多元化。坚持社会主义多元化，既要允许不属于社会主义生产关系的社会生活内容存在，又必须努力发展和巩固社会主义生产关系，既要注重社会主义多元化的质的区别，又要注重其量的规定。其根本的要求，就是不能形成对于社会主义基本制度的冲击和否定，不能形成对于社会主义本质的冲击和否定，以有利于社会主义发展为基本原则规定。否则多元化就不是社会主义的多元化了。

社会主义的多元化，既然以劳动创造为其根本规定，在社会的利益要求上，就能够有效避免社会中的对抗和对立，尤其是避免阶级的对抗和对立，实现整个社会和谐一致的发展要求。在资本主义条件下，从自私自利的个人主义价值观出发，必然导致社会利益追逐中的无度索取和强制剥夺，表现为盲目的混乱的社会利益要求，其多元化也必然表现出盲目的和对抗性的特征。在社会主义条件下，社会利益实现以公私并重为根本要求，不论是社会经济生活，还是社会政治生活，都可以具有不同的要求和主张，但不能形成相互间的对立和对抗，必须避免彼此间的矛盾和冲突。应当通过社会主义的制度优势，通过科学的计划管理和协调平衡，解决好各种利益矛盾问题，保证社会生活的和谐一致进行。不能刻意去制造反对党，有意培植反对派，随意形成社会的矛盾和对立。不是说一讲多元化，就要像资本主义那样，人为形成社会中的对抗和对立。

正确处理社会主义多元化之间的社会关系问题，必须切实处理好社会、集体和个人之间的利益关系，处理好不同地区、不同阶层、不同部门之间的利益关系，处理好社会主义国家之间的相互利益关系。其根本规定，就是既保证劳动者的个人利益，也要保证社会的集体的利益，既要实现劳动者社会生活水平的不断发展和提高，也要保证整个社会的不断前进和发展，保证社会共同富裕的逐步实现和不断实现。实行多元化不能导致贫富悬殊和两级分化，实现共同富裕不能导致平均主义和大锅饭，以此处理好社会发展中共同富裕与个人富裕的关系，处理好所有社会成员之间的利益要求和利益平衡问题，保证整个社会利益要求的和谐统一和科学实现。

处理好社会主义多元化之间的相互关系问题，要有明确的原则遵循和社会规定。必须把多元化纳入到社会主义社会制度规定的范围内，形成规范化和制度化的社会生活内容。没有科学的社会制度规定，就难以对各种多元化内容以正确的导向和规范，其结果或者造成随意限制社会多元化的现象，或者造成社会生活中盲目无序的现象。例如当私有制经济发展到一定程度时，其所有者就希望参与对社会政治生活和经济生活的管理，利用各种手段对社会发展施加影响，竭力实现自己的政治主张和利益要求，甚至由此改变社会的发展方向。这在那种所谓社会主义“多样性”的发展中，表现得十分明显。而当人们发觉这种行为给社会主义所造成的危害时，则为时已晚。只有事先建立起各种制度规定，才能有效规范社会多元化的存在和发展，保证社会主义的发展方向和发展要求。

需要说明的是，社会主义在社会的价值观念导向上，表现为多元化的内容和要求，在基本指导思想上，则必须坚持以马克思主义为指导，坚持社会主义指导思想的一元化。这首先是因为，社会主义价值导向与社会主义的基本指导思想，并不是同一个概念，前者是就整个社会主义社会生活和全体社会主义劳动者而言，后者是就社会主义社会形态发展的根本要求而言。

社会主义社会生活是生动活泼和丰富多彩的，社会主义社会形态则具有不可更改的本质规定。因此社会主义的价值导向可以是多元的，社会主义指导思想则必须是一元化和唯一性的。这与社会主义实行多种社会经济成分共存、而以公有制为主导，在政治上保证多种社会政治力量存在、而必须坚持共产党的领导，是完全一致的。如果丢掉马克思主义的指导思想地位，就失去了社会主义社会生活科学统一的思想基础，既难以对整个社会生活进行科学的协调和统一，也必然使社会主义失去科学的发展目标和方向。

以马克思主义作为社会主义的基本指导思想，既是社会主义发展的必然要求，也是人类社会发展的必然要求。马克思主义是人类社会发展的最为科学的社会理论成果，既包括社会主义的发展内容，也包括共产主义的理论规定，具有无与伦比的本质力量，能够对社会主义发展起到科学的指导作用。也正是社会主义具有不同的社会生活要求，才需要有一个基本的理论指导思想，来对整个社会生活进行协调和指导。从这样的角度来看待社会主义的社会发展，就能够清晰地看到社会主义多元化的社会性质和发展要求，把社会主义发展的现实性需要与理想性要求科学地结合起来，把实现共产主义与建设社会主义科学地结合起来，从而为社会主义提供科学完整的社会意识形态，更好地把握和实现社会主义的发展要求。在社会主义社会生活中，必须把现实发展要求与最终发展目标区别开来，把社会主义价值导向多元化与社会主义基本指导思想一元化统一起来，不是说社会主义价值导向是多元化，社会主义指导思想也就是多元化。这也是社会主义与民主社会主义的根本区别，是社会主义多元化与民主社会主义多元化的重要本质区别。

正确处理社会主义多元化的社会关系，还要有一个坚强的社会政治领导力量，来对整个社会生活予以引导和规范。这样一个社会政治领导力量，必须由共产党来担当，由共产党来实现。只有通过共产党的领导，才能在根本上体现出社会主义的发展要求，有效协调各种社会利益关系，处理好社会多元化之间的社会矛盾问题。这是科学处理好社会主义多元化社会关系的必然要求，也是坚持社会主义多元化的基本要求。

五、有效发挥社会主义多元化的积极作用

与单一制的社会形态相比较，多元化社会形态能够体现出社会成员的社会活动主体地位，更好地促进社会的发展进步。同样，实施社会主义多元化，能够充分适应社会主义的发展需要，形成社会主义发展的内在动力因素。多元化是实现社会主义发展的重要手段，是社会主义发展的有效推动力量，对此必然是不可否认的，也是社会主义实行多元化的根本的原因。

如前所述，“元”对人类社会的存在发展具有重要的意义和价值，而元的内容不同，对社会发展的意义和作用也就不同，从而人类社会的发展也就不同。在原始社会中，不具有个人的社会活动主体和利益主体地位，自然不具有个人作为社会形态中元的地位和性质；在奴隶社会和封建社会中，社会利益仅仅表现为奴隶主阶级和地主阶级利益这一元，劳动者阶级处于附属和被动的社会地位，社会发展缺少内在的动力因素，只能处于缓慢的发展状态。资本主义给予所有社会成员表面上的独立的社会地位，给予各种社会利益以自由竞争的权利，使人类社会由单一制状态进入到多元化状态，从而促进了人类社会的发展。没有资本主义的多元化，人类社会必然仍处在封建独裁的阶段，从而也就没有像马克思和恩格斯所说的，“资产阶级在它

的不到一百年的阶级统治中所创造的生产力，比过去一切时代创造的全部生产力还要多，还要大。"① 只有形成丰富的社会活动主体，才能打破既往社会形态万马齐喑的局面，为社会发展增添内在动力，有效推进人类社会的发展和进步。这已为人类社会发展的历史所充分证明。

在社会主义条件下，多元化对于社会发展更具有重要的作用和意义。一方面，劳动者都是社会的主人，在社会生活中都具有元的地位和权利，能够更好地调动劳动者的生产积极性，促进社会主义的发展和进步。但另一方面，由于劳动还不是劳动者的第一需要，如果缺乏有效的社会发展手段，社会劳动同样难以有效进行，同样难以实现社会主义发展进步的要求。只有科学确定全体社会主义劳动者的社会主体地位，形成多元社会利益主体，才能为劳动者实现自己的利益创造良好的社会发展条件，体现出所有劳动者在社会中的元的地位和价值。这样一种对于劳动者的社会地位确定，有利于发挥劳动者的积极性，形成社会发展的内在动力，更好地促进社会主义的社会发展。

社会主义的多元化，也是社会主义制度所确定的社会利益要求。社会主义劳动者在社会中的元的地位和权利，不是直接等同于社会主义多元化的内容和要求，不是说每个劳动者都必须直接作为社会多元化中的一元而存在。这也是社会主义多元化与资本主义多元化的明显的区别。但社会利益最终必须表现为社会成员的个人利益。社会主义多元化最终同样表现为劳动者的个人利益，只是与资本主义个人利益相比较，这样一种社会主义劳动者的个人利益，具有科学的原则规定，是一种社会利益、集体利益和个人利益的科学统一。因此社会主义劳动者

① 《马克思恩格斯选集》第1卷，第256页。

在社会中的元的地位和作用，首先是以劳动者的整体利益要求而存在的，表现为劳动者的整体利益内容。对于社会主义社会发展来说，任何个人利益都必须符合社会的整体利益要求，只有在这个整体利益规定下，才能够把社会利益具体到每个劳动者身上，具体到每个社会成员个人身上。由此使社会主义多元化与所有社会活动主体有机结合起来，成为一种具体实在的社会生活要求，既不像资本主义那样表现为混乱任意的多元化，又不是局限在笼统含糊的泛泛而论阶段。否则社会主义多元化就会失去存在的价值，难以达到促进社会发展的要求。

实行社会主义多元化，有利于进行社会比较，形成科学的社会主义社会比较机制。促进全体社会成员自觉参与社会主义建设，实现良好的社会劳动效果，必须在劳动者之间进行必要的社会价值比较和评定，形成相互促进、共同发展的内在动力因素。要达到这样的要求，首先必须形成科学的社会比较机制，能够对所有劳动者进行科学的社会价值比较和评定。只有在这种价值比较和评定中，才能体现出劳动者的劳动态度好坏，劳动效果优劣，达到激励先进、鞭策后进、共同发展的目的。而实施社会主义多元化，是形成社会价值比较机制的基本条件和重要内容。在劳动还具有负担和累赘性质的情况下，只有多元化的社会生活要求，才能体现出劳动者相对独立的社会主体地位，为社会价值比较确定科学的对象，为社会主义发展提供动力支持。没有多元化的内容和规定，就没有多元的社会活动主体，必然会失去相互比较的社会对象，难以进行科学的社会价值评定，自然形不成科学的社会比较机制。

实行社会主义多元化，能够体现出社会主义的基本原则规定，形成科学的社会分配机制。在社会主义社会中，只有实行按劳分配，才能保证社会利益分配的科学性与合理性，赋予劳动者以应有的社会权利，推动社会主义的发展进步。而确定劳动者的社会活动主体地位，是正确赋予劳动者个人利益的首要前提。实行社会主义多元化，能够确立起社会主义劳动者的社会活动主体地位，有效发挥社会利益导向的作用，按照社会主义的社会分配原则，赋予劳动者以应有的社会权力和利益。丢掉社会主义多元化的要求，不讲劳动者的社会利益主体地位，就难以有效区分社会生活中的利益差别，从而在公有制下，形成平均主义和大锅饭的弊端，否定按劳分配，挫伤劳动者的积极性，妨碍社会主义的发展和进步。

实行社会主义多元化，也能够促进社会主义社会竞争，形成科学的社会主义竞争机制。社会主义发展离不开社会竞争。而只有形成多元化的社会活动主体和社会利益主体，才能形成社会竞争的主体因素，形成普遍的社会主义社会竞争。如果实行单一化或一元化，自然也就失去了社会竞争的主体，不可能形成有效的社会竞争。例如在过去那种人民公社生产体制中，劳动者不具有独立的社会活动主体地位，缺乏彼此间进行竞争的社会条件，因此一个生产队往往只有一个生产队长在操心，其他人则处于被动的社会活动状态，使社会生产活动仅仅成为个别人的事情，失去了社会生产发展的有效动力。只有形成多元化的社会生活要求，才能有效激发劳动者的生产积极性，有利于促进社会主义的前进和发展。

社会主义实行多元化，其根本的要求，是形成科学的社会发展机制，实现社会主义的科学有效的社会发展。在多元化的社会发展状态下，社会主义就能够利用一切社会发展手段，在社会的利益分配上，在劳动纪律、价值导向等方面，形成有效的社会规范机制和具体规定，为社会主义拓展广阔的发展道路和发展空间。在现实社会发展手段的选择上，只要不背离社会主义的本质规定，有利于社会主义的前进和发展，就必须以宽容和包容的态度，予以承认和允许，给以引导和保证，加以发挥和运用。只有形成多元化的社会生活要求，才能形成科学的社会发展机制，利用劳动生存性质的压力，充分调动劳动者的积极性，促使社会的发展进步。这样一种社会主义多元化，能够为社会主义发展增添必不可少的活力和动力，避免把社会主义局限在大锅饭的发展状态，从而调动一切积极因素，利用一切社会力量，建设和发展好社会主义。

发挥社会主义多元化的积极作用，既必须建立起社会主义国家内部的多元化发展机制，也表现为对于社会主义发展外部环境的营造和运用。这种社会主义发展的外部环境条件，表现为社会主义国家与其他国家之间的相互联系和交往活动，同样是社会主义发展的必要条件，体现着社会主义的发展质量和发展水平。对于社会主义的社会发展来说，必须通过实施对外开放、扩大合作，走出去、引进来，实现更好的社会发展效果。特别应科学吸收借鉴人类社会一切有益的社会发展成果，形成社会主义发展的综合优势和整体合力，避免以单一化或绝对化的要求，来与其他国家进行联系和交往，形成自我封闭和自我孤立的社会发展状态。

社会主义的多元化，在本质上不同于资本主义多元化，在实施的手段和方法上，也不同于资本主义的多元化。一方面，必须彻底否定阶级剥削压迫，不能形成阶级剥削压迫；另一方面，必须充分利用社会主义的制度优势，对整个社会生活予以科学的组织引导。例如通过宏观调控，通过国家机器的科学协调，实现社会有计划有比例的发展，而不是像资本主义那样，把社会多元化局限在社会的自发调整和自流发展上面。在社会的思想观念和价值导向上，更必须体现出人类社会发展的根本要求，体现出社会主义的发展目标和方向。由此形成比较资本主义多元化更大的发展优势，在方法、手段和道义上，全面体现出社会主义多元化的历史进步意义和崭新的时代价值。

社会主义的多元化，也是社会主义发展多样性的哲学根据，是建设特色社会主义的理论证明。如果把社会主义看成是一元化的社会形态，必然会以僵化不变的社会发展要求，作为社会主义发展的根本规定，使社会主义局限在一个固定的社会发展模式上。只有承认社会主义的多元化，才能够承认社会主义发展的多样性，形成各具特点和特色的发展要求和发展模式，为社会主义发展开辟广阔的道路。也只有以多元化作为社会主义的一般社会存在形态和本质特征，才能够为发展特色社会主义提供充分的理论证明，说清楚社会主义的发展特色问题。正是社会主义具有不同的社会发展要求，才能够形成社会主义的多元化；也正是社会主义表现为多元化的发展要求，才需要不同的发展道路、发展方式和发展手段。每一个社会主义国家，不论在具体发展要求中是如何不同，实际上都是社会主义多元化在社会发展实践中的体现和反映。只要讲清楚社会主义的多元化问题，就能够为特色社会主义提供科学的哲学依据，更好地把握和确定社会主义的发展要求。

从上面的论述中也可以看到，社会主义的多元化，是在社会主义本质规定下的多元化。而实现和发展社会主义劳动创造的本质，既是对剥削压迫的根本否定，也表现为社会多元化自身的发展要求。社会主义多元化离不开劳动创造本质的规范和限定，社会主义劳动创造本质的实现和发挥，也离不开社会主义社会生活的多元化。没有多元化，社会主义本质就会失去必要的发挥和发展的途径和手段；而没有劳动创造的本质规定，多元化就会成为一种个人主义化，甚至成为剥削压迫化，照样不利于社会主义的存在和发展。社会主义允许多元化存在，是为了更好地实现人类社会的发展进步，也只有多元化的发展要求，才能够形成社会主义本质发展的有效途径和重要手段。以此建立起科学的社会主义制度，为社会主义发展提供强大的动力保证，实现社会主义科学存在和有效发展的目的。

六、社会主义多元化的发展规律和发展趋势

社会主义多元化是由社会主义本质所决定的，也是由社会主义发展水平所决定的，是一个发展变化着的历史过程。科学认识社会主义多元化的发展规律和发展趋势，是正确实施社会主义多元化的必然要求，是保证社会主义多元化科学发展的必然要求，也是实现社会主义多元化良好发展效果的必然要求。

在有关名词解释中，往往把多元化说成是彼此安乐共存，相互间没有冲突或同化。这种把多元化看成是固定不变和绝对一致的观点，不符合事物发展的一般规律。很显然，任何事物都是不断发展和变化的，都是一个否定和被否定的活动过程；世界上也没有任何一件事物是没有矛盾和绝对一致的。多元化自然不可能脱离开事物存在发展的一般规律，成为一种固定不变和绝对一致的东西，而是同样要不断发展和变化，其发展的结果，同样是某个方面被同化或者被否定，某些方面得到发展和壮大。只有从辩证唯物主义的观点出发，正确认识多元化的存在和发展，才能科学认识多元化的发展进程，科学认识社会主义的发展要求，更好地坚持和实施社会主义的多元化。

社会主义的多元化，是在资本主义多元化的基础上发展起来的，必然是对资本主义多元化的否定和扬弃，是比较资本主义更为高级的多元化。资本主义的多元化，本质上是个人的自

己的多元化，也是剥削压迫和混乱随意的多元化，虽然与奴隶社会和封建社会相比较，具有不可否定的积极意义，但在根本上不符合人类社会的最终发展目标要求，不符合人的本质实现和发挥的需要。只有在社会主义条件下，才能够把多元化限定在科学的社会发展基础上，实现个人与社会、自身与他人的科学统一。由此也把资本主义分散的混乱的多元化，升华为相对集中和规范的多元化，实现人类社会多元化的质的发展与飞跃，体现出社会主义的先进性和科学性，以及社会主义多元化的发展规律和发展趋势。

社会主义多元化的发展规律和发展趋势，在根本上是由社会主义本质发展和发挥的需要所决定的，必须有利于社会主义本质的实现和发挥。一方面，只要社会主义的本质没有完结，社会主义多元化就不会终结，就必须存在。另一方面，社会主义本质是一个不断发展的历史过程，作为社会主义本质的外在表现形式和具体实现手段，社会主义多元化也是一个不断发展的历史过程，是一个从低级阶段到高级阶段的发展过程。社会主义本质发展到什么程度，社会主义多元化也就发展到什么程度，必须形成与之相一致的发展方法、发展方式和发展手段，必须具有不同的存在形式和表现形态。只有按照社会主义本质规定，及时调整多元化的内容和结构，才能体现出社会主义的发展要求，实现社会主义的前进和发展。

社会主义多元化的发展规律和发展趋势，也是由社会主义的社会发展水平所决定的，尤其是由社会主义生产力发展水平所直接决定的。社会生产力发展水平越低，社会多元化的内容越丰富，社会主义就越具有多样性的发展要求；社会生产力发展水平越高，社会生活内容越趋一致和统一，社会主义多元化也就必然趋于削减和消亡。如果社会生产力不断得到发展和进步，社会多元化却依然停留在原有的社会发展水平上，保留着原有的社会生活内容，那就既没有社会主义的发展进步，也体现不出人类社会的发展进步。只有随着社会生产力的发展变化，及时改变社会多元化的内容和要求，实现社会多元化的不断前进和发展，才能体现出社会主义发展前进的要求。

社会主义多元化的发展规律和发展趋势，同样是由人类社会发展的最终目标所必然决定的。人类社会最终要发展到共产主义。而共产主义是一个社会物质利益绝对一致和统一的社会形态，属于一元化的社会形态。社会主义必须以共产主义为最终发展目标，共产主义必须以社会主义的发展为其实现的社会基础，因此社会主义的多元化，必然向着共产主义的社会生活方向发展，是一个由多元化的社会形态向着一元化社会形态发展前进的历史过程。要达到这样的要求，必须根据社会劳动性质和人们社会利益要求的发展变化情况，适时改变和调整社会多元化的具体内容和存在形式，不断融合、同化现有多元化的社会生活内容，逐渐增加一元化社会生活内容的比重和形式，使社会主义不断向着社会利益日趋一致和统一的方向发展，最终实现共产主义一元化的社会形态。

上述社会主义多元化发展的规律和趋势，是决定社会主义多元化发展要求的最为重要的三个方面。科学把握社会主义多元化的发展进程，必须从本质规定、发展条件和发展目标的统一中，科学认识社会主义多元化的发展要求，为社会主义多元化确定科学的发展任务和发展方向。也只有科学认识上述三个方面的内容和要求，才能够保证社会主义多元化的正确存在和科学发展，实现社会主义多元化发展的良好效果。

从上面的分析中可以看到，社会主义的多元化，是一个由多元到单元、由丰富到统一的社会发展过程。没有社会主义多元化的存在，不利于社会主义的存在和发展；而没有社会主义多元化的不断发展和不断消亡，同样不会有社会主义的不断发展和不断胜利。社会主义多元化不是永恒存在的，而是不断消失、不断改变的，是一个不断被否定、被同化的社会发展过程。允许多元化存在，是人类社会发展的需要；社会形态由多元向单元发展，由多元化向一元化发展，同样是人类社会发展进步的必然要求。由此也说明，如果把社会主义看成是一元化的社会形态，那就不会有社会主义生产关系的发展变化，必然会把社会主义看成是固定不变和不可改变的。这显然不符合社会主义的发展要求，不符合人类社会的发展要求。

从上述分析中还可以看到，社会主义多元化是一个由事物的矛盾存在不断走向彼此融洽和谐的社会历史发展过程。人类社会越发展，社会利益越和谐，社会主义多元化也就越趋一致和统一，从而也就越有利于社会主义的发展。社会主义不论是在社会所有制形式和社会分配方式上，还是在政治生活和价值观念上，都必须向着和谐统一的方向发展，而不是向着分散和对立的方向发展，以实现社会生活的和谐统一为根本要求，最终使整个社会利益要求实现完全的一致和统一，使社会主义进入到完全的生产资料公有制，进入到完全的按劳分配，为进入共产主义打下坚实基础。如果不利于解决社会利益矛盾，不利于化解社会中的矛盾对抗，那就背离了社会主义多元化的根本目的，也不符合人类社会发展的基本规律。

从上述分析中也可以看到，社会主义的多元化，是一个不断由低级阶段向高级阶段发展前进的历史过程。在社会经济生活中，必须不断统一和同化各种社会所有制内容，不断统一和同化各种社会分配内容，最终取消公有制之间的区别和不同，使公有制成为唯一的社会所有制形式，使社会分配成为完全的按劳分配。在社会政治生活中，逐步实现各种社会政治力量和政治组织的融合与同化，实现社会政治生活的和谐统一，最终取消所有社会政党组织，包括取消共产党自己。在社会思想观念上，不断由劳动创造的价值导向向着更高的社会价值生活迈进，由公私并重的道德境界向着大公无私的道德境界攀登，最终在全社会实现无私奉献的崇高价值境界。以此实现由社会主义多元化向共产主义一元化的转变，实现共产主义一元化的崇高社会发展目标。

从上面的分析中同样可以看到，社会主义的多元化，必然要发展到共产主义的一元化。从哲学上来说，一元化就是由多样向单一、由分散向统一的发展过程。社会主义只有通过实行多元化，才能够为实现共产主义创造必要的社会发展条件，使人类最终进入到一元化的社会形态。而共产主义一元化的社会形态，既是社会主义多元化发展的前进动力，也是社会主义多元化的最终发展目标。这样一种共产主义的一元化，是人类最为崇高、最为美好的社会境界，具有无与伦比的科学性和进步性，从而也为社会主义多元化确定了明确的社会发展方向，为社会主义最终胜利确定了明确的社会发展标志。

在共产主义社会中，作为具体的社会存在物，每个社会成员还会具有自己的个人有利益要求，为什么却不再是多元化的社会形态呢？很显然，共产主义实现了清一色的生产资料公有制，社会产品实行按需分配，在社会生产关系中，已经实现了所有社会物质利益要求的完全一致和统一，不存在不同群体和不同个人的物质利益要求。这样一种社会生产关系，显然已经成为一元化的社会生产关系，由此所形成的社会形态，自然是一个一元化的社会形态。因此共产主义社会中的个人利益，也不再具有社会物质利益的内容，而是仅仅表现为个人兴趣和爱好的不同，表现为社会成员对于自身全面自由发展的方向和愿望的区别。评定社会形态是多元化还是一元化，主要是就社会生产关系的内容和要求而言，是就社会的物质利益要求和物质利益分配而言。不是说只要具有个人利益要求，就都能够成为确定多元化社会形态的根据，就必定是多元化的社会形态。这在前面的论述中，已经作了说明。

通过上面的分析也能够看到，社会主义既必须坚持多元化的发展要求，又必须坚持一元化的发展目标。社会主义不实行一元化，不是说一元化一定不如多元化，而是社会主义发展水平达不到实行社会一元化的要求。对于社会主义的社会发展来说，不消灭多元化，不会有社会主义的最后胜利；但盲目去消灭多元化，过急地取消多元化，同样会适得其反。社会主义多元化的发展规律和发展趋势，是社会主义多元化存在和发展的内在本质要求，必须与人类社会的根本发展要求相一致，必须符合社会主义的发展规律和本质规定。也只有从人类社会发展与社会主义发展相结合的高度，才能够正确认识社会主义多元化的存在和发展，科学地把握社会主义多元化的发展规律和发展趋势，科学地把握社会主义社会的发展进程和发展要求。

七、科学认识社会主义多元化的重要意义和实践价值

社会主义既是人类社会发展进程中一个崭新的社会形态，是一个以劳动创造为本质规定的社会形态，在本质特征和表现形式上，又是一个多元化的社会形态。正确认识社会主义的多元化，对于社会主义具有不可或缺的重要意义。只有始终坚持社会主义多元化的本质特征，才能科学把握社会主义的发展要

求，形成科学的社会制度和发展机制，保证社会主义的科学存在和科学发展。

对于社会主义的多元化问题，在20年前，作者即以此作为社会主义的基本外部特征，把社会主义界定为多元化的社会形态，并作了相对详细的论述。但在《社会主义研究》出版时，被删去了"社会主义是一个多元化的社会形态"一节。由此使对社会主义多元化的研究只有具体表述，没有总体结论，使社会主义社会形态只有本质规定，没有本质特征，使社会主义社会形态的表述成为不完整和不完善的。其所以如此，在于一些人把多元化当成是资本主义化，形成理论研究中的禁区，也造成了实践中的缺陷和不足。例如近20年来，我们用多种所有制形式和多种分配形式并存，来说明社会主义的经济性质，在理论概况上，却缺乏对于这种现象的科学阐释。而只有用多元化的概念，才能对这种社会现象以科学、简洁的理论说明，也只有以多元化作为外在本质特征，才能够有效廓清社会主义发展中的相关理论障碍，实现巩固和发展社会主义的要求。

正确认识社会主义的社会多元化，能够使我们全面认识社会主义的发展特点和发展特征，更好地认识和把握社会主义的发展要求和发展内涵。多元化是一个具有相对包容性的社会生活概念，以多元化作为社会主义的本质特征，能够体现出社会主义社会形态所具有的巨大包容性特质，与社会主义的本质规定一致和统一起来，为社会主义拓展广阔的发展道路，提供丰富的发展手段。在社会生活中，只要符合社会主义本质规定，不是阶级剥削和压迫，有利于社会主义的发展进步，人类所有的社会发展手段和方法，自然都能够为社会主义所用，一切能够促进人类社会发展的文明成果，都可以为社会主义所吸收、所借鉴。以此正确把握社会主义的发展规律和发展要求，避免以清一色的社会生活内容作为社会主义发展的唯一规定，使社会主义成为僵化的社会形态，窒息社会主义的社会发展。

正确认识社会主义的社会多元化，能够使我们把社会主义与资本主义科学地区别开来，保证社会主义的先进性和科学性。多元化是社会主义应当从资本主义那里继承下来的历史文化遗产。但社会主义的多元化，与资本主义多元化有着本质的区别，其根本的要求，就是在劳动创造与剥削压迫之间，划定一条科学的界限，既实现对于资本主义多元化的根本否定，又采用多元化的社会发展手段，实现社会主义的更好的发展。社会主义多元化是比较资本主义更为科学的多元化，是社会多元化发展的更高阶段。由此展示出社会主义的制度优势和本质力量，避免一讲多元化，就认为是资本主义化，或者一讲社会主义多元化，就去全盘照搬资本主义的做法。

正确认识社会主义的社会多元化，能够使我们在外部特征和具体内容上，把社会主义与共产主义科学地区别开来。社会主义作为一个多元化的社会形态，在其自身的存在和发展中，必然面临着各种否定的因素。而以共产主义一元化作为现实社会生活要求，则是否定社会主义的一个重要的方面。这在以往的社会发展实践中，留下了深刻的教训。在社会主义社会中，共产主义萌芽是一个不断生长的过程，对于社会主义具有不可否定的导向价值。但这种共产主义的社会生产关系萌芽，与社会主义本质规定同样存在着相互否定的方面，社会主义既应提倡和允许其存在和发展，又必须坚持自身的本质规定。否则很容易导致以共产主义的社会生活原则，作为社会主义的社会生活准则，形成社会主义的否定因素。

正确认识社会主义的社会多元化，能够形成社会主义发展的强大推动力量，保证社会主义的科学存在和科学发展。实行社会主义多元化，能够形成丰富的社会活动主体和利益主体，充分发挥各种社会主体的积极作用，更好地促进社会主义的社会发展。社会主义发展道路具有多样性的内容和要求，社会主义发展方式具有多模化的特点和特征。这种社会主义发展道路的多样性和发展方式的多模化，是社会主义发展前进的重要手段，与社会主义多元化的本质特征是完全一致的。只有从多元化的社会发展要求出发，才能形成生动活泼、丰富多彩的社会主义社会生活，体现出社会主义发展多样性和多模化的要求。以此形成社会主义发展的整体合力，使社会主义发展具有充足的动力和旺盛的活力。

正确认识社会主义的社会多元化，也能够使我们正确认识社会主义社会的基本矛盾，解决好社会主义的社会矛盾问题。过去我们在讲到社会主义基本矛盾时，实际上仅仅注意到社会的整体的发展要求，看不到劳动者个人在其中的地位和作用，使社会主义社会矛盾的解决仅仅成为对于社会的责任要求，对劳动者则仅仅表现为一种社会权利规定。这不符合科学确定社会主义基本矛盾的要求，不符合社会主义科学发展的要求。其重要原因，就是丢掉社会生活多元化的要求，把社会主义劳动者在阶级面前的平等，看作是彼此利益实现的完全一致，忽视个人在社会中的矛盾地位和作用。而对社会主义基本矛盾讲不清楚，就不可能正确认识社会主义的社会矛盾，不可能解决好社会主义的社会矛盾问题。多元化是社会主义基本矛盾的内在根源和重要表现形式，没有对于社会主义多元化的正确认识和有效发展，就不可能对社会主义社会矛盾以正确认识和有效解决。解决社会主义的社会矛盾，必须有效规范社会主义社会中的多元利益要求，解决好社会多元利益的协调平衡和共同发展问题。只有这样，才能够把社会主义基本矛盾与每个社会活动主体结合起来，使社会主义基本矛盾全面体现出社会主义的发展需要，而不是仅仅表现为对于社会的整体性规定。

正确认识社会主义的社会多元化，也能够在本质规定和表现形式上，形成对于社会主义的科学说明和科学实践。社会主义具有自己的本质规定，也具有自己的外在表现形式。如果说劳动创造主要是从基本理论规定上，说明和确定了社会主义的社会发展要求，社会主义多元化则为社会主义本质的实现和发挥，提供了具体的社会实践形式，使社会主义本质发挥成为生动活泼、丰富多彩的社会实践活动。没有多元化的社会发展特征，社会主义本质就只能停留在一种逻辑思辨的状态，失去具体的实施手段和发展途径。与社会主义的其他本质特征相比较，多元化是社会主义最为鲜明的本质特征，具有主导性和全面性的内容和要求。社会主义本质是社会主义多元化的根本规定，社会主义多元化是社会主义本质的表现形式和实现手段，只有把二者科学结合起来，才能够实现社会主义本质规定与表现形式的统一，使社会主义理论既具有导向性，也具有实践性和可操作性，使社会主义既在理论上立于不败之地，同时获得丰富的社会实践形式，保证社会主义的发展和胜利。

综上所述可见，正确认识社会主义的社会多元化，能够为社会主义确定科学的发展途径和发展手段，使我们在科学地认识什么是社会主义的基础上，进一步弄清楚怎样建设和发展社会主义这个十分重大的社会主义理论和实践问题。尤其是把社会主义本质规定与社会主义外在特征有机统一起来，树立起科学的完整的社会主义社会形象，以此增强社会主义的凝聚力和向心力，实现社会主义的更好的社会发展。

研究社会主义的多元化，必须特别提出社会主义价值观的多元导向问题。这也是社会主义多元化最为核心的内容，是社会主义多元化科学存在和健康发展的重要保证。现在一些理论观点在涉及到社会主义多元化时，往往局限在社会经济生活当中，认为社会主义经济生活可以是多元化，在社会意识形态上则必须是单一化或一元化。由此使社会主义只能以大公无私和无私奉献作为价值观念和道德规范，造成社会主义经济基础与上层建筑相脱节，导致现实生活中的超前实践和超前规范问题。可以说，过去社会主义发展中的失误，很大程度上与这种价值观念的超前规范有关。只有坚持价值导向多元化的要求，才能够在思想观念和意识形态上，保证社会主义的社会存在和社会发展。这在《社会主义研究》第三章中，即《社会主义价值观研究》中，已经作了系统的探讨。①

科学认识社会主义的多元化，能够有效回击资本主义对于社会主义的歪曲和攻击，回击资产阶级自由化对于社会主义的诬蔑。资本主义的多元化，包括民主社会主义的多元化，都是建立在唯心主义基础上的，是脱离开社会物质利益要求的纯粹主观意念的东西，既流于虚无缥渺的空谈，又必然造成社会中的盲目和混乱，在根本上表现出落后性和反动性的特征，不利于人类社会的发展进步。社会主义多元化则是建立在历史唯物主义的基础上，具有客观实在的社会生活内容，能够充分适应社会主义的发展需要，适应人类社会发展的要求，在与资本主义多元化的比较中，具有强大的本质力量和不可否定的制度优势，必然能够更好地促进和推动人类社会的发展和进步。

强调坚持和实施社会主义多元化，必须强调对于社会主义多元化的科学引导和有效规范。如前所述，社会主义的多元化，既可以成为社会主义发展的积极推动力量，也可能引起社会中

① 参阅《社会主义研究》，第76—127页。

的矛盾和冲突，成为社会主义发展的否定因素。如果只讲多元化，缺乏系统的制度规定和有效规范，必然引起对于社会主义社会生活的否定。实行社会主义多元化，必须始终坚持马克思主义的理论指导，切实加强社会制度建设，形成规范有序的社会制度规定，解决对于多元化的社会行为规范问题，避免因实行多元化而对社会主义发展造成负面影响和危害。

通过上面的分析就能够清楚地看到，社会主义多元化是一个复杂的社会发展过程，也是一个复杂的理论研究课题，在以往的理论研究中，又是一个薄弱的环节，许多原则性和根本性的问题，都还没有涉及到。在这种情况下，一些同志对社会主义多元化的提法存在误解和顾虑，是可以理解的。尽管如此，在作者出版的《社会主义研究》中，已经保留了《从多元到单元——社会主义价值观的现实与走向》，和《多元与单元的关系》两节内容，事实上已经确立了社会主义多元化社会形态的社会地位。[①] 这篇文章中的基本观点，在《社会主义研究》中实际上都有涉及。实践也说明，对于社会主义多元化的研究，必须是在对社会主义政治经济以全面深入的研究基础上，才能够形成完整的理论阐释，而不是仅仅通过哲学探讨，就能够对其以透彻和完整的理论说明。这也是在进行社会主义政治研究时，必须把社会主义多元化作为一个专门课题提出来，予以系统完整的研究探讨的原因。

① 参阅《社会主义研究》，第120—125、375—380页。

第六章　社会主义开放研究

实行社会主义开放，是实现社会主义科学存在和科学发展的必然要求。30多年来，社会主义开放已经成为社会主义理论界高度关注的研究课题，并取得了丰富的研究成果。但这些研究，往往局限在应用理论和政策制订的层面上，缺乏从人类社会发展规律和哲学思考的角度，对社会主义开放以系统完整的历史定位和理论说明，难以在根本上说清楚社会主义的社会开放问题，难以完全适应社会主义的发展需要。保证社会主义开放的科学实践，必须对社会主义开放以全面的系统的理论探讨，从哲学概括和社会主义发展规律的高度，形成科学的社会主义开放理论，以此更好地实现社会主义开放的要求，实现良好的社会主义开放效果。

一、社会主义是比较资本主义更为开放的社会形态

从一般的词义上来说，开放是相对于封闭和保守而言，也指对事物解除封锁、禁锢和限制，表现为一种社会生活方式和社会发展状态。所谓开放的社会形态，是相对于封闭保守的社会形态而言，必须形成宽松、自由的社会发展环境，形成相互交往交流的常态化社会发展机制。依照这样的标准来评定，社

会主义必然是一个开放的社会形态，并且是比较资本主义更为开放的社会形态。由此体现出社会主义发展方式和发展要求的先进性，形成人类社会发展进步的重要内容和鲜明标志。

毫无疑问，人是社会性的动物，人类生活具有鲜明的社会性特质，从而人类社会必然内在地具有开放的内容和要求，人类社会发展同样是一个由封闭走向开放的社会历史过程。与封闭保守的社会形态相比较，开放的社会形态更有利于人类社会的发展和进步。但人类社会的开放程度和开放水平，不是仅仅由人类自身的社会性特征所决定的，而是表现为主观要求与社会发展条件的辩证统一，在现实社会生活中，必然决定于社会的物质生产发展水平和状况。社会物质生产发展水平越低，人类社会越封闭；社会生产力发展水平越高，人类社会越开放。由此形成封闭的和开放的两大不同类型的社会形态。资本主义之前的社会形态，由于社会生产力发展水平低下，生产仅仅表现为一家一户的自己的个人的生产，人们鸡犬之声相闻，老死不相往来，因此在社会的发展方式和生存状态上，表现为封闭的社会形态，限制了信息、技术、产品等生产要素的交往与交流，使人类社会发展长期处于缓慢甚至停滞的状态。随着社会化大生产的形成和扩大，人们必须频繁地进行相互间的联系和交往，形成更大范围的社会生活环境和发展环境，形成崭新的社会发展手段和发展方式。由此使资本主义成为一个开放的社会，实现了人类社会发展的更好的社会效果。

社会主义是资本主义之后的社会形态，是建立在资本主义的社会发展基础上的，因此在社会的发展方式和生存方式上，既必然地是一个开放的社会形态，也是一个比较资本主义更为开放的社会形态，具有更为广阔的社会开放领域和更大的社会开放优势。

社会主义所以是比较资本主义更为开放的社会形态，首先在于社会主义必须形成以信息化为根本要求的社会生产力，实行比较资本主义更大规模的社会化大生产。而更为先进的社会生产力，更大规模的社会化大生产，必然要求着形成更为开放的社会发展方式和生存方式，要求着社会生产领域和生产部门之间更为密切的合作与交往，在信息、技术、产品、市场等各个方面，不断打破封闭隔绝的社会发展状态，形成更为自由宽松的社会联系方式和交往方式。只有在这种频繁密切的相互交流与交往中，才能够使社会劳动生产率不断得到提高，使社会生产不断得到发展，体现出实现社会发展进步的要求。社会主义以社会化大生产为其基本物质生产形态，社会主义生产是更为开放的社会生产，因此社会主义必然是一个更为开放的社会形态，也必须是一个更为开放的社会形态。

社会主义是一个更为开放的社会形态，还在于社会主义必须实行商品计划经济，在本质上是一个计划经济的社会形态。商品计划经济具有众多的社会价值比较主体和比较对象，具有更为繁重的社会协调任务，在根本上必须以社会为一个实行单位，因此只有在开放的社会环境中才能得到有效的实施。实行商品计划经济，既要具有商品生产和市场经济的开放性要求，更必须具有计划经济的开放性规定，必须把二者结合起来，形成更为开放的社会发展环境。如果社会生产相互封闭，失去科学的社会比较和社会评定，就不可能有计划经济的有效实施。只有对整个社会生产进行科学的计划指导，才能体现出商品计划经济的要求，实现良好的社会发展效果。计划经济是比较市场经济更为高级的社会经济形态，也是比较市场经济更为开放的社会经济形态，从而社会主义开放同样是人类社会更为高级的社会开放形式。

社会主义是一个更为开放的社会形态，也表现在社会主义的社会分配上。按劳分配与按资分配相比较，同样具有更大的社会比较范围，必须在全社会的范围内开展和进行，不能像私有制社会中那样，把社会分配仅仅局限在某个具体企业，局限在个别社会成员之间，局限于狭小的社会领域和社会范围。实施按劳分配，具有更为丰富的社会比较主体和比较对象，具有更为丰富的社会比较内容。这样一种社会比较和评定，不可能在封闭的社会环境中进行，必然要求着在各个社会活动主体之间，在各种社会劳动之间，形成相互开放的环境和条件，以实现社会价值比较和价值评定的需要。否则就难以对社会生产进行必要的统计和监督，难以确定按劳分配的标准和规定，按劳分配也就成为不可能。由此同样说明，社会主义具有更为高级的社会开放内容，是一个更为开放的社会形态。

社会主义是一个更为开放的社会形态，也表现在社会主义劳动者之间所具有的平等、互利、协作、竞争的社会关系上。社会形态的开放封闭与否，最终都体现在人与人之间的关系上，表现为人际关系上的封闭与开放。而只有形成和谐融洽的社会关系，才能够有效实现人与人之间的相互开放，实现更好的社会开放效果。资本主义的社会开放，在本质上表现为一种物的开放，以金钱作为交往的基本准则，在人与人的关系上，必然存在着交流与交往的根本性障碍，必然要形成封闭的社会交往方式和生存方式，并由此影响物的交流和开放。而在社会主义条件下，能够实现全体社会成员在劳动面前的人人平等，形成新型的社会人际关系。这样一种社会人际关系，同样要有统一的社会比较标准，以社会作为一个比较单位。由此形成和谐统一的社会人际关系，形成更为开放的社会环境，形成更为开放的社会形态。

社会主义开放的这种内容和要求，其明显的标志和根本的保证，体现在社会主义的社会物质基础上面，表现为以公有制为基础的社会生产资料所有制。很显然，就本质规定来说，私有制是自己的个人的所有制，必然表现为封闭的保守的所有制；公有制是社会的大家的所有制，必然表现为开放的积极的所有制。公有制的公，即表现为社会共同所有，这种社会共同所有，自然具有更高程度的社会开放要求。在私有制社会中，生产资料的占有、使用都表现为一种个人行为，在社会生产和社会发展中，必然具有相互隔绝和封闭的性质，只要能够在个人所控制的范围内进行，生产资料所有者就不会主动与他人进行联系，以保证自己占有社会利润的需要。由此使资本主义开放成为有局限的不完全的开放，是一种低层次的社会开放，表现为商品的开放、单向的开放，在生产活动和利益实现上，必然是相互封闭和彼此保守的。实行公有制，则可以为社会开放提供必不可少的社会物质保障，在生产、交换等各个环节，实现全过程、全方位的社会开放。

与资本主义开放相比较，社会主义开放表现为一种自觉主动的社会行为，具有鲜明的主观能动性特征。资本主义由于生产资料私有制所决定，由于其剥削压迫的社会本质所决定，在社会开放上，只能表现为一种本能的社会利益追逐，以实现眼前的自己的利益为唯一目的，必然是不充分和不完善的，是在不自觉的过程中进行的。社会主义开放一开始就具有明确的发展目标，是有意识有目的的开放。这样一种社会开放，能够通过人们自觉主动的社会活动，把社会生活纳入到规范有序的轨道，保证整个社会开放的有序性和有效性，使社会开放更有利于社会主义的发展需要，有利于人类社会的发展需要。

可见，社会主义具有更为开放的社会必要，也具有更为开放的社会条件。这种社会主义开放，既表现在社会经济生活方面，也表现在社会政治生活方面，表现在和谐融洽的社会人际关系上面。进行社会主义革命和建设，都是为了解放生产力，发展生产力，而要解放和发展生产力，必须打破禁锢和封锁生产力发展的障碍，本身就具有开放的要求。不论是社会主义的所有制形式、社会分配形式，还是社会的经济形态和政治形态，都具有内在的更为开放的本质要求。也只有实现比较资本主义更高形态的开放，才能够适应社会主义发展需要，体现出社会主义的发展优势，促进社会主义的社会发展。

通过上述分析可以看到，资本主义固然是一个开放的社会，但在社会发展中存在着诸多限制和禁令，在社会生产和人际关系上更是一种相互封闭和相互对抗的行为，表现为有我没你、有你没我的物质竞争关系。由此形成市场封锁、技术垄断等弊端，形成资本主义发展的种种壁垒和障碍，在社会生活中永远达不到社会主义开放的程度。与奴隶社会和封建社会相比较，资本主义是一个开放的社会形态，与社会主义相比较，则表现为较低层次的社会开放阶段。社会主义是比较资本主义更为高级的社会形态，社会主义开放是比较资本主义更为高级的社会开放，必须运用各种方式和方法，在政治上扩大透明度，在经济上加强协作和联系，形成更为科学的社会开放机制和开放要求，为社会主义发展提供有效的手段，创造良好的环境。

在一定时期内，社会主义的确出现过闭锁国门的现象。这种现象的存在，既有社会主义本身的因素，在根本上说，则是由资本主义的封锁造成的。实际上，社会主义一直努力打破帝国主义的封锁，一直希望与世界各国打交道、做生意，包括与资本主义国家相互交流、和平共处。列宁、斯大林是如此，中国的社会主义发展同样是如此。1936 年 6 月，中华苏维埃民主共和国还处在游击战争时期，美国记者斯诺作为第一个西方人士进入陕甘宁边区，而斯诺的口袋里此时空空如也，毛泽东就指出："欢迎外国资本的投资"。[①] 由于帝国主义的遏制封锁，为社会主义开放制造了严重障碍，使社会主义在很长一段时间内，不得不依靠自己的力量进行建设，造成社会主义社会封闭的假象。完全可以说，封闭是资本主义的本质使然，也是资本主义惯用的遏制他人发展的手段，并且越是实力较强的资本主义国家，越是喜欢以封闭的手段来遏制他人的发展。对社会主义国家是如此，对和自己观点不一致的国家也是如此。拿美国来说，既不允许自己的高科技产品出口中国，阻挠其他国家和中国进行正常贸易，又不允许任何外国材料用于其军事装备。其 F35 战机用了一点中国材料，就在美国国内引起了轩然大波。可见，开放不是资本主义的专利，社会主义开放理应比资本主义做得更好，也完全能做得更好。不能把因敌对势力封锁遏制所造成的社会现象，当成是社会主义封闭保守的根据，否定社会主义所具有的更高程度的社会开放性。

把社会主义看作是一个开放的社会形态，与把社会主义看作是开放的社会的提法，既有一致的方面，又具有不同的要求。迄今人们对社会主义开放的认识，基本上停留在把社会主义作为共产主义一个社会发展阶段的层面上，因此不可能从社会形态的根本发展要求出发，去认识社会主义的社会开放问题，往往把社会主义开放局限在一般的社会发展手段和政策制定的层面上，缺乏整体性、系统性的研究和探讨，不可能形成科学完善的社会主义开放理论，更不可能建立起科学完整的社会主义开放体系和工作机制。把社会主义看作是一个开放的社会形态，

① 吴黎平整理：《毛泽东一九三六年同斯诺的谈话》，人民出版社 1979 年版，第 129 页。

能够从社会形态发展的高度，确定社会主义的社会开放问题，使社会主义开放由一般的工作要求，上升到社会主义根本要求和制度规定的层面，从社会主义发展规律和人类社会发展规律的高度，来确定社会主义的社会开放。也只有这样，才能够形成完整的系统的社会主义开放理论，正确指导和规范社会主义的社会开放实践。

作者在《社会主义研究》中，从本质特征和根本要求等方面，把社会主义概括为6个社会形态[①]，如独立的社会形态、劳动创造的社会形态。那么，是否有必要把开放也单列出来，作为社会主义社会形态的一个基本特征呢？不必要。社会主义的本质特征，能够使社会主义直接与其他社会形态区别开来。而开放仅仅表现为一种社会发展手段，是人类社会发展到一定历史阶段的产物，不仅资本主义是开放的社会形态，共产主义更是开放的社会形态，只是表现为发展水平的差异和区别而已。同时也不难看到，社会主义社会开放的要求，其内涵已经包含在社会主义劳动创造的本质里面，包含在其他社会主义的本质特征里面。与社会主义其他本质特征相比较，社会主义开放处于一种具体操作和发展手段的层面，因此不需要单独分离出来，也去作为社会主义基本本质特征的内容。

二、社会主义开放的本质规定和基本特征

社会主义开放是由人类社会发展规律所决定的，也是社会主义的本质所决定的。实行社会主义开放，首先必须正确认识社会主义开放的本质规定和基本特征，从而科学把握社会主义

---

① 2003年出版的《社会主义研究》，去掉了《社会主义是一个多元化的社会形态》一目，保留了5个社会主义社会形态基本特征的提法。

开放的要求，保证社会主义开放的发展方向和社会效果。

实现人类社会的生存和发展，要有具体的社会活动方式和社会发展手段。这种行为方式和发展手段，表现为各种各样的内容和要求，但概括起来说，则可以归纳为两种根本的手段和方式，一种是剥削压迫，一种是劳动创造。同样，进行社会开放，在根本上也只能通过两种社会活动方式来实现，一种是依靠剥削压迫来实现，一种是依靠劳动创造来实现，彼此是由具体社会形态的本质所决定的，是社会形态本质的必然体现和反映。社会主义的本质是劳动创造，社会主义开放自然必须符合劳动创造的本质规定。由此体现出社会主义开放的本质规定和基本特征，形成劳动创造的社会开放模式，体现出社会主义开放的发展要求。脱离开劳动创造本质的开放，必然不符合社会主义的发展要求，是社会主义开放必须予以否定的。

社会主义的社会开放，既表现为与资本主义社会开放的本质区别，也表现为与共产主义社会开放的本质区别，但首先表现为与资本主义开放的本质区别。这是因为，社会主义与资本主义具有本质的不同，是建立在不同社会物质基础上的，在社会开放上，同样具有本质的区别和不同。首先，开放的目的不同。社会主义开放是为了实现社会的整体的发展，实现人类社会的发展进步；资本主义开放则是为了生产资料占有者个人的财富积累和增值。其次，开放的手段不同。资本主义开放始终伴随着武力掠夺和残酷压迫，对内以羊吃人的方式进行，对外伴随着坚船利炮和殖民掠夺；社会主义开放则以劳动创造为根本规定，必须通过自身的劳动创造，与他人平等进行联系和交往，以此实现自己的利益要求和发展愿望。其三，开放的结果不同。社会主义开放必然表现为人的劳动创造本质的发展和升华，表现为人类社会公平正义的实现；资本主义开放则往往形成更大的社会不平等和不公正，表现为贫富悬殊扩大和社会矛盾的积累加深，最终引起新的社会对抗冲突，造成社会发展中的破坏性和障碍性因素。

显而易见，社会主义开放在根本上表现为劳动创造的本质规定，既充分体现出社会主义发展的科学性和进步性，也使社会主义开放具有更大的发展优势。劳动创造是一个开放的社会概念，在劳动创造中，包含着人类创造的一切优秀文明成果，包含了一切创造人类文明的正当手段和方法。在劳动创造的旗帜下，社会主义就能够吸收一切有利于自身发展需要的东西，成为一个具有包容性和融合性的社会形态，体现出社会主义开放的本质规定和基本特征。这样一个社会主义开放的本质规定特征，归纳起来说，表现为以下四个方面的内容和要求。

一是具有平等性。开放是社会活动主体之间的相互利益交往行为。这种相互之间的利益联系和交往，可以是恃强凌弱和蛮横霸道的，也可以是相互一致和彼此平等的。而在劳动创造的本质规定下，必须要有相互平等的社会开放主体，必须实现所有社会活动主体之间的平等联系和交往。在社会主义开放中，所有开放主体是完全平等的，必须平等地进行交流与交往，表现为相互平等的社会关系和社会生活内容，是社会活动主体之间的自觉自愿的行为。而资本主义开放往往是依靠欺诈、欺凌和压迫剥夺来进行的，表现为单向的强制性的甚至是强盗式的行为。只有充分体现出社会主义开放的平等性特征，实现各种社会开放主体之间的相互平等，才符合劳动创造的本质规定，符合人类社会的发展要求，符合社会主义开放的要求。

二是具有互利性。社会主义开放是实现社会主义发展的重要手段，必须实现社会主义的社会利益要求。这种社会利益实现，不是仅仅表现为自己的个人的利益实现，而是必须尊重和考虑到其他社会开放主体的利益要求和发展愿望，在所有社会开放主体之间，以互利共赢为根本原则规定，以共同发展为根本要求。具体来说，必须以各自的劳动创造成果作为社会利益交换手段，与他人进行平等的交往和交换，以互惠互利为根本要求，既要实现自身利益，也不能去损害他人的正当权利，必须通过共同得利来实现自身的利益。而资本主义开放以个人主义价值观为导向，表现为一种剥削压迫的手段和方式，只讲自己的利益，不讲他人的利益，是一种个人主义和自私自利的利己行为，在根本上有违于人类社会公平正义的要求。

三是具有和平性。社会主义本质规定下的社会发展，必然以人的劳动创造本质的发展发挥为根本手段，是一种和平的社会发展。与此相一致，社会主义开放也是一种和平的开放。在剥削社会中，不论是对内开放还是对外开放，都是伴随着暴力强制进行的，一部资本主义开放史，同样是一部血淋淋的压迫史，是一部毫无人道的暴力征服史，是用血与火的文字记录在人类社会发展的编年史上。这种开放对于开放主体来说是一种利益实现，对他人则表现为剥夺和奴役，虽然能够较快地实现开放主体自身的发展，却是以不平等、不公正为基本特征，本质上同样是一种封闭和封锁。社会主义开放必须摒弃一切暴力掠夺和武力威胁，通过和平的手段和方式，实现与他人融洽的交流和交往。也只有这样一种开放，才能实现大家的共同发展，实现人类社会的有效发展。

四是具有道德性。社会主义开放既以劳动创造为根本发展手段，又必须做到平等待人，坚持原则，信守承诺，守规矩，讲路数，表现为道德的人性的社会开放。而资本主义开放由于其剥削压迫的本质所决定，奉行有枪便是王、有奶就是娘的丛林法则，只顾自身利益，不讲原则道德，唯利是图，尔虞吾诈，己所不欲，强施于人，往往是能诈就诈，不能诈就炸，两手都霸，两手都狠。以最先叫喊实行“门户开放”的美国为例，其所谓的开放完全是为着对当时的中国进行欺骗和掠夺，是侵略和剥夺的同义语，因此一直靠武力称霸，以世界警察自居，控制石油，控制交通，动不动就对他人进行制裁封锁。这不仅不是在实行开放，而是制造封闭，制造隔裂，不具有任何诚信可言，自然谈不到开放的道德性问题。

对于资本主义的社会开放，过去虽然有很多论述，但往往忽视资本主义开放的本质，只从商品生产和市场经济的角度，来看待资本主义的开放问题。而如此一来，又只看到资本主义开放的先进性一面，看不到其残暴和血腥的一面。不仅难以揭露资本主义开放的本质，也讲不清社会主义开放与资本主义开放的本质区别，进而认为社会主义开放就是向资本主义学习，用资本主义的办法发展社会主义，局限在具体发展手段的选择和应用上。资本主义开放的本质是剥削压迫，社会主义开放的本质是劳动创造，资本主义开放表现为侵略剥夺，是对他人利益的践踏，社会主义开放则表现为劳动创造本质的发展和发挥，是为了实现全体劳动者的利益，实现所有社会开放主体的利益，实现整个社会的发展，彼此具有不同的开放手段和途径。只有从本质规定上科学认识社会主义社会开放，才能够正确把握社会主义开放的要求，实现应有的社会主义开放效果。

社会主义开放的本质规定和基本特征，既是人类社会发展进步的重要标志，也是社会主义制度优势的重要体现。社会主义开放是对人类社会文明发展成果的吸收和利用，能够把其他社会形态的发展手段与自身的发展要求结合起来，形成更大的发展优势。如果不以劳动创造作为社会开放的本质规定，那就难以确定社会主义开放的基本原则和行为遵循，或者盲目排斥其他社会形态的发展经验和做法，或者盲目照搬资本主义的发展经验和方法，使社会主义开放流于随意性和盲目性。这样也就难以体现出社会主义对于剥削社会的根本否定，必然造成社会发展中的限制和禁锢，形成社会主义开放的障碍。只有以劳动创造作为本质规定，才能够对人类社会发展成果以科学的利用和吸收，予以科学的扬弃和升华，形成科学的社会主义开放原则，保证社会主义开放的科学有效进行。

由此可见，社会主义开放与资本主义开放，在本质上是两种不同类型的社会开放。实行社会主义开放，必须从社会主义的本质规定出发，科学确定社会主义开放的内容和要求，形成科学的开放手段和方式。劳动创造是社会主义开放的根本规定，也是社会主义开放的鲜明标志，社会主义开放的所有内容和要求，都是由劳动创造的社会主义本质所决定的，是社会主义本质在社会开放中的必然反映。由此体现出社会主义开放的根本要求，体现出社会主义开放的先进性和科学性，体现出人类社会的历史发展和时代进步，实现像马克思所说的那样，在人类社会发展史上“诞生一个新社会，而这个新社会的国际原则将是和平，因为每一个民族都将有同一个统治者——劳动!”①

三、社会主义开放的基本要求和基本内容

社会主义开放具有丰富的社会发展要求，也具有更为科学的社会发展手段。保证社会主义开放的良好效果，不仅必须科学认识社会主义开放的本质规定和基本特征，还必须科学确定社会主义开放的基本要求和基本内容。以此充分发挥社会主义开放的作用和价值，实现社会主义的良好社会开放效果。

① 《马克思恩格斯选集》第2卷，第341页。

实现社会主义的科学发展，要有科学的社会发展手段，必须形成良好的社会发展环境。这种社会主义的社会发展手段和发展环境，同样表现在社会的开放上面。社会主义就其整体发展方式来说，表现为一种内在动力机制，即通过自身的活动和行为，实现社会主义的社会发展；在具体的劳动单位和劳动者身上，则既具有内在的发展动力因素，又主要表现为一种外在动力发展机制，必须通过社会的强制和压力，来激发其生产热情，实现其自身的发展和进步。而没有一个开放的社会环境，缺乏科学的社会联系和社会比较，必然形成社会生活中的封闭和保守因素，扼杀社会主义的生命力和创造力。例如苏联的伏尔加牌轿车，开始是很先进的产品，却在一个封闭的环境中进行生产，几十年一贯制，最终为市场所淘汰。社会化大生产包括社会协作、相互交往、信息交流等，必须以各种劳动要素的开放融合为基本条件。只有通过实行全面的普遍的社会开放，才能够为社会主义发展创造必不可少的社会环境条件，提高劳动生产率，实现理想的社会发展效果。

实行社会主义开放，必须建立起科学的社会交往体制，形成平等、互利、协作、竞争的社会主义社会关系，使社会主义成为一个劳动、公平、协作、竞争的社会。从最简单的意义上说，交往就是开放，开放必须交往，只有在相互交往中，才能打破社会生活中的封闭和封锁，打破禁锢和限制，形成信息、资金、技术、人才、市场等各个方面的交流与交往，形成相互比较、相互学习的社会发展环境，实现各种生产要素的互补与融合。这样一种社会发展内容，既是一种客观的社会物质存在，是一种社会发展资源，也是现代社会发展的必然要求。不能建立起和谐融洽的社会关系，没有科学的社会关系和社会联系，就难以保证社会开放的有效进行，不可能实现社会主义科学发展的要求。

实行社会主义开放，必须能够促进社会主义的生产力发展，促进社会生产的进步。开放也是生产力，可以通过人们之间的相互交往，形成比较单纯个人或个别劳动更为巨大的发展优势。社会主义开放能够通过对于社会主义本质的实现和发挥，取他人之长，补自身之短，不断学习和吸收他人的发展经验，改进生产工艺，提高产品质量，增进社会主义的发展活力。这样一种社会开放，必然有利于社会主义本质的发挥和发展，有利于人类自身本质的发挥和发展。由此为社会主义奠定坚实的社会发展基础，实现人类最为道德和最为正义的社会开放，实现人类社会实实在在的社会进步和社会发展。

实行社会主义开放，必须能够有效实现社会主义的社会利益。这是实行社会主义开放的根本要求，是评价社会主义开放的根本标准。社会开放的实质是一种社会利益实现，如果不能实现自身利益，社会主义就不需要进行开放；如果不能实现比较自身现有更多的利益，社会主义同样不需要实施社会开放。这样一种社会利益实现，不是一厢情愿的主观愿望，不是仅仅表现为眼前的现实物质利益内容，而是从自身的发展需要和外部发展环境的综合评定中，确定最有利于自身利益实现的手段和方式，科学有效地实行社会开放。在社会主义开放中，必须始终坚持自身利益最大化的原则，以实现自身利益为根本要求，而不是偏离开自身的社会利益实现，片面去讲社会开放。

实行社会主义开放，从根本上说，必须能够有效保证社会主义的存在和发展，不能影响和妨碍社会主义的存在和发展。实行开放，必然要与各种社会活动主体打交道、搞交易，本身即是一种利益博弈，既可能实现自身利益，促进社会的发展进步，也可能丢掉和损失自身利益，妨碍社会主义的发展。在实行社会主义开放时，必须始终与社会主义的发展需要联系在一起，必须符合大多数人的利益要求和发展愿望，符合人类社会发展的规律，以巩固和发展社会主义为根本要求。这样一种社会发展要求，是实行社会主义开放的最为根本的社会规定，也是社会主义开放必须实现的最大的利益、最根本的利益。

社会主义的社会开放，首先表现为社会主义的对内开放，即社会主义内部之间的开放，表现为在一个社会主义国家范围内的开放，体现在所有社会主义劳动者身上，体现在所有社会活动主体身上。以此形成广阔的社会交往平台，形成社会主义开放最为丰富的社会生活内容。这样一种社会开放，既具有各种社会活动主体之间相互比较、相互评价的性质，又具有相互借鉴、相互学习的要求，既具有相互竞争的内涵，又具有彼此协作的规定，具有共同发展、共同进步的社会活动特性。对于社会主义来说，协作离不开开放，开放就是协作；竞争也需要开放，开放同样就是竞争。只有以开放作为社会发展手段，形成相互开放、全面开放、有效开放的局面，才能更好地实现社会主义的社会协作和社会竞争，形成比较资本主义更具开放力的社会发展优势，形成社会主义发展的重要推动力量。

社会主义的社会开放，也表现为对于外部世界的开放，即对外开放。这种社会主义对外开放，具有全球性和世界性的视野和要求。社会主义就其存在的外部世界环境而言，必须面对各种不同的社会形态，包括面对资本主义等剥削社会形态。这些剥削社会形态的国家，本质上与社会主义是根本对立的，但在社会生产力发展上，包括在某些文化发展和思想观念上，则可以相互继承借鉴，实现彼此共同发展的要求。随着科技发展和信息时代的到来，世界日益成为一个相互开放的世界，社会主义能够充分同其他国家做生意、打交道，借鉴他人的发展成果，以促进自身发展。而要保证这种学习吸收的科学性和有效性，必须建立起科学的联系方式和联系管道，形成相互交流与交往的有效机制。否则就难以充分利用人类创造的一切优秀文化成果，难以实现社会主义的超越式发展、跳跃式发展，社会主义开放的效果也会大打折扣。

内因是事物发展变化的根本原因，外因是事物发展变化的重要因素。进行社会主义开放，必须做到对内开放和对外开放相结合。但保证社会主义的科学发展、有效发展，首先必须搞好对内开放，解决好社会主义社会内部的开放问题。在社会生活中，必须清除各种影响社会交往的障碍和限制，建立起科学的社会开放平台和工作制度，建立起科学的社会关系和社会交往机制。没有科学的社会主义对内开放，必然影响到社会主义的发展效果，对外开放同样难以得到有效的实施。只有在科学有效地实行对内开放的基础上，才能保证社会主义对外开放的科学性和有效性。不是一讲社会开放，就是出国参观、考察，就是引进外资。否则很容易形成舍本求末的现象，甚至引起相反的社会效果。

从上面的论述中可以看到，社会主义开放既表现为社会整体的全面开放，也表现为社会劳动单位之间的相互开放，表现为劳动者个人之间的相互开放。这就是在劳动者之间形成科学的社会比较标准，通过社会的组织引导，建立起对于所有劳动活动和劳动者的社会竞争协作机制，实现彼此之间的资源共享，加强信息、技术、文化等各方面的交流，达到共同提高、共同发展的目的。只有在一个高度开放的社会中，才需要劳动者之间的相互比较和联系，也只有在全面开放的社会中，才能体现出劳动者之间的利益联系和利益要求，以及劳动者之间的相互协作和相互竞争，使社会发展充满生机与活力。

社会主义开放的基本内容，首先表现为社会主义的经济开放。社会经济生活是人类全部社会生活的基本内容，社会生产则是社会经济生活的核心内容。实行社会主义开放，必须有效促进社会主义生产的发展，提高劳动效率和生产效益。要达到这样的社会效果，必须破除小农意识和自然经济的观念，破除相互封闭、彼此分割的传统生产模式束缚，实现社会经济生活的相互开放。以此做到瞄准世界先进发展水平，不断学习和引进科学技术，引进资金、人才、设备，不断扩展市场，扩大交流，打破各种经济发展的封锁，形成开放的商品市场，避免因采用贸易保护主义或地方保护主义，造成社会生产发展、交流和融合的障碍。而经济全球化也为社会主义提供了广阔的开放舞台，为社会主义经济发展特别是社会生产发展创造了良好的社会条件，能够有效地实现社会主义经济开放的要求。

社会主义开放的基本内容，也表现为社会主义的政治开放。这主要表现在社会主义的对外开放上面，包括与资本主义社会形态实行政治开放。而资本主义不论在经济发展上如何先进，在政治上必然是落后的和反动的。由此使社会主义面临着更为复杂的社会发展环境，提出了更高的社会开放标准和要求，必须坚持自己的根本原则和规定。在社会主义社会内部，应当通过建立科学的社会民主政治，形成以监督制民主为根本要求的社会民主形态，保证社会主义开放的有效实施。在对外开放上，确定科学的社会开放原则规定，把政治领域开放与经济领域开放科学地区别开来，把人类社会所创造的优秀文化成果与剥削社会形态的本质区别开来，从而正确把握人类社会历史发展潮流，动员一切正义力量，努力构建公正合理的国际政治秩序，为社会主义发展提供有效的社会政治保障。

社会主义开放的基本内容，同样表现在社会的文化开放上面。这种文化开放，表现为科学地进行不同社会思想文化的交流与交往，充分利用各种有益的社会文化成果，形成社会主义发展前进的促进力量。人类社会的发展，必然表现为旧的文化不断被否定、新的文化不断成长发展的社会历史过程，这种否定和成长，必须通过相互间的比较、评定和碰撞，才能够确定和实现。社会主义文化以劳动创造为其根本规定，具有最为正义、最为道德的社会生活内涵，与人类的其他社会文化之间，既具有不同的发展特点和发展要求，又存在着必然的内在联系。必须以劳动创造为根本规定，对各种社会文化予以科学的区分和区别，通过对人类社会文化的科学的学习、继承和扬弃，在根本上否定一切剥削阶级文化，形成崭新的社会主义文化，为社会主义发展奠定坚实的社会思想基础。

上述社会主义开放的基本要求和基本内容，说明社会主义开放具有全面性的特点和规定，不单表现在社会经济领域，也表现在社会的政治领域、文化领域；既是一个经济范畴、生产范畴，也是一个政治范畴、思想范畴、文化范畴；既表现为对内开放，也表现为对外开放；既表现为社会的整体的开放，也表现为劳动者之间的相互开放，体现在社会生活的各个方面。由此展示出社会主义开放的全面性要求，使开放成为一种全社会的行为，成为人们的生活方式和生活习惯，形成人类社会崭新的社会开放局面。也只有这样的社会开放，才是真正的完全的社会开放，才能够充分适应社会主义的社会发展需要。

社会主义开放的基本要求和基本内容，也说明社会主义开放必然具有整体性的特点和规定。社会主义以社会的整体的发展为根本要求，社会主义开放同样必须符合社会主义的整体发展需要，以实现社会利益最大化为根本要求。在资本主义私有制下，社会生产只是表现为资本家个人的自己的生产，社会发展实际上是一种个人的自己的发展，社会开放实际上同样只是一种个人的自己的开放，因此不可能提出社会开放的整体性规定问题。社会主义通过实行生产资料公有制，通过实行商品计划经济，把整个社会生活联结为一个统一的整体，把整个社会利益要求联结为一个统一的整体，形成社会发展的整体性要求，并以此构建起统一的社会开放体系，形成对于社会开放的整体性规定。没有这种社会开放的整体性规定，就不符合社会主义的根本发展要求，不符合社会主义开放的根本要求。

社会主义开放的基本要求和基本内容，说明社会主义开放同样必须具有建设性的特点和规定。实行社会主义社会开放，是为了促进社会主义的发展进步，是在主观能动性指导下的科学的社会行为，与资本主义开放有着显著的区别，必然具有创新性和发展性的内涵。必须在社会的制度建设和体制构建上，探索创建科学的社会开放机制，建立起符合社会主义开放要求的社会关系准则和制度规范。缺乏科学的社会制度建设，不是从制度建设的层面来把握社会主义的社会开放，很容易把社会主义开放看成是一种临时性的工作行为，难以形成常态化的社会开放机制，难以适应社会主义的发展要求。

社会主义开放的基本要求和基本内容，是社会主义开放的原则规定和行为遵循，是实施社会主义开放的基本工作要求。在社会生活中，还有其他一些具体的社会开放内容，例如创办特区，对某些地方或某些方面实行特殊的政策，等等。但抓住了上述社会开放内容，就能够正确地实现社会主义的社会开放，不仅把社会主义开放与资本主义开放在本质上区别开来，在发展手段和发展要求上，同样能够与资本主义开放根本区别开来。由此科学全面地体现出社会主义开放的根本规定和要求，正确实施社会主义开放，实现良好的社会主义开放效果。

四、社会主义开放是一个发展着的动态过程

社会主义开放与社会主义发展相伴始终，与社会主义发展水平和发展要求密切相关。只有坚持动态性的要求，科学确定社会开放的程度、规模和水平，才能与社会主义的发展需要相一致、相适应，切实保证社会主义开放的有效实施。

实行社会主义社会开放，既具有较强的主观性因素，又具有客观的社会物质基础规定，表现为一种主观愿望与客观条件的辩证统一。在社会主义社会中，还存在着不同的社会利益要求，社会生产还不能实行完全的社会化大生产，社会管理还是有条件的社会计划管理，社会发展不可能一下子达到其最高社会发展阶段的要求，达到完全的毫无条件的开放程度。正确实施社会主义开放，必须与社会主义发展水平联系在一起，在不同的社会阶段和发展时期，确定不同的开放内容和开放形式，不能以一个标准、一个模式，来实行和要求社会主义的社会开放。不讲社会的客观物质条件，或者拒绝开放、排斥开放，或者随意开放、盲目开放，都不符合社会主义开放的要求。

社会主义的开放程度和开放水平，首先是由社会主义物质生产发展水平所决定的。社会物质生产的发展水平和状况，在根本上决定着一个社会形态的发展要求和发展面貌。同样，社会主义开放的发展程度和水平，也在根本上决定于社会的物质生产发展水平和状况。而社会主义在社会物质技术基础的发展水平上，内在地有着极大的差异性，具有极大的包容性和适应性。因此在社会开放的程度和水平上，必然存在着较大的差异性和动态性。只有随着社会生产力的不断发展和提高，随着社会主义自身实力的不断充实和增强，才能逐渐扩大社会开放的

层次和领域，不断提高社会开放的程度和水平。如果不顾社会物质生产技术发展条件，在社会生产力处于较低水平的时候，在自身实力还不够强大的时候，即盲目实行对外开放，特别是一味对资本主义实行开放，必然会脱离开社会主义开放的要求，走向社会主义发展的反面。

社会主义的开放程度和开放水平，也是由社会主义制度的发展水平和成熟程度所决定的。社会主义制度是社会主义存在和发展的基本社会物质条件，也是实施社会主义开放的基本物质保证。社会主义的开放程度和开放水平，必须与社会主义制度的发展水平相一致、相适应。而社会主义制度同样是一个不断发展和不断完善的过程，社会主义开放自然也是一个不断探索、不断完善的过程。只有根据社会主义制度的成熟和完善程度，依据社会主义的实际发展水平，科学确定社会开放的领域和内容，才能使开放起到对于社会主义发展的保证和促进作用。如果社会主义的制度建设不完善、不成熟，或者具有较多的不稳定因素，缺乏有效的应对危机和化解风险的能力，就不能去盲目实行对外开放，随意去进行社会开放。

社会主义的开放程度和开放水平，同样决定于社会主义发展的外部环境条件优劣与否。这种外部环境条件，同样是指整个世界范围内的政治经济发展环境和发展条件。一般来说，对于社会主义内部的发展环境条件，是比较容易把握和确定的。而社会主义开放的外部发展环境，则具有相对复杂的社会因素，不是社会主义国家自身所能够完全决定和改变的。实行社会主义开放，必须科学把握外部世界的发展变化情况，与外部世界的客观环境条件相一致、相适应。外部环境条件比较宽松，社会主义开放的程度和水平也会更高一些，外部发展环境比较严峻，其开放程度和开放水平也必须予以调整和改变。社会主义发展的外部环境条件是不断变化的，因此社会主义开放同样是一个不断前进和发展的历史过程。

社会主义的开放程度和开放水平，从根本上说，必须与自身的总体实力和发展水平相一致。社会主义的自身实力越雄厚，就越具有实行开放的条件。在商品生产下，特别是在与资本主义的开放中，彼此必须是一种相互对等的互利行为，必须以开放主体之间的互惠互利为基本要求。而同等程度的社会开放内容，往往对占据强势地位的一方更为有利，能够使其获得更大的主动权，借此拓展市场，推销商品，从其他国家和地区获取自己更多的利益。对那些落后的国家和地区来说，虽然也能够从中实现一些自身利益，但把握得不好，也可能会丢掉自己的长远利益和根本利益，最终拉大自身与其他国家的发展距离。从现时一般游戏规则和国际惯例来看，权利与责任应当是对等的。如果承担不起那么大的社会责任，就不应当片面去强求所谓权利，不能只看到有好处的一面，硬要去实行所谓开放。只有根据自身的实力状况，科学确定社会开放的程度和水平，才能使开放真正有利于社会主义的发展进步。

从社会主义开放的发展要求中可以看到，实施社会主义开放，实现社会主义开放的良好效果，应当切实注意社会主义开放的发展条件和发展环境问题，切实把握好社会主义开放的发展进程，处理好以下三个方面的关系问题。

一是现实性开放与理想性开放的关系。社会主义开放必须向着清除一切社会交往障碍的方向发展，向着消除所有有碍于社会发展的封闭性因素的方向发展。这样一种社会主义开放要求，表现为社会主义开放的理想性内涵，既是社会主义开放的重要特征，也是人类有意识有目的的社会活动的必然体现。没有理想性的社会开放目标，把社会开放局限在现实的利益要求追逐上，只就现实社会发展去实现社会开放，不利于社会主义的发展，也不利于人类社会的根本发展要求。但在现实生活中，不能丢掉具体的社会发展条件，脱离开现实的社会发展环境，一味以理想性的社会生活内容作为现实社会的开放要求。

二是主动性开放与适应性开放的关系。实行社会主义开放，既具有社会主义自觉主动的发展要求和愿望，也必须实现各种开放主体之间的契合与认同，不可能仅仅依照自身的意愿行事，必然会有一些因开放对象自身的利益要求所形成的社会开放内容。这样一些社会开放内容，对于社会主义的社会开放主体来说，表现为被动性的社会开放，属于一种适应性的社会开放内容。没有这种适应性的社会开放要求，不可能有效实现社会主义社会开放，但如果对这种适应性开放内容缺乏科学的把握和控制，同样会造成社会发展中的失误。在实施社会主义社会开放中，既不是斤斤计较，也不是不管不顾，而是从社会发展的总体要求和社会主义的根本利益出发，来确定是否实行开放，怎样实行开放。对于拿不准的事物，必须谨慎从事，避免给社会主义发展造成不必要的损失。

三是主导性开放与普遍性开放的关系。社会主义开放表现为一种全面性和整体性的开放，对于整个社会生活和所有社会活动主体来说，都具有开放的规定和要求。但任何社会开放都是一种具体的社会利益行为，表现为一种利益争取和利益交换，必须以实现开放主体自身利益的最大化为要求。在现实生活中，对于任何社会开放主体来说，都不可能在各个方面、各个领域，都占据主导地位，都具有绝对的优势，而是表现为一种相对的比较优势。必须根据社会主义的发展条件、发展特点和发展资源，抓住关键性环节和主导性内容，力求形成主导性的社会开放战略。以此使社会主义优势得到有效发挥，增强自身实施社会开放的实力，更好地实现社会主义的社会利益。

在现代社会生活中，金融具有主导性的社会地位。因此在世界性的社会开放中，货币往往承担着经济联系管道和利益交往纽带的作用，对社会开放起着带动和引领的作用。货币竞争是现代社会竞争的鲜明标志，金融竞争是社会开放中的重要内容。随着全球经济一体化的形成和发展，资本主义越来越多地利用金融和货币手段，对其他国家的发展进行控制和干预，造成金融风暴、金融危机等世界性的经济灾难，以遏制他人，发展自己。特别是作为世界头号资本主义强国的美国，一直抓住美元这个主导性的发展手段不放，把货币霸权作为政治霸权的重要工具。这种货币霸权和枪炮霸权一样，本质上都是资本主义霸权的组成部分和发展手段。在社会主义的开放中，必须注重在金融和货币开放中的独立性和主导性，努力争取对外开放中的主动权和主导权。丢掉货币和金融，只是卖出几件商品，买回几件物品，就会丢掉社会主义开放的关键性环节，最终使社会主义陷入被动和不利的发展状态。西班牙、希腊等国家在对外交往中的教训，已经说明了这一点。

社会主义开放既必须坚持自己的原则规定，又必须具有灵活性的发展要求，必须根据社会主义的发展实际和发展需要，确定不同的社会开放内容。这同样是社会主义开放动态性的必然体现和反映。例如在遇到特殊困难的时候，或者是在特定时期，可以制订一些特殊的政策，提出一些特殊的措施，保证社会主义开放的实施和实现。同时在面对新的社会开放领域和开放内容时，增强主动意识和主导观念，坚持社会主义本质规定，科学把握社会开放的趋势，更好地适应社会开放的需要。例如在互联网的管理上，应当从社会主义的本质规定和根本要求出发，体现出社会主义开放的预见性和前瞻性，率先形成各种社会生活规则和规定，不能总是跟在别人的后面，照着别人的办法行事。只有这样，才能形成科学的社会主义开放的政策规定，使开放始终有利于社会主义的发展需要。

社会主义的经济开放，既必须依据商品生产和市场经济的规则办事，从长远来看，又必然向着产品生产和计划经济的方向发展。而产品生产和计划经济曾经造成过社会主义发展中的封闭和死滞，因此一些人仅仅把商品生产看成是开放的生产，把市场经济看成是开放的经济，并以实行开放为由，盲目否定产品生产和计划经济。这显然是不正确的，对于社会主义发展同样是十分有害的。在论述社会主义社会开放时，有必要就产品生产和计划经济的开放性问题，进行一点论述和探讨，由此为社会主义的发展和胜利提供科学的理论根据。

不难发现，社会生产形态和经济形态的开放与否，既决定于具体社会形态的本质规定，也决定于社会生产力的物质技术发展水平。在资本主义和社会主义社会中，商品生产属于开放的社会生产和社会经济，在奴隶社会和封建社会中，商品生产照样表现为封闭保守的自然生产和自然经济。同样，产品生产可以是个人的自己的生产，例如自然经济下的产品生产；也可以是社会的集体的生产，例如社会主义和共产主义的产品生产，前者表现为封闭的社会生产和社会经济，后者表现为开放的社会生产和社会经济。而在共产主义社会中，社会生产表现为统一的社会产品计划生产，社会经济表现为产品计划经济，这样一种社会生产和社会经济，毫无疑问是最为开放的社会生产形态和社会经济形态。自然产品生产必然是封闭的保守的生产，计划产品生产必定是开放的积极的生产，显然不能说，产品生产只能是封闭的社会生产，进而简单以是进行产品生产还是商品生产，是实行市场经济还是实行计划经济，来评定是开放的社会形态，还是封闭的社会形态。

通过分析就能够看到，产品生产和计划经济能够以整个社会为单位开展和进行，在根本上有利于消除社会生产中的封闭和保守因素，形成融洽一致的社会人际关系，形成最为道德正义的人际交往机制，不仅能够成为开放的社会生产，而且必定是比较商品生产更为开放的社会生产。在社会生产力低下的时候，产品生产只能是个人的自己的生产。但不能由此把产品生产定义为封闭的生产。只要形成高度发达的社会生产力，形成对于社会生产的科学计划和有效指导，产品生产必然是更为开放的社会生产形态。这样一种开放的发达的社会产品生产，只有在按需分配的条件下，在共产主义社会中，才能得到完全的实现。由此也为社会主义开放确定了科学的发展目标和方向，为人类社会发展确定了科学的目标和方向。

通过上述分析也可以看到，社会主义开放必须与社会主义生产力发展水平相一致，与社会主义发展的整体要求相一致。过去社会主义产品生产所以出现封闭的现象，在于脱离开社会的物质生产发展水平，在社会难以实行毫无条件的社会产品生产的时候，脱离开劳动者的个人利益要求，以大锅饭的方式进行社会产品生产，从而既缺乏产品生产之间的相互比较和联系，也缺乏生产者之间的相互比较和联系，使社会生产和社会计划都走向了封闭和阻隔。在实际生产活动和计划安排上，往往只是表现为个别领导者的事情，只有少数人在那里殚精竭虑，费心劳神，进行计划和安排，实际上是以小农生产的方式，以自然经济的发展模式，来进行社会产品生产。由此把社会产品生产变成了个人产品生产，使社会生产局限在封闭和狭隘的范围内。这才是以往社会主义产品生产出现失误的根本原因，是过去计划经济出现失误的根本原因。不能由此简单地把产品生产看成是封闭的和保守的社会生产，把计划经济看成是封闭的和保守的社会经济，进而把实行产品生产和计划经济的社会形态，看成是封闭和保守的社会形态。

在社会主义社会中，必须以商品生产作为基本的社会生产形态，但也必然存在着一定数量的社会产品生产。这种产品生产，既必须是开放的社会生产，也必须具有社会竞争的性质，同时随着社会主义的发展而不断增加和扩大。这种产品生产的竞争，不是直接通过市场形成社会的价值比较杠杆，而是通过社会的整体规划和管理，通过在劳动者之间进行价值评定和比较，实现开放的社会产品生产的要求。社会主义不能实行完全的产品生产和计划经济，是因为社会生产力发展水平还不高，是社会主义所要解决的“弊病”和“缺陷”。过去只讲商品生产是开放的生产，进而认为实行开放就只能推行市场经济，只能发展商品生产，显然是不正确的。产品生产和商品生产，产品经济和商品经济，是一个必然的社会历史发展过程。从人类社会发展的基本规律来说，产品生产从封闭走向开放，以产品经济取代商品经济，以计划经济取代自然经济，是否定之否定规律的必然体现。产品生产必将替代商品生产，计划经济必然否定自然经济，这就是社会主义社会开放的必然结果，是实行社会主义开放最终所要达到的社会生活要求。

五、社会主义开放与社会主义改革的关系

社会主义改革是对现有社会主义社会事物的调整、革新和改良，与社会主义开放具有内在的逻辑联系，在实践中也常常是相互推进、同时实施的。正因为这样，一些人往往把改革与开放混为一谈，认为改革就是开放，开放就是改革，进而把开

放当成是社会主义发展的阶段性产物，甚至当成是改革的附属品。科学地认识和理解改革与开放之间的关系，对于科学地进行社会主义改革和社会主义开放，具有非常重要的意义，是实现社会主义开放良好效果所应弄清楚的一个基本理论问题。

中国在1979年开始实行改革开放的时候，由于僵化的思想观念与僵化的管理体制缠织在一起，单讲改革不讲开放，或者单讲开放不讲改革，彼此都难以得到有效的实施。同时没有改革，就找不到实行开放的手段和途径，没有开放，改革同样找不到发展的目标和方向，因此把二者结合在一起，形成统一的工作要求和发展战略，是完全正确的。但不能由此把改革开放简单地看作是同一个社会生活范畴。对于实现社会主义社会发展来说，开放不是完全等同于改革，改革也不是完全等同于开放，彼此有着不同的本质规定和具体内涵，具有相对独特的发展要求和工作手段，必须加以科学的区分和区别。

首先，开放属于单一性和具体性的工作内容，改革属于全面性和整体性的工作内容。对于实现社会主义的社会发展来说，开放是促进和实现社会发展的一个重要方面，主要是就打破社会生活中的封锁、封闭和禁锢而言，表现为一种社会关系的确立和确定，是一种具体的工作要求；而改革涉及到所有社会生活领域，是就整个社会主义的社会生活和社会发展而言，表现在社会的政治、经济、文化等各个方面，是一种全面性和整体性的工作要求。二者既可以相互联系、共同推进，又不能相互代替、合二为一，不是进行开放就必须包括改革的内容，进行改革就一定属于开放的要求，也不是一定要把二者结合在一起才能够实施。

其次，开放具有长期性和稳定性的工作特点，改革具有临时性和动态性的工作特点。与改革相比较，开放是一种实现社会正常有序发展的措施和手段，属于制度性的具体工作内容，具有常态化、固态化的特点，必须在工作目标、具体内容、实施办法上，形成相对稳定的社会制度规定，体现出长期性和稳定性的工作特点。一项开放措施被确定下来后，即不可随意变更和改动。而改革是对旧制度、旧体制、旧事物的调整和改变，是在社会发展出现障碍和限制时，所采取的社会改进和否定措施，表现为动态性、临时性的社会活动内容，必须根据社会的具体发展变化情况，随时确定不同的改革目标任务，带有被动性和适应性的特征。如果把改革与开放作为同一个概念，很容易把开放也当成是暂时性、动态性的工作要求，使开放成为变化不定的活动和行为，必然难以得到有效实施。

其三，开放具有规范性和建设性的工作要求，改革具有否定性和创造性的工作要求。开放是一种具体的社会发展手段，表现为能够直接促进社会发展的具体社会实践活动，其实施结果必然表现为社会劳动成果的具体生成，表现为具体的社会发展实际效果，具有社会发展有效建设的性质。因此实行开放要有规范性的社会制度规定，是所有开放主体能够实际参与和有效实施的社会活动内容，表现为社会开放制度建设和实施的全部过程，以形成实际社会发展效果为根本要求。而改革是一种推进社会发展的手段，表现为对于社会具体发展手段的选择和改变，具有鲜明的社会变革和社会否定的性质，既必须以制度创建确立和巩固相关改革活动成果，具有制度创新的性质，又不包括对于相关改革制度规定的具体实行，其对社会发展的促进作用，同样必须通过其改革对象在此后的具体实施和实践来实现，包括通过开放政策措施的实施来体现。

改革与开放的这种区别和不同，说明在社会主义发展中，既要把二者科学地统一起来，又必须把二者作为不同的社会生活范畴，形成不同的工作任务要求。实行开放、扩大开放需要进行改革，但改革不是仅仅等同于开放，也不能完全替代开放。改革是对现有社会生活内容的不断否定和改变，开放是对未来社会发展要求的制度确立和实践，改革随着相关开放制度的确立而结束，开放则随着具体改革实践活动的结束，而进入到对于相关制度规定具体实施的社会发展阶段。开放体现着社会主义的本质规定和制度要求，改革反映着社会主义基本矛盾的运动状况和发展要求，开放是改革的一项重要工作内容，又不是仅仅通过改革就能够得到完全实现；改革体现在社会生活的各个领域和各个方面，而开放只是其中的一个领域和一个方面。开放体现改革，又不能简单等同于改革，改革促进开放，但也可以否定开放、限制开放，二者都是一种社会发展手段，对于社会主义发展具有不同的意义和作用。只有科学确定改革开放的内容和规定，才能使二者体现出社会主义的发展要求，共同实现促进社会主义科学发展的目的。

这样一种改革与开放的关系，说明二者之间必然是一个辩证的统一，同时表现为对象与主体、目的与手段的关系。开放为改革确定具体的工作目标任务，是改革的具体对象和活动目的，改革为开放开辟发展的道路，表现为实现开放的主体和手段。在现实生活中，实现开放需要进行改革，进行改革必须为开放提供有效的服务和保障；开放通过改革为自己扫清实施的障碍，改革能够以开放作为临时性或阶段性的工作目标要求。没有改革，难以及时对影响社会开放的障碍性因素予以改变和剔除，没有开放，改革同样会失去重要的工作内容和表现形式。这既是社会主义改革开放之间的辩证统一关系，也是科学实施社会主义改革开放的原则规定和具体要求。

我们可以用社会主义基本矛盾与社会主义本质的关系，来说明改革开放之间的这种具体关系内涵。社会主义本质和社会主义基本矛盾，是一个事物的两个方面，社会主义本质表现为社会主义基本矛盾的内在本质规定，主要表现为社会主义的制度建设要求；社会主义基本矛盾是社会主义本质的外在表现形式，主要表现为社会主义本质的具体规定和发展要求，二者具有共同一致的社会生活规定，又具有不同的社会存在形式和发展特点。而社会主义改革开放则是这种社会关系的集中体现和反映。在这里，决定社会主义改革的，是社会主义的基本矛盾运动；决定社会主义开放的，是社会主义的劳动创造本质。开放是社会主义本质的必然反映和体现，既不直接涉及社会主义的基本矛盾运动，又与社会主义基本矛盾运动密切相关；改革是社会主义基本矛盾运动的必然要求，在根本上又同样是由社会主义本质所决定的。只有把改革开放科学地联系起来，才能全面反映出社会主义的发展要求；同样，只有把二者科学区分开来，才能既有效实现社会主义的本质规定，也有利于解决社会主义的社会矛盾。如果弄不清改革与开放的关系，失去对二者发展要求和本质规定的科学把握，简单地以改革推进开放，把开放仅仅当成是改革的产物，很容易使开放成为变化不定的东西，也使改革陷入主观随意的状态。

把改革和开放科学区分开来，能够使我们从根本上把握社会主义的发展要求。不难看到，社会主义开放表现为社会主义的基本制度性规定，属于社会主义制度建设和制度实践的范畴；社会主义改革表现为一种社会发展性要求，必须通过对于现实社会生活内容的不断否定变革来实现。以此为社会主义改革开放确定不同的工作目标和发展任务，科学地进行社会主义的改革开放。如果简单以开放取代改革，或者简单以改革替代开放，就没有必要同时提出改革开放这两个专有名词了。

从上述分析中也可以看到，我们目前所实施的社会主义开放，虽然在实践中符合社会主义的发展需要，却没有从社会主义本质规定的层面，来认识社会主义的社会开放问题，把开放仅仅看成是对过去“左”的做法的否定，看成是把社会主义从那种超前过渡的状态，拉回到正常发展的社会轨道上来。这样也就不可能从总体要求和顶层设计上，对社会主义开放以科学的把握和实践，难以为社会主义开放确定科学的原则遵循和目标方向，既影响开放的科学实施，也妨碍改革的有效进行。例如一讲改革就是创建特区、兴办实验区，一讲开放还是创建特区、兴办实验区，使开放和改革都成为一种暂时性的工作要求，缺少对于社会主义开放的制度设计和体制构建，在根本上不利于社会主义的发展需要。这也是我们在研究社会主义开放时，要把它与社会主义改革联系起来进行探讨的原因。

六、正确认识社会主义开放中的对抗性问题

开放在本质上与封闭和对抗相对立，具有包容共赢的性质。但开放对于社会开放的主体和客体来说，都是一种社会利益实现，也要有一定的自身利益付出，必然会出现各种社会利益矛盾。对于社会主义国家内部的矛盾，可以发挥社会主义的制度优势，避免对抗性的矛盾出现。对于国家与国家之间的矛盾，特别是在不同社会形态的国家之间，则缺少刚性的协调机制和规范手段，容易形成对抗性的矛盾和冲突。实行社会主义开放，必须注意到这种外部社会矛盾的对抗性问题。否则很容易引起社会发展中的失误，不利于社会主义开放的进行，甚至会形成相反的社会结果。

如前所述，社会主义开放必然包含着对外开放，包括与资

本主义和其他社会形态国家之间实行相互开放。而在资本主义相对占据强势地位的时候，社会主义的对外开放，实际上主要是对资本主义的开放，特别是对发达资本主义国家的开放。一方面，社会主义就其自身一般发展规律来说，是建立在资本主义基础上的，彼此具有必然的传承和扬弃关系。另一方面，资本主义与社会主义又是根本对立的。特别是那些老牌资本主义国家，既集聚有相对强大的社会物质财富，又形成了掠夺占有和蛮横霸道的强权心态，在对外交往中唯我独尊，不讲路数。保证社会主义开放的有效进行，必须对资本主义开放以科学的认识，对资本主义的社会交往方式以科学的认识，解决好与资本主义的往来和开放问题。

毫无疑问，与其之前的社会形态相比较，资本主义发展也是在社会开放中进行的。但资本主义的开放，是由其剥削压迫的本质所决定的，是伴随着殖民主义、帝国主义的炮舰政策进行的，在金钱拜物教和个人主义价值观的驱使下，在资本主义的政治生态鼓动下，必然表现为残暴的野蛮的社会行为。如果说资本主义在国内由于受到选举政治的束缚，表现出一副自由民主的姿态，在国际事务和对外交往中，则完全以强权政治和霸权心态，来与其他国家打交道。而且为了欺骗民众，捞取选票，往往要没事找事，舞枪弄刀，杀鸡给猴看，展示自己的所谓强硬形象。随着人类社会的发展进步，资本主义的霸权方式也有所改变。例如过去帝国主义占领了一个国家，就是进行赤裸裸的掠夺和压榨，现在帝国主义占领了一个国家，却不敢公开进行殖民掠夺，甚至还要承担点所谓重建责任。但不论手段和方式上有什么变化，最终都是留下一个烂摊子，给他人制造发展障碍。美国眼下在伊拉克、利比亚等国的行为，就是这样，都是如此。只要资本主义剥削压迫的本质不改变，资本主义的社会交往方式就不会改变，必然会给人类社会开放造成障碍，直接威胁到社会主义的生存和发展。

从现实社会发展中不难看到，社会主义对外开放的最大威胁，依然是资本主义的武力恐吓和战争威胁。资本主义崇尚物竞天择、弱肉强食的生存理念，在其处于强势地位的时候，尤其是如此。在现实生活中，以美国为首的资本主义军事集团为所欲为，无法无天。特别是作为头号资本主义强国的美国，再缺钱不能缺军费，再没钱不能没导弹，一味发展尖端武器，搞太空战、机器人战，追求军事上的绝对优势。在其利用经济、政治手段达不到自己的欲望时，立即就把枪炮抬了出来，动不动就是让航空母舰说话。谁不称自己的意，就打着国际社会的幌子，武力相向，刀枪相加。翻开近几十年来的历史，没有一个美国总统没有动枪动炮。这既是对社会主义的威胁，也是对人类社会发展的威胁。社会主义开放严格说来，是与这些武装到牙齿的利己主义者和战争恐怖主义者打交道，可谓发展与风险同在，利益与对抗并存。

资本主义对于社会主义开放的威胁，还表现为经常玩弄两面手法，惯于利用欺诈手段，言而无信，不知其可，桌面上握手，桌底下踢脚，当面讲的好听，过后就不认账。例如在中国的台湾问题上，美国政府与中国签订了三个联合公报，作出了自己的承诺，转身却搞了一个《与台湾关系法》，把自己的国内法凌驾于国际法之上。再比如，日本的安倍政权派人就中国钓鱼岛等问题与中国达成四项协议，回到国内就不认账。政治上是如此，经济上同样是如此。在中国运十飞机的项目合作上，就是打着手电筒让你顺着光柱爬上去，然后关掉电门把你甩下来，成功阻碍了中国飞机工业发展达30年之久。事实证明，资本主义在本质上是很难靠得住的国家，并且实力越强，说话越不算话。阿富汗前总统是靠着美国支持干了10多年的阿富汗总统，离任时却专门提出必须提防美国人的警告。阿富汗人尚且是如此，其他人就更不用说了。

资本主义对于社会主义开放的威胁，还表现在利用其现有的强势地位，或者强行确定世界游戏规则，或者随意改变世界游戏规则，使世界处于极不安全、极不稳定的状态。美国逢事必霸，在各方面实行双重标准：民主是双重标准，反恐是双重标准，独立是双重标准，反核是双重标准……可以说，在美国的处事行为规范中，几乎找不到一个前后统一的是非标准。例如对日本的核材料、以色列的核武器，美国不仅不予制裁，而且暗中支持，对伊朗、朝鲜这些国家却死死不放，连正常的国家权利都不给；无中生有地鼓噪“中国威胁论”，利用台湾问题牵制中国发展，利用军国主义余孽遏制中国发展，在钓鱼岛找事，在南海挑事；要求其他国家对自己开放，自己却对古巴进行封锁。仅暗杀古巴领导人卡斯特罗就达600多次。支持车臣分离出俄罗斯，对科索沃等地区唯恐天下不乱，对乌克兰顿涅茨克等地区的全民独立公决却坚决反对，派兵干涉；对全世界进行秘密监听，丑闻涉及35个国家元首，却贼喊捉贼地攻击别人对其进行监听。这样不讲信用、不讲规矩的国家，必然给社会主义开放造成困难和障碍。

在社会主义的对外开放中，还经常遇到资本主义的贸易战，或者是金融制裁、经济制裁等。这种所谓经济制裁和贸易战，比起资本主义的战争恐怖主义行为，当然是一个历史的进步，却同样是以蛮横无理的方式进行的。在其自身力量比较强大时，资本主义反复讲贸易自由、门户开放，以从中攫取更多的利益，而一旦其他国家的发展水平有所提高，能够在某些方面与自己形成竞争关系时，则随意践踏国际行为准则，明目张胆地阻碍和破坏他国的发展。例如对古巴 50 多年的制裁，完全没有一点道理，几乎全世界都反对，美国却依然不管不顾，我行我素。这既说明资本主义是一个封闭的社会，具有更多的社会封闭因素，也必然形成社会主义开放中的矛盾和冲突。可以说，封闭是资本主义的本质使然，其动辄实施所谓的经济制裁、贸易制裁等，既是对他人的封闭，也是对自己的封闭，是资本主义封闭本质的表现。由此同样造成社会主义开放中的对抗和冲突。

由此可见，社会主义的社会开放，是和资本主义的对抗同时存在的，既可能为社会主义带来更多的利益，也可能形成社会发展的障碍性因素。在现实生活中，对于社会主义社会的否定，既可能来自于共产主义超前规范的否定，也来自于资本主义的对抗和否定。对于因超前规范所形成的否定因素，只要科学认识社会主义的本质规定，正确认识社会主义与共产主义的区别，就能够有效予以避免。而资本主义对于社会主义的否定，则具有现实的威胁和危害。不仅在思想观念和意识形态上是如此，在经济贸易往来中，在利用资本主义的科技文化时，也会受到资本主义的欺诈、封锁和遏制。在社会主义的社会开放中，必须积极采取对策，切实保证社会主义开放的实施。

一是必须始终坚持社会主义的本质规定。社会主义开放是建立在劳动创造本质基础上的，这样一种社会主义本质规定，是社会主义开放必须遵循的基本原则规定，也是社会主义开放先进性、科学性的充分体现。只有在这个本质规定下，才能够在道义上战胜一切剥削社会形态，否定一切剥削社会制度，体现出社会主义开放的道德性和正义性。而在社会主义开放的本质规定下，即使社会主义在其他社会发展上面暂时赶不上资本主义，在发展手段、实现方式和价值取向上，也远远超过资本主义，能够为社会主义开放提供坚不可摧的道德证明。以此使社会主义占据社会开放的道德制高点，确立科学的社会开放行为准则，努力建立起公正合理的世界政治经济新秩序，形成有利于人类社会发展的政治经济新格局。

二是必须以自身实力作为社会开放的坚实后盾。社会主义开放在根本上是一种社会利益交换行为，只有自身具有交换的筹码和本钱，才能够与他人进行平等交易，实现利益交换。实行社会主义开放，必须努力发展社会主义的生产力，增强自身经济实力，以此有效实现自身的利益。在自身发展相对处于劣势地位的时候，必须从实际情况出发，科学确定自己的优势和长处，扬长避短，增强与他人进行利益交换的实力。这种社会主义发展实力，既表现为经济实力、技术实力，也表现为政治实力、文化实力，既表现为每个社会主义国家的单独的实力，也包括社会主义发展的整体实力。同时资本主义剥削压迫的本质，决定了其战争恐怖主义的本性，社会主义要想保证自己的存在和发展，必须发展自己的军事力量，要有管用的防弹衣。有了军事实力，别人就不敢轻易对你下手，就可以去进行对外开放；没有军事实力，就难以保证自身的安全和太平，难以实现自己的和平发展、顺利发展。

三是必须正确坚持自力更生的发展方针。在社会主义发展中，谁都想发展得更快些，更省力、更轻松些，实行开放则是一条有效的途径。但进行开放不是靠自我想象办事，不能把自己的发展简单寄托在别人身上，尤其是不能简单寄托在资本主义身上。事实说明，要想实现社会主义的发展，指望资本主义的仁慈是不行的，指望他人的施舍是不行的，在关键问题上必须依靠自己，在根本上同样必须靠自己。社会主义在任何时候都不能丢掉独立自主和自力更生的思想意识，必须把实行对外开放与实行自力更生结合起来，弄清楚社会主义发展主和辅的问题。有了自力更生的思想观念，就能够保证社会开放的有效进行，失去自力更生的思想意识，就可能受制于他人，既妨碍自身发展，也不利于实施社会开放。

实现社会主义开放，还必须正确认识社会的信息公开问题。实现社会开放必须要有一定的信息公开，不然就难以同他人进行交往和交流。但这种公开，不能是无原则的公开，必须以实现社会主义的巩固发展为根本要求。特别是由于目前社会主义在总体实力上不如资本主义，在军事实力上与发达资本主义国家更是相去甚远，必须通过必要的信息控制，以提高对图谋不轨者的威慑力，维护自身的安全。在现实生活中，任何国家都有不公开的东西。以总是叫喊信息公开的发达资本主义国家来说，其机密的东西从来都不会公开，公开的都是次要的，或是为了吓唬人的。美国的 X37B 技术就不公开，其酷刑报告就不公开，自己的监听丑闻同样从不公开，谁要是予以公开，像维基揭秘网站和斯诺登那样，美国就要以各种罪名，大动干戈，全球通缉，千方百计予以惩治。这既是因为其存在着肮脏和见不得人的东西，也是为了进行武力恐吓和战争准备。如果简单依照发达资本主义国家的标准去进行信息公开，社会主义必然失去必要的保护手段，甚至从根本上葬送社会主义。苏联戈尔巴乔夫的所谓“公开性”就是例子。社会主义应当申明自己信息公开的标准和原因，表明自己和平发展的本质属性，不能照着资本主义的要求，去实行所谓的信息公开。

有人会说，美国是世界警察，就是要管着你。撇开美国自己一身毛病不说，要想去管人，就得先管别人吃饭。如果只用武力管人，不管别人吃饭，这就是强盗和恶霸行为。美国财大气粗，但这仅表现在实行自身霸权需要的时候，包括战争威胁、拼凑盟友、扶持傀儡。在正常的社会交往中，则是鸡蛋里面挑骨头，横挑鼻子竖挑眼，以阻挠他人发展为根本目的。在救灾慈善时同样小气得可怜。1998年中国长江流域发生特大洪水，美国政府的捐助开始竟是2万美元，还没有街头一家小面馆的捐助多。这样的行为举止，有什么脸面去充当世界警察？而美国的所谓世界警察，其手段就是刺刀炸弹、飞机军舰，奉行的是恐怖无赖主义。谁听命于他，例如日本的安倍政权之流，怎么胡作非为都可以；谁有一点主见，像巴拿马前总统诺列加，就动用战机把他抓到美国，关进大狱。可以说，今天的世界上没有一个国家像美国这样强盗、流氓和无赖，所谓世界警察，实际上是世界恶霸，只会给世界发展造成障碍和危害，绝不会有利于世界的和平发展。

有人可能会说，既然资本主义反对社会主义，那就不去要讲社会主义，只去实行开放，不是就天下太平了？恰恰相反，没有社会主义，资本主义就失去了正义的遏制力量，必然更加肆无忌惮，搅得天下大乱。资本主义在根本上存在着扩张霸权的劣根性，在实力相差悬殊时，实力较弱的一方会俯首帖耳，摇尾乞怜，而一旦其实力达到彼此差不多的程度，在利益驱使和选举政治的鼓动下，必然会爆发冲突和战争。两次世界大战都是由资本主义的对抗引发起来的。美国支持叶利钦搞垮了苏联，但不允许出现一个强大的资本主义俄国，不仅没有依照承诺解散北约集团，而且把导弹放到了俄罗斯的家门口。在资本主义国家内部，同样是尔虞吾诈，你打我压。美国对35个国家元首进行秘密监听，就包括自己的盟友。而从人类社会发展的历史规律来说，更不能以否定人类社会发展的根本要求为代价，放弃社会主义的政治主张和发展要求。

通过上面的分析也可以看到，社会主义开放是由社会主义的本质所决定的，与资本主义开放具有本质的区别和不同，彼此在根本上照样存在着一个谁胜谁负的问题。由此也说明，认为开放可以不问姓社姓资的观点，是不正确的。社会主义国家与不同社会形态的国家之间，是一种既相互否定又相互依存的现实利益关系，社会主义制度与剥削社会形态之间，则必然是一种相互否定和根本对立的关系。社会开放同商品生产、科学技术一样，不具有直接的阶级性，但一旦同具体的社会形态联系在一起，就必然具有自己的阶级属性。而任何开放都是在具体社会形态中的开放，如果把握得不准，或者失去警惕和防范，对于实现社会主义的巩固、完善和发展来说，必然只能是饮鸩止渴，后患无穷。

这样来认识社会主义的社会开放，会不会使社会主义过于谨小慎微，甚至因噎废食，走向封闭保守，而否定社会开放呢？显然不会。正确认识社会主义开放中的对抗性问题，加强开放中的自我保护，是保证社会主义存在发展的必然需要，在根本上不同于所谓自我封锁和自我封闭。在现实社会发展中，不仅落后国家在国际交往中必须实行自我保护，发达资本主义国家更要设置种种壁垒，千方百计谋求自身利益。通过美国的双反调查、华为投资案、对高科技产品出口限制等行为就可以看到，美国对于自身安全甚至到了风声鹤唳的地步，达到神经质的程度。以美国的实力尚且如此，社会主义国家在开放中，更必须增强自我保护意识，切实加强自我保护。

说社会主义开放与资本主义之间存在着对抗性因素，不是说社会主义开放就必须和资本主义对着干，处处针锋相对，事事锱铢不让。相反，弄清楚社会主义开放中的对抗性因素，是为了避免对抗性的矛盾出现，更好地进行社会主义开放。资本主义是最讲现实利益的，只要社会主义科学设定开放的内容和规定，能够使大家共同得到更多的利益，同时使资本主义认识到对抗的有害性，就能够减少矛盾对抗，避免造成社会发展中的混乱和动荡。人类社会发展必定要对资本主义的强盗流氓行径予以庄严的宣判，资本主义终有一天要站在人类历史的道德法庭上，接受历史的正义审判。虽然目前人类社会发展的正义力量还做不到这一点，但可以通过各种手段，如舆论宣传、据理力争等，对其蛮横霸道的行径予以必要的揭露和遏制；通过多边外交、相互合作等形式，尽量与所有国家处于一种相互协同、互利共赢的发展状态。对蛮不讲理的资本主义国家，则应申明正义，不怕对抗，敢于斗争，树立社会主义开放开明的形象，揭露其强权政治和蛮横霸道的本质，争取世界舆论的理解与支持。以此形成开放的世界政治经济发展环境，更好地实现社会主义的社会开放。

七、构建科学的社会主义社会开放机制

社会主义开放既是对资本主义开放的继承和扬弃，又是向着共产主义开放发展前进的历史过程，既具有较强的主观性因素，又难以确定一个绝对的社会评定标准。只有坚持社会主义开放的本质规定，形成制度化、规范化的工作机制，才能够使社会主义开放始终符合社会主义的发展需要，有效促进人类社会的发展进步，推动社会主义的发展和进步。

保证社会主义开放的有效实施和良好效果，必须形成科学有效的社会评价机制。在社会主义社会开放中，必须以劳动创造为根本要求，始终坚持社会主义的本质规定，以此作为评定社会主义开放的根本标准。脱离开劳动创造的本质规定，所谓开放就不是社会主义的开放。例如股票、彩票之类，只是在资本主义条件下才具有存在的必要，本身即是社会生产无序化的

产物，是资本主义价值观的体现，与社会主义本质是相互对立的，不仅不能作为社会主义开放的内容，而且是社会主义开放必须予以否定的。也只有以劳动创造作为社会开放的本质规定，才能够把社会主义开放与资本主义开放从根本上区别开来，实现更为理想、更为正义、更为公平的社会开放。

保证社会主义开放的有效实施和良好效果，必须形成科学有效的工作创新机制。社会主义是一项前所未有的伟大社会实践，社会主义开放同样是一项前所未有的伟大实践活动。实行社会主义开放，不能脱离开社会主义的发展特点和发展要求，照搬资本主义的经验和做法，而是根据社会主义的本质规定和发展需要，不断探索和创新社会开放的途径、手段和方式，拓展开放的领域、层次和空间。尤其是从公有制和按劳分配的社会生活要求出发，建立起科学的社会关系和社会联系，增强在经济、技术、产品、文化等各个方面的交往与交流。由此充分适应社会主义的发展需要，推动社会主义开放向着更高的阶段发展，体现出社会主义不断前进和发展的要求。

保证社会主义开放的有效实施和良好效果，必须形成科学有效的社会规范机制。社会主义开放具有丰富的社会活动主体和社会生活内容，缺乏有效的社会行为规范，很容易导致公有制下经常出现的大锅饭现象，形成随意性和盲目性的弊端，妨碍和损害社会主义开放的实施效果。必须正确处理社会开放与社会规范的关系，形成制度化的社会行为规范，建立起规范有序的社会管理机制。只有形成科学的社会规范机制，有效约束人们的社会行为，才能保证开放的效果，防止因各行其是、各自为政引起社会开放中的混乱性和随意性，杜绝所谓“西部大开发，嫖娼不再抓”之类的论调出现，保证社会主义社会开放的健康有序进行。

保证社会主义开放的有效实施和良好效果，必须形成科学有效的自我保护机制。社会开放是在各种社会开放主体的利益博弈中进行的。而搞垮社会主义，是资本主义和一切剥削社会形态处心积虑所要达到的目的，加上资本主义政治生态的弊端，如进行选举，搞议会政治，或领导人变动，或出现内部争斗，都会形成对社会主义开放的破坏性因素。社会主义必须加强自我保护意识，防止和避免各种冲突和风险，时刻维护自身的合法权益。在世界上存在着霸权主义的情况下，军事手段是保证社会主义存在发展的基本要求。资本主义依靠枪炮进行社会开放，社会主义必须依靠枪炮保护自身的开放。在关系到国计民生和国家安全的领域，构筑坚固的社会防线，确保社会主义根本利益不受侵犯。

保证社会主义开放的有效实施和良好效果，必须形成科学有效的动态调控机制。社会主义开放是一个发展着的动态过程，在不同时期和不同的社会发展条件下，必然具有不同的政策规定和工作要求。必须把社会主义开放的战略规范与策略制订结合起来，建立起科学的社会监督反馈机制，充分发挥社会主义商品计划经济的优势，发挥社会整体的作用和力量，根据社会的发展变化情况，及时调整社会开放的内容和要求，努力实现开放手段与开放目的的统一，提高开放的水平和质量，保证开放的社会效果。既要把开放看成是社会主义发展的根本内容和要求，又必须把社会主义开放看成是一个发展变化的动态过程，确保开放的有效有序进行。

保证社会主义开放的有效实施和良好效果，必须形成科学有效的工作责任机制。在公有制下，如果缺乏工作责任规定，往往会出现打着进行开放的旗号，随意浪费和消耗公有制资源的现象，形成社会开放中的负面效应。例如一讲开放，就是互相降低投资条件，片面追求个人政绩，大办节会，招商引资，以损害社会的长远的利益为代价，来实现所谓的开放发展。不少地方为引资花的钱比引进的资金都多，不少所谓开放成果都是上下欺骗，自欺欺人。一些用公费出国考察的人员最后记住的就是一个人妖，留下的只是一堆风景照片。而有关部门缺乏考核监督，致使形成消极的社会风气，形成许多负面的东西。只有严肃纪律，强化规范，形成科学的工作责任机制，才能保证社会主义开放的规范有序进行。

从社会主义开放机制建设的要求中可以看到，进行社会主义开放，必须突出制度建设。这既是实施社会主义开放的重要内容，也是实行社会主义开放的必要保障。丢掉制度建设，很容易把社会主义开放仅仅看作是一种临时性的行为，或者是一种主观人为的工作要求，形成工作中的随意性和盲目性。只有形成科学完整的制度规范，从各个方面确定开放的内容和要求，才能形成科学的社会主义开放机制，在避免和减少社会震动的情况下，实现社会开放的要求。也只有切实加强制度建设，才能够使社会主义开放成为有规范有遵循的社会行为，避免工作中的弊端和失误，使社会主义开放实现最佳的社会效果。

实行社会主义开放，也需要在思想观念形态上予以有效保证，形成科学的社会主义开放理论，对社会主义开放以必不可少的哲学证明和理论说明。这种思想观念保障，对于实施社会主义开放具有根本性的保证作用。而以往的社会主义开放理论，则缺乏坚实有力的理论说明，难以讲清楚社会主义开放的根本规定和发展要求。在这种情况下，社会主义开放必然面临着更多的风险。如果不能形成科学的社会主义理论体系，缺乏正确的思想观念引导，一旦遇到风吹草动，社会主义开放就很容易走向反面，甚至导致社会主义的根本性失误和失败。这已经为东欧和苏联的历史巨变所证明。由此也说明，实行社会主义开放，加强社会主义开放的理论建设，必须切实加强社会主义基础理论建设，使社会主义理论包括社会主义的社会开放理论，真正起到团结人民、战胜敌人的作用，确保社会主义开放的健康顺利进行。

保证社会主义开放的良好效果，还必须形成必要的社会舆论环境，形成健康的社会开放氛围。一方面，必须充分体现出社会主义本质的科学性和正确性，形成先进的社会主义文化。另一方面，积极传播社会主义先进文化，抵制资本主义文化的侵蚀和破坏。资本主义讲新闻自由、舆论自由，实际上对社会主义从来就没有自由过，而是利用各种舆论工具，千方百计反对和诋毁社会主义。诸如意大利前总理讲中国用小孩子作肥料，美国所谓中国的人权报告等等，往往是不择手段，无中生有，对社会主义进行肆无忌惮的攻击和歪曲；同时搞和平演变，搞颜色革命，到处寻找代理人，替资本主义进行宣传辩护。社会主义必须正确运用舆论工具，形成正义的声音和正确的舆论。而在现实生活中，情况却并不令人乐观。如果说社会主义开放存在着失误，其最大的失误，就是在文化和舆论领域里的失误，往往对资本主义的文化和思想观念大开其门，形成许多不该有的消极东西。例如有些电视台为了追求收视率，让一些思想明显存在偏差的人士作为嘉宾，在那里胡言乱语，大放厥词，为资本主义进行辩护，模糊人们的思想意识。前不久沙特阿拉伯对也门狂轰滥炸，没有美国的支持是不可能的，而一位所谓嘉宾则罔顾事实，说谁要讲美国支持沙特就是月球上的人。但仅隔一天，一位美国高官就公开讲，美国正加紧输送武器，支持沙特轰炸也门。这样的所谓时政分析，只能给社会主义开放造成负面影响，是社会主义开放必须避免和杜绝的现象。

随着人类社会的发展进步，社会主义开放必然会越来越走向成熟和成功，也会面临着新的考验和挑战。从人类社会的发展规律中可以看到，社会主义必然向着更高阶段的社会开放目标迈进，而资本主义必然越来越走向封闭和保守。尤其是2008年全球金融风暴之后，资本主义充分暴露出其封闭和保守的本质特征。随着社会主义和其他国家的发展进步，资本主义的比较优势越来越小，其封闭性也越来越显现。如果社会主义能够达到和资本主义差不多的社会发展水平，甚至超过资本主义发展水平，资本主义的封闭本性和保守特征自然会暴露无遗。而资本主义越是封闭保守，其与社会主义开放之间的矛盾也就会越来越多，冲突和对抗的机率也会随之提高。但先进战胜保守，开放战胜封闭，交往战胜阻隔，是人类社会发展的必然历史规律。社会主义只要坚持科学的开放战略，就完全能够保证自身开放的有效进行，最终战胜一切剥削社会形态，使人类进入到更为开放的社会历史发展阶段。

研究社会主义的社会开放，还牵扯到一个社会主义国家之间的相互开放问题。这同样关系到社会主义开放的质量和效果，也是以往社会主义发展中容易出现问题的方面。这里有必要单独提出来，对此进行一些思考和探讨。

世界上的所有社会主义国家，都是在马克思主义指导下建立起来的，彼此具有共同的本质规定和理想信念，具有更多的共同利益要求。社会主义必须利用一切手段，实现社会主义国家之间的开放和交往，为社会主义争取到更多的社会利益，实现社会主义国家共同发展的要求。这样一种社会主义的社会利益实现，可以是物质利益，也可以是其他方面的利益，可以是直接利益，也可以表现为潜在的和长远的利益。就社会主义国家之间的关系来说，既不是要把自己的发展成果无偿拿出来，与其他社会主义国家共享，又必须在一定条件下，加强相互间的交流与合作，做到相互谅解，和平共处，避免对抗。由于社会主义国家既代表着本国人民群众的利益，又要坚持自己的道德原则，在彼此发生矛盾时，往往缺少相互间的妥协和谅解，总是以原则性代替灵活性，造成不必要的矛盾和冲突。必须通过制定科学的原则规定，在社会主义国家之间形成更为科学的社会交往典范。既不能像资本主义国家之间那样，在相互交往中斤斤计较、唯利是图，又必须始终坚持社会主义的本质规定，把原则性与灵活性科学地统一起来。以此保证社会主义国家相互开放的顺利进行，更好地实现人类社会的发展要求。

正确认识社会主义国家之间的相互开放问题，必须强调在特殊情况下社会主义国家之间的合作与交往。不难看到，资本主义总是沆瀣一气，抱团取暖，共同反对社会主义，因此社会主义也应团结一致，共同维护社会主义的利益。在面对敌对势力威胁时，做到相互合作，相互支持。不能因为在社会发展实践中出现过失误，或者是提出建设特色社会主义的要求，就不敢讲社会主义国家之间相互关系的特殊性，满足于每个社会主义国家的单打独斗。与资本主义相比较，社会主义国家之间具有更多的共同点和一致性。既不能动辄去讲世界革命，把其他国家的社会主义事业简单地由自己承担起来，也不能脱离开社会主义的根本发展要求，各自关起门来搞建设、谋发展，形成彼此之间的封闭和封锁。否则必然不利于社会主义的社会发展。从本质上说，封闭和对抗是资本主义的本质特性，社会主义与资本主义没有对抗是不可能的。过去的华沙条约组织不是社会主义先搞起来的，而是在资本主义公然组织北约军事集团，在帝国主义的战争威胁下，社会主义不得不采取的应对措施。没有这样一个军事集团，以当时资本主义的嚣张气焰，世界政治版图可能早就被改写了。社会主义必须从自身的生存安全出发，确定不同的社会开放形式，包括在一定条件下采取相互结盟的形式，以保证和维护自身利益不受侵犯。

社会主义开放既是一个经济范畴、政治范畴、社会范畴，也是一个观念范畴、体制范畴、文化范畴。社会主义在本质上是一个开放的社会形态，社会主义开放必须体现出劳动创造的本质规定。不实行开放，不符合社会主义的发展要求；而失去社会主义本质规定的开放，同样不符合社会主义的发展要求。必须把社会主义开放与社会主义发展联系起来，与人类社会的发展进步联系起来，从人类社会发展规律和社会主义发展规律的高度，来看待社会主义的社会开放问题。从而形成正确的社会开放原则和行为规范，科学确定社会开放的具体内容和发展要求，使社会主义开放真正符合社会主义的发展需要，有效地起到促进社会主义发展的作用。

第七章　社会主义意识形态研究

社会主义意识形态是社会主义的观念上层建筑，表现为人们对于社会主义的系统的看法和见解，包括道德观念、政治思想、法律思想、艺术思想等，并集中以社会主义理论成果的形式表现出来。而就一般意义上来说，所有对于社会主义的科学的理论说明，包括应用理论和应用科学，都属于社会主义意识形态的范畴。我们这里所进行的社会主义意识形态研究，则是就社会主义的思想观念形态而言，是就人们对于社会主义的基本看法和基本见解而言，主要是对社会主义观念上层建筑的研究。只有在思想观念上真正弄清楚社会主义的根本规定和发展要求，形成科学的思想观点和理论说明，才能为社会主义奠定坚实的思想理论基础，实现巩固和发展社会主义的要求。

一、社会主义意识形态的本质规定和根本要求

人类社会生活是有意识有目的的社会实践活动，必然受到人们思想意识的支配和驱使。而人们的思想意识，在根本上是由人们的社会存在所决定的，尤其是由社会经济生活所决定的。任何社会形态都有自己的社会上层建筑，具有相对独立的社会意识形态。社会主义具有自己的生产关系和上层建筑，是社会主义经济基础与上层建筑的具体的历史的统一，是一个独立的

社会形态，因此也必然具有自己的社会意识形态。这种社会主义意识形态，是对社会主义社会生活的必然反映和体现，必须与社会主义现实社会生活要求相一致、相统一。否则就会引起人们思想上的混乱和迷茫，妨碍社会主义的存在和发展，甚至导致社会主义的毁灭和失败。

在《社会主义研究》中，作者从哲学概括的角度，把人类社会划分为劳动创造和剥削压迫两大类型，并把私有制社会形态划归为剥削压迫的社会形态，把公有制社会形态划归为劳动创造的社会形态，进而把社会主义直接界定为劳动创造的社会形态。[①] 劳动创造是社会主义的本质规定，社会主义的社会关系和社会生活，都是建立在劳动创造基础上的，必须符合劳动创造的本质规定。而在劳动创造基础上所形成的思想意识和观念形态，必然是劳动创造的社会意识形态。只有劳动创造的社会意识形态，才能够从根本上否定剥削压迫的社会意识形态，适应社会主义的发展需要，形成崭新的社会主义思想政治生活，形成科学的对于社会主义的理论证明和思想保障。

社会主义劳动创造的本质规定，首先体现在社会主义的经济基础当中，并以生产资料公有制和按劳分配的形式表现出来。和公有制相比较，按劳分配是社会主义独有的社会生活内容。而按劳分配正是由社会主义劳动创造的本质所决定的，是社会主义本质的直接反映和体现，对于社会主义更具有决定意义。“社会主义是建筑在劳动上的。社会主义和劳动是彼此分不开的。”[②] 脱离开劳动，就形不成科学的社会主义社会生活，自然形不成科学的社会主义思想观念，形不成科学的社会主义意识形态。由此决定了社会主义的社会意识形态，必须建立在社会

① 参阅《社会主义研究》，第256—328页。

② 《斯大林选集》下卷，第323页。

主义劳动的基础上，必须体现出“劳”的规定和要求，表现为劳动创造的社会意识形态。

社会主义是迄今人类最为先进的社会形态，社会主义劳动创造的社会意识形态，同样是人类社会发展迄今最为先进的社会意识形态。在剥削社会中，由于实行私有制和按资分配，社会意识形态必须以个人主义、自私自利作为根本要求，表现为剥削阶级的思想观念和价值追求。社会主义意识形态以劳动创造的社会主义本质为根本规定，在劳动创造的基础上，形成一系列思想观点和理论说明，形成对于社会主义的系统的看法和见解。这样一种社会意识形态，必须体现出社会主义公有制的规定和要求，体现出按劳分配的内容和要求，并使二者得到科学的一致和统一。而只有劳动创造的社会意识形态，才能全面反映出社会主义的社会生活性质和根本规定，对社会主义的思想观念以集中的概括、展示和体现，形成人类社会迄今最为先进的社会意识形态，体现出社会主义意识形态的科学性、先进性和正当性。

劳动创造的社会意识形态，是社会主义意识形态的哲学概括和本质说明，就其具体内容和表现形式来说，主要表现为社会主义的平等观、价值观和道德观。在作者以往的理论研究中，对此都有详细的阐述和论证。为了完整准确地说明社会主义意识形态的内容和要求，这里作一点简要的叙述。

（一）以劳动平等为根本要求的社会主义平等观

社会平等观表现为人们在社会中享有的相同权利和相等待遇，以及人们对这种权利待遇的追求和看法。社会主义的平等观，集中表现为“劳动平等”的观念和原则。在社会主义条件下，劳动者获得了对于社会生产资料的平等的所有权，获得了对于自己劳动成果的平等的占有权，人与人之间实现了剥削社会中不可企及的相互平等。但是，由于劳动还是劳动者的生存手段，社会产品必须实行按劳分配，因此社会主义平等还是一种有条件的平等。这个社会平等的条件，就是劳动，“平等就在于以同一的尺度——劳动——来计量”①。以此增强劳动者的劳动意识和生存压力，使劳动者摆正个人与社会、权利与责任、劳动与生存的关系，把劳动同自身的生存发展结合起来，把个人劳动同社会的发展进步结合起来，为社会主义基本原则的确立及实施，为社会主义的存在和发展，提供科学的理论依据和社会基础。

（二）以劳动创造为根本内容的社会主义价值观

社会价值观是引导人们从事社会活动的动力因素和内在尺度。社会主义的价值观，既不能以权力、等级作为根本规定，不能以金钱作为决定杠杆，又不能以纯粹观念形态的道德追求作为根本要求，而是必须以人类赖以生存发展的劳动创造活动，作为基本内容和根本要求，表现为劳动创造的价值观。在社会主义社会中，没有任何一件事情比劳动更普遍、更有意义、更具决定作用的了。社会主义必须以劳动作为社会生活的决定杠杆，使劳动创造成为全社会共同追求的价值目标，形成社会发展的强大精神动力。投身劳动、献身劳动，既是劳动者对社会奉献的唯一方式，也是获取个人利益、实现自身价值的唯一途径。由此使劳动创造升华为社会的基本价值准则，形成普遍的具有刚性约束力的社会价值规范，为社会主义存在发展提供强大的精神动力源泉。

① 《马克思恩格斯选集》第3卷，第11页。

（三）以尊重劳动为根本规定的社会主义道德观

社会道德观是社会行为规范的思想基础，是人们对自身、对他人、对世界所处关系的系统认识和看法。在社会主义社会中，劳动具有至高无上的地位，成为推动社会发展进步的根本途径，既具有个人意义，也具有直接的社会意义。“在我们的时代里，一切光荣都是劳动的产物”。[①] 尊重劳动的道德观，正是在思想观念上，对“劳”的这种地位予以承认和尊重，保证社会主义本质的实现和发挥。它以公有制为其存在的社会物质基础，以对公有制的尊重确立起劳动在社会中的地位和意义，为实施按劳分配提供必要的条件，为社会主义公有制提供观念形态上的保证。只有尊重劳动的道德观，才能体现出社会主义的本质规定和根本要求，对社会生活进行科学的导向和规范，为社会主义制度的巩固发展提供科学的观念形态上的保证。

社会主义的平等观、价值观和道德观，是社会主义社会生活在人们思想观念上的集中体现，是社会主义意识形态的根本内容和必然要求。这样一种社会意识形态体系，能够充分、全面、系统地体现出人类社会发展的根本要求，体现出社会主义的本质规定和发展需要，对社会主义以系统的理论概括和说明。由此在思想理论和观念形态上，科学说明社会主义存在的合理性，科学适应社会主义的发展需要，科学规范社会主义的社会生活，有效地实现社会主义科学存在和科学发展的要求。

社会主义的社会意识形态，是社会主义社会生活在人们思想观念上的反映和体现，既必须具有科学性和实效性，更必须具有稳定性和一贯性，能够适应整个社会主义的社会发展需要，

① 《邓小平文选》第1卷，第242页。

包括适应整个社会主义发展阶段的需要，适应于所有社会主义国家的发展需要。其他社会生活内容和理论说明，包括社会主义的经济基础和政治上层建筑、艺术意识形态等，在社会主义社会中，都是不断发展和变化的，可以也必须具有阶段性的内容和特征，而社会主义思想意识形态则具有唯一性和固定性的要求，具有普遍性和统一性的规定。对于所有社会主义国家和整个社会主义的社会发展来说，都必须以同一个思想意识形态作为自己的理论说明和行动指南。不是说社会主义高级阶段是一种根本意识形态规定，社会主义低级阶段是另一种根本意识形态规定。而只有以劳动创造作为根本要求，才能使社会主义的思想观念和道德规定始终适应于社会主义的发展需要，为社会主义提供牢固的思想基础和意识形态保证。

这样一种社会主义意识形态的根本规定和要求，说明意识形态对于社会主义具有特别重要的意义，是社会主义发展的鲜明特点和形象说明。社会主义的先进性和科学性，首先需要通过先进的科学理论和思想成果体现出来，也就是通过社会主义意识形态表现出来。对于社会主义的社会发展来说，其政治生活、经济生活、社会生活是可以改变的，也是必须改变的，而社会意识形态是不可改变的；如果说在很多方面难以把社会主义与其他社会形态直接完全区分开来，在意识形态方面，则能够直接把社会主义与其他社会形态完全区分开来。对于所有社会主义国家来说，不管其物质生产发展水平高低，具体发展方针如何，坚持了社会主义意识形态，就是坚持了社会主义，丢掉社会主义意识形态，就不再是社会主义了。由此为社会主义确定科学的存在标志，把社会主义与其他社会形态在根本上区别开来，避免以具体的社会生活内容，例如社会所有制比例，社会发展手段等，作为对于社会主义的根本说明和要求，引起社会生活中的弊端和失误。

从上述论述中也能看到，社会主义意识形态不论表现为什么样的内容和要求，都是以劳动为根本规定，是劳动创造在人们思想观念上的反映和体现。劳动创造包含了社会主义的一切社会关系和社会生活要求，包含了社会主义的发展途径和发展手段。加强社会主义意识形态建设，必须以劳动创造为根本规定，把社会主义意识形态直接概括为劳动创造的意识形态，以此从整体性、系统性和规律性的高度，形成社会主义的科学完整的理论体系和理论说明。社会主义就是劳动创造，劳动创造就是社会主义，这就是对社会主义的最为简要和最为鲜明的说明，是对什么是社会主义的最高理论概括，是社会主义意识形态的最高表现形式和核心内容。没有这样一个社会意识形态，就不可能真正讲清楚什么是社会主义，社会主义意识形态就是不完整和不完善的。而只要以劳动创造作为社会主义的本质规定和意识形态，就能够在根本上弄清楚社会主义的社会存在和社会发展，使人们科学地认识什么是社会主义，怎样建设和发展社会主义，形成科学的社会主义理论与实践。

由此可见，社会主义的意识形态，在根本上表现为劳动创造的社会意识形态。这样一种社会意识形态，能够形成科学的社会主义精神生活，为社会主义提供科学的观念上层建筑。不论是劳动平等、尊重劳动还是劳动创造，都是对社会主义社会生活的科学体现和反映，能够有效规范和导向社会主义的社会生活。以此来说明社会主义的社会存在和社会发展，一些长期处于朦胧迷离状态的思想认识问题，一些长期难以解决的社会问题，就能够得到科学的说明和解释。例如过去总是在讲社会主义核心价值观，却一直难以予以概括的说明。而实际上，社会主义的核心价值观，就是劳动创造的价值观，是以劳为本的社会价值体系规范。只要以劳动创造作为社会主义的核心价值观，就能够为社会主义确定简单而明确的社会生活准则和根本价值杠杆，形成正确的社会价值导向，引导全体劳动者积极投身于社会主义建设的伟大实践，通过自己的劳动创造，充分体现出自己的社会价值，实现促进社会主义发展进步的要求。由此使社会主义意识形态成为具体实在的社会意识形态，成为充分适应社会主义发展需要的社会意识形态，成为有效促进人类社会发展进步的社会意识形态。

上述理论说明和理论概括，与迄今有关社会主义意识形态的表述有着明显的不同，也不是以人类最为崇高的社会精神境界，来规范和导向整个社会主义的社会生活。但只有这样一种社会意识形态内容，才能够与社会主义经济基础完全一致和统一起来，与社会主义的社会性质完全一致和统一起来，全面体现出社会主义的社会生活要求，能够为全体社会主义劳动者所接受、所实施，成为具有科学导向价值的社会思想体系，成为具有普遍刚性约束力的社会行为准则。社会主义的社会生活和社会关系，社会主义的社会存在和社会发展，只有在这样的社会意识形态基础上，才能够完全体现出社会主义的本质规定和发展要求，实现巩固和发展社会主义的要求。

总结社会主义的发展实践就能够看到，作为对于社会主义的系统的看法和见解，长期以来，社会主义意识形态基本上处于一种不成熟、不完善的状态。这尤其表现在把社会主义与共产主义当作是同一个社会形态，把社会主义简单当成是向着共产主义过渡的短暂的社会历史阶段，总是以超前的社会意识形态来规范现实的社会生活，造成社会生活中说与做两张皮的现象。保证社会主义的科学存在和发展，必须实现社会主义的理论创新，而这种社会主义理论创新，在根本上属于社会主义意识形态创新的范畴。有人说，马克思主义经济学有较大的创新空间。实际上，在马克思主义哲学和科学社会主义中，同样具有较大的创新空间，在社会主义意识形态领域，照样具有很大的创新空间。只要全面认识和理解马克思主义，通过对于具体社会发展实践的科学总结和理论升华，就能够正确认识社会主义的发展要求，对社会主义理论体系以科学的创新和发展，形成科学完善的社会主义意识形态。

二、全面理解马列主义经典理论的实质内涵

社会主义的理论和实践，来自于马列主义的科学理论创造和理论指导。没有马列主义，就没有社会主义。研究社会主义意识形态，必须弄清楚马列主义经典理论的实质内涵，尤其是弄清楚马列主义有关人类社会发展的理论要求，为社会主义确定牢固的理论基石。否则社会主义就会失去赖以存在的理论根据，形不成科学完善的社会主义意识形态，不可能弄清楚什么是社会主义的问题。

马列主义，包括马克思、恩格斯所创立的科学理论体系，也包括列宁、斯大林等革命领袖和其他社会主义者所形成的思想理论成果，但首先表现为马克思和恩格斯的伟大理论创造。关于马列主义与社会主义的关系，作者在《社会主义研究》开篇即作了相对系统的论述，但重点是为了讲清楚社会主义理论发展的历史过程和根本要求。事实说明，对马列主义理论内涵缺乏正确的理解，社会主义必然会失去科学的理论说明。而迄今为止，人们对于马列主义的理解，特别是对马克思主义的理解，往往把她看作是一种斗争哲学或者是剥夺理论。这有其正确的一面，马克思主义一开始就是为反对阶级剥削压迫而创立

的。但作为人类发展迄今最为科学的思想理论体系，马克思主义显然不是仅仅表现为一种斗争和剥夺，否则就和奴隶阶级、农民阶级的自发反抗斗争没有根本区别了。科学地认识马克思主义，必须对马克思主义以全面的正确的理解，确定其最为根本和最为核心的理论内涵，以此正确认识马克思主义，正确认识社会主义，建立起科学的社会主义意识形态。

马克思主义的理论体系内涵丰富，博大精深，包含了马克思、恩格斯对于人类社会发展的科学的总结、分析和预测。在这些理论分析和理论总结中，特别是在理论预测和理论判断中，也有一些明显的不足。例如把社会主义看成是由资本主义向共产主义过渡的短暂的社会历史阶段，把公有制的实现看作是社会矛盾的完全解决，等等。一些人否定马克思主义，也往往以此作为理由。但现实社会发展充分证明，马克思主义在基本理论体系上，在最为核心的理论判断上，则是颠扑不破的真理。只有马克思主义，才能够保证社会主义的发展和胜利。马克思主义所以被作为社会主义的理论基础和行动指南，完全是由马克思主义的科学本质所决定的。而就其关于人类社会发展的理论来说，马克思主义主要包含了以下三个基本观点。

一是对剥削阶级和剥削制度予以根本的否定。在马克思恩格斯关于人类社会发展的理论创造中，对于阶级剥削压迫的否定占有相当大的篇幅。马克思倾其一生心血撰写的科学巨著《资本论》，就是为了彻底否定资本主义制度，否定资产阶级的剥削压迫。很显然，作为一种自然存在物和社会存在物，任何人都不愿意被他人所剥削所压迫，都希望能够与他人具有平等的社会地位，具有与他人相互平等的社会生存权利。因此只要存在着剥削压迫，人类社会就不得安宁，人类社会生活就不能稳定，就不会是人类最为理想的社会形态。只有在一个人人相互平等的社会中，在没有剥削压迫的社会中，才能够实现人们的和谐相处和共同发展，实现人类最为理想的社会生活。而要否定阶级剥削压迫，没有被压迫阶级对于剥削阶级的斗争，没有对于剥夺者的阶级剥夺，是不可能实现的。因此马克思主义号召全世界无产者联合起来，共同为反对剥削压迫的社会制度而斗争，为建立人人平等的新社会而斗争。这样一种理论号召，是人类社会发展的必然要求，是人类自身发展的必然要求，具有不可否定的科学性和真理性。

二是科学说明人们对于自身利益的实现和追求。人作为一种社会存在物，首先是一种自然存在物，要有保证其自身生存发展的利益追求和利益实现。马克思主义之前的社会理论，把这种人类对于自身生存需要的本能需求，简单归结为所谓“自私”，形成“人性自私”这种似是而非的论点，以此为剥削制度提供合乎“人性”的证明。马克思主义则把人们对于自身生存的本能需要，与所谓人性自私区分开来，正确认识到人们对于自身的利益追求与所谓人性自私的根本不同，以科学简洁的语言，对这种社会生活现象予以准确的概括和表述。这就是，“人们奋斗所争取的一切，都同他们的利益有关。”这样一种理论概括，不是把人们追求自身利益的行为简单地看成是“自私”，而是把人们的利益获取同人们的具体社会活动联系起来，同人们的“奋斗”联系起来，正确说明人们的自身利益实现与自身活动的关系。由此科学确定人们对于自身利益的实现方式，使人们的社会利益实现由过去纯粹的主观意识和生物概念，变成客观的社会原则规定，以举重若轻的方式，破解了人类社会发展中的最大理论难题，为否定剥削制度，建立劳动创造的社会制度，提供了科学的行为准则和理论根据。

三是以人的全面自由发展作为人类社会发展的最终要求。

人类社会的存在发展，在根本上都是为了人类自己，而只有实现人的全面自由的发展，才是人的本质的充分发展和发挥，是人类生存发展的理想境界。过去一些人类社会发展理论中，也有人提出大同境界、天下为公等美好的主张，提出太阳城、伊甸园、乌托邦、香格里拉等冀求和渴望，但都是从个人主观愿望的角度来设想人类社会发展，必然流于空洞的奢想。马克思主义则从社会物质生产发展的角度，把人类社会发展与人类自身的发展科学联系在一起，把人类未来的社会形态概括为以"每个人的全面而自由的发展为基本原则的社会形式"①，即社会主义和共产主义的社会形态。在这种人的全面自由发展中，包含了人类社会发展的根本目的和要求，使人类社会由过去被动的盲目的发展，变为自觉主动的发展，由单纯的物质利益追求，变为科学全面的发展过程，为人类和人类社会指明了发展的目标和方向。也正是以人的全面自由发展作为人类社会的根本要求，才充分体现出马克思主义无与伦比的科学性，使马克思主义成为不可否定的科学真理。

上述马克思、恩格斯关于人类社会发展的三个理论观点，相互联系，互为因果，构成马克思主义最为基本和最为核心的理论内涵。虽然在具体表述上，还需要进行丰富、发展和完善，但已经能够科学完整地说明人类社会发展的根本规定和要求，正确地说明社会主义从哪里来、到哪里去和怎样发展、为什么发展的问题，既是社会主义存在发展的理论基石，也是人类社会发展的哲学根据。正因为这样，在关于人类社会发展的理论说明中，不论有再多的论述和内容，都不可能超越马克思主义的基本范畴。今天人们所进行的社会主义理论研究，不论在内

① 马克思：《资本论》第1卷，人民出版社1975年版，第649页。以下引注版本同。

容和表述上是如何丰富透彻，同样只能是对马克思主义的补充和完善。也正因为这样，马克思主义才能够成为指引人类社会发展的理论真理，成为社会主义的行动指南，具有不可否定的理论意义和实践价值。

以否定剥削压迫和实现共产主义作为马克思主义的基本理论观点，是没有异议的。对马克思主义关于人类社会利益实现的理论表述，也就是上述第二个理论观点，则很少有人论及，尤其是没有把它作为马克思主义的核心内容来认识。而这个问题，恰恰是建立社会主义制度、实现社会主义发展的最为重要的理论问题。以往社会主义的失误，包括对于马克思主义认识的失误，从根本上说，都与此有关。全面理解马克思主义，建立科学的社会主义意识形态，必须对此予以必要的论述。

长期以来，人们往往以大公无私和无私奉献，作为社会主义的价值观和利益观，作为社会主义社会中社会利益追求的唯一正当的态度和正确的行为。这既是为了在根本上否定剥削阶级自私自利的个人主义价值观，也表现为对马克思主义缺乏科学全面的理解。很显然，一切剥削阶级都把人类自然存在着的本能需求，与所谓人性自私混为一谈，把人们对于自身的利益追求都看成是“自私”，以此为剥削制度提供思想道德基础。因为既然自私是人的本性，那就必须以自私作为社会的道德准则，以个人主义作为社会的价值取向，一切能够满足自己需要的行为，包括剥夺和压迫，都是正确的、符合人性的，任何反对自私自利的行为，自然是不道德、不人性的。而社会主义是对剥削阶级的根本否定，自然只能以集体主义和大公无私作为道德观念和道德原则，剥削阶级是利己主义，社会主义就必须是利他主义。由此形成非此即彼的社会道德观念，进而把个人利益从社会主义社会意识形态中排挤出去。这显然是不正确的。实际上，在马克思的理论结论中，清楚地表明了人类自身活动与其自身利益实现的关系，只要这种利益追求是通过正当奋斗所争取来的，那就是道德的和正当的，是不可否定的。这才是马克思主义对于社会利益实现的理论结论，是马克思主义对于人类社会发展理论的伟大创造和贡献。

马克思主义关于社会利益实现的理论内涵，从马克思对于利己主义的态度中，同样看得很清楚。在马克思的著作中，从来是以中性的表述，来看待利己主义的问题，把利己主义和自我牺牲都看成是“一定条件下个人自我实现的一种必要形式”。[①]这是因为，利己主义可以是一种个人的自己的行为，也可以是社会的整体的行为，可以通过剥夺压迫的手段来实现，也可以通过人们的正当奋斗来实现。因此马克思并不笼统地反对利己主义，而是把利己与利他科学地统一起来，放到具体的社会环境条件下去分析，去认识。这样一种对于利己主义的观点，不是一概反对人们去追求自己的利益，也不是纵容人们不择手段地去攫取自己的利益，而是表现为把人们的自身利益追求建立在自身科学奋斗的基础上，通过建立起科学的社会行为规范，把人们的利益实现限定在人的本质实现和发挥的范围内，建立在有利于人类社会发展的范围内。这也就是斯大林所说的，“集体主义、社会主义并不否认个人利益，而是把个人利益和集体利益结合起来。”[②] 由此使人们对于自身利益的实现符合人的本质规定，符合人类社会发展的根本要求，充分说明马克思主义所具有的极大包容性和无可否认的科学性。

马克思主义关于人们对于自身利益实现的理论，也说明马克思主义具有严密的逻辑思辨和科学的理论品质，具有超凡的

① 《马克思恩格斯全集》第3卷，人民出版社1960年版，第275页。

② 《斯大林选集》下卷，第355页。

本质力量。应该说，这样一种理论概括，是具有客观认识能力和主观分析能力的人们所不难看到的，但只有马克思把它用浅显直白的语言表述出来，形成科学的理论思维和逻辑证明，而不是像其他理论结论那样，只看表面不看本质，只讲一点不及其余，造成逻辑混乱和理论上的单薄无力、不值一驳。例如按照“人的本性是自私的”说法，一个人是否有人性，就要看其是否自私，不自私就是没有人性，有人性就必须自私。而从自私的程度看，奴隶主为了实现自身利益可以对奴隶随意进行买卖和杀戮，因此奴隶社会是最自私的，也是最合乎人性的。这显然是讲不通的。只有以马克思主义的理论观点，才能够正确解释人们的活动与其自身利益实现的关系，使人们正确认识自己与他人、个人与社会、个体与整体的关系，为人类社会确定科学的生存原则和发展要求。

从上述分析中可以看到，马克思主义在根本上是围绕着人类自身的生存发展需要而确立而展开的，表现为人类的生存哲学、发展哲学。这种生存哲学和发展哲学，是人类实现自身社会存在的必然要求，也是人作为自然存在物的必然要求，既是对剥削社会的根本否定，也是对人类理想社会形态的科学界定。只有这样一种关于人类社会的生存发展学说，才能够真正体现出人类社会发展的根本规律和根本要求。在马克思主义中，始终贯穿着人类社会科学发展的理念，以人的生存发展为其理论核心内涵。由此使马克思主义真正成为人的理论，成为人的解放和人的发展的理论，成为一种科学的社会理论体系。

从以上分析中也可以看到，马克思主义是一种斗争哲学和剥夺哲学，更是一种建设哲学、创造哲学，不是仅仅表现为对于旧的社会形态的否定，而是以崭新的社会生存方式和发展理念，来否定剥削压迫的社会生存方式，以崭新的社会形态，来取代剥削社会形态。正如列宁所说："仅靠摧毁资本主义，还不能饱肚子。"① 社会主义斗争和剥夺的目的，是为了实现人类更为科学的发展，创造人类更为美好幸福的明天。只有对马克思主义以全面的理解和认识，真正弄清楚马克思主义的实质内涵，才能够为社会主义奠定坚实的理论基础，为人类社会确定科学的利益观、发展观、建设观，使社会主义理论成为建设理论、发展理论，成为不可否定的劳动创造的社会理论。

从上述分析中还可以看到，社会主义必须以马克思主义作为思想理论基础，只有马克思主义，才能够正确说明推翻了剥削社会之后，社会主义应当如何存在、如何发展的问题。没有马克思主义的科学指导，特别是脱离开马克思主义社会利益实现的理论，社会主义必然会成为空想主义，只能以消灭阶级剥削压迫之后人们在阶级面前的人人平等，作为社会的生活准则，把社会主义仅仅停留在对于剥削阶级的剥夺和否定上。只有从根本上弄清楚马列主义经典理论的实质内涵，才能从根本上弄清楚社会主义的发展要求，建立起科学的社会主义意识形态，使社会主义具有坚实的思想理论基础。

说马克思主义具有不可否定的科学理论内涵，具有无与伦比的科学性，不是说马克思恩格斯说的每一句话都是绝对正确的，也不是说马克思主义已经解决了人类社会发展中的所有理论问题。相反，社会主义理论长期得不到发展和完善，社会主义所以容易出现弊病和失误，正是在于马克思主义理论体系的不完善和不健全所致。这是由马克思主义的自身发展规律所决定的，也是人类社会发展进程中的必然现象。马克思一生打算写出6部著作，但最终只写出一部《资本论》，而《资本论》同

① 《列宁全集》第36卷，人民出版社1985年第2版，第48页。

样没有写完。在马克思主义三个组成部分的理论表述中，除了辩证唯物主义和政治经济学中的资本主义部分比较完善，其他方面都存在着较大缺漏。马克思主义所以是科学，在于其整个理论体系的科学性和真理性，而不是要求其所有论述都必须绝对正确，能够包罗万象地解决所有社会问题。硬要马克思去解决社会主义存在发展中的所有问题，不是历史唯物主义的态度；但简单以一些理论结论与现实生活不相符为理由，就去否定马克思主义，更是片面的和错误的。

全面理解马克思主义的理论内涵，也说明必须不断实现社会主义的理论创新，实现马克思主义的理论创新。马克思主义具有与时俱进的思想品质，社会主义理论同样具有与时俱进的思想品质。必须从社会主义的发展需要出发，从人类社会的根本发展要求出发，从哲学概括的角度出发，从宏观和整体性的要求出发，科学地创新和发展马克思主义，真正讲清楚什么是社会主义、怎样建设和发展社会主义的问题。丢掉对于马列主义理论内涵的科学理解，或者丢掉对于马克思主义理论的科学创新，都不可能真正认识社会主义的理论精义和发展要求，不可能形成科学完善的社会主义意识形态。

三、健全和完善社会主义存在发展的历史唯物主义基础

马克思主义哲学是马克思主义理论体系的思想基础，也是社会主义存在发展的基本理论依据。尤其是作为马克思主义哲学重要组成部分的历史唯物主义，更是社会主义制度的理论基石，是社会主义意识形态的核心内涵。发展和完善社会主义意识形态，必须坚持历史唯物主义。否则就形不成科学的社会主

义意识形态，难以实现社会主义的科学存在和发展。

历史唯物主义是马克思、恩格斯创立的关于揭示人类社会发展规律的社会科学体系，是一种科学的历史观。长期以来，以苏联的相关哲学论述为基础，在社会主义社会发展中，形成了相对比较一致的历史唯物主义体系。这个理论体系，同样具有不可否认的科学性，但又存在着结构性的缺陷和不足，难以全面揭示出人类社会的发展要求，尤其是脱离开劳动在人类社会发展中的基础性和主导性地位，不能适应社会主义的社会发展需要，难以科学指导社会主义的发展实践。完善社会主义的社会意识形态，必须以劳动为其根本规定和主导性内容，在基础结构、体系结构和内容结构上，对现有历史唯物主义体系予以丰富、补充和完善，形成科学的完整的历史唯物主义体系，使之真正符合巩固和发展社会主义的社会实践需要。

人是由劳动生成的自然存在物和社会存在物，劳动创造了人和人类社会。劳动在整个人类社会生活中，具有基础性、主导性、决定性的地位和作用。作为揭示人类社会发展规律、指导人类社会发展实践的历史唯物主义，显然必须建立在社会劳动的基础上，以劳动作为理论本原和逻辑起点。而现有的历史唯物主义体系表述，只是在开始部分对劳动在人和人类社会形成中的作用予以肯定和阐释，之后即很少看到劳动的内容。似乎“人猿揖别”，劳动对人类社会的决定作用也就随之消失，而为物质生产方式或社会生产的概念所替代。由此把历史唯物主义建立在社会生产的基础上，建立在单纯的阶级斗争的基础上，导致基本理论范畴错误变换，引起历史唯物主义体系的逻辑起点错位，以及结构缺节断档和内容缺失偏颇。

一是难以包容人类社会活动的全部内容。历史唯物主义中的生产，是“以一定生产关系联系起来的人们利用生产工具改变劳动对象以适合自己需要的过程"①，主要是指社会的物质生产。这种社会物质生产，既是人类劳动活动的基本要求和主要内容，又不是全部内容。以生产的概念来说明人们的整个社会活动，必然造成理论和实践中的缺失和偏差，把劳动仅仅等同于一种物质变换过程，认为只有实际参加物质生产的劳动才是劳动。由此不仅把剥削阶级摒弃在社会劳动之外，而且忽视和排斥其他社会劳动形式和劳动内容，造成不必要的社会劳动对立，难以对整个社会生活进行科学的导向和规范。

二是以社会的整体的发展作为唯一规定。物质生产是一种社会性的活动和行为，表现为社会的整体的活动内容和要求，在社会物质生产劳动中，个人都是作为劳动者整体当中的一员而参与其中的。以生产作为历史唯物主义的基本逻辑范畴，容易导致以社会整体发展作为社会发展的唯一规定只看到"人"和人类的社会存在，忽视劳动者个人的社会存在。在对社会成员的社会地位确定上，或者是压迫阶级，或者是被压迫阶级，或者都是社会的主人；在社会发展中，只注重社会结构和整体发展，不注重社会活动和个人的存在。从而忽视劳动者个人的利益规定和发展要求，失去对劳动者的社会责任规定和行为规范。

三是单纯以解放劳动者作为社会发展的任务要求。人类社会的发展，在根本上表现为劳动者的发展。但实现劳动者的发展，必须改变社会的劳动条件和劳动状况，实现对劳动的解放和发展。而劳动者是生产力中首要的和最宝贵的因素，以生产作为历史唯物主义的逻辑起点和根本规定，首先必须赋予劳动者以社会权利，但却难以从中找到对劳动者进行社会强制的哲学根据。从而脱离开劳动者解放的根本要求，以发展目标代替

① 《辞海》，上海辞书出版社 1980 年版，第 1727 页。

发展手段，简单以解放劳动者作为人类社会发展的任务要求，导致在社会的劳动纪律确定上，或者是棍棒纪律、饥饿纪律，或者是劳动者自由自觉的纪律，很容易形成片面的阶级斗争观，最终陷入唯心主义的误区。

上述理论观点，当然也是历史唯物主义所应包含的内容，但仅仅以此作为理论根据，讲不清人类社会发展的根本动因，难以科学指导整个人类社会的发展实践。特别是在实现生产资料公有制、劳动者具有“真正个人”身份的社会主义社会中，往往使社会失去科学的发展目标，只有个人对社会的权利要求，体现不出社会对个人的责任规定。其结果，或者造成社会生活中的平均主义和大锅饭，或者导致对历史唯物主义的否定。例如，那种阶级斗争扩大化的做法，不符合社会主义的发展要求，与现有历史唯物主义体系却是完全一致的；而改革开放以来的路线方针政策符合社会主义的发展实际，在历史唯物主义中却基本上找不到任何哲学证明，只能以一般的发展生产力作为社会主义发展的理论说明。

现有历史唯物主义体系中的缺陷，是由20世纪30年代其形成时的社会历史背景所造成的。首先，对社会主义认识不清，认为实现了公有制，劳动就成为全体劳动者完全自觉自愿的活动，对劳动者只能讲权利，不能讲责任。其次，为了体现出共产党人的历史功勋，对剥削阶级以根本的否定。再次，与理论自身的发展过程有关。在历史唯物主义作为一个理论体系诞生之前，其理论观点散存于马恩著述中，同时在不同时期又表现出不同的结论。马克思主义创始人曾把共产党人的全部理论概括为“消灭私有制”①，对“劳动解放”提出过异议②。在这种

① 《马克思恩格斯选集》第1卷，第265页。

② 参见《马克思恩格斯选集》第3卷，第13页、《马克思恩格斯选集》第4卷，第415页等。

情况下，如果以劳动作为历史唯物主义的逻辑起点，很多问题就讲不清楚。因此尽管马恩著作中有许多关于劳动的论述，在之后的历史唯物主义体系中却被舍弃掉了。

毫无疑问，劳动是历史唯物主义最为根本的理论基石，历史唯物主义的逻辑起点和根本杠杆，只能是人类生存发展的最为基本的社会实践活动——劳动。劳动是人类社会应当始终围之旋转的“太阳”①，是整个人类生活的第一个基本条件，是“人同其他动物的最后的本质的区别”②，内在规定着人类的社会生活和发展进程。人类的全部社会生活，都是建立在社会劳动的基础上，通过劳动来实现的。因此劳动是人类最为根本的社会存在，是联结人类社会关系的根本纽带，是历史唯物主义中最为根本的“物”。失去对劳动的总结和阐述，历史唯物主义就失去其最丰富、最活跃的内容，只能以生产力、社会结构等整体性的社会生活内容，作为其存在根据和发展要求，导致在社会主义发展实践中的失误和偏颇。只有以劳动作为历史唯物主义的逻辑起点和核心内涵，才能从本质和现象、目的和手段、历史与现实的统一中，正确把握人类社会的发展规律和发展趋势，科学说明人类社会的发展动因、发展目标和发展要求。劳动问题讲不清楚，历史唯物主义就讲不清楚。离开了劳动，就找不出正确把握人类社会发展的科学锁钥，历史唯物主义同样会成为含糊不清和捉摸不定的东西。

劳动是人类社会存在发展的根本和起点，也是人类社会发展的根本推动力量，是人类实现自身发展的根本途径。劳动是人类改造世界、创造世界的具体手段和现实力量，社会的发展进步，归根结底要靠劳动来实现。而劳动既是劳动者的社会权

① 《马克思恩格斯全集》第18卷，人民出版社1964年版，第627页。
② 《马克思恩格斯选集》第3卷，第517页。

利，也是劳动者的社会责任，对劳动者具有毋庸置疑的生存强制的正当性和合理性，是劳动者本质力量的发挥和体现。只有在劳动中，人才能够体现出自己的本质力量，既改变客观世界，也改变主观世界，实现自身发展的要求。也只有从劳动的基本概念出发，才能讲清人类社会发展与人类自身发展的关系，讲清楚劳动者的社会权利和社会责任问题。现有历史唯物主义体系的重大缺陷，就是讲不清劳动者社会权利与社会责任的来源和出处。只有以劳动作为历史唯物主义的逻辑起点和根本规定，才能全面体现出人类社会发展的历史进程，为人类自身发展确定科学的手段和途径。

劳动的发展和进步，也是人类社会发展进步的最为鲜明的标志。人类社会发展具有多方面的内容和规定，其最为根本的要求，则是使劳动摆脱旧的束缚，得到新的自由和发展，表现为劳动解放的历史进程。在劳动解放中，既包括社会的整体的发展，也包括劳动者个人的发展，既体现出社会对个人的要求，也包括个人对社会的要求。由此使劳动不断由奴役人的手段成为解放人的手段，从劳动者的“负担”成为劳动者的“快乐”，最终实现人的全面自由发展。劳动的解放就是人类的解放，“人类的历史，是劳动解放和劳动发展的历史”。[①] 只有以劳动作为基本规定，才能形成健康、高尚的思想道德观念，使人类社会与动物界完全区别开来，形成人类社会前进的强大推动力量。

由此可见，劳动在历史唯物主义体系中，具有“元功能”的性质，历史唯物主义的本元和本质，应当是劳动本位，或者是以劳为本。只有以劳动为根本要求，对现有历史唯物主义体

① 李铁映：《关于劳动价值论的读书笔记》，《中国社会科学》2003 年第 1 期，第 30 页。

系予以科学的审视、修正和完善，从目的和手段、形式和内容、物质和意识等各个方面，形成系统、完整的观点和原则，才能对历史唯物主义以科学的丰富和完善。如在社会结构和国家形态上，体现出劳动的内在决定作用；在阶级斗争、社会革命中，体现出劳动与剥削压迫的根本对立，以及劳动解放的历史真谛。只要确立劳动的基础地位和决定作用，在整体结构上实现历史唯物主义的发展和完善，人类社会发展就能够获得充分可靠的哲学论据，社会主义同样能够获得充分可靠的哲学论据。由此使历史唯物主义与人类社会发展真正一致和统一起来，与社会主义发展真正一致和统一起来，正确地指导人类社会的发展实践，正确地指导社会主义的社会发展实践。

从上述论述中也可以看到，现有历史唯物主义体系中的缺陷和不足，既是迄今导致社会主义失误的重要原因，也是对社会主义缺乏科学理论思考的结果。必须以创新和发展的观点，对历史唯物主义以科学的认识和理解，尽快建立起完善的历史唯物主义体系。实践性是历史唯物主义的鲜明特征。在现实条件下，衡量历史唯物主义的完善与否，要看能否有效说明和指导今天的社会主义发展实践。进行社会主义理论创新，完善历史唯物主义，必须深化对劳动问题的研究和认识。也只有把完善历史唯物主义和社会主义理论创新结合起来，作为一个统一的整体来考察，才能形成科学的历史唯物主义体系，同时实现社会主义理论创新的要求。

应当指出，以劳动作为人类社会生活的决定因素和根本杠杆，贯穿于马克思、恩格斯的著作当中，在此后的马列主义经典论述中，同样屡屡可见。例如斯大林关于社会主义是建立在劳动基础上的观点，就是把马克思主义基本原理应用于社会主义实践的伟大创造。1952 年，斯大林在《苏联社会主义经济问题》中指出：在社会由按劳分配过渡到按需分配以前，也就是由社会主义到共产主义以前，“必须经过一系列的经济改造和文化改造阶段，在这些阶段中，劳动将在社会成员的心目中从仅仅是维持生活的手段变成为生活的第一需要，而公有制则成为社会存在的不可动摇和不可侵犯的基础。”① 这里不仅讲到了社会主义的基本矛盾问题，而且涉及到社会主义基本矛盾的特殊性问题。江泽民在2001年也指出：要深化对社会主义劳动问题的研究和认识。这同样为我们从劳动的角度发展和完善历史唯物主义，提供了充分的理论根据。“劳动是生产的真正灵魂”②，更是社会主义的真正灵魂。由此为社会主义提供科学的理论证明，形成科学完整的社会主义意识形态，在哲学的高度，切实保证社会主义的发展和胜利。

四、科学界定社会主义的社会利益原则

科学界定社会生活中的利益关系和利益要求，是社会意识形态的核心内容和必然要求。保证社会主义的科学存在和发展，必须科学确定社会主义的社会利益原则，为人们争取和实现自己的利益，提供科学的道德根据和思想保障。不能科学确立社会主义的社会利益原则，就不可能科学地实现社会主义的存在和发展，必然会偏离社会主义的社会性质和发展要求。

人们的社会活动和利益要求，都与社会的经济生活密不可分，首先是由社会的经济活动所决定的。社会主义的社会利益原则，同样是由社会主义的经济生活所决定的，并且集中表现为社会主义的道德原则，表现为集体主义的道德规定。这是因

① 《斯大林选集》下卷，第589页。

② 《马克思恩格斯全集》第42卷，人民出版社1979年版，第100页。

为，社会主义以公有制为其生产资料所有制形式，首先表现为一种社会的整体的利益要求。这样一种集体主义道德原则，是对个人主义道德原则的根本否定。但任何社会利益都是个人利益与社会利益的具体的统一。在共产主义社会中，社会利益实现了完全的一致和统一，社会利益与个人利益自然也实现了完全的一致和统一，社会利益原则必然表现为无条件的集体主义原则规定。而在社会主义社会中，由于社会产品必须实行按劳分配，公有制还不是无条件的公有制，劳动者还具有自己的个人的利益，因此社会利益还是个人利益与社会利益的相对一致和统一。社会主义既必须保证社会和集体的利益，又必须保证劳动者的个人利益，为人们实现自身利益确定科学的行为准则。由此也就存在着一个对于集体主义的科学理解问题，有一个正确界定集体主义的道德原则问题。

按照现时下的解释，集体主义是要求人们一切从集体出发，把集体利益放在个人利益之上的思想和行为，是对只顾自己、不顾别人的个人主义的否定，是社会主义、共产主义的基本精神。毫无疑问，集体利益表现为社会成员的共同的利益，包含着众多个人利益，必然高于单个的劳动者的个人利益。与只为自己、不为别人的个人主义相比较，集体主义是最为合理的社会道德原则。但是，人类社会是由一个个社会活动单位所组成的统一整体，每一个劳动单位，包括每个劳动者个人，都是这个整体的基本组成要素。实行集体主义，不是简单地为了实现集体利益，更不是为了否定个人利益，而是通过维护社会的整体的利益，保证整个社会利益的和谐统一，更好地实现社会的公正与发展。把集体利益置于个人利益之上，要求人们一切从集体利益出发，是实施集体主义的必要手段，但不是实行集体主义的根本目的。就其实质来说，集体主义是要求人们从社会的整体的发展需要出发，把社会整体利益放在个人和局部的利益之上，以促进整个社会的发展进步，表现为一种社会整体性的原则要求。因此只有以整体性作为本质规定，才能体现出集体主义的实质内涵，增强集体主义的实践性和可行性，保证集体主义原则的真实性和有效性。

在本质规定上把集体主义定义为一种整体性要求，能够使人们科学确定社会利益主体的社会性质和社会地位，正确界定社会的利益关系和利益要求。作为个人主义的对立物，集体主义自然应以集体利益为基本价值取向。然而在现实生活中，集体同样表现为具体的社会利益实体，集体利益照样既有量的差别，也有质的不同。如果不从本质规定上对集体主义进行界定和说明，容易使人们在思想上产生误区，认为只要是集体的利益，就必定是道德的，凡是集体的行为，就必然是正确的，由此很容易造成现实生活中的弊端和失误。而“整体”是指事物的全部，集体主义的整体性规定，也应包括所有劳动集体和劳动者个人，必须以实现社会整体利益、促进社会整体发展为根本要求。在整体性要求规定下，既不能是简单的集体本位，也不能是传统的个人本位，而是表现为一种社会整体本位，不仅集体能够获得不可否定的社会利益主体地位，劳动者个人同样获得了不可否定的社会利益主体地位，不仅个人必须从社会的整体发展要求出发，来确定和实现自身的利益，集体同样应以保证社会整体发展为其行为准则，使自己的活动符合社会的整体发展需要。以此对个人与集体、个人与社会的关系进行科学的说明和限定，对整个社会的利益主体和利益要求予以说明和限定，达到正确导向和规范整个社会生活的目的。

集体主义既然在根本上表现为一种社会整体性规定，在具体实施中，就可以根据不同的社会生活要求，区分为多数利益原则与全体利益原则两种存在形态。这是因为，整体性概念具有高度的抽象性，也有着很强的包容性，同样表现为质和量的内在统一。以整体性作为集体主义的根本规定，在社会的利益要求上，可以是毫无条件地以实现全体社会成员的利益为原则规定，也能够以符合社会整体的发展需要为原则规定，不论这种利益要求在具体数量和获取方式上有什么不同，只要不损害社会的整体利益，有利于社会的整体发展需要，就是符合集体主义整体性规定的。整体性是集体主义的质的规定性，多数利益原则和全体利益原则是集体主义的量的规定性，前者是不可改变的，后者是发展和变化的。在现实生活中，所有社会原则在具体实施中都是可以细化和分解的，也是必须细化和分解的。例如按劳分配可以按劳动效果进行分配，也可以依照劳动券进行分配；个人主义可以是奴隶社会的个人主义，也可以是资本主义的个人主义。集体主义作为一种道德原则，在具体实施中同样必须予以细化和分解。集体主义的本质是不变的，其具体内容和表现形式则是发展变化的。正确确定集体主义的道德原则，必须科学认识集体主义的本质规定，从定性与定量两个方面，深刻认识集体主义的内涵，以及集体主义发展的量变过程和阶段性的质变结果。

不难发现，作为对于社会生活的原则规定，集体主义规定着整个社会的利益要求和价值取向。在社会利益实现完全的统一和一致的时候，集体主义自然表现为社会全体利益原则，以实现所有社会成员的利益为根本规定。而在社会利益还是相对一致和统一的时候，个人和集体都具有相对独立的社会利益主体地位，因此集体主义只能以实现社会的整体利益为根本价值选项，显然不能毫无条件地以实现所有社会成员的利益为行为准则。这种社会整体利益，既表现为社会成员的共同利益，又具体表现为相对多数社会成员的利益，既包含所有社会利益主体的根本利益，又不绝对等同于每个社会利益主体的利益。人们的社会活动和价值取向，可以具有个人的利益要求，又必须符合社会的整体发展需要。这样一种社会利益规定，在根本上区别于个人主义的道德原则，也不同于集体主义的全体利益原则，而是具体表现为一种社会多数利益原则。全体利益原则是集体主义的高级表现形态，多数利益原则是集体主义的低级表现形态，二者都符合集体主义的整体性规定，在利益主体、利益要求以及具体规定上，又有着明显的区别和不同。只有遵循辩证唯物主义和历史唯物主义原理，把集体主义区分为不同的社会表现形态，才能形成科学的社会道德原则，适应于所有公有制社会形态的道德规定和发展要求。

这样一种集体主义的不同社会表现形态，是人类社会发展的必然产物，也是由不同的生产资料公有制性质所决定的。个人主义是私有制的产物，集体主义是公有制的产物。在公有制下，既具有集体主义产生和存在的物质基础，又必须以集体主义导向和规范整个社会生活。但是，由于公有制的社会性质不同，社会的利益原则规定也就不同。在按需分配下，公有制表现为人人绝对平等的公有制，以全体利益原则规范整个社会生活，具有天然的合理性和可行性。而在按劳分配下，公有制还是有条件的公有制，人们的活动还不能无条件地以全体社会成员的利益为实现对象。只有在多数利益原则中，集体主义才能够允许个人作为社会的利益主体而存在，从而适合于社会主义公有制的发展需要，适应于社会主义基本原则的科学实施。个人主义在表现形态上是发展变化的，集体主义在表现形态上同样应是发展变化的。只有以多数利益原则作为基本道德原则，才能使集体主义建立在社会主义“经济必然性”[①] 的基础上，从

① 《马克思恩格斯选集》第4卷，第506页。

社会的整体发展、主体多元、普遍规范、动态变化等要求出发，正确界定个人与集体、个人与社会、集体与社会的关系，保证社会主义利益原则的科学有效实施。

从上述分析中也可以看到，在多数利益原则下，不论是个人还是具体劳动集体，都必须按照社会主义的基本原则规定，在履行社会责任、尽到社会义务的基础上，实现自己的利益要求。表现在个人与集体的关系上，既不能背离社会发展的整体性规定，以个人利益否定集体利益，也不能违背社会主义基本原则规定，以集体利益随意否定个人利益；个人必须在根本上服从于集体利益，在自身利益与社会利益发生矛盾时，牺牲个人利益以维护社会利益，同时在制度规定内，与集体享有平等的社会权利。以此为所有社会活动主体确定自身利益实现的正确途径和手段，真正把“个人利益和集体利益结合起来”，形成“人人为我、我为人人”[①] 的社会主义道德风尚。

从上述分析中还可以看到，集体主义在表现形式上，同样是一个从低级形态向高级形态发展变化的历史进程。这种发展变化，既表现为全体利益原则与多数利益原则的区别，还表现为多数利益原则在具体实践中的发展和变化。多数利益原则以社会多数成员的利益实现为根本规定，在社会的利益主体、利益对象及利益要求上，不可能确定一个绝对不变的行为标准和范围界限，必须根据社会的发展程度和状况，确定其具体内容和实现形式。同时在全体利益原则下，集体主义仅仅表现为社会对个人的道德召唤和舆论评价；而多数利益原则具有众多社会利益主体和丰富的社会利益要求，不仅要科学界定社会的利益关系，对社会生活以正确导向，还必须建立起社会的法律规

① 《列宁全集》第31卷，人民出版社1958年版，第104页。

定和强制性规范。只有在这种发展变化中，才能使多数利益原则始终与现实社会发展状况相适应，实现最佳的社会效果。

作为一种思想观念和道德原则，集体主义在道德境界上，同样具有不同的层次和追求。具体来说，全体利益原则表现为大公无私的道德境界，表现为社会成员的绝对的无私奉献的精神追求。多数利益原则表现为公私并重的道德境界，也即是充分尊重个人与集体的利益要求、坚持个人利益与集体利益相互并重的社会道德观念。[①] 这种公私并重的道德境界，是社会主义社会生活在人们思想观念上的必然要求，是劳动还不是人们第一需要的时候，人类所能够实行的最为道德的社会精神追求，是人类精神生活由自私自利向大公无私过渡的必然历史阶段，在本质上属于集体主义的道德品质，表现为集体主义发展变化的具体历史过程。

集体主义原则的这种规定和要求，说明在社会主义社会中，必须在观念形态上保证公与劳的相互一致和统一。否定“公”的利益要求，那就只能以个人主义作为社会利益原则，从而和剥削社会就没有根本区别了。但忽视“劳”的内容和要求，就只能以平均主义来实行社会利益分配，同样会形成对于社会主义的根本否定。只有在思想观念上实现公与劳的科学统一，才能全面体现出社会主义的社会生活性质，适应社会主义的发展需要。而只有在多数利益原则下，才能科学体现出社会主义的利益关系和利益要求，保证社会经济生活与道德生活的统一，形成符合社会主义发展要求的道德原则和道德规定。

科学确定社会主义的社会利益原则，是保证社会主义科学发展的必然要求。在现有的社会主义社会意识形态中，往往只有公有制的内容和要求，见不到按劳分配的内容和要求，使社

① 参阅《社会主义研究》，第140—150页。

会主义经济基础与意识形态处于相互分离和相互矛盾的状态。在现实生活中，每个劳动者都必须争取和实现自己的利益，在社会的道德观念上，却找不到这种利益要求存在的根据。由此造成社会物质生活与精神生活两张皮的现象，削弱了社会主义存在的科学性和正当性。如果不从整体性的规定出发，把集体主义确定为不同的社会利益原则规定，依照现有的集体主义定义，必然会出现以社会主义意识形态否定社会主义现实生活的现象，形成社会生活中说与做相脱离、说的不能做、做的不能说的现象。而一个社会制度如果把自己的存在建立在不能讲真话、难以讲真话的基础上，必定难以为继。这已经为社会主义的发展实践所证明，是研究社会主义意识形态时，必须科学界定社会主义社会利益原则的原因。

五、正确认识社会主义意识形态的特殊性要求

社会主义的社会意识形态，既是对社会主义现实生活的体现和反映，必须能够有效规范和说明现实的社会生活，又具有理想性和导向性的内涵。由此使社会主义意识形态具有更为丰富的内容，对社会主义发展具有更为重要的意义和作用。

巩固和发展现时的社会制度，是社会意识形态产生和存在的根本任务和基本要求。在剥削社会里，社会意识形态以维护现实的社会制度为唯一要求，仅仅表现为现实的社会生活内容，任何超出这个社会形态存在的思想观念，都是这个社会所要反对的，也是这个社会的意识形态所反对的。而社会主义既是现实的社会生活，又具有崇高的社会发展目标，必须以更为先进的社会意识形态来导向现实的社会生活，以更为先进的社会形态最终否定自己的社会存在。由此使社会主义意识形态既具有

现实性，又具有理想性，否则就不能全面保证社会主义的存在和发展。这样一种社会意识形态内容，表现为社会主义意识形态的特殊性要求，是社会主义意识形态所独有的基本特征和内涵。这种社会主义意识形态的特殊性要求，充分体现在社会的理想追求和价值导向上。只有理想性没有现实性，或者只有现实性没有理想性，都不能称作是完整的社会主义意识形态。只有充分发挥社会主义意识形态现实性与理想性的双重功能，才能全面体现出社会主义的发展方向和发展要求，更好地发挥社会意识形态的作用，促进社会主义的发展和进步。

社会主义意识形态的这种特殊性要求，是由人类自身发展的内在规律所决定的，也是人类社会发展进步的鲜明标志。人类的社会意识，既决定于现实的社会存在，也具有相对的独立性。也正因为这样，在剥削社会中，同样可以产生出“天下为公”的道德情操，形成对于宗教天国的美好向往。而马克思主义的诞生，使人类对于自身发展的美好期望由空想变成科学，为人类社会发展提供了现实的途径和手段。这就是，通过消灭阶级剥削压迫，建立起社会主义的社会制度，不断实现对于劳动的解放，最终实现人的全面自由的发展。因此社会主义不仅要形成有利于自身存在发展的意识形态，以建设和发展社会主义；同时以更为崇高的社会发展目标来导向和否定现实的社会生活，形成社会生活中的理想性内涵。由此充分体现出社会主义意识形态的科学性和先进性。

社会主义发展实践也说明了这一点。与之前人类其他社会形态的社会发展具有根本不同，社会主义一开始就是在自己社会意识形态指导下的产物，是人们对于自身现实生活要求和对未来理想追求相互作用、共同激励的结果。至今世界上的所有社会主义国家，首先都是在社会主义意识形态的指导下建立起来的。这既是因为，社会主义物质技术基础具有独特的内容和要求，具有巨大的物质数量差别；同时也因为，社会主义是对剥削社会的根本否定，没有科学的理论指导，就不可能实现这种否定。这种对于剥削社会的否定，首先是由人类社会发展的理想性内涵所规定的，必须以人类社会发展的美好未来，动员全体劳动人民为建设社会主义而奋斗。没有这种社会发展的理想性要求，社会主义同样会局限于对于现实社会利益的追求和纷争，社会主义制度也就难以得到科学的建立，即使建立起来也难以得到科学有效的发展。

社会主义意识形态的特殊性规定和要求，说明社会主义社会生活必然具有理想性的内涵。理想是社会精神生活的集中体现，是人类改造主观世界与客观世界的强大动力。社会主义之前的社会形态，人们的活动都是为了争取自身的现实利益，以保证现实的社会存在为根本目的。社会主义则为人类社会确定了明确的发展方向，使人类社会具有更为理想的发展目标追求。从而使人类科学地把握自己的发展未来，脱离开单纯的现实利益羁绊，全面展现出人类社会的发展特点，体现出人类自身的发展愿望，体现出人类社会发展的根本目的要求。

社会主义意识形态的特殊性规定和要求，说明社会主义发展具有丰富的社会精神生活内容。与动物界的生命存在和生存方式相比较，人类的社会生活和社会发展，自然具有精神生活的内容和要求。但在剥削社会中，人们只能把自己的社会活动限定在物质生活的层面上，局限于动物式的生存状态，从而贬低人类自身的生存意义和价值，妨碍人类社会的发展。社会主义使人类社会真正体现出人类生存发展的根本要求，通过对于自身发展目标的科学确立，为人类社会确立科学的发展方向，体现出人类自身发展的根本目的，使人类社会发展在根本上区别于动物社会的发展。

社会主义意识形态的特殊性规定和要求，也说明社会主义的社会存在和社会发展，必然是一种物质生活发展与精神生活发展的科学统一。在社会生活中，必须把物质生产与精神生产、物质生活与精神生活有机结合起来，形成更为科学的社会发展模式和人类更为理想的社会生存状态。这样一种社会生活要求，能够充分体现出人类有意识有目的的社会活动优势，体现出人类社会发展的特点和要求，做到以物质生活发展促进精神生活发展，以精神生活发展促进物质生活发展，使物质变精神，精神变物质。从而实现更为理想的社会发展效果，体现出一切剥削社会形态所不具有的社会发展优势。

肯定社会主义意识形态理想性内涵在社会生活中的作用和价值，不是要排斥和否定社会主义意识形态的现实性内涵。恰恰相反，无论社会主义意识形态的理想性内涵是多么先进和崇高，在社会主义社会中，都必须以社会主义意识形态的现实性要求为根本规定，不能否定社会主义意识形态的现实性内涵。人们的思想观念，归根结底是由现实的社会物质生活所决定的，是由社会生产关系的性质所决定的。社会主义的意识形态，同样首先是由现实的社会物质生活所决定的。只有科学地反映出社会主义生产关系的要求，才能够适应现实社会生活需要，体现出社会主义意识形态所应有的作用和价值。这样一种社会主义意识形态，必须具有时代性和导向性的双重内涵，能够有效指导和规范现实的社会生活。丢掉社会主义意识形态的现实性内涵，必然会把社会主义意识形态变成是脱离实际、夸夸其谈的东西，变成是主观唯心的东西。

社会主义意识形态的理想性与现实性内涵，在社会主义社会生活中，都必须以社会理想的形式表现出来，既表现为社会主义的最高理想，也表现为社会主义的共同理想，前者表现为对于共产主义的美好向往，后者表现为建设和发展社会主义的现实精神力量。这种社会主义共同理想，是社会主义本质在人们思想观念上的产物，既能引导人们追求更加美好的社会生活，又不是脱离开现实生活的纯粹观念形态的东西，不仅能够在观念形态上实现社会精神生活的一致和统一，而且能够为社会主义发展确立科学的途径和手段。在劳动创造的旗帜下，人们的劳动活动和社会行为不再囿于现实的社会利益纷争，而是与人类社会发展的根本要求相一致，体现出丰富的道德性内涵。不管一个社会成员的政治态度、宗教信仰如何，只要他具有劳动创造的思想观念，就是一个具有时代感和正义感的人；只要投身于社会主义劳动，就是一个社会主义劳动者，他的行为就是光荣的，是社会发展所需要的。离开劳动创造，社会主义就形不成能够为全体劳动群众共同接受的社会理想追求，社会主义最高理想的实现同样成为不可能。

总结社会主义的发展实践可以看到，迄今社会主义发展的失误，表现在社会意识形态上，不是缺少理想性和导向性，而是简单以超前的社会意识形态，作为对于现实社会生活的要求，动辄以无私奉献或大公无私的道德原则，来要求每一个社会主义劳动者。这不符合社会主义生产关系的性质，不符合社会主义的基本原则规定，既不是每个社会成员都能做到的，也不是非得要求每个社会成员都必须做到。马克思指出："物质生活的生产方式制约着整个社会生活、政治生活和精神生活的过程。不是人们的意识决定人们的存在，相反，是人们的社会存在决定人们的意识。"① 很显然，社会主义意识形态的理想性内涵与

① 《马克思恩格斯选集》第2卷，第82页。

现实性要求相比较，具有更为崇高的道德境界和美好追求，如果不能正确说明社会主义的社会性质，那就很容易导致以社会主义意识形态的理想性内涵否定现实社会生活的现象，以社会主义最高理想代替社会主义的共同理想，使社会主义意识形态超越现实的社会发展需要。必须把社会主义不可或缺的社会价值导向与社会主义的基本社会生活规范区别开来，把社会主义意识形态的现实性规定与理想性内涵科学区别开来。这是在社会主义发展中必须注意到的问题，也是研究社会主义意识形态所必须解决好的问题。

通过上述分析可见，保证社会主义意识形态的科学性和正确性，必须以现实性为基础，以理想性为导向，保证二者之间的科学统一和相互一致。而从社会主义的发展实践和现实发展需要出发，发展和完善社会主义的意识形态，必须特别强调社会主义意识形态的现实性内涵，使社会主义意识形态真正符合社会主义的发展需要，避免以超前的社会导向作为现实生活的根本要求，使社会主义的社会价值导向走向社会主义发展需要的反面，影响和阻碍社会主义的社会发展。

六、确立全面准确的社会主义理论定义

社会主义定义是对社会主义本质特征的简要而明确的说明，是对社会主义内涵和外延的简要而明确的概括和说明。确定科学完整的社会主义理论定义，能够使人们直截了当地弄明白什么是社会主义，怎样坚持和发展社会主义。缺乏科学的社会主义理论定义，社会主义意识形态就是不成熟不完善的，必然削弱社会主义的本质力量，不利于社会主义的存在和发展。

然而，虽然社会主义作为一种科学的理论体系和社会制度，

已经具有近200年的发展历史，至今为止，对于社会主义却依然缺乏一个准确的理论定义，缺乏简要而明确的理论概括和说明。因此在对什么是社会主义的认识上，一直停留在表象论述和泛泛而论的阶段，讲不清什么是社会主义、怎样建设和发展社会主义。例如看不到社会主义的本质规定和根本要求，把社会主义与共产主义等同于同一个社会形态，简单看成是人类由阶级社会向无阶级社会的过渡，看成是共产主义社会的初级阶段，等等。而在一些试图对社会主义进行理论定义的研究中，不仅内容上缺乏科学的概括和总结，单就字数来说，动辄即达上千字之多。这显然不符合事物定义的一般规定，不具有作为社会主义定义的功能。由此使社会主义发展长期处于含糊不清的状态，处于被动的摸着石头过河的状态。

社会主义定义所以长期处于不完善的状态，是因为社会主义定义是对社会主义的高度理论概括，又是社会主义意识形态的集中体现，必须是在弄清楚社会主义本质规定、弄清楚社会主义内涵与外延的基础上，对社会主义以系统的完整的理论结论。而要达到这样的要求，必须弄清楚以下四个问题。

一是科学确立社会主义独立的社会形态地位。具体来说，是把社会主义看作是一个独立的社会形态，还是仅仅看成是共产主义社会的初级发展阶段。前者必然表现为经济基础与上层建筑的具体的历史的统一，因而社会主义的定义就会丰富得多、深刻得多。否则社会主义社会生活内容就会简单得多，在时间跨度上也要简短得多，其定义同样会简单得多，甚至不需要单独定义。社会主义具有自己的生产关系和上层建筑，是经济基础与上层建筑的具体的历史的统一，因此必然是一个独立的社会形态。只有依据历史唯物主义原理，科学确定社会主义独立的社会形态的历史地位，才能够科学理解社会主义的发展特点和发展要求，对社会主义以科学的理论概括和说明。

二是科学理解社会主义制度建立的前提条件。保证社会主义的存在和发展，必须建立起社会主义的生产关系和上层建筑。要实现这样的要求，首先必须消灭阶级剥削压迫，实现对于劳动者阶级的根本的解放，实现对于阶级剥削压迫的根本否定。社会主义制度必须以消灭阶级剥削压迫为其存在的前提条件，消灭阶级剥削压迫，是建立社会主义制度的基本前提。社会主义的定义，必须包括消灭阶级剥削压迫的内容，以消灭阶级剥削压迫作为根本要求。如果以实行公有制或是实行按劳分配作为社会主义制度建立的前提条件，以此来确定社会主义的定义，那就必然会把发展手段当成发展目的，丢掉社会主义存在发展的根本要求，不可能形成科学的社会主义定义。

三是科学说明社会主义的本质规定。社会主义本质规定是社会主义的根本要求，是社会主义定义中最为核心和最为根本的内容。毫无疑问，只有以劳动创造作为社会主义的本质规定，才能够体现出社会主义与其他社会形态的根本区别，为社会主义确定科学的发展手段和发展途径，在根本上保证社会主义的存在和发展。这样一种社会主义本质规定，能够讲清楚消灭了阶级剥削压迫之后，人类社会的发展特点和发展要求，比如社会主义为什么必须实行按劳分配，为什么还不是清一色的生产资料公有制，等等；同时对社会生活以科学的限定和规范。只有在对社会主义本质以科学认识和科学确立的基础上，才能对什么是社会主义以科学的理论概括，对社会主义以完整清晰的理论定义和理论说明。

四是科学确定社会主义的发展目标。社会主义的社会发展，包括社会主义自身的不断前进和发展，也表现为以实现共产主义作为目标追求和前进方向，通过对于自身的不断否定，实现其最终的社会发展要求。社会主义的定义，必须体现出这种发展目标要求，为社会主义确定明确的社会发展方向。丢掉了这个社会发展目标，社会主义定义照样是不全面和不完善的，难以充分体现出社会主义的发展要求。只有以实现共产主义作为发展方向和奋斗目标，才能够为社会主义确定最终胜利的标志，体现出社会主义发展的目的性和方向性，在根本上区别于以往社会形态那种盲目的自发的发展，增强社会主义的凝聚力、吸引力和向心力，实现社会主义的更好更快的发展。

上述四个方面的内容和要求，包括了社会主义定义的基本规定和本质内涵，是一个相互联系的统一整体。其中任何一个方面弄不清楚，都难以对社会主义以准确的定义。而按照这样一个理论思路，社会主义的定义，只能是作者在《社会主义研究》开篇所作出的理论概括："社会主义是人类社会发展过程中一个不可逾越的历史阶段，是一个独立的社会形态，它以消灭阶级剥削压迫为根本要求，以劳动创造为本质规定，以实现共产主义为最终目的，具有一切剥削社会形态所不可比拟的制度优势。"① 为了说明这种社会主义定义的实质和内涵，这里从三个层次，对上述内容作一个简单的阐述。

第一个层次，"社会主义是人类社会发展过程中一个不可逾越的历史阶段，是一个独立的社会形态"。这是由人类社会发展的历史规律所决定的，也是社会主义的发展要求所决定的。人类其他社会形态的变更交替，可以实现跨越式的发展，例如从奴隶社会可以直接进入到资本主义，甚至直接进入到社会主义。但人类要进入到共产主义社会，则必须经过社会主义。这是因为，人类社会在本质上表现为劳动创造和剥削压迫两大类型，

① 参阅《社会主义研究》，第1页。

在同一个类型的社会形态之间，能够实现跳跃式的发展；在劳动创造与剥削压迫的社会形态之间，也能够实现彼此之间的直接否定。而从剥削社会进入到人的全面自由发展的共产主义社会，则必须经过一个本质变换的社会历史阶段。这样一个社会历史发展阶段，只能以劳动创造的社会本质来否定剥削压迫的社会本质，而不能直接以人的全面自由发展来否定阶级剥削压迫的社会本质。这种由剥削社会向人的全面自由发展目标过渡的历史进程，就是社会主义的社会历史阶段。这个历史阶段就某个社会主义国家来说，其时间可长可短，就整个人类社会发展来说，则是一个长期的社会历史过程，是人类社会发展中一个不可逾越的历史阶段。由此也说明了社会主义独立的社会形态地位，说明社会主义存在的必然性和不可否定性。

第二个层次，社会主义“以消灭阶级剥削压迫为根本要求，以劳动创造为本质规定，以实现共产主义为最终目的”。这是对社会主义发展进程的具体要求，也是社会主义存在发展的根本规定，既包括社会主义制度建立的基本条件，也包括社会主义的本质规定，包括社会主义的发展目标。这样一种社会主义定义内容，是社会主义存在和发展的鲜明的本质特征，也是社会主义发展理想性与现实性的科学统一，是实现社会主义发展胜利的必然要求。由此使社会主义成为一个科学的社会发展进程，成为一种现实的科学的社会存在。而要实现社会主义的发展目标和要求，必须通过社会主义劳动创造本质的发展和发挥，使劳动由人们的负担和累赘，逐步向着成为人们全面自由发展的条件转变，为实现社会主义的发展和胜利，最终建立起共产主义的社会制度，奠定坚实的社会生活基础。

第三个层次，社会主义“具有一切剥削社会形态所不可比拟的制度优势。”这既是对社会主义的总体评价，是对上述内容的概括性说明，进一步讲清楚社会主义的科学性、合理性和正当性；同时也说明，社会主义的制度优势，是在同剥削社会形态的比较中显示出来的，在社会主义社会中，还必然存在着不完善和不如意的地方，还存在着像马克思所说的那种“旧社会的痕迹”和“弊病”，还必然要向着更为美好的方向发展，必须实现对于社会主义的不断否定。由此把社会主义看作是一个发展变化的动态过程，为社会主义确定牢固的历史唯物主义证明，为社会主义发展拓展广阔的空间，开辟广阔的道路。

以上关于社会主义定义的概括，能够从根本上讲清楚社会主义的本质特征，简要地说明社会主义的基本内涵和外延，为社会主义确立科学的历史地位、历史任务、本质规定和发展要求，形成完整准确的社会主义定义。在这 6 句话中，对于社会主义历史地位和本质规定的界定，属于新的提法，其他 4 句话则是过去已经成为定论的内容。只要把这 6 句话结合起来，形成一个统一的整体，就能够从最简要的理论概括上，说明什么是社会主义的问题。由此形成严密的逻辑思辨和哲学概括，使社会主义定义既做到科学、完整、准确，又做到鲜明、概括、简洁，全面体现出社会主义的根本规定和发展要求。

从上述论述中可以看到，社会主义的定义，在根本上是社会主义劳动创造本质的反映和体现，都能够用劳动创造的本质来概括、来要求、来说明。只有这样一个定义表述，才能使社会主义成为一种具体实在的社会生活要求，使人们直接了当地认识什么是社会主义，怎样坚持和发展社会主义，为社会主义奠定坚实的思想理论基础。过去所以难以对社会主义定义以科学完整的说明，正是在于缺乏对于社会主义本质的科学理解，只能从外部特征或本质特点上，对社会主义予以说明和描述，使社会主义定义的科学确定成为不可能。例如那种简单以公有制作为社会主义发展要求的做法，往往在社会主义政治经济学开篇就去讲公有制，先把公有制说得完美无缺，随后却不得不讲社会主义必须实行多种所有制并存，造成论述中的自相矛盾，形成人们在思想认识上对于社会主义的迷茫和困惑。

上述社会主义的定义，是作者依据自己的理论研究所得出来的理论结论。这些结论，有的已逐渐为人们所接受，如把社会主义作为独立的社会形态的论述；更多则处于无声无息的状态。提出这样一个定义，本身就具有抛砖引玉的意思。但这种社会主义定义的结论，并不是随意得出来的，只要从社会主义的本质规定出发，对社会主义进行深入的研究探讨，最终必然会得出这样的结论。如果将来有更好的社会主义定义出现，那自然是值得庆幸的事情。在至今仍看不到对于社会主义定义的完整表述的时候，作为理论研究来说，提出一个社会主义定义比没有这样一个定义要好，能够进行具体理论说明比不着边际的清谈空议要好。

七、构建科学完整的社会主义意识形态体系

社会意识形态包括哲学、政治、艺术、宗教等各种形式和内容，既表现为思想理论成果，也表现为社会文化现象，前者属于思想意识形态，后者属于艺术意识形态，二者共同构成社会的观念上层建筑。研究社会主义意识形态，不仅必须形成科学完整的思想意识形态，还必须建立起科学的社会艺术意识形态。以此全面体现出社会主义意识形态的发展要求和发展特点，实现确立社会主义意识形态的最佳社会效果。

人是有意识、有目的的社会存在物，人们的社会生活，都与社会意识形态密切相关，既必须通过社会的意识形态反映和体现出来，也必须在社会意识形态中得到说明和保证。社会主

义的意识形态，同样必须全面反映出社会主义的社会生活要求，必须具有丰富的社会内容和表现形式。相比较于思想意识形态来说，艺术意识形态表现为次要的方面，是在思想意识形态的基础上产生和发展起来的。但是，如果没有丰富的完善的社会主义艺术意识形态，社会主义思想意识形态也就难以得到有效的体现和反映，难以为人们普遍理解和接受，同样难以实现社会主义的科学存在和发展。思想意识形态是一种观念形态的东西，表现为人们对于事物的看法和见解，基本上是看不见摸不着的东西，不可能单独起到社会意识形态所应有的作用和价值。只有把思想意识形态与艺术意识形态有机结合起来，相互作用，相互促进，才能够形成科学完善的社会主义意识形态，形成社会主义发展前进的积极推动力量。

社会主义的思想意识形态和艺术意识形态，集中表现为社会主义先进文化的要求。文化是人类社会历史发展所创造的物质财富和精神财富的总和，包括物质文化成果和精神文化成果。而社会意识形态中的文化，则是指社会的精神文化成果，包括文学、艺术、教育等。进行社会主义意识形态建设，必须以哲学研究为基础，构建起完整统一的社会意识形态体系，做到内容与形式的科学统一，各种意识形态内容之间的科学统一。社会主义代表了人类社会的发展方向，不仅要创造出更高形态的社会生产力，而且能够实现对于人类社会精神生活的科学导向和整体升华，建立起先进的社会主义社会文化。这种社会主义先进文化，必须在根本上体现出社会主义的发展需要，既是社会主义精神生活所不可缺少的，是社会主义优越性的重要标志，也是社会主义发展所需要的，是人类社会发展所必然要求的。

与思想意识形态不同，艺术意识形态具有丰富的社会表现形式，也具有较大的灵活性和动态性。但同样很清楚，社会主义的意识形态，是由社会主义本质所决定的，不论表现为什么样的内容和形式，都不能背离社会主义的本质规定，应是在社会主义本质规定范围内的文化、教育和艺术。也就是说，不仅社会主义思想意识形态必须符合社会主义的本质规定，社会主义艺术意识形态同样必须符合社会主义的本质规定，不能与社会主义本质规定相矛盾、相冲突。只有这样，才能够为社会主义思想意识形态提供丰富的活动载体和表现形式，使之成为大众化、群众化的精神食粮，成为团结人民、教育人民、建设社会主义、促进社会主义发展的强大精神力量。

建设科学完整的社会主义意识形态，必须反对和否定剥削阶级的意识形态，反对腐朽落后的社会文化。在人类社会发展历史上，曾经创造出许多文化形式和文明成果，这些文化形式和文明成果，在历史上大都产生过积极的作用。但人类社会是不断前进和发展的，社会文化建设同样是不断前进和发展的。随着社会的发展进步，这些文化形式和文明成果，有的可以继承和发扬光大，有的则必须被取代、被淘汰。例如原始人发明的部落穴居方式，当时无疑是先进的美好的社会生活享受，但不能让今天的人们再去住山洞，依旧像原始人群那样去生存、去生活。社会主义文化发展必须向前看、向前进，而不能只向后看、向后退，也不是回归了传统文化就能适应人类社会的发展需要，适应社会主义的发展需要。必须科学对待人类社会文化遗产的继承和创新问题，做到以社会主义本质规定为根本要求，努力创建出崭新的适应时代发展要求的社会主义文化，创造出科学的社会主义意识形态。显然不能以弘扬传统文化为由，忽视对于社会主义先进文化的创新和建设。

建设科学完整的社会主义意识形态，必须注重社会主义文化建设的科学性和合理性。文化建设主要表现为人们的精神需要，具有较强的主观人为因素。脱离开现实的社会生活要求，一味强调社会主义文化的先进性，或者就会导致社会发展中的偏差和失误，或者使社会主义文化成为毫无意义的政治高调。例如在企业发展上，不能脱离开社会的利益要求，脱离开企业的社会生产主体身份，过分强调企业的道德建设和文化建设；在政治宣传中，不能随意树立所谓先进典型，并且是谁得病谁先进，谁逝世学习谁，既显得不够人性，也容易演变成某些人沽名钓誉的手段，引起人们的逆反心理。发展社会主义先进文化，不是说在理念上越先进越好，而是必须把社会主义意识形态的理想性与现实性科学地结合起来，把基础性与导向性科学地结合起来，做到以基础性为主，以现实性为主，保证社会主义文化的社会性质和发展要求。

艺术是形象化的社会意识形态，包括绘画、音乐、戏剧、影视等各种文化表现形式，具有大众化和通俗化的特点，表现为社会主义的文学艺术，是社会意识形态中最为丰富的内容。社会主义的发展离不开文学艺术，而文学艺术在表现内容和表现形式上，具有复杂性和多样性的要求，更容易受到不同社会意识形态的影响和冲击。社会主义必须以先进的文化形式和思想观念来鼓舞人、教育人，以是否符合社会主义本质规定作为根本检验标准，通过对于人民群众的潜移默化、耳濡目染，达到坚持社会主义意识形态、发展社会主义先进文化的要求。

作为一种古老的社会意识形态表现形式，宗教是人们对虚幻天国的虔诚信仰，在人类社会发展历史上，可以成为被压迫者进行社会革命的武器，也可以成为剥削阶级强化自身统治的工具。随着社会发展和时代变化，一些宗教活动演化成为人们的生活习惯，演变为一种社会文化。对于以历史唯物主义作为自身意识形态本质内涵的社会主义来说，宗教是人们对过去的信仰，社会主义是对未来的信仰，宗教是人们过去对于苦难的反映，社会主义是人们对于自身幸福的向往。与社会主义意识形态的根本规定相比较，宗教是一种落后文化。社会主义不能一概反对所有的宗教，也不应对宗教活动听之任之、放任自流，必须大力宣传唯物主义，提倡无神论，反对一切具有剥削压迫内容的宗教思想，对具有文化沿袭性质的宗教活动进行科学的管理规范。作为人类早期思想意识的朦胧觉醒，经过几千年的发展，宗教已经达到其所能达到的高度，其现实存在形式即是其最高表现形式，也是其最后存在形态，不可能再有发展和创造。事实说明，在现代社会中，所谓宗教创新基本上都具有邪教性质，是个别人谋财害命的手段。在资本主义社会中，只要能赚到钱，都符合人性自私的资本主义教义，只要不涉及人的性命，就必须让邪教存在。在社会主义条件下，则不能去搞宗教创新，否则必然成为社会的毒瘤。在中国境内猖獗一时的"法轮功"，以及其他各种邪教组织，就是典型的例子。

社会主义的社会意识形态，也包括社会的政治思想和法律思想，而政治思想和法律思想对现实生活更具有直接的作用和影响，既表现为思想文化成果，也表现为具体的社会物质上层建筑，包括社会主义政体和国体确立等。本书相关各章已经对此进行了探讨，这里不再赘述。没有这种政治思想和法律思想，社会主义意识形态就失去了最为重要的表现形式，失去基本的保障手段。构建科学完整的社会主义意识形态体系，既必须以政治和法律思想为根本要求，也需要其他社会意识形态的形式和内容予以表现和配合。由此使各种社会主义意识形态都能发挥出应有的社会功能，实现最佳的社会效果。

观念上层建筑与政治上层建筑是一个不可分割的统一整体。社会主义的观念上层建筑，既能够为社会主义政治上层建筑提供思想基础和道德保障，也必须受到社会主义政治上层建筑的提倡和保护。没有社会主义的政治上层建筑，就没有社会主义的社会存在，自然难以实现社会主义观念上层建筑的存在和发展。建立科学的社会主义意识形态，必须与建立社会主义上层建筑联系起来，包括与建立社会主义政治上层建筑联系起来，把社会主义观念上层建筑物化为现实的社会物质存在，使社会意识形态的作用得到充分有效的实现和发挥。如果不能实现观念上层建筑与政治上层建筑的科学统一，同样难以形成科学完整的社会主义意识形态体系，难以适应社会主义的发展需要。但这已经更多地涉及到社会主义上层建筑的内容和要求，将在关于社会主义科学发展的研究中，予以专门的论述。

社会科学研究与社会意识形态密切相关，是社会意识形态的重要组成部分。构建科学完善的社会主义意识形态体系，必须加强对于学术研究工作的管理和规范，尤其是加强对于社会科学研究工作的管理和规范，使社会主义学术研究在根本上符合社会主义的发展需要。没有学术研究工作的健康有序开展，没有学术的进步和发展，就没有社会主义意识形态的进步和发展，不可能充分适应社会主义的发展需要。必须坚持历史唯物主义的基本原理，按照百花齐放、百家争鸣的方针，形成有利于学术研究和学术进步的良好社会氛围，努力推进社会主义的学术进步和学术创新。特别应随着科学技术的发展进步，不断增进新的思想观念和文化形式，使社会主义意识形态始终符合社会主义的发展需要。社会主义意识形态的根本内容和本质规定是不可改变的，其表现形式和具体内容则是不断发展变化的。否则必然会削弱社会主义意识形态的生机和活力，难以构建起科学完整的社会主义意识形态体系。

建立科学完善的社会主义意识形态体系，必须坚持马克思主义的理论指导。马克思主义是关于人类社会发展的最为科学的思想理论成果，在根本上揭示出人类社会的发展规律，指明了人类社会的发展方向，是社会主义的理论基石和行动指南。即使将来人们对于人类社会发展可以有更为详细的理论表述和理论结论，都只能是对马克思主义的完善和发展，都不可替代马克思主义对于社会主义的理论指导地位。有人说自己看了四个小时的马克思著作，就能够否定马克思主义了，显然是痴人呓语，不自量力。坚持和发展社会主义，构建科学的社会主义意识形态体系，离不开马列主义的理论指导。否则必然偏离社会主义发展的根本要求，从而这样的社会意识形态，也就不是社会主义的意识形态了。

八、充分发挥社会主义意识形态的作用和价值

社会主义意识形态是社会主义的思想观念保证。构建科学完整的社会主义意识形态，是为了保证社会主义的科学存在和发展。在社会主义社会发展中，必须把社会主义意识形态建设作为社会主义事业的重要组成部分，运用各种意识形态的形式和手段，为社会主义提供坚强有力的思想基础和观念保证，在根本上实现社会主义存在和发展的要求。

与其他社会形态相比较，意识形态对于社会主义具有更为重要的意义和价值，是社会主义须臾不可忽视的一条重要战线。如前所述，社会主义首先是一种思想理论成果，是社会意识形态的产物。没有科学的社会主义意识形态，就不会有社会主义的社会存在。这既是因为，社会主义是有意识有目的的自觉主动的社会活动过程，要有社会意识形态的指导和支配；也是因为，社会主义是对一切剥削社会形态的根本否定，如果不能在思想上彻底否定剥削阶级和剥削制度，就会失去自身存在的合

理性和科学性证明，失去自身存在的基本社会环境条件；同时还在于，社会主义从诞生的那一天起，就是一切剥削阶级竭力反对的对象，面临着艰巨的意识形态方面的对抗和斗争。因此对于其他社会形态来说，例如对于奴隶社会和封建社会来说，没有完整的社会意识形态，仅仅依靠暴力统治和专制手段，也能够存在下去。对于社会主义来说，如果缺乏科学的社会意识形态，缺乏在思想上对于敌对阶级的批判和否定，社会主义制度就不可能建立起来，建立起来也难以得到巩固和发展。

在社会主义的发展历史上，对于社会主义意识形态的作用和价值，曾经存在不同的认识和看法。在改革开放以前，过于强调上层建筑包括社会意识形态的作用，希望简单地通过与传统观念的决裂，实现社会主义的发展和胜利。所以出现这种现象，是把社会主义与共产主义看成是同一个社会形态，导致在思想观念上的超前规范。而改革开放以来，又存在着忽视社会意识形态作用的现象。这既有片面接受以往社会发展教训的原因，在根本上说，则是在思想上弄不清到底什么是社会主义，只能以实践探索代替理论自觉。这样的看法和认识，都是不全面不正确的。一方面，人类社会发展包括社会主义的发展，归根结底是由社会经济条件决定的，必须大力发展生产力，促进社会生产的发展进步，提高人民群众的物质生活水平。另一方面，意识形态在社会生活中起着引导、鼓舞和团结人民的作用，能够对社会发展以科学的规范和指导。忽视社会主义意识形态的作用和力量，必然形成社会主义发展的严重威胁，埋下潜在的危险和隐患。这就是列宁所说的，“在世界观的一些根本问题上有了分歧，到了困难的历史关头，必然要表现出来。”① 特别

① 《列宁全集》第35卷，第380页。

是在社会物质发展水平不如资本主义的时候，社会主义更必须以科学的意识形态，体现出社会主义的发展特点和发展优势，形成社会中的共同理想和最高理想。否则很容易造成社会主义的否定因素，妨碍社会主义的存在和发展。

现实生活已经证明了这一点。苏联在其社会主义制度崩溃的时候，其经济发展和军事实力都处于世界超级大国的地位。改革开放以来，我国社会经济建设得到了较快发展，但由于在意识形态上缺乏对于社会主义的科学说明和正确见解，同样引发了众多社会问题，诸如理想信念缺失、拜金主义泛滥等，对社会主义发展构成了严重威胁。为什么那么多人贪污受贿、违法乱纪？为什么一些高级干部也滑进了犯罪的泥潭？一个重要原因，在于讲不清社会主义的科学性和合理性，讲不清社会主义最终胜利的历史必然性，使这些人丢掉了理想信念，对社会主义发展失去了信心，加上受市场经济的影响，在生活中缺乏安全感和稳定感，因此只顾眼前，只要金钱，不择手段地牟取私利。如果不能建立起科学的社会主义意识形态，不能对社会主义的发展胜利予以科学的理论说明，这种现象就不可能避免，而且还会越演越烈。可以说，目前社会主义面临的最大危险，在于缺乏科学的社会意识形态，缺乏科学的理论说明和思想保障。这既是社会主义发展实践中的明显弊端，也是社会主义发展所亟待解决的社会问题。

需要特别说明的是，自打社会主义诞生以来，资本主义从来没有放弃过对社会主义的攻击和诬蔑，总是在用自己的社会意识形态，来否定社会主义的社会意识形态，否定社会主义的社会存在。虽然近几十年来，社会主义在各方面包括在意识形态领域中相对处于守势，西风暂时压住了东风，资本主义却始终没有放松对于社会主义的攻击，表现得肆无忌惮，咄咄逼人。

在这种情况下，如果不能尽快对社会主义以科学的理论说明和逻辑证明，不能对资本主义以有力的批判和有效回击，必然使人们丧失社会主义信心，不论社会生产力发展再快，社会财富增加再多，都会导致社会主义的失败和毁灭。保证社会主义的存在和发展，从根本上战胜资本主义和一切剥削制度，必须加快意识形态建设步伐，尽快建立起科学完整的社会主义意识形态。由此为社会主义提供牢固的理论证明和思想基础，在思想观念上保证社会主义的发展和胜利。

社会主义意识形态对于社会主义的作用和价值，首先表现在为社会主义指出了正确的发展目标和方向，能够增强人民群众对于社会主义的信心和信念。社会主义的意识形态，不是对社会主义经济基础的消极的被动的反映，而是具有积极的主动的社会功能。科学确定社会主义的本质规定，确定科学的社会主义理论定义，都是为了说明社会主义存在的科学性和合理性，从人类社会发展规律的高度，为社会主义奠定坚实的思想理论基石，使社会主义成为不可抗拒的正义的事业，使人民群众坚定社会主义的理想信念。这样一种对于社会主义的理想信念，必然能够转化为强大的物质力量，起到团结人民、组织人民的思想导向作用，起到战胜困难、克服困难的凝聚力作用，为社会主义发展胜利提供充分可靠的哲学依据和理论保证。

社会主义意识形态对于社会主义的作用和价值，也表现在能够对现实社会生活以有效的规范，保证社会主义的健康有序发展。社会主义是对剥削社会的根本否定，又是向着人类美好未来的前进和发展历程，更是现实的社会生活。只有形成科学的社会主义意识形态，才能形成科学的社会主义制度规定，对社会主义发展以科学的导向和规范，保证社会主义的社会性质和发展要求。在私有制的社会中，社会生活主要表现为个人的活动和行为，社会发展仅仅是个人的本能的自发活动的结果，社会意识形态在整体上自然处于相对次要的状态。在社会主义条件下，没有科学的社会意识形态，就不可能对现实生活以有效规范，必然使社会发展处于无所适从的状态，或者滑进剥削压迫的泥潭，或者流于大锅饭的社会生存方式。

社会主义意识形态对于社会主义的作用和价值，还表现在对于敌对阶级的批判和否定，从而使社会主义在政治思想上立于不败之地。社会主义的社会意识形态，既是对社会主义本质和发展规律的科学揭示，也是对剥削阶级包括资产阶级本质的揭露和否定，尤其是表现为对于资本主义的斗争和批判。只有通过这种批判和否定，才能为社会主义提供自身存在发展的理论证明，体现出社会主义的科学性和正当性，以及剥削社会形态的落后性和反动性。必须充分发挥社会主义意识形态的本质力量，对剥削社会意识形态以理直气壮的否定，在思想阵地和道德领域占据人类社会公正与发展的制高点，掌握思想领域的主动权和主导权，为社会主义发展扫清来自于剥削阶级的观念阻挠和思想障碍。

社会主义的发展现实和发展状况，同样证明了意识形态对于社会主义的独特的作用和价值。目前世界上的所有社会主义国家，在其社会生产力发展水平上，都达不到发达资本主义国家的程度，表面上看，似乎社会主义不如资本主义。但社会主义具有科学和先进的社会意识形态，从而也具有比较资本主义更为巨大的发展优势。这既表现在通过自觉主动的计划和调整，在相同的社会发展条件下，实现比较资本主义更好更快的社会发展；也表现在通过社会意识形态的作用，科学调节和规范现实社会生活，避免社会中的矛盾和冲突，形成人类社会更有意义更有价值的社会生活。从这个意义上说，社会主义的先进性和发展优势，首先表现为社会主义意识形态的先进性和发展优势。特别是在社会生产力赶不上发达资本主义国家的时候，更必须发挥意识形态的作用，在思想观念上为社会主义提供无可辩驳的理论证明，形成社会主义存在和发展的根本保障力量。没有科学的社会意识形态，社会主义就丢掉了自身先进性和科学性的标志，丢掉了自身的发展优势。

在社会主义意识形态与资本主义意识形态的斗争中，其最根本的要求，是弄清楚什么是社会主义，什么是资本主义，也就是弄明白“姓社姓资”的问题。实际上，资本主义从来没有忘记是姓社还是姓资，一直以自己的意识形态攻击社会主义的意识形态，否定社会主义的社会存在。在一段时间内，由于在理论上不可能马上弄清楚什么是社会主义，加上受到“左”的束缚，往往把一些社会主义理应采取的措施和手段，简单当成是资本主义的东西。在这种情况下，如果动不动就要先问一问姓社姓资，不仅讲不清什么是社会主义，而且会窒息改革、葬送改革，因此要求人们解放思想，加快发展，是完全正确的。但这不等于不存在姓社姓资的问题。特别是随着社会主义实践的发展，姓社姓资的问题尖锐地摆在了人们的面前。如果说过去不问姓社姓资是为了发展社会主义，在现时条件下，一味不问姓社姓资，则必然表现为对于社会主义的否定。只要真正弄清楚社会主义意识形态的内容和要求，就能够对社会主义以科学的本质界定和理论说明，从而有效发挥社会主义制度优势，实现社会主义的不断发展和胜利。

这样讲，会不会把马克思主义再次变成斗争哲学，回到过去那种极左的年代？根本不会。马克思主义具有鲜明的阶级性，当然具有阶级斗争的内涵。但如前所述，马克思主义在根本上是一种发展哲学、建设哲学。只要科学认识马克思主义的实质内涵，就能够正确把握马克思主义的根本要求，保证社会主义意识形态的科学性和正确性。而斗争哲学的说法，同样是对马克思主义弄不清楚的表现，是对社会主义弄不清楚的结果。现代社会生活中，不同社会制度必然存在着相互间的联系和交往，彼此既是相互竞争的关系，也是互利共存的关系。但这种互利共存，往往表现为经济上的互利和政治上的共存，在意识形态上，则始终是相互排斥和彼此对立的。必须把马克思主义的斗争性与其内在的建设性、发展性科学地联系起来、统一起来，正确认识这种斗争性的内容和要求。不能因为过去出现过失误，就否定马克思主义的斗争性和阶级性，扼杀社会主义意识形态的阶级性和斗争性。

强调意识形态的阶级性和斗争性，必须强调舆论宣传和舆论导向的作用。近几十年来，社会主义不仅在思想理论上缺乏应有的力量，在舆论宣传上同样处于随意和混乱的状态，不仅资本主义对社会主义进行攻击和诬蔑，社会主义同样有意无意对此予以附和和容忍，甚至助纣为虐，推波助澜。例如一段时间里，在一些社会主义的出版物中，以及一些电视节目中，斯大林被明显排除在社会主义的领袖人物之外，甚至在第二次世界大战的历史回顾中，同样只见罗斯福、丘吉尔的镜头，而根本不提斯大林。斯大林担任苏联党政最高领导人达 29 年之久，虽然有这样那样的失误，但他对社会主义的信仰是真诚的坚定的，在实践上理论上对社会主义进行了不懈的探索，达到了当时历史条件下所能够达到的高度。以科学的态度对待社会主义发展历史，对待社会主义的领袖人物，既是一个历史唯物主义的原则问题，也关系到人们对于社会主义的理想信念问题，是社会主义意识形态必须要解决的问题。否则就会走到社会主义意识形态的反面，干一些亲者痛仇者快的事情。

这样一来，会不会造成否定新闻自由、舆论自由的现象，形成文化专制和思想专制呢？同样不会，作为社会意识形态的形式和内容，新闻宣传、舆论传播包括相当一部分社会科学研究，都具有鲜明的阶级性，是在具体政治思想指导下的社会行为，必须具有一定的规范和限制。社会主义是如此，资本主义也是如此。资产阶级鼓吹新闻自由、舆论自由，在北约出动战机轰炸利比亚电视台的时候，资本主义舆论却集体噤声。在所谓学术研究中，资本主义打着学术自由的旗号，千方百计攻击社会主义，提出一些诸如“谁来养活中国人”之类等毫无依据的观点；同时对社会主义的学术研究进行诋毁和封锁。如 2013 年美国禁止中国科学家参加国际天文学会议，2015 年挪威驱逐中国研究学者，连一些美国人、挪威人都说毫无道理。必须把社会主义意识形态应有的阶级性和斗争性，与文化专制、思想专制区别开来，不能简单以资产阶级的虚伪宣传和诬蔑诽谤为依据，把社会主义的舆论宣传和新闻工具，变成资本主义意识形态的扬声器和传声筒。

社会主义意识形态对于社会主义具有特别重要的作用和价值。但任何社会意识形态首先都是现实社会存在的产物，必须在根本上与现实生活相一致、相统一。对于社会主义意识形态的作用和价值，不能随意贬低，也不能随意夸大，不能因为强调意识形态的作用和价值，就同所谓“左”联系起来，也不能脱离开社会主义的本质规定，把意识形态抬高到不恰当的地步。而在社会主义公有制下，很容易出现把意识形态主观化、随意化的倾向，形成形式主义、表面文章等弊端。例如简单以超出社会主义基本原则的思想观念，来要求每个社会主义劳动者，动不动就强调以学习促生产，用所谓工作成果作为评价学习活动效果的标准，表面上看来，是在突出意识形态的作用，实际上容易引起社会生活中的弊端和失误，使社会主义意识形态走向社会主义发展需要的反面。这也是现实生活中容易出现的弊病，是保证社会主义科学发展所必须避免的社会生活现象。

九、坚持正确的社会主义理论建设方向

社会主义的社会意识形态，首先表现为一种理论思维和理论总结，以理论成果的形式体现出来。同样，社会主义理论的发展程度和发展水平，也体现着社会主义意识形态的发展程度和发展水平。而到目前为止，社会主义理论建设明显落后于社会主义的发展实践。这既与社会主义理论自身的发展进程和发展规律有关，也与缺乏正确的思想指导和工作方法有关。建立科学的社会主义意识形态，有必要从社会主义理论建设的原则规定和根本要求出发，对社会主义理论建设作一点专门论述。

从社会主义的发展实践中能够看到，至今为止，社会主义制度都是在社会主义理论不成熟和不完善的情况下建立起来，并得到发展和前进的。这既说明社会主义是一个科学的社会制度，有其存在的科学性和合理性；也使社会主义发展面临着艰巨的理论建设和理论创新任务。随着社会主义的实践和发展，这种理论不成熟不完善所形成的弊端，也表现得越来越明显，导致社会意识形态与经济基础相脱节，社会物质生活与精神生活相矛盾。正因为这样，中国共产党人才提出了进行社会主义理论创新的要求。但目前在社会主义的理论创新上，存在着很大的弊端和缺陷，或者表现为对过去理论结论的同义重复，或者只是对一些现成理论观点的汇集，甚或盲目照抄照搬，不可能真正解决社会主义理论建设中的问题。长此以往，不仅不可能实现社会主义理论的发展和完善，而且会阻碍社会主义理论

创新，妨碍社会主义的理论发展和理论建设。

作为一个浩繁庞大的社会科学体系，社会主义理论应当分为基础理论和应用理论两个部分。前者是从事物本质规定的层面，揭示社会主义发展的一般规律和根本要求，表现为一种理论思辨和逻辑论证；后者是为了确定社会主义发展的具体要求，表现为对于工作方针、政策的具体设计和理论说明，基础理论为应用理论提供理论根据和逻辑证明，应用理论为基础理论提供实践依据和现实说明。而从目前的社会主义理论建设现状来说，进行社会主义理论创新，必须加大基础理论建设力度，在哲学概括的层面上，解决好社会主义存在的科学性和合理性问题。这既是今天社会主义发展实践所要求的，也是因为，在马克思主义的理论成果中，社会主义基础理论是一个最为薄弱的环节。只有在基础理论上予以突破和完善，才能够为社会主义理论建设奠定坚实的思想基础，起到强根固本的作用，实现纲举目张的效果。

回顾社会主义的理论发展进程，在20世纪70年代以前，对于社会主义的理论思考，主要表现为基础理论研究，目的是说明什么是社会主义。但由于受到传统观念束缚，难以对社会主义以科学的认识和说明。进入20世纪80年代以后，社会主义理论研究主要表现为应用理论研究，以解决社会主义发展中的现实问题为工作目标，并由此产生出邓小平理论、“三个代表”重要思想、科学发展观等理论成果，较好地解决了建设中国特色社会主义的问题。但中国特色社会主义理论，主要是为了实现中国现阶段的社会主义发展，在主要内容和根本要求上，具有明显的地域性和阶段性特征，具有现实性和实用性的特点，不是对社会主义的哲学概括和逻辑证明，并没有从根本上解决社会主义发展的基础理论建设问题。社会主义不能以应用理论代替基础理论，也不能用基础理论代替应用理论。如果不能改变基础理论滞后的状况，即使应用理论研究再繁荣、再发展，同样会引起人们对社会主义的怀疑和否定，社会主义理论体系同样难以得到科学的完善和发展。

实现社会主义的理论创新和理论发展，必须从人类社会发展规律的高度，把相关理论体系作为一个统一的整体，相互融会贯通，引证说明，才能实现最佳的理论研究效果。具体来说，必须把研究马克思主义哲学与研究社会主义政治经济学、科学社会主义结合起来，把对于马克思主义的研究与对社会主义的研究结合起来，把社会主义各个社会生活领域的研究相互结合起来。以此对社会主义进行科学的理论证明，形成科学的社会主义理论成果。如果仅仅局限在一些具体问题的研究上，或者局限于某个具体社会生活领域，例如研究经济学的只研究经济学，研究哲学的只研究哲学，在研究中相互分割封闭，就不可能实现社会主义理论研究的根本性突破，从而对于社会主义发展也就不可能弄清楚。只有把社会主义作为一个完整的统一的研究课题，从系统性和整体性的高度进行研究和探讨，才能对社会主义以真正科学的认识，实现社会主义理论的整体性完善和根本性突破。

社会主义理论创新既是一种学术研究，更必须是一种政治理念，既需要实践总结，也需要哲学概括。实现社会主义理论建设的创新和突破，不仅要确立正确的指导思想和工作原则，还必须确定科学的工作手段和工作方法，全面实现社会主义理论研究的手段创新和方法创新。

一是既要提出问题，更必须解决问题。社会主义事业是一项前无古人的伟大实践，社会主义理论建设同样是一项前无古人的伟大事业。社会主义的理论创新，必须以“建”为主，以

“创”为主，以“立”为主，以解决问题为根本要求。必须坚定马克思主义的理论勇气，克服谨小慎微、自我束缚的痼疾，鼓励人们大胆提出新观点、新论断，在提出问题时，尽量拿出解决问题的对策和建议，努力形成科学的社会主义理论观点。即使这种观点不是完美无缺的，甚至存在偏颇错误，也具有参考和借鉴的价值。而只要在基础理论研究上实现根本性的突破，社会主义的政治、经济、文化研究，也就很容易实现根本性的突破和发展。

二是既要尊重原著，更必须创新发展。实现社会主义理论创新，必须注重从马列原著中汲取营养、挖掘精义，更必须突破马克思，创新马克思。不能避重就轻，固守本本，一提理论创新，就是翻译原著，搞出版工程。作为原著，在翻译时不可避免地要有一些误差。但所有的社会主义国家和共产党人，对于马克思主义的理解基本上相互一致，说明翻译中并没有太大的出入，即使改变个别名词也无关轻重。例如把“资产阶级法权”变成“资产阶级权利”，照样能够以此去割资本主义的尾巴。希望通过翻译原著就能实现理论创新，显然是不现实的。

三是既要继承传统，更必须着眼现实。应当立足于具体的社会主义发展实践，从现实生活需要出发，实实在在地进行理论思考和探索。马克思没有走过长征路，恩格斯没有到过西柏坡，参观了红色遗址能够实现理论创新，所有问题早就解决了。今天的社会主义理论不是缺少崇高与激情，而是必须切实解决好理论与实践中的矛盾问题。进行社会主义理论创新，应当深入群众、深入实践，这种实践，应是研究者真实体会和切身感受到的社会生活现实，而不是以他人的实践作为理论创新依据，脱离开现实生活要求，一味用崇高和神圣来要求每个社会成员。如果只管说、不管做，自己说的自己就做不到，自己说的自己就不去做，这样的理论研究，不仅无益，而且有害。

四是既要政府主导，更必须社会参与。在具体理论研究工作中，既应发挥政府机构的组织和主导作用，更必须尊重理论创新的规律，组织和动员各种社会理论创新主体，做到脚踏实地，清静有为。应用理论或应用科学研究，如社会主义市场经济研究等，相对易于检验和比较，可以采取集体研究的方式，以便尽快形成共识，适应社会实践的发展需要。基础理论研究则具有较强的探索性和不确定性，以及更为复杂的内容和要求，如果简单认为人多热气高、干劲大，以行政方式进行理论创新，必然陷入“大锅饭，养懒汉”和不政不学的窠臼，使理论创新成为僵化死滞的程序性活动，或者蜕变为一种获取个人名利的手段。行政手段搞不出来哲学原创体系，单靠拿钱买不来哲学创新。只有树立实事求是的工作态度，才能有效推进工作开展，实现社会主义的理论创新。

社会主义意识形态是一个完整的社会科学体系，社会主义理论同样是一个完整而严密的科学思想体系。进行社会主义理论研究和理论创新，应当切实做到注重整体性和系统性，侧重基础性和哲学性，突出原创性和建设性。由此形成科学完善的社会主义理论体系，形成科学完善的社会主义意识形态。缺乏科学的理论思维和理论创新，就不可能建立起科学完善的社会主义意识形态。而没有科学完善的社会主义理论，没有科学完善的社会意识形态，社会主义就不可能获得充分可靠的理论证明，社会主义制度就难以得到科学的确立，社会主义就只能处于盲目的实践探索状态，很容易形成根本性失误甚至是失败。只有对社会主义以科学的全面的认识和了解，才能对社会主义以科学的理论说明和哲学概括，形成科学完整的社会主义意识形态，实现社会主义科学发展的要求。这就是我们在对社会主义进行全面的系统的理论研究基础上，必须对社会主义意识形态进行专门研究探讨的原因。

对于社会主义社会意识形态的研究，既是对整个社会主义的理论思考和理论探索，也是对于社会主义的最为根本和最为关键的理论研究和理论探索。科技改变生活，而思想决定未来。保证社会主义的科学存在和发展，必须用社会主义意识形态规范和导向社会主义社会生活，在整个社会形成以劳动谋生存、靠创造求发展的社会氛围，形成引导社会主义前进发展的共同理想和最高理想，组织和动员全体劳动群众，以辛勤劳动创造崭新的幸福生活，实现社会主义前进和发展的根本要求。理论清醒是政治坚定的基本前提，理论上的正确是社会主义发展的重要保证。只要在意识形态上真正讲清楚社会主义的本质规定和发展要求，就能够保证社会主义制度优势的充分发挥，实现良好的社会主义社会发展效果。

第八章　社会主义改革研究

社会主义改革是社会主义发展的重要手段和强大推动力量，包括经济改革、政治改革、社会改革等各方面的内容，与社会主义的存在相伴始终，是一个动态化和常态化的社会实践过程。保证社会主义改革的科学有效进行，必须把改革同社会主义发展的根本要求联系起来，从社会主义发展规律的高度，对社会主义改革以系统全面的理论研究和探讨，以正确认识和把握社会主义改革的根本要求，科学有效地进行社会主义改革。

一、改革是社会主义发展前进的必然规律

到目前为止，人们对于社会主义改革的认识，往往停留在把社会主义从过去那种超前过渡的状态，拉回到其应有的社会位置上来，当成是社会主义发展的一个阶段性任务。虽然也有学者提出应当从基础理论的角度，对社会主义改革进行研究探讨;[①] 但在现实理论说明中，却依然局限在应用理论和应用科学的层面上，导致对社会主义改革的认识含糊不清，以及实践中的盲目性和随意性。实现社会主义改革的良好效果，应当从基

① 李恒瑞:《历史与现实的理性沉思》，广东人民出版社1997年版，第89—92页。

础理论研究的角度，弄清楚社会主义改革的本质内涵和根本要求，为社会主义改革确定科学的原则规定和行为遵循。

改革是一个广义的概念，按照其基本的词义来说，就是改掉旧的不合理的东西，使之成为新的适应事物发展需要的东西，是对现有事物的调整、革新和改良。我们这里所说的改革，是指进行社会改革，是相对于社会革命而言。社会革命是被压迫阶级推翻旧的社会制度、建立新的社会制度的行动，是对社会生活的根本性变革，具有唯一性和不可调和性。改革则是对现时社会生活的丰富、完善和发展，是对现有社会制度的巩固、完善和发展，可以是否定旧事物和增加新事物，也可以是向着旧事物的回复，具有多样性、多向性和融合性的要求。实现人类社会的发展进步，既需要社会革命，也需要社会改革，二者有着不同的内涵和要求，具有不同的手段和方式。人类社会的发展说明，一个社会形态在其建立起来之后，既必须实现社会生产力的发展和进步，也必须不断调整社会生产关系，调整与社会发展不相适应的社会上层建筑，不断否定旧的社会生活内容，确立起新的社会生活规定。由此形成社会的发展动力，实现社会发展前进的要求。社会形态的性质不同，社会改革的主体不同，社会改革的目标和要求也就不同，改革在社会发展中的地位和作用必然也不相同。

社会主义的改革，同样是要改掉不合时宜、不利于社会主义发展的东西，以新的具有生命力的社会生活内容，适应现实的社会发展需要，促进社会主义的不断前进和发展。但与既往社会形态相比较，改革对于社会主义具有特别重要的价值，具有与剥削社会形态所根本不同的特点和特征。

首先，改革是解决社会主义社会矛盾的必然要求。改革作为一种社会发展手段，在任何社会形态里，都对社会矛盾起着调剂、化解和预防的作用，是解决社会矛盾的手段。但在剥削社会中，由于社会矛盾在根本上具有对立和对抗的性质，解决社会矛盾必须主要采用对抗甚至是暴力的手段，也就是依靠革命的手段来实现，改革则处于次要的和附属的地位。社会主义基本矛盾同样是生产力与生产关系、经济基础与上层建筑的矛盾，但“与旧的社会矛盾具有根本不同的性质和情况”①，表现为生产资料公有制与劳动生存性质之间的矛盾。② 这样一种社会矛盾内容，不存在根本的对立和对抗，因此解决社会主义的社会矛盾，必须运用改革的手段，通过调整社会主义生产关系，革新和改良社会的上层建筑，使现实生活适应于社会主义的发展需要，在和谐一致的基础上，解决好社会生活中的社会矛盾问题。失去改革，社会主义就失去了解决社会矛盾的基本手段，或者只能简单地以革命作为解决社会矛盾的手段，妨碍社会主义的存在和发展。

其次，改革是发展和完善社会主义制度的必然要求。在剥削社会中，一种社会制度一经建立，作为社会的统治阶级来说，主观上都只能以现有社会存在作为“永恒的正义”，不允许对现有社会制度进行否定和改变。社会主义是一个不断发展前进着的社会形态，也是向着更为理想的社会境界发展迈进的社会形态，不仅要巩固和维护现有的社会制度，还必须以实现共产主义作为发展目标。这就决定了社会主义不能仅仅满足于现有的社会发展状态，必须不断地否定自己、完善自己，实现更为理想的社会发展目标追求。而要实现对于自身的不断否定和不断发展，必须运用社会改革的手段，不断否定和改变现实生活中

① 《毛泽东著作选读》下册，人民出版社 1986 年版，第 767 页。以下引注版本同。

② 参阅《社会主义研究》，第 172—255 页。

不合理、不正确和不圆满的东西，不断充实和完善能够促进社会主义发展的科学合理的社会生活内容，形成日臻完善的社会主义制度，实现社会主义不断巩固、不断发展的要求。

其三，改革是保证社会主义始终充满发展活力的必然要求。在私有制的社会中，具体生产组织的发展表现为一种内在动力机制，即依靠自身对于社会现实利益的物竞天择本性，实现自己存在发展的要求；社会发展表现为一种外在动力机制，即通过统治阶级和被统治阶级之间的相互对抗否定来实现。社会主义的社会发展则恰恰相反，在具体的社会生产组织当中，表现为一种外在的动力发展机制，必须主要依靠社会在整体上的引导、督促、驱使来实现；而社会发展表现为一种内在动力机制，即通过自身所具有的自觉主动的内在驱动力量来实现。改革则是社会主义内在动力发展机制的集中体现。在社会主义条件下，由于生产资料公有制的存在，社会权利属于全体社会成员共同所有，加上社会民主机制不断健全，社会保障制度不断完善，失去必要的社会压力和强制，很容易使一些人产生对于社会的单纯依赖心理，形成不思进取、安于现状的懒惰心态，使社会发展失去应有的动力和活力。只有通过改革，才能形成社会发展的不竭动力，实现社会主义发展前进的要求。否则就难以体现出对于劳动者的社会压力和社会强制，社会主义发展的内在动力机制也就无以体现和实现。

其四，改革是社会主义本质实现和发挥的必然要求。在剥削社会中，社会的本质是剥削压迫，社会劳动纪律表现为棍棒纪律和饥饿纪律，社会发展只能以阶级剥削压迫作为根本手段，依靠社会革命和阶级强制来实现。社会主义以劳动创造作为本质规定，在其自身发展中，自然不能继续采用社会革命和暴力强制的办法。但由于劳动还具有负担和累赘的性质，在社会生活中，还存在着妨碍劳动者本质实现和发挥的障碍，存在着影响社会主义本质实现和发挥的障碍性因素。只有形成科学的社会劳动制度、劳动纪律和劳动方式，同时运用改革的手段，不断创造和形成科学的社会主义发展方式，才能够为社会主义发展提供坚实的物质基础和有效载体。这样一种社会主义改革的要求，既能够保持社会稳定，避免社会中的对立和对抗，又能够保持对劳动者的必要的社会压力和生存强制，使社会主义制度始终符合社会主义本质的发展需要，为社会主义本质的实现开辟广阔的道路，提供强大的推动力量，达到促进生产力发展、推动社会进步的目的。

改革对于社会主义的意义和价值，是社会主义发展与其他社会形态发展的显著区别，既是由人类社会发展的一般规律所决定的，也是由社会主义基本矛盾运动所决定的。社会主义消除了社会中的阶级矛盾和对抗，所有社会成员的利益在根本上是一致的，具有和谐融洽和彼此包容的社会基础，因此在社会发展手段上，能够通过温和、融和的手段，来解决社会中的矛盾和问题。由此使改革成为推动社会主义发展的基本手段，成为解决社会主义社会矛盾的根本手段。对于社会主义来说，发展生产力与进行社会改革，是其存在发展的一体双翼、一车两轮，缺一不可。没有社会主义生产力的发展，就没有社会主义的有效发展；但没有社会主义改革，就难以保证社会主义生产力与生产关系的相互适应和协调，难以实现社会主义的科学发展。必须把发展生产力与进行社会改革置于同等重要的地位，作为实现社会主义发展的两个具有全面性、全程性的根本手段和基本途径，不断促进社会生产力的发展，不断进行社会改革，以此体现出社会主义发展的先进性和优越性，体现出社会主义制度的科学性和进步性。

社会主义改革的特殊性规定和要求，说明社会主义改革是一种常态化的社会行为，与社会主义基本矛盾相伴共生，贯穿于社会主义发展的全过程。在剥削社会中，改革表现为局部性或阶段性的内容和要求，具有突发性和偶然性的特点，是社会矛盾激化到一定程度时的不得已的产物，也仅仅是个别社会利益集团甚至是个别人之间的事情。社会主义改革则是社会主义矛盾运动的必然要求，不是仅仅为了适应某一时期的社会发展需要，不是一种临时性或偶然性的行为，而是表现为经常性的必然的社会活动过程，表现为全社会的共同的事情。实现社会主义科学发展，必须根据社会的发展实际和发展需要，及时对社会生产关系予以调整和改变，对社会上层建筑予以巩固和完善，以适应于解决社会主义基本矛盾的需要，适应于巩固和发展社会主义的需要，有效地实现社会主义社会发展的要求。

社会主义改革的特殊性规定和要求，说明社会主义改革是在人们主观意识指导下的能动的社会活动过程。在剥削社会中，改革在本质上是一种盲目的被动的社会行为，具有被迫和滞后的性质，社会既不需要去进行改革，也不能允许自觉主动的改革存在。奴隶社会的商鞅变法，封建社会的王安石变革，资本主义社会的罗斯福新政，都是如此。而改革与社会主义的根本发展要求相一致，对于实现社会主义的发展需要来说，是一种自觉的有意识的社会行为，是一种积极主动的社会活动要求，能够做到登高望远，未雨绸缪，自觉主动地做好改革，有效预防和化解各种社会矛盾，使社会生活的各个方面处于相互适应和彼此协调的状态。只有充分发挥人的主观能动性的作用和力量，科学把握社会主义的发展规律和发展要求，科学确定社会主义改革的目标任务，才能有效利用改革的手段和方法，实现社会主义科学发展的要求。

社会主义改革的特殊性规定和内涵，说明社会主义改革具有更高的标准和要求，存在着更为复杂的情况。社会主义是人类发展历史上一项开拓性和开创性的伟大事业，必须在实践中不断完善和发展。作为社会主义事业的重要组成部分，社会主义改革承担着创新社会主义管理体制、加强社会主义制度建设的历史重任，承担着巩固、完善和发展社会主义的历史任务要求。社会主义的巩固、完善、发展都离不开社会主义的改革，改革关系着社会主义的胜败存亡、兴衰荣辱。只有从总体上认识和把握社会主义的改革，才能坚持改革的正确方向，减少改革中的盲目性、随意性和无序性，形成科学的社会主义改革实践。如果把改革停留在一般性的解决和化解社会矛盾的水平上，停留在被动地应付社会发展危机、应对社会发展风险的要求上，显然降低了社会主义改革的意义和价值，社会主义也就得不到科学的巩固、完善和发展。

社会主义改革的特殊性规定和内涵，说明理论建设对于社会主义改革具有特别重要的意义和价值，社会主义改革必须以科学的理论作指导。社会主义改革既是一种自觉主动的社会实践活动，同时涉及到社会生活的各个方面，没有科学的理论思维和理论指导，就不可能有科学的社会主义改革实践。这种社会主义改革的理论建设，包括基础性理论，也包括应用性理论，既要解决改革的发展方向和根本要求问题，也要解决改革的具体任务确定和实际操作问题。只有在理论上弄清楚社会主义改革的根本规定和发展要求，才能从根本上把握社会主义的改革要求，保证改革的顺利进行。没有科学的理论指导，简单地依靠实践探索和经验积累，仅仅停留在对于改革的感性认识阶段，停留在朦胧的含糊的认识水平上，不仅难以实现社会主义改革的要求，而且很有可能使改革成为社会主义的掘墓人。

社会主义改革的特殊性规定和内涵，说明改革是社会主义发展的制度优势，是实现社会主义发展的有效手段。革命也能够促进社会发展，但“任何革命本身都意味着一切危机”①。与改革相比较，革命是以破坏性为本质特征的，必须付出较大的社会发展成本。而改革是一种体制内的调整和改良行为，具有相对温和的平和的社会发展手段和发展要求，既表现为对旧的社会事物的否定，又以对事物的完善发展作为根本要求。因此改革是最有利于社会主义发展的手段和方式，是最适应于社会主义发展的手段和方式。这样一种社会发展的手段和方式，能够最大限度减少因对抗所造成的社会损失和社会动荡，以相对低廉的社会成本付出，实现社会发展效果的最大化，在和谐稳定的基础上，实现社会主义的发展和进步。

社会主义改革的特殊性规定和内涵，也说明改革是社会主义发展的重要推动力量，是实现社会主义胜利的重要保证。社会主义是一个生机勃勃的发展前进着的社会形态。而改革是这种生机和活力有效生成的重要源泉，是社会主义发展的重要手段。只有通过改革，才能使社会主义生产关系与生产力经常处于相互适应和协调的状态，使社会主义社会矛盾处于最佳的运行状态，形成促进社会发展的强大推动力量。社会主义应当充分利用改革的手段，使整个社会发展保持旺盛的生命力，显示出其应有的制度优势。社会主义发展需要社会主义改革，社会主义改革促进社会主义发展。没有改革，社会主义就失去了推动自身发展的基本手段，失去其自身前进的重要动力源泉，极易出现僵化和停滞不前的现象，即使在一开始具有强大的发展优势，能够实现更好的社会发展效果，也不可能持久保持下去，

① 《列宁全集》第38卷，第65页。

既难以实现社会主义的不断发展和胜利，更不可能实现社会主义的完全胜利和最终胜利。

在社会主义的发展历史上，“改革”曾经是一个不能提及的政治话题，似乎社会主义制度一经建立，就是绝对完善和绝对科学的，就是不可触动和不可改变的。其所以如此，在于把社会主义与共产主义当成是同一个社会形态，把社会主义制度看作是不可改变和绝对正确的，因此用不着提出社会主义的改革了，也不能提社会主义的改革了。加上一些所谓的社会主义改革，不仅没有起到巩固和发展社会主义的作用，反而造成对于社会主义的破坏和否定。由此把改革与社会主义对立起来，造成思想僵化和社会死滞。随着对于社会主义认识的不断深化，人们已经认识到，社会主义发展离不开改革，没有改革就难以实现社会主义的科学发展。但另一方面，由于弄不清楚社会主义改革的根本规定和要求，缺乏对于社会主义改革的正确认识和科学理解，在改革中同样形成了不少弊端和失误。科学地进行社会主义改革，必须弄清楚社会主义改革的根本规定，弄清楚社会主义改革的发展要求，以有效规范社会主义的改革实践，实现社会主义改革的根本目的要求。

现时下的社会主义改革实践，也说明正确认识社会主义改革的重要性和必要性。目前所有社会主义国家所进行的社会主义改革，既同样表现为一种体制内的行为，又不是一般地对过去旧有制度的补充和完善，而是从根本上否定那种平均主义和一大二公的做法，具有明显的制度重建的特征。没有这个制度重建目标的实现，不可能实现社会主义的巩固、完善和发展。但社会主义改革与社会主义发展相伴相随，不是说实现了对于这种社会主义制度的重建任务，社会主义改革就从此终止了、完结了。严格说来，我们目前进行的社会主义改革，是一种特殊条件下的改革，是社会主义改革的特殊表现形式。显然不能仅仅就现阶段的改革来看待社会主义改革。必须把眼时下的改革与社会主义改革的根本要求联系起来，既要从现实社会发展需要出发，科学地进行现阶段的社会主义改革，又必须从社会主义的长远发展和根本发展需要出发，做好综合统筹和科学衔接，使改革真正体现出社会主义的发展要求。

还应该看到，我们目前所进行的社会主义改革，主要是由过去清一色的公有制经济向多种所有制经济转变，从平均主义分配向多种社会分配形式转变，虽然也有一定障碍，但与人们追求自身利益的一般心理需求是一致的，对大多数社会成员来说，实行起来要容易得多。而就社会主义改革的一般规律而言，则表现为由私有制向公有制的发展和转变，由按资分配向按劳分配的发展和转变。这样一种转变，也会随着社会的发展进步而不断减少其实行的矛盾和阻力。但在劳动还不是人们第一需要的时候，这样一种社会主义改革，显然要比我们目前所进行的改革更为复杂，更为艰难。如果不能讲清楚社会主义改革的根本要求，不在思想上、体制上做好准备和对接工作，就很难适应社会主义的发展需要，甚至等不到进行这样的改革，社会主义就不存在了。这不是哗众取宠、危言耸听，苏联和东欧的所谓社会主义改革，已经对此作了不该有的注脚。

马克思在《资本论》中指出：革命是历史前进的火车头。这已经为阶级社会的发展历史所充分证明。而从改革对于社会主义所具有的特殊意义来考察，我们也可以说，改革是社会主义发展的火车头。如果这个火车头出现了问题，或者是动力不足，或者是偏离轨道，都会引起社会主义的混乱和危机，甚至导致社会主义的失败和崩溃。一些对苏联解体的理论评论认为，苏联解体是“不思进取，推迟改革，拒绝世界潮流和时代大势”

所致。[1] 表面上似乎有些道理，实则大谬不然。因为按苏联那种改革思路，社会主义就根本不可能存在，必定是早改革社会主义早垮掉，什么时候改革社会主义什么时候垮掉。能否对社会主义改革做到科学准确的把握，关系到改革本身的质量和效果，更关系到社会主义的存在和发展。只有形成科学的理论思维，对社会主义改革以科学的认识和理解，才能够保证改革的正确方向，形成科学的社会主义改革实践，使改革真正起到社会主义发展“火车头”的作用。

二、坚持社会主义改革的根本规定

社会主义改革是对社会主义的巩固、完善和发展，必须符合社会主义劳动创造的本质规定，以社会主义本质的发展发挥为根本要求。脱离开劳动创造的本质规定，改革就不再是社会主义的改革，而是成为社会主义的否定因素。

社会主义改革涉及到社会主义社会生活的各个方面，可以是对现有部分社会生活内容的否定和改进，也可以是对社会主义的制度创新和体制完善，在内容、目标、手段上，都存在着多种选择方式，具有较强的主观性因素。科学地进行社会主义改革，就能够成为社会主义发展的重要推动力量，反之则会使改革成为社会主义的掘墓人。苏联戈尔巴乔夫式的改革，就是如此。搞资产阶级自由化的人喋喋不休讲改革，目的同样是否定社会主义。保证社会主义改革的科学有效进行，必须弄清楚社会主义改革的本质规定，确立基本的行为准则。这样一个社会主义改革的本质规定和行为准则，必须与社会主义本质相一

① 《苏联毁于死搬教条不思进取》，原载《参考消息》，2006 年 12 月 25 日第 3 版。

致，是社会主义本质在社会改革中的必然反映和体现。社会主义本质决定着社会主义的社会生活，也决定着社会主义改革的根本要求。只有以劳动创造作为根本规定，才能够保证社会主义改革的性质，体现出社会主义改革的根本规定。对于社会主义的改革来说，凡是符合劳动创造的做法和要求，就是应当予以实行和必须肯定的；凡是背离劳动创造的要求和做法，就是社会主义必须反对和必须否定的。

坚持社会主义改革的根本规定，必须坚持社会主义的生产关系。社会主义生产关系是社会主义经济基础的基本内容，是社会主义本质实现和发挥的基本条件和必然要求。只有保证社会主义生产关系在社会生活中“普照的光”的地位，坚持社会主义生产关系的主体和主导地位，才能够实现社会主义本质的发展和发挥，保证社会主义的存在和发展。在社会主义改革中，既要不断改变和调整社会的生产关系内容，又不能否定公有制和按劳分配的主体和主导地位。以此使社会的所有制形式、分配形式和人际关系科学地适应社会主义的发展需要，使改革充分体现出劳动创造的本质规定，有利于人的劳动创造本质的实现和发挥。否定了公有制和按劳分配，就否定了社会主义生产关系，社会主义就失去了存在和发展的物质基础，必然形成社会生活中的剥削和压迫，在根本上否定社会主义制度，否定社会主义。因而这样的改革，就不是社会主义的改革。

坚持社会主义改革的根本规定，必须坚持社会主义的上层建筑。社会上层建筑是建立在社会经济基础之上的社会政治制度和意识形态，既以社会经济基础为其产生和存在的物质条件，又对社会经济基础起着重要的保障和促进作用。单纯依靠社会主义的上层建筑，当然不会有社会主义的存在和发展。但没有社会主义的上层建筑，就难以保证社会主义的存在和发展。这种社会主义上层建筑，同样必须以劳动创造为根本规定，是在社会主义本质基础上所形成的社会主义政治制度、法律制度，以及文化形态和意识形态。这个社会主义的社会上层建筑，是对剥削社会形态上层建筑的根本否定，是在观念形态上对剥削压迫的根本否定，必然有利于社会主义劳动创造本质的实现和发挥。社会主义改革只能是对社会主义上层建筑的补充、巩固、完善和发展，不能与社会主义上层建筑的根本要求相矛盾、相冲突。否则就不会有科学的社会主义上层建筑，最终必然要否定社会主义的经济基础和社会制度。

坚持社会主义改革的根本规定，必须坚持社会主义的发展方向。社会主义以实现共产主义为最终奋斗目标，以实现人的全面自由发展为最终目的。这样一个社会主义的发展目标和发展方向，是社会主义的制度优势，也是保证社会主义社会性质的必然要求。社会主义改革既以解决眼前的现实的社会矛盾为工作任务，又不能以满足现实社会生活需要为其全部内容，仅仅局限在眼时下的社会生活要求上，或者局限在单纯的物质利益实现上。在改革时，必须把现实社会生活要求与社会主义的发展目标联系起来，把实现劳动创造的本质要求与实现人的全面自由发展联系起来，使改革既能适应现实社会生活需要，又能够适应社会主义的长远发展需要。只有这样，才能体现出社会主义改革的本质特点和发展优势，为社会主义改革提供思想动力和观念保证。否则既不利于现实改革目标的实现，也不利于社会主义的巩固和发展。

坚持社会主义改革的根本规定，必须坚持党对改革的统一领导。在社会主义社会中，共产党始终居于领导核心的地位，在社会主义改革中尤其是如此。改革是对社会主义的巩固、完善和发展，也是对全体社会成员的利益实现。而只有作为最广大人民群众根本利益代表的共产党，才能够与社会主义的发展要求相一致，使整个社会生活体现出劳动创造的本质规定和发展要求。除此之外的任何社会团体和个人，都难以承担起对于社会主义发展的领导重任，难以保证社会主义改革的根本要求。脱离开共产党的领导，就失去了社会主义改革的领导力量，就不会有科学的社会主义改革。党的领导是建立社会主义制度的基本政治条件，是社会主义本质实现和发挥的根本保证，也是社会主义改革中一条不可触及的红线。任何怀疑和否定共产党的所谓改革，任何脱离开党的领导的改革，都必然会走到社会主义改革的反面。

在以往的社会主义改革中，既有成功的经验，也有失败的教训。但在理论说明中，则并不知其所以然。很显然，其所以会出现这种现象，在于缺少对于社会主义改革的根本规定，找不到科学评价社会主义改革的标准，不知道社会主义改革究竟要改什么，怎样改，使改革处于朦胧含糊的状态。以劳动创造作为根本规定，过去笼罩在社会主义改革上面的迷雾和疑云，也就随之飘散而去。在劳动创造的本质规定下，社会主义改革就有了基本的原则规定和具体的评定标准，只要不是阶级剥削压迫，只要有利于劳动者劳动创造本质的实现和发挥，就是社会主义改革所要求的，符合社会主义改革根本规定的；反之则是社会主义改革必须否定和抛弃的。由此为社会主义改革确定基本的行为遵循，保证社会主义改革的顺利进行。

以劳动创造作为改革的根本规定，能够为社会主义确定科学的改革内容和改革重点。社会改革既表现为对“物”的改革，也表现为对“人”的改革。剥削社会中的改革，直接牵扯到人与人之间现有社会利益关系的改变，以及对于社会利益的现实占有，其改革对象自然是现时占有社会物质资料的“人”，只能以“人”为改革对象，以对“物”的重新分配和公开占有为根本目的。社会主义改革以劳动创造为根本要求，目的是促进社会和劳动者劳动创造本质的实现和发挥，因此改革对象直接表现为社会物质资料这个“物”，以实现对于社会物质资源的有效管理和科学使用作为根本内容和要求，而不是简单地对现有社会利益进行分配和褫取。也就是说，社会主义改革必须以对“物”的科学管理作为重点内容，以实现社会资源的有效利用为根本要求，而不是直接以“人”作为改革的目标或对象，简单放在对人的社会权利的赋予或剥夺上。在改革中，应当依据社会主义基本矛盾的运行状况，通过对人与物和物与物之间关系的调整和规范，通过对社会劳动制度和管理体制的调整和完善，实现对社会物质资料的科学管理和有效使用，达到加强社会管理、促进社会发展、增加社会财富总量的要求。

以劳动创造作为社会主义改革的根本规定，能够为社会主义改革确定科学的目标任务要求，体现出社会主义改革的社会性质和根本目的。剥削社会中的改革，不论表现为什么样的内容和要求，都是以对现有社会利益的直接争夺占有为根本目的，并通过这种利益占有，实现维持其现有社会制度存在的要求。社会主义改革以劳动者劳动创造本质的实现和发挥为根本要求，以实现社会财富的有效增长、开辟社会财富涌流的源泉为根本目的，也就是说，以直接促进社会生产发展为根本目的，通过社会生产的发展，创造出更多的社会财富，使全体社会成员得到更多的社会利益。这样一种社会主义改革，不是为了对他人进行利益剥夺和利益限制，也不是牺牲一部分人的利益去满足另一部分人的利益，不是仅仅为了对现有社会财富进行再分配。由此体现出社会主义改革的鲜明本质特征，体现出社会主义改革不可否定的先进性和道德性。

以劳动创造作为本质规定，能够从根本上体现出社会主义改革的社会性质，有利于坚持社会主义改革的正确方向和发展要求。社会主义改革必须以资本主义发展作为主要参照物，对资本主义的发展经验予以学习和借鉴，又必然是对资本主义发展模式的否定和扬弃，不能照搬资本主义混乱、盲目的社会发展模式，更不能使社会主义滑向剥削社会形态，或者以剥削压迫的方式实现社会的发展。以劳动创造作为根本规定，能够在劳动创造与剥削压迫之间，为社会主义改革划定一个鲜明的分界线，形成社会主义改革与资本主义发展的根本区别，实现社会主义改革的根本要求。从社会主义发展中也可以看到，以往凡是有利于社会主义发展进步的改革，在本质上都必然符合劳动创造的本质规定；那些毁灭社会主义的改革，则都是以所谓"正义"、"民主"等政治噱头作为改革要求，在根本上偏离劳动创造的本质规定，最终把改革带进资本主义的泥潭，导致社会主义的毁灭和失败。

以劳动创造作为本质规定，也能够为社会主义改革确定科学的价值评判标准，正确评价社会主义的改革活动和改革成效。社会主义改革具有探索和创新的性质，不可能设定一个绝对的量化标准规定。如果没有一个根本性的社会改革原则，必然失去对于改革的科学评判，很容易使改革出现盲目性、随意性和无序性的弊端。只有以劳动创造作为根本规定，才能使社会主义改革体现出社会主义的社会性质和发展要求，形成科学的价值评判标准和价值评定尺度，对社会主义改革予以科学的价值评定和评判。在进行任何一项改革时，都应当问一问是否符合社会主义的本质规定，是否有利于社会主义本质的实现和发挥。以此作为实施和评定社会主义改革的根本标准，使社会主义改革成为有原则、有遵循、有规范的社会行为，成为一种科学的社会活动。

在以往的工作要求中，我们以人民群众标准，也就是人民高兴不高兴、答应不答应，作为社会主义改革的价值评定尺度。这从根本上来说是正确的。人类的所有社会活动，包括社会改革在内，都必须接受人民群众的检验，以人民的意愿作为最终评定标准。但在每项具体工作要求中，则必须确定相对客观、具体的社会行为标准，形成刚性的社会价值评定尺度。社会主义改革在根本上有利于社会发展和人民群众的利益实现，但在某些方面和某些时候，又是对人们现实利益的限制和规范，是对人们社会行为的限制和规范，必然会有不同的社会要求和主张。而在社会主义条件下，每一个社会成员都是社会的主人，都是人民群众的主体。如果笼统以人民群众标准作为价值评定尺度，每一个社会成员都可以仅仅从自身的感受出发，来要求自己的社会权力和利益，由此使改革成为杂乱无章、各行其是的行为。在这种情况下，也就难以确定什么样的改革是人民群众满意的，什么样的改革是人民群众不满意的，使改革处在难以把握的状态。拿我们目前进行的改革来说，刚开始时反对声浪不绝于耳，如果简单以群众标准作为改革的依据，就没有我们目前的改革。劳动创造既是社会主义的本质规定，又是人民群众标准的根本规定和科学体现，从而实现社会主义改革标准的具体化、实在化，使社会主义改革标准由原则规定向具体规范递进，从理论标准向实践标准深化。以此科学把握社会主义的改革要求，正确地评价和推进社会主义的改革。

社会主义改革的这种根本规定，说明社会主义改革是一个长期的社会历史过程，不是简单的临时性或阶段性的任务要求。只要社会主义的本质依然存在，只要因社会主义本质所形成的社会主义基本矛盾依然存在，社会主义改革也就必然存在，必须存在。在劳动创造的本质规定下，社会主义改革成为一个持续不断的社会发展过程，成为由一个个具体改革任务所组成的系统整体，而不是经过一次或者是几次改革，就可以一劳永逸，完全保证社会主义的持续发展和最终胜利。在进行社会主义改革时，必须科学设定改革的目标任务要求，在总体上把握好改革的发展目标和发展方向，实现社会主义不断改革和不断前进的要求，努力实现社会主义改革的最佳效果。

我们眼时下所进行的社会主义改革，其中一个方面，就是打破过去那种千篇一律的社会发展模式，体现出社会主义发展道路多样性和发展模式多元化的要求。以劳动创造作为社会主义改革的根本规定，是否是对现时社会主义改革的禁锢和否定？显然不是。确定社会主义改革的根本规定，是为社会主义改革确定基本的原则遵循，而不是在表现形式和具体要求上，把社会主义发展限定在一个固定的模式或框架内，把社会主义改革限定在一个活动模式和行为规范内。事物的本质是事物存在发展的根本依据，如果事物的本质不存在了，这个事物就不存在了。同样，劳动创造是社会主义改革的本质规定，脱离开这个本质规定，改革就不再是社会主义的改革了。社会主义改革不论处于什么样的发展环境，表现为什么样的内容和形式，都必须符合劳动创造的根本规定，以劳动创造作为根本价值评定尺度。不是一讲多样性，就把社会主义改革看成是各自为是、毫无规范的行为，也不是一讲统一性，就要把社会主义改革局限于一个固定的社会发展模式。

有人可能还会说，社会主义改革是为了打破僵化的计划经济体制，提倡实行多种所有制，实行市场经济，提出坚持社会主义生产关系，是不是不符合社会主义改革的要求？对此要把那种超越社会主义发展阶段的社会发展实践，与社会主义的根本发展要求区别开来。社会主义必然具有自己的本质特征。而离开社会主义生产关系，丢掉了计划经济，就找不到能够体现出社会主义经济生活要求的基本内容和本质特征，社会主义自然也就被否定了。如果改革只是为了搞私有制，为了搞市场经济，把资本主义那一套直接搬过来，把社会主义变成资本主义，就完事大吉了，自然不用去进行社会主义的改革，也用不着提出社会主义改革了。很显然，市场经济是完全适应于私有制社会形态的经济形式，与社会主义存在着相互矛盾和彼此否定的方面。例如公有制经济组织必须兼顾社会、个人和自身的利益，在管理上具有相对繁琐的程序规范，单就企业自身的发展效益来说，往往赶不上私有制经济组织。如果把社会主义经济形态仅仅限定在市场经济上面，其发展效果肯定赶不上资本主义，社会主义也就失去了存在的正当性。而如果市场经济真是完美无缺的，社会主义同样用不着存在了。社会主义改革不能照搬资本主义的发展样式和做法，不是对现有社会主义社会生活内容的完全否定，而是要形成科学的社会发展实践和发展模式。这同样是以劳动创造作为社会主义改革根本规定的原因，是进行社会主义改革所必不可少的基本保证。

三、正确认识社会主义改革的根本目的

社会主义改革的根本目的，是社会主义改革所要达到的主要结果。从原则上说，社会主义改革必须以实现社会主义的巩固、完善、发展为根本目的，但这种根本目的表述，只是一种笼统的社会生活要求。保证社会主义改革的有效进行，必须把社会主义改革的根本目的具体化、对象化，以此科学把握社会主义改革的发展规律和历史进程，实现良好的改革效果。

改革是人类社会发展的重要手段，更是促进社会主义发展的重要手段。剥削社会的改革，是为了缓和社会矛盾冲突，对现实社会利益进行重新分配，对现有社会利益格局予以重新调整；最多是像资本主义那样，东施效颦，羞羞答答，借用一点社会主义的发展手段和做法，既难以从根本上解决社会中的矛盾和冲突，又表现为临时性的被动和被迫的行为，在根本上表现为对于统治阶级利益的维护和实现，其对社会发展的促进和推动作用，仅仅表现为一种无意识的客观活动结果。社会主义改革是在社会主义本质规定下的自觉主动的社会行为，既不是简单地为着维护现有的社会制度和利益格局，又不是仅仅为了对现有社会利益进行调整和分配。由此使社会主义改革具有不同的社会生活目的，具有独特的社会生活要求。

一是必须增强社会发展的内在活力。社会主义改革的首要目标，是使整个社会生活保持旺盛的发展动力，充满发展的活力。在社会主义社会中，劳动成为最高尚的事情，劳动者成为社会的主人。这样一种社会生活要求，在根本上有利于劳动者生产积极性的发挥，有利于社会主义的发展进步。但是，如果失去必要的社会压力和生存强制，也容易使人们产生单纯的社会主人心态，形成对于社会劳动责任的“摆脱”和“逃避”，以及对于社会的简单依赖心理，使社会发展失去应有的动力和活力。只有不断调整和改变社会的生产关系和上层建筑，不断强化社会的劳动纪律和行为规范，形成科学的劳动制度和竞争机制，既充分体现出社会主义制度的优越性，同时形成必要的生存压力和社会强制，才能使劳动者自觉履行自己的劳动责任，积极投身于社会劳动，使社会生活始终充满活力，为社会主义发展注入推动力量，实现促进社会主义发展的要求。

二是必须实现社会矛盾的协调平衡。社会主义社会生活中的矛盾，集中表现为差别和平衡的矛盾，并以劳动者先富后富和共同富裕的社会活动内容体现出来。[①] 实现社会主义的社会发展，既要体现出劳动者之间先富后富的差别，也必须实现全体劳动者的共同富裕。如果贫富差别过大，或者出现社会利益分配过于平均化的现象，都会阻碍社会主义的发展。只有保证差别与平衡的统一，实现先富与后富的统一，才能够保证社会主义的科学发展。而改革是实现社会利益协调平衡的必要手段，是解决社会矛盾的重要手段。只有通过改革，不断调整社会各个方面的利益关系，实现整个社会利益要求的相对平衡，既满足全体社会成员的生存发展需要，又体现出社会主义的基本原则规定，才能保证各种社会关系的相互融洽和谐，保证整个社会生活的协调运转。而解决了差别与平衡的矛盾，实现了社会利益要求的相对协调平衡，就能够促进社会的发展进步，实现科学的社会主义发展效果。

三是必须完善社会主义的社会制度。社会主义制度是社会主义存在发展的基本物质保证，是巩固、完善和发展社会主义的必然要求。社会主义改革既是对现有社会主义社会生活内容的扬弃和否定，更是一种具体的社会制度建设。这种社会制度建设，包括经济制度、政治制度、法律制度、文化制度等，是一个不断发展、不断完善的过程。而实现社会主义制度的发展和完善，同样必须通过社会主义改革，不断否定旧有的不利于社会主义发展的制度规定，不断形成新的符合社会主义发展要求的制度规定，实现巩固和发展社会主义的要求。社会主义制度建设离不开社会主义改革，改革只有形成具体的社会制度才能得到巩固和实施，二者相互作用，相互促进，共同体现出社

① 参阅《社会主义研究》，第374页。

会主义改革的目的要求。没有社会主义改革，就不会有社会主义制度的发展和完善；而没有社会主义的制度建设，就不可能实现巩固和发展社会主义的要求，也难以实现巩固和发展社会主义改革成果的要求。

四是必须促进社会主义的科学发展。社会主义的科学发展，表现为一种全面发展、持续发展、和谐发展、有效发展，是社会主义的永恒主题，自然也是社会主义改革的根本要求，是社会主义改革必须实现的社会效果。社会主义改革就是通过科学地调整和规范各种社会关系，使社会生活的各个方面做到相互协调统一，达到加强社会管理、增进发展活力、提高劳动效率的目的，实现社会主义的更为科学的社会发展。只有通过社会主义改革，才能不断创新和创造出适合于社会主义发展需要的社会生活内容，形成科学的社会主义发展模式，实现社会主义的科学发展。社会主义改革的正确与否，最终必须体现在社会主义的发展效果上。实现了社会主义的科学发展，就是社会主义改革的成功和胜利。而任何有碍于社会主义科学发展的改革，不论表面上如何热闹，形式上如何花哨，都不符合社会主义改革的要求，是社会主义改革必须反对和否定的。

上述社会主义改革的工作目标要求，是一个相互联系的统一整体，彼此共同构成社会主义改革的根本目的要求，使社会主义改革由笼统的原则规定，成为可以具体把握和具体实践的改革规范，成为现实的社会生活要求。在具体的社会改革实践中，不是说任何一项改革都必须同时达到这样的社会效果，但在指导思想和具体实施中，必须做到彼此科学统一，相互一致，不能只就一个方面或个别方面去把握社会主义的改革要求，更不能用损害其他方面利益的办法，去进行社会主义的社会改革。例如那种“减员增效”的改革，只就企业改革去进行改革，既不可能解决企业自身的问题，也把企业矛盾简单地推向社会，缺乏整体意识和全局观念，不可能实现应有的社会效果，是社会主义改革所必须避免的。

物质生产是人类社会发展的根本要求，社会主义改革在根本上同样表现为对于社会生产力的促进和发展。但社会主义的改革，不是仅仅以促进社会生产发展为唯一目的，不能简单等同于社会主义根本任务的实现。改革是促进社会主义发展的根本手段，在对社会主义的社会意义和社会价值上，与发展生产力具有同等重要的地位，既必须体现出为生产力发展服务的要求，又具有更为丰富的社会生活内容，包括协调社会关系、解决社会矛盾、完善社会制度，等等。否则就会降低社会主义改革的社会地位，不利于社会主义改革的开展。不是说只要能够实现社会生产发展，就一定是社会主义改革所需要的，就是社会主义改革的成功。例如苏联的那种改革，在短期内形成了一批亿万富翁，似乎实现了社会富裕，但这种富裕，是以否定社会主义本质为代价的，仅仅表现为个别人的利益实现，是社会主义改革必须否定的。人们的社会需要不是仅仅表现为社会物质生活需要，人类社会发展不是仅仅表现为社会物质生产发展，社会主义改革同样不能仅仅局限于对社会经济生活的改革。如果把改革局限在社会的物质生产上面，等同于物质生产要求，同样会扼杀社会主义改革。

社会主义的改革，不是为着对现有社会利益进行重新分配。社会主义社会分配关系的调整和改变，主要应通过正常的社会程序和制度规定来进行。社会主义改革在根本上是为了实现社会的科学发展，创造出更多的社会财富和社会利益，实现社会主义制度巩固、完善和发展的要求。如果把社会利益分配当成是改革的目的，把社会主义改革简单当成是一种社会利益分配，那就背离了社会主义改革的根本要求。但社会主义改革同样与社会成员的利益实现密切相关，必须注意到所有社会主体的利益要求，不能忽视任何相关社会活动主体的利益，更不能形成对劳动者正当利益的侵占和剥夺。如果脱离开社会物质利益规定，不顾人们的社会利益要求，随意进行改革，同样会使改革失去正当性和合理性，照样不会有社会主义改革的成功。

社会主义改革的根本目的要求，说明社会主义改革既是为了全体社会成员的利益实现，也表现为改革成果由全体社会成员共享，不存在对任何社会成员的利益剥夺问题，不存在社会成员的个人利益牺牲问题。所谓社会成员的个人利益牺牲，或者是对其现有利益的不正当剥夺，或者是社会成员向社会自愿奉献出其现有的利益。这在社会主义改革中都是不存在的。社会主义改革是对社会利益要求的科学调剂和统筹实现，每个社会成员都可以从中获取自己的个人的利益。这种自己的个人的利益实现，包括经济利益、政治利益和其他社会利益。在有些时候，改革固然是对个别人社会行为的限制，是对社会分配方式的调整，但这是以实现社会公平正义为根本要求的，是以实现全体社会成员利益为根本要求的。在这种利益调整和利益实现中，每个社会成员对于自身利益实现方式的改变，都能以其他方式从改革中得到回报。如在物质利益分配上的具体调整，可以通过获取社会保障和社会安全得到补偿，从社会的综合发展中实现自己更多的利益。至于那种平均主义和大锅饭的利益，本来就是社会主义必须否定的，同样不存在所谓个人利益的牺牲问题。在社会主义条件下，如果改革要以牺牲人们的利益为前提条件，必然包含着社会对抗的因素，也把改革置于非正当的地位，不符合社会主义改革的要求。

社会主义改革的根本目的要求，也说明社会主义改革在发展手段和发展目标的选择上，具有较大的发展空间和选择余地，也具有更大的发展优势。在这个根本目的要求下，不论是增加新的社会生活内容，还是恢复一些旧的做法，是创新社会发展手段，还是借鉴其他社会形态的发展经验，只要符合劳动创造的本质规定，能够起到提升社会发展活力、解决社会矛盾的效果，就是社会主义改革所需要的。当着生产关系落后于生产力发展要求的时候，必须改变社会生产关系，形成相应的社会制度规定；当生产关系超越社会的现实发展水平，就必须予以科学的调整，使社会生产关系回到其应有的社会位置上来。不是说社会主义改革一定表现为增加新的社会生活内容，或者是只能恢复过去旧有的东西。必须以巩固、完善和发展社会主义为根本要求，科学调整和改变社会生活中的内容和规定，形成最适合于社会发展需要的社会生活内容，为社会主义开辟广阔的发展道路，避免把社会主义改革固定在一个发展模式上。

目前世界上的所有社会主义国家的改革，其共同的任务和要求，是打破社会生活中的平均主义和大锅饭，使社会主义从超前过渡的社会状态下解放出来，回到其应有的社会位置上来。这样一种改革，同样表现为体制内的活动和行为，符合社会主义改革的一般规定；但在改革的要求上，又具有制度重建的性质，即否定既往传统的社会主义发展模式，建立起崭新的社会主义制度规定，形成科学的社会主义发展方式。这样一种社会主义改革，是在特殊条件下对社会主义改革提出的特殊要求。没有这个改革目标的实现，社会主义难以实现自身的科学存在和发展。但社会主义改革不能永远局限在对于社会主义的制度重建上。社会主义眼下所进行的改革，只是社会主义改革的一个阶段性任务，既具有特殊性的规定，又必须符合社会主义改革的根本要求。只有按照社会主义改革的根本目的和要求，确定科学的改革目标，才能保证社会主义制度重建的科学性，保证现阶段社会主义改革的成功。失去对社会主义改革根本目的的确定和把握，把现时改革任务当成是社会主义改革的根本要求，既难以正确把握社会主义改革的根本规定，也难以实现社会主义制度重建的要求。

四、社会主义改革的主体问题

社会主义的改革主体，是对社会主义改革具有认识和实践能力的社会成员，是社会主义改革的实践者和参与者。而社会主义的改革主体，与其他社会形态的改革主体同样具有根本的不同，表现为一种全体社会成员主体。对社会主义改革主体以科学的界定，可以使我们正确认识社会主义改革的要求，科学确定社会主义改革的活动形式和实践方式，保证改革的科学性、规范性和实效性。

社会主义的改革主体，具有普遍性的特征。在社会主义社会中，每一个具有劳动能力的社会成员，都是一个权利与责任相统一的社会活动主体。这种社会活动主体，自然也表现在进行社会改革上面，必然是一个社会改革主体。所有社会成员都有参与改革的权力，都可以对改革提出意见和建议，对改革活动进行监督和管理。这样一种社会改革主体要求，是社会主义社会性质所决定的，是社会主义劳动者不可剥夺的社会权利，也是劳动者不可推卸的社会责任。由此形成最丰富、最广泛、最普遍的社会改革主体，使改革具有公开性和开放性的特点和要求，成为全体社会主义劳动者的共同的事业，表现为经常性、普遍性的社会活动要求，以及丰富多彩的社会生活内容。而不是象剥削社会中那样，把改革仅仅局限于某个行业、某个领域，或者是某个特定人群。没有全体社会成员改革主体的社会地位，忽视社会主义改革主体的普遍性特征，社会主义劳动者的社会主人翁地位就是残缺不全的，社会主义改革也就失去了群众基础，必然影响到改革的有效进行。

社会主义的改革主体，也具有矛盾性的特征。改革要有改革的主体，即改革的实施者，也要有改革的客体，即改革的对象，前者表现为改革者，后者表现为被改革者。在剥削社会中，改革主体和改革对象是截然分开的，彼此是一种相互矛盾和相互否定的关系。社会主义改革中的主体与客体，则同时表现在所有社会成员的身上。也就是说，每个社会成员既是改革者，也是被改革者，既是改革的主体，也是改革的客体。在具体的改革活动中，改革主体往往就是改革对象，改革对象同时也是改革的主体，改革主体实施的改革措施，往往直接表现在改革者自己的身上。而改革可以是对改革主体的利益实现，也可以是对被改革者的利益限制和行为规范。社会主义改革主体与改革客体之间的同一性，形成了社会主义改革主体自身独有的社会矛盾内容，使社会主义改革主体具有鲜明的矛盾性特征，使社会主义改革具有独有的社会矛盾运行方式。

社会主义的改革主体，还具有复杂性的特征。社会主义改革主体的普遍性要求，以及改革主体与客体之间的同一性内涵，决定了社会主义改革主体具有丰富多彩的活动内容，既能形成共同一致的改革主张和利益诉求，又容易出现利益冲突和社会矛盾，使改革主体呈现出复杂性的特点和要求。在社会生活中，每一个社会劳动单位，每一个社会生活领域，每一个社会主义劳动者，都可以形成自己的改革主张，提出自己的改革要求；另一方面，所有改革主体又直接作为社会改革的对象而存在，既可能与改革存在着矛盾和冲突，也可能存在着改革主体之间的矛盾和冲突。而社会主义改革既应当尊重所有改革主体的愿望，又不是对所有改革主体利益要求以毫无条件地绝对实现和满足。由此同样体现出社会主义改革独有的社会活动内容，体现出社会主义改革主体的复杂性特征。

这样一种社会主义改革主体的内容和规定，与社会主义革命主体有着明显的区别和不同。社会主义革命是全体社会成员整体之间的事情，以阶级之间的对抗关系表现出来；社会主义改革则是社会与劳动者之间的事情，也是劳动者彼此之间的事情。在社会主义革命中，必然表现为无产阶级对资产阶级的相互斗争和根本否定，以群众性和整体性的行为展现出来，作为社会成员个人来说，则不具备单独作为社会革命主体的资格。在社会主义改革中，每一个社会成员都是以平等主体的资格参与其中，既能够以集体或集团的形式参与其中，也能够以个人的身份参与其中。由此使社会主义改革成为一种社会对于个人的行为，成为社会对于具体劳动单位的行为，既能够形成相对一致的改革主张，同时具有丰富的社会活动内容。

社会主义的改革主体，与剥削社会中的改革主体同样有着根本的区别。剥削社会中的改革主体，仅仅表现为统治阶级中的部分社会成员，改革仅仅是这一部分统治阶级成员与另一部分统治阶级成员之间的利益争夺，作为绝大多数被压迫被剥削者来说，则根本没有参与改革的资格。因此改革主体处于狭小的范围内，在主体界定和利益要求上，都具有单一性、直观性和简单性的特点，易于区分和区别。社会主义改革是全社会共同的事情，是所有社会成员自己的事情，“生气勃勃的创造性的社会主义是由人民群众自己创立的”①，生气勃勃的创造性的社

① 《列宁全集》第33卷，第53页。

会主义改革同样是由人民群众共同进行的。由此使社会主义改革成为一种全员改革、全面改革，成为一种普遍性的社会改革活动，成为群众性的生机勃勃的创新性事业，充分体现出社会主义改革的先进性、进步性和科学性。

社会主义改革主体的基本特点和根本要求，决定了社会主义改革具有不可否认的发展优势。这样一种社会主义改革主体之间，显然不再是社会革命中阶级与阶级之间那种你死我活、互不相容的关系，也不存在以一个主体否定另一个主体的问题，而是彼此包容、相互依存、共同发展的关系。在改革中，必须充分尊重人民群众的改革主体地位，广泛倾听人民群众的意见和建议，努力提高广大群众关心改革、支持改革的积极性，使群众自觉投身改革、参与改革。对于彼此之间的利益矛盾和利益分歧，应当通过社会的科学规范和限定，实现彼此之间相对的一致和统一。由此形成社会主义改革的广泛的群众基础，为改革注入强大的推动力量，在保证社会和谐稳定的前提下，实现社会主义改革的有效发展。

社会主义改革主体的这种特点和要求，决定了社会主义改革具有复杂的社会生活内容，具有更为丰富的社会利益协调任务。在社会主义改革中，每一个社会活动主体都可以提出自己的改革主张和要求，甚至都可以在自己的工作职责范围内，去进行改革实践和改革探索。例如在上个世纪 80 年代，全国各地普遍进行了各种自发的改革，在各个领域、各个方面、各个层次，出现了很多改革典型。这种改革主张和要求，可以是涉及全局性的，也可以是局部性的，但都有其内在的正当性与合理性。而实现社会主义改革的根本要求，则必须从社会主义的整体发展要求出发，科学把握改革的具体内容和工作进程，综合考虑各种社会利益关系，处理好局部与全局、现实与长远的关系，体现出全面性和整体性的规定。由此才能够保证各种改革措施的相对科学、公正与合理，使改革能够为全体社会成员所认可、所接受、所实施，避免出现失误和偏颇。

社会主义改革主体的普遍性和矛盾性特征，既能有效促进社会主义改革事业的发展，也可能由于影响到改革者自身的利益，而导致随意改革、阻碍改革等消极现象，形成改革的障碍性因素。很显然，在社会主义条件下，每一个改革主体既是一个社会利益主体，也是一个社会矛盾主体，既与改革具有一致性和统一性，也可能单纯从自身利益要求出发，对改革产生抵触和抗拒情绪。往往是在对自己有利时，积极支持和拥护改革，在影响到自身利益时，则消极地对待改革。必须科学认识社会主义改革主体与改革客体之间的同一性问题，做到以利益调整为根本纽带，以实现社会利益最大化为根本要求，努力实现各种社会利益要求的相互融洽和彼此协调。只有从社会主义发展的根本需要出发，科学确定改革的内容和要求，实现社会利益的科学协调和统一，才能避免改革主体消极性的一面，发挥其积极性的一面，形成改革的总体优势效应。

社会主义改革主体的多样性，说明必须正确处理社会主义改革主体之间的相互关系，加强对于改革主体的有效规范。在社会主义社会中，任何改革主体的活动和行为，都是社会改革的组成部分，都会影响到改革的进行和效果。保证社会主义改革的顺利进行，必须建立起科学的社会规范体系，确定科学的工作程序和行为规则。尤其是明确改革主体的权利和责任，既要有科学的权利授予规定，也要有具体工作责任要求，既要加强思想引导，也要有社会强制的手段。在具体工作中，必须把改革主体具体化、个人化，以便加强社会管理和监督，实行必要的社会责任追究。特别是要确定科学的社会矛盾协调主体，以党和政府作为改革的领导力量，切实加强对于改革的统一领导，最大限度解决好社会主义改革主体之间的矛盾问题，努力做到社会改革主体之间的一致和统一。

说所有社会主义劳动者都是社会主义的改革主体，又说改革是在党和政府统一领导下的社会行为，是不是自相矛盾呢？不是。说人人都是改革主体，是说人人都有对改革的监督权、建议权和参与权，都是改革的受益者和实践者，而不是说人人都是改革的组织者、领导者和决定者。社会主义改革实践也说明，那种脱离开社会整体发展要求的改革，那些仅仅从一个地方或一个部门出发所进行的改革，更容易出现弊端和失误，也注定难以持久和坚持。既然正常的社会管理和社会发展离不开党和政府的领导，作为对社会发展具有更大决定意义的社会主义改革，更必须坚持以党和政府为其领导主体。党和政府是改革的具体组织者和领导者，也是改革的具体规范者，承担着组织实施改革的社会责任，对改革起着决定性的领导作用。改革必须以群众的满意与否作为最终评价标准，但不能以此把改革当成是一种群众性的自发行为。相反，越是强调改革主体的普遍性，越必须加强对改革主体的规范和约束。党和政府的责任，就是把群众的意愿集中起来，形成正确的改革要求，保证改革的科学有效进行。丢掉对于改革的统一组织和集中领导，否定党和政府的领导主体地位，社会主义改革就会成为散乱无序的行为，成为无政府主义的行为，必然造成社会生活中的动荡和混乱，影响和阻碍社会主义的社会发展。

社会主义改革主体的这种特殊性内容和规定，说明社会主义改革必然是一个矛盾运动的过程，并且在根本上表现为改革主体之间的利益矛盾和发展要求。这种改革主体之间的矛盾，是社会主义社会中的重要矛盾内容，是社会主义改革必须解决好的社会矛盾方面。进行社会主义改革，首先要把握好改革主体之间的矛盾问题。解决了改革主体之间的矛盾，社会主义改革中的矛盾就比较容易得到解决；解决不好改革主体之间的矛盾，就不可能解决好社会主义的社会矛盾问题，社会主义改革也就难以有效进行。社会主义改革必须解决好社会主义改革主体之间的矛盾，而社会主义改革效果同样表现为改革主体之间的利益协调和共同发展。必须把解决社会主义社会矛盾与解决改革主体之间的矛盾联系起来，把解决改革主体之间的矛盾作为进行改革的基本工作要求，从解决改革主体之间的矛盾出发，来进行社会主义的改革。说社会主义改革必须以对“物”的有效利用为重点，不是脱离开“人”的活动和行为，仅从“物”的角度出发，来认识和实施社会主义改革。这是进行社会主义改革必须注意到的一个重要的方面。

五、社会主义改革的重点内容和整体要求

社会主义改革包括经济改革、政治改革、文化改革等，既包括全面性和整体性的改革，也包括阶段性和局部性的改革，包括正常条件下的改革，也包括特殊情况下的改革。进行社会主义改革，必须在坚持社会主义本质规定和社会主义改革根本目的的前提下，从改革的重点内容和整体要求两个方面，对改革以科学的认识和把握，保证改革的科学实施和工作效果。

社会主义的改革，涉及到社会发展的各个方面，归结起来说，则表现为对生产关系和上层建筑的改革。尤其是必须以社会主义生产关系为根本要求，围绕着社会主义生产关系的巩固和发展，对社会主义生产关系进行科学的调整和完善。其他方面的改革，都必须适应于巩固、完善和发展社会主义生产关系

的需要，也都只有在社会主义生产关系的基础上，才能够有效展开和进行。这种生产关系改革，表现为在坚持公有制和按劳分配的前提下，根据社会的发展水平和发展需要，适时对社会所有制形式和社会分配形式进行调整和改变，使社会所有制领域和社会分配领域始终符合社会主义的发展需要。抓住了对于社会主义生产关系的改革，就抓住了社会主义改革的关键环节，就能够从根本上把握社会主义的改革要求。这样一个对于社会主义生产关系的改革，就是对于社会主义经济基础的改革，表现为社会主义的经济改革。只有实现了社会主义生产关系的巩固、完善和发展，实现了社会主义生产关系的健康协调运转，才能保证社会主义的不断发展和进步，为其他方面的改革确定基本的遵循和依据。

社会主义改革的重点内容，当然也包括社会主义的政治改革。社会政治生活是社会经济生活的必然反映和集中体现，政治改革是经济改革的必然要求和有效保障。进行社会主义政治改革，同样是为了适应社会主义经济基础的发展需要，必须有利于社会主义经济基础的巩固、完善和发展，与社会主义经济基础的本质规定和发展要求相一致、相适应。这种社会主义政治改革，表现为建立和健全科学的社会主义法律体系，建立和健全科学的社会管理体制和领导体制，建立和健全科学的社会主义意识形态和文化形态。在具体要求上，不仅要适应现实的社会发展需要，而且必须适应社会主义的长远发展需要，适应于社会主义最终胜利的根本需要。必须把发展社会主义生产力，巩固社会主义生产关系，与社会主义政治生活、政治改革一致起来，形成科学的社会主义上层建筑和意识形态，使政治改革适应经济改革的需要，适应社会主义巩固、完善和发展的要求。

加强社会劳动管理，强化社会行为规范，是社会主义发展的必然要求，也是社会主义改革的重要内容。社会主义发展离不开社会管理和社会规范。失去有效的社会劳动纪律和社会行为规范，就难以实现社会主义发展的要求。必须从社会主义劳动创造的本质规定出发，按照社会主义的劳动生存纪律规定，切实加强对社会生活的有效管理，建立起科学的社会政治秩序、经济秩序、法律秩序。特别是要形成科学的社会主义劳动制度，不断创新社会的管理形式和管理手段。没有对于社会劳动制度的创新、完善和发展，就没有对于现实社会生活的有效管理和规范，没有对于社会主义劳动者的有效管理和规范，从而也就没有社会主义制度的巩固、完善和发展。要达到这样的社会活动效果，显然离不开社会主义的社会改革。

实现社会主义的科学发展，必须加强对社会生活中“物”的管理和规范，即对社会物质资料的管理和规范，也必须加强对“人”的管理和规范，即对作为社会活动主体的社会主义劳动者的管理和规范。但社会主义改革在根本上应以加强对“物”的使用管理为重点内容，以对“物”的科学管理和充分运用为根本要求。剥削社会中的改革，表现为社会利益集团之间对于既有社会利益的相互争夺，人与人之间的对抗决定着人与物之间的关系，因此对“人”的利益关系调整，既是改革的根本内容，同时对改革成败具有决定的意义，而对“物”的管理和规范则处于次要的地位，甚至根本不在改革内容之列，社会也没有条件去进行这样的改革。社会主义改革则必须以强化对“物”的管理使用为根本内容，以此有效发挥社会物质资源的使用效率，体现出社会主义改革的根本目的和根本要求，体现出社会主义改革的根本优势。

社会主义改革既具有长期性、整体性和根本性的规定，又是通过具体的社会改革活动来实现的，表现为阶段性、地域性、行业性的内容和要求。社会主义的任何改革内容，都是具体的和现实的，是在特定范围、特定领域内进行的；但任何改革又都和整个社会的发展联系在一起。社会主义改革不论表现在什么方面，具有什么样的内容，都必须符合社会主义改革的根本要求，不能与社会主义改革的总体规定相矛盾、相冲突。必须把社会主义改革看作是一个统一的整体，把所有改革内容置于社会主义改革的根本规定之下，放到社会主义改革的总体要求中去布局、去实施，使所有改革都能符合社会主义的发展需要，符合社会主义本质发展和发挥的要求。

社会主义改革包括正常情况下的改革，也包括特殊条件下的改革。正常情况下的改革，是在社会主义正常发展条件下，根据社会的发展水平和发展需要，对社会生活内容所进行的调整和完善，一般表现为局部的个别的枝节性的改变和改进，直接表现为社会主义的前进和发展。特殊条件下的改革，表现为在旧的社会制度被否定以后，以及社会发展遇到特殊困难的时候，所提出来的社会改革要求，往往对现实生活具有较大的改变和改动，表现为全面性、整体性和根本性的制度建设任务；在有些时候，还表现为暂时性的倒退或“回复”，表现为对于社会主义的制度重建。进行社会主义改革，既不能把二者混为一谈，又要把二者科学统一起来。只有科学确定社会主义改革的一般性规定和特殊性要求，适时确定具体的改革内容和工作重点，才能充分适应社会主义的发展需要，创造出科学的社会制度规定和管理体制，实现社会主义改革的良好效果。

社会主义的基本矛盾运动，决定着整个社会主义的社会生活内容和发展要求。只有保证社会矛盾各个方面的相对一致和协调运动，才能够保证社会主义社会生活的健康有序发展，实现社会主义不断发展前进的要求。进行社会主义改革，在根本上是为了解决社会主义的社会矛盾，保证社会主义基本矛盾的科学有效运行，实现社会主义基本矛盾在各方面的协调一致和共同发展。只有通过改革，不断调整和改进现实的社会生活内容，才能保证社会主义“公”与“劳”的相对一致和统一，使社会主义矛盾运动始终处于相互协调的状态，既避免引起社会的矛盾对立和对抗，又能有效促使劳动者本质的发挥和发展，实现社会主义本质的发挥和发展，为社会主义发展提供根本保证和动力源泉，使社会主义始终充满旺盛的发展活力。

上述社会主义改革的重点内容，决定了在社会主义改革中，必须从社会主义的根本发展需要出发，以实现社会主义科学发展为根本目标，在整体上体现出以下几个方面的规定和要求。

一是坚持全面性。全面性是对社会主义改革的必然要求，是决定社会主义改革成败的一个关键性环节。社会主义改革是一个完整的统一的整体。在进行改革时，必须把政治生活、经济生活、文化生活联系起来，把城市改革、农村改革、企业改革和其他方面的改革有机统一起来，全面确定和规划改革的内容和要求，使各个方面的改革都能适应社会主义的发展需要，实现社会主义改革的综合优势效应。必须避免那种脱离开改革整体性规定的做法，仅仅以一时一地的发展需要作为根据，头痛医头，脚痛医脚，随意确定改革内容，任意设定改革目标，造成各行其是、各自为政的弊端。如果缺乏全面性的规定和要求，或者把社会主义改革看成是一种临时性或阶段性的工作，或者仅仅从一个方面入手，片面进行改革，甚至仅凭个别人的主观臆断进行改革，都会形成改革中的随意性和盲目性，即便在某些方面暂时能够取得一些效果，从社会主义的根本发展需要来看，也同样是失败的改革。

二是坚持系统性。社会主义改革具有艰巨的工作任务要求，是一个庞大的社会系统工程。保证改革的科学有效进行，必须形成科学完整的工作链环，从改革对象、改革手段、改革步骤、改革目标以及制度建设、体制创新等各个方面，确定严格的程序规范，形成严谨的制度规定，做到目标清晰、整体统一、程序严谨、手段科学、行为规范，保证改革的健康有序进行。缺乏系统性的规定和要求，把改革看成是孤零零地存在着的单独的社会行为，看成是互不相关的社会活动内容，任何改革都难以实现应有的效果。20 世纪 80 年代那些企业改革典型，包括武汉轧钢厂所谓“洋老板的三板斧”，所以都会铩羽而终，壮志难酬，就是缺乏必要的社会总体设计和系统规划，缺乏配套措施和统一规定，使改革失去权威性和严肃性，造成改革中的“黑熊掰苞米”现象。只有把社会主义改革看作是一个系统工程，在理论导向、操作规范、价值评定等各个方面，科学设定工作规划和工作要求，使各个环节做到相互衔接、相互配套，才能保证改革的科学性和实效性。

三是坚持合理性。社会主义改革不是简单地为了进行社会利益分配，又必然涉及到具体的社会利益调整问题，涉及到社会成员的个人利益得失和社会地位的变化问题，在本质上仍然是一种社会利益行为。保证改革的顺利进行，必须使改革具有充分的合理性内涵，增强人民群众对改革的认同感，减少和化解改革的阻力。这种改革的合理性，一是在理论上具有合理性，即在逻辑上、观点上能够站得住脚，通过事实分析、相互比较，体现出改革的必要性和必然性。二是在内容上具有合理性，充分体现出社会主义公正与发展的原则规定，兼顾到社会各个方面的利益要求和利益实现，避免因改革造成社会不公的现象。三是在程度上具有合理性，不能超越群众的实际承受能力，为改革而改革，一厢情愿地去进行改革。四是在手段上具有合理性，真正适应于社会主义的发展特点和发展需要，避免引起社会生活中的矛盾和冲突。尤其是必须体现出社会利益调整的合理性，真正做到改革重担由全体社会成员共担，改革成果由全体社会成员共享。

四是坚持稳定性。社会主义发展需要稳定的社会环境，社会主义改革也需要稳定的社会环境；而实现社会稳定同样需要进行社会改革，改革同样表现为实现社会稳定的手段。改革与革命相比较，能够在避免社会强烈震荡的前提下，实现社会发展进步的要求，但同样是对现有社会秩序的否定和改变，同样会对现有社会生活形成冲击。社会主义必须在保持社会稳定中进行改革，通过改革进一步实现社会稳定。必须正确规划改革的行为规范和方法步骤，把保证社会稳定作为基本工作要求，把改革对社会生活的负面影响限定在最小的范围内，限定在社会总体上可控的范围内，在时间节点、发展进程、制度规范等方面，使群众能够接受改革，乐意进行改革。由此避免和化解改革中的矛盾和风险，既促进社会发展，又保持社会稳定。如果社会总体环境不够稳定，或者处于特殊发展时期，就不能急于改革，如果改革可能造成社会混乱，影响到社会主义的存在和发展，那就是社会主义改革必须预防和避免的。

科学确定社会主义改革的重点内容和整体要求，是对社会主义改革的具体化和规范化，是实现改革良好效果的必然要求。社会主义改革的根本规定和根本目的，是对社会主义改革的原则规定，进行社会主义改革，必须使这种根本规定和根本目的成为一种可以确定、可以把握的工作要求。由此把社会主义改革的原则规定与具体实践有机结合起来，增强改革的可行性和可操作性。对于社会主义的改革来说，既不能因循守旧不去改革、拒绝改革，也不能丢掉重点内容和关键环节，缺乏总体规范和整体规定，眉毛胡子一把抓，不分轻重缓急，主观人为地去随意改革、胡乱改革。把社会主义改革的目标笼统化、简单化、片面化，必然形成改革实践中的盲目性、随意性和无序性，即使具有良好的愿望，也难以把握社会主义改革的要求，不可能实现应有的社会效果。

六、社会主义改革的根本手段和根本方法

社会主义改革的根本手段和根本方法，是社会主义改革的根本运作方式和实践形式，在实际操作和具体实施的层面上，决定着改革的质量和效果。社会主义改革具有崭新的社会性质和社会意义，在改革的手段和方法上，同样具有自己独特的内容和要求。一方面，改革是在社会主义根本制度的框架内，对社会主义的自我完善和自我发展，不能是一种简单的行政行为，更不能是一种简单的社会强制行为；另一方面，进行社会主义改革，也不是简单地依靠思想工作、说服教育，或者是依靠社会成员完全自觉自愿的社会行为，就能够达到改革的目的和要求。只有以劳动创造为本质规定，以温和、平和、适当、适度的方式进行改革，才能保证改革的良好效果，体现出社会主义改革的和谐性和创造性特征，实现巩固、完善和发展社会主义的要求。从这样的社会生活要求出发，社会主义改革的根本手段，应当主要表现为以下四个方面。

（一）以进行社会利益调整的手段为主

进行科学的社会利益调整，实现科学的社会利益分配，是实现社会主义科学发展的必要保证，也是社会主义改革的基本手段。必须通过对各种社会主体之间的利益调节和调剂，实现社会利益的科学分配，达到解决社会矛盾、促进社会发展的目

的。在剥削社会中，社会利益分配必须以“争”的形式来实现，表现为相互对抗甚至是暴力强制的手段。社会主义的社会利益分配，在根本上具有和谐融洽的性质，必须以“调”作为改变社会利益分配格局的根本手段，通过确立科学的社会利益导向机制，对整个社会利益分配进行调剂、调节和改变。这种调整和改变，包括对生活资料分配方式的调整和改变，也包括对生产资料分配方式的调整和改变，包括对社会生产关系的调整，也包括对社会上层建筑和其他社会生活内容的改变。这种利益调整对于每一个社会活动主体来说，可以是一种利益增加，也可以是一种利益限定，但都必须有利于社会主义的整体发展需要，有利于所有社会活动主体利益的更好的实现，有利于社会主义劳动创造本质的实现和发挥，使整个社会利益始终处于一种科学合理的社会分配状态。

（二）以实现社会关系协调的手段为主

形成和谐融洽的社会主义社会关系，能够避免社会中的矛盾对立和对抗，形成科学的社会主义社会发展环境，体现出社会主义的发展特点和发展要求。社会主义改革的重要目标之一，就是建立起和谐融洽的社会关系，实现整个社会的和谐发展。社会关系协调融洽了，社会主义发展也就顺利顺畅了；如果社会关系不和谐，必然会形成社会主义发展的障碍。这样一种和谐融洽的社会主义社会关系，不会在社会生活中自然而然地自发生成，也不能简单依靠社会的强制来实现，而是必须主要依靠社会协调的方式，通过改革的手段来实现。这种社会主义社会关系的协调和改变，既表现在社会物质利益关系的调整上，也表现在对人与人之间关系的平衡协调上，并且最终表现为和谐融洽的社会主义人际关系的实现，表现为劳动者相互关系的融洽与和谐。进行社会主义改革，是实现这种社会关系融洽和谐所必不可少的活动载体和有效手段。只有科学运用社会关系协调的手段，通过社会自觉主动的引导和干预，才能在避免社会对立和冲突的情况下，处理好各种社会关系问题，保证社会生活处于健康有序的运行状态。

（三）以创新社会管理体制的手段为主

社会主义改革是对社会主义的巩固、完善和发展，必然要求着在社会管理体制上不断进行探索和创新，建立起适合于社会主义发展需要的社会管理体制和运行机制。在具体工作中，既应借鉴其他社会形态的发展经验，又必须把重点放在自身社会管理体制和机制的创新发展上。只有不断实现社会主义管理体制创新，才能形成不同于其他社会形态的社会管理机制；而只有通过改革，才能实现社会主义的管理体制创新，保证社会主义的存在和发展需要。创新是社会主义改革的本质要求，是社会主义改革的灵魂所在，是社会主义改革创造性内涵的必然体现。社会主义改革需要进行管理体制创新，管理体制创新是实现社会主义改革的有效手段，没有对于社会管理体制的创新，就体现不出社会主义改革的根本要求，不可能实现巩固、完善和发展社会主义的目的。只有在弄清楚社会主义发展规律的前提下，形成科学完善的社会主义管理体制，才能体现出社会主义改革的本质内涵，实现巩固和发展社会主义的要求。

（四）以推进社会制度建设的手段为主

社会主义建设具有前所未有的历史任务要求，既必须保证现时社会生活的科学发展，又具有长远的社会发展目标规定。社会主义改革同样不是仅仅表现为对于现实社会矛盾的解决，仅仅表现为对于现实社会利益关系的现时调整，也不是仅仅局限于具体的改革活动过程，而是在根本上表现为一种制度建设的要求，必须形成具体的科学的社会制度规定。只有通过社会主义改革，根据社会发展的需要，在各个方面形成科学完善的制度规定，才能够体现出社会主义改革的根本目标要求，有效规范现实社会生活，巩固改革成果，促进社会主义的发展。社会主义的巩固、完善、发展需要进行制度建设，社会主义改革同样需要进行制度建设。社会主义改革的效果好坏、成功与否，最终都表现为社会主义制度建设的质量和效果，以制度建设的成效作为重要评价标准。必须以制度建设作为改革的重要手段，通过加强制度建设，实现完善和发展社会主义的要求。也只有把改革升华为一种社会制度建设，上升到制度规定的层面，才能实现社会主义改革的应有效果。

社会主义改革的根本手段，是进行社会主义改革的必然要求和重要保证。要使这种手段得到正确的行使和运用，必须确定科学的改革方法，使社会主义改革的手段和方法有机结合起来，切实保证社会主义改革的健康发展和有效进行。

一是采取自上而下的方法。一般来说，革命是被统治阶级对统治阶级的反抗和斗争，是对现有社会制度的根本变革和否定，主要表现为群众性的自发的社会行为，是一种自下而上的社会运动。改革则是一种体制内的制度变革行为，表现为对于现有社会根本制度的巩固、完善和发展，具有规范性和有序性的要求，必须形成统一的社会组织和有效领导，在根本上应是一种自上而下的社会行为。进行社会主义改革，必须通过社会的权力机关和领导机构，在广泛征求群众意见的基础上，科学确定改革的任务要求和原则遵循，并通过相关组织和部门，统一进行安排部署，有序实行和实施。如果把改革也看成是一种自下而上的行为，那就混淆了社会革命和社会改革在根本方法上的区别，在公有制下，必然形成改革中的盲目性和随意性的弊病，使改革成为社会主义发展的障碍性因素。社会主义具有自觉主动的社会发展要求，也具有自觉主动的社会改革愿望，能够通过自上而下的方式，充分体现出社会发展的总体要求，保证社会主义改革的科学有效进行。

二是坚持慎重稳妥的方法。社会主义改革既是对现实社会生活和社会制度的必要否定和改变，具有探索性和创新性的特点，又以公有制为其实施的物质基础，以全体社会成员的利益为其具体进行的物质条件，与改革者的个人利益并不具有直接的绝对等同关系。保证社会主义改革的科学性和实效性，减少和避免改革中的失误和偏颇，必须坚持慎重稳妥的方针，建立起刚性的社会行为规范，形成必不可少的纪律规定和工作程序，避免轻率决策、随意改革的现象。特别应建立起科学的监督机制、预警机制、纠偏机制和追责机制，杜绝拍脑袋、拍胸脯、拍屁股的“三拍”改革模式。对于每项改革要求，都应经过缜密论证和科学思考，充分考虑到社会各个方面的利益要求，全面考虑到社会的发展实际和发展需要，真正做到与现实社会发展水平相一致，与人们的实际承受能力相适应。同时做好试验和试点工作，通过反复、比较、鉴别，尽量避免出现矛盾和冲突，使改革得以慎重稳妥地进行。

三是注重循序渐进的方法。社会主义改革是一个长期的社会实践发展过程，不能急躁冒进，急于求成，片面地去进行社会主义的改革。必须把社会主义改革的总体性目标与阶段性目标结合起来，把各种改革要求科学地联系和统一起来，根据社会的发展实际与发展需要，确定不同阶段、不同时期的改革任务要求，实现社会主义改革的扎实推进，循序渐进。超越社会主义的发展阶段和发展水平，盲目提出改革主张，只会引起人们的反感和抵触。不能把社会主义改革当成是一种临时性和应急性的工作要求，期望通过一两次改革，就可以实现社会主义的所有改革目标任务，解决所有社会主义发展中的矛盾和问题；更不能以社会主义最高发展阶段的要求作为现实生活中的改革目标。否则必然引起社会主义生产关系的超前过渡，导致“左”的弊端重演。

四是运用思想引导的方法。思想建设能够为社会主义改革创造必要的社会发展环境，是社会主义改革的内在优势和重要方法。在剥削社会里，改革只能采取社会强制的方法来进行，不存在思想统一和思想引导的问题。社会主义改革与全体社会成员的利益在根本上是一致的，具有全体社会成员思想统一的社会基础。由此决定了社会主义改革必须有效发挥思想工作的优势，以思想引导作为重要手段，通过理论宣导、政策引导、思想劝导、环境疏导，增强全社会对于改革的认同感，使改革成为全体社会成员自觉主动的社会行动，使广大群众真正理解改革，积极参与改革，共同支持改革。这样一种改革方法，既是一种有效的改革手段和方法，也是成本最为低廉的改革手段和方法。丢掉思想建设和思想引导，就丢掉了社会主义改革的鲜明特点和内在优势。

五是突出统筹协调的方法。社会主义改革涉及到社会生活的各个方面，是一个复杂的社会系统工程，也是在主观意识指导下的有意识、有目的的社会行为。实现社会主义改革的最佳效果，必须兼顾社会各个方面的改革主张和利益要求，把改革作为一个统一的整体来认识、来把握、来实施，保证改革的协调配套、协同推进。而社会主义也具有这种统筹协调的手段和力量，能够实现对于社会改革的科学指导和引导。不论是进行社会利益调整，还是进行社会制度建设，都必须既考虑到局部的现实的利益要求，也考虑到社会的全面发展和科学发展的要求。必须充分利用人类所独有的主观能动性的作用和力量，充分发挥党和政府对于改革的统一组织和统一领导功能，使各种改革内容有机地统一和融合起来，使各种社会发展要求有机地统一和融合起来，共同体现出社会主义改革的目的性和规范性要求。失去这种统筹协调的手段和方法，必然导致在改革中各自为是、各自为政的弊端，把改革当成是零散的零碎的社会行为，削弱和否定社会主义的改革效果。

社会主义改革的手段和方法，当然还表现为其他方面的内容和形式，在实践中也是不断完善和不断发展的。但依照上述手段和方法，就能够体现出社会主义改革的本质特点和发展要求，保证社会主义改革的有效进行。这样一种改革的手段和方法，既具有科学管理和社会规范的性质，也具有思想引导和道德导向的要求，是社会主义本质在社会主义改革中的必然体现。只有这样一种改革的根本手段和根本方法，才能适应社会主义本质实现和发挥的需要，体现出社会主义的发展特点和发展优势，保证社会主义改革的顺利进行和实际效果。

人民群众是社会主义改革的主体力量。在社会主义社会发展中，有些改革是由群众自下而上引发出来的，并且对社会发展起到了重要的启示和推动作用。但不难看到，这种群众性的自发的改革，主要表现为一种改革的意愿和呼声，具有简单的直观性认识的特点，以及直接的社会利益要求。把这种改革要求转化为科学的社会改革实践，照样离不开党和政府的科学领导和有效规范。单是凭着群众的直观感受，也可以进行一些改革活动，特别是在经济改革中，更具有积极的作用和价值。但这样一种改革行动，必然具有较大的偶然性和不确定性，容易出现偏颇和失误。以中国的改革实践为例，除了在农村改革中取得了良好的社会效果，在其他改革中，如企业改革、管理改革、文化改革等方面，都表现得事倍功半。这种自下而上的改革方式，本身就是对社会主义改革认识不清的产物，不能就此把群众性的自发改革抬高到不恰当的位置。必须处理好群众改革主体与党和政府改革主导之间的关系，对群众的自发改革加以科学分析和引导。否则社会主义改革就会失去科学的领导主体，作为社会领导力量的党和政府同样会丢掉自己的社会责任，使改革陷入盲目和混乱的境地。

目前的社会主义改革理论说明中，把现时下我们所进行的改革，称作是社会主义的第二次革命。对此应当怎样理解呢？如前所述，社会主义改革在根上是对社会主义制度的巩固和完善，包括正常情况下的改革，也包括特殊条件下的改革。而目前我们所进行的改革，实际上表现为从平均主义到社会主义的根本性转变，在理论上、制度上、体制上，都不同于那种传统的社会主义社会生活要求，基本上是对既往社会主义发展模式的整体否定，具有鲜明的制度重建特征。这样一种改革要求，显然不属于正常状态下对于社会主义社会生活的调整和改变，而是具有特殊的改革目标、改革内容和改革要求，是在特殊的社会发展条件下，所进行的社会主义改革。以“革命”来称谓这次改革，既能体现出眼时下社会主义改革的目标任务要求，也反映出改革的困难程度和重要意义，具有一定的合理性和必要性。但在具体社会实践中，同样不同于社会主义革命的做法和规定，不能由此丢掉社会主义改革的根本手段和根本方法，以革命的手段来进行眼时下的改革。

社会主义改革在根本上代表了全体社会成员的利益，又不是对每个改革主体利益要求的绝对实现，同时还必然表现为对于劳动者的社会劳动纪律规定。进行社会主义改革，必须在根本上坚持协调平和的手段和方法，又离不开必要的社会强制性规范。特别是在社会劳动纪律的实施中，更是如此。只有通过社会的有效强制和规范，才能为改革提供必不可少的社会保证条件。这种改革的强制性要求，可以通过行政手段来实现，也可以通过法律手段来实现，但最终必须表现为一种法律规范和法律强制。不仅在改革过程中必须依靠法律规范来保证改革的进行，在对改革结果的完善和巩固中，更必须依靠法律规范来实现、来保证。必须综合运用政治、经济、法律等各种手段，形成科学的社会主义改革保证机制。否则改革很容易变成一种纸面上的东西，成为夸夸其谈的东西。这种法律强制手段的实行和运用，必须建立在对社会主义发展规律的清醒认识的基础上，建立在科学的社会规范和工作纪律的基础上，而不是那种简单的行政命令和法律惩戒，也不是任何部门和单位都可以随便确定和实行这种强制和规范。

革命与改革既具有不同的任务要求和方法手段，在本质上又是相互一致的。确定社会主义改革的根本手段和方法，不是说社会主义就不需要社会主义革命，就可以否定社会主义革命。从逻辑分析上说，社会革命的含义大于社会改革的内涵，包含着社会改革的内容和要求；而改革是实现社会革命的具体手段，是社会革命的组成部分和重要方面。社会主义革命是对剥削社会制度的根本否定，最终也必然是对社会主义制度的根本否定；社会主义改革则是一种社会主义制度内的行为，对社会主义发展起着重要的推动作用。只有通过社会主义革命，才能够为社会主义改革创造必不可少的社会条件，保证社会主义改革的有效进行，没有革命就没有改革；也只有通过社会主义改革，才能实现社会主义革命的根本要求，实现对于社会主义制度的巩固、完善和发展。社会主义需要社会革命，也需要社会改革，前者是对敌对阶级而言，也是相对于其他社会形态而言；后者表现在全体社会主义劳动者身上，表现为社会主义制度内的行为，彼此相互作用，缺一不可。社会主义改革必须坚持社会主义革命的性质和规定，有利于社会主义革命的开展和进行。如果说改革是实现社会主义发展的动力保证，革命则是实现社会主义存在的政治保证。只讲革命、不讲改革，就会失去社会主义制度巩固、完善和发展的根本手段，难以实现社会主义的科学存在和发展；但只讲改革、不讲革命，同样会使社会主义失去基本政治保证，必然导致社会主义的覆灭和失败。

七、社会主义经济改革与政治改革的关系

社会主义改革具有丰富的社会生活内容和要求，但归结起来说，则表现为经济改革和政治改革两个方面。经济改革是政治改革的社会基础，政治改革是经济改革的社会保证，正确处理好二者之间的关系，是进行社会主义改革必须弄清楚的一个重要理论问题。

人类社会的政治生活与经济生活，是一个相互关联、相互作用的统一整体，没有科学的社会经济生活，就不会有科学的社会政治生活；反之亦然。与此相一致，社会主义政治改革与经济改革同样是一个统一的整体，二者相互依存，相辅相成。没有社会主义经济改革，就没有社会主义的政治改革，而没有社会主义政治改革，社会主义经济改革最终也难以得到科学有效的进行。经济改革为政治改革确定基本的目标任务和实践基础，政治改革为经济改革提供必不可少的运行条件和社会保证。如果只有经济改革，没有政治改革，就没有与社会主义经济基

础相适应的社会主义政治制度，难以保证社会主义经济生活的正常有序运转。一般来说，政治改革与经济改革只有同时进行，同步发展，才能实现最佳的社会效果。但人们对于事物的理解和认识，要有一个不断深化的过程，因此不可能做到政治改革与经济改革的完全同步，丝毫不差。在社会改革中，必须根据社会发展的一般规律和实际需要，根据政治与经济的不同发展状况和发展要求，做到有先有后，有主有次。从人类社会的一般发展要求来说，进行社会主义改革，必须以经济改革为先导，通过经济改革促进政治改革，通过政治改革巩固和发展经济改革的成果。如此循环往复，相互促进，相互推动，共同实现社会主义科学发展的要求。

社会主义改革必须首先进行经济改革，是由人类社会发展的一般规律所决定的。人类的社会生活和社会制度，首先表现为社会的经济生活和经济制度，社会政治制度只有在社会经济生活和经济制度的基础上才能够建立起来，并得到存在和发展。因此社会政治生活相对于社会经济生活来说，居于从属和次要的地位，政治改革比较于经济改革来说，自然也居于从属和次要的社会地位。在一个社会形态内，只有当新的社会经济制度已经建立起来，并提出新的发展要求时，才需要建立起与之相适应的社会政治制度，才需要对不适应社会经济制度存在发展的政治制度进行调整和改变。社会经济生活是整个社会生活的根本决定因素，社会经济改革是整个社会改革的根本决定因素，自然也是社会政治改革的根本决定因素。没有社会主义经济改革，就没有社会主义政治改革，也不可能有科学的社会主义政治改革。脱离开社会主义经济改革，社会主义政治改革就会成为主观人为的东西，成为盲目和随意的行为。

社会主义改革必须首先进行经济改革，也是由政治和经济对社会生活的不同作用和影响所决定的。经济改革和政治改革，都会对社会生活产生作用和影响，但在程度和范围上，又是根本不同的。经济生活具有多样性、分散性和差异性的特点，经济改革也具有多样性、分散性和差异性的特征。如果经济改革出现失误或者失败，往往表现为局部和枝节性的失误和失败，具有较大的调剂和修复余地，一般不会对社会生活产生根本性的冲击和破坏。例如我们在粮食管理体制上多次进行改革，或放开市场管制，或加强市场管制，虽然都给社会生活造成了一定影响，但不触及社会主义的根本制度。而政治生活具有统一性和集中性的要求，涉及到社会的根本制度和发展方向，如果政治改革出现失误，往往表现为全局性和根本性的失误，同时更加难以纠正和弥补。经济改革一般直接关系到社会主义的社会发展问题，政治改革则直接决定着社会主义的社会存在问题，经济改革具有较大的探索和实践空间，政治改革则具有相对严格的社会规范。只有在社会经济生活相对稳定的基础上，才能够科学有效地进行社会主义政治改革；同样，只有在经济改革科学有效进行的基础上，才需要进行社会主义政治改革，才能够进行社会主义政治改革。

社会主义改革必须首先进行经济改革，同样是由社会主义改革的具体要求所决定的。经济改革一般具有比较明确的价值评定标准，能够以社会生产力是否得到发展，人民群众生活水平是否得到提高，综合国力是否得到增强，作为社会评定的根本价值尺度，具有相对的客观性、直观性和可比性。政治改革则具有较强的主观性因素，既可以用经济发展效果作为评价尺度，也可以用人们的主观感受作为评价标准。脱离开社会的经济生活和经济改革，政治改革很难形成客观公正的社会评定标准，必然会出现改革中的随意性和盲目性，甚至以个别人的自我感觉作为评价尺度，使政治改革成为无所遵循的主观唯心的东西，很容易把社会主义改向资本主义。例如苏联的所谓社会主义改革，就是脱离开社会的经济生活要求，从所谓政治改革开始，结果导致其社会经济发展严重倒退，从一流大国沦为三流国家，却在短期内造就了一批亿万富翁，有人据此依然吹嘘这是改革的成功。事实说明，在社会主义理论不成熟、不完善的情况下，丢掉经济改革，简单地去进行政治改革，社会主义改革必然会流于空洞的“自由”、“民主”、“人权”的资本主义意识形态陷阱，以虚幻缥渺的“爱”的呓语作为改革目标，形成对于社会主义的根本否定。

社会主义改革必须首先进行经济改革，同样也是由社会主义改革的根本目的和发展要求所决定的。社会主义改革不论是改变社会的经济体制和政治体制，还是建立社会的经济制度和政治制度，都是为了促进社会的发展进步，不是简单地为改革而改革，也不是简单地对现有社会利益的分配和调剂。而就人类社会生活的一般发展要求来说，政治改革或者表现为社会权利赋予，或者是对现有社会权利的再分配；对于每一个社会成员来说，同样或者表现为对现成的社会权利的占有，或者表现为剥夺和限制其现时拥有的社会权利。而在社会主义社会中，每个社会成员都是社会的主人，彼此享有完全平等的社会权利，除了资本主义那一张没有实际物质利益的政治选票，社会主义已经把所有政治权利赋予了每一个社会成员，既不存在对社会成员的政治权利剥夺问题，也不存在社会政治权利的再次分配问题。对于社会主义的社会发展来说，其根本要求在于加强对社会权利使用的有效规范，而不是对社会政治权利分配进行彻底调整和根本改变。进行社会主义政治改革，在根本上是为着对社会主义经济生活进行保障和规范，对社会主义经济改革进行保障和规范。因此只有首先进行经济改革，建立起科学的社会劳动制度，才能够形成社会权利分配的具体规定，实现社会主义改革的根本要求。

以经济改革导向和促进政治改革，以政治改革服务于经济改革，也是社会主义改革的发展优势所在。剥削社会中的改革，表现为社会政治集团之间的利益拼抢争夺，只有首先解决统治阶级集团之间的政治权力分配问题，首先掌握一定的社会政治权力，才能进行社会的经济利益调整，因此政治改革和经济改革密切联系在一起，任何改革在本质上都可以看作是政治改革。在社会主义条件下，社会政治制度在根本上代表着全体社会成员的利益要求，不存在因政治体制妨碍到每个社会成员正当利益实现的问题，因此能够把经济改革从政治改革中分离出来，作为一个相对独立的改革领域，通过社会自觉主动的调整和协调，达到解决社会矛盾、促使社会发展的要求。而实现了经济改革，其他社会改革，包括政治改革、文化改革等，都能够得到有效的进行。这样一种改革方式，能够避免社会中的对抗和冲突，实现剥削社会改革所不可能达到的社会效果。不以经济改革作为改革的基础内容和重点要求，既不符合社会主义社会生活的性质，也难以确定正确的改革目标，必然会把社会主义改革降低到剥削社会改革的水平上，人为制造社会的对抗、分裂和冲突。这显然是社会主义改革必须否定的。

目前我们所进行的改革，具有鲜明的社会主义制度重建的性质。这种制度重建，也包括政治制度重建。但与经济改革相比较，政治制度重建更需要科学的理论指导，必须以社会主义经济生活为其建立的社会基础。如果在经济改革依然具有较大的社会调整任务的时候，在没有相对完整的理论说明和原则规范的时候，就去进行政治改革，其结果只会出现两种情况，或者使政治改革成为支离破碎、摇摆不定的东西，或者是简单照搬资本主义的做法，二者都会引起对于社会主义制度的根本冲击，引起对于社会主义的根本否定。传统的社会主义政治体制，在具体内容上有不少不符合社会主义的发展需要，本质上却同样是对阶级剥削压迫的根本否定，在一定条件下，照样能够保证社会主义的存在和发展。经济改革可以在一定时期内摸着石头过河，政治改革则不能依样画葫芦，也去简单摸着石头过河。只要现时社会主义的政治体制依然存在，社会主义制度就能够继续存在，对于社会生活中的失误，包括经济改革中的失误，都具有还本付息的机会。而政治改革一旦出现失误或者失败，就会导致一着不慎、满盘皆输的局面。这在社会主义的改革中，已经留下了惨痛的教训。

还应当指出，传统的社会主义政治体制中，同样是以超越社会主义本质规定的做法，来设定社会的政治生活原则，把社会政治权利全部赋予了每个社会成员，表现为毫无条件的绝对的人人平等，表现为平均主义的社会权利赋予。正是这种平均主义的社会政治权利分配，为社会经济生活中的大锅饭提供了政治基础。所谓“社会主义不能饿死人”，“社会主义不能不让当社员”，就是这种政治权利大锅饭的形象说明。进行社会主义政治改革，必须对这种超越社会主义基本原则的政治权利赋予方式予以否定，同样主要表现为一种社会权利规范的要求。在这种情况下，政治改革更必须以经济改革为基础，以强化社会行为规范、加强社会管理为重点，而不能在如何增加社会政治权利的分配上做文章。否则或者就会失去对社会生活的必要规范，助长社会生活中的平均主义和大锅饭；或者就会随意剥夺社会主义劳动者的权利，引起不必要的矛盾冲突，使政治改革走向社会主义发展需要的反面。

在以往的社会主义社会生活中，特别是在社会主义的政治生活中，不少人一提到改革，就认为必须实行党政分开、简政放权，即把行政权力都交给政府部门去行使，把原来相对集中的社会管理权力，下放到下级机关或基层人员的手中。这是对改革的错误理解。改革必然涉及到对社会管理权力的调整问题，包括下放权力或上收权力，扩大权力和限制权力，但在根本上说，则是为了对社会权力使用进行有效规范，实现更好的社会权力使用效果。实践也说明，不是把社会管理权力简单地转交给政府，或者是下放到下级或基层，社会矛盾就自然而然得到了解决。相反，有时候这种权力简单下放会形成更多的矛盾和问题。就目前社会主义政治改革的根本要求来说，同样应是加强社会行为规范，提高社会管理质量，保证社会资源的充分有效运用。如果把改革仅仅看成是社会管理权力的下放或上收，不仅难以达到改革的目的，其结果还会适得其反。只有以加强社会行为规范作为根本要求，才能够科学把握改革的发展方向，实现理想的社会主义改革效果。

说社会主义改革必须首先进行经济改革，是就社会主义的一般发展规律而言，也是就目前社会主义发展的特殊要求而言，不是就此去说，社会主义政治改革只能永远停留在经济改革的后面，只能是对经济改革的简单图解附会。社会主义的政治改革和经济改革，是一个不断发展和完善的过程，彼此同样是相互促进和相互推动的。在具体社会实践中，可以通过经济改革促进政治改革，也可以通过政治改革促进经济改革。在一定条件下，例如在社会主义改革理论和社会规范相对完善的情况下，同样可以先行进行政治改革，通过政治改革推动和促进经济改革。尤其是在社会主义制度刚刚建立的时候，如果不首先建立起社会主义的政治制度，社会主义就不可能存在，从而社会主义经济制度同样不可能存在。在社会主义社会改革中，必须在根本上坚持经济改革与政治改革的统一，根据社会发展的实际情况和实际需要，科学确定改革的具体内容和工作要求。在进行经济改革时，应当考虑到与之相适应的社会政治制度和政治体制建设，在进行政治体制改革时，必须考虑到具体的社会经济制度和经济生活要求，只有这样，才能保证社会主义改革的有效进行。不是说社会主义必须首先进行经济改革，就绝对把政治改革置于经济改革之后，一定要先去进行经济改革，然后才能去进行政治改革。

说社会主义经济改革可以允许一定程度的失误，也不是说社会主义经济改革可以不讲原则规定，看到什么就去改什么，看到什么容易改就去改什么，恣意而定，随意而为。例如社会主义金融是社会主义经济的核心和龙头，是公有制经济的集中体现，同时在改革中缺少刚性的价值评判标准，因此一些人觉得其他社会经济生活内容不容易进行改革，就在金融市场化上动心思、想点子，照搬照抄资本主义的那一套。这样的改革，表面上似乎有力度、有魄力，是在推进经济改革，实际上必然在根本上否定社会主义经济生活，最终否定社会主义。一方面，金融本身既不直接产生社会劳动产品，也不生产货币，不是经营钱的机构增加了，钱就增加了，社会生产中就没有“资金难”的问题了。没有实体经济发展和科技水平的提高，只在钱的收收放放上做文章，对社会发展并没有多少价值。另一方面，现时下的所谓金融改革，无非是让公有制金融向私有制金融的方向靠拢，不仅不可能解决社会发展中的问题，而且必然使社会主义经济失去自己的核心内涵，使公有制经济失去必不可少的社会屏障，使社会主义在经济生活中失去存在和发展的可能性。因此这种改革力度越大，对社会主义的破坏作用也就越大，是社会主义改革必须避免和坚决反对的。

在中国的社会主义改革实践中，经济改革一直先于政治改革。一些人曾经据此认为中国的改革不如苏联的改革彻底，甚至认为经济改革不是改革，以此否定和贬低中国的改革。这种观点是完全错误的。经济改革必然涉及到政治改革，需要政治改革的支持和保证。但政治改革具有更高的标准和要求，也更容易引发负面的社会效果。如果在社会主义改革理论整体上不完整、不完善的情况下，在缺乏科学的社会主义政治制度设计的情况下，就急着去进行政治改革，结果只能是事与愿违。进行社会主义政治改革，既必须以经济改革为基础、为先导，也要有一个理论升华的过程。只有经过具体的经济改革实践，才能对社会主义发展以科学的认识，理性地科学地进入到政治体制改革的阶段。中国社会主义改革所以能够取得巨大的成功，正是在于坚持了以经济改革带动政治改革，坚持经济改革的优先地位，坚持了经济决定政治这个马克思主义基本原理。这既是中国社会主义改革的成功经验，也是中国共产党人对于社会主义事业的重大历史贡献。

还必须指出，我们目前所实行的社会主义政治体制，当然需要调整、发展和完善，但在根本上必须予以坚持和维护。特别是对于党的领导和人民民主专政，不能有任何的怀疑和否定。那些一味要求社会主义进行政治改革的所谓改革家们，在对社会主义政治体制改革的认识上，实际上一直处于以其昏昏、使人昭昭的状态，处于懵懂不清和含糊混沌的状态，或者是无病呻吟、清谈空议，根本提不出有价值的东西；或者一味用资本主义政治体制作为改革标准，迷信所谓“三权分立”，鼓吹多党执政。这样的所谓政治改革，在根本上是为了否定社会主义，否定社会主义制度。对此社会主义必须旗帜鲜明地予以反对，绝对不能认可和苟同。在经济改革上提不出有价值的东西，在政治改革上更不可能提出有价值的东西，在这种情况下，如果仍然一味要求进行社会主义政治改革，或者只能是不负责任的激进盲目的行为，或者就是一种心怀叵测的政治阴谋。

八、加强对社会主义改革的有效规范

社会主义改革是对社会主义的巩固、完善和发展，也是对现有社会生活内容的否定、革新和改进，同时具有众多的社会改革主体。保证社会主义改革的有效进行，必须特别强调加强改革的社会行为规范问题。这既是社会主义改革所独有的活动特点和工作要求，也是实现社会主义改革健康发展所必不可少的重要保证。

回顾社会主义的发展历史就不难看到，社会主义从提出改革到现在，已经过去60年的时间了。在这几十年中，社会主义改革一直处于艰苦探索实践的阶段，处于不确定、不稳定的状态，既有成功的事例，也有失败的教训，或者是思想僵化不允许改革，或者是盲目改革、随意改革。而随着社会主义改革为人们所普遍接受，盲日改革、随意改革的现象越来越显现。例如，以主观随意的方式进行改革，往往凭想象、凭感觉，只顾一点，不及其余，随意喊出改革的口号，提出改革的要求；以政治投机心理进行改革，把改革看成是捞取个人政治资本的手段，改对了，作为谋取自身利益的本钱，改错了，以摸着石头过河作为遁词；以敷衍应付的手段进行改革，在无关疼痒、可有可无的改革议题上转圈子，只在能给自己带来好处的项目上做文章，对“得罪人”、没好处的事则竭力回避。还有一些人，打着改革的幌子，或者借改革之机牟取私利，或者是为了从根本上否定社会主义。一些所谓改革家到处鼓吹把公有制变成私有制，公开鼓励个别人掠夺社会资产。这些改革，必然导致社会主义的失败和毁灭。苏联和东欧的所谓改革，就是鲜明的例子，戈尔巴乔夫之流就是其典型的代表。随着社会主义改革的深入，加强对社会主义改革的有效规范，显得越来越重要，是社会主义改革必须解决好的重大问题。

社会主义的改革主体，包括所有社会主义劳动者，但最终都表现为具体的劳动者个人；社会主义的改革，虽然必须以社会的整体的形式进行，实质上同样表现为一种具体的个人的行为。而社会主义改革不像剥削社会中的改革那样，表现为人与人之间的尖锐对立和对抗，具有天然的制约和抗衡因素。例如封建社会中的改革一旦失败，改革者往往被扫地出门，连降数级，发配边关，“一封朝奏九重天，夕贬潮阳路八千”，自然不存在随意进行改革的问题。而社会主义改革的成败得失，往往与改革者个人缺乏直接的利益联系，不是说改革成功了改革者本人就一定能够获得更多的利益，不成功就一定会损害到改革者的个人利益。因此既容易出现因循守旧、不愿改革的现象，也容易出现拿着公有制资源随意进行改革的情况。社会主义改革在本质上表现为一种“公”的行为，在改革标准上同样具有较强的主观性因素。保证社会主义改革的科学有效进行，必须加强社会行为规范，在内容、程度、方式等方面，制定出具体的社会行为准则和工作规范，形成严格的纪律约束，切实避免盲目性、随意性和无序性的弊端。

一是把主观性与科学性结合起来。改革作为一种具体社会发展手段，既能够成为社会主义发展的凝聚力和推进剂，也可以成为葬送社会主义的离心力和腐蚀剂。社会主义的存在发展需要改革，离不开改革，但改革不一定就能符合社会主义的发展需要，不是说只要是进行改革，就是社会主义所必然需要的，就一定符合社会主义的发展要求。例如过去一些企业和事业单位的劳动人事制度改革，对职工实行所谓先全员解聘、再重新组合，人人都要先打上一棍子，挨上一板子，完全不顾及劳动者的社会权利和人身尊严，人为制造社会矛盾，连资本家对待劳动者的做法都不如。必须把改革的主观愿望与科学态度统一起来，以社会主义本质为根本规定，以是否有利于社会主义制度的巩固、完善、发展作为根本评价标准。既不能思想僵化排斥和否定改革，又不能简单以所谓良好主观愿望作为改革的根据，防止一些人打着改革的旗号任意而为。

二是把群众性与统一性结合起来。社会主义改革必须发挥全体社会成员的积极性和创造性，又必须体现出科学统一的要求，切实加强对于改革的系统规划和集中领导。必须通过党和政府的科学协调和组织指导，形成具有权威性和强制性的改革领导主体，实现对于改革的科学规划和有效管理。对各种改革意见和建议，应由相关部门予以整理、归纳，形成相对统一规范的改革内容和工作要求。特别是在政治体制改革上，更必须从总体上把握改革的方向和要求，保证改革的科学性和正确性。应当把群众对改革所具有的最终决定作用，与具体的社会改革活动过程加以区别，把群众的改革愿望与改革中的具体工作要求加以区别，既充分尊重和体现出人民群众的改革主体内涵，又要加强对改革的集中领导和有效管理。不能把在特定历史条件下取得的一些改革经验绝对化，一味强调群众自发改革的正确性，造成改革中各自为政、自行其是的现象。像嘀嘀打车、快的打车之类的改革，一开始就不合常理，扰乱群众的日常生活，却在一段时间内随意“烧钱”竞争，有关部门对此无所事事，不置可否，显然是不应该的。

三是把自主性与规范性结合起来。不论是进行创新性的社会改革活动，还是对于改革举措的具体实施，都需要社会改革主体在实践中具有一定的自主权和灵活性，必须赋予改革主体以必要的工作权力，从而调动各方面的积极性，组织和动员全体社会主义劳动者参与和支持改革，有效地进行改革。如果一切都由社会统起来、管起来，必然不利于社会主义改革的进行。但不能由此失去纪律规定和责任要求，把改革当成是随意而为的行为。必须把社会主义改革看作是一项正常的社会劳动活动，纳入到社会主义劳动纪律的规范之内，形成科学严谨的工作程序、评定机制和奖惩机制，强化社会监督和责任追究，体现出社会主义改革的纪律规定和制度规范。对利用改革牟取私利的，对借改革之名侵占社会和集体利益的，必须予以严厉制裁和惩处，不能让投机取巧者占到便宜。对于每一个社会改革主体来说，既应享有必不可少的社会权利，也必须承担相应的社会责任，真正实现社会主义改革中权利与责任的统一，体现出对于所有社会改革主体的约束和规范。

四是把实践性与理论性结合起来。社会主义改革既是生动的丰富的社会实践，也是有意识有目的的自觉主动的社会活动，必须注重理论建设的作用和价值。事实说明，在社会主义改革理论没有真正实现突破以前，社会主义改革只能处于盲目探索和被动实践的阶段，不要说进行政治体制改革，就是进行更深层次的社会改革，如医疗改革、教育改革，也同样会出现失误。必须加强社会主义改革理论的研究探索，形成科学的社会主义改革理论，以此指导社会主义的改革实践。在改革理论比较成熟和完善的时候，可以加快改革步伐；在改革理论不够成熟和不够完善时，可以暂缓和推迟改革。特别是不能贸然进行政治改革。社会主义改革理论不可能一开始就做到完全的成熟和完善，也不是只有具备了绝对成熟和完善的改革理论，才可以进行改革。但在指导思想上，必须坚持改革实践与理论建设相互并重的方针，在进行每一项改革时，都要有科学的逻辑论证和理论说明，不能忽视理论建设的意义和价值。

社会主义的改革主体，表现为全体社会主义社会成员，但在对改革的参与程度和实际影响上，每个社会成员又不是彼此一致、毫无区别的。各级领导机关和管理部门拥有更多的社会管理权力，在改革中同样拥有更多的社会权力，理应对改革负有更大的社会责任。这些领导机关和管理部门，最终同样表现为一个个具体的劳动者个人。对于社会主义的社会发展来说，改革失范往往是由于一些领导者的个人行为所致。因此加强对于社会主义改革主体的行为规范，首先要加强对各级领导机关和领导者个人的行为规范，重点也是加强对领导机关和领导者个人的行为规范。如果对领导者的个人行为缺乏有效规范，对于改革的社会规范也就无从谈起。必须把改革与相关领导者个人的利益联系起来，明确其权利和责任，形成对于所有领导者个人的工作责任规定，以有效避免改革中的弊端和失误。

加强对社会主义改革的有效规范，必须建立起科学的工作运行机制，形成完备的制度规定，做到以制度管人管事，用制度保证工作开展。社会主义改革在本质上同样是一种社会利益调整，保证社会主义改革的有效进行，离不开法律手段的保障和规范。说社会主义改革必须采用温和的平和的手段，是就改革的活动过程和行为方式而言，在社会行为规范和工作保障上，则必须体现出社会强制的内容和规定，要有强制的手段和要求，必须形成以制度规定和法律强制为特征的社会规范机制。这样一种社会主义改革保证机制，既应适应现实社会生活需要，又要适应社会主义的长远发展需要，同时体现出社会主义制度建设和体制创新的要求，使各种改革成果及时上升为社会的制度规定和法律规范，成为所有改革主体共同遵守的社会行为准则。否则就不可能实现社会主义改革的有效进行，不会有社会主义改革的真正成功。

加强对社会主义改革的有效规范，必须坚持党对改革的领导。科学把握社会主义改革的发展进程，保证社会主义改革的有效进行，要有一个坚强的社会领导核心。这种社会主义改革事业的领导核心，只能是谙熟人类社会发展规律的工人阶级政党——共产党。没有党的正确领导，就没有社会主义改革的成功。坚持共产党的领导，改革才是社会主义的改革；脱离或者否定共产党的领导，所谓改革也就不再是社会主义的改革了。这既需要切实加强党的领导地位和领导权威，也需要对党的执政方式、领导方式不断予以调整和改进。这同样是进行社会主义改革的重要内容，在本书第四章《社会主义政党制度研究》中，包括在本章第二节中，已经作了较为详细的论述。

加强对社会主义改革的有效规范，还必须防止借改革之名、行否定社会主义之实的假改革。在正常社会条件下，一般没有人能够公开否定社会主义，这种否定也难以得逞。但在改革中，一些人却能够打着改革的旗号，对社会主义以公开的否定。这种否定包括主观上的否定，也包括客观上的否定，包括主动的否定，也包括被动的否定，但最终殊途同归，都表现为对社会主义的根本否定。戈尔巴乔夫、叶利钦之流就是这样的改革家。这些人在改革之初，或许有着较好的主观愿望，却对社会主义改革认识不甚了了，只能以反特权、反腐败、讲民主作为招牌。但正是这些人导致了社会主义的毁灭，其原因在于急于以改革家的名号扬名立万，使改革处于盲目和随意的状态，同时找不到解决社会矛盾的方法，最终丧失对社会主义的信心和信念。

而在社会主义垮掉之后，则顺势倒向资本主义，并且表现得十分自私、专横和霸道。例如叶利钦担任俄罗斯总统后，不顾国力每况愈下，不再标榜个人清廉，尽管在价格上相差了五倍，却学着美国总统的做法，像模像样地搞了一架总统专机；对于和自己意见不一致的副总统，则直接用大炮去轰击，毫不客气地将其轰出了克里姆林宫，毫不手软地将昔日的合作伙伴关进了大狱。许多拍着胸脯进行改革的所谓改革家，最后都被证明是心怀鬼胎。保证社会主义改革的有效进行，必须提防戈尔巴乔夫式的假改革、空改革，防止叶利钦式的假廉洁、假清正。这同样是社会主义改革规范的重要内容。

九、中国现阶段社会主义改革成功的根本标志

1978 年以后，中国进入到改革开放的社会主义建设时期，并取得了巨大成就，为社会主义发展提供了宝贵的经验借鉴。但另一方面，在中国以及所有社会主义国家的改革中，都存在着明显的不足。其突出的一点，就是对现时下改革究竟要达到什么样的目的，什么才是改革的成功，缺乏科学的说明和成功的标志，由此造成人们对改革到底要改多久的疑问，引起改革中挫折反复和摇摆不定的现象。科学确定中国现阶段社会主义改革成功的标志，有利于坚定人们的社会主义信念，减少改革阻力，降低改革成本，使改革少走和不走弯路，科学地进行社会主义改革，实现巩固、完善和发展社会主义的要求。

不难看到，目前我们所进行的社会主义改革，是对既往传统社会主义发展模式的否定，必须形成与现代社会化大生产相适应的社会劳动组织和劳动制度，形成与社会主义根本制度相一致的社会生产方式。而只有弄清楚社会主义改革的根本规定

和要求，为现阶段社会主义改革确定明确的目标任务和成功的标志，才能使改革成为一种明确的清晰的社会实践活动，成为可以具体把握和具体操作的社会发展要求。从社会主义发展的本质规定和具体要求来说，这样一个社会主义改革的发展目标和成功标志，就是在坚持共产党领导和以公有制为主导的前提下，解决好社会生活中法律无力、监督乏力和平均主义盛行的痼疾，使末位淘汰得到全面实行，社会监督得到普遍实施，法律执行得到有效保证。由此为现阶段的社会主义改革确定成功与否的鲜明标志，以及必不可少的行为准则和基本遵循。

（一）经济改革——末位淘汰得到全面实行

现阶段社会主义经济改革的根本任务要求，是彻底打破社会生活中的平均主义和大锅饭，增进社会发展的活力，提高劳动生产率，促进社会生产的发展。要实现这样一个改革任务要求，必须首先进行社会劳动制度改革，确定科学的社会利益分配机制，打破在社会劳动权利分配上的平均主义和大锅饭，体现出对于社会主义劳动者的生存压力和社会强制。而只有在全社会普遍实行劳动用工末位淘汰制度，才能够建立起科学的社会主义竞争机制，彻底打破平均主义和大锅饭的束缚，实现社会主义经济改革的根本任务要求。

末位淘汰作为一种社会劳动制度和竞争机制，体现在整个社会主义社会生活中，但首先体现在社会的经济生活领域，表现为经济改革的要求。在过去的一般理解中，不少人往往觉得只要打破在社会生活资料分配上的平均主义，就能够解决社会主义的弊病和弊端。这对于实现社会主义的科学存在和科学发展，显然是不够的。以往的社会主义大锅饭，不仅表现在生活资料分配中，更表现在社会生产资料分配中；而且正是生产资料分配中的大锅饭，才导致生活资料分配中的大锅饭。正如马克思所指出的："消费资料的任何一种分配，都不过是生产条件本身分配的结果。"① "人"是社会主义必须管好、也最难管好的社会生活内容，既是社会主义改革的主体，也是社会主义改革的难点。过去社会主义发展中的最大弊端，表现为人多没活干、活多没人干、人多不干活。其根本原因，在于对劳动者只有劳动权利赋予，没有劳动权利的科学取消和中止，使劳动者失去应有的社会压力和生存强制，形成单纯的社会权利心态和懒惰散漫心理，失去履行自身社会义务的责任感和使命感，使社会发展失去内在的动力和活力。只有实施末位淘汰，建立起崭新的社会劳动用工机制，才能保证社会主义劳动纪律和社会规范的有效实施，增强劳动者的社会责任意识和生存危机意识，使全体劳动者处于积极向上、不断进取的状态，使整个社会充满生机与活力，达到杜绝平均主义、促进社会发展的目的。

（二）政治改革——社会监督得到普遍实施

进行社会主义改革，必须进行社会主义政治改革，建立起科学的社会主义民主政治体制。这样一种社会主义政治改革的要求，归结到一点，就是在社会生活中实施普遍的有效的社会监督，形成以全民监督、全面监督、全程监督为根本标志的社会主义监督制民主，形成"人人都起来监督"的社会政治生活和社会民主政治体制。

实施科学全面的社会主义社会监督，是社会主义民主政治的根本内容，是社会主义存在和发展的必然要求。社会主义社会生活既能够充分体现出全体社会成员的社会主人翁地位和权

① 《马克思恩格斯选集》第3卷，第13页。

利，又容易形成平均主义和大锅饭，形成社会管理中的大呼隆和无序化现象。往往是一项工作人人都要管，人人都能够管，却人人都不去管，人人都不能管，导致社会生活和社会发展中无人负责、无人管理的现象，以及随意性和盲目性的弊端。只有建立起科学有效的社会监督机制，“由人民来管理”①，使所有社会成员都能够进行有效的社会监督，才能够保证社会生活的健康有序进行，实现社会主义科学发展的要求。必须正确把握社会主义监督的本质内涵和根本要求，把实施普遍的有效的社会监督，作为社会主义政治体制改革的重点内容和基本要求，形成以社会监督为根本要求的社会主义民主政治，使每个社会成员都能够进行监督，必须进行监督，愿意进行监督，实现良好的社会监督效果，保证社会主义的发展需要。

（三）社会改革——法律执行得到有效保证

法律是维持社会秩序的强制性工具，是社会制度规定实施的最后一道屏障。没有有效的社会法律规范，就没有有效的社会行为规范，其他社会制度规定都会“打水漂”，从而社会主义政治体制、经济体制都会失去有效的保障。保证社会法律的有效实施，是社会主义改革的重要内容，也是现阶段社会主义改革成功与否的重要标志之一。

在以往的社会生活中，法律软弱无力，法律执行难，是社会主义普遍存在着的社会生活弊端。这既有法律制度本身不健全不完善的原因，在根本上说，则是缺乏科学的社会主义道德原则，使现有社会法律体系失去了必不可少的道德支持。道德是法的基础，任何法律规定如果没有道德支持，都会成为无本

① 《马克思恩格斯选集》第3卷，第30页。

之木、无源之水，必然难以得到实施和执行。而传统的社会主义道德体系，表现为以为人民服务为核心、以集体主义为原则的道德要求，如果不加说明和规范，本身即是对社会主义法律规定的否定，使社会主义的法律存在成为不必要和不道德的东西。由此使社会主义法律处于无所适从的境地，在实践中只能“打白条”。而法律打白条，整个社会制度规定都要“打白条”。保证社会主义法律的实施，既应改进和完善社会的法律规定，加强社会主义法律制度建设，更必须以社会主义道德建设为根本要求，确立起科学的社会主义道德观、价值观，而不是仅仅就法律制度本身去完善社会主义法律制度，就法律执行难去解决法律执行难。只有以劳动创造作为社会主义价值观，以尊重劳动作为社会主义道德观，[①] 才能为社会主义法律体系建设提供牢固的思想道德基础，切实加强社会主义法制建设，保证整个社会制度规定得到有效的实施。

上述社会主义改革成功的三个标志，是现时生活中三项最为重要的社会主义改革任务，是社会主义制度重建的最为重要的社会生活内容，也是对社会主义改革目标的具体化和形象化。现阶段的社会主义改革，应当围绕着这三个方面来进行。这样一个改革目标任务，从经济、政治、社会三位一体的角度，构成社会主义改革的整体规定和根本要求，表现为经济改革、政治改革和社会改革的有机统一，能够涵盖整个社会主义改革的内容和规定，彼此相互作用，不可或缺。其中，末位淘汰是核心，社会监督是手段，法律实施是保证。实现了上述三个方面的改革，社会主义的其他方面的改革都能够获得科学的遵循和规范，得到有效的实施和实践。这三个方面的改革任务实现了，

---

① 参阅《社会主义研究》第三章《社会主义价值观研究》、第四章《社会主义道德观研究》，第 76—127、128—171 页。

现阶段社会主义改革的目标就达到了。而不论其中哪一个方面存在缺陷，其他方面的改革就难以得到科学有效的进行，社会主义改革就不可能取得真正的成功。

以上述三项改革任务作为根本要求，能够为现阶段中国社会主义改革确定科学的发展目标，使之成为可以具体把握和确定的工作要求。如果丢掉上述三个方面的改革任务要求，必然缺乏正确的改革目标，弄不清当前社会主义改革到底应当肯定什么、反对什么、建立什么、否定什么。只有以实行末位淘汰、实施社会监督和保证法律执行作为改革成功的标志，才能够形成清晰明确的社会主义改革任务，体现出社会主义改革全面性、系统性和整体性的规定，实现社会主义改革顶层设计与具体实践的科学统一，实现社会主义体制创新和制度建设的要求。也只有以上述改革任务作为改革成功的标志，才能及时把社会主义改革成果物化为具体的社会制度规定，使人们直观地认识到社会主义改革应当改什么，怎么去改，避免把现阶段的改革看成是漫无边际、无休无止的工作要求。从而破解困扰在社会主义改革上面的疑虑和困惑，创造良好的社会环境，保证现阶段社会主义改革的真正成功。

以上述内容作为现阶段社会主义改革成功的标志，也能够为改革提供科学的手段和方法，予以必要的规范和限定。这样一种改革要求，既是现实的和具体的，也是宏观的和整体的，既是对传统社会主义发展模式的否定，又具有创造性和建设性的特征，符合社会主义的本质规定和发展需要。没有这种具体的工作目标，社会主义改革必然只能停留在笼统的原则规定的层面上，失去科学的手段、方法和规范。在这种情况下，或者就会形成错误的工作要求，如所谓改革必须牺牲部分人的利益等；或者简单以资本主义发展模式作为改革要求，如在企业改革和金融改革中，片面模仿资本主义的做法。社会主义改革发展到现在，不仅政治改革不能依靠简单的实践探索，经济改革同样不能简单依靠摸着石头过河的方法来进行，否则很容易形成社会主义发展的否定因素。如一些人在找不到改革手段的情况下，认为只有把公有制改成私有制，才能把企业管理好、发展好。这显然背离了社会主义改革的根本要求。如果不能确定科学的改革目标，不能确定科学的改革手段和方法，不仅政治改革容易偏离社会主义的本质规定，经济改革同样会偏离社会主义本质规定，彼此都会引起对于社会主义的否定。

社会主义改革成功的三个标志，也是社会主义制度完善的根本要求，是社会主义制度完善的根本标志。传统的社会主义制度所以不利于社会主义的发展，在于存在着平均主义的思想基础和社会基础，存在着社会权利与社会责任相脱节的弊端，在根本上与社会主义的生产关系和发展要求相背离。在社会主义社会中形成科学的社会竞争机制，形成科学的社会监督机制，形成科学的社会法律运行环境，能够在根本上体现出社会主义的社会生活性质，在根本制度上保证社会主义的存在和发展。也只有实现了上述三个改革目标任务，才能够根除以往社会生活中的弊病，既保证社会稳定，保证社会主义劳动者的社会权利，又能为社会发展增添旺盛的活力和动力，实现社会主义经济基础与上层建筑的科学统一，使社会主义优势得到充分的展示和体现。也只有在这样一个改革基础上，才能够实现社会主义制度建设的根本要求，实现对于传统社会主义制度模式的科学否定，为社会主义改革步入正常状态打下坚实的基础。

实现上述社会主义改革的目标任务，表面上看来，似乎是非常简单的，实际上则具有十分复杂的社会生活内容，具有十分艰巨的社会主义制度重建任务。这样一个社会主义改革目标的确定，是把社会主义改革作为一个完整的统一整体，放在整个社会主义发展的历史进程中，全面、系统地予以确定和把握，既包括现实的社会主义改革实践，也具有理论创新和制度创新的内容。而以此作为社会主义改革的具体目标任务，也能够为社会主义理论建设提供具体的研究思路，为完善社会主义理论体系提供科学的途径。只有这种有意识、有目的的改革要求，才能够使社会主义改革体现出优势积聚效应，实现理想的改革效果。也只有以劳动创造作为社会主义改革的本质规定，把眼前的改革与整个社会主义发展结合起来，才能从理论上、实践上弄清楚社会主义改革的根本要求，为社会主义制度重建提供坚实的思想基础，保证社会主义改革的顺利进行。

在现有的一般理论表述中，都是以建立社会主义市场经济体制，作为中国进行社会主义改革的根本目标。这是20世纪90年代从我国社会经济发展的实际情况出发，所设定的改革目标，有其不可否认的必要性。但这样一个改革目标表述，仅仅表现为社会经济生活的内容，体现不出社会主义改革的总体规定，以及社会主义制度重建的要求；同时缺乏科学的理论说明，在实践中难以操作和实施。事实也说明，社会主义市场经济的改革目标提出20多年了，至今依然只能处在朦胧的探索当中；并且即使这个目标实现了，社会主义本质也决定了不能使社会主义永远处于市场经济阶段。建立社会主义市场经济，只是从中国特定的社会发展要求出发，所确定的社会主义发展的阶段性任务。如果把社会主义改革仅仅停留在建设市场经济上，就模糊了社会主义发展的根本要求，不利于社会主义的巩固和发展。社会主义改革成功的三个标志性内容，既与社会主义的根本发展要求相一致、相统一，又与建立社会主义市场经济的目标相一致、相吻合，既是建立社会主义市场经济不可或缺的基本物质保证，又不是仅仅以市场经济为最终发展要求。很显然，没有末位淘汰，没有社会监督，没有法律实施，就不可能建立起科学的社会主义市场经济。只有把社会主义经济改革与社会主义的政治改革、社会改革统一起来，才能形成科学的目标规定，实现建立社会主义市场经济的要求。这同样是以上述三个方面内容作为社会主义改革成功标志的原因。

社会主义改革是一个长期的社会历史过程，是与社会主义发展相伴始终的。为中国社会主义改革确定阶段性的发展标志，本身也说明了社会主义改革的长期性和复杂性。不是说这个改革目标实现了，社会主义就不需要改革了。恩格斯有一段著名的论述：社会主义社会“不是一种一成不变的东西，而应当和任何其他社会制度一样，把它看成是经常变化和改革的社会。”① 在整个社会主义社会发展中，都需要进行社会改革，需要不断提出新的改革内容和要求。这样一个社会主义改革进程，必须依据社会的实际发展需要，及时予以调整和变更，在有时候还会出现反复和回复。必须正确把握社会主义的社会发展要求，在不同社会发展时期确定不同的改革任务。不能把社会主义改革局限在一个绝对的社会发展时期或发展阶段上，把社会主义改革等同于一种阶段性的活动任务要求，认为只要集中一个时期进行社会主义改革，就一劳永逸、万事大吉了。由此也说明，简单地把我国目前的社会主义发展阶段，称作是改革开放的历史新时期，是不够准确的，同样容易模糊社会主义改革的根本要求，不利于社会主义改革的进行。

应当说明，改革作为一种社会发展手段，是为社会主义发展服务的，是一种正常的社会工作要求，不能简单地把改革等

---

① 《马克思恩格斯全集》第 37 卷，人民出版社 1971 年版，第 443 页。

同于社会发展，片面地认为改革就是发展，发展必须改革，盲目信奉一改就灵。例如我国目前的经济发展速度在世界上已经是最快的了，还一直讲要通过深化改革加快发展。我国目前的经济发展水平和发展质量，确实存在着不少问题，但有些属于正常的工作范畴，有些属于其他社会发展任务要求，不能都指望通过改革来解决。认为只要进行改革就能够促进社会发展，实际上是把社会发展简单寄托在对社会生产关系的频繁调整上，是那种生产关系穷过渡、急过渡的另一种表现形式。政治改革不能简单等同于社会主义经济发展，经济改革同样不能简单等同于社会主义经济发展。在现实生活中，有些改革可以直接促进经济发展，有些改革并不能够直接提升经济发展速度，有些改革还可能是对现时经济发展的限制和规范。社会主义发展在根本上必须依靠社会主义本质的实现和发挥，依靠全体社会主义劳动者的劳动创造。正如毛泽东指出的，"社会主义制度的建立为我们开辟了一条到达理想境界的道路，而理想境界的实现还要靠我们的辛勤劳动。"① 与促进社会生产发展相比较，与一些具体工作要求相比较，改革往往只动嘴、不动手，相对轻松和省力。脱离开社会主义发展的总体规定和要求，简单以改革作为社会主义发展的手段，把社会发展简单寄托在改革上面，只会助长不切实际的主观幻想，也是一种偷懒取巧的做法，最终照样会妨碍社会主义的社会发展。

社会主义改革既需要进行体制创新和制度建设，也需要加强思想建设。这种思想建设，集中表现为对于社会主义改革的科学的理论思维，表现为社会主义改革的理论建设和思想引导。只有在全社会形成正确的改革观，使改革成为人们的自觉行动，

① 《毛泽东著作选读》下册，第781页。

才能使改革具有持久性的内在推动力量，成为社会发展的强大推动力量。理论建设和思想引导对于社会主义改革具有特别重要的意义。社会主义改革进行到现在，必须由过去的单纯实践探索，尽快进入到科学的理论指导阶段，由以往主要依靠感性认识和感性操作，进入到依靠理性认识和理性运作的阶段，不仅使人们知道要改革什么，还知道为什么要改革，怎样进行改革。而社会主义改革实践同样为社会主义改革理论的完善提供了充分的社会条件，实现改革理论与改革实践的科学统一和整体升华，既是必要的，也是完全可能的。由此为社会主义改革奠定坚实的思想理论基础，增强人们对于社会主义改革的信心和信念，在根本上保证社会主义改革的顺利进行。

综上所述可见，改革是社会主义本质发展的必然要求，是社会主义基本矛盾运动的必然体现，是社会主义发展的不竭动力和重要手段。只要社会主义社会没有完结，社会主义改革就不会终止、不会终结。保证社会主义改革的科学有效进行，必须切实弄清楚社会主义改革的根本规定和发展要求，把社会主义改革作为一个统一的整体来认识、来规范，确定科学的社会发展目标和原则规定，确定科学的工作程序和行为规范。以此使社会主义改革沿着制度化、规范化、科学化的轨道前进，实现巩固、完善和发展社会主义的要求。

第九章　社会主义科学发展研究

发展是人类社会的永恒主题，是人类必须始终面对的重要课题。与迄今人类其他社会形态相比较，社会主义的社会发展，是最为科学的社会发展，能够正确地反映出人类社会的发展规律和发展要求，形成更为科学的社会发展方式，实现更为理想的社会发展效果。但社会主义的科学发展，不是随着社会主义制度的建立，就能够自然而然地得到实现和体现。实现社会主义的科学发展，必须从科学把握人类社会发展规律和社会主义发展规律出发，正确认识社会主义的发展要求，确定科学的发展手段和发展方法。由此形成科学的社会主义发展模式，有效地实现社会主义科学发展的要求。

一、实现科学发展是社会主义的应有之义

从基本的理论概念上来讲，发展即是事物由小到大、由简单到复杂、由低级到高级的变化和扩张。人类社会的诞生和存在，同样表现为由简单到复杂、由低级到高级的变化和扩张的事物运动过程，表现为一种动态的社会历史发展过程。而实现人类社会的科学发展，是人类社会发展进步的必然结果和必然要求，也是马克思主义所以产生的根本目的。论述社会主义的科学发展，首先应弄清楚科学发展与马克思主义的关系问题，

弄清楚科学发展与社会主义之间的关系问题，为社会主义的科学发展奠定坚实的思想理论基础。

如上所述，建立起一个更为理想、更为美好的人类社会，实现人类社会的科学发展，是马克思主义产生的根本目的，同时也是社会主义制度建立的根本目的。从马克思主义诞生和发展的历史中可以看到，社会主义在本质上是人类社会科学实践的产物，是在人类对于人类社会和自然界有了科学认识的基础上产生的；而人类追求和建立社会主义制度，正是为了否定剥削社会那种不科学的发展方式，实现人类社会的科学发展。这就是，消灭阶级剥削压迫，实现对于作为生产力首要因素的劳动者的解放，同时发挥人的有意识有目的的主观能动作用，对人类社会发展以科学的认识和把握，形成更为科学的社会发展模式。这从马克思主义对于资本主义生产方式的否定中，就看得很清楚。正因为这样，马克思主义才被当成是科学社会主义的同义语，科学社会主义才必然地被称作是马克思主义。把人类社会发展建立在阶级剥削压迫的基础上，或者停留在盲目的不自觉的社会发展状态，所谓科学发展自然也就不可能。实现人类社会的科学发展，是马克思主义的本质要求，是社会主义的应有之义，对此应是毫无疑问的。

从社会主义的基本制度中，就能够清晰地看到社会主义科学发展的基本规定和根本要求。社会主义实行公有制和按劳分配，就是为了从根本上否定阶级剥削压迫，通过人的劳动创造本质的实现和发挥，实现人类社会的科学发展。在剥削社会中，社会发展以剥削压迫为根本手段，以饥饿、暴力作为根本推动力量，从而限制和挫伤劳动者的生产积极性，与人类社会发展的根本要求相矛盾、相对立。因此剥削社会的社会发展，只能以对现实社会的物质利益追求为唯一目的，只讲眼前、不讲长远，形成只顾自己、不顾他人的社会发展观念，形成唯利是图、损人利己的社会发展模式。社会主义通过对生产资料私有制的否定，通过对按资分配的否定，彻底否定了阶级剥削压迫的社会物质基础，否定了既往社会生活中剥削压迫的社会发展模式，为实现人类社会科学发展提供了物质基础和制度保证，在根本上体现出人类社会的发展愿望和发展要求，必然能够形成科学的社会发展观念和发展模式。

从社会主义的发展目标和发展方向中，同样能够看到社会主义科学发展的本质要求。社会主义既是现实的社会生活，也是对共产主义社会的理想追求。这样一种社会发展，使人类彻底摆脱了动物界自然生存方式的束缚，使人类社会发展成为一种自觉主动的活动过程，而不再仅仅满足于人类自身的现实生命存在。由此形成更为理想的社会发展效果，更好地实现人类的生存发展愿望。也只有社会主义的社会发展，才能够充分体现出人类社会发展的根本目的和要求，使人类社会发展真正成为人的社会活动过程，成为真正的人的存在和人的发展。

社会主义科学发展的要求，是由社会主义劳动创造本质所规定的，在根本上表现为社会主义本质的实现和发展，表现为人的劳动创造本质的实现和发展。社会主义以劳动创造作为本质规定，就是为了充分发挥人的本质力量，发挥人类社会的整体的力量和作用，实现人类社会的更好的发展。这样一种社会发展要求，必然表现为社会发展与人的发展的统一性和一致性，充分体现出人类社会发展的根本目的，实现比较一切剥削社会形态更为科学的社会发展。而这种科学发展的实现，又必然表现为劳动者社会需要的实现和满足，为劳动者本质的实现和发挥，创造良好的社会环境和条件。由此实现人类自身发展与人类社会发展的和谐统一，实现全体劳动者的共同发展和全面发展，真正体现出人类社会发展的根本规定和本质内涵。

从上述分析中也可以看到，社会主义的发展，在根本上表现为人类自身的发展，以人的全面发展为目标，以人的劳动创造本质的发展为根本要求。人是人类社会的主体，人类社会的发展，在根本上都是为了人类自身的发展，为了人的本质的实现和发挥。在社会主义之前的社会形态中，社会发展或者表现为被动的盲目的发展，或者仅仅局限在物质生活领域，个人物质利益追逐成为社会发展的唯一目的，人的发展则成为被动和次要的事情，甚至成为被摧残践踏的对象。社会主义通过对于人的劳动创造本质的整体升华，使人的自身本质真正成为社会的本质，为人类社会发展提供了必不可少的社会条件。这样一种社会发展的目的和要求，是社会主义发展的鲜明特征，具有科学的道德品质和强大的本质力量，表现为一种科学的社会存在和社会发展。科学发展是社会主义的内在本质规定，社会主义是一种科学的社会发展，全部的社会主义社会生活，都必须符合科学发展的规定，都是为着实现人类社会的科学发展。也只有在社会主义条件下，才能充分体现出人类社会科学发展的要求，形成科学的社会发展方式。

这样一种社会主义科学发展的要求，说明社会主义发展具有与其他社会形态根本不同的本质规定。例如资本主义的社会发展，是为了实现资本家个人的物质资本积累，社会主义的社会发展，则是为了人的劳动创造本质的实现和发挥，为了社会整体利益的实现。这样一种社会主义发展，能够充分体现出人类社会有意识有目的的发展愿望，具有全面性、整体性的发展要求，是社会发展与个人发展、物质生产与精神生产的有机统一，代表着全体社会成员的根本利益和发展要求。由此在根本上否定因阶级剥夺压迫所形成的社会矛盾对抗，为人类社会发展确定科学的目标和方向，充分体现出人类社会发展的根本要求，形成融洽和谐的社会人际关系，形成崭新的社会发展手段和发展方式，有效地保证人类社会的和谐发展、全面发展。

社会主义既然要实现自身的科学发展，那就必须形成自身科学发展的手段，必然具有与其他社会形态所不同的社会发展特点。剥削社会形态的发展，必然是按照私有制的要求来设定的。社会主义发展则必须按照公有制的要求来设定。例如私有制企业的利润归私营企业主所有，只是在社会二次分配中才由社会予以相应的调剂。而公有制企业在社会的一次分配中，已经体现出对于社会义务的履行责任，如对劳动者的劳动权利赋予，对社会公共利益的维护，实际上已经参与到了社会二次分配当中，因此在职工的工资发放和社会分配上，没有必要像资本主义那样，先由企业以工资的形式发给劳动者个人，然后再由国家去收取税收，形成社会财富的帐目空转。这样可以减少当事人的麻烦，减少社会资源的无谓浪费，同时增强人们对于社会主义制度的信心，体现出社会主义发展的优越性。

社会主义科学发展的根本要求，说明社会主义具有巨大的制度优势和发展潜力，是迄今人类最为科学的社会发展方式，也是迄今为止最适合于人的本质发展需要的社会发展方式。社会主义必须把人们自身所具有的生存本能冲动，与人类所具有的自觉的能动性有机统一起来，与人类社会的整体发展需要有机结合起来，既确立起科学的社会发展目标，同时形成有效的社会发展手段。这样一种社会发展方式，在根本上体现出人类社会的发展愿望和发展要求，能够形成强大的社会发展力量，最大限度地利用一切社会资源，实现比较私有制下更为有效的社会发展。以此形成更为科学的社会发展模式，使人类社会得到永续发展、持久发展。

这样一种社会主义的发展特点和发展要求，也说明社会主义发展具有更高的社会发展标准，必须是一种科学的发展。表现在社会的物质生产活动中，应当能够有效地促进社会生产力发展，有效地提高社会主义社会的整体实力，有效地提高人民群众的生活水平，也就是过去所讲的“三个有利于”的要求。这种“三个有利于”标准，能够全面体现出社会主义的社会性质，体现出社会主义社会生产的要求，体现出社会主义发展的科学性。其中，生产力发展是社会主义科学发展的根本要求，社会整体实力的增强是科学发展的根本内容，提高人民群众生活水平是实现社会主义科学发展的根本保证，彼此是一个相互作用、相互促进的辩证统一。如果背离这样的要求，那就不是社会主义的科学发展。例如苏联在社会生产力发展水平上不可谓不高，综合国力上不可谓不强，但由于忽视了提高人民群众生活水平的要求，照样引起群众的不满，在社会主义面临生死存亡的关头，并没有得到群众的坚决拥护和支持。只有以“三个有利于”作为根本标准，始终符合“三个有利于”的根本要求，才能够有效实现社会主义的社会发展，实现社会主义的科学存在和科学发展。

社会主义科学发展的本质规定和自身优势，在社会主义的发展实践中，包括在中国的社会主义社会发展中，得到过充分的展示和体现。这就是，通过对劳动者社会地位的根本改变，赋予劳动者以前所未有的社会权利，有效地调动和激发全体社会主义劳动者的生产积极性；同时利用社会主义的制度优势，实现整个社会的有意识有目的的社会发展，实现更为理想的社会发展效果。以苏联为例，仅仅用了几十年的时间，就把俄国从一个落后的农业国，建设成为一个强大的工业国。中国共产党同样在短短几十年中，就领导中国人民把一个半封建半殖民地的旧中国，建设成为一个繁荣强盛的新中国。如果不搞社会主义，仅仅依靠市场经济和私有制，就不可能实现这样的发展效果。这从那些发展基础与中国差不多的资本主义国家的发展历史中，就看得很清楚。对此同样是不可否认的。

从上述分析中还可以看到，与迄今人类其他社会形态相比较，科学发展是社会主义独有的社会发展内容，是社会主义的必然要求。这样一种科学发展，不是纯粹的主观意志的产物，不是脱离开社会物质生产要求的东西，而是社会物质生产方式变革的必然结果，是社会主义制度的必然产物。在原始社会中，人们对于自然界和社会还处在朦胧含混的认识状态，自然不可能实现社会的科学发展。在剥削社会中，由于社会的本质与人的自身本质在根本上相对立、相否定，劳动成为异化劳动，社会发展成为异化的发展，同样不具有科学发展的可能和条件。只有在社会主义制度下，才能为科学发展创造必不可少的社会环境，使人类社会的科学发展具有实现的可能和条件。从这个意义上完全可以说，科学发展就是社会主义的发展，社会主义发展必然是一种科学发展，也必须是科学的发展。

科学发展是社会主义的本质内涵和应有之义，也是人类社会发展的必然结果和必然要求。但实现社会主义的科学发展，还必然是一个从不自觉到自觉、从低级阶段到高级阶段的社会发展进程，是一个不断提高、不断实现的社会实践过程。应当说，迄今所有的社会主义国家，都没有完全达到实现科学发展的要求，都存在着自身科学发展的障碍。这既有主观原因，也有客观原因。实现社会主义的科学发展，需要对社会主义以科学的认识和理解，必须对社会主义发展要求以科学的认识和理解，同时对人类社会发展规律以科学的认识和理解。社会主义制度的建立为实现人类社会科学发展打下了坚实的制度基础，而实现人类社会的科学发展，仍然面临着艰巨的实践课题和时代挑战。只有遵循社会主义本质规定，确立科学的社会发展观念和发展方式，才能够形成科学的发展道路和发展实践，有效实现社会主义科学发展的要求。这就是我们要对社会主义科学发展予以系统研究的根本原因。

二、社会主义科学发展的基本内容和根本要求

人类社会发展表现在经济、政治、文化、科技等各个方面。实现社会主义的科学发展，首先必须从社会发展的整体需要出发，以社会主义本质为根本规定，科学确定社会主义发展的基本内容和根本要求。这样一种社会主义科学发展的内容和要求，归结起来说，主要表现为以下四个方面。

（一）和谐发展是社会主义科学发展的基本特征

实现社会主义的科学发展，必须保证社会的和谐发展，以和谐发展促进社会主义的科学发展。离开了和谐发展，科学发展就失去了最基本的保障手段，就不会有真正的社会主义科学发展。人类社会发展是人类社会共同的事情，也是每个社会成员共同的事情，只有实现社会的和谐发展，才能够为科学发展提供必要的社会保证，实现人类社会的更好的发展。从这个意义上讲，社会和谐就是社会发展，而且是科学的社会发展。在剥削社会中，社会发展是以阶级对抗和对立为根本特征的，以对人的本质的摧残压抑为代价的，必然表现为不和谐的发展，是一种对抗和对立的发展。社会主义彻底消灭了阶级剥削压迫，消除了社会对抗的阶级根源，能够通过建立新型的和谐一致的社会人际关系，从根本上避免社会中的相互对立和对抗，为社会发展创造和谐融洽的环境条件，实现社会和谐发展的要求。

这种社会主义的和谐发展，集中表现为劳动者所具有的平等的社会地位和权利，表现为人与人之间的和谐一致和共同发展。只有在这种和谐发展中，才能有效发挥所有社会活动主体的作用和力量，促进社会的健康发展、有序发展。如果人与人之间处于根本不平等的状态，那就不可能有社会的和谐发展，自然也就没有人类社会的科学发展。

实现社会的和谐发展，是所有统治阶级都希望达到的社会治理目标。但要实现社会的和谐发展，必须以建立和谐的社会利益关系为基本要求。很显然，实现社会和谐发展的关键是人际关系和谐，而人际关系和谐的关键在于社会利益和谐。人类社会关系在实质上是一种社会利益关系，人类社会矛盾在根本上表现为社会的利益矛盾。如果社会利益处于矛盾和对抗的状态，就不可能实现社会人际关系和谐，从而也就难以实现社会和谐，不会有社会的和谐发展。社会利益和谐是社会和谐发展的前提条件，也是实现社会科学发展的前提条件，只有实现社会利益关系和谐，才能保证社会关系和谐，实现人类社会的和谐发展。社会主义实现了人与人之间利益要求的相对一致和统一，具有前所未有的社会关系和谐的物质基础。但由于社会主义实行按劳分配，在各种社会利益主体之间，还存在着利益差别和利益矛盾。实现社会主义和谐发展，既是一个相对的历史发展过程，也必须按照社会主义的基本原则规定，按照社会主义的整体发展需要，及时对各种社会利益关系予以科学的调整和规范，实现社会利益关系的和谐一致。以此为社会主义发展创造良好的社会环境，提供必不可少的社会保障。

（二）全面发展是社会主义科学发展的显著特点

人类的社会生活和社会发展，既包括物质生活，也包括精神生活，既表现为社会的整体的发展，也表现为个人的生存发展。社会主义的科学发展，必须是整个社会的共同发展、全面发展，不仅要促进社会的物质生产发展，而且要形成高尚健康的社会精神生活，既必须实现社会的整体的发展要求，也必须实现每个劳动者的个人的发展需要。只有在这种全面发展中，才能充分体现出社会主义的发展优势，体现出社会主义的本质内涵和发展要求。

社会主义的全面发展，是一个科学的统一整体。在社会发展中，必须以实现社会整体发展为根本要求，充分考虑到不同地域、不同行业的发展需要，树立长远发展、整体发展的观念，既注重经济效果和经济效益，又要注重社会效果和社会效益，统筹考虑各个方面的利益要求和发展需要，避免以片面的单一的眼光，来看待社会主义的发展，造成社会发展中的片面性和局限性。尤其是正确处理经济发展与政治发展、物质发展与文化发展、城市发展与乡村发展、科技发展与社会发展的关系，保证社会各个方面都能得到切实有效的发展。不能脱离开社会发展的总体规定和要求，或者以主观人为的方式来实现发展，或者以消极片面的心态来进行社会发展，什么好办就发展什么，什么显眼就发展什么。例如一提发展，就把有限的资源都用到城市的改造和扩建上，放在植树、种花、种草上，对具有发展难度的项目则敷衍塞责，应付了事。

（三）协调发展是社会主义科学发展的重要手段

社会发展包括各种社会活动主体的活动和行为，具有彼此不同的利益要求和发展愿望。实现社会主义的科学发展，必须通过社会的科学指导和有效协调，使各种社会活动主体和利益要求处于平衡发展、协同发展的状态，形成相互促进、相互推动的社会发展力量。没有社会的科学指导和有效协调，局限于每个社会活动主体单独的自发的活动和行为，或者仅仅依赖于市场的自发调整，那就失去了人类所独有的社会意识功能，难以实现理想的社会发展效果。在社会主义社会中，各种社会利益要求还是一个相对的统一，这一个方面获取的利益多了，那一个方面的利益就少了，而不论每个社会利益主体能够实现多少利益，彼此都处于自身需要绝对不能满足的状态，必然会形成社会中的利益差别。只有充分利用各种协调手段和协调方式，包括政治的、经济的、行政的、法律的手段和方法，正确调剂和规范各个方面的利益要求，及时对各种社会利益进行限制和平衡，才能使各种利益要求符合社会主义的整体发展需要，保证社会主义的平衡发展、全面发展和有效发展。

社会主义的协调发展，表现在整个社会主义社会生活中。保证社会主义协调发展的有效进行，必须把社会发展作为一个统一的整体，坚持社会主义的基本原则，坚持三个有利于的标准，正确解决好社会生活中的各种利益矛盾，形成有效的社会发展途径和工作手段。可以说，社会主义科学发展的质量高低和效果好坏，就在于这种社会协调的质量高低和效果好坏。这样一种社会协调发展，主要表现为党和政府对于社会发展的指导和领导，表现为商品计划经济的规定和要求。只有从社会主义的社会性质出发，科学确定社会发展的协调主体、协调手段和协调方式，才能保证社会协调发展的有效实现，形成最佳的社会发展效果。否则协调发展就只能流于空谈，社会主义科学发展同样会仅仅成为一种美好的主观想象。

（四）持续发展是社会主义科学发展的必然要求

社会主义代表着全体社会成员的利益，既代表着社会成员的眼前利益和现实利益要求，也代表着人类社会发展的长远利益和根本利益要求。在社会发展中，必须把长远利益与现实利益、眼前利益与根本利益有机结合起来，以更好地实现整个社会和全体社会成员的利益，实现人类社会持续发展的要求。资本主义以个人利益追求为唯一目标，其社会发展只是在人们自发混乱的物质利益追逐下的附带的成果，在根本上不利于人类社会的持续发展。只有在社会主义条件下，才能够从人类社会发展的根本要求出发，为人类社会持续发展提供现实的社会物质保证，实现人类社会持续发展的要求。如果只顾眼前的暂时的发展，缺乏对于社会发展的长远考虑和统筹安排，那就把社会主义降低到了剥削社会形态的发展水平，降低到动物式的自然生存状态，因此也就难以实现人类社会的持续发展，难以实现社会主义的科学发展。

人类社会发展是一个连续不断的动态过程。从这个意义上说，人类社会的发展，都必须是一种可持续发展。但这种社会持续发展的实现，可以是一种科学的主观能动过程，也可以仅仅是在人们生存本能驱使下的盲目的自发的社会活动结果。资本主义之前的社会形态，包括资本主义社会形态，其发展都是以实现社会活动主体的现实生命存在为目的，即使人们具有持续发展的愿望，也没有实现持续发展的条件。而科学发展中的持续发展，必须是一种社会整体的自觉主动的社会行为，是一种自觉主动的社会发展。社会主义能够通过实行公有制和按劳分配，通过社会的整体规划和科学调剂，把人类自身发展与人类社会发展紧密结合起来，把现实社会发展与长远发展有机统一起来。由此实现人类社会更高形态的存在和发展，为人类最终实现全面自由的发展奠定坚实的社会物质基础和思想基础，在根本上体现出人类社会发展的根本目的和要求，体现出社会主义发展的根本目的和要求。

从上述四个方面社会主义科学发展的基本要求中可以看到，社会主义的科学发展，在根本上表现为一种社会的整体的发展，以实现全体社会成员的利益为根本规定。这种社会发展的整体性要求，能够使社会发展从过去那种单一和自发的盲目活动状态中解放出来，通过社会的整体的力量，实现整个社会的协调发展、全面发展和共同发展。丢掉社会发展的整体性要求，就丢掉了社会主义发展的根本规定，从而社会主义发展与既往社会形态的发展，就没有根本区别了。在社会发展中，必须对政治、经济、文化、科学等各个方面予以总体上的把握，从现实发展和长远发展的需要出发，保证各个方面的综合平衡和协调发展。不能从社会的总体发展要求出发，只看到个别的现实的利益要求，那就不可能实现社会主义的科学发展，必然会否定社会主义的科学发展。

从上述社会主义科学发展的基本内容中也能够看到，社会主义发展既包含社会公正的内容，也包含社会发展的要求，必须实现社会公正与社会发展的科学统一。社会主义必须讲社会公正，也必须讲社会发展，实现这种社会公正与社会发展的统一，就是社会主义的科学发展。社会主义的所有社会关系和制度规定，都必须有利于社会主义社会公正的实现，有利于社会主义社会发展的实现，实现社会公正不能妨碍社会发展，促进社会发展不能否定社会公正，二者都必须以社会主义本质为根本规定，必须符合劳动创造的社会主义本质要求。在社会生活中，既要保证每个社会成员具有相对稳定和富裕的社会生活，保证全体社会成员实现共同富裕、不断富裕，不能允许两极分化和贫富悬殊的现象出现，也不能形成平均主义和大锅饭。由此体现出社会公正与社会发展的统一，实现社会主义的科学发展。

从上述社会主义科学发展的基本内容中还可以看到，社会主义的科学发展，是在人的主观意识指导下的有意识有目的的能动的社会发展过程。与动物社会的发展相比较，人类社会生活从来都具有主观意识的功能，具有主观能动性的因素。而确定社会发展是科学发展还是不科学的发展，在于这种主观能动性的实现和发挥，是仅仅体现在作为生物体的社会成员个人身上，还是表现为一种社会的整体的活动和行为。剥削社会所以不是科学的发展，就在于这种人的主观能动性的实现和发挥，仅仅表现为一种个人的行为，仅仅是为着实现个人的生命存在和个体发展。只有建立起社会主义的社会制度，才能够通过社会的科学指导、计划、管理，充分发挥人的主观能动性的作用和价值，有效规范和调节整个社会生活和社会发展，体现出人类社会的发展特点，实现社会的协调发展和有效发展。这样一种社会发展方式，只有社会主义才能够真正认识它、适应它，达到实现社会科学发展的要求。

从上面的论述中同样可以看到，社会主义科学发展在根本上是为了人的发展，为了人类自身的发展，表现为社会活动主体的发展愿望的实现。不论是和谐发展、全面发展，还是协调发展、持续发展，都在根本上代表了人民群众的利益，体现着人类自身的发展愿望和要求。这样一种社会发展，与人的本质发展要求相一致，是最能促进人类自身发展的社会发展方式，是迄今最为科学的社会发展。在社会发展中，必须始终坚持社会主义的本质规定，以劳动的效率、效果、效益作为根本价值评定标准，同时以实现和满足人民群众的利益为根本要求，科学地坚持人民群众的标准。只有既坚持人民群众标准，同时坚持劳动价值标准①，才能全面体现出社会主义的发展特点，有效

① 参阅《社会主义研究》第三章，第88—96页。

实现社会主义的科学发展。

三、劳动创造是实现社会主义科学发展的根本推动力量

实现人类社会的前进和发展，要有其根本的社会推动力量。而社会主义科学发展的根本推动力量，必然是劳动创造，也只能是劳动创造。劳动创造是社会主义的本质规定，社会主义的发展特点和发展要求，社会主义的发展手段和发展方式，都必须符合劳动创造的本质规定，表现为劳动创造本质的实现和发挥。社会主义在根本上表现为劳动创造的社会发展模式，以劳动创造为其根本发展动力；也只有劳动创造，才能够成为社会主义发展的根本推动力量，实现社会主义科学发展的要求。

人类社会的存在和发展，归根到底都是为了实现人们自身的生存和发展，但在不同的社会形态中，则具有不同的发展手段和实现途径。在私有制的社会里，社会发展是在人们对于自身利益追求的本能驱使下实现的，由此形成社会发展中“恶”的手段和力量，形成剥削压迫的社会发展模式。这样一种社会发展方式，在一定条件下，也能够促进人类社会的发展。正如恩格斯所说，“没有古代的奴隶制，就没有现代的社会主义。”[①]但这样的社会发展方式，在根本上与人的本质相背离，必然为人类社会发展的规律所否定，为人的本质的发展要求所否定。而能够对剥削社会发展方式以根本否定的，必然是劳动创造的社会发展方式。同样，只有社会主义，才能够在劳动具有谋生手段性质的情况下，以劳动创造作为本质规定，实现对于剥削社会发展方式的根本否定，形成科学的社会发展模式，实现人

① 《马克思恩格斯选集》第3卷，第220页。

类更为科学的社会发展。

以劳动创造作为社会主义发展的根本推动力量，是由社会主义劳动创造的本质所决定的，也是由劳动在社会主义社会中的地位和作用所决定的。在剥削社会中，劳动处于卑贱和低下的地位，劳动者处于卑贱和低下的地位，人们的所有社会活动都同剥削压迫密不可分，或者是剥夺他人，或者是被他人剥夺。在这种情况下，社会发展自然表现为剥削压迫的发展方式，以剥削压迫为其根本推动力量。只有在社会主义社会中，在实现了公有制和按劳分配之后，才能够实现对于剥削社会劳动性质的根本否定，使过去被剥削被压迫的劳动，成为劳动者自己的事情，成为劳动者为自己为社会的劳动。从而体现出劳动的崇高社会意义和价值，使之直接成为人们的生存手段和发展条件，成为劳动者本质实现和发挥的根本途径，成为推动人类社会发展的根本手段和决定力量。

但是，劳动创造对于社会主义发展的推动作用，不是随着社会主义制度的建立，就成为自然而然的事情，能够自觉主动地实现促进社会主义发展的要求。社会主义劳动对劳动者还具有负担和累赘的性质，失去科学的社会原则规定，劳动同样会成为劳动者逃避和摆脱的对象，社会劳动同样难以有效进行，社会主义自然也会失去发展前进的推动力量。对于社会主义来说，必须坚持社会劳动的生存性质，形成社会主义的劳动生存纪律，以此体现出对于劳动者的生存强制和社会压力，促使劳动者自觉履行劳动义务，为社会主义发展提供不竭的动力源泉。这种社会劳动生存纪律，既具有生存强制的性质，又否定了阶级剥削压迫的内容，是在人类社会生产出现剩余产品而又达不到按需分配的条件下，所必须实行的社会劳动纪律，也是最为科学的社会强制手段，是实现社会主义发展的必然要求。如果以自由自觉的纪律作为社会行为规范，或者以饥饿纪律、棍棒纪律作为社会发展手段，或者就会形成平均主义，或者就会滑向剥削压迫的泥潭，这样也就不会有社会主义的科学存在，更不要说社会主义的科学发展了。

这样一种社会主义社会发展要求，在以往的社会主义发展实践中，同样表现得十分明显。一方面，社会主义能够从根本上否定剥削压迫的社会发展模式，实现社会公正和社会发展的要求。但另一方面，由于缺乏科学的社会劳动纪律，缺乏对于劳动者的必要的社会强制和生存压力，因而限制了社会主义本质的发挥，造成社会发展动力不足，阻碍了社会主义的发展。以过去那种计划经济下的产品短缺现象为例，在资本主义社会中，人们面临着极大的生存压力，迫使人们尽力去进行生产，形成社会生产的虚假过剩现象。而社会主义只注意强调劳动者的社会主人翁地位，强调人人平等的社会权利，形成大锅饭养懒汉的现象，妨碍了社会生产发展，造成社会的短缺经济。其原因就在于把社会主义劳动简单当成是共产主义的劳动，以共产主义劳动纪律作为社会主义劳动纪律，造成干好干坏、干与不干一个样的弊端。社会主义制度是以劳动创造为根本规定建立起来的，只有把劳动与劳动者的生存发展结合起来，形成科学的社会劳动纪律，体现出不劳动者不得食的原则规定，才能促使劳动者积极参加社会劳动，形成社会发展的强大动力，杜绝以往社会发展中的弊端和失误。

以劳动创造作为自身发展前进的根本推动力量，说明社会主义发展必然是道德的和正义的发展。在剥削社会中，社会发展是在阶级对抗中实现的，一部分人劳而不获，做牛做马，一部分人获而不劳，穷奢极欲。就人的本质发展的根本要求来说，剥削社会的发展方式，显然是不道德和不公正的，是以血与火的文字写在人类编年史上的，因此是不科学的发展，必然要为人类社会的发展规律所否定。社会主义以人的劳动创造本质的发展发挥为根本规定，以尊重劳动、尊重劳动者为基本的社会道德规定，使人类社会发展与人的本质发展实现了根本上的一致和统一。以此形成融洽和谐的社会关系，有效促使劳动者本质的发展和发挥，形成人类社会最为道德的发展手段和发展方式，为社会主义发展注入科学的道德内涵，为人类社会发展提供强大的动力源泉。

以劳动创造作为自身发展的根本推动力量，说明社会主义具有巨大的制度优势和发展潜力。劳动创造是人的本质，劳动创造的实现和发挥，是人的本质力量的展示和体现。而在人的本质力量的展示和体现当中，蕴涵着无穷无尽的社会财富，蕴涵着十分强大的社会发展力量。社会主义以劳动创造作为自己的根本发展手段，自然能够极大地激发起全体劳动者的积极性和创造性，有效地发挥人的本质的力量，创造出源源滚滚的社会财富，形成丰富的社会劳动成果，既满足人类自身的生存发展需要，同时实现人类社会发展前进的要求。由此为社会主义拓展广阔的发展空间，有效生成社会主义发展的内在动力因素，更好地实现社会主义的发展和进步，更好地促进人类社会的发展和进步。

以劳动创造作为自身发展的根本推动力量，也说明社会主义发展是一种真正的发展，是规规矩矩的发展，实实在在的发展。人类的所有社会产品和社会财富，从根本上说，都必须通过人们的劳动创造来生成。正如恩格斯指出的，即使是对财产的掠夺，也“必须先由劳动生产出来，然后才能被掠夺”。[1] 剥

---

① 《马克思恩格斯选集》第3卷，第201页。

削阶级对他人劳动成果的掠夺和占有，也能够实现自身财富的积累和增长，表面上看，也能够实现社会的发展。这在帝国主义的殖民掠夺和武力扩张中，表现得十分明显。但这样一种社会发展，在本质上只是对社会劳动成果的不正当转移，是对他人的不正当剥夺，并不能有效增加社会财富。人类社会的真正的有效的发展，必须建立在劳动创造的基础上，通过人们的劳动创造来实现。社会主义以劳动创造作为社会的发展手段，能够彻底摒弃一切剥削压迫的社会发展方式，既不是少数人暴富、多数人穷困的发展，更不是以摧残剥夺作为发展手段。由此使社会主义发展成为有效增加社会财富、有效提高社会生产力的发展，表现为共同富裕和共同发展，而不是只顾自己、不顾别人的发展，更不是剥夺压迫的社会发展。

以劳动创造作为社会主义发展的根本推动力量，也说明社会主义是一种和谐的发展，和平的发展。在私有制的社会里，一切能够实现自身利益的手段和形式，都是正当的和道德的，造成人与人之间的相互剥夺和欺凌，形成军事征服、暴力掠夺、霸权扩张等发展手段，在本质上是一种损人利己的发展，是具有破坏性和对抗性的发展，是对人类自身发展的根本否定。社会主义以劳动创造作为社会发展的根本推动力量，使人类社会彻底摆脱阶级剥削压迫的桎梏和束缚，否定了一切暴力压榨和军事征服的发展方式，由此形成崭新的社会发展方式，对内以和谐融洽的手段实现社会发展，对外以和平合作的方式实现自身发展，使人类社会从根本上否定了动物式的弱肉强食的发展方式，在根本上区别于动物界那种物竞天择的自然生存方式。

以劳动创造作为社会主义发展的根本推动力量，要求着在社会主义的社会发展中，必须特别注重创造和创新的作用和价值。人的本质是劳动创造，人们的劳动，是其自身劳动能力付出与创造性社会活动的有机统一。而创新是社会创造性活动的必然结果，是创造性劳动的集中体现，是人类社会发展的不竭动力。社会主义必须依靠自己的力量来实现自身的发展，没有丰富的社会创造性活动和创新性成果，是不可能实现的。社会主义的劳动，不仅应当有效满足人们自身的生存发展需要，而且必须充分发挥人类劳动所具有的创造性内涵，充分体现出社会主义所具有的创造性特质，更好地实现社会主义的存在和发展。“群众生气勃勃的创造力正是新的社会生活的基本因素”①，这既是对社会主义社会发展的现实写照，也是对社会主义发展的本质说明。只有通过创造和创新，才能不断形成崭新的发展手段和发展方式，提高社会劳动生产率，创造出更为丰富的社会劳动产品，形成更为理想的社会发展效果。以此展示出人类所具有的强大的本质力量，使社会主义始终具有源源不断的内在发展动力，更好地实现自身的前进和发展。

以劳动创造作为社会主义发展的根本推动力量，也为社会主义发展提供了一切科学有效的手段，形成丰富的社会主义社会发展的途径和方法。劳动创造具有极大的包容性。以劳动创造作为实现社会主义发展的根本要求，既必须科学继承人类社会所创造的一切优秀文化成果，又必须不断创造出新的社会劳动产品和劳动成果，既不是简单地利用他人的发展成就和发展经验，又能够科学地学习和借鉴人类社会创造的一切发展经验和发展成果，形成丰富多彩、蓬勃兴旺的社会主义社会生活。这样一种社会主义劳动创造本质的实现和发挥，不是仅仅表现为一种自然的社会客观活动过程，表现为劳动者个人的单独的活动和行为，而是表现为人类自觉主动的社会活动要求，表现

① 《列宁全集》第33卷，第52页。

为社会整体的活动和行为，包含了前所未有的丰富的创造性和创新性内涵。而一个社会形态的发展手段和发展方法越丰富、越全面，就越是能够形成社会发展的推动力量，越是能够有效地促进社会的发展和进步。

以劳动创造作为社会主义发展的根本推动力量，也能够为社会主义发展确定科学的评判标准和原则规定，形成社会主义独有的社会发展模式和发展道路。人类社会具有各种各样的发展手段，但只有符合劳动创造本质规定的发展手段，才是社会主义所需要、所允许的。如果对社会主义发展的根本推动力量弄不清楚，就不可能正确认识社会主义的发展手段和发展途径，必然形成社会发展中的混乱现象。过去一段时间，曾经对什么是社会主义、什么是资本主义的问题采取回避和不争论的态度，原因是既要借鉴资本主义的发展经验，又讲不清社会主义与资本主义的根本区别。以劳动创造作为社会主义的本质规定，就能够在劳动创造和剥削压迫之间，分清楚什么是社会主义，什么是资本主义，为社会主义发展提供科学的手段、途径和方法，实现社会主义的科学存在和科学发展。

以劳动创造作为社会主义发展的根本推动力量，既使社会主义具有不可战胜的本质力量，也提出了更高的发展标准和要求。这样一种社会发展，与人类自身的发展要求相一致，是人类自身发展的内在本质规定，既不是仅仅满足于眼前的暂时的发展，也不是片面的单一的发展，既不是虚假的表面上的发展，更不是不择手段、损人利己的发展，既以物质生产发展为根本要求，又必须始终坚持以人为本的发展理念。由此形成科学的社会主义发展手段，形成科学的社会主义发展模式。只有始终以有利于人的本质的实现发挥为根本要求，以有利于社会主义本质的实现发挥为根本要求，才能够把社会主义发展建立在实实在在的社会发展基础上，建立在人类社会科学发展的基础上。

过去人们在论述社会主义的科学发展时，往往局限在具体发展手段和发展方式的层面上，忽视了对于社会主义发展根本推动力量的说明和确定，因此也就不可能真正弄清楚社会主义的科学发展问题，难以在根本上实现社会主义科学发展的要求，也讲不清楚社会主义发展的本质特点和根本优势。对于实现社会主义的科学发展来说，其根本推动力量是实现科学发展之本，各种具体发展手段是实现科学发展之方，只有在科学确定社会主义发展的根本推动力量的基础上，其他社会发展手段才能够得到科学的确定，并得到充分的发挥和有效的体现，形成社会主义发展的本质特征和鲜明标志。同样，只有以劳动创造作为根本推动力量，才能够为社会主义科学发展奠定坚实的哲学依据，在根本上实现社会主义科学发展的要求。否则社会主义科学发展就只能停留在泛泛而论的思想认识阶段，难以科学确定社会主义发展的根本规定和要求，难以形成科学的社会主义发展手段和发展实践。

四、科技进步是实现社会主义科学发展的内在主导因素

科学技术是人类社会发展中所形成的具有先进性、实效性和创新性的知识文明成果，是人类改造世界、利用自然、征服自然的强大物质力量，包括自然科学和社会科学，既表现为物质存在形态，也表现为观念存在形态。这里所说的科学技术，主要指自然科学，包括相关的生产经验和劳动技能。人类社会发展在根本上表现为生产力的发展，而生产力发展与科学技术发展密切相关，社会生产的发展程度和发展水平，在根本上决

定于科学技术的发展水平和状况。“劳动生产力是随着科学和技术的不断进步而不断发展的”。[①] 正是在这个意义上必须说，科学技术是第一生产力。社会主义发展是在人的主观能动性指导下的社会行为，又是建立在科学技术发展进步的社会基础之上，科学技术发展进步对社会主义具有特别重要的意义。如果说劳动创造是社会主义发展的本质规定和根本推动力量，科学技术则表现为社会主义发展的物质基础和客观条件，决定和体现着社会主义的发展水平和发展进程。实现社会主义的科学发展，必须正确认识科学技术发展的意义和作用，以科技发展进步作为社会主义发展的内在主导性因素。

人类社会发展是一个由低级阶段到高级阶段的社会历史过程，人类自身的生物机体发展状况，对人类社会发展无疑具有决定的意义和价值。但人类作为一种自然存在物，其生理机能的自然演进是非常缓慢的，对人类社会发展的作用也是相对稳定和不变的。人类社会所以能够实现质的变化和飞跃，既表现为人们主观意识的引导和推动，也表现为客观的社会物质条件支撑。这种客观物质条件，即表现为科学技术的发展进步。科学技术发展决定着社会的生产方式和人们的生活方式，人类社会发展是与科学技术发展密切联系在一起的。恩格斯指出，劳动是人与动物的根本区别。而人类劳动是从制造劳动工具开始的。这种原始劳动工具的制造，虽然表现为石器的简单打磨加工，却是当时人类拥有的最为先进的科学技术，由此才实现了人猿揖别，才有了人类社会诞生。之后任何一个新的社会形态出现，都伴随着新的劳动工具的出现，与科学技术的发展进步密不可分。正因为这样，马克思才直接以手工磨和蒸汽磨，作

① 马克思：《资本论》第1卷，第664页。

为封建社会和资本主义社会的标志。科学技术是人的本质的外在展示和集中体现，决定着人类自身的发展程度和发展水平，既体现着社会产品的丰富程度，也表现为人们认识和利用自然界的能力和水平，体现着人类社会的发展程度和状况。实现科学技术的发展进步，是人类社会发展的必然要求，也是人类社会发展进步的重要标志。

与迄今其他所有社会形态相比较，科学技术对于社会主义具有更为重要的意义和价值。这既表现在社会主义的现实社会发展要求上，也表现在对于社会主义最后胜利所具有的决定意义上。社会主义之前的社会形态，科学技术发展都是在社会的不自觉的发展过程中实现的，其对社会发展的促进作用，处于一种相对次要的社会地位。例如就某一个剥削社会形态来说，一旦其自身社会制度确立之后，科学技术发展与其社会制度存在也就显得无关紧要，或者仅仅成为剥夺压迫的工具，或者成为个别人追求自身财富的手段。以封建社会为例，不论是手工磨还是蒸汽磨，只要能够实现统治者的剥削压迫需要，就无所谓科技的发展和进步。对于社会主义来说则根本不同：一方面，其思想理论和社会制度的产生，都需要以机械劳动为标志的社会化大生产的出现；另一方面，社会主义必须以劳动成为人们的第一需要作为最终胜利的基本物质条件。而要使劳动成为人们的生活乐趣和第一需要，在根本上必须依靠科学技术的发展进步来实现，而不能仅仅依靠社会生产关系变革或思想道德教育来实现。劳动的发展水平决定着社会主义的发展程度和状况，科学技术发展水平则决定着社会主义劳动的发展水平和状况，没有科学技术的发展进步，就没有劳动乐生性质的实现，没有社会主义的最终胜利。由此体现出科学技术对于社会主义发展的主导性作用，以及对于社会主义的独特意义和价值。

作者曾经把社会生产出现剩余产品，作为建立社会主义制度的基本物质技术条件，[①] 这里又把社会主义最终胜利归结为劳动成为人们的生活乐趣和第一需要，同时把二者都归纳为科学技术的发展进步，是否相互矛盾呢？不矛盾。不论是社会剩余产品的出现，还是劳动成为人们的生活乐趣和第一需要，在根本上都是科学技术发展进步的结果。而社会主义对于科技发展水平要求的极大差异，表现为社会主义生产力发展的最低标准和最高要求，前者是实现社会主义存在的起码物质条件，是社会主义发展的低级阶段或最低阶段；后者是社会主义最终胜利的必然要求，表现为社会主义发展的最高阶段和最后阶段。由此为社会主义发展提供多种可能性和现实性，体现出生产力对于生产关系的决定作用，体现出社会主义生产力发展对于社会主义发展的决定作用，完全符合历史唯物主义基本原理。

科学技术是社会主义生产力的重要物质存在形态，在根本上体现着社会主义生产力的发展水平和状况。而在传统的理论表述中，或者把社会主义生产力笼统地看成是一种社会化大生产，或者当成是更高形态的劳动生产率，当成是社会产品的极大丰富。这对于科学说明社会主义生产力的发展要求，正确说明社会主义胜利的客观物质基础，显然是根本不够的。对此作者在《社会主义物质技术基础研究》中，把社会主义生产力的物质技术属性归纳为现代信息技术，以社会信息的传递能力和效率作为社会主义生产力的物质技术规定和发展标志。为了正确说明社会主义社会发展的根本要求，说明科学技术对于社会主义的主导性作用，这里对社会主义生产力的基本物质存在形态问题再作一点论述。

---

① 参阅《社会主义研究》，第319页。

从其一般的社会发展规律来说，社会主义生产是比较资本主义更高形态的社会生产，是更为普遍和更大规模的社会化大生产。保证社会主义生产的有效进行，应当具有比较资本主义更为高级的社会物质生产手段。这种更为高级的社会生产手段，集中表现为以信息化为标志的社会计划管理和信息传输，表现为电子计算机工业的高度发达和普遍应用。人类社会科学技术的发展进步，虽然表现在各个方面，例如能源工业、材料工业、机械工业、化学工业，但在根本上说，则表现为物质计算能力的发展程度和运行状况。这种物质计算能力的发展和应用，既是对人的肢体功能的解放和拓展，也是对人脑功能的扩展和延伸，既表现为信息化的发展程度和实现形式，又以智能化为发展方向，是比较机械工业更为高级的工业社会发展阶段。信息化的出现和发展，改变着人类社会的生产方式和生活方式，既为社会主义提供了科学的物质基础保障，又与人类社会的发展目标相一致，与社会主义的发展要求相一致，在根本上体现着社会主义生产力的物质发展内容和要求。

信息化的生产力，同样是在资本主义社会中产生并得到发展的，这里为什么把信息化仅仅作为社会主义生产力的根本内容和标志呢？这是由人类社会发展的基本规律所决定的，是由信息化在社会发展中的地位和作用所决定的。信息化不仅表现为社会物质生产技术的发展，而且表现为人类社会的发展，表现为社会计划指导和管理手段的发展进步。迄今人类的社会劳动形态，从物质技术角度来看，可以分为人工劳动、机械劳动和信息劳动三种形态。在信息化出现之前，人类社会科技发展进步的最高形态是机械化。这种机械劳动比较人工劳动当然是一个极大进步，却只是表现为对于人的肢体功能的延伸和拓展，难以对社会生产进行统一的计划指导和有效计算，难以完全适应社会主义的发展需要。随着科学技术的发展进步，数学从基础科学走向了应用科学，电子计算机成为直接参与社会生产的手段和力量。由此使社会计划变得十分快捷方便、准确可靠，为实行更高形态的社会化大生产提供了物质基础条件。这种信息化的发展运用，与社会主义社会化大生产的要求相一致，与社会主义生产关系相一致，依靠信息化，就可以有效组织和指导社会主义的社会生产，体现出信息化对于人类社会发展的根本意义和作用。而在资本主义社会中，信息化仅仅表现为具体的社会生产手段，难以充分发挥其对于整个社会生产的组织、指导和管理功能，难以充分体现出信息化生产力的社会价值。只有在社会主义条件下，信息化的价值才能得到充分的实现和发挥，更好地起到对于人类社会发展的促进作用。因此社会主义的生产力，必然表现为以信息化为标志的社会生产力，信息化的生产力，也必然是社会主义的生产力。

那么，为什么把社会主义的最终胜利，建立在智能化的科技发展水平上呢？如前所述，既往社会中的科技发展，都主要表现在对于人的肢体功能的扩展上面，对劳动者都依然具有负担和累赘的性质。只有智能化，才能够完全将人们的劳动活动赋予由电脑所控制的机械活动，从根本上解放人的脑力和体力。这种智能化，在本质上与信息化完全一致，是信息化发展的最高阶段和必然结果，表现为人工智能或机器人的发展水平，表现为社会劳动工具的智能化或人脑化，最终能够代替人的脑力和体力，去进行各种生产活动和服务劳动，使过去必须由人的体力和脑力来完成的社会劳动，变成由机器进行的自动化的机械活动。只有当人们通过一些简单动作，如语言指令、敲打键盘、触摸屏幕等，就可以高效率地进行各种社会生产活动，高效率地进行各种社会服务性活动，劳动才能够完全成为人们的生活乐趣，成为劳动者完全自觉自愿的事情。也只有到了那个时候，才能够彻底消灭阶级剥削压迫的社会物质根源，实现人的全面自由发展的要求。这样一种社会主义的最后胜利，只能通过智能劳动的高度发展、发达来实现。否则劳动就不可能成为乐生性质的劳动，从而也就不会有社会主义的最后胜利和共产主义的最终实现。

在现实社会生活中，信息化与智能化是联系在一起的，信息化包含着智能化，智能化离不开信息化。二者的区别，在于能否彻底剔除社会劳动对于劳动者的负担和累赘性质，能否完全达到社会劳动的乐生性质。与人工劳动和机械劳动相比较，现代信息技术使人们大大摆脱了既往繁重单调的社会劳动模式，形成崭新的社会信息劳动形态。但没有智能劳动的高度发展，单纯依靠社会的计划调节和规范指导，显然不会完全否定劳动对于劳动者的负担和累赘性质，不可能真正实现社会劳动的乐生性质。只有实现整个社会劳动的智能化，才能使劳动成为人们的第一需要，也只有这种乐生性质的劳动，才是智能化劳动的最终实现。没有信息化就没有智能化，而没有智能化，信息化同样会失去发展的目标和方向。智能化是信息化发展的最高阶段，信息化是智能化发展的低级阶段，这样一种科学技术的发展进程，与社会主义和共产主义的发展要求是完全一致的。因此智能化的发展状况，既决定着社会主义的发展进度，也决定着共产主义的实现过程。实现了整个社会劳动的智能化，社会主义就实现了自己的完全胜利，共产主义也就得到了最终的实现。以此在信息化和智能化之间确定刚性的标准规定，为社会主义的最终胜利奠定科学的历史唯物主义基础。

既然科学技术对于人类社会发展具有主导性的意义和价值，那么，仅仅去进行科学技术的发展和创新，不去讲社会主义的社会形态，是不是也能够自然而然地进入到共产主义，建立起人类最为理想的社会形态呢？显然不能。人类社会的发展，既表现为生产力与生产关系的科学统一，也表现为自然科学发展与社会形态发展的有机统一。这种科学技术发展在不同的社会形态中，可以有主导性因素与辅助性因素之分，却不能取代社会形态对于人类社会存在发展的意义和价值，也只有在具体的社会制度下才能够发挥作用。如果只讲科学技术，不讲社会形态，就会使人类社会失去基本的制度规定，流于无所遵循、混乱盲目的发展状态。在这种情况下，科技发展不仅不一定能够成为人类自身发展的手段，给人类带来福音，而且可能成为人类的灾难。例如在资本主义制度下，科技发展往往首先被用于战争和军事，成为一种杀人机器、掠夺手段。正因为这样，著名企业家埃隆·马斯克才会讲出机器人将毁灭人类的论点。其根本原因，正是在于资本主义私有制使“每一种新的生产杠杆都必然地转变为生产资料奴役生产者的新手段。”① 只有建立起科学的社会制度和社会形态，才能为科学技术确定科学的发展原则和发展要求，实现其应有的社会意义和发展效果。

正确说明社会主义发展与科学技术发展的关系，能够为社会主义发展确定主导性的社会生活内容，确定科学的发展任务要求。这就是把科学技术发展与人类自身的发展有机统一起来，使科学技术发展真正服从和服务于人类自身的发展，服从和服务于人的本质的发展需要。资本主义讲不清人类社会发展的根本目的，也讲不清科学技术发展的真正目的，由此既丧失对人类社会发展的希望，也丧失了对科技发展进步的希望，形成“科技恐惧绝望”的阴暗心理和矛盾心态。只有以社会主义的发

---

① 《马克思恩格斯选集》第3卷，第330页。

展要求来确定科学技术的发展，才能够保证科学技术发展的正确方向，更好地实现科学技术的发展进步，同时从科技发展的角度，增强人民群众对于人类社会发展的信心，增强对于社会主义的信心和信念，更好地促进人类社会的发展。

科学技术作为社会主义发展的主导性因素，必然在整个社会生活的层面上，决定着社会主义的制度规定和发展进程。生产力是社会主义发展的最终决定力量，而科学技术是生产力发展水平的综合反映和体现，与生产力中的其他组成要素相比较，能够直接体现出对于社会主义发展的主导和决定性作用，是社会主义制度存在的物质技术基础和客观物质条件，决定着社会主义的制度设计和制度规定。科学技术发展到什么样的程度和状况，社会主义就可以具有什么样的生产形式和存在方式，社会主义制度就应当具有什么样的内容和要求。换言之，社会主义制度建设必须以自身的科技发展水平为依据，以此确定不同的社会生活内容和具体规定，确定不同的社会生活要求和行为规范。脱离开科学技术的发展程度和水平，失去科学技术的主导性作用，社会主义制度就会失去客观的物质规定，成为一种主观随意的东西，不仅难以实现社会主义的科学发展，而且必然造成社会发展中的失误。

从上述分析中可以看到，社会主义对于科学技术的发展进步，既具有更高的发展标准，也具有自觉主动的发展要求。社会主义之前的人类社会发展中，科学技术发展都是一种被动的和盲目的行为，以个别人的偶然性的行为来决定、来实现，其对于社会发展的促进作用，同样仅仅表现为一种客观的社会活动结果。在社会主义条件下，科学技术发展成为一种能动的社会活动行为，也是一种整体性的社会活动要求。只有社会主义，才能够把科学技术发展与人类社会发展科学地联系起来、统一起来，全面体现出科学技术发展进步的本质内涵和社会价值。正因为这样，马克思在《法兰西内战》中才自豪地宣告：“只有在劳动共和国里面，科学才能起它的真正的作用”，才能够摆脱“阶级成见的桎梏”，“成为人人有份的东西”。[①] 由此使科学技术更好地促进人类社会的发展进步，全面体现出对于人类社会生存发展的意义和价值。

社会主义需要通过促进科技发展实现自己的科学发展，也具有实现科技发展的物质基础和社会条件。科技发展需要社会的物质资源投入，一般也有较长的发展周期。这样一种科技发展的特点，与社会主义发展要求是完全一致的。在私有制的社会中，科学技术发展只能依靠个人来进行，社会既缺乏进行统一规划和协调平衡的物质基础，个人也必然只从自身的利益要求出发，来进行科技的创新发展，极易造成科学技术发展的障碍，形成人类社会发展的障碍。例如美国微软公司研发的 XP 软件应用系统很受用户欢迎，却被微软强行停止使用，原因是影响到其后续产品销售，由此不论是否构成社会浪费，不管用户的利益得失，对该软件一弃了之。社会主义显然不能以经济利益作为科学技术发展的唯一标准，而是以服务社会、促进发展为目的，运用社会的整体的力量，形成正确的价值导向和良好的社会环境，更好地实现科学技术的发展进步，通过科学技术的发展进步，实现人类社会的科学发展。

以科技进步作为社会主义发展的内在主导因素，必然改变着传统的社会发展观念，形成新型的社会发展观。在现实生活中，人们的生活习惯、生产习惯都同科技发展密不可分，科学技术的发展进步，自然改变着社会的生产方式和生活方式。例

① 《马克思恩格斯选集》第 2 卷，第 422、438 页。

如在奴隶社会和封建社会中，提高生产率必须依靠人工劳动来实现，因此人口数量决定着社会的发展速度和发展实力，由此才会有统治者强迫人们尽早结婚生育的统治方式。随着机械生产和电脑使用越来越多地代替人工劳动，劳动者的数量对于社会发展的意义必然随之降低；而随着社会生活水平的不断提高，人们的消费能力又大大增强。在这种情况下，实现社会发展主要在于依靠科技发展进步，而不再是人口数量多少。实现社会发展包括实现人类自身的发展，必须摒弃简单依靠人口数量增长的发展模式，科学控制人口数量，切实注重人们的生存质量，通过发展科学技术，提高社会劳动生产率。以此形成崭新的人类社会发展方式。否则就只能是落后的发展方式、落后的发展观念，甚至是有害的发展方式、有害的发展观念。

由上分析可见，科技发展不仅体现着社会主义的发展水平和发展质量，也决定着社会主义的发展方式和发展进程，体现着社会主义发展的整体实力和发展效果。必须充分利用社会主义的制度优势，大力发展科学技术，以科技进步促进社会科学发展，以社会科学发展推进科技进步。也只有以科学技术作为根本支撑的发展，对于社会主义来说，才是最为直接、最为实惠的发展。如果仅仅运用传统的生产工艺和劳动技术，满足于传统的资源开发和粗放的产品加工，必然会削弱社会主义的发展质量，降低社会主义存在的科学性和合理性，更不要说实现社会主义的科学发展了。

讲科技进步是社会主义发展的主导性因素，并不是排斥其他社会发展手段的作用和价值，不是说只要是科技发展了，就一定能够促进整个社会的发展进步，就是实现了社会主义的科学发展。科学技术是社会主义发展的主导性因素，但不是唯一因素。对于人类社会发展来说，其决定的因素依然是人而不是物，在于人类自身的本质规定和发展要求。而科学技术发展必须包含人的发展，并且应当直接表现为劳动者的发展，否则就会失去应有的作用和价值。社会主义的科学合理之处，正是在于把科技发展进步从过去被动盲目的活动状态，升华为全社会共同一致的自觉主动的社会行为，从单纯的物质技术发展，变为劳动者与科学技术的共同发展。以此体现出人的发展与物的发展的统一，体现出人类社会发展主观性与客观性的统一，使科学技术真正成为促进人类社会发展的主导性因素，有效地实现社会主义科学发展的要求。

五、有效形成社会主义科学发展的整体合力

社会主义发展既有其自身的本质规定，又具有科学的发展目标和发展方向，必须通过社会主义制度优势的充分发挥，运用社会的整体的力量，才能够形成科学的社会发展模式，形成社会主义发展的整体合力，实现社会主义的科学发展。确定社会主义发展的根本推动力量和主导性因素，是从本质规定和客观物质条件的角度，科学界定社会主义发展的本质特征和根本要求。而要实现社会主义的科学发展，还必须科学确定具体的社会发展手段和发展方法，为社会主义发展提供科学的途径和形式。这样一个社会主义发展的具体手段和方法，主要表现在以下六个方面。

一是科学实施计划指导的方法。

社会主义的发展优势，首先表现在能够有效利用人类有意识有目的的社会活动特性，对整个社会发展予以统筹考虑和全面安排，对社会发展以科学的组织和有效的指导，实现社会发展的最大效益和最优效果。这样一种社会发展，必然表现为社

会计划的内容和要求，以计划经济的形式表现出来。只有运用计划指导的手段，对社会生活进行计划管理和统筹协调，才能体现出社会发展的整体性要求，保证社会生产有计划、按比例地发展。正如列宁所说："只有按照一个总的大计划进行的、力求合理地利用经济资源的建设，才能称为社会主义的建设。"①计划指导是社会主义科学发展的重要手段，社会主义发展必然是在计划指导下的社会发展。

对社会发展采取计划指导的方法，在根本上表现为计划经济的内容和要求。而计划经济曾经给社会主义发展造成过不少失误。以计划经济作为社会主义的发展手段，是否难以适应社会主义的社会发展要求呢？显然不是。过去社会主义计划经济所以出现失误，是把共产主义产品计划经济简单当成是社会主义的商品计划经济，以实行共产主义计划经济的办法实行社会主义的计划经济，使社会主义失去应有的社会发展动力。社会主义计划经济是在商品生产基础上的计划经济，表现为一种商品计划经济。这样一种社会经济形态，既可以运用计划指导的手段，对社会发展进行有效的协调和指导，又能够发挥经济规律和价值规律的作用，为社会主义发展增添必不可少的动力和活力。以此解决好以往计划经济下社会发展动力不足的弊病，达到有效进行社会生产、促进社会发展的目的。

中国目前实行社会主义市场经济，并且取得了很大成功。一些人就此把中国的发展成就归功于市场经济，认为社会主义只能实行市场经济。这不符合社会主义的发展实际和发展需要。在公有制下，不可能完全采用市场经济的做法，不可能形成所谓完全的市场经济。否则公有制就不可能存在，从而社会主义

① 《列宁全集》第35卷，第18页。

也就不会存在了。中国目前的社会发展采用了一些市场经济的办法，但不是把社会发展完全交给市场来决定，而是采取和保留了很多计划经济的手段和做法，包括集中力量干大事，对社会资源进行统一调配运用，等等。而过去那种计划经济实施也为转型时期的社会发展留下了很大的发展空间，如土地、资源的公有性质，即有效减少了市场经济下常见的社会发展阻力。如果仅仅依靠市场经济，根本不可能有中国今天这样的发展效果。这从那些发达市场经济国家近 20 年来的发展中，就看得很清楚，因为正是这些国家，其社会发展一直呈现下滑和停滞的态势。至于那些由社会主义转为资本主义的国家，其发展效果更差。不能一方面享受着因计划经济而形成的社会发展成果，另一方面却一味贬低计划经济。

二是有效运用政府管理的办法。

利用行政管理手段促进社会发展，是社会主义发展的鲜明特点和必然要求。在私有制的社会中，生产活动必须由个人来进行，政府的职责仅仅表现为社会的公共管理，只管收税，不管生产，既难以对社会发展以科学的综合协调平衡，也缺乏进行综合协调平衡的手段，只能是所谓的小政府。社会主义政府具有与私有制社会形态的政府所根本不同的地位和作用，必须承担起对于社会资源的管理和督察责任，保证社会资源的有效运用。特别是应当发挥社会整体的作用，科学制定和实施社会的发展计划，把个人和企业不愿干或干不了的事情承担下来，避免因盲目竞争造成社会生产的损失和浪费，实现整个社会的科学发展。没有政府对于社会生活的全面管理，社会主义公有制就失去了有效的管理主体，必然成为无主所有制，处于随意使用和自发运转的状态，不仅难以实现社会的科学发展，而且可能连资本主义的发展也不如，造成社会发展中的更大弊端。

有人可能说，社会主义既然实行商品生产，就不应由政府来决定和管理整个社会生活。这同样是不正确的。一方面，社会主义的商品生产，是在商品计划经济指导下的商品计划生产，必须由社会统一进行管理和指导。另一方面，人类社会生产的发展历史，同样是由个人的自己的生产，向着统一的社会化大生产发展的历史。随着社会生产规模的不断扩大，社会化大生产的程度越来越高，社会信息收集和运用都具有更大的范围和领域，只有加大政府的参与范围和调控力度，及时收集、分析和运用好各种信息资源，对整个社会生活以科学的指导和规范，才能保证商品生产的有效进行，保证商品计划经济的有效实施。这种政府对于社会生产的参与和干预，既是社会主义的制度优势，也是人类社会的发展方向。否则社会主义商品生产就难以得到健康有效地进行。过去社会主义出现的不少失误，当然与政府的乱指挥、乱干预有关；但以往社会主义所取得的发展成就，同样与政府的管理指导分不开。只有充分发挥政府的组织协调职能，充分利用行政管理的手段，才能够从社会的整体发展需要出发，确定科学的社会发展目标任务，保证社会主义的良好社会发展效果。

在社会主义条件下，计划指导和政府管理都必须通过政府的行为来实现，这里为什么要把计划指导与政府管理区分开来，作为不同的社会发展手段呢？这是因为，政府管理主要是采用行政的手段，以实现社会的整体发展和整体效益为根本规定，对社会发展予以调剂和导向，具有临时性和强制性的特点；社会计划主要是指一定时期内对国民经济和社会发展所进行的规划安排和总体部署，体现着人类社会有意识有目的的社会发展特点和发展要求。在社会生活中，二者既相互联系，又彼此不同，计划指导需要政府管理，但政府管理不仅仅是计划指导。

如果把计划指导与政府管理简单混淆在一起，很容易出现政府超越管理职责、滥用权力、随意干预社会经济生活的现象。这也正是以往计划经济实施中容易出现失误的主要原因。必须把计划经济与政府管理科学区分开来，通过科学的制度规定和行为规范，防止简单以行政手段代替计划指导，干预社会发展，以有效避免以往社会发展中所出现的弊端和失误。

三是全面形成社会竞争的机制。

实现社会主义的健康有效发展，必须形成科学有效的社会竞争机制，以体现出对于劳动者的社会压力和强制，实现良好的社会发展效果。这样一种社会主义竞争，存在于所有社会主义劳动单位和劳动部门当中，体现在每个劳动者身上，表现在整个社会主义社会生活当中。在这种社会竞争中，能够形成强大的社会发展内生动力，实现促进社会主义发展的要求。

社会主义的竞争，过去往往被简单看成是市场竞争。这里为什么不用进行市场竞争的提法，而是提出实行社会竞争的概念呢？这是因为，市场竞争并不能够完全适应社会主义的社会发展需要。在私有制的社会中，个人与市场具有直接的利益联系，人们的所有活动和行为都必须以现实的个人利益追求为唯一要求，因此市场竞争就是社会竞争。以市场竞争作为资本主义竞争的代名词，能够直接体现出资本主义竞争的性质和目的。而在社会主义公有制下，既必然地存在着市场竞争的问题，作为绝大多数劳动者来说，又是通过社会劳动单位甚至是社会整体与市场发生联系的，市场竞争并不直接体现在每个劳动者个人身上；同时社会主义具有更为科学的发展要求，不能把所有社会活动内容都看成是市场竞争，以经济利益作为唯一规定。在这种情况下，如果以市场竞争作为社会主义竞争的根本要求，或者就会失去对于社会生活的全面有效规范，或者使竞争停留在混乱无序的自流状态。因此社会主义竞争不能是那种自发的市场行为，必须由社会统一来进行，表现为一种社会的整体的行为，表现为社会竞争的内容和要求。只有通过社会的整体的力量，以社会作为竞争的管理主体和实施主体，才能够把所有社会劳动活动和劳动者都纳入到社会竞争当中，形成科学有序的社会竞争，实现理想的社会竞争效果。

四是充分利用开放带动的手段。

社会主义是一个开放的社会形态，社会主义发展是一种开放的社会发展。在社会主义的社会发展中，必须始终坚持社会开放的要求，形成开放的社会发展环境和发展方式，以此带动和促进社会主义的社会发展。在小农经济和人工劳动的社会形态中，社会生产处于相互封闭和彼此隔绝的状态，在各种生产主体和生产活动之间，在生产区域和生产行业之间，既没有实行开放的必要，这种开放对于社会发展的作用也非常有限。在现代社会发展中，各种社会活动和生产行为的相互联系已经达到十分普遍和非常发达的程度，甚至达到谁也离不开谁的程度。同时随着科学技术发展的日新月异、突飞猛进，社会之间的联系交往对于社会发展的作用也越来越重要。社会主义必须遵循人类社会发展的规律，充分运用制度优势，通过开放带动，促进社会的全面发展。只有通过全方位全过程的社会开放，才能体现出社会主义发展的时代要求和本质内涵，有效地促进社会主义的社会发展。

五是正确体现社会保障的作用。

社会主义实行按劳分配，社会主义的社会利益，还同样表现为劳动者个人的利益，劳动者之间还存在着在经济水平上的差别问题，存在着生活水平上的区别和差异。社会生活又是不断发展和变化的，具有各种不确定性和偶然性的因素，在商品生产下，极易造成一些社会成员生活困难，甚至形成生存危机，造成社会发展中的不安全不稳定因素。保证社会主义的科学发展，必须综合利用各种社会保障手段，包括医疗保障、住房保障、土地保障等，构建起必要的社会保障体系，以增强全体社会成员的稳定感和安全感，为社会主义发展创造必要的社会条件和稳定的社会环境。

与所有剥削社会形态相比较，社会主义制度本身即是对全体劳动者的有效的社会保障。在私有制的社会中，整个社会处于一种物竞天择、弱肉强食的生存状态，不论每个社会成员暂时能够获得多少物质利益，在心理上都处于一种单打独斗的境地，必然形成人们的恐慌不安心理，降低人们的生存质量，不利于社会的稳定和发展。社会主义的制度规定和发展要求，则能够为全体劳动者提供有效的社会保障，既实现人们的基本物质生存需要，也能够满足人们在心理上的生存保障需要。一方面，所有劳动者都获得了基本的社会生存权利，都能够通过自己的劳动实现自己的生存发展需要；另一方面，能够形成科学合理的社会利益分配机制，运用社会的整体的力量，为所有劳动者提供有效的生存安全保障。以此形成和谐稳定的社会生活，有效化解社会中的不安全不稳定因素，实现更为有效的社会发展。这不仅能够通过理论分析来说明，也为以往的社会主义发展实践所证明。例如在过去那种短缺产品经济条件下，虽然社会生产力发展水平很低，物质资料十分匮乏，社会却依然能保持稳定和发展，就说明了这一点。

进行社会主义社会保障制度建设，是实现社会主义科学发展的有效手段。但如果失去科学的原则规定，把握不当或失度，简单地把劳动者的生老病死都由社会统包起来，同样会引起对于社会主义发展的否定。正确体现社会保障对于社会主义科学发展的作用，必须坚持社会主义基本原则规定，解决好社会竞争与按劳分配的关系问题，做到既有利于社会稳定，又能够促进社会发展。在人们的理解中，似乎只有社会福利才叫社会保障，实行社会福利就是社会保障。实际上，按劳分配同样是一种社会保障，并且是现实社会条件下最根本和最有效的社会保障。建立社会主义社会保障制度，必须与社会主义的发展要求结合起来，实现社会主义基本原则与社会主义保障制度建设的有机统一。也只有这样一种社会保障，才能充分体现出社会主义保障制度的意义和价值，有效地实现社会主义的社会发展。

六是注重发挥理想导向的功能。

人类社会生活必然具有精神需求的内容，并且集中表现为理想性的社会生活内涵。这种理想性的社会生活内涵，可以仅仅表现为一种个人的利益追求，也可以表现为全社会的整体性的利益要求，是人们进行社会活动、推动社会前进的内在本质力量。在私有制的社会中，社会利益处于彼此分裂和相互对抗的状态，形不成全社会共同一致的价值目标和理想追求，不具有利用思想导向的手段促进社会发展的条件。社会主义具有科学的本质规定和明确的社会发展目标，能够形成全体社会成员共同一致的理想追求。科学地利用这种理想追求，充分发挥思想导向的功能，能够有效促使劳动者本质力量的迸发，实现人类社会更为理想的社会发展效果。随着社会生产力的发展进步，人们的基本物质需要能够轻易地得到实现和满足，人们的精神生活必然会不断得到丰富和发展，精神力量对于社会发展的影响也会越来越大。由此为社会主义增添前所未有的社会发展手段，体现出社会主义发展的正当性和合理性，体现出社会主义科学发展的崇高性和道德性内涵。

上述社会主义的发展手段和发展方法，既包含有人类社会发展的一般性要求，也具有社会主义发展的特殊性规定，彼此相互作用、相互补充，共同对社会主义发展起到保障和促进的作用。实现社会主义的科学发展，必须利用各种科学有效的社会发展手段，实现比较一切剥削社会形态更为科学、更为有效的发展。这种社会主义的发展手段和发展方法，能够充分体现出社会主义的本质规定，适应社会主义科学发展的需要，形成迄今最为科学的人类社会发展方式。也只有在社会主义条件下，才具有实行上述社会发展手段的充分的物质条件，实现迄今人类社会的最为科学的发展。丢掉上述发展手段，或者就会失去社会主义的发展特点，混淆社会主义与其他社会形态发展的区别，或者就失去了基本的社会保证条件，从而社会主义科学发展也就成为无所遵循和难以实现的事情。

上述社会主义的发展手段和发展方法，使社会主义具有更大的发展优势，能够有效地实现促进人类社会发展的要求。社会主义之前的社会形态，都存在着社会发展手段粗暴和单一的问题。例如在奴隶社会中，以皮鞭作为社会发展的根本手段，在资本主义社会中，以市场竞争作为社会发展的根本手段。社会主义在社会发展手段上的丰富和完善，是人类社会发展的必然结果，也是人类社会发展的必然要求。而一个社会形态的发展手段越丰富、越完善，就越是能够形成社会发展的整体合力和优势效应，能够形成更为理想的社会发展效果。科学地利用这些社会发展手段，是人类社会发展进步的重要标志，更是社会主义的发展优势。

从上述分析中也不难看到，社会主义的科学发展，是人类更高形态的社会发展，是迄今人类最为科学的社会发展。这样一种社会发展，既是科学全面和持续持久的发展，也是和谐规范的发展，既包括社会的物质生产发展，也包括社会精神文化生产的发展，既能够充分运用人类社会所创造的一切优秀文明成果，又具有鲜明的创造性和创新性特征，具有无可否认的社会发展优势。至于过去因运用这些发展手段所引起的一些弊端和失误，完全可以通过对于社会主义的科学认识，通过强化社会行为规范，来予以有效解决。显然不能就此对社会主义发展手段以片面的否定，把社会主义发展局限在旧有的社会发展方式上。对此将在后面各节中予以进一步的探讨和论述。

六、科学处理好社会主义发展中的各种社会关系问题

社会主义发展具有比较其他社会形态更为复杂的情况，也具有更高的标准。从既往社会主义发展实践和社会主义的根本发展要求来看，保证社会主义的科学发展，必须处理好社会发展中的各种社会矛盾和问题，形成科学的社会发展理念、发展要求和发展实践，以此避免社会发展中的消极现象和负面因素，实现理想的社会主义社会发展效果。

一是处理好政治与经济的关系。社会主义发展在根本上表现为社会物质生产的发展，表现为社会经济生活的内容，必须始终坚持以经济建设为中心，以经济发展为重点。但与之前的其他社会形态相比较，社会主义发展同样具有较多的政治生活因素。这种政治生活因素，既表现在上层建筑和意识形态当中，也表现在社会经济生活上面，表现在社会主义的劳动制度和生产关系当中。运用得好，能够对社会主义发展起到积极的推动作用，形成社会主义发展的优势效应。但由于政治因素往往具有较多的主观性因素，难以确定一个绝对的社会评价标准，与经济生活和经济发展相比较，实行起来又相对轻松省力，如果

缺乏对于社会主义的正确认识，缺乏科学的工作标准和行为规范，很容易出现以社会主义政治生活否定社会主义经济生活的现象。过去社会主义的失误，很大程度上即是由政治因素造成的。实现社会主义科学发展，必须正确认识社会主义政治生活与经济生活的关系，把社会主义政治生活建立在社会主义经济生活的基础上，避免以超前的政治生活规定作为现实的社会行为准则，造成以政治生活否定经济生活的现象。

二是处理好政府与市场的关系。把行政手段与市场调节结合起来，利用行政与市场两个手段，是实现社会主义科学发展的必然要求，同样是社会主义的发展优势。只有既坚持政府对于社会发展的指导管理功能，同时发挥市场调节的作用，才能够充分适应社会主义的发展需要，实现更为有效的社会发展。而要实现政府指导与市场调节的科学结合，必须摆正二者在社会发展中的地位和作用。具体来说，必须把政府指导建立在社会主义商品生产的基础上，把社会主义商品生产置于政府的监督和管理之下。强调政府的指导管理作用，不能把社会主义生产简单当成是政府生产，随意把政府凌驾于商品生产之上，一味由政府说了算；也不能一讲商品生产，就把政府排斥在社会生产活动之外，完全由市场说了算，把社会主义政府降低到资本主义政府的发展水平上，简单去实行所谓“小政府”，或者是实行所谓“无为而治”。必须把政府指导与市场引导有机结合起来，形成科学的适合于社会主义发展要求的经济运行机制，形成崭新的社会管理模式和社会发展方式。

三是处理好中央与地方的关系。所谓中央与地方的关系，也就是社会管理活动主体之间的关系，在实质上是一种劳动者之间的关系，包括中央政府与地方政府的关系，上级政府与下级政府的关系，政府部门与政府部门之间的关系。在社会主义条件下，各级政府既具有不同的社会利益要求，同时都拥有较多的社会管理权力，掌握着一定的社会资源，彼此既是一种上下级关系，又具有相互平等的性质，既是一种劳动者的关系，又是一种社会整体发展与不同社会活动主体发展之间的关系。在社会的行政管理工作中，必须尊重各种社会管理活动主体的利益要求，避免形成彼此之间的相互否定问题。结合以往社会主义发展中的经验教训，必须以中央政府为主导，把局部发展与整体发展统一起来，把各种社会活动主体的自主发展与社会统一规范结合起来，把各种社会行为纳入到制度规定的范围内。尤其是要明确各种社会活动主体的责任规定和权利界限，做到权责明确，事责统一，既保证中央政府的权威性，又能够调动地方的积极性，避免一管就死、一放就乱的现象出现。

四是处理好眼前与长远的关系。社会主义发展既要实现全体劳动者的眼前利益和现实利益，也必须注意到人类社会发展的长远利益和根本利益，不单要实现当代人的生存发展，也不能妨碍子孙后代的生存发展，必须保证人类社会的持续健康发展。但人们进行社会活动，首先必须以获取现实利益、实现自身生存发展为根本要求。如果只讲社会的长远发展，不讲现实利益，这样的发展，必定不能持久。只有正确兼顾各种社会利益要求，包括长远利益与现实利益、局部利益与全局利益、个人利益与整体利益，才能够实现良好的社会发展效果，实现巩固和发展社会主义的要求。在实际社会生活中，一般来说，中央政府往往偏向于社会的长远发展和根本发展要求，地方政府则侧重于现实发展和眼前发展的内容；同时在不同的领导者之间，在发展的目标选择和工作重点上，也会存在着差异和不同。实现社会主义的科学发展，必须通过制订科学的发展规划，强化社会行为规范，有效导向和约束各种社会活动主体的行为，努力实现各种利益要求和发展愿望的一致和统一，保证社会主义的持续发展、有效发展。

五是处理好物质与精神的关系。实现社会主义的社会发展，既必须要有物质的手段，也必须要有精神的手段，前者主要表现为社会的物质利益分配和利益导向，后者表现为思想教育、道德规范等活动内容，二者都能起到调整社会利益关系、维护社会秩序、促进社会发展的作用。但在社会主义条件下，促进社会发展必须主要依靠经济的手段，通过利益导向的方式来实现。在以往的社会主义发展中，出现过脱离开社会物质利益要求、过多强调精神手段作用的现象，这既有因特殊社会发展环境所造成的社会影响，在根本上说，则是对社会主义社会性质认识不清，造成社会发展中的主观唯心主义倾向。其明显的弊端，就是人们说的做不到，做的又不能说。社会主义物质生活必须符合社会主义的本质规定和发展要求，作为建立于社会物质生活基础上的社会主义精神生活，也必须符合社会主义的本质规定和发展要求，符合社会主义的基本原则规定，不能出现否定社会主义物质生活的现象。否则不仅难以起到社会主义精神生活所应有的作用，而且妨碍社会主义的发展。

六是处理好继承与创新的关系。社会主义是在既往人类社会发展的基础上建立起来的，必须科学地吸收和借鉴人类社会发展所创造的一切优秀成果。但社会主义是迄今最为先进的社会形态，实现社会主义的科学发展，不能完全以既有的社会发展手段作为自身发展的规定。不论是社会主义的经济制度、政治制度或法律制度，都不能照搬其他社会形态的经验和做法。必须坚持借鉴与创新并重、以创新为主的方针，既对人类社会发展中的一切优秀文明成果以科学的吸收和借鉴，用以完善自己、发展自己；同时以劳动创造为根本规定，创造出科学的社会管理方式和发展模式，充分体现出社会主义的发展特点和发展特色。既不能把社会主义与其他社会形态简单割裂开来、对立起来，也不能一味奉行拿来主义。否则社会主义就没有必要存在，社会主义科学发展也就只能流于空谈。

七是处理好内因与外因的关系。社会主义发展中内因与外因的关系，是指社会主义自身发展与其外部发展环境之间的关系，包括社会主义国家之间的关系，也包括社会主义社会中各个劳动地区和劳动单位之间的关系。社会主义必须有效利用社会开放的手段，以实现自身的发展。但社会主义在根本上是一种自主发展、自我发展，必须主要依靠自己的力量实现自身发展。对于社会主义国家来说是如此，对于社会主义社会中的所有社会活动主体来说，同样是如此。而在现实社会发展中，往往出现一些过分强调外部力量作用的现象，一讲促进发展，就是到处招商引资，利用社会资源去搞些形式主义的东西。对于社会主义的社会发展来说，任何外部力量的借助和利用，都是以其自身利益为交换筹码的，如果自己没有利益可以交换，所谓外力就不可能形成。只有把自身发展建立在劳动创造的基础上，建立在依靠自身努力的基础上，才能够真正实现社会主义的有效发展、科学发展。

八是处理好压力与动力的关系。以往社会主义发展中的最大弊病，就是缺乏对于劳动者的社会强制和生存压力，使社会发展失去应有的动力。实现社会主义的社会发展，必须要有相应的社会规范机制和社会压力。但这种社会规范和社会压力，必须符合社会主义的本质规定，符合社会主义公正与发展相统一的要求，只能是一种劳动生存性质的压力。必须以劳动生存纪律为根本规定，形成科学的社会劳动制度和行为规范，既为社会主义发展提供有效的动力，又不能否定劳动者的社会地位和权利，更不能采用剥削压迫的手段，来实现所谓社会发展。如果不顾社会主义劳动者的社会地位和权利，简单地把劳动者推向市场，动辄采用那种全员下岗、全员竞聘的办法，来体现对劳动者的所谓社会压力，必然会脱离开社会主义本质规定，把社会主义发展等同于剥削社会的发展，甚至连剥削社会的做法也不如。这样也就没有社会主义的制度优势可言，没有社会主义的科学发展可言。

九是处理好速度与质量的关系。人类社会发展既表现为量的积累，也表现为质的提升，前者主要表现为发展速度，后者主要表现为发展质量。社会主义发展是一种更高标准的社会发展，既要有理想的发展速度，更必须是一种高水平和高质量的发展，必须是二者的科学的统一。这种发展速度和发展质量，在不同的社会环境条件下，可以有不同的内容和表现形式，或者以量的增长为主，或者以质的提高为主，但却必须在与以往社会发展效果的比较中，包括在与世界其他各国发展的比较中，有效地推进和实现社会主义发展的要求。而在社会主义公有制下，社会发展往往会出现不顾发展质量、片面追求发展速度的现象。保证社会主义的科学发展，必须在根本上坚持以质量为主的发展方针，使社会主义发展符合社会主义的本质规定，形成有效益的发展，有内涵的发展，有质量的发展。

十是处理好改革与稳定的关系。稳定也是社会资源，是社会生产力。实现社会主义的科学发展，要有相对稳定的社会发展环境。但任何社会形态的社会生活内容都不是固定不变的，必然具有社会改革和变动的要求。由此形成社会主义发展中改革与稳定之间的关系问题。很显然，没有社会稳定，就没有社会主义的社会发展，而没有改革，就失去了促使社会主义发展前进的必要推动力量。社会主义不能没有社会稳定，也不能没有社会改革。而不论是保持社会稳定，还是进行社会改革，都是为了实现社会主义的社会发展。一方面，必须以社会主义本质为根本规定，科学确定二者的具体内容和发展要求。如果不符合社会主义的本质规定，不论是改革还是稳定，都是社会主义发展所必须否定的。另一方面，必须把改革和稳定看成是与社会主义发展相伴始终的任务要求，看作是一个不断发展的动态过程，形成制度化、规范化的工作内容，而不能仅仅作为一种临时性或阶段性的发展手段或发展任务。这同样是实现社会主义科学发展所要求的，是保证社会主义科学发展所必须解决好的社会问题。

以上十个方面的社会关系内容，直接关系到社会主义的科学存在和科学发展，是实现社会主义科学发展必须处理好的社会关系问题，也是社会主义发展中最容易出现偏差和失误的社会生活内容。实现社会主义的科学发展，当然还有其他一些需要注意的方面。但只要有效处理好上述十个方面的问题，就能够为社会主义发展创造良好的社会条件和社会环境，保证社会主义科学发展的有效实现。也只有在社会主义条件下，才能够运用社会的整体的作用和力量，科学地解决好上述社会矛盾，为社会主义提供必不可少的社会发展环境和发展条件。

上述关于社会主义科学发展的社会关系论述，对于所有社会主义国家来说，都具有指导意义，应是对于社会主义发展的一般要求。但在社会主义的社会发展过程中，则应根据实际情况，在应用科学的层面上，予以具体把握和实施，而不是不可改变和不可变动的。很显然，社会主义发展都是在一定社会环境当中的发展，如果不具有正常的社会发展条件，就不可能机械地去实现社会主义的社会发展。例如一些社会主义国家长期被封锁、被隔绝，甚至处于准战争的状态，在社会发展中，不可避免地要有一些需要优先发展的项目，从而会影响和妨碍到社会的正常发展。这样一种社会主义社会发展，表面上似乎不符合科学发展的要求，但从巩固和发展社会主义的角度来说，又是完全正当和科学的。实现社会主义的科学发展，首先必须保证社会主义的制度存在，如果没有社会主义的存在，就谈不到社会主义的科学发展。这样一种社会主义的发展要求，表现为社会主义发展的一般性规定与特殊性要求的辩证统一。不能以死滞的僵化的眼光，来看待社会主义的科学发展问题。否则同样会窒息社会主义的发展。

七、全面认识社会主义的制度优势和发展特点

社会主义具有不可否认的制度优势。但在以往的思想认识中，存在着或者片面否定社会主义的制度优势，把社会主义发展中的失误，简单归结为社会主义制度本身；或者把社会主义制度优势看得无处不在、无所不能。二者都是不正确和不全面的。研究社会主义的科学发展，必须对社会主义制度优势和发展特点予以必要的探讨，以此使社会主义制度优势得到充分的发挥，有效避免社会发展中的弊端和失误。

任何事物都有两面性，社会主义也不例外。毫无疑问，社会主义的制度优势和发展特点，是实现社会主义科学发展的根本保证。这样一种制度优势，在社会主义的发展实践中，同样得到了充分的展示和体现。以往社会主义所取得的发展成就，都同这种制度优势有关。但在以往的社会主义社会生活中，同样存在着不少否定科学发展的现象。例如丢掉社会主义基本原则规定，形成社会生活中的平均主义和大锅饭；在社会发展中不讲经济规律，或者忽视社会的长远发展，或者忽视人们的现

实利益要求，盲目求快求大，一味追求高指标、高速度；不顾社会发展的实际水平和承受能力，盲目以公有制资源去办“好事”、搞和谐，等等。由此形成社会主义发展动力不足和社会规范缺失的问题，使私有制社会中难以形成的社会发展弊端，在社会主义社会中却屡禁不止，上演了一幕幕否定社会主义科学发展的悲剧。

在社会主义社会中，还特别容易出现形式主义、表面文章等弊端。这在根本上照样表现为滥用社会主义制度优势的行为。例如一项工作有了一点效果，或者对社会发展产生过积极作用，就成为一些人应付之差、沽名钓誉的宝贝，极力动用公有制资源包装造势，以此拼凑个人政绩，捞取政治资本，根本不顾工作效果，不惜糟蹋社会公共资源。由于在公有制下，这些做法都能随意找出正当性的理由，因此往往没有人提出反对意见，导致一些毫无价值甚至是违规违纪的东西肆意泛滥，名目繁杂，花样繁多，形成社会发展的消极因素。

社会主义发展中的弊端和失误，表面上看来，都表现为社会的和集体的行为。一些人否定社会主义，也正是把这些弊病都归结到社会主义制度身上，认为在社会主义条件下，是不可避免和难以克服的。但认真研究就会发现，这些弊端和失误，最终都体现在劳动者个人身上，表现为一种劳动者个人的行为。这种劳动者的个人行为，既表现在作为社会管理权力行使主体的各级管理人员身上，也表现在一般的劳动者个人身上。对于一般劳动者来说，往往只讲自己的社会权利，不能切实履行自己的社会责任和义务；对于各级管理人员来说，则表现为滥用社会管理权力，或者以此沽名钓誉、捞取政治资本，或者直接表现为以权谋私、损公肥私。由此使社会生活失去必要的行为规范，造成弄虚作假、华而不实、表面文章等不正常的现象，造成“大家拿”、“拿大家”的现象。如果能够正确认识其产生的社会根源，形成科学的社会规范，就能够有效避免这些弊端和缺陷。反之，就难以确定科学的社会行为规范，必然影响和妨碍社会主义的社会发展。

对于社会主义发展中的弊端和失误，也有人把它归咎于社会主义缺乏实践经验，或者归咎于个别偶然性的行为所致。这同样找不到造成这些失误的真正原因，必然形成社会发展中总结不断、失误不断、教训依然不断的现象。社会主义作为一种社会制度，已经有了近百年的具体社会发展实践，虽然各个社会主义国家的发展彼此不同，留下来的教训则大同小异，这说明社会主义发展中的失误，不是一种个别的偶然的现象，不是仅仅通过总结工作经验，或者通过改进思想作风和工作手段，就能够完全予以避免的。要从根本上避免社会主义发展中的失误，必须对社会主义制度以科学全面的理解和认识，在根本上弄清楚社会主义的制度规定，发挥其优势的一面，避免其不足的一面。否则很容易把社会主义的优势变成社会主义的劣势，不仅难以实现社会主义的科学发展，甚至可能连资本主义的发展效果也不如。

认真分析就能够看到，社会主义所以存在着自身发展的否定因素，首先在于公有制的社会属性使然。公有制具有多种社会表现形式。在社会主义社会中，只有劳动平等规范下的公有制，才符合社会主义的本质规定，能够实现社会主义科学发展的要求。这样一种社会公有制，需要社会予以有效的规范，也具有更大的管理难度。在私有制下，生产资料所有者能够从个人利益最大化的要求出发，来尽力运用生产资料，实现其最大的经济效果。而在社会主义条件下，公有制既为全体社会成员共同拥有，又不直接等同于任何社会成员的个人利益；同时生产资料的具体行使和运用，对劳动者还具有负担和累赘的性质，不是获取了生产资料，获得了社会劳动权利，所有劳动者就都能够从社会的发展要求出发，全力去进行社会劳动。失去社会责任规定和行为规范，公有制不仅起不到促进社会发展的作用，而且会造成社会资源的浪费和破坏。过去社会主义发展中的弊端和失误，很大程度上是由这种“公”所引起的。如果对社会主义公有制缺乏科学的认识，就不可能对社会生活以有效规范，从而社会主义科学发展就不可能得到实现。

在过去的社会主义社会生活中，由于把公有制简单看作是社会主义的本质规定，片面强调公有制的自身优势和积极作用，进而认为只要是公有制，就一定符合社会主义的发展需要，在社会生活中，只能讲巩固和发展公有制，不能讲对公有制的限定和规范。而对公有制缺乏科学的理解和认识，也就必然把社会劳动纪律建立在劳动者自由自觉的社会活动基础上，形成社会主义发展的根本性失误。社会主义公有制既有其质的规定性，也有其量的规定性，前者表现为劳动平等的本质内涵，具有无可否认的先进性和合理性；后者则只有在具有一定生产规模的领域，在社会具备有效计划和能够予以科学管理的时候，才能够展示其发展优势，具有建立和存在的必要。不是说只要是公有制，就一定符合社会主义的发展要求，就必须毫无条件地存在和发展。只有正确认识社会主义公有制的社会性质，才能够形成科学的社会制度规定，实现公有制所应有的社会发展效果。而只要对公有制以科学的认识和有效规范，就能够保证社会主义的社会性质和发展要求，避免社会发展中的弊端和失误，有效地实现社会主义的科学发展。

以往社会主义社会中的弊病和失误，也与过去对社会主义在总体上认识不清有关，表现为动辄以只有在共产主义社会中才必须实行的社会生活内容，作为社会主义的发展要求，以社会主义发展的理想性内涵，代替社会主义发展的现实性规定。由此把社会主义公有制变成了实行平均主义的物质基础，造成社会主义生产关系与社会主义生产力相分离，社会主义经济基础与社会主义上层建筑相分离，使社会主义公有制走向社会主义发展的反面。在社会经济生活中，往往随意否定按劳分配；在社会政治生活和意识形态中，简单以社会主义道德导向作为社会主义的道德规范，造成人们不讲真话、不讲实话的风气，成为否定社会主义科学发展的思想根源。只有对社会主义以科学的认识，弄清楚社会主义的本质规定，才能为社会主义发展提供科学的思想基础和观念保证，从根本上避免过去社会发展中的弊病和失误。

从上述分析中可以看到，社会主义的制度优势，是一种有条件的制度优势。这个社会主义制度优势的发挥条件，就是劳动创造的社会主义本质规定。只有符合劳动创造的本质规定，社会主义优势才能够得到充分的实现和发挥。表现在社会生产关系上，必须符合劳动平等和按劳分配的要求；表现在社会劳动制度中，必须以劳动生存纪律为根本规定；表现在社会的道德观念和思想意识形态上面，必须以劳动创造和尊重劳动作为根本要求。只有这样一种社会生活内容和社会制度规定，才能够对社会主义社会生活以有效的规范和导向，实现科学的社会发展效果，充分体现出社会主义的发展优势和发展要求。

从上述分析中能够看到，社会主义的制度优势，是一种相对的优势，而不是绝对的优势，既能够促进社会主义的发展，又可能成为社会主义的发展障碍。保证社会主义制度优势的实现和发挥，必须科学把握社会主义的发展规律，科学认识社会主义的发展要求，形成正确的社会制度规定和行为规范，把社会主义发展纳入到制度化、规范化的轨道。如果对社会主义制度优势缺乏科学全面的认识，简单地去强调社会主义的制度优势，例如或者片面强调劳动者的社会主人翁地位，丢掉对于劳动者的社会责任要求，或者缺乏对于社会主义发展规律的科学认识，以主观任意的方式去进行社会发展，就不可能有效实现社会主义本质的发展和发挥，必然会阻碍社会主义制度优势的实现和发挥。

从上述分析中还可以看到，社会主义的制度优势，是在与社会主义之前其他社会形态的比较中体现出来的，必然存在着缺陷和不足。不能把社会主义社会生活想得太过美好，脱离开社会主义发展的实际情况和根本规定，以人类最高社会形态的发展要求，作为社会主义的发展任务，或者急于求成，形成急躁冒进情绪，或者希望一下子就要去办一切事情，把一切好事都办好、都办完。只有做到实事求是，量力而行，脚踏实地，稳步前进，才能实现社会主义科学发展的要求。随意去发挥社会主义的制度优势，同样会走向社会主义发展的反面。

从上述分析中也能够看到，实现和发挥社会主义的制度优势，必须把社会主义制度优势看作是一个不断完善、不断发展、不断提高的过程，正确把握社会主义在不同发展阶段的具体目标任务，为社会主义确定不同的社会发展内容和工作要求。不论是在公有制的实现形式上，在按劳分配的具体实施中，以及在社会的计划指导和管理形式上，都必须按照社会主义的发展水平和发展程度，确定不同的发展手段和发展方式，形成不同的经济制度、政治制度和劳动制度。不能用一个简单的社会规定和行为准则，把社会主义发展限定在一个一成不变的框框内。否则照样没有社会主义制度优势的有效发挥，没有社会主义的不断发展和不断前进。

从上述分析中同样可以看到，社会主义制度优势的实现和发挥，必须是在对社会主义以清醒认识基础上的实现和发挥。尤其是必须科学确定社会主义的本质规定，科学认识社会主义的历史地位，把社会主义优势的发挥建立在社会主义本质实现的基础上。必须处理好社会生活中的各种社会矛盾和问题，调整好各种社会利益关系，使整个社会生活获得科学一致的社会基础，为社会主义科学发展提供理论的和实践的支持。缺乏对社会主义根本制度的科学认识，缺乏对社会主义社会形态的科学的历史定位，那就很容易背离社会主义的发展要求，形成社会主义发展的障碍，社会主义的科学发展也就成为不可能。

从上述分析中还能够看到，迄今社会主义发展中出现的弊端和失误，同样在于以往对社会主义的认识存在着偏差和失误，把一些不属于社会主义的社会生活内容，当成是社会主义的发展要求，因此这样一些弊病和失误，并不等于社会主义制度本身的弊病和缺陷。只要科学认识社会主义的社会性质，加强社会行为规范，就完全能够避免这种失误。必须以辩证唯物主义和历史唯物主义的态度，全面认识社会主义的制度规定和本质特征，既不能一讲社会主义制度优势，就把社会主义制度优势看成是绝对的毫无条件的自然实现过程，看成是无所不能和完美无缺的，也不能一讲社会主义发展中出现过弊病和失误，就把它都当成是社会主义制度本身的缺陷，看成是不可避免和难以克服的，进而怀疑和否定社会主义的制度优势，怀疑和否定社会主义。

八、切实加强社会主义的社会行为规范

通过前面的论述分析可以看到，实现社会主义的科学发展，

必须加强社会主义的社会行为规范，形成健全的社会主义社会行为规范体系。而社会主义的社会行为规范，同样具有与其他社会形态所根本不同的内容和要求，具有独特的社会行为方式和实施手段，对于社会主义发展具有重要的意义，是实现社会主义科学发展所必须解决的重要的理论和实践课题。

建立完善的社会主义社会行为规范，是实现社会主义科学发展的必然要求，也是社会主义的发展特点所决定的。以社会生产管理为例，在私有制的社会中，社会生产在根本上是一种生产资料占有者个人的自己的行为，具有自发的内在约束机制；在社会主义社会中，社会生产必须通过社会的整体的力量来进行，社会生产管理也必须通过社会整体的力量来实现，对于所有社会集体劳动单位来说，必须主要表现为一种外在约束机制。这是因为，公有制劳动单位的生产效益高低，与单位领导者的个人利益不是绝对的等同关系，缺乏有效的制度规定，管理者对出现的违规违纪现象往往是睁一只眼闭一只眼，而利用公有制资源为他人“办好事”，则能立即为自己赢得现实的好处和利益。因此社会主义的社会行为规范，首先必须以社会作为实施主体，依靠社会的力量来进行。否则很容易造成社会规范缺失、社会发展动力不足的弊端。只有形成科学的社会规范机制，才能保证社会发展的有效进行，解决好社会发展动力不足的问题，实现社会主义科学发展的要求。

应该说，建立科学完善的社会规范机制，是社会主义一直努力追求的工作目标之一。之所以难以实现，效果不佳，在于社会主义发展具有更为复杂的情况，同时长期缺少正确的思想观念引领和理论指导。这里用过去计划经济下那种公费医疗制度，来说明社会主义行为规范的特殊性和复杂性。不难发现，社会主义社会管理中的弊端，在旧有公疗体制中表现得非常充分。一方面，公疗制度本身具有大锅饭的性质；另一方面，不论是医生还是病人，都存在着很大的主观随意性，难以确定一个绝对的医疗评价标准，自然形不成有效的制度规范。由此形成一人公疗、全家公疗的弊端，存在着男性公民去开妇科病药的现象。只有在根本上弄明白这种弊病的根源所在，在制度设计上做到切合实际，入情入理，才能保证制度建设的科学性和有效性。否则必然是事倍功半，徒劳无益。例如我们目前实行的公费医疗卡制度，还是如此。加强社会主义的社会行为规范，必须弄清楚社会主义的本质规定和发展要求，弄清楚社会主义社会规范的根本要求和工作特点，统筹考虑，统一规范，切实解决社会制度建设的问题。以此严格社会行为规范，使社会主义行为规范起到自己所应有的社会作用。

加强社会主义的社会行为规范，首先必须科学界定社会主义社会行为规范的实行范围和实施对象。社会主义的社会行为规范，是对整个社会主义社会生活的管理和规定，体现在政治、经济、文化等各个社会生活领域，具有全面规范和总体规范的要求。在私有制的社会中，一方面，社会规范在本质上表现为严厉的阶级统治，具有绝对的阶级强制特征；另一方面，在具体的社会生活中，社会统一规范又仅仅表现在政治治理和社会秩序的维护上，最多是对个别重要部门和重点领域的强制和管理，表现为政府对于社会生活的局部管理和部分规范，其对社会发展的作用自然也相对有限。社会主义社会生活则具有“公”的性质，如果丢掉社会的全面规范和统一管理，就难以对所有劳动单位和劳动组织进行有效规范，自然也不可能对整个社会生活进行科学的管理和规范，从而社会主义优势也就无从体现，必然造成社会发展中的弊端和缺陷。

加强社会主义的社会行为规范，也必须明确社会主义行为规范的根本目的和整体性规定。很显然，社会主义社会行为规范的根本目的，是保证社会主义社会生活的健康有序运行，实现社会主义的科学发展。社会主义制度能够内在激发起劳动者的生产热情和劳动积极性，但在劳动达不到乐生性质的时候，失去必要的社会规范，劳动者同样会丢掉自己的劳动责任，使社会发展失去应有的动力。必须以劳动生存性质为根本规定，形成科学的社会主义劳动纪律，体现出对于劳动者的生存压力和社会强制。以此使劳动者把自己的劳动同自身生存发展紧密结合起来，形成科学的社会主义发展动力机制，使社会主义具有旺盛的发展动力和蓬勃的发展活力。

加强社会主义社会行为规范，还必须明确社会主义行为规范的责任主体和规范重点。社会主义社会规范体现在所有社会活动主体身上，但最终表现为对于劳动者个人的社会规范，体现在每一个劳动者个人身上。过去由于缺乏科学的理论说明和制定规定，对劳动者个人缺乏必不可少的社会行为规范，因此一方面讲不劳动者不得食，一方面又强调社会主义不能饿死人，并最终以后者否定了前者，造成社会发展中的随意性和无序性。社会主义的利益原则在根本上表现为劳动者的个人利益，社会主义劳动最终表现为一种个人劳动。如果对个人行为缺乏有效规范，对整个社会活动就难以形成有效规范，如果不能规范个人的行为，就不可能规范社会的行为。同样，管住了劳动者的个人行为，也就管住了整个社会的行为。必须把社会行为规范具体到每个社会活动主体身上，既注重对于社会整体的规范，更注重对劳动者个人的规范。尤其是正确认识公有制下个人的社会权利和社会责任问题，避免以笼统的集体领导作为推卸个人责任的借口。

加强社会主义社会行为规范，必须正确认识社会主义社会行为规范的本质内涵和根本要求。社会主义的社会行为规范，最终必须体现在社会的利益分配上，表现为一种社会利益实现和权利限制。这种利益实现和权利限制，包括政治利益、物质利益、社会荣誉，必须与劳动者的劳动结合起来，与社会主义的基本原则相一致，与社会主义的劳动纪律相一致。如果体现不出社会利益的内容，那就会把社会规范简单当成是一种道德评价和思想评定，不可能形成有效的社会劳动纪律和行为规范，其实施效果也必然大打折扣。必须把社会主义社会行为规范和社会主义的社会利益实现紧密结合起来，利用社会利益导向的作用，体现出社会主义社会行为规范的本质内涵，从根本上解决社会主义的内在发展动力问题。

保证社会主义社会行为规范的有效实施，必须利用各种手段和途径，包括物质奖励、政治奖励、物质处罚、行政处罚等，但最终必须表现为末位淘汰的社会制度规定。末位淘汰能够形成科学的社会竞争机制，形成对于全体劳动者的社会压力和社会强制，从根本上解决社会主义行为规范软弱无力、空洞乏力的问题。很显然，我们目前实行的职工下岗、自谋职业、全员竞聘等手段，主观上也是为了增强对劳动者的社会生存压力，却仅仅表现为社会劳动活动的开始，体现不出社会竞争的具体过程和实际结果。末位淘汰是在全社会的范围内，在对劳动者的相互比较和评价中，依据实际劳动效果，对在具体劳动单位中处于最后位次的劳动者予以劳动权利中止。而就人们的一般心理特点来说，得到权利与失掉权利相比较，后者对劳动者更具有社会压力，对劳动者的激励作用也会更大。这样一种社会末位淘汰机制，既能够保证社会的稳定，也能够形成社会发展的动力，是社会主义公有制下唯一可以普遍实行的对于劳动者的社会劳动权利中止手段，也是最为有效的社会规范手段。在《社会主义劳动者研究》中，作者已经对此作了论述。

社会主义不去实行末位淘汰，是不是也能达到有效规范整个社会生活的目的呢？不能。社会主义只有实施末位淘汰，才能保证各种社会劳动纪律的有效实施，包括保证社会相关淘汰机制的有效实施。其他任何劳动纪律和社会规范，或者只适用于某个社会生活方面，或者只能用于某些特定人群，都难以确定一个全社会统一的执行标准和规定，不可能使所有劳动者都参与其中，难以对所有劳动者都起到刚性规范和社会强制的作用。而达不到这样的要求，就难以达到社会规范的最佳效果。末位淘汰是唯一可以在全社会形成统一实施标准的社会行为规范，其实行的主体又是全体社会成员，对于劳动者既是一种社会权利，也是一种社会责任，既是一种社会竞争机制，也是一种社会发展动力机制、稳定机制。社会主义的所有社会行为规范，都只有通过末位淘汰才能切实得到有效实施，也只有以末位淘汰作为社会规范的基本手段，才能保证整个社会规范的有效实施，保证社会主义劳动纪律的有效实施。

有人或许会说，市场竞争也能体现出对劳动者的生存压力和社会强制，达到促进社会发展的目的。社会主义当然离不开必要的市场竞争，对于个体私营经济来说，市场竞争更是其主要的发展手段。但市场竞争既存在着自发性和无序性的弊病，存在着社会发展的障碍性因素；同时在公有制下，对于大多数劳动者来说，市场竞争既是不必要的，也是难以具体参与和实行的。这是因为，公有制企业中的职工，首先是与整个社会联系在一起，不是直接与市场联系在一起的，不可能直接感受到市场竞争的压力，往往是企业存在时要吃企业的大锅饭，企业倒闭后又去要求政府为其安排劳动岗位，继续吃社会的大锅饭。因此市场竞争对公有制企业的管理者可以形成一定压力，对一般企业职工来说，甚至是对于一些规模较大的国有企业负责人来说，则不可能直接感受到市场对于自己的强制和压力。在资本主义下，市场竞争是社会发展的根本手段。对于社会主义发展来说，市场竞争只能是一种相对次要的手段。私有制下只能实行市场竞争、个人淘汰，公有制下则必须实行社会竞争、社会淘汰。把社会主义劳动者简单地推向市场，希望通过市场竞争对劳动者形成普遍的生存强制和社会压力，既在逻辑上讲不通，在实践中也根本行不通。

加强社会主义的社会行为规范，必须抓住影响社会主义发展的主要矛盾和关键环节，保证社会规范的实际实施效果。我们过去在强调加强社会规范时，大都停留在社会分配领域，只讲打破平均主义和大锅饭，体现出先富后富。但任何社会分配都必须以社会生产为前提，“分配本身就是生产的产物”①。实现社会主义的科学发展，必须解决好社会生产发展的问题。只有首先解决好社会生产的问题，才能解决好社会分配问题，解决好社会的发展问题。而只有形成科学的社会劳动纪律，在全社会实行末位淘汰的社会竞争机制，才能体现出社会主义生产的要求，解决好社会生产中的责任规定和权利分配问题，为社会主义发展提供动力保证。没有末位淘汰，只讲先富后富，就会把社会主义社会规范仅仅看成是一种社会分配规范，丢掉人类社会发展的根本要求，自然难以实现社会主义的科学发展。

既讲社会主义劳动者的社会权利，又讲对社会主义劳动者的社会规范，是不是相互矛盾呢？显然不矛盾。对于社会主义的劳动者来说，其享受的社会权利是前所未有的，其承担的社会责任同样是不可或缺的，二者都是由社会主义劳动性质所决定的，是社会主义发展所要求的。这种社会权利和社会规范的

① 《马克思恩格斯选集》第2卷，第98页。

统一，既体现出劳动者在阶级面前和社会劳动面前所实现的人人平等，也为劳动者的自身利益实现提供了正确的途径。只要科学确定社会的价值规范杠杆，对于劳动者的社会强制就是完全正当的，也是完全必要的。丢掉社会劳动的生存性质，就不可能形成科学的社会主义社会行为规范；而丢掉末位淘汰，社会主义就失去了实施社会规范的基本手段和根本保证，从而也就不可能解决好社会主义的社会行为规范问题，不可能解决好社会主义的社会发展问题。

加强社会主义行为规范，强化对劳动者的社会生存强制，会不会影响到社会主义的形象和声誉呢？照样不会。社会主义的社会行为规范是对全体社会主义劳动者而言，不存在任何社会特权和阶级强制，根本不会妨碍到劳动者正当的社会地位和社会权利。至于由此所形成的社会生存强制，既是社会主义本质发展发挥所必然要求的，与剥削社会中的阶级强制相比较，又同样是合理的、先进的。实际上，资本主义完全由资本家个人说了算，在对待劳动者的态度上更为专横。社会主义对于劳动者的社会行为规范，在根本上体现着人类社会的发展愿望和发展要求。对于社会主义的劳动者来说，只有为社会尽到劳动的义务和责任，才能够获得社会权利，这既是社会主义社会行为规范与资本主义所根本不同的地方，也是社会主义与平均主义的根本区别，是实现社会主义发展的必然要求。如果一个劳动者只强调自己的社会权利，却不去履行自己的劳动义务，那显然是毫无道理的，也是不道德的和滑稽可笑的。

九、坚持社会主义经济基础与上层建筑的科学统一

实现社会主义的科学发展，需要良好的社会发展环境和发

展条件。这样一个社会发展的环境和条件，归结起来说，就是必须保证社会主义上层建筑与经济基础的统一。只有坚持社会主义上层建筑与经济基础的科学统一，才能够为社会主义发展创造良好的社会条件，实现社会主义科学发展的要求。

人类社会作为一个客观的物质存在，是以社会形态的形式来体现、来实现的，表现为一定的经济基础与上层建筑的具体的历史的统一。人类社会发展只有在具体的社会形态中才能够得到实现，也都表现为具体的社会形态的发展。社会主义的社会形态，同样是社会主义经济基础与上层建筑的具体的历史的统一。社会主义的经济基础，是社会主义生产力与生产关系的统一；社会主义的上层建筑，必然表现为建立在社会主义经济基础之上的政治法律制度，以及与之相适应的社会意识形态。只有科学确定社会主义的经济基础和上层建筑，才能够保证社会主义经济基础与上层建筑的统一，形成科学的社会主义社会形态，实现社会主义的存在、前进和发展。要达到这样的社会生活要求，必须对社会主义经济基础和社会主义上层建筑以科学的认识，对二者之间的关系以科学的认识和确定。如果对社会主义经济基础和上层建筑的关系认识不清，甚至界定失误，实现社会主义经济基础与上层建筑的科学统一，也就成为不可能，从而社会主义的科学发展自然也就成为不可能。

回顾社会主义的发展实践不难看到，至今为止，在社会主义的社会发展中，一直存在着经济基础与上层建筑相脱节的问题，存在着二者之间相互矛盾和相互否定的现象。社会主义经济基础是在社会主义生产力基础上建立起来的，在根本上具有“劳”的性质和规定。与此相一致，社会主义上层建筑也必须体现出“劳”的内容和要求，在根本上是一种劳动生存性质的社会上层建筑。而现时的社会主义上层建筑，体现不出社会主义经济基础的性质，一味用超前的社会意识形态，来规范现实的社会生活。特别是改革开放以来，一方面在进行商品生产，发展市场经济，另一方面，又继续简单地以无私奉献作为社会主义的根本价值规范，形成社会经济生活与思想生活两张皮的现象。长此以往，必然使社会主义陷入矛盾和混乱的状态。只有以劳动创造作为社会主义经济基础和上层建筑的根本规定，才能够形成科学的社会主义经济生活，形成科学的社会主义政治制度和思想观念，为社会主义提供坚实的思想基础和政治保证，实现社会主义科学发展的要求。

实现社会主义经济基础与上层建筑的科学统一，其根本的要求，是坚持社会物质利益原则与道德原则的统一，把社会主义道德原则建立在社会主义基本原则的基础上。社会主义基本原则是按劳分配，社会主义物质利益原则是劳动者的个人利益，社会主义道德原则必须保证社会主义基本原则和利益原则的实现，能够为人们正确追求自身利益确定科学的手段和途径，提供思想观念上的保证。这样一种社会主义道德原则，只能是尊重劳动的道德原则。由此实现社会利益原则与道德原则的统一，实现人们在社会生活中说与做的统一，使所有社会主义劳动者都能正确地去追求自己的利益，形成讲真话的社会环境，为社会主义发展奠定牢固的思想道德基础。

实现社会主义经济基础与上层建筑的科学统一，其根本的标志，是实现社会主义政治与社会主义经济的统一。社会主义的上层建筑和经济基础，都必须以社会制度的形式表现出来，前者集中表现为社会的政治制度、法律制度，后者集中表现为社会的经济制度、劳动制度。必须以社会主义经济制度决定社会主义的政治制度，把社会主义政治制度建立在社会主义经济制度的基础上，使社会主义政治制度服从和服务于社会主义的经济制度。在社会经济生活中，必须充分体现出社会主义基本原则的规定；在社会政治生活中，既体现出社会发展的理想性内涵，又必须坚持现实性的要求。以此实现社会主义政治与社会主义经济的统一，实现社会主义经济基础与社会主义上层建筑的统一，避免出现以社会主义政治生活否定社会主义经济生活的现象。

实现社会主义经济基础与上层建筑的科学统一，其根本的规定，是坚持劳动创造的社会主义本质。必须以劳动创造作为社会主义存在和发展的根本推动力量，以是否符合劳动创造作为评价现实社会生活的根本杠杆，以劳动创造作为确立社会主义经济基础和上层建筑的根本规定。不论是社会的劳动制度、分配形式，还是政治制度、法律制度和意识形态，都不能与社会主义劳动创造的本质相抵触、相矛盾。丢掉了劳动创造，就失去了社会主义经济基础与上层建筑相互统一的本质规定，从而就不会有社会主义经济基础与上层建筑的统一，社会主义科学发展也就必然成为一句空话。

从理论分析和既往社会实践中可以看到，坚持社会主义经济基础与上层建筑的科学统一，必须科学确定社会主义的基本矛盾，科学把握和解决社会主义的社会矛盾问题。迄今为止，人们一般是以满足人民群众不断增长的物质文化需要，作为社会主义所要解决的主要社会矛盾方面。这样一种理论表述，是把社会主义生产目的简单当成是社会主义的主要矛盾内容，不符合社会主义的社会性质和发展要求，也不符合确定事物矛盾的一般原理，在整个人类社会中都不会得到完全的解决，在社会主义社会中自然也不能得到最终的解决，却容易由此形成大锅饭，难以对劳动者以科学的导向和规范，起不到社会主要矛盾所应起到的作用。只有以劳动生存性质与公有制的矛盾作为社会主义的基本矛盾，以先进的社会主义制度与落后的社会生产力之间的矛盾作为现时下的主要矛盾内容，才能体现出社会主义的社会性质，使劳动者把自己的生存发展建立在自己劳动创造本质发展和发挥的基础上，实现劳动者社会责任与社会权利的科学统一，实现个人生存发展与社会整体存在发展的科学统一。[①] 也只有这样，才能使社会主义基本矛盾和主要矛盾符合社会主义的发展需要，实现社会主义科学发展的要求。

坚持社会主义经济基础与上层建筑的科学统一，必须始终坚持共产党的领导。社会主义代表着全体劳动者的利益，在根本上体现着人类社会的发展要求。而要实现这样一个社会发展目标，必须正确认识和把握人类社会的发展规律，协调和解决好各种社会矛盾和问题，要有一个自身不具有任何特殊利益、同时谙熟人类社会发展规律的政党，来对社会主义发展予以科学的领导。只有共产党，才能够充分体现出社会主义的发展特点和发展要求，具有对于社会主义发展的领导能力和领导资格。没有共产党的领导，社会主义就失去了发展的目标和方向，失去了对于社会矛盾进行统筹协调的主体力量，既不可能科学地代表和实现全体劳动者的利益，也必然丢掉社会主义发展的根本规定，自然不会有社会主义科学发展的实现。

从上述论述中还可以看到，坚持社会主义经济基础与上层建筑的统一，实现社会主义的科学发展，必须加强社会主义制度建设，使社会主义发展步入制度化、规范化的轨道。而迄今为止，社会主义制度建设同样处在较低层次的发展水平上，既缺乏科学的制度规定，也缺乏全面具体的社会规范。由于这个问题是社会主义发展中的一个薄弱环节，对社会主义发展又具

① 参阅《社会主义研究》，第229—237页。

有特别重要的意义，需要作一点相对详细的探讨和说明。

社会主义的社会制度，既表现为政治、经济、法律等基本制度规定，也表现为人们共同遵守的办事规程和行为准则，前者表现为社会主义的根本制度，后者表现为具体的社会行为规范，彼此共同体现着社会主义的本质规定和发展要求。而人们形成社会制度，首先是为着进行社会生产。因此在所有社会制度中，劳动制度无疑居于最重要和最基础的地位，没有科学的社会劳动制度，其他社会制度都难以得到科学的确立。正因为如此，列宁在《从破坏历来的旧制度到创造新制度》这篇历史文献中，才把社会主义制度直接等同于社会主义劳动制度，以劳动制度作为社会主义制度的代名词。① 而在以往的社会主义制度建设中，则有意无意地忽视了社会主义劳动制度建设，只在社会分配或一般社会规范上做文章。建立社会主义的社会制度，必须以劳动生存纪律为根本规定，科学确立社会主义的劳动制度。由此才能在社会劳动制度的基础上，形成科学的社会主义社会制度。否则其他制度建设就会失去原则遵循和基础性规定，社会主义制度就不可能得到科学的建立和完善。

加强社会主义制度建设，必须体现出制度建设的强制性和实效性规定。在以往的社会生活中，往往容易出现以思想教育代替制度规范的现象，造成制度执行失之于软、失之于空的现象。制度对于具体的社会规范对象来说，必然具有说明、警示、约束、激励等多重功效，表现为一种外在的约束机制。必须从社会主义的社会性质和发展特点出发，通过确立刚性的办事规程和行动准则，从外在规范、外在压力、外在强制入手，强化制度的约束力，形成强制性的社会行为规范；同时转变工作重

① 《列宁选集》第4卷，第175—177页。

点，由注重制度制定到注重制度落实，以实施效果作为衡量制度建设的根本标准。例如在人口数量控制工作中，应通过收取多子女罚金，建立独生子女基金，对独生子女在就业、升学等方面予以必要的照顾，做到不让遵纪守法的人吃亏。由此实现社会生活中内约机制、互约机制和外约机制的统一，使社会制度规定能够得到有效的实施。

加强社会主义制度建设，必须保证制度建设的全面性和合理性要求，使各种制度规定做到适度、适当、适用。否则就会造成该规范的不规范、不该规范的乱规范的现象，使制度建设成为一种随意性的行为，失去可行性和正当性。这在公有制条件下表现得特别明显。例如一项工作说不管谁都不管，一说管理就走向极端。像文明单位建设中的一票否决制度，只要是单位主要领导出现了问题，就对单位工作以绝对的否决，而有些领导的问题是在调入这个单位之前发生的，与这个单位没有任何关系，同时调进单位领导是上级的决定，不是单位自己的安排。再比如，在社会信用评定上，随便确定失信标准，或者造成制度规定流于形式，或者引起人们的普遍不满，实际上同样是不负责任和工作中吃大锅饭的表现。只有保证制度规定的全面性和合理性，在制定制度时充分考虑到各种情况，使人们能够办到、必须办到，同时在执行时严格标准、严格实施，才能保证制度建设的应有效果。

加强社会主义制度建设，还必须强调制度建设的统一性和规范性特性。社会主义行为规范在根本上是一种统一的社会规范，社会主义制度规定必须是一种统一的社会规定。如果简单让每个单位自己去制定制度，各种社会制度不统一、不规范，那就既难以保证制度建设的科学性，也难以保证制度建设的严肃性，难以保证制度规定的有效实施。在以往的工作制度建设中，普遍存在着大锅饭和大呼隆现象，往往是要求各个单位都必须制定规章制度，造成各种制度规定连篇累牍，却大都是抄抄凑凑，应付支差，谁都不把它当回事。再比如，缺乏社会的统一规定，对失去劳动岗位的劳动者缺少社会保障，简单让其“走入风雨”，必然形成社会问题和矛盾，妨碍相关制度的实施。保证社会主义制度建设的效果，必须以社会作为制定和实施的基本工作主体，确定严格的工作程序规范，使各种制度规定做到权威、配套，保证各种制度规定得到有效实施。

加强社会主义制度建设，也必须体现出动态性和灵活性的内涵。制度规定具有相对的稳定性。但任何制度规定都是现实社会生活的产物，不是绝对不变和不可改变的。必须根据社会发展变化的实际情况，不断改变和调整各种制度规定，以充分适应于社会主义的发展需要。不能以机械主义、教条主义的做法进行制度建设，或者认为只有做到完全成熟、准确，才可以形成社会制度规范，或者认为只要是制度规范，就是不可触及、不可改变的。如果一项制度规定能够达到完善和健全的程度，当然要形成具体的制度规定；如果达不到绝对完善和健全的程度，只要社会生活需要，就应当根据实际情况，先形成必要的条文规定，以保证社会生活的规范有序进行，然后在实践中不断予以发展和完善。以此更好地适应社会主义的发展需要，保证社会主义的社会发展。

制度建设具有全局性、长期性和根本性的要求。加强社会主义制度建设，既具有艰巨的任务要求，又是一个发展着的动态过程。邓小平在南方谈话中指出：“恐怕再有三十年的时间，我们才会在各方面形成一整套更加成熟、更加定型的制度。”①

① 《邓小平文选》第3卷，人民出版社1993年版，第372页。

而从那时到现在，已经过去20多年的时间了。实践发展对社会主义制度建设提出了更为紧迫的任务要求，也提供了更为成熟的社会条件。只要真正在思想上、理论上弄清楚什么是社会主义，弄清楚社会主义的本质规定和发展要求，就能够对社会主义制度建设以清醒的认识，形成正确的制度建设原则规定，在工作中达到事半功倍的效果。由此在制度建设的层面上，有效实现社会主义经济基础与上层建筑的统一，保证社会主义的社会存在和社会发展。

实现社会主义的科学发展，是社会主义本质的必然要求，也是人类社会发展所必须面对的崭新课题。社会主义必须实现科学发展，也完全能够实现科学发展。实现了科学发展，社会主义优势就能够得到充分的展示和体现，社会主义就能够得到持续不断的前进和胜利。本章从社会主义的本质规定和社会生活性质出发，通过对社会主义发展要求的全面分析和论述，以求科学把握社会主义的发展规律和发展特点，正确利用各种社会发展手段和发展资源，形成科学的社会主义发展模式。从而有效实现社会主义的科学发展，实现人类社会更为理想、更为有效的社会发展效果。

第十章　社会主义发展进程研究

社会主义发展进程是社会主义自身变化前进所要经过的程序，体现着社会主义发展的原则性和规律性要求。对于社会主义发展进程的研究，就是从人类社会和社会主义发展规律的角度，对社会主义发展过程的探讨和论述，也是对社会主义存在发展的总结性概括和系统性说明，对实现社会主义的发展胜利具有重要的理论指导意义和实践规范价值。没有对于社会主义本质规定的科学理解和正确说明，就不可能正确认识社会主义的发展进程；而没有对于社会主义发展进程的科学理解和正确说明，同样讲不清社会主义的发展规律和发展特征，讲不清社会主义的社会存在和社会发展。只有对社会主义发展进程以科学的认识和理解，才能正确把握社会主义的发展规律，保证社会主义的发展方向，实现社会主义的不断发展和胜利，最终实现社会主义的完全胜利！

一、社会主义是一个能动的社会历史发展过程

研究社会主义的发展进程，首先必须在总体规定和活动特性上，弄明白社会主义的根本发展要求，讲清楚社会主义的发展特点和发展特征。与之前人类其他社会形态相比较，社会主义发展具有自觉努力和积极主动的活动特性，表现为有意识有

目的的社会活动过程。由此形成社会主义独特的社会发展要求，使社会主义成为一种自觉主动的能动的社会发展过程。

与动物的生命活动相比较，人类社会发展无疑都具有主观能动性的因素在内。社会主义之前的社会形态同样毫不例外。为什么要把社会主义专门界定为一个自觉主动的社会形态，看作是一个有意识有目的的社会发展过程呢？不难发现，人作为一种自然存在物和社会存在物，其主观能动性的体现和发挥，可以表现为社会的整体的活动内容和要求，也可以仅仅表现为个人的自己的活动内容和要求。确定一个社会形态是否是一个能动的社会发展形态，必须从社会的整体发展要求出发，去认识人类主观能动性的实现和发挥状况，表现为人的主观能动性对于社会整体发展的意义和作用。如果仅仅表现为一种对于个人生命存在的意义和价值，仅仅表现为一种个人的自己的行为，那就体现不出人类活动与动物活动的根本区别，从而这样的社会发展，也就仅仅是一种本能的生物机体的自然发泄行为，只能是盲目的不自觉的社会发展过程。

显而易见，社会主义之前的人类社会发展，包括所有私有制下的社会存在和社会发展，本质上是一种个人的自己的发展。在这样的社会发展中，人类的主观能动性仅仅表现为一种个人的自己的活动，表现为个人对于自身利益的自发的实现和追求，最多表现为一种社会群体的利益设计和追求。就社会整体发展来说，则缺乏科学的规划设计，只能处于动物式的本能的活动状态，是“从许多单个的意志的相互冲突中产生出来的”，是“不自觉地和不自主地起着作用的力量的产物”。[1] 因此就其社会发展的本质特性而言，自然谈不到自觉努力和积极主动的要求。

① 《马克思恩格斯选集》第4卷，第478页。

由此限制了人类主观能动性的发挥，降低了人类社会存在的意义和价值，在根本上不利于人类社会的发展和进步。

社会主义所以是一个能动的社会发展过程，是一个能动的社会形态，既是人类社会发展的必然结果，也是人类社会发展的必然要求。人类主观能动性对于人类社会发展的意义和作用，在其发挥的程度和水平上，既具有主观性的因素和内涵，又与人类对于社会和自然界的认识程度密切相关，与社会生产力的发展水平密切相关。人类对于社会和自然界的认识程度越低，社会发展就越呈现出本能的自然的状态，社会发展都是在无数个社会成员个人对于自身利益的竞相追逐中实现的，是各种不自觉的力量相互影响和盲目作用的结果。正因为这样，在原始社会之后，人们必然会选择奴隶社会，选择剥削制度，以恃强凌弱、暴力剥夺、欺诈压迫作为社会的发展手段，使人类社会延续着动物界弱肉强食的本能活动特性。只有随着人类社会的发展进步，社会化大生产的出现，剥削社会的本质越来越为人们所反对、所否定，并由此产生出马克思主义，才使人类社会彻底摒弃动物界的原始生存方式，真正进入到人的自觉主动的社会发展状态，体现出有意识有目的的社会生活要求，实现更为理想的社会发展效果。

社会主义是一个能动的社会形态，首先表现为具有科学的社会理论指导，是马克思主义科学理论思维的产物。资本主义之前的所有剥削社会形态，其社会意识形态都表现为自私自利的道德观念和个人主义的价值追求，都仅仅是为了巩固和维持现有的社会制度，为了实现少数人眼前的自己的个人利益。由此限制了人们主观能动性对于社会发展的意义和价值，使社会发展呈现出短视、功利的特点，具有盲目性和混乱性的特征。社会主义以马克思主义为理论指导，能够科学地规定社会的发展目标和方向，正确地追求和实现人类社会的利益，真正体现出人类社会发展的社会性和整体性要求。由此使社会主义发展与既往所有社会形态的发展鲜明地区别开来，成为一个能动的社会活动过程，充分体现出人的主观能动性对于人类社会发展的意义和作用。

社会主义的能动的社会发展过程，必然表现为人的主观能动性对于社会发展的科学指导作用，形成科学的社会发展手段和发展方式。这种发展手段和发展方式，集中表现为对于社会生活的科学管理和规范，对社会发展予以自觉主动的预测、规划和指导，表现为一种计划经济的发展手段和发展要求。毫无疑问，在任何社会形态中，都存在着对于社会公共秩序和现有利益格局的管理和维护问题，也具有对于社会生活进行强制规范的性质，同样表现为人的主观意识对于社会发展的作用和力量。但这种对于社会生活的管理和维护，往往丢掉社会生产这个最根本的内容，难以有效实现有意识有目的的社会发展要求。社会主义能够充分发挥人的主观能动性的作用，把各种社会生活内容纳入到科学计划指导的范围内，对整个社会生活以有效的干预和调控。由此实现人类社会的能动的科学的发展，保证整个社会发展的规范有序进行。

社会主义所以是一个能动的社会发展过程，还表现为具有科学的社会发展方向，以共产主义作为自己的最终奋斗目标。人类社会发展应是一种物质生产与精神生产的统一，现实存在与社会长远发展的统一，必须具有明确的发展目标和发展方向。而所有剥削社会形态的发展，都表现为一种动物本能的自然存在和随意发展，既不需要理论指导，也不可能形成科学的理论指导，既没有明确的社会发展目标和方向，也难以确定科学的发展目标和方向，当这个社会形态发展到一定程度时，就会在自身内部形成一种与之相互对立的力量，而使自己被予以彻底的否定。社会主义能够从人类社会发展的根本要求出发，科学确定自身的发展目标，既要建设社会主义，还要实现共产主义。由此使社会主义成为一种有意识有目的的社会发展过程，成为一种具有崇高价值导向和理想追求的社会发展进程，充分体现出人类活动特性对于人类社会发展的意义和价值，更好地实现人类社会的发展和进步。

社会主义的能动的社会发展，是社会主义先进性的重要标志，是实现社会主义社会发展的必然要求，能够充分发挥人的主观能动性的作用和力量。如果社会主义没有这种有意识有目的的社会发展要求，就不会有公有制和按劳分配的存在，不会有对社会生活进行计划指导的要求，从而也就没有更为科学的人类社会发展。在社会主义发展中，必须始终体现出人的有意识有目的的社会活动特性，形成更为科学的社会生活要求，以更好地促进社会主义的发展进步。也只有在社会主义制度下，人的主观能动性才能得到充分有效的发挥，使人类社会彻底脱离动物界的生存模式束缚，克服既往社会形态发展中的弊病和缺陷，成为一种有意识有目的的能动的社会发展过程。

社会主义的能动的社会发展要求，必然表现为社会主义的科学发展，表现为社会主义的全面发展、和谐发展和持续发展。而近十几年来，资本主义也提出了可持续发展的要求。一些人由此过于抬高资本主义的社会发展理念，把社会主义发展与可持续发展等同起来，甚至以可持续发展规划社会主义的社会发展。这既是对人类社会科学发展的误解，也是对社会主义发展认识不清的表现，有必要对此进行一点理论说明。

回顾资本主义的发展历史，在其最初的社会发展中，采取的是自由资本主义的发展方式，一切以市场竞争为准则，以眼前的现实利益为选择，虽然在一定时期内促进了社会生产的极大发展，却造成阶级矛盾激化、社会资源浪费等弊端。进入20世纪后，这种弊病进一步暴露出来，形成经济危机、能源危机、环境恶化等一系列问题，直接威胁到人类社会的发展，也威胁到资本主义的自身存在。在这种情况下，资本主义社会中一些具有思维能力的理论家们，先后提出了宏观调控、福利保障等发展手段，进而从人类与自然界的关系出发，提出实现社会可持续发展的问题。这说明资本主义也认识到了自身发展方式的缺陷，认识到必须对社会发展予以指导、规范和管理。但不难看到，可持续发展的提法，仅仅是就人与自然界的相互关系而言，没有触及到资本主义社会不可持续发展的真正根源，即私有制的存在。指望提出一个可持续发展的理念，就让资本家规规矩矩地从整个人类社会的发展需要出发，去实现人类社会的持续发展，是根本不可能的。

实际情况正是如此。资本主义的社会发展，在根本上是一种只顾自己、不顾他人、只顾眼前、不顾长远的发展，既没有对社会生活进行科学调剂的物质手段和物质基础，也缺乏科学的发展目标和发展方向，而“只在于取得劳动的最近的、最直接的有益效果”[①]。因此资本主义尽管可以提出一些社会发展的愿景，一旦触及到了个人的现实利益实现，资产阶级就会把它抛到一边，不理不睬。美国政府自食其言，放弃对京都议定书的承诺，就是一个典型例子。在资本主义社会中，不论是亿万富翁还是些许小民，在激烈的市场竞争和利益角逐中，都只能听天由命，成王败寇，对于每个社会成员的生存发展都具有偶然性和极大的不确定性。如果资本主义生产方式不改变，人们

① 《马克思恩格斯选集》第3卷，第519页。

的生存方式就不会改变，从而社会发展方式同样不会改变，社会中的弊病也就依然存在。实现人类社会的科学发展，既必须保证人与自然之间的统一和谐，更必须实现人与人之间的统一和谐。人与人之间的对抗问题解决不好，人与自然界的矛盾也就不可能真正解决好。提出可持续发展的观点，能够从纯自然的角度，减少一些资本主义发展的负面影响，却忽略了社会生产方式对于社会发展的影响。因此在资本主义生产方式下，可持续发展只能是一个漂亮的口号，或者是一个不切实际的主观奢望，不可能得到真正的实现。

社会主义的发展却不同。社会主义本身即是人类科学思维的产物，其发展的根本目的和根本要求，是实现全体社会成员的利益，包括现实的和长远的利益，个人的和整体的利益。因此实现人类社会的可持续发展，本来就是社会主义的应有之义。翻阅一下马恩的著作就会发现，社会主义一开始就是为了否定资本主义短浅的唯利是图的不可持续发展模式，为了避免给人类社会发展造成弊端和危害而诞生的。100 多年前，在资产阶级对其攫取到的现实物质利益欢呼雀跃的时候，恩格斯就一针见血地指出，每一次人类对于自然界的“胜利”，“自然界都报复了我们”。[1] 近 200 年来的资本主义发展，完全印证了马恩经典著作家的科学预见。由此也说明，现实生活中资本主义所能提出来的任何有价值的社会理论观点，在马克思主义的理论体系中，都能够找到说明和出处，资本主义现在看到的问题，马克思主义早就看到了，并且已经有了科学的解决办法。也只有在马克思主义的指导下，才能够彻底克服既往社会发展中的弊端，实现人类社会科学发展的要求。这样一种社会发展理论，包含

① 《马克思恩格斯选集》第 3 卷，第 517 页。

着更为丰富的内容，自然也包括社会可持续发展的要求。可持续发展只是人类社会科学发展的一个方面，社会主义发展不论是在原则规定上，还是在包容范围上，都远远大于可持续发展的内涵。由此充分展示出马克思主义的前瞻性和预见性，说明马克思主义具有不可否认的真理性。

通过上述分析也可以看到，提出可持续发展的要求，也从另一个角度证明了社会主义所具有的科学性和合理性，是社会主义必将战胜资本主义的有力证明。就其社会发展的本质来说，资本主义必然只讲资本，不讲社会，只讲眼前，不讲长远，一切以资本的现实存在为宗旨，只能局限在本能的社会发展阶段。资本主义的社会发展要求，包括可持续发展在内，都是在现实物质利益追求的驱使下，所提出来的社会发展理念。这样一个可持续发展的社会发展理念，是资本主义所能提出来的最为科学的社会发展理论，但在社会主义面前，则凸现其根本性的缺陷和不足。资本主义思想家们可以发现问题，却无法解决问题。如果他们深入一步去进行思考，那就必然要涉及到对于资本主义制度的根本否定问题，涉及到对于资本主义的彻底否定问题了。只有建立起社会主义制度，才能够保证社会可持续发展的有效实现。那种把可持续发展放在社会主义科学发展之上的观点，不符合历史事实和现实的社会发展要求。

可见，实现人类社会的能动的科学的发展，是社会主义对于旧的社会制度根本变革的产物，是社会主义发展的鲜明特征。没有对于社会主义本质的科学确立，没有科学的理论指导，就不可能实现人类社会能动发展的要求。在社会主义社会里，人的主观能动性得到了充分的展示和体现，从而使人从根本上脱离开动物的本能生存状态，进入到真正的人的生存发展状态。虽然这种人的主观能动性的发挥和实现，同样可能会出现偏差和失误，与未来共产主义社会相比较，还处于较低层次的发展阶段，但与以往的社会形态相比较，则无疑是人类有意识有目的的社会活动特性的充分体现，是人类社会发展方式的一次本质飞跃。如果仍然把社会发展建立在私有制的基础上，建立在剥削压迫的基础上，那就只能把人类社会发展停留在人的生物本能冲动上，难以实现人类社会的科学发展，也难以把人类社会生活与动物社会生活从根本上区别开来，必然降低人类社会存在的意义和价值。

二、实现劳动者的全面发展是社会主义发展的根本目的

人类社会发展的根本目的，是人类社会发展所要得到的根本目标和结果。而社会主义发展的根本目的，是对作为社会活动主体的社会主义劳动者的发展，表现为劳动者的全面发展。这是由人类社会发展的基本规律所决定的，是社会主义的本质所决定的。以此为社会主义确定科学的前进目标和发展方向，提供内在的发展动力，更好地实现人类社会的前进和发展。

人是人类社会发展的主体，也是人类社会发展的根本目的。自打人类社会诞生以来，不论人类社会的发展进程是如何曲折复杂、扑朔迷离，从根本上说，都是人们为了实现自身生存发展而进行的社会实践活动，都表现为人类自身生存发展愿望的不断实现和满足。这种对于自身生存发展愿望的实现和满足，在不同的社会形态中，既具有不同的社会发展方式，也具有不同的发展愿望和发展目的。在剥削社会中，表现为一种盲目的物质利益追逐过程，从而社会发展也就只能以物的发展为目的，以剥削压迫为目的。社会主义彻底否定了剥削社会形态的本质，

通过实行公有制和按劳分配，为人的劳动创造本质的实现和发挥，提供了前所未有的社会条件，开辟了前所未有的广阔道路。由此从根本上改变了剥削社会形态的发展目的，使那种以物质利益为根本追求的社会发展，成为真正的以人为本的社会发展，成为一种真正的人的发展。

社会主义的社会发展目的，与社会主义生产关系相一致，与社会主义生产目的相一致。社会主义生产目的反映着社会主义的社会性质和发展要求，是社会主义生产所要达到的结果。按照传统的说法，社会主义生产目的是满足人民群众日益增长的物质文化需要。① 这样一种社会生产目的，实际上也是社会主义的社会发展目的，是社会主义发展目的在社会生产中的反映和体现。这种社会生产目的的实现，必然表现为全体社会成员发展愿望和发展要求的实现，表现为全体社会成员的共同的发展。从而体现出社会主义生产目的与社会主义发展目的的一致性，体现出社会主义发展目的的科学性和正当性。

但是，社会主义发展的根本目的，对于所有社会主义的社会成员来说，同样是一种有条件的相对的发展，而不是无条件的绝对的发展。这是因为，社会主义劳动对于劳动者依然具有负担和累赘的性质，存在着对于全体社会成员自身发展的限制和束缚。由此决定了社会主义关于人的发展，只能是对劳动者的发展，表现为劳动者的全面发展，而不能是笼统的人的全面自由发展。这种劳动者的全面发展，其根本标志，就是劳动者在社会劳动和社会生活中，可以相对超出自身劳动岗位和活动范围的局限，在社会的政治生活、经济生活、文化生活等方面，通过自己本质的实现和发挥，不断增强劳动能力，体现出自己

① 在《社会主义社会生产研究》中，作者把社会主义生产目的概括为“满足社会主义劳动者的生存发展需要”。

的发展愿望，体现出自身的社会意义和价值，展现其作为社会主人的地位和作用。这样一种劳动者的全面发展，是迄今人类社会所能够实现的人的最大程度的发展。对于社会主义来说，实现人的发展就是实现劳动者的发展，实现劳动者的发展就是实现人的发展。只有以劳动者的全面发展作为根本要求，才能体现出社会主义的本质规定，体现出社会主义发展的根本目的。如果不是以劳动者的全面发展作为根本目的，而是以笼统的毫无条件的人的发展作为社会发展要求，显然不符合社会主义的劳动性质，不符合社会主义的本质规定，不仅不会由此实现人的自由发展，而且会形成社会主义劳动者的发展障碍，阻碍劳动者的自身发展，妨碍人类社会的科学发展。

在马恩经典著作中，共产主义被确定为以“每个人的全面而自由发展为基本原则”的社会形态。那么，怎样理解劳动者的全面发展与这种“每个人的全面而自由发展”的关系呢？很显然，劳动者的全面发展与人的全面自由发展，既是一个相互联结的社会发展过程，又具有本质的区别，前者必然存在着劳动者本质发展和发挥的障碍，后者则消除了人类自身发展的一切障碍，表现为人的自由的发展。如果在社会主义条件下，即以人的全面自由发展作为社会发展要求，必然使社会生活失去有效规范，陷入无所适从的状态。但另一方面，劳动者的全面发展必须以人的自由发展作为目标导向和引领，否则劳动者的全面发展同样会成为毫无目标的行为，成为盲目的不自觉的行为，最终沦落为现实的物质利益追逐。社会主义劳动者的全面发展必须以人的全面自由发展为目标，人的全面自由发展只有在劳动者全面发展的基础上才能够实现，劳动者的全面发展是人的全面自由发展的低级阶段，人的全面自由发展是劳动者全面发展的高级阶段，前者是后者的发展基础，后者是前者的发展目标。由此也说明，社会主义与共产主义具有内在的一致性和统一性，是一个不可分割的统一整体，表现为相互一致和相互统一的社会运动过程和发展要求。

应当说明的是，马克思把人类未来的社会形态，表述为人的“全面而自由发展”的社会形态，是建立在把社会主义与共产主义作为同一个社会形态的基础上，并由此把人的全面发展与自由发展并列起来，作为社会主义和共产主义的基本原则规定。这既显示出马克思主义作为一个理论体系的科学性和严谨性，充分揭示出人类自身发展的客观历史进程，但也容易造成理论上和实践中的偏差和误解。社会主义与共产主义既属于同一个人类社会发展阶段，属于同一个社会运动，又是两个不同的社会形态，具有不同的社会原则规定。就实现人类自身的发展来说，社会主义是劳动者的全面发展，共产主义是人的全面自由的发展。社会主义只能以劳动者的全面发展作为自己的发展任务和原则规定，不能简单以人的全面发展或自由发展作为自己的根本要求。共产主义必须以人的全面自由发展作为基本原则规定，但在这种人的自由发展中，实际上已经充分包含了人的全面发展的内涵，因此严格来说，以人的自由发展作为共产主义社会生活的基本原则，就已经足够了。为了说明共产主义的历史责任和人类社会的发展目标，说明社会主义与共产主义的本质联系，应当把人的全面发展与自由发展联结起来，作为一个完整的社会生活概念，否则就讲不清社会主义的发展要求，讲不清共产主义的社会发展基础；但在具体的社会实践和社会发展中，则不能相互混淆和替代。在社会主义社会中，人的全面自由发展始终具有导向价值，必须以实现人的全面自由发展为最终目标，但不能使之成为强制性的社会规范，不能以此作为社会主义的基本发展要求。

以劳动者的全面发展作为社会主义发展的根本目的，也是人类社会发展的必然要求。从人类社会发展中可以看到，人类自身的发展与人类社会的发展在根本上是一致的，人类的社会形态与人类自身的生命存在状态同样在根本上是一致的。在原始社会中，人以原始人的状态而存在；在奴隶社会和封建社会中，人以野蛮人①和自然人的状态而存在；在资本主义社会中，人以经济人的状态而存在。在社会主义社会中，人则成为社会的人，这种社会人，是在人的本质实践基础上得到自身全面发展的人，既以社会的整体的发展为根本要求，也表现为劳动者个人的自主存在和自我发展。与此相衔接，在共产主义社会中，人在社会物质利益要求上将联结成为一个统一的社会存在物，在个人的社会活动范围内，则成为完全自由的人，即马克思说的“自由人”。而人要成为自由的人，必须首先成为社会的人，只有在社会主义个人与社会辩证统一的社会存在中，才能够为未来自由人的存在创造坚实的社会基础和丰富的物质条件。人类社会的发展进程，与人类自身发展的历史阶段相一致，同样表现为由原始人、野蛮人、自然人、经济人，向着社会人和自由人发展的过程。只有把人类社会发展与人类自身发展紧密联系起来，才能科学把握人类社会的发展要求，实现人类自身的科学发展，实现人类社会的科学发展。

以劳动者的全面发展作为社会主义发展的根本目的，也为实现人的发展确定了现实的手段，使社会主义发展目的成为一种客观实在的社会物质实践，即通过劳动实现劳动者的社会发展。社会主义本质与人的固有本质是完全一致的，社会主义发展与人类自身的发展也是完全一致的。在劳动还不是人们生活

① 这里借用了美国民族学家路易斯·亨利·摩尔根在《古代社会》里有关人类社会野蛮时代的提法。

乐趣和第一需要的时候，人必须以劳动者的身份而存在，因此人类社会发展也必须首先表现为劳动者的发展。只有首先实现劳动者的发展，才能实现毫无差别的人的发展，只有首先实现劳动者的全面发展，才能最终实现人的全面自由的发展。而社会主义本质的发展同样离不开劳动者的发展，也必然表现为劳动者的发展；劳动者的全面发展自然表现为社会主义本质的发展，表现为人类自身的发展。这样一种人的发展要求，在根本上必须通过劳动创造的社会实践活动来实现。由此体现出人类自身发展愿望与发展手段的统一，实现人类自身的最为科学、最为道德的发展。

科学确定社会主义发展的根本目的，也为社会主义劳动者的发展提供了科学的评定标准。与社会主义的劳动性质相一致，社会主义劳动者的全面发展，还同样是劳动者的负担和累赘，同样不会是所有劳动者完全自觉自愿的行为，既需要劳动者主观能动性的自觉主动的发挥，也离不开社会的强制和规范。换言之，劳动者的全面发展，对于所有社会主义劳动者来说，还同样表现为一种社会责任要求。实现社会主义的社会发展，包括实现劳动者的发展，既要充分体现出以人为本的社会发展理念，又要建立起科学的社会劳动纪律，以实际社会劳动结果作为社会的价值评定标准。只有形成科学的社会行为准则和制度规定，使劳动者的全面发展与社会主义的社会性质一致起来，统一起来，才能真正符合社会主义的发展需要，使劳动者的发展获得内在的持久的推动力量。

通过上述分析也可以看到，社会主义的社会发展，集中表现为劳动者的全面发展，而在本质上同样表现为人的自身发展。这种社会主义劳动者的全面发展，是社会主义发展的根本目的和根本内容，既是社会主义发展与资本主义发展所根本不同的地方，也是社会主义与共产主义所根本不同的地方。没有劳动者的发展，社会主义就失去了自身发展的根本目的，也失去了自身发展的主体力量和根本保障；而没有社会主义劳动创造本质的发展，劳动者的发展同样会成为一种主观随意的东西。只有在社会主义本质的规定下，才要求着每个劳动者必须对社会尽到劳动义务，为社会主义本质的发展提供源源不断的动力，有效实现社会主义社会发展的要求；也只有在社会主义本质的规定下，人的劳动创造本质才能得到充分的尊重和体现，才能够以劳动者的全面发展作为社会主义的发展目的。这样一种劳动者的全面发展，同样是一个不断实现的社会过程，既需要劳动者个人的努力和奋斗，也需要社会的引导和激励。实现社会主义的社会发展，必须始终坚持以劳动为本的原则，坚持以劳动者为本的原则，不断提高劳动者的整体素质，实现劳动者自身发展的要求。这种社会主义发展的最终目标，就是实现人的全面自由的发展。由此体现出个人发展与社会发展的科学统一，个人本质发展与社会本质发展的科学统一，充分体现出社会主义发展的正当性、科学性和道德性。

资本主义讲人权，讲人的自由，这是不是也在讲人的发展？显然不是。资本主义的人权或人的自由，只是把人限定在动物式的生物本能发泄的状态，限定在人的生命存在的状态。在资本主义制度下，人们的社会活动仅仅表现为一种个人的现实利益要求，在资本主义的发展理念中，包括在所谓社会福利制度中，都仅仅表现为人的现实生命存在，局限于一种经济人的生命存在状态，而没有实现人的发展的社会物质条件，根本反映不出劳动者自身发展的要求。对于资本主义的发展来说，其根本目的只能是资本，是资产阶级为自己积聚起更多的财富。资本主义的人权，仅仅表现为一种生物的生命存在权利；资本主义的人的自由，只是表现为一种动物生命活动的自由。只有在社会主义条件下，在实行公有制和按劳分配的社会中，才能够为人的发展提供必不可少的社会物质基础，实现对于既往人类社会发展目的的根本改变。

以劳动者的全面发展作为社会发展的根本目的，既以人与人之间社会关系的根本变革为前提条件，又必然涉及到人类与自然界的关系问题，涉及到人类对于自然界的征服、改造和利用问题。在传统的社会主义理论中，这已经不是一个问题了。但由于社会主义发展中出现过一些失误，以及资本主义对于自身发展的矛盾和困惑，一些人在人与自然界的关系上，也出现了错误的看法，包括一些从事自然科学的人员，也对战胜自然、征服自然的提法表示反感。这不符合人类社会发展的根本要求，不利于社会主义发展目的的实现，应当予以匡正。

人类社会的发展，既表现为人类社会形态的发展进步，也表现为人类认识和改造自然界能力的提高和增强；人类的解放，同样表现为对自然界的解放与对人类社会的解放的有机统一。没有社会形态的发展进步，不会有人类解放的不断实现；但没有对于自然界认识水平的提高，没有人类改造自然、征服自然的伟大实践，人类同样只能局限在现有的生命存在状态，同样不会有自身解放的实现。作为有意识有目的的社会存在物，人类从来不会满足于自身的现有生存状况，不会完全依赖于自然界的赐予来生存，把自身的生存状况与动物的生存状态完全等同起来，而是通过自身本质的发展和发挥，不断调整和改变自身与自然界的关系，以此形成更为美好的社会生活，实现自身的生存发展愿望。从用石块打制出第一件劳动工具开始，人类就脱离开对于自然界的绝对依赖关系，开始了改造和征服自然界的伟大实践。也正因为这样，人类社会才能不断得到发展和进步，人类才能够享受到丰富多彩的社会生活。人类社会的发展进步，必然表现为人类征服和战胜自然界能力的增强和提高，人类社会的发展历史，同样是对自然界不断发展和不断征服的历史。否则人类社会和动物社会就没有区别了，人就不成为人，而与一般的动物存在毫无二致了。

社会主义在人与人的关系上，表现为一种科学的理论思维和发展要求，在人类与自然界的关系上，同样是最为科学的社会理论体系和发展理念。这种人类与自然界的社会关系定位，不是把人简单地与动物并列起来，绝对置于自然界的控制之下；又不是随心所欲、不加规范，把人类与自然界的关系看成是一种完全随自身主观意愿而为的行为。在私有制的社会中，由于缺乏明确的社会发展目标，人们或者为了追求自身利益而不择手段，或者把社会问题简单归咎于人类与自然界的矛盾，从而走向极端，形成片面的思想认识和理论观点。例如一些绿党、动物保护协会等，虽然看到了人类自身无度扩张对人类社会发展的危害，却脱离开人类社会存在和发展的目的，以绝对的手段和方式，来进行所谓动物保护、环境维护。连美国总统打死一只苍蝇，也被指责为“残害生灵”。而在现实生活中，任何人都不会为了与苍蝇保持和谐，而去像动物一样的活着。这样一种人与自然界的关系界定，显然不符合人类自身的发展要求，不符合人类社会存在的根本目的。

说人类不能在自然界面前束手无策、毫无作为，并不是说，人类可以任意凌驾于自然界之上，随意去改变自然，对待自然。从哲学的观点来说，人类对于自然界的认识，永远只能处于相对的状态，不可能对自然界以绝对的认识和了解，更不可能予以完全的掌握和控制。这种人类对于自然界的战胜和征服，同样是相对而言，是就人所具有的主观能动性而言，是就人们一代一代的不同的生存状况和发展条件而言。对于一些具有积极意义的理论观点，如人定胜天等，必须辩证地科学地理解和对待。不能因为一个人摔跤撂不倒一头狮子，就连征服一只苍蝇的话也不敢说。同样，不能因为人类永远不可能对自然界以绝对的认识和利用，就必须使人类永远处于自然界的绝对主宰之下。脱离开自然界的外部物质条件，把人的主观能动性看得无所不在、无所不能，不是历史唯物主义的态度，但把人类仅仅看成是自然界的附属物，看成是上帝的奴仆，同样不是历史唯物主义的态度。

弄清楚社会主义发展的根本目的，能够为社会主义发展确定科学的目标和方向，同时使社会主义站立于人类社会发展的道德制高点上，在与一切剥削社会形态的比较中，在与一切剥削阶级思想观念的比较中，体现出无与伦比的道德性和正当性。不能把在自然界面前唯唯诺诺、逆来顺受看成是尊重自然，把对动物的本能宠爱简单看成是具有人性的表现。德国纳粹集团的二号元凶戈林不许折磨动物，不许用动物做实验，却残忍地杀死了600万犹太人，在集中营里用活人做实验，凸显资产阶级世界观的虚伪性和矛盾性，其对动物的仁慈，不过是资产阶级控制欲望的另一种表现形式而已，仅仅是为了满足自身的占有和消遣需要而已。人本身是人，人类社会的存在发展首先是为了人类自己。在社会主义发展中，必须始终以人类自身的生存发展需要作为根本规定，以实现劳动者本质的发展发挥为根本内容，以实现劳动者的全面发展为根本要求，由此实现人类社会的科学存在和发展。

既然人类社会离不开自然界的影响和制约，在人类社会发展中，包括在社会主义和共产主义的社会发展中，自然必须始终注意维护人类社会与自然界之间的和谐统一，科学调剂人与自然的关系。如果人类社会不断得到发展和进步，人们的生存方式和发展方式却延续着过去的做法，显然会影响到人类自身与自然界的相互关系存在，最终影响到人类自身的生存和发展。例如以石器作为狩猎工具，人和动物能够处于一种自然平衡的状态，如果以现代的武器装备进行狩猎活动，动物的任何优势都不会存在。没有科学的社会管理，必然导致人与自然界之间的关系严重失衡。但这种规范和管理，从根本上说，依然是为了人类的存在和发展，为了人类更好地生存和发展，必须以人为中心，不能妨碍或者阻碍人类自身的生存和发展。如果由此把动物和人类完全等同起来，把苍蝇和人等同起来，显然失去了进行社会规范和社会管理的本意。建立社会主义，就是为了通过社会的科学计划和有效管理，实现对整个社会发展的协调平衡，包括实现人与自然之间关系的协调平衡，为人类社会的有序发展、持续发展，提供坚强有力的社会保证。这也说明人的主观能动性对于人类社会发展的意义和作用，说明人类社会作为一个统一整体发展的重要性，同时为社会主义的存在发展提供了科学的理论证明。

三、劳动者阶级是社会主义存在和发展的阶级基础

社会主义的阶级基础，是社会主义存在发展的根本主体因素，是社会主义前进发展的主体推动力量，表现为“劳动者阶级”，或“劳动阶级”。只有以劳动者阶级作为社会主义的阶级基础，才能够与社会主义的本质规定相一致，与社会主义发展的根本目的相一致，为社会主义确定坚实的社会主体力量，提供强大的发展动力源泉，实现社会主义存在和发展的要求。

按照传统的理论定义，阶级是人们在一定的社会生产体系中，由于所处的社会地位及对生产资料的占有关系不同，而形成的社会利益集团。在革命的前进的阶级看来，剥削阶级是不劳动阶级，被剥削阶级是劳动阶级，剥削阶级通过占有社会劳动资料，对他人进行剥夺压迫，劳动阶级则只能为他人劳动，被他人剥削和压迫，彼此是相互否定和根本对立的。在私有制的社会里，阶级表现为剥削阶级和被剥削阶级两大集团，形成两个对立的社会阵营。在社会主义条件下，任何人都不能凭借阶级特权去剥夺他人的劳动，不具有剥削阶级存在的社会物质基础。每一个具有劳动能力的社会成员，都必须依靠劳动来生存、来发展，不论其从事什么样的劳动活动，都具有平等的社会地位和权利。因此在社会主义社会的阶级划分上，也就不存在剥削阶级和被剥削阶级的问题，所有社会活动主体表现为一个相对统一的社会利益集团。这个相对统一的社会利益集团，即是劳动阶级，以劳动者阶级的形式而存在。也只有劳动者阶级，才能够从根本上消除社会中的阶级对立和对抗，形成整个社会相对一致的利益要求和发展愿望，形成社会发展中的共同理想和共同追求，为人类社会的科学发展创造融洽的社会环境，更好地推动社会的前进和发展。

以劳动者阶级作为社会主义的阶级基础，体现出社会主义阶级基础的广泛性、统一性和科学性，使社会主义具有极大的制度优势和发展潜力。正如恩格斯所说，“劳动阶级一向就有”，但“在不同的社会发展阶段上，劳动阶级的生活条件也各不相同，它在同有产阶级和统治阶级的关系上所处的地位也各不相同。”[①] 在剥削社会中，劳动分裂为对抗性的社会活动，劳动者

---

① 《马克思恩格斯选集》第1卷，第210、212页。

同样分裂为剥削的劳动者和被剥削的劳动者。一个社会形态的阶级基础，必须是在社会中占据主导和统治地位的阶级，因此在剥削社会中，必然以剥削阶级作为其阶级基础。在这种情况下，如果以劳动阶级或不劳动阶级作为社会的阶级基础，就讲不清社会中阶级的本质和内涵，而只能以剥削阶级和被剥削阶级，来说明社会的阶级状况和阶级属性，以奴隶主阶级与奴隶阶级、地主阶级与农民阶级、资产阶级与无产阶级，来体现出不同剥削社会形态中的阶级对立和对抗。以劳动者阶级作为自己社会形态的阶级基础，说明社会主义实现了对于剥削阶级的根本否定，也说明人类社会在阶级关系上，实现了前所未有的一致和统一。在剥削社会中，劳动者阶级就是被剥削阶级；在社会主义条件下，劳动者阶级成为主导和统治阶级。社会主义以劳动为其社会基础，也必须以劳动者阶级作为自己的阶级基础，由此实现社会主义阶级基础与社会基础的统一，为社会主义奠定坚实的社会发展基础。

在社会主义社会中，作为劳动者阶级的对立物，剥削阶级自然不再存在，为什么还要有劳动者阶级存在，以劳动者阶级作为社会主义的阶级基础呢？具体来说，有以下几个方面的原因。

一是否定阶级剥削压迫的需要。剥削现象的出现，是社会生产力出现剩余产品、同时又不能实行按需分配的产物。在社会主义社会中，社会产品还达不到按需分配的程度，社会生活中还存在着各种经济成分，因此同样存在着剥削阶级的思想观念，存在着剥削阶级产生的可能性和现实性。社会主义又处在与其他剥削社会形态相互共存的社会发展环境当中，面临着来自外部敌对势力的颠覆和破坏，存在着各种来自于剥削阶级的否定因素。只有以劳动者阶级作为阶级基础，才能对一切剥削思想和剥削阶级以根本的否定，保证社会主义的存在和发展。失去了劳动者阶级，社会主义就失去了能够与剥削阶级相互对抗的阶级力量，从而在剥削阶级的攻击面前，失去自身存在和发展的可能性。

二是避免形成平均主义和大锅饭。在社会主义条件下，每一个社会成员都有从社会获得个人生存发展条件的权利，社会也必须以满足劳动者的物质文化需要为生产目的。如果不讲劳动者的阶级属性，不讲社会的阶级基础，那就只能以笼统的人的生命存在权利，以绝对的人人平等，来确定社会的利益分配，使社会生活滑向平均主义和大锅饭。只有以劳动者阶级作为社会主义的阶级基础，才能够实现劳动者社会权利与社会责任的有机统一，避免以笼统的人的权利作为社会发展的根本要求，避免平均主义和大锅饭现象的出现。否则在劳动者实现了阶级面前的人人平等之后，很容易使社会生活陷入无政府主义或自由主义的境地，在根本上否定社会主义。

三是确定科学的社会主义社会生活原则。社会主义发展必须依靠劳动者的劳动创造来实现，而社会主义劳动对于劳动者来说，还具有负担和累赘的性质，还不是全体劳动者完全自觉自愿的事情。保证社会主义劳动的有效进行，要有科学的社会劳动纪律和制度规定。这样一种社会主义的劳动纪律和制度规定，既不能具有阶级剥削压迫的性质，也不能以共产主义的劳动纪律作为社会的行为规范。如果对社会活动主体的本质属性和基本内涵弄不清楚，缺乏科学的界定和说明，就不可能确定科学有效的社会劳动纪律和行为规范，从而也就难以保证社会主义劳动的有效进行，难以保证社会主义的有效发展。只有以劳动者阶级作为社会劳动纪律的规范对象，才能够说明社会主义条件下“人”的社会属性和本质规定，确定科学的社会生活准则，形成科学的社会主义劳动制度，对所有社会主义劳动者以科学有效的社会规范。

四是保证社会主义本质的发展和发挥。社会主义劳动创造本质的实现和发挥，必须有其必不可少的社会活动主体，有其基本的社会推动力量。这种社会主义的社会活动主体和社会发展推动力量，表现在社会的整体发展要求上，只能是劳动者阶级。劳动者阶级是社会主义本质得以有效确立的主体因素，是社会主义本质实现和发展的主体推动力量。实现社会主义本质的发展与发挥，从整体上说，就是实现劳动者阶级本质力量的发展和发挥。没有劳动者阶级，社会主义本质就失去了发展和发挥的整体力量，失去其实现和发展的阶级保证，从而也就不可能有社会主义本质的有效发展和发挥。只有以劳动者阶级作为自己的阶级基础，才能够为确立社会主义本质提供阶级基础和逻辑证明，为社会主义本质的实现提供必不可少的驱动力量，实现社会主义本质发展和发挥的要求。

社会主义以劳动者阶级作为阶级基础，在社会生活中，就必须充分体现出劳动者阶级前所未有的社会地位，切实保障劳动者的社会权利，以实现劳动者的社会利益和全面发展为根本要求。社会主义的制度规定和行为规范，社会主义的社会发展和社会进步，都必须有利于劳动者本质的实现和发挥。而社会主义的社会制度和行为规范，也为保证劳动者的社会地位和权利，实现劳动者的自身发展，提供了牢固的制度保障。例如在资本主义下，一个雇佣劳动者被雇主所解雇，彼此就不再存在任何利益关系。而在社会主义条件下，一个职工被中止了在某个企业中的具体劳动权利，但在理论上和实际上，依然都是这个企业的主人，同样能够行使对整个社会生活的监督权，包括对其原在企业进行社会监督和管理的权力。社会主义把个人本质升华为整个社会的本质，使个人本质的实现不仅成为劳动者个人的行为，同时成为社会的整体的行为。由此体现出社会主义有意识有目的的发展要求，体现出社会主义发展的根本目的。如果不能保证劳动者阶级的社会地位和权利，体现不出劳动者阶级的社会主体和主导地位，那就没有社会主义本质的实现，没有社会主义的社会存在和发展。

以往人们用工人阶级或者是无产阶级作为社会主义的领导阶级，这当然是正确的。工人阶级或无产阶级，是伴随着社会化大生产而形成的新型劳动阶级，是劳动者阶级和先进生产力的代表，是否定剥削阶级的最为革命的力量。但工人阶级对于社会主义的阶级领导作用，主要是就反抗资产阶级的阶级统治而言，就推翻旧的剥削社会制度而言，就其在社会主义建设中的模范带头作用而言。社会主义的领导阶级，是社会主义阶级基础的重要组成部分和核心力量，但不能就此简单地以工人阶级作为社会主义的阶级基础。随着社会主义制度的建立，社会主义阶级基础扩展到一切劳动者阶级和阶层，必须以劳动者阶级作为社会的阶级基础。如果仅仅以工人阶级作为社会阶级基础，那就体现不出社会主义劳动者在阶级面前的彼此平等，难以全面概括所有社会成员的劳动活动，必然造成不必要的社会劳动分裂。例如过去片面否定脑力劳动和知识分子的劳动，就是如此。在社会主义社会中，工人阶级和其他劳动者阶级享有同样的社会权利，承担着同样的社会责任，以此实现自身解放与解放全人类的统一。必须把社会主义的领导阶级和社会主义的阶级基础区别开来，既坚持工人阶级的领导地位，又以劳动阶级作为社会主义的阶级基础。这同样是实现社会主义发展的必然要求，是实现无产阶级自身解放的必然要求。

与剥削阶级和被剥削阶级相比较，劳动者阶级在根本上表现为一种社会建设和社会发展的内涵。这样一种劳动者阶级的本质属性，与社会主义的社会性质和发展要求完全一致。以劳动者阶级作为社会主义的阶级基础，能够全面体现出社会主义劳动的融合性特征，是实现人类由阶级社会向无阶级社会过渡的必然要求，也是人类社会彻底消灭阶级存在的一个不可逾越的社会历史阶段。在社会主义社会中，不论是工人劳动者，还是农民劳动者或其他劳动者，都必须把自己作为劳动者阶级中的一员，和其他劳动者一起，共同担负起建设社会主义的历史使命。没有社会主义阶级基础的丰富和扩大，就难以适应社会主义的发展需要，也难以对社会主义发展以科学的理论说明。这也是在社会主义条件下，必须扩大党的群众基础和阶级基础的根本原因。

以劳动者阶级作为社会主义的阶级基础，也说明所有社会主义劳动者都是相互平等的。由此为建立社会主义和谐社会，实现社会主义的和谐发展，提供必不可少的阶级基础和人际关系保证。实现人类社会的和谐发展，是人类社会发展的重要目标。而要实现人类社会的和谐发展，必须实现社会的利益和谐，实现全体社会成员在社会利益要求上的相对一致和统一。社会主义通过实行生产资料公有制，通过社会的科学调节，使社会利益分配做到科学、公正与合理，从根本上否定社会生活中的阶级矛盾对立和阶级利益对抗，使人们把聪明才智都用到劳动创造上，用到对于自然界的奋斗和索取上。“私有制使人分裂，而劳动使人团结。”① 从而为人类社会发展创造崭新的社会环境，实现社会主义的和谐发展、和平发展，实现人类社会更为科学、更为理想的发展。

---

① 《列宁全集》第39卷，人民出版社1984年第2版，第351页。

在社会主义社会中，还存在着社会分工，存在着不同的社会劳动行业和劳动职业，因此在社会生活中，还必然存在着不同的劳动者阶级，如工人阶级、农民阶级，其他劳动者阶层，等等。这些劳动者阶级和阶层，既在本质上具有不可否认的一致性，具有相互一致的社会利益和发展愿望，同时又具有不同的社会利益要求，同样会产生彼此间的利益矛盾和利益冲突。社会主义只是把所有劳动者从阶级对立的状态下解放出来，实现了所有劳动者在阶级本质上的一致和统一，但不可能马上消灭劳动者阶级之间的利益差别，实现所有劳动者阶级利益要求的完全统一和一致。在社会生活中，必须依据社会的实际发展状况和发展需要，科学确定和调剂不同劳动者阶级之间的利益要求，使之处于一种和谐平衡的状态，既保证劳动者阶级的整体权益不受侵害，还应保护各个劳动者阶级和阶层的具体社会利益实现。否则同样会形成社会生活中的矛盾和冲突，不利于社会主义的社会存在和发展。

通过上述分析也可以看到，在社会主义社会中，劳动者阶级还必须是一种社会权利与社会责任的统一，还必然存在着对于劳动者的社会强制问题，包括对劳动者阶级的社会强制问题。这样一种社会强制，在根本上是劳动阶级对于自身的强制。社会主义必须通过对于自身阶级基础的科学把握和确定，建立起科学的社会劳动制度，形成对于劳动者阶级的科学的社会行为规范。而社会主义以劳动者阶级作为自己的阶级基础，本身就说明社会主义的劳动纪律和行为规范，首先是对劳动者阶级的纪律规定和行为规范。这既是社会主义最为根本的社会制度内容，也是最为鲜明的制度特征。只有切实加强对于劳动者阶级的规范和管理，才能有效管理和规范每一个劳动者的活动和行为，形成符合社会主义发展实际的社会劳动制度，为社会主义发展提供必要的理论依据，实现社会主义前进和发展的要求。

四、社会主义发展与其他社会形态发展的关系

社会主义既是现实的社会生活，又是对剥削社会的根本否定，同时是实现共产主义社会的必不可少的辉煌前奏。实现社会主义的社会发展，必须弄清楚社会主义与其他社会形态的联系和区别，弄清楚社会主义的历史地位和发展任务。否则对于社会主义发展进程就难以做到科学准确的认识和把握。

正确认识社会主义发展与其他社会形态发展的关系，必须科学确立社会主义在人类社会发展中的历史地位。具体说，是把社会主义作为一个独立的社会形态，还是仅仅作为共产主义社会的一个发展阶段。过去简单地把社会主义与共产主义作为同一个社会形态，并由此把社会主义发展看作是一个简单的社会发展阶段，实践证明是不正确的。作者在《社会主义社会形态研究》中，明确把社会主义作为一个独立的社会形态来认识，来看待。[①] 因此在研究社会主义发展进程时，同样应以独立社会形态的标准，来认识社会主义的发展问题。只有把社会主义作为一个独立的社会形态，才能正确认识社会主义的发展要求，正确认识社会主义与其他社会形态之间的关系，正确认识社会主义的历史发展进程。

社会主义作为一个独立的社会形态，自然具有自己的社会经济基础和上层建筑。这种社会主义的经济基础和上层建筑，必须以社会主义本质为根本规定，是在劳动创造本质规定下所形成的社会生活内容和发展要求。在整个社会主义社会发展中，必须始终坚持劳动创造的本质规定，以劳动创造为根本坐标，

① 参阅《社会主义研究》，第513—521页。

不断实现社会主义本质的发展和发挥。以此形成科学的社会主义制度和社会生活，既体现出与其他社会形态的相互关系和联系，又体现出社会主义的本质特征和发展特点，体现出社会主义的发展进程和发展要求。如果对社会主义本质规定弄不清楚，不能在本质规定上与其他社会形态区别开来，那就不可能弄明白社会主义的社会存在和社会发展，自然也就不可能弄清楚社会主义的社会发展进程。

社会主义的社会形态，就其一般的发展规律和发展要求来说，是建立在资本主义社会基础上的。只有在资本主义的社会发展条件下，才能够形成社会化的大生产，进而产生出科学的社会主义理论体系，为社会主义发展提供相对完善的社会物质基础。但资本主义在本质上是一个剥削压迫的社会形态，与社会主义是根本对立的。把社会主义与资本主义绝对割裂开来，不利于社会主义的存在和发展；但失去对资本主义本质的否定，看不到社会主义与资本主义的本质区别，同样会造成对于社会主义的否定。特别是在一定时期内，资本主义在世界历史发展中具有明显的强势地位，社会主义处于新生的和成长的状态，忽视和否认社会主义与资本主义的本质区别，更容易形成对于社会主义的否定因素，妨碍社会主义的社会发展。

社会主义必须科学地确定自己的社会发展方向，以共产主义作为社会发展目标。社会主义的发展实践说明，丢掉共产主义的理想追求，局限在现实的社会生活要求上面，或者就会把社会主义变成平均主义，或者就会把社会主义变成法西斯主义，使社会主义失去存在的意义和价值。社会主义以实现劳动者的全面发展为根本目的，以实现人的全面自由发展为根本目标，这样一种社会发展，不是简单地等同于现实的社会生活，又对社会主义发展起着不可或缺的导向作用，是保证社会主义社会性质、实现社会主义科学发展的必然要求。人类社会只有经过劳动者全面发展的社会历史阶段，也就是经过社会主义阶段，才能最终进入共产主义；而只有以共产主义作为自己的发展目标和方向，才能使社会主义具有科学的发展归宿，形成既具有现实性、又具有导向性的社会主义社会生活。

这样一种社会主义的发展特点和发展要求，说明社会主义发展必然具有复杂的社会生活内容，也具有更高的标准和规定。人类历史上的其他社会形态，同样不是绝对孤零零地单独存在的，同样是一个连续不断的社会发展过程。例如奴隶社会与原始社会和封建社会相联系，资本主义与封建社会和社会主义相联系。但其他社会形态在其相互之间的联系上，都要比社会主义简单得多，直白得多。拿封建社会与奴隶社会和资本主义社会的关系来说，虽然彼此表现为不同的社会形态，在本质上却都属于剥削社会形态，只是变换了具体的统治者阶级而已，一旦实现了现实统治阶级的阶级统治，其相互之间就不需要有任何主动的和必需的社会联系。而社会主义既是对剥削社会的根本否定，又以实现共产主义为发展目标，既具有自己的社会生活内容，又与其他社会形态的发展密切相关。只有充分发挥马克思主义的指导作用，充分发挥人类所独有的主观能动性，才能够正确把握社会主义的发展要求，科学确定社会主义的发展任务，保证社会主义的存在和发展。

社会主义所独有的这种发展特点和发展要求，说明社会主义既具有更大的自身发展优势，也有可能被其他社会形态所否定。如果对这种否定缺乏科学的认识，必然造成社会生活中的失误，甚至使社会主义发展的积极因素成为社会主义发展的消极障碍。例如丢掉社会主义本质规定，盲目采用资本主义的做法，或者以共产主义的社会生活准则作为发展要求，都会引起对于社会主义的否定。而不论是以超前的社会生活内容来否定社会主义，还是以落后的社会生活内容来否定社会主义，在现时社会条件下，其结果必然殊途同归，使社会主义倒退到剥削压迫的社会形态。只有从本质规定上认识和把握社会主义的发展要求，把社会主义与其他社会形态科学区别开来，才能够充分利用各种积极因素，保证社会主义的社会性质和社会发展，实现社会主义的不断前进和不断胜利。

从上面的论述中还可以看到，社会主义的发展进程，既表现为社会主义自身的发展进程，也表现为对资本主义的否定过程，还表现为对于共产主义的实现过程。这样一种社会主义发展进程，在根本上表现为人的本质的发展历程，表现为人的本质从被异化被摧残，到不断得到充分展示和体现，以至最终实现全面自由发展的社会历史过程。这种人的本质的发展进程，与从资本主义到社会主义、进而实现共产主义的人类社会发展要求，是完全一致的。由此同样体现出社会主义的科学性和正当性，体现出社会主义胜利的历史必然性。只有正确认识人类社会从资本主义到共产主义的社会发展过程，才能正确把握社会主义的发展要求，正确认识社会主义的发展进程。如果仅仅就自身的现实存在来认识社会主义发展进程，就不可能真正认识到社会主义的发展要求，不可能科学把握社会主义的社会历史发展进程。

说剥削社会形态必然要否定社会主义，是比较容易理解的。说共产主义同样会形成对于社会主义的否定，是否讲得通呢？当然讲得通。共产主义是比较社会主义更为理想的社会形态，又是社会主义的最终发展目标，在一些人的认识中，似乎既然是先进的，就可以是现实的，也是不可否定的。但事实说明，丢掉对于社会主义的本质规定和历史定位，很容易导致以人类最为美好的社会形态，作为社会主义发展的根本要求，引起社会主义的超前过渡，导致对于社会主义社会生活的否定。以往的社会主义发展实践也说明，以剥削社会形态来否定社会主义，在正常条件下是难以得逞的，而以共产主义来否定社会主义，则十分容易和轻松，并且表现得冠冕堂皇。共产主义与社会主义是两种不同的社会生活规定，共产主义在将来或最后对于社会主义的否定，是积极的科学的否定，而在现时社会生活中，以共产主义来否定社会主义，同样是一种消极的和负面的否定，不仅不会促进社会主义发展，而且妨碍社会主义的存在。只有把社会主义与共产主义科学地联系起来，同时科学地区别开来，才能够避免以未来的社会生活准则，作为社会主义的社会生活规定，造成社会主义超前过渡和盲目冒进的现象，形成对于社会主义的否定因素。

在以往的社会主义社会生活中，普遍存在着平均主义和大锅饭的弊端。对此往往把它说成是小农意识作祟。实际上，小农经济从来没有吃过大锅饭，也没有搞过平均主义。造成社会主义的平均主义和大锅饭的思想根源，从根本上说，在于以共产主义的社会生活内容作为社会主义的现实规范，其原因正是在于共产主义是一个更为理想的社会形态，以共产主义否定社会主义，似乎是天经地义和完全正当的。因此动辄以共产主义的社会生活准则，作为社会主义的发展要求。不仅在过去是如此，即使现在依然是如此。如果弄不清社会生活中平均主义的真正来源和出处，那就不可能切实克服社会生活中的弊端，很容易把社会主义变成原始平均主义与理想平均主义的混合体，不可能切实避免社会生活中的平均主义和大锅饭问题。

社会主义与其他社会形态之间的相互关系和联系，说明社会主义必然是一个开放的社会形态，既必须在根本上依靠自己的力量进行社会建设，又必须利用一切有利的条件，实现自己的更好的发展。随着科学技术的发展进步，社会联系日益密切，“地球村”的概念已经成为现实，任何国家都不可能把自己孤立起来，任何国家同样不能单凭自己的主观意志，把其他国家完全封闭起来。社会主义国家必须建立起科学的社会开放体系，实现自身开放发展的要求。这种社会主义开放发展的要求，涉及到社会主义国家自身的发展，也涉及到与其他国家之间的交往和联系，必须按照和平共处、互利共赢的原则，以实现自身发展、促进相互发展为根本宗旨，形成开放、包容的社会发展理念，以实现社会主义更为理想的社会存在和发展。

社会主义既然与其他社会形态具有本质的区别和不同，在社会发展中，就必须形成自身独有的社会生活内容和发展要求。不仅在政治上、经济上是如此，在文化发展和社会生活方式上，同样是如此。特别是在社会的文化发展上面，必须确定科学的原则规定，坚持不断前进和不断发展的要求。在资本主义下，文化的继承发展必须以经济利益为唯一指标规定，这当然有其不足和缺陷的一面。但在社会主义条件下，由于社会发展是以公有制为其物质基础，缺乏科学的原则规定，一味去讲对传统文化的继承和弘扬，是根本学习不完、宏扬不完的，很容易造成滥用社会资源、随意确定社会发展项目的现象。例如人人都要学习英语，到处去讲民居保护，随意树立先进典型，必然使社会主义背上沉重的发展包袱，形成社会发展的负面因素。必须依照实用、发展、有效的原则，始终坚持社会主义的本质规定，通过比较、分析、甄别，科学地学习和借鉴一切优秀的文化传统，避免出现忽左忽右、忽上忽下、随意而为的弊端，真正实现社会主义科学、实在的社会发展。

有人可能会说，社会主义发展太复杂了，直接去实行资本主义，不是就简单容易了？但社会主义的社会发展，是由人类社会发展规律所决定的，是人类社会发展中一个不可逾越的社会历史阶段。没有这样一个社会发展阶段，就没有人类对于剥削制度的根本否定，就不可能最终进入到共产主义。同时实践证明，社会主义的社会存在和发展，也不是不可确定和不可把握的，只要通过科学的理论分析和社会实践，实现社会主义的科学存在和发展，不仅是完全可能的，而且也并非是想象的那样艰难。这样一种社会主义社会生活要求，虽然在某些方面比资本主义的发展内容复杂一些，但能够实现更为理想的社会发展效果，使人们都过上公平、正义和有尊严的社会生活，因此这种社会付出不仅是必要的，而且是值得的，划算的。只要在本质上弄清楚社会主义的发展进程，就完全能够科学地把握社会主义的发展进程，实现人类社会更为理想的发展效果。

这样一种社会主义的社会发展，会不会像有人讲的那样，最终与资本主义实现相互融合，形成一个所谓新的社会形态呢？根本不可能。融合是不同的事物相互合为一体，形成一个新的事物，是事物在本质一致基础上的结合。而社会主义与资本主义在本质上是相互对立的，表现为有你没我、有我没你，不具有彼此融合的基础，根本不可能共同形成一个所谓新的社会形态。社会主义借鉴资本主义的发展经验，是一种正常的社会发展要求。而资本主义采用一些通常被认为是社会主义的发展手段，例如进行宏观调控，实行社会福利，提出可持续发展等，则说明社会主义在根本上代表了人类社会的发展方向，进一步证明了社会主义胜利的历史必然性。必须把社会的本质规定与社会发展的具体方法区别开来，从本质规定的角度来看待人类社会的发展要求，看待社会主义与其他社会形态的联系和区别。否则就难以正确认识社会主义的社会发展问题，难以保证社会主义的科学存在和有效发展。民主社会主义是资本主义社会发展的最高阶段，资本主义必定要被社会主义所否定，资本主义之后必然是社会主义，这在作者关于民主社会主义的论述中，已经作出了说明和结论。[1]

这里，同样有必要讲一点资本主义与社会主义的关系问题。毫无疑问，资本主义对于自身发展始终处于懵懂含混的状态，对与社会主义的关系同样处在迷离恍惚的状态。长期以来，由于社会主义存在着有理说不清、说不出的问题，加上在整体实力上不如资本主义，因此一些资本主义国家打着“民主”、“人权”的旗号，动辄以武力恐吓相要挟，以世界警察自居，对社会主义表现得咄咄逼人、不可一世。然而，随着社会主义实践的日益成熟和成功，社会主义理论的不断发展和完善，社会主义的先进性和科学性越来越为人们所认识，资本主义的落后性和反动性越来越显露无遗。只要资本主义从上帝虚无的天堂回到现实的人间，就不能否认这一点。资本主义必须顺应人类社会的发展规律，不能迷幻于昨日帝国的过时黄花。社会主义要和资本主义和平共处，资本主义也要丢掉“世界警察”之类的玄想，务实检讨自己的发展模式，务实认识与社会主义的关系，不能总是热衷于冲突对抗、寻衅滋事，幻想领导世界、称霸全球。从奴隶社会以武力掠夺扩张为荣，到社会主义劳动创造本质的科学确立，剥削压迫不断被人类社会的发展进步所否定，劳动创造的发展理念必然越来越深入人心。资本主义是社会主义的黑色黎明，社会主义是资本主义的彩色末日，这是人类社会发展的必然规律，资本主义只能遵从于这个规律。对社会主义夜郎自大、蜀犬吠日、衔悲蓄恨是无济于事的，在发展方式

① 参阅《社会主义研究》，第561—570页。

上抱残守缺、刻舟求剑、固步自封是行不通的。即使资本主义能够对某个社会主义国家予以毁灭或颠覆，也不过是抱薪救火，最终仍然要被社会主义所彻底否定。这同样是研究社会主义与其他社会形态关系时，所必然得出的结论。

五、社会主义是一个长期的社会历史发展过程

社会主义既然是一个独立的社会形态，在其存在和发展的时间要求上，也就必然是一个长期的社会历史过程。这样一个社会历史发展过程，包括从社会主义制度建立到社会主义制度终结的整个历史阶段。就社会主义制度建立来说，具有明确的时间起点，即以 1917 年苏联十月社会主义革命为标志；而社会主义的最后胜利，也就是社会主义发展的终点，则以共产主义的实现为标志，是一个现今难以具体确定的时间概念。正确说明社会主义发展的长期性和复杂性，是正确把握社会主义发展进程、实现社会主义科学发展的必然要求，也是实现社会主义最终胜利的重要保证。

说社会主义是一个长期的社会历史发展过程，首先是因为，在人类社会历史上，任何社会形态的存在和发展，都是一个相对较长的社会历史发展阶段，长者达数百万年，短者也需要几百年的时间。社会主义具有马克思主义理论指导，是一个能动的社会发展过程，在最终胜利的时间表上，肯定会积极有效地缩短其自身的发展历程。但社会主义作为一个社会形态，同样有其发展的初级阶段、中级阶段和高级阶段，有一个巩固完善的社会历史过程；同时必须否定一切剥削社会形态，以实现共产主义为最终目标，具有更为艰巨的发展任务要求。特别是在资本主义依然具有发展空间的时候，社会主义更面临着诸多困

难和挑战。因此对于社会主义的社会发展和最终胜利来说，不是轻而易举和一蹴而就的事情，而是一个长期的社会历史过程。

说社会主义是一个长期的社会历史发展过程，也在于社会主义发展必须通过自己劳动创造本质的发展发挥来实现，是一种真正的社会发展。在任何社会形态里，社会财富的丰富程度都是衡量社会发展水平的重要标志。在私有制的社会中，可以采取一切手段实现自身的财富积累，在一些情况下，如发现新大陆、实行殖民掠夺，似乎还能够更快地聚集社会财富。社会主义发展则必须依靠自己的力量，以全体劳动者的利益实现为根本要求，表现为和平发展、自我发展。这样一种社会发展，比剥削社会形态的发展实在得多、道德得多，但也要艰巨得多、复杂得多。只有经过社会主义本质的充分发展和发挥，才能实现社会主义生产力的不断发展，形成丰富的社会财富和劳动产品，为实现共产主义奠定坚实的社会物质技术基础。因此在社会主义的社会发展和最终胜利上，自然不会是轻而易举和一蹴而就的。

说社会主义发展是一个长期的社会历史过程，还在于共产主义实现必须是一种全世界的共同的行为，有待于全球经济社会的共同发展和同步行进。马克思和恩格斯说过，社会主义必须在全世界同时取得胜利，不可能在一个或数个国家单独取得胜利。一些人就此怀疑马克思主义的科学性和真理性。但不难看到，马克思和恩格斯所说的社会主义，就是共产主义，而共产主义不可能在一些国家或一些地方单独取得胜利。这是因为，按需分配不能有任何地域范围和实施条件限制，必须是全人类的共同行为，表现为全球性的共同的社会发展要求。在社会主义发展中，可以有初级阶段和高级阶段之分，但不会有一个地方或一个国家单独去实行共产主义。这显然不是轻而易举和一蹴而就的事情，而是表现为长期的艰巨的社会历史发展过程。

说社会主义发展是一个长期的社会历史过程，同样在于社会主义的最后胜利，必须从根本上否定社会劳动的生存性质，实现社会劳动的乐生性质。没有劳动乐生性质的实现，不论社会生产力如何发展，社会财富如何丰富，人们的生活水平如何提高，都不会有社会主义的最后胜利。而要达到这样一个社会发展要求，必须依靠全体社会主义劳动者劳动创造本质的充分实现和发展，通过长期不懈的实践与奋斗，形成以智能化为根本内容的更高形态的社会生产力，使所有劳动活动成为人们的生活乐趣和第一需要。只有当智能化劳动完全代替了人工劳动和机械劳动，才能实现社会劳动性质的根本转变，保证社会主义胜利的完全实现。这样一个社会主义的发展目标和发展任务，必须以人类对于自然界认识和征服能力的极大提高为要求、为标志，必然是一个长期的社会历史发展过程。

社会主义的社会发展要求，说明社会主义必须特别注重科学技术的发展进步，充分体现出科学技术发展的意义和价值，以科技发展作为促进社会主义发展的主导性因素。传统的理论说明中，把社会主义最终胜利简单建立在社会生产力“极大发展”的基础上，这种生产力发展，当然也包括科学技术发展，却仅仅把科学技术作为一般的社会生产力要素，没有把它提高到对于社会主义胜利具有决定地位的高度，容易降低科学技术对于社会主义胜利的特殊意义和价值，甚至否定科学技术对于社会主义发展的意义和作用。就人类社会发展的总体要求来说，科学技术既是人类社会发展的主导性因素，也是社会生产力发展的根本标志，不仅人类社会发展必须依赖于科学技术的发展，表现为科学技术的发展，人的本质发展在根本上同样表现为科学技术的发展，必须依赖于科学技术的发展。没有科学技术的发展进步，就不可能有效地发展社会生产力，不可能真正实现劳动者本质的发展和完善，既难以实现社会主义的科学发展，更不可能实现社会主义的最后胜利。

从社会主义的发展要求中也可以看到，社会主义的发展进程，在根本上表现为人类社会劳动解放的发展过程，也就是劳动由人们的谋生手段，向着乐生性质转变和发展的历史过程，表现为社会劳动不断摆脱旧有束缚、得到新的发展的过程，是"使劳动得到彻底解放的伟大运动"[①]。这种劳动解放，既是社会主义所应实现的伟大历史任务，也是人类社会发展所必须实现的历史任务。只有使劳动成为人们的生活乐趣，能够直接满足劳动者的自身发展需要，才能够实现劳动的完全解放，实现劳动者的完全解放，实现人的全面自由的发展。劳动乐生性质一天得不到完全的实现，社会主义就一天得不到最后的胜利。实现了劳动的乐生性质，社会主义就实现了自己的最后胜利，共产主义就自然得到了最终实现。在智能化劳动之前，不论是人工劳动，还是机械化和信息化劳动，都不能使劳动本身直接成为满足人们自身需要的内容，而是以劳动的实际结果作为实现自身需要的条件，因此也就不具备实现共产主义的社会物质基础。这样一个社会劳动解放的过程，具有艰巨的社会发展任务要求，是一个长期的社会发展进程，从而社会主义发展也就必然是一个长期的社会历史过程。

上述社会主义的社会发展要求，说明社会主义发展必然表现为社会制度发展与科学技术发展的有机统一，是人们主观愿望与社会发展客观条件相互作用的结果。实现社会主义的社会发展，既必须充分发挥人的主观能动性的作用，充分发挥社会

① 《马克思恩格斯选集》第2卷，第76页。

主义制度的作用和力量，又必须根据社会物质生产技术的发展水平和状况，科学确定社会主义的社会发展任务要求。没有社会主义的社会制度，不可能有社会主义的社会存在，自然没有社会主义的最后胜利；而没有科学技术的发展进步，同样不可能有社会主义的社会发展和最后胜利。必须以科学技术发展促进社会主义的科学发展，以社会主义制度发展保证科学技术的有效发展。以此实现人类社会最为理想的发展效果，实现社会主义前进和发展的要求。

从目前人类社会的发展实践来看，实现社会主义的最终胜利，当然不是一代人或几代人的事情。那么，社会主义的最终胜利，是否就是遥遥无期呢？当然不是。一方面，对于社会主义的最后胜利，谁也不能在现在确定一个绝对的时间表，说明哪一年哪一月哪一天，人类可以一齐进入共产主义。但另一方面，以劳动乐生性质作为社会主义最终胜利的标志，同样使共产主义的实现成为形象化、具体化和实在化的事情，成为一种可以科学预测和正确把握的事情。从当今的科技发展趋势和发展进度来看，当生物或量子计算机以及纳米技术获得根本突破后，人类将迎来一场深刻的技术革命，带动材料工业和能源工业实现突破性的进展，达到高度的社会劳动智能化和社会能源无限化的要求，在根本上改变人类社会的生产方式和生活方式。20多年前，笔者向人们讲述智能驾驶，听者曾经哈哈大笑；10多年前，当我讲20年后机器人将进入家庭，担负起家庭养老责任，很长时间都是一些人的笑柄。如今看来，这些笑柄已不再是笑谈了。今天人类已经进入到五彩缤纷的信息化时代，而从信息化时代迈进绚丽斑斓的智能化时代，显然不再是山高路远、痴人说梦的事情。当智能化劳动得到高度发展和普遍应用，并在本质上代替人工劳动时，人类就能够从根本上消灭一切阶级剥削压迫，实现人的全面自由的发展，进入到更为美好的共产主义社会。这样一种社会发展，既是劳动的发展，也是人的发展，是人类社会的发展。这种发展目标的实现，不仅从理论分析上是不可否定的，从目前的科学技术发展看，同样不是遥不可及的，而是完全能够实现的美好现实。

从人类社会发展的进程中还可以看到，人类社会形态的发展进度与人们的主观认识程度密切相关，是一个不断提速、不断加快的历史过程。在自然状态下，人类社会的发展十分缓慢，仅原始社会就用去了数百万年的时间。随着人们对于社会和自然界认识的不断深化，在奴隶社会、封建社会和资本主义社会的交换更替中，彼此在发展速度上不断加快，在发展时间上以几何数字向下锐减。而在现代科学技术条件下，不论是对于自然界的认识，还是对于人类社会的认识，都是以往人类社会发展所不可比拟的，并且还将随着知识大爆炸的引领带动，得到快速的拓展和提升。过去由于弄不清楚社会主义胜利的根本要求，在社会主义最终胜利的时间表上，往往陷入极端化的倾向，或者在使用石磙木犁的时候，就说共产主义实现不是遥远的事情，或者说社会主义初级阶段发展就需要经过几十代人的奋斗。这显然都不利于社会主义的发展和胜利，也不符合人类社会发展的基本规律，不符合社会主义发展的基本规律。

在过去的社会生活中，由于把社会主义简单看成是向着共产主义过渡的短暂的社会历史阶段，在社会的制度设计和行为规范上，存在着简单化的做法。例如以劳动券作为社会分配方式，急于实行生产关系的超前过渡，搞公共食堂，吃大锅饭，等等。把社会主义作为一个长期的社会历史发展过程，必须从社会主义独立的社会形态的历史地位出发，从社会主义发展的初级阶段、中级阶段和高级阶段的发展要求中，科学规划和设计社会主义的制度规定，确定社会主义的发展要求。例如在公有制的实现程度和社会分配形式上，根据社会生产力的发展水平和状况，确定不同的社会规定，实行不同的发展办法。也只有充分认识社会主义发展的长期性，才能够把共产主义与社会主义区别开来，使社会主义建立在自己社会形态本质规定的基础上，成为一种科学的社会存在。如果把社会主义简单看成是共产主义社会形态的发展阶段，必然会出现急躁冒进的现象。只有从生产力与生产关系的相互统一中，从经济基础与上层建筑的相互统一中，来看待社会主义的发展进程，才能够在历史与现实的比较中，在当前与未来的比较中，科学把握社会主义的发展要求，确定正确的发展方针和发展手段，避免出现弊端和失误，形成科学的社会主义社会发展。

说社会主义发展是一个长期的社会历史过程，是就社会主义在人类社会历史发展长河中的行进过程而言，不是说任何一个社会主义国家或地区，都必须经过同样的社会发展阶段，都需要经过同样长久的发展时间。就每个社会主义国家和地区来说，其存在的时间长短，既与其社会主义制度建立的时间早晚有关，与其现有的社会发展基础有关，同时与整个人类社会发展进程有关，与整个社会主义事业的发展进步状况有关。对于那些社会主义制度建立较早的国家来说，其发展的时间当然会相对较长；对那些在将来才能够建立起来的社会主义国家来说，对于社会物质技术条件发展较好的国家来说，则能够通过对于现有社会主义国家发展经验的学习借鉴，利用其较好的社会发展基础，在社会主义制度存在和发展的时间上，自然相应要短些，发展也要容易些。把社会主义的发展过程看得太短，不利于社会主义的社会存在和社会发展；但如果把社会主义发展的时间看得太长，甚至不分具体情况，一味强调社会主义发展的长期性，同样会削弱人们对于社会主义的信心和信念，照样不利于社会主义的社会发展。

六、社会主义革命在社会主义发展中的意义和作用

革命和建设是人类社会发展的两种基本手段。社会主义的社会发展，主要表现为社会主义建设的内容和要求。只有不断创造新的事业，增加新的内涵，才能体现出社会主义存在的意义和价值，体现出社会主义的制度优势和发展优势。但实现社会主义的社会发展，照样离不开社会主义革命的方法和手段。这个问题，是社会主义发展中一个不可忽视的重要问题，是进行社会主义发展进程研究所必然要涉及到的重要课题。

按照一般的定义，革命是被压迫阶级摧毁旧的社会制度、建立新的社会制度的行为，也具有从根本上进行社会改革和改变的意思。这样一种革命的含义，包括人与人之间的关系内容，也包括人与自然界之间的关系内容，二者都表现为一种主体对于客体的强制性规定和彻底变革的要求。社会主义革命同样必须包含上述两个方面的意思。一方面，必须通过人民民主专政，维护社会主义制度，粉碎旧的剥削阶级的反抗；另一方面，通过对于自身的不断否定，实现对于既往社会生活的根本性变革。前者表现为包括暴力手段在内的阶级斗争和阶级强制，具有对抗性的内容和特征；后者主要表现为人与自然界之间关系的改变和调整，既包含有根本性改变的性质，又具有融合性和一致性的要求。社会主义必须始终以建设作为根本要求，尤其是坚持以经济建设为中心，以此作为实现社会发展的根本手段；同时正确地利用革命的手段，不断实现巩固和发展社会主义制度

的要求。社会主义不能没有建设，也不能没有革命，丢掉或者否定任何一个方面，都不利于社会主义的存在和发展。

说社会主义离不开革命的手段和方法，首先是就社会主义的社会性质而言。社会主义是对剥削社会形态的根本否定，也是对剥削阶级的根本否定，在本质上与一切剥削阶级和剥削社会是相互对立和互不相容的。建立社会主义制度，必须利用暴力革命的手段，通过革命的力量，推翻旧的剥削社会制度。没有社会主义革命，就不可能实现被剥夺者对剥夺者的社会剥夺，不可能确立起劳动创造的社会主义本质，不可能有人类社会本质从剥削压迫向劳动创造的历史性转变，不会有社会主义的诞生和存在。革命尤其是暴力革命是社会主义制度的奠基石和助产婆，在任何情况下都不能否定暴力革命的价值，不能否定暴力手段对于社会主义的意义和作用。

说建立社会主义制度需要革命的手段，是毫无疑问的。在社会主义制度建立起来之后，为什么还要继续强调革命的手段和价值呢？这是因为，剥削是一个历史的概念，既能以阶级的形式而存在，也能以个人的形式而存在，既能以经济制度的形式而存在，也能以思想观念的形态而存在。只要存在着私有制，只要社会劳动没有达到乐生性质的要求，在社会生活中，都必然存在着产生阶级剥削的可能性，存在着产生剥削阶级的可能性，因此也就存在着对于社会主义的否定因素。丢掉革命的手段，缺乏对于剥削阶级的强制和否定，社会主义制度即使建立起来，也不可能长久存在下去。在社会主义条件下，坚持社会主义本质规定，就不会形成新的剥削阶级，也不可能形成特殊的社会利益集团；如果放弃革命的手段，那就同样会形成否定社会主义的阶级，造成对于社会主义的根本否定。只有科学运用革命的手段，才能形成对于剥削阶级势力的有效遏制和震慑，保证社会主义的存在和发展。

说社会主义发展离不开革命的手段，也是就社会主义所处于的外部社会发展环境而言。在社会主义社会发展中，在相当长的时间内，都必须与剥削制度包括与资本主义制度处于同一个世界发展环境当中，既有一个相互合作、互利共赢的问题，也存在着彼此相互否定的问题。从现实生活中可以看到，资本主义不反对封建主义，甚至不反对奴隶主阶级，却歇斯底里地否定社会主义，其根本原因，在于资本主义与封建主义具有共同的本质规定，后者对资本主义不仅构不成现实威胁，而且能够衬托出资本主义所具有的先进的一面，为资本主义增添一点正义的色彩。社会主义则与剥削社会形态有着本质的区别，表现为对于阶级剥削压迫的根本否定，因此一切剥削阶级包括资产阶级在内，必然要对社会主义进行诋毁和攻击。这证明资本主义知道社会主义是比自己更为先进的社会形态，是自己的真正威胁；同时也说明，社会主义与资本主义的斗争，必然是长期性和根本性的。如果只讲建设，不讲革命，只讲互利共赢，丢掉阶级专政，社会主义就不可能存在下去。

社会主义革命必然是对部分社会成员的强制，包括利用专政的手段，来保护社会的公共秩序、劳动秩序和政治秩序。在现实生活中，任何社会形态都有自己的专政手段，对于每一个社会成员来说，都不会是绝对的自由。其区别在于这种强制是为了大多数人的利益，还是为了少数人的利益，是为了人的劳动创造本质的实现和发挥，还是为了实现剥削压迫的需要。社会主义的社会专政，是大多数人对于少数人的专政，是对全体劳动者利益的实现和维护，具有无可非议的道德性和正当性。而那些反对社会主义的人，则是以个人利益或者少数人的利益来否定多数人或他人的利益，自然在根本上不具有道德性和正当性。社会主义必须依靠革命的途径建立自己的社会制度，也必须依靠革命的手段保证自己的社会存在。对那些公开仇视社会的人，对那些赞美法西斯主义和军国主义的人，必须理直气壮地予以反对，以有效保证社会主义的存在和发展。

在有些人看来，革命只能与暴力强制联系在一起，只能是一种暴力强制。这肯定是不正确的。如前所述，革命包括暴力强制的手段，也包含社会变革的要求。在社会主义社会中，革命在根本上表现为社会变革和社会发展的内涵，即社会主义改革的内容和要求。而社会主义必须坚持社会主义革命，同样是由社会主义本质所决定的，是人类社会发展所必然要求的。剥削社会中的革命，在旧的剥削阶级被推翻以后，原有的革命阶级也就成为特权阶级和统治阶级，变成保守的和反动的阶级，不存在对于自己的革命和否定的问题，当这个社会形态发展到一定阶段，就会有一个新的革命的阶级出现，对其予以根本的否定，以实现人类社会的继续前进发展。社会主义的社会发展则不同，既必须以更为先进的社会发展目标作为自身的发展方向，又不存在通过另一个革命阶级实现对于自身的否定问题，只有通过自我革命，不断实现对于自身社会生活的变革和否定，才能实现人类社会发展和社会主义最终胜利的要求。这样一种社会主义的自我革命，属于一种自我否定和自我发展的性质。既不能把社会主义革命简单等同于暴力手段，也不能因为出现过阶级斗争扩大化的失误，就不敢讲社会主义革命。只要弄明白社会主义的本质规定，就能够正确把握社会主义革命的要求，使之在根本上符合社会主义的发展需要。

过去也有一些“不断革命”、“继续革命”之类的提法，但或者表现为不切实际的理论空谈，或者给社会主义造成过严重危害。强调社会主义的自我革命，会不会重蹈历史覆辙呢？不会。一方面，过去那些有关社会主义革命的提法，都是把社会主义与共产主义作为同一个社会形态，把社会主义革命当成是共产主义革命；同时不管是“不断”或是“继续”，都具有强烈的现实否定和主观主义色彩，必然导致以超前的社会生活要求作为现实的社会生活准则，使社会主义革命走到社会主义发展的反面。在社会主义条件下，革命主要起着保卫和巩固社会主义制度的作用，既具有自觉主动和科学变革的要求，又必须以社会主义本质为根本规定。以“自我革命”来说明社会主义革命的性质，能够把社会主义革命限定在社会主义本质规定的范围内，使社会主义革命符合社会主义的社会性质和发展需要，形成社会主义发展的积极推动力量。

从上面的分析中可以看到，社会主义革命同样是一个历史的概念，其形式和内涵都是不断发展和变化的。在社会生活中，必须根据社会的发展实际和发展需要，科学调整和改变社会主义革命的内涵和要求，正确行使和运用社会革命的手段。旧的剥削阶级的反抗越激烈，社会主义革命越必须采用强硬的手段，革命的阶级性、斗争性特征就越明显；社会越发展，社会中的利益要求越趋一致和统一，革命就越是表现为一种社会的共同的行为，其社会性、变革性特征就越鲜明。人类社会必然向着整个社会利益日益融洽、相互统一的方向发展。与此相一致，社会主义革命的手段也会变得越来越平和，越来越脱离开人与人之间的现实利益争斗，最终彻底否定革命的阶级属性，使之成为一种人类对于自然界的行为和要求。对于社会主义来说，革命既是保证建设的手段，本身也具有建设的性质。必须正确处理好革命与建设的关系，既以建设为中心，以革命服从于建设的要求，又不能丢掉社会主义革命，以建设作为社会发展的唯一规定。只要世界上还存在着剥削阶级和剥削制度，只要社会的劳动生存性质还没有完结，社会主义就不能丢掉社会主义革命的手段和要求。

有人可能会说，资本主义发展到了今天，人人拥有政治选票，都有牛奶喝，有面包吃，已经不存在阶级剥削压迫了。这是以封建主或奴隶主的标准来看待阶级剥削压迫。不可否认，阶级剥削压迫是一部分人利用自身特权，对另一部分人的劳动进行占有和剥夺。而在私有制的社会中，这种剥夺是一种必然现象，不是你剥夺我，就是我剥夺你，否则谁都生存不下去。资本主义以饥饿纪律从雇佣劳动者身上获取剩余价值，比起奴隶主的棍棒纪律来说，是一种历史的进步，但本质上仍然是对劳动者的束缚和压迫。衡量社会生活中是否存在阶级剥削压迫，必须从剥削的本质属性上来分析，而不是仅仅以剥削压迫手段的变化来评定。不能以奴隶社会的发展方式作为衡量标准，来看待现时社会中的剥削压迫问题。现实社会生活同样说明，在资本主义社会里，不论一个人拥有多少社会财富，在市场竞争面前吃得多饱、穿得多暖，都存在着不安全、不确定的因素，都会不择手段地去捞取社会财富，尽力占有更多的生产资料，由此形成社会生活中的对立和对抗，形成阶级剥削和压迫。显然不是有了面包吃，有了牛奶喝，大家就完全平等了，社会生活中就不存在阶级矛盾和冲突了。

在社会主义发展进程研究中，还牵涉到一个人们经常遇到的问题，即为什么至今为止，社会主义制度都是在社会发展比较落后的国家中建立起来，而不是在发达的资本主义国家中建立起来的？这是因为，落后国家和地区的人民，处于更为痛苦的生存状态，具有强烈的对于理想社会生活的渴求。没有马克思主义作指导，按照自然的社会发展进程，这些国家也会缓慢进入到资本主义；但在马克思主义的指导下，则能够通过社会主义革命，建立起更为科学的社会制度，进入到更为理想的社会发展状态，实现自身的跳跃式发展，体现出主观能动性对于人类社会发展的意义和价值。而现有发达资本主义国家基本上都是在20世纪以前建立起来的，其社会物质生产相对发达，能够为其社会成员提供相对充裕的物质生存条件，不仅在与现有封建国家的比较中具有先进性和合理性，其物质生活水平同样超过了现有的社会主义国家，从而生活在这些资本主义国家中的人们，在看不到能够立即为他们带来更多现实利益的时候，必然暂时满足于自身的现时生存状况，觉得自己活得还不错，不具有立即改变现时社会制度的内在冲动。不仅在发达的资本主义国家中是如此，就是在一些资源丰富、社会富裕程度较高的封建主义国家中，也同样是如此。只有当社会主义发展水平普遍超过资本主义，使资本主义国家成为落后的国家，从而资本主义内部矛盾得以充分暴露的时候，才会有这些国家的社会主义革命爆发，才必然会建立起社会主义的社会制度。

社会主义必须消灭一切剥削阶级和阶级剥削，但在一定时期内，又要允许一些剥削现象存在，这是否与社会主义的本质规定相矛盾？同样不矛盾。剥削是一个历史的发展过程，要彻底消灭剥削压迫，必须消灭私有制，消灭社会分工，实现社会劳动的乐生性质。这只有在共产主义社会中才能完全实现。社会主义以劳动创造作为本质规定，本身就说明在社会主义条件下，还存在着剥削现象，还必须以劳动创造的社会本质，来否定和对抗剥削压迫的社会本质。否则社会主义本质就没有存在的必要了。消灭剥削是与社会主义发展相伴始终的本质任务要求，因此在整个社会主义社会中，都离不开社会主义革命的作用和力量。但同样很清楚，在劳动创造本质规定下，社会主义社会中的剥削，在根本上不同于剥削社会中的阶级剥削压迫，既表现为个人之间的经济行为，不存在政治压迫的性质，在社会生活中处于次要和从属的地位，又是一个不断消亡以至被完全消灭的过程。在社会主义社会中，必须把阶级剥削压迫与剥削现象科学地区别开来，既允许一些剥削现象存在，又必须对其予以限制和规范。这同样是社会主义离不开社会革命、必须坚持社会主义革命的重要原因。

七、社会主义发展的一般规律和特殊表现形式

社会主义发展的一般规律，是社会主义发展的内在本质联系和基本运行方式，表现为社会主义发展的共性特征；社会主义发展的特殊表现形式，是每个社会主义国家在自身发展过程中所体现出来的独特的社会生活要求，表现为社会主义发展的个性特征。二者是社会主义发展中的必然现象，是社会主义发展丰富性和多样性的必然体现。把社会主义发展看成是绝对统一的，囿于一个标准、一个模式，显然是不正确的；但把社会主义看成是各不相同、彼此各异的东西，同样是不正确的。只有从社会主义发展的一般规律和特殊表现形式出发，全面认识社会主义的发展要求，才能正确把握社会主义的发展进程，实现社会主义的不断前进和发展。

任何事物都有其内在的发展规律，这种发展规律，决定着事物的发展趋势和方向。社会主义的发展规律，表现为社会主义发展中的内在的必然的社会事物联系，同样决定着社会主义的基本发展途径和方向。研究社会主义发展进程，必须研究社会主义的发展规律；而在某种意义上说，研究社会主义的发展进程，就是在研究社会主义的发展规律。没有对于社会主义发展规律的正确认识，要想科学把握社会主义的发展进程，必然

是不可能的。这样一种社会主义发展规律，是对社会主义发展进程的哲学总结和本质概括，表现为通过社会主义革命，建立起以劳动创造为本质规定的社会制度，通过社会主义本质的实现和发挥，实现社会主义发展前进的要求。这种社会主义的发展规律，体现在政治、经济、文化建设等各个方面，并以社会主义的发展特点和发展特征表现出来。对于社会主义的发展特点和发展特征，作者已经有了比较详细的论述。这里从社会主义发展规律的角度，再作一点说明。

一是以公有制为基本要求的社会物质基础。这种社会主义公有制，是社会主义存在和发展的基本物质条件，表现为劳动平等规范下的公有制。由此形成社会主义的经济形态、政治形态，体现出社会主义的社会性质和发展要求。社会主义必须以公有制作为社会所有制的基本形式和主导方式，作为社会主义存在发展的社会物质基础，不可偏离公有制的内容和要求。否则就没有社会主义的社会存在，社会主义的其他特征和特点也就无以体现，无从谈起。

二是以按劳分配为根本要求的社会分配形式。按劳分配是社会主义的分配原则，是社会主义的鲜明的本质特征。这种按劳分配，必须与社会主义劳动的性质相一致，与社会主义商品生产的性质相一致，以劳动的效率、效果、效益为根本分配依据。也只有这样一种按劳分配，才能够与社会主义的劳动生存性质相一致，体现出社会主义的本质特点和根本规定，达到消灭阶级剥削、实现共同富裕的社会主义本质要求。

三是以商品计划经济为基本模式的社会经济形态。社会主义以整个社会发展为根本要求，以人的发展为根本要求。在社会发展中，要有社会的整体的力量参与其中，以整个社会作为一个重要的社会发展主体，形成对于整个社会发展的统一管理和计划指导，形成商品计划经济的社会发展模式。由此体现出人类有意识有目的的社会活动特性，保证社会生产和社会发展有计划有目的地开展和进行。

四是以劳动生存纪律为根本规定的社会行为规范。社会主义劳动是一种生存性质的劳动，社会主义规范在根本上表现为劳动生存纪律的社会行为规范。这种劳动生存纪律，体现在整个社会主义社会中，体现在每个社会成员身上，既必须通过社会劳动产品分配表现出来，还必须通过对劳动者的劳动权利分配表现出来，形成以末位淘汰为根本内容的社会竞争机制。

五是以监督制民主为根本特征的社会政治制度。社会主义民主是更为高级的社会民主。而只有以监督制民主作为社会主义的民主形态，才能科学地超越资本主义的选举制民主，为社会主义发展提供有效的民主政治保证。否则社会主义政治生活就会失去原则规定，难以为社会主义提供有效的政治保障，同时形成不讲原则、不讲规范的所谓大民主，形成无政府主义或绝对的自由主义，否定社会主义的存在和发展。

六是以人民民主专政为强制手段的社会专政形式。人民民主专政是社会主义劳动生存纪律的最高表现形式，是上升到阶级层面的劳动生存纪律规定，目的是保卫劳动的平等和报酬的平等，保证社会主义劳动创造本质的实现和发挥。只有在人民民主专政下，才能够保证社会的劳动秩序和公共秩序，保证社会主义的政治制度和经济制度，保证社会主义的健康有序发展。

七是确立科学完整的社会主义意识形态。社会主义意识形态是社会主义的思想基础和观念保证，也是对社会主义的统一规定和根本要求，必须以劳动创造为根本规定，以尊重劳动为道德规范。如果说社会主义在其他方面可以具有不同的发展特点和发展要求，在社会意识形态上，则应实现彼此之间的科学一致和统一。如果社会主义社会意识形态不健全、不完善，必然引起对于社会主义的否定，难以保证社会主义的存在和发展。

八是坚持共产党对于社会主义事业的坚强领导。坚持共产党的领导，是社会主义制度的核心内容，是实现社会主义存在发展的根本政治保证。只有共产党，才能够从根本上反映出社会主义的社会发展要求，保证社会主义的社会存在。失去共产党的领导，社会主义就失去了自己的政治领导力量，失去其存在发展的根本政治保证，自然不可能得到存在和发展。

上述社会主义存在和发展的基本特点和特征，是社会主义发展的一般规律和基本要求，彼此相互联系，相互作用，共同决定和体现着社会主义的存在和发展。也只有这样的社会主义，才称得上是科学的完善的社会主义，符合社会主义发展的一般规律和共性特征。丢掉其中任何一个方面，这样的社会主义制度和社会发展，都是不完全和不完整的，都难以得到持续存在和健康发展。每一个社会主义国家，不论建立的时间早晚，在具体发展中如何不同，都应依照上述要求确定自己的基本制度，实现自身的社会发展。

从上述论述中也可以看到，在社会主义发展的所有本质特征中，其最为根本的要求，是坚持共产党的领导。否则就会造成对于社会发展长期性、稳定性的破坏和否定，形成社会中人为的分裂和对抗，造成社会发展中的弊端和失误。在社会主义社会生活中，必须始终坚持共产党的执政地位和领导地位，不能简单采取所谓普选制的形式，来体现所谓现代政党政治或现代政治要求。否则必然引起社会生活中的混乱和动荡，不利于人类社会的科学发展和有效发展。资本主义选举制民主搞了好几百年，却没有实现社会的和谐统一，没有实现社会和谐发展，就是一个证明。而共产党一党执政的政党政治形态，是政党由产生到消亡的自然历史发展过程，是政党政治从战国时代走向和谐统一的必然历史过程，在根本上符合人类社会的发展规律，符合政党政治的发展要求。这种共产党的领导，不可能保证绝对不会出现失误。但这种失误，都是暂时性的和非本质的，以共产党的根本宗旨和奋斗目标，完全能够有效克服和避免这种失误。而一旦否定了共产党的领导，对于社会主义来说，其失误就是根本性的，不可挽回的。

从社会主义发展的一般规律中也可以看到，社会主义在其他社会生活方面，都是不断发展和变化的，在社会意识形态上则具有一贯性和稳定性的特点和特征，是不可改变和不可替代的。这是因为，社会意识形态具有高度的概括性和相对的稳定性。社会主义劳动创造的本质规定，以及由此所形成的社会意识形态，是现实社会条件下最为科学的思想观念和道德原则，具有不可否定的正当性和科学性，也具有不可改变的唯一性和必然性。脱离开这种社会意识形态，社会主义就找不到更为科学的社会证明。如果说共产党的领导是社会主义的政治保障，那么社会主义意识形态则是社会主义的思想基础和根本保障。只有以社会主义意识形态作为根本要求，才能够为社会主义确立起相对一致的社会发展规定。丢掉社会主义的意识形态，社会主义必然会失去相对一致的社会发展要求，从而在对于社会主义的评价和说明中，在社会主义的社会发展实践中，陷入混乱和随意的状态，造成人们对于社会主义的误解和迷茫。

上述社会主义发展的基本特点和本质特征，是对所有社会主义国家的共同要求。但在具体发展实践中，在不同的社会主义国家中，包括在同一个社会主义国家的不同发展阶段和不同地区之间，在其外部特征和表现形式上，则必然存在着差异性的内容和要求。例如在公有制和按劳分配的实现程度和比例上，在社会民主的具体表现形式上，都会有不同的内容和要求。正确认识社会主义发展的一般规律，能够为社会主义确定科学的原则规定，保证社会主义发展的正确性和科学性。但不是由此以一个标准、一个模式，来要求所有的社会主义国家。其所以如此，在于社会主义就其自身建立的社会物质技术基础来说，包括了从社会生产出现剩余产品，到社会产品实行按需分配这样一个漫长的社会历史发展阶段，具有极大的差异性和包容性，因此在社会的经济制度、劳动制度、政治制度、法律制度等各个方面，都要有不同的规定和要求，表现为各个社会主义国家在其具体的社会发展过程中，所具有的不同特点和特色。只有从规律性和特殊性相统一的高度来认识社会主义的发展进程，才能够弄清楚社会主义本质规定与表现形式之间的关系，避免把社会主义发展内容固定化、绝对化。

科学认识社会主义发展的一般规律和特殊性要求，能够为社会主义发展拓展广阔的空间，实现社会主义的更为科学的社会发展。过去由于过分强调社会主义发展的统一性要求，把社会主义看成是纯而又纯的公有制，简单以暴力革命作为划分社会主义的标准，给社会主义发展造成了极大危害。而在目前的社会发展中，又简单以差异性作为发展规定，过于强调发展中的不同和区别，长此以往，照样会削弱社会主义的凝聚力和向心力，甚至从根本上否定社会主义。社会主义发展必须是一种原则性与灵活性的统一，共同性与多样性的统一，一般性与特殊性的统一。正确说明社会主义发展的一般性规定和特殊性要求，有利于在根本上弄清楚社会主义的发展进程，避免把社会主义发展绝对固定于某个发展手段和发展模式；或者失去原则规定，使社会主义成为一种随意的和盲目的发展。只有既坚持社会主义的根本规定和本质特征，又坚持社会主义发展的多样性要求，才能够避免出现混乱和盲目的现象，保证社会主义的胜利前进和健康发展。

这里以新中国前七年的社会性质为例，来说明社会主义发展的特殊性和规律性的要求问题，说明正确认识社会主义发展规律的重要性和必要性。现有的理论说明中，把新中国前七年的社会性质概括为新民主主义制度。而从人类社会发展的历史进程中可以看到，可以有新民主主义的社会运动，但不可能形成一个新民主主义社会形态。中国的新民主主义革命，是在半封建半殖民地的特定条件下，中国共产党领导的社会主义革命的具体实现途径，是社会主义发展多样性的一种具体实践形式，这种革命的最后胜利，必然以建立社会主义为根本标志。而从其社会制度内容来看，新中国前七年的社会性质，就是社会主义的社会制度，新中国前七年的社会形态，就是社会主义的社会形态。至于把它称作是新民主主义，与当时对社会主义认识不清有关，觉得只有实行百分之百的公有制，实行绝对的计划经济，才是社会主义，并由此造成之后中国社会发展实践中的失误。按照社会主义发展的一般规律要求，新中国前七年的社会制度完全属于社会主义的性质，没有必要把新中国前七年所取得的成就，简单地放在新民主主义的头上。由此也说明，既不存在绝对的社会主义发展模式和发展途径，也不存在超越人类社会发展规律的社会主义发展形式。否则既在理论上讲不明白，在实践中也难以把握和确定。

社会主义发展的特殊性要求，也说明所有社会主义国家之间，是一种同中有异、异中有同的关系，应当相互尊重、相互理解、相互支持，既必须形成相对一致的社会发展内容和发展要求，又不能以具体的发展途径和发展手段，作为评定社会主义够格不够格的标准。例如20世纪60年代中国与苏联之间发生的共产主义论战，虽然具有复杂的社会政治原因，从根本上来说，则与对社会主义发展要求认识不清有关，彼此都以自己的做法和看法作为认定社会主义的标准，造成无谓的争论和争斗。对于所有社会主义国家来说，只要在本质上具有一致性，反对剥削压迫，崇尚劳动创造，就不能在具体做法上予以机械的规定和限制。只有这样，才能够为社会主义提供多样性、多模式的发展道路，使社会主义充满生命力和创造力，充满发展的动力和旺盛的活力。

按照社会主义发展的一般规律要求，实现社会主义的发展和胜利，必须经过社会主义革命，利用暴力手段，建立起社会主义的社会制度，然后才能够有社会主义的存在和发展。而在目前的世界政治生活中，一些资本主义国家的共产党，或者是具有社会主义倾向的政治组织，通过选举赢得了执政地位，并采取一些具有社会主义倾向的政策。这是一种历史的进步，是人类社会发展的必然结果。通过这样一种社会发展，可以为社会主义制造舆论，积累经验。但不能简单地把这些政权组织与社会主义等同起来。其所以如此，在于其不具有共产党的绝对领导地位，因此缺乏长期执政、持续执政的必然性，具有临时性和暂时性的执政特点，与资本主义选举政治的动荡性、偶然性联系在一起，不可能从根本上否定阶级剥削压迫。因此也就不能把这些政权机构简单等同于社会主义的政权组织，甚至等同于社会主义。否则同样会混淆社会主义的本质要求，模糊人们对于社会主义的认识，最终妨碍社会主义的发展。

在现代社会中，单纯利用暴力手段进行社会革命，显然已经难以适应社会主义的发展需要。随着人类社会的发展进步，阶级斗争越来越多地具有经济斗争、文化斗争等形式，也能够越来越多地采用和平的手段，实现共产党执政的要求。但这既必须以社会主义暴力革命为基础、为前提，不能否定暴力革命的意义和作用，又需要有更为成熟的社会发展条件，要有良好的外部发展环境。例如，随着社会主义在人类社会发展中最终占据主导地位，人们能够充分认识到社会主义的优越性，自觉主动地选择社会主义。在这种情况下，资本主义国家中的共产党组织，就可以通过民主选举或全民公决的形式，实现共产党执政的要求，建立起真正意义上的社会主义政权。这同样表现为社会主义革命的要求，是建设社会主义的重要手段。但在社会主义对资本主义不具有主导优势的情况下，从根本上说，只有以强制和暴力作为建立社会主义制度的手段，才能够保证社会主义的存在和发展。如果一味否定暴力革命，一味强调选举政治，同样会形成对于社会主义的根本否定。

迄今为止，人们对于社会主义的认识，还没有达到一致和统一的程度。而现实的社会主义发展实践，又必须保证社会主义的存在和发展。在这种情况下，特色社会主义的理论和实践应运而生，并且取得了巨大的成功。有人据此认为，单讲有特色的社会主义，就能够实现社会主义的存在和发展，用不着再去对社会主义进行研究了。但认真思考就能看到，社会主义与特色社会主义之间，是一种纲和目的关系，如果纲讲不清楚，目也就难张了。特色社会主义的概念，只是表现为社会主义发展中的个性特征或特殊性要求，只是在不同社会主义国家的比较中，所体现出来的不同的发展特点和发展要求，如果对社会主义讲不清楚，特色社会主义很容易失去原则规定和行为遵循，成为一种随意的行为。保证特色社会主义的科学发展，同样必须弄清楚社会主义发展的根本规定和共性特征，弄清楚社会主义发展的一般规律要求，只有这样，才能够充分适应社会主义的发展需要，科学地进行社会主义建设，包括进行有特色的社会主义建设。否则实现社会主义的科学发展，包括实现特色社会主义的科学发展，都会成为不可能。

八、社会主义发展的自我否定问题

社会主义发展是一个长期的社会实践过程，也是社会主义自身不断否定的过程。这种社会主义的自我否定，是社会主义最终发展目标所要求的，是社会主义发展前进所要求的。只有正确认识社会主义自我否定的要求，才能够保证社会主义自我否定的科学性和正确性，保证社会主义的发展和胜利。

社会主义的自我否定，简单来说，即是社会主义在其发展过程中，对于自身社会生活的自觉主动的改变和调整。这种改变和调整，在根本上必须以整个社会为一个行为活动主体，表现为一种自觉主动的社会行为。在剥削社会中，社会发展是在阶级对抗的状态下进行的，表现为一种外在动力机制。在社会主义条件下，整个社会统一为一个劳动者阶级，不存在通过阶级对抗实现社会发展的问题，必须依靠社会主义自身的力量，通过社会的整体的自觉主动的行为，来实现社会前进和发展的要求。这样一种社会发展方式，就其前进的动力机制来说，显然属于一种内在动力机制驱动。并由此决定了社会主义是一个自我否定的社会形态，决定了社会主义的社会发展，必然表现为社会主义的自我否定和自我发展。失去了这种自我否定，社会主义就失去了自身发展的重要手段和推动力量，难以实现社会主义科学存在和科学发展的要求。

社会主义的自我否定，必须具有全面性的内容和规定。社会主义的社会发展，表现为生产力与生产关系、经济基础和上层建筑等各个方面的发展；社会主义的自我否定，同样表现在社会主义生产力与生产关系、经济基础与上层建筑等各个方面，既表现在社会发展的具体内容和目标设定上，也表现在发展手段和发展方式的变化改进上。只有在这种自我否定中，才能保证社会主义的科学发展，使社会发展始终适应于社会主义的根本规定和要求。必须把社会主义发展作为一个统一的整体，从其相互联系、相互作用、相互促进的要求出发，使社会生活在各个方面做到相互适应、相互协调和相互平衡，通过社会主义的自我否定，实现社会主义的协调发展、全面发展和有效发展。

社会主义的自我否定，必须具有全程性的特点和要求。也就是说，社会主义的自我否定，体现在整个社会主义社会发展进程当中，与社会主义的存在发展相伴始终，表现为从社会主义制度建立到社会主义制度终结，都是一个不断否定的社会过程。由此体现出社会主义发展的初级阶段、中级阶段和高级阶段的不同规定，实现社会主义持续发展、不断发展的要求。没有这种自我否定的全程性规定，就没有社会主义持续不断的前进和发展。在社会主义发展中，必须根据社会的发展需要，及时对各种社会生活内容进行调整和改变。由此把社会主义发展看作是一个不断前进的动态的否定过程，避免以僵化的死滞的眼光，来看待社会主义的社会发展。

社会主义的自我否定，还必须具有世界性的视角和特征。社会主义的社会发展，在不同的国家和地区之间，表现为彼此相对独立的社会利益单元，以国家或地区作为社会的利益主体，不能超越社会主义本质规定，由一个或几个国家把其他国家的社会主义发展任务承包下来。但社会主义发展不是在孤立封闭的社会环境中的发展，社会主义自我否定同样不能脱离开外部环境的影响和制约，必须与外部世界发展联系起来，表现为一种全球思维和世界眼光。尤其是要把社会主义的自我否定与世界历史发展进程联系起来，与当代世界发展的潮流联系起来，与人类社会的发展进步联系起来，利用一切积极因素，实现对于自身的不断否定，更好地实现社会主义发展的要求。

社会主义的自我否定，就其基本的内容和工作要求来说，包含着两层含意，一个是社会主义对于自身发展的否定，即社会主义不同发展阶段之间的相互否定，表现为以更高阶段的社会生活内容，来否定现实的社会生活内容；另一个是以共产主义的社会发展要求来否定社会主义的社会生活，以共产主义社会形态来否定社会主义的社会形态。二者都是社会主义必须实现的发展目标，又具有不同的社会生活内容和要求，前者表现在整个社会主义的社会发展进程当中，后者仅仅表现在社会主义发展的最高阶段或最后阶段。没有这种否定，体现不出社会主义发展的根本目的和要求，体现不出社会主义的最终发展目标要求，难以实现人类社会更为科学的发展。只有正确把握社会主义自我否定的要求，既坚持社会主义本质规定，又体现出社会主义发展的目标和方向，才能保证社会主义的科学发展，实现良好的社会主义发展效果。

社会主义的自我否定，也说明现实的社会主义社会生活，都还不是人类最为理想和最为完美的社会生活，必须不断得到发展和改变。在社会主义社会中，还存在着许多不如人意的地方，只有通过社会主义对于自身的否定，不断发展和完善自己，才能够使现实的社会生活日趋完美与合理，不断展示出社会主义的制度优势和发展潜力。但另一方面，必须正确看待社会主义的制度优势和发展潜力，不能把所有的好事都由社会主义承担下来，让社会主义一下子把所有的好事都干完。不论是在社会经济生活中，还是在社会政治生活和文化生活中，都不能以绝对完美和绝对理想化的社会生活内容，来要求社会主义的现实生活，片面去讲社会主义的自身优势，一厢情愿地去实现社会主义的社会发展。

社会主义的自我否定，也是社会主义先进性的重要标志，是社会主义发展的基本手段和有效动力。剥削社会制度的存在，仅仅是为了满足其现实的社会生活需要，为了维护其现存的社会制度，而不能允许对于自身制度的改变和否定。社会主义必须通过自觉主动的社会活动，运用各种社会发展手段，不断地否定自己，实现自身的发展。这样一种社会发展，与人类社会发展的根本规律相一致，与人的本质发展的根本要求相一致。社会主义必须科学把握人类社会的发展规律，科学地把握社会主义的发展要求，科学实现对于自身的否定，以此体现出社会主义制度的科学性和先进性，实现社会主义制度的不断完善，实现人类社会的更好的发展。

社会主义对于自身的不断否定，是实现社会主义发展的必然要求，是巩固和完善社会主义制度的必然要求。在社会主义的社会发展中，必须始终围绕巩固和完善社会主义制度的要求，科学地实现社会主义的自我否定。没有这种自我否定，不利于社会主义的社会发展，也不利于社会主义制度的巩固和完善。但社会主义的自我否定，很难确定一个绝对固定不变的标准规定，因此容易引起主观性和盲目性的弊端，形成社会主义的否定因素。如苏联领导人的“新思维”，所谓东欧社会主义政治体制改革，就是如此。保证社会主义自我否定的科学有效进行，必须确定科学的原则和手段，以实现社会主义本质的发展发挥为根本要求，切实避免随意性和盲目性，使社会主义自我否定始终沿着健康有序的轨道进行。

保证社会主义自我否定的科学有效进行，必须科学地坚持社会主义的本质规定，正确认识社会主义的基本矛盾问题。社会主义所以必须实现自我否定，能够实现自我否定，在于社会主义本质发展和发挥的需要，在于社会主义的基本矛盾运动使然，而社会主义自我否定的基本内容，即表现为对于社会主义基本矛盾的不断解决和内容变换。因此实现社会主义的自我否定，必须科学认识社会主义的基本矛盾，以及由此所形成的社会主义主要矛盾。过去社会主义所出现的失误，一个主要原因，就是对社会主义基本矛盾认识不清。除开“以阶级斗争为纲”的提法不讲，把社会主义的主要矛盾方面，看成是笼统的满足人民群众日益增长的物质文化需要，在社会主义发展中，同样容易造成偏颇和失误。很显然，以满足人民群众的物质文化需要作为社会主义的主要矛盾内容，就只能以发展生产力作为解决社会矛盾的唯一规定，对劳动者不能提出任何社会责任规定，由此使社会主义社会矛盾概括偏离社会主义发展的根本要求，失去其应有的意义。社会主义的基本矛盾，在根本上表现为生产资料公有制与生产力劳动生存性质之间的矛盾，社会主义社会中的各种矛盾内容，都内在地是由这种公与劳的矛盾所决定、所引起的。这种公与劳的矛盾，是人类社会利益矛盾在社会主义社会中的具体体现，是社会主义社会矛盾特殊性的具体表现形式。以此作为社会主义的社会矛盾内容，既明确直观，易于把握，也便于采取有效的方法和措施，科学地予以化解和预防。而解决了公与劳的矛盾，就从根本上解决了社会主义的社会矛盾，实现了社会主义自我否定和自身发展的要求。

解决社会主义社会发展中的矛盾问题，必须切实加强社会主义劳动制度建设，解决好社会中的社会利益矛盾问题。其根本的要求，就是实现社会财富分配和社会财富占有的合理性。社会财富分配是指对社会劳动产品的社会分配，社会财富占有是劳动者在经过多次社会分配之后，所拥有的社会财富状况。

在社会主义条件下，劳动者通过劳动获得劳动报酬，是完全正当和合理的。但随着社会生产力的不断提高，社会劳动效率的变化，加之自身素质、劳动时间及各种偶然性因素的影响，劳动者在实际劳动效果上必然各不相同，获得的劳动报酬也必然不同。如果缺乏科学的调剂和规范，长此积累下去，必然形成劳动者对于社会财富占有上的差距和差别，甚至造成贫富悬殊的现象。一般来说，这种财富占有不存在阶级剥削压迫的性质，但却不利于全体劳动者本质的发展和发挥，不利于社会的稳定和发展，同样会形成社会主义的否定因素。只有把社会财富分配和社会财富占有科学地联系起来，既保证社会劳动所得不可侵犯，同时通过税收和思想教育等形式，努力实现社会的共同富裕，才能使劳动者富而思进、富而思劳，体现出社会主义的本质规定，实现社会发展利益最大化的要求。

实现社会主义的自我否定，必须确定科学的手段和方法，保证这种自我否定的社会主义性质和发展要求。社会主义的自我否定，是对社会主义生产关系和社会利益关系的调整和改变，必然要涉及到现有的社会利益分配问题。在公有制和按劳分配下，这种调整和改变不具有根本上的社会对抗的性质，但在各种社会经济成分并存的条件下，则可能形成社会中的利益矛盾和冲突，造成对于社会主义的否定因素。例如一些私营主可以通过各种渠道维护其既得利益，或利用各种手段直接参与社会管理，或利用某些官员以正当途径改变社会的执政方向。只有确定科学的工作方法，规范工作程序，特别是形成长期性和制度化的工作规定，才能减少社会矛盾和工作阻力，保证社会主义自我否定的科学有效进行。

社会主义的自我否定，在社会主义的社会发展中，主要表现为社会主义改革的要求。改革是社会主义的自我完善和自我发展，是实现社会主义自我否定的主要途径和手段。只有通过改革，才能对各种社会发展内容进行必要的调整和改变，不断增进发展手段，改进发展方法，保证社会主义本质的有效实现和充分发挥。这种社会主义改革的内容和要求，既包括对社会生活内容的调整和改变，也包括对社会发展手段的创新和发展，既要在整体上坚持前进和发展的要求，也包括对于某些社会生活内容的“回复”和“复归”。例如中国目前所进行的改革，就是把社会主义从过去超前的社会发展状态，拉回到其应有的社会位置上来，以此达到“退一步、进两步”的社会发展效果。必须根据社会的发展实际和发展需要，坚持实效性与灵活性相统一，在不同时期确定不同的社会发展手段和发展方式，使改革充分适应于社会主义的发展需要。

必须说明，改革是实现社会主义自我否定的重要手段，但不是唯一的手段。在社会主义社会发展中，不仅改革表现为对于社会主义的自我否定，发展生产力，提高劳动生产率，同样表现为社会主义的自我否定和自我发展。只有做到发展生产力与进行改革并重，才能实现社会主义健康发展的要求。在社会主义发展中，我们吃过不发展生产力的亏，也吃过不改革的亏。正是因为不注重改革，才使僵化的社会经济体制长期存在；也正是忽视了发展生产力的根本任务要求，才丢掉了社会主义改革。正因为这样，我们党在提出实行党的工作重心转移时，就提出了社会主义改革的要求，并通过改革促进了社会主义生产力的发展。如果把社会主义自我否定仅仅局限在社会改革的层面上，同样会偏离社会主义的本质规定，丢掉发展生产力这个根本任务要求，进而把改革看得无所不能、无所不包，动辄以改革来为社会发展增添活力，照样会引起社会生活中的失误，不利于社会主义的社会发展。

毫无疑问，我们所讲的社会主义的自我否定，是积极的发展的否定，必须有利于社会主义的巩固和发展，有利于社会主义的前进和胜利。而社会主义的自我否定，是对现有社会生活内容的否定，把握得不好，同样会造成对于社会主义发展的否定和毁伤。现实社会发展实践也证明，利用改革的手段，打着改革的旗号，很容易对社会主义起到颠覆和毁灭的作用。建立社会主义制度具有十分艰巨的任务要求，而从社会主义倒退到资本主义则是很容易的事情。社会主义的自我否定，是在社会主义本质规定下的否定，只有以社会主义本质作为根本要求，才能实现应有的社会效果。科学地实现社会主义的自我否定，必须建立在对于社会主义科学认识的基础上，必须设定科学的原则规定，不是随便去讲解放思想，或者是所谓改革无禁区，以吃大锅饭的不负责任的心态进行改革。在解决社会矛盾时，不能不管是否存在后患，不论采取什么样的手段和方法，只要能够平息矛盾就万事大吉，造成历史性的悲剧和灾难。

从上面的论述中也可以看到，社会主义的发展进程，必然表现为社会主义自我否定的过程，只有在这种不断的自我否定中，才能实现社会主义的前进和发展。对社会主义自我否定的要求讲不清楚，对社会主义发展进程也就讲不清楚，如果对社会主义的自我否定把握失误，必然会在实践中造成损失和失误。社会主义自我否定不是仅仅表现为一种具体的改革要求和主张，而是表现为一种科学的社会历史发展进程，表现为社会主义发展的经常性和长期性任务要求。必须从社会主义的发展特点和发展要求出发，正确把握社会主义自我否定的基本规律，形成正确的思想观念和科学的工作机制，形成必要的社会行为规范。由此保证社会主义自我否定的有效进行，实现社会主义自我发展、自我完善的要求。

九、正确认识社会主义发展中的历史经验教训

社会主义事业是一项前无古人的伟大实践。无庸讳言，迄今为止，在社会主义的社会发展中，既取得了巨大的历史性成就，也留下了不少沉痛的教训，由此造成一些人对于社会主义的怀疑和否定。研究社会主义发展进程，有必要对社会主义发展历史进行一点总结回顾，以汲取教训，扬长避短，实现社会主义更为理想的社会发展。

从1917年世界上第一个社会主义国家诞生至今，在近百年的具体发展实践中，不论是作为一种社会运动，还是作为一种社会制度，社会主义都取得了极大的成功。由此为人类社会发展开辟出崭新的道路，为人类解放作出了巨大贡献。正是社会主义的存在和发展，从根本上改变了旧有的世界政治版图，使世界从帝国主义和殖民主义的枷锁下不断解放出来，使资本主义和一切剥削阶级不得不改变其旧有的剥削压迫方式，使劳动群众得到了更多的实际利益。完全可以说，没有社会主义，人类社会很可能依旧处在帝国主义和殖民主义的时代，处在原始的弱肉强食的丛林法则时期。只要进行一点分析和比较，就不难作出上述结论。

但是，在以往的社会主义发展中，同样留下了深刻的教训，出现过不少失误。大致说来，主要表现在以下几个方面：一是过于强调精神力量的作用，以政治代替经济，以政治否定经济，动辄采用群众运动的方式推进社会发展，形成社会生活中的假大空现象。这在中国的“文化大革命”中，表现得尤为突出。二是片面强调劳动者的社会权利，忽视劳动者的社会责任，形成社会生活中的平均主义和大锅饭，使劳动者失去必要的生存

压力和社会强制，使社会主义发展失去应有的推动力量。三是把社会主义看成是绝对清一色和纯而又纯的，热衷于穷过渡、急过渡，同时与其他社会形态简单割裂开来，片面强调与传统观念实行彻底决裂，一度把科技发展、生产管理等人类社会创造的共同财富，拒之于社会主义的大门之外。四是脱离开社会主义的根本任务要求，造成阶级斗争扩大化，人为引起社会生活中的矛盾和冲突，阻碍了社会主义的自身发展，也给资本主义否定社会主义造成了可乘之机。

社会主义所以存在着上述弊端和失误，首先是因为现有社会主义理论存在着重大的缺陷和不足。这种理论上的缺陷和不足，不少是由马克思主义的一些基本理论观点的不成熟不完善引发出来的。由于历史条件所限，在马克思和恩格斯的论述中，把社会主义看成是向着共产主义过渡的短暂的社会历史阶段，其有关人类社会发展的论述，都是建立在把社会主义与共产主义作为同一个社会形态基础上的。例如，马克思在《法兰西内战》中对巴黎公社予以热情赞扬，其许多理论观点无疑是伟大和光辉的，但也有不少与社会主义发展实践不相一致的内容，有时甚至同一句话也不可简单照抄照搬，不可简单予以赞同和否定。在马克思、恩格斯的论述中是如此，在列宁和其他社会主义领袖人物的论述中同样是如此。例如列宁把帝国主义看作是腐朽的、垂死的资本主义，斯大林把帝国主义看作是资本主义发展的最后阶段，等等。而此后很长一段时间内，所有社会主义国家都把马恩的论述作为不可更改的原则规定，缺乏理论创新和理论发展，造成社会主义发展中的失误。

社会主义发展中的弊端和失误，也与社会主义所面临的外部发展环境有关。社会主义是在剥削社会形态的包围中建立起来的，在很长时间内，一直受到帝国主义和剥削社会形态的遏制封锁，一直存在着生存危机的问题。在这种情况下，社会主义一旦忽视和放弃阶级斗争，就不可能存在下去。因此强调加强人民民主专政，是完全必要的。但由于缺乏对于社会主义本质的认识，希望在较短时间内即实现社会主义的最终胜利，导致在社会发展中片面强调阶级斗争，造成阶级斗争的扩大化。可以说，超前的社会主义理论引起社会主义的超前实践，而严峻的外部环境加重了社会主义对于自身发展的担忧，造成社会主义发展实践中的进一步失误。

社会主义发展中出现的弊端和失误，也与现时社会主义的物质技术基础相对薄弱有关。迄今为止，社会主义国家都是在物质生产条件并不发达的地方建立起来的，缺乏应有的社会物质技术基础作支撑。以苏联为例，在刚建立的时候，其社会物质技术基础还处在石磙木犁的阶段，其社会基础还存在着浓厚的农奴制残余。在这样的经济社会基础上进行社会主义建设，既面临着艰巨的发展任务，又具有更大的难度，必须尽快证明社会主义的优越性和先进性。因此急于赶超资本主义发达国家，造成社会发展中的急躁冒进情绪，导致物极必反，事倍功半。这在20世纪50年代中国发动的“大跃进”中，表现得十分明显，教训十分惨痛。

社会主义发展所以出现失误，还有一个原因，是对社会主义国家之间的关系界定失误，认为社会主义只能有一个标准，只能有一种模式。社会主义国家具有共同的政治信念和理想追求，在发展中相互支持、相互帮助，是完全应当的。在有些时候，这种支持和帮助还会突破单纯的现实利益局限，表现为社会主义发展的整体性需要，表现为一种社会长远发展的需要。但在以往的社会实践中，却简单地把社会主义看成是一个统一的整体，己饥己溺，以一个固定的模式来要求不同的社会主义国家。而一旦出现矛盾，又缺乏应有的理解和宽容，从一个极端走向另一个极端，相互争斗，处处掣肘，对世界社会主义运动造成了不应有的伤害。

从上述分析中也可以看到，以往社会主义发展中的弊端和失误，其最主要的原因，是没有真正弄清楚社会主义的历史地位，没有弄清楚社会主义的发展要求，认为社会主义很快就能实现自己的最终胜利，片面在生产关系变更上做文章。往往简单以共产主义的社会生活准则作为现实社会生活要求，以社会主义不可或缺的社会价值导向，作为社会主义的社会行为规范。从这个意义上说，以往社会主义的发展失误，既是不可避免的，实际上也并不单单是社会主义的失误，而是共产主义社会生活准则在社会主义社会实践中的失败。

对于社会主义发展中出现的失误，一些人片面地归咎于社会主义的领导者，甚至把它说成是个人品质问题。这是完全错误的。从社会主义的发展历史中可以看到，绝大多数社会主义领袖人物在对待社会主义的态度上，都是真诚的，坚定的，在个人品质上是无可挑剔的。甚至可以说，正是他们那种崇高的道德品质和理想追求，才引起社会实践中的超前过渡和发展失误。拿毛泽东来说，20 世纪 20 年代即官至国民党中央代理宣传部长，月收入数百块银圆，却为了共产主义理想，抛开个人的荣华富贵，历经生死，南北转战，一家之中有 6 名亲属为革命英勇献身。被资本主义肆意攻击的苏联领导人斯大林，把自己的儿子送往反法西斯主义的战场，或出生入死、屡建奇功，或惨死在德军集中营里。而他们去世后，都没给自己的亲属留下值得炫耀的物质财富。曾任中国共产党和中华人民共和国最高领导人的华国锋，在任期间从党和人民的根本利益出发，主持作出了实现党的工作重心转移、实行改革开放的历史性决策，之后辞去领导职位，毫不居功自傲。在他们身上，展示出共产党人无私无畏的崇高品德，与那些口是心非、表里不一、追逐个人名利的人，如赫鲁晓夫、戈尔巴乔夫之流相比较，在政治品质和道德人格上有着天壤之别。社会主义领袖是社会主义的旗帜，不能不加分析思考，以一些别有用心的宣传为依据，随意否定社会主义的领袖，进而否定社会主义。

正确认识社会主义发展中的经验教训，必须从具体历史条件出发，进行客观全面的认识和评价。例如苏联20世纪30年代的一些做法，在今天一些人看来，似乎难以理解，但在当时的情况下，不这样做，社会主义可能早就存在不下去了。这从1991年苏联和东欧的历史巨变中，就看得很清楚。这些做法有失误的地方，更有被别有用心抹黑的东西。例如按照一位流亡的所谓苏联统计学教授抛出的数字，从1917年到1959年，苏联以恐怖手段消灭了5500万人，受迫害株连者高达1亿人。而这一时期苏联总人口一直维持在1.6亿左右，果真如此，任何一个政权都不可能存在下去。杜撰出“布拉格群岛”并捏造有2200万人惨死其中的索尔仁尼琴，就是在所谓“布拉格群岛”中得了癌症并被治愈的，一直活到了2008年。实际上，苏联对一些公开反共反苏的人，依然采取了驱逐、剥夺公民权利等相对宽容的手段，比今天美国对待阿桑奇、斯诺登的傲慢无理和暴力手段强得多了。罗马尼亚社会主义政权易帜时，其领导人齐奥塞斯库夫妇被处以死刑，罪名是杀死了几千名和平示威者，但宣判者事后讲，当时他就知道这是欲加之词，纯属谎言。可见，资本主义照样是靠砍头赢得统治地位的，而且表现得更残暴、更专横、更霸道。诸如南斯拉夫在科索沃屠杀50万人，中国用儿童作肥料等等，都是敌对势力破坏和颠覆社会主义的借口。对于社会主义发展中的失误，应当通过总结经验教训，来弥补缺陷，纠正不足，不能简单以现在的眼光，或者以一些造谣中伤的东西为凭证，对前人以过分的苛求。

这里可以用社会主义领袖人物对于社会主义的理论探索，来说明这个问题。一些人攻击斯大林，其中一个方面，是说斯大林不承认社会主义社会存在矛盾。但实际上，这个观点不是斯大林的发明，是马克思主义创始人在缺少社会主义实践条件下作出的结论。而在斯大林后期的著作中，不仅提出了社会主义社会矛盾的问题，并且正确指出了社会主义的基本矛盾。看一下《苏联社会主义经济问题》，就非常清楚。斯大林是如此，列宁、毛泽东、邓小平等社会主义领袖人物都是如此。这既体现出共产党人探索真理、追求真理的崇高品德，也表现为社会主义的不断前进和发展。对于事物的认识，要有一个过程，社会主义也不例外。列宁说过，“单独进行革命的国家，局势总是严重的。”[①] 作为世界上第一个社会主义国家，苏联曾独自承担着社会主义事业开拓者的重任，对世界历史和社会主义发展作出了显著贡献，对此必须以客观、理性的态度，来认识其发展中的不足。不能一叶障目、不见泰山，以一些片面或不实的东西为依据，妄下结论，信口开河，随意否定社会主义，为资本主义鼓舌张目。正因为这样，一些曾经歇斯底里反对苏联、反对斯大林、反对社会主义的人，如苏联所谓持不同政见者季诺维也夫、索尔仁尼琴等人，都在苏联解体后对自己之前的行为满怀忏悔之意，转而肯定社会主义制度，赞扬斯大林是一位伟大的人物。他们的忏悔，显然不是简单的心血来潮，而是对历史和现实理性反思的结果。

在社会主义发展历史上，许多投身于社会主义事业的人们，

① 《列宁全集》第34卷，第451页。

都在不同历史条件下作出过自己的贡献。对此予以实事求是的总结，是完全应当的。但不能在历史结论上胡编乱造，歪曲中伤，打着社会主义的旗号诬蔑社会主义。例如被一些人吹捧为是对“马克思主义革命传统的延续”的托洛茨基，按他那套“不断革命”和“世界革命”理论，社会主义要么就不可能存在，要么根本存在不下去，明显不符合社会主义的发展实际。而以托洛茨基在苏联的地位和身份，去搞“十三人宣言”、“八十三人宣言”、“十五人政纲”之类，等于是拿着国家的政治资本和社会的资源，公开去作反对派，如果让大搞民主的叶利钦之类去处理，早就把炮口对准他们，真枪实弹开枪打炮了。显然不能丢掉事实和原则，颠倒黑白，信口雌黄，似是而非，故意把社会主义放到一个幼稚可笑和低级荒唐的地位，进而达到否定社会主义的目的。

社会主义发展中存在的一些缺陷，也与特定的社会历史条件有关，具有一定的必然性甚至是必要性。例如一些人以1976年中国唐山地震拒绝国际援助为由，嘲笑社会主义连白给的钱都不知道要。但那个时候，帝国主义对华封锁还没有解除，加上通信设备和道路交通等问题，根本不具备外国救援队到中国救援的条件；至于“白给”，实际上只是一种相互间的救助行为。而资本主义的钱，除了政治原因，在救灾慈善上，从来是以葛朗台老头的标准进行花费的。1998年中国长江流域暴发特大洪水，美国政府的援助是2万美元！十年后美国一场“卡特里娜”飓风，中国政府的救助则是500万美元。在中国人的传统观念里，是不能白拿别人东西的。由此才有依靠中国自己的力量进行抗震救灾的庄严表态。事实说明，中国依靠自己的力量，把自己的事情办得很好。而2011年日本海啸发生后，到处接受国际援助，仅中国的中石油就援助了一万吨油料，到现在许多问题依然未能解决。

在过去的社会主义社会发展中，存在着许多形式主义、表面文章的东西，存在着弄虚作假、恶意浮夸等不正常现象。对此当然必须予以制止和纠正。但同样要看到，在社会主义发展历史上，确实出现过许多英模人物和先进典型，对社会发展产生过积极的导向作用。拿20世纪60年代中国大庆和大寨两个典型来说，虽然带有浓厚的时代印记，却反映了当时人们的精神风貌，对于社会主义的社会发展，以至于对整个人类社会的发展，具有重要的精神引导和启示作用。不管这种典型本身是不是能够永远保持下去，以及在宣传推广中出现的弊端和问题，对这种典型本身，都必须以实事求是的眼光来认识、来看待。不能由于在学习推广或之后出现了问题，就对此一口予以否定。

在社会主义发展中，还存在着其他一些看来不够正常的现象。例如在古巴，菲德尔·卡斯特罗和劳尔·卡斯特罗先后成为最高领导人。但这种职务变动，是经过选举产生的，同时在古巴的革命和建设中，菲德尔和劳尔一直并肩携手，共同奋斗了半个多世纪，在个人资历和人格上，没有任何可以诟病的地方。这些国家处在帝国主义的封锁包围当中，甚至处于准战争的状态，有些特殊的社会问题处理方式，是可以理解的，同时也在根本上不同于女王、天皇之类的封建传承方式，不能简单地说成是封建世袭。所谓封建世袭，必须以私有制为其社会物质基础，以个人独裁为本质特征，具有法定的世袭规定，目的是为个人或者少数人谋利益。这与社会主义政权风马牛不相及。不能脱离开社会主义政权的本质属性，借此去贬低社会主义。

社会主义发展中的失误和教训，既给社会主义造成了损失和危害，也留下了宝贵的经验和借鉴。列宁在评价女革命家罗莎·卢森堡时引用过一句格言：鹰有时飞得比鸡还低，但鸡永远也飞不了鹰那么高。同样，以往社会主义的失误虽然沉重，但这既不是社会主义发展的主流，与一切剥削社会相比较，又同样闪烁着真理的光芒。苛求前人无异于贬低自己。对于众多社会主义事业的开拓者和先驱者来说，只要他们是真心为着社会主义的存在和发展，始终具有共产主义理想信念，无论存在着什么样的不足和缺陷，都比那些只顾自己、只为自己的人强得多，都应以客观的态度，对他们以应有的评价和尊重。事非经过不知难。今天的人们所以要比前人高明一些，正是有了对于前人的实践总结和经验借鉴。只要坚持马克思主义，社会主义完全能够做到坚持真理，修正错误，走上健康发展的康庄大道。而从以往的社会主义历史发展实践中，我们可以得到以下几个方面的警醒和启示。

一是必须尽快实现社会主义理论的发展和完善。没有科学的理论，就不会有科学的实践。从社会主义的科学发展需要出发，社会主义的理论建设，必须尽快明确社会主义的本质规定和根本要求，正确说明社会主义与其他社会形态的联系和区别。特别是应当从哲学概括的角度，形成系统的社会主义基础理论体系，把社会主义与共产主义科学区分开来，把社会主义生产关系与社会主义社会生活科学区别开来。以往社会主义实践中的很多失误，以及不少“足欲行而趑趄、口欲言而嗫嚅”的现象，在根本上是因为讲不清什么是社会主义，因此一方面在主观上渴望坚持社会主义，另一方面，又难以对实践发展和自身行为作出完全科学准确的判断，造成行动中的盲从、迷茫和失误。社会主义的发展实践说明，社会主义理论一天不完善、不健全，社会主义就会随时面临失败的风险。反之，如果在思想理论上能够占据不败之地，不论遇到任何挫折和风浪，都能够保证社会主义的发展和胜利。

二是必须始终坚持以经济建设为中心。过去社会主义所出现的失误，一个重要原因，在于政治因素干扰太多。例如所谓社会生产发展滞后，除了在制度设计上缺乏内在发展动力，一段时间里，就公开不许人们正常进行社会生产。实现社会主义的科学发展，必须处理好政治与经济、现实与理想的关系问题，避免出现以政治干扰经济、代替经济的现象。特别是应坚持科技发展优先的方针，紧跟时代前进步伐，把握社会发展脉搏，尊重劳动，尊重劳动者，不断促进以信息化为根本内容的社会主义生产力的发展，同时为实现智能化的社会生产力发展目标而不懈奋斗。除开一些特殊情况，例如面对强敌威胁，或者是遇到一些突发性的事件，应当始终坚持以经济建设为中心，切实处理好社会发展与人民群众生活水平提高的关系，处理好共同富裕和先富后富的关系问题。

三是必须建立起科学有效的社会行为规范。从社会主义的基本原则和社会性质出发，既要充分保证每个社会成员的社会权利，又要正确体现出对于所有社会成员的社会责任规定，既应科学借鉴人类社会发展中一切有利于社会主义发展的优秀文化成果，又不能简单以资本主义管理方式作为社会主义的发展标本。必须切实加强公有制下的各种制度规定和行为规范，以劳动生存性质为根本规定，建立起科学的社会主义劳动生存纪律，形成对于整个社会生活的科学强制和有效规范，避免以超前的或落后的社会管理方式，作为社会主义的社会生活内容和发展要求。同时加强社会主义制度建设，把所有社会活动和行为纳入到制度化、规范化、法制化的轨道，保证各种社会行为的规范性和有序性。

四是必须营造良好的社会发展环境。在坚持社会主义本质规定的前提下，充分体现出社会主义发展的创造性和开放性特征，利用各种手段和途径发展自己、完善自己、提高自己。既不能像资本主义那样，为了暂时的利益而不讲原则，沆瀣一气，更不能像资本主义那样，动辄武力相胁，兵戎相向。在资本主义一直不放松诋毁和阻挠社会主义发展的情况下，社会主义如果缺乏应有的回应和回击，一味希望和平共处，就难以实现自己的存在和发展。必须坚持人不犯我、我不犯人、人若犯我、我必犯人的原则，以事实说话，以自身发展优势讲话，理直气壮地对一切诋毁社会主义的行为进行应有的斗争，既不惹事、不挑事，又不怕事、不避事，利用一切社会条件，实现社会主义的更好的发展。

还应该看到，以往社会主义发展中的失误，是由于对于社会主义在整体认识上的失误所造成的，使一些原本属于社会主义的发展手段和方法，难以实现应有的社会效果。只要弄清楚社会主义的发展要求，就能够做到拨乱反正，去旧图新。不能一看到失误，就一扔了之，否则同样会影响到社会主义的存在和发展。例如一段时间里，不分青红皂白，把铁饭碗统统作为社会生活中的弊病，一砸了之，搞得人人自危，就是如此。实现社会主义的科学发展，必须对劳动者以必要的社会强制和生存压力，但这种强制和压力，不是越大越好，也不是把资本主义的管理办法搬过来就万事大吉。实际上，只要解决了大锅饭的问题，加强社会规范，铁饭碗不仅不是社会主义的弊病，而且是社会主义的优势。社会主义制度在根本上不同于资本主义制度，必须要有自己的发展特点和发展要求，应以创新作为社会发展的主要内容和根本规定，不能简单照着别人的路子去走，亦步亦趋，照抄照搬。

正确吸取社会主义发展中的经验教训，必须正确对待和宣传社会主义的发展历史。在这方面，同样存在着不少缺陷和不足。特别是一段时间以来，资本主义竭力歪曲社会主义，社会主义不仅缺乏有效的反击，反而盲目跟风，曲意奉迎，不讲政治，只顾偷乐。例如资本主义的“007”电视片，把社会主义诬蔑为投毒暗杀、无恶不作、流氓成性的恶魔，社会主义的电视台却跟在资本主义后面，替资本主义抹黑社会主义；借一些“革命生涯”的名义，胡编乱造，信口胡诌，打着共产党的旗号诬蔑共产党。一些正规部门编制的东西，照样是粗制滥造，毫无科学性可言。历史是昨天的政治，政治是今天的历史，在历史问题上出现失误，政治上必然出现失误。对此资本主义比社会主义做的好得多，对于自己滴着血的肮脏的东西总是避口不谈，对自己的臭屁股总是在遮遮掩掩。以色列暗杀丑闻资本主义就不讲；美国的黑狱事件、监听丑闻自己绝对不讲，在巴基斯坦、阿富汗滥杀无辜也绝不让讲，谁要“揭秘”，讲一点实情，就是“叛国者”，就要全球通缉。再比如，日本右翼人物安倍晋三一方面处心积虑霸占他国的领土，另一方面对日本军国主义侵略历史从不正面回应，胡说什么历史问题让历史家去解决，一副资本主义政客的流氓无赖嘴脸。社会主义不能在历史观上出现问题，不能在自己的历史问题上搞戏说、搞消遣。否则必然给社会主义造成不可估量的危害。

任何一个新生社会形态在其自身的发展中，都不会是一帆风顺的，都会出现挫折和失误。但历史前进的车轮不能因为坎坷曲折而中途折返。社会主义代表着人类社会的发展方向，是迄今最为先进的社会形态，更不能因为出现过失误，就要倒退到阶级剥削压迫的深渊，使人类继续局限在动物式的生存状态。那些较早建立起社会主义制度的国家，往往面临着艰巨的社会发展任务，在社会主义力量总体上处于弱势的时候，其发展的难度更大，失误可能更多。但这是人类社会发展的必然要求，是人类社会前进的必然历史过程。“不论有多么大的困难，也要拉着车子前进，上山，而不让车子后退滚下山来。”[①] 社会主义完全能够通过自己的努力奋斗和艰苦实践，实现比较资本主义更为有效的社会发展，为人类进入最为理想的社会境界开辟崭新而广阔的道路。这同样是现有社会主义国家为人类社会发展做出的伟大贡献，是其历史意义与时代价值的展示和体现。

十、社会主义必定能够实现自己的最后胜利

社会主义具有无可否认的科学性，具有极大的制度优势和发展潜力。社会主义必定胜利，共产主义必定实现，这是社会主义发展的必然历史趋势，是人类社会发展的必然规律。而这个问题，同样与社会主义的发展进程密切联系在一起，与社会主义的科学发展密切联系在一起。进行社会主义发展进程研究，有必要对社会主义的最后胜利问题进行专门的探讨，以进一步揭示出社会主义发展的内在本质规律，为社会主义的最终胜利奠定坚不可摧的理论根据，提供无可辩驳的逻辑证明。

说社会主义必定实现最后的胜利，首先可以用现有的社会主义发展实践来证明。在人类社会历史上，出现过不少以大同之道、天下为公或均贫富、等贵贱为目标的社会理想追求，但由于脱离现实社会生活要求，都难以得到真正的存在和实施。社会主义制度虽然在不少方面存在着缺陷和失误，却在人类社会发展历史上巍然屹立了近百年的时间，并且取得了巨大的社会发展成就。这本身就说明，社会主义具有不可否认的可行性和合理性，具有不可否定的社会存在价值。而社会主义既然具有存在的合理性和科学性，就能够通过对于自身制度的不断发

① 《列宁全集》第34卷，第472页。

展和完善，充分体现出自己的制度优势和发展优势，实现社会主义的更好的社会存在和社会发展。

人类社会生产的发展历史，同样说明人类必然要发展到社会主义，实现共产主义。不难发现，人类社会生产的发展，就是从一家一户的个人的生产，不断向着社会化大生产发展的历史。这种社会化大生产发展的最高表现形态，就是以公有制为基础的产品计划生产形态，表现为以整个社会为统一生产单位所进行的共同的社会生产。只有以公有制代替私有制，以社会的集体的生产代替个人的自己的生产，才能够从人类社会的发展需要出发，实现对于整个社会生产的科学计划管理，实现社会科学发展的要求。社会主义生产是比资本主义更高形态的社会化大生产，符合人类社会发展的根本规律和根本要求，由此使社会主义具有比较资本主义更为科学的社会生活内涵，必然能够实现自己的不断发展和最后胜利。

说社会主义必然取得最后的胜利，也是人类自身的内在发展要求所必然决定的。如前所述，人类社会发展的根本目的，表现为人类自身的发展，这个发展的最终目标，就是实现人的全面自由的发展。要达到这样一个最为理想的社会生活境界，必须以劳动成为人们的乐生手段为其实现的物质条件，使社会劳动成为“一个十分发达的实在劳动种类的总体”①。毫无疑问，人类社会一定能够实现劳动由生存性质向乐生性质的转变，实现劳动由人们的负担向着成为人们第一需要的目标转变。而到了那个时候，人的全面自由发展就得到了最后的实现，社会主义就取得了自己的最后胜利，人类也就自然而然地进入到了共产主义社会。

说社会主义必定实现自己的最后胜利，也在于社会主义具

① 《马克思恩格斯选集》第2卷，第107页。

有科学的发展目标和发展方向。共产主义是人类最为理想的社会形态，是人类社会发展的最终归宿。而一种更为高级的社会形态，必然会代替和否定一切旧有的社会形态。在迄今各种社会形态的发展中，只有社会主义，才能够直接与共产主义社会形态联系起来，通过自身的科学发展，为实现共产主义打下坚实的基础。社会主义最终必然要发展到共产主义，人类只有经过社会主义的社会发展阶段，才能够最终实现共产主义的崇高理想，使人类进入到更为科学、更为美好的理想社会境界。

与社会主义的发展要求不同，实现共产主义，必须是一种全人类的共同的行为，必然要求着经济全球化和政治全球化成为一种社会发展现实。当马克思在 19 世纪中叶事实上提出经济全球化这个观点时，已经为社会主义最终胜利找到了坚实的社会物质依据。人类社会发展到今天，经济全球化成为一种世界历史发展潮流。随着经济全球化的发展，世界政治发展也必将呈现出全球化的特点，体现出政治发展与经济发展的统一性和一致性。这也是马克思主义“历史向世界历史转变”、历史“成为世界历史”的本质内涵和现实写照。这种经济全球化和政治全球化，是生产社会化发展的必然要求，其发展的最终结果，必然是社会主义的不断发展，是共产主义的最终实现。

社会主义以实现共产主义作为自己最终胜利的标志，社会主义的最终胜利也就是共产主义的最终实现。而这个问题，关系到人们对于共产主义美好理想的确立，关系到人们对于社会主义的信心和信念，也是过去社会主义理论探讨中的一个薄弱的环节。在过去的社会发展条件下，实际上也不可能对这个问题以真正科学的理论说明。如果说社会主义发展进程研究主要属于一种现实问题研究，对于社会主义最终胜利和共产主义最终实现的研究，则具有更多的哲学思辨的色彩，具有较多的逻辑推论和理论预测的内容。但既然马克思在近200年前就能够对共产主义社会以科学的预测和描述，从今天的社会发展实践出发，我们同样能够在与不同社会形态发展的相互比较中，在对人类社会发展历史进程中的研究考察中，就社会主义最终胜利的社会物质基础和社会发展条件，作一些必要的理论探讨，以增强人民群众对于社会主义的信心和信念，同时为作者的社会主义理论研究，包括对社会主义发展进程的研究，画上一个必要的阶段性的句号。

显而易见，实现共产主义，要有社会生产力的极大发展和社会产品的极大丰富。这也是以往人们所表述的实现共产主义社会的基本物质条件。但以“极大”这种笼统的社会物质概念作为实现共产主义的物质条件，难以确定一个刚性的社会物质技术标准，或者只能以“土豆烧牛肉”作为社会生活要求，或者以“楼上楼下，电灯电话”作为实现共产主义的标志，使共产主义实现成为一种朦胧含糊的东西，甚至成为对于共产主义的变相嘲弄。只有以劳动乐生性质作为共产主义生产力的发展要求，以实现劳动乐生性质作为实现共产主义的基本物质条件，才能够直观形象地说明社会主义的历史发展任务，说明共产主义最终必然实现的社会物质基础。这种社会劳动乐生性质，以智能化的社会生产力为其根本内容和具体表现形态。而一旦消灭了劳动的生存性质，就实现了社会主义的最后胜利，共产主义就得到了最终实现。正如作者在《社会主义劳动研究》中所说，消灭社会劳动的生存性质，实现社会劳动的乐生性质，是社会主义必须完成的伟大历史任务，也是社会主义能够实现的历史任务。[①] 由此使共产主义实现成为一种具体实在的客观物质活动过程，为实现共产主义确定科学的鲜明的标志。

① 参阅《社会主义研究》，第499—511页。

在一些人看来，劳动必然是劳动者的负担和累赘，是人们厌恶的活动，根本不会成为人们的生活乐趣。这是局限在现有社会劳动的物质技术发展水平上，限定在人工劳动、机械劳动甚至信息劳动的基础上。而当劳动成为高度智能化的劳动，当人们通过简单的动作指令，就能够生产出丰富的社会劳动产品，充分满足人们的物质生活需要，从而社会劳动在总体上的有效性极大增强，个人劳动成果对于任何劳动者个人的生存发展都不再具有决定意义，劳动对劳动者也就不再是负担和累赘了，而是成为展示自身价值、体现人生尊严的亮丽舞台。一方面，劳动的简单性使得劳动分工成为不必要的事情，任何劳动者都可以轻松自在地胜任各种生产活动；另一方面，为避免因生产过剩造成社会资源浪费，在物质生产劳动中，又会使人们的劳动时间极大而强制性地予以缩短。就像今天人们进入影剧院要凭票进场，那时参与生产劳动同样要予以严格限制，不是谁想生产就可以去加班加点，甩开膀子大干。这时的生产劳动不是游戏，但进行生产劳动就像今天坐在电脑前打游戏那样轻松愉快，劳动自然也就成为人们自身快乐的源泉，成为一种社会荣誉象征和个人价值体现。从而劳动就从“令人厌恶”的事情，成为人们“生活的第一需要”。这种社会劳动性质变换，在今天的机器人生产中已经初现端倪。而一旦人工智能得到高度的发展，全面应用于社会生产生活的各个领域，劳动乐生性质就会成为人类美妙而幸福的现实。也只有在这样的物质生产条件下，才能毫无条件地以人的自由发展作为社会生活的根本准则，以毫无条件的人的发展作为社会发展的根本要求。

共产主义必须实行按需分配。有人会说，按需分配就是每个人想要什么，社会就必须满足什么，而人们的占有欲望是无止境的，因此按需分配是实现不了的。这是以私有制的眼光来看待人们的社会利益实现，把人们对生活资料需要的满足当成是对社会财富的占有。很显然，个人对于社会财富的占有欲望是无止境的，对于自身的物质消费则是有限度的。现实生活中人们都明白这样的道理：家有广厦百间，夜眠木床一张，家有财富万担，日食粟米一升。在私有制下，所有社会成员都必须用占有更多社会财富的方式，来增强自身的生存安全，并且有了今天还要担心明天，有了自己还要想着儿孙，不论社会产品是如何丰富，自身占有的财富如何巨大，都难以完全满足其个人的占有欲望。共产主义所要否定的，正是因私有制造成的人们对于社会财富的占有形式，以满足人们的生产生活需要为根本要求。这在劳动乐生性质的情况下，自然不存在任何物质资料障碍。同时按需分配照样是一种有秩序有原则的分配，表现为人们享有完全平等的社会权利，以及对于自身生老病死等正常社会需求的实现和满足，不是毫无原则、毫无规范的社会行为，更不是让每个人去肆意抢夺和占有社会财富。而实现了按需分配，就从根本上否定了阶级的存在，使全体社会成员真正具有共同一致的利益要求和发展愿望，大家共同劳动，共同工作，既能满足每个人的全面自由发展的要求，又使每个社会成员共同享有社会发展成果。由此形成前所未有的和谐一致的社会关系，实现人类最为科学最为理想的社会生活。

既然共产主义不再强求每个劳动者的个人劳动成果，既然人们的劳动时间已经大大减少了，而地球旋转一周还是 24 个小时，那么人还能干什么呢？还要人干什么呢？很显然，这就是不断追求人的全面自由的发展，不断去实现人的自由的发展。具体来说，就是在探索自然、利用自然的伟大实践中，在更为美好的社会生活追求中，充分发挥每个社会成员的劳动创造本质，根据自身所长，依据个人爱好，去从事各自喜爱和擅长的社会活动，从事艺术创造和科学探索。由此“给所有的人腾出了时间和创造了手段，个人会在艺术、科学等等方面得到发展。”① 就人类与自然界之间的关系来说，永远也不会有人类对于自然界以绝对认识和绝对利用的那一天，用句广告语来说，只有更好，没有最好。从而为人的全面自由发展开辟出无限广阔的空间。而社会的道德准则，也使每个社会成员不至于仅仅因为实现了自身的物质生活需要，就放弃自身的本质规定和社会责任，只是简单地活着，而是在对客观世界和主观世界的探索、改造、开发和利用中，体现出自己活着的意义和价值，从中得到身心的满足和快乐。

上述社会生活内容和发展目标，是实现共产主义的必然要求和基本条件，是人类社会完全可以实现和一定能够实现的。这样一种理论观点，在马克思主义创始人那里早就提出来了，贯穿于马克思恩格斯的著作当中。只是由于缺乏科学的关于共产主义生产力的理论说明，往往把这种表述局限在“打猎”、“捕鱼”、“放牧”等传统活动方式上，与今天的科技发展水平相去太远，因此在现实生活中失去了应有的感召力。列宁也说过：怎样把劳动变为生活的第一需要，“是我们所不知道而且也不可能知道的。”② 然而，只要把经典著作家的论述与今天的社会发展结合起来，以智能化作为共产主义生产力的标志，以智能劳动作为未来社会的劳动形态，共产主义马上就能够从科学思维的理论结论中跳越出来，成为一个生机无限、前景灿烂的美好现实，一切困扰在共产主义实现和存在发展上面的障碍，也就通通迎刃而解了。正因为如此，有人才会讲，也许只有共产主义才是人工智能的朋友。而我们可以再次引用马克思《法

① 《马克思恩格斯全集》第46卷（下），人民出版社1979年版，第219页。

② 《列宁选集》第3卷，第253页。

兰西内战》中的著名论断，来证明这个庄严的时代命题："只有在劳动共和国里面，科学才能起它的真正的作用。"

一些人认为，共产主义讲人的全面自由发展，那就不会有任何社会规范存在，从而使社会陷入无法无天、各自为是的状态，因此共产主义不可能实现。但翻阅一下马克思主义创始人对于共产主义的说明和描述就能看到，在共产主义社会中，同样离不开社会劳动纪律，照样要有严格的社会组织和社会规范。正如恩格斯所说，共产主义是"根据共产主义原则组织起来的"，目的是"共同而有计划地尽量利用生产力"。[①] 同样，任何个人的自由发展只能成为其他一切人自由发展的条件，不能成为他人发展的障碍。在社会生活中，还必须设立道德法庭，设置强制性的规范机构，要有必要的社会强制手段，只是这种劳动纪律和社会规范，已经完全剔除了经济利益的因素，仅仅限定在道德评价的范畴，限定在社会公共秩序的范畴。而在共产主义条件下，这种劳动纪律和行为规范，在实行中绝对不会比劳动生存纪律的效果差，更不会比棍棒纪律、饥饿纪律的实施效果差。也只有在这样的人类社会生活中，才能像马克思所说的那样，"靠消耗最小的力量，在最无愧于和最适合于他们的人类本性的条件下来进行这种物质变换。"[②] 社会主义不是平均主义和大锅饭。共产主义要吃大锅饭，但不是平均主义，更不是无政府主义；共产主义必然否定国家和国家政权，但同样需要社会组织和社会管理。担心共产主义由于缺乏社会规范而陷入混乱的想法，是根本不必要的。

目前世界上的所有社会主义国家，在其物质技术发展水平和社会的富裕程度上，都赶不上发达的资本主义国家。对此必

① 《马克思恩格斯选集》第1卷，第223页。

② 马克思：《资本论》第3卷，人民出版社1975年版，第927页。

须从具体的社会发展过程中去分析、去认识。正如作者在《社会主义研究》中讲的那样，现今发达的资本主义国家，经过了几百年的社会发展，在发展手段上又无所不用其极。而现今所有社会主义国家，都是在社会经济发展基础十分薄弱的地方建立起来的，不仅没有发达的资本主义生产力作为物质基础，资本主义还对这些国家进行过野蛮的殖民征服和暴力掠夺，在社会主义国家建立起来后，又以封锁、遏制等手段，阻挠社会主义的发展。但即使在这种情况下，社会主义依然通过自身制度优势的体现和发挥，在相同的社会发展条件下，取得了比许多资本主义国家更好的社会发展效果。随着人类社会的发展进步，资本主义恃强凌弱、蛮横霸道的发展特性越来越被人们所唾弃，人类社会越来越要求着公正合理的发展，由此使资本主义不得不改变既往那种强权发展方式，为社会主义发展提供相对宽松的社会环境。社会主义只要坚持自己的本质规定，就完全能够形成更为科学的社会发展实践，最终使社会主义生产力超过资本主义的生产力，使自己的社会生活水平超过资本主义国家的社会生活水平。这同样为现有的社会主义发展实践所证明，也是社会主义必定胜利的哲学证明。

一些人鼓吹资本主义，是觉得自己比其他人的能力强，本事大，实行资本主义或者是其他剥削制度，能够使自己得到更多的利益，占到更大的便宜。但人类生存不能等同于动物生存，不是凭着某些个体的能力大小，就去任意滋生和发展，也不能只是在个人需要时想起了整个社会，在社会需要时却只想到个人。“人是最名副其实的社会动物，不仅是一种合群的动物，而且是只有在社会中才能独立的动物。”① 市场竞争是残酷无情和

① 《马克思恩格斯选集》第2卷，第87页。

变幻不定的，不论是谁，都不见得一定会比别人强，能够绝对掌控自己的命运，更不能保证自己的子孙后代永远都过得好。实践证明，只要社会中存在着物质利益争斗和对抗，那就不仅妨碍社会的整体的发展，也必然妨碍每个社会成员的生存和发展。只有大家都能过得好，才会有每个人都过得好。如果实行剥削压迫，谁也超不过奴隶主阶级，但人类社会的发展，又迫使奴隶主阶级必须放弃自己的剥削压迫方式。人类社会必然要否定一切剥削压迫。在现代社会中，社会主体权利成为普遍的社会生活要求。随着人们文化素质的普遍提高，人作为社会能动存在物的特征越来越明显，对于剥削压迫的反抗必然越来越自觉、越主动，从而任何剥削压迫都会成为人们唾弃的对象。在社会主义条件下，那些能力较强的社会成员，可以通过对于社会劳动责任的模范履行，创造出更好的劳动效果，得到更多的社会权利和社会尊重，体现出自己的人生意义和存在价值。这样一种社会发展方式，更有利于人类社会的发展进步，也更有利于每个社会成员的生存和发展。

如上所述，实现社会主义的最后胜利，必须以劳动成为人们的生活乐趣和第一需要为条件。如果社会主义生产力超不过资本主义发达国家的水平，如果社会主义社会生活水平超不过发达的资本主义国家，社会主义就不可能最终战胜资本主义，不可能取得最后的胜利。而到今天为止，资本主义自身危机爆发的程度还非常有限，资本主义还在得到新的发展。其所以如此，在于今天的资本主义发展，实际上正处在从帝国主义走向民主社会主义的阶段，还具有相当大的发展空间。随着社会主义发展优势的不断展示和体现，社会主义经济实力的不断增强，其他落后国家和地区的加快发展，资本主义能够借以实现自身矛盾调节的外部余地越来越小，其自身矛盾必然会日益暴露，最终形成资本主义发展的全面危机和根本危机。2011 年美英等主要资本主义国家爆发的“占领华尔街”、“占领伦敦”运动，即是资本主义新的社会危机表现形态。由此使资本主义在与社会主义的相互比较中，越来越暴露出落后的腐朽的社会本质，最终为社会主义所否定、所替代。

“神奇的预言是神话。科学的预言却是事实。”① 通过上述分析可以看到，社会主义是迄今最为进步和最为合理的社会形态，人类社会中一切美好的事物，都能够在社会主义社会发展中找到证明和出处。社会主义的社会发展进程，从根本上说，就是劳动解放的历史过程，是劳动从生存性质向乐生性质发展和升华的实践过程。实现社会主义的最后胜利，是一种全世界的共同的行为。社会主义发展既要高唱国歌，也必须高唱国际歌，必须把国歌与国际歌的歌声科学地交汇在一起。就今天的人类社会发展状况来说，社会主义什么时间能够实现最后胜利，固然难以确定一个绝对的时间表。但从人类社会的历史发展规律中，完全能够得出这样的结论：社会主义必定胜利，共产主义一定实现。就我们这一代甚或是下几代人来说，这种胜利还不会随即成为现实；而就人类社会的历史发展进程来说，就人类社会的发展节奏特别是科学技术的发展步伐来说，这种胜利则绝非是遥远的事情。而不论什么时候共产主义能够得到最终实现，社会主义都是现实条件下人类最为理想的社会形态。坚持社会主义光荣，反对社会主义可耻。那些为社会主义事业含辛茹苦、殚精竭虑、毕生奋斗的人们，必将在人类社会发展的历史丰碑上，镌刻下永久的鲜红的印记，面对着他们筚路蓝缕的不朽业绩，高尚的人们一定会洒下真诚感激的热泪。而那些否

① 《列宁选集》第 3 卷，第 576 页。

定和毁灭社会主义的行为，诸如叶利钦、戈尔巴乔夫之流，必然要成为人类社会发展的罪人，永远被钉在历史的耻辱柱上。

历史是未来的不朽路标，今天是明天的辉煌阶梯。社会主义作为一个新生的社会制度，已经走过了将近一百年的风雨历程。在这期间，社会主义显示出强大的生命力，取得了巨大的成就和胜利，同时也出现过不少挫折和失误。这种挫折和失误，很大程度上是由于社会主义理论不完善、不健全所引起的，与以往的社会主义理论偏颇和误导有关。社会主义的理论与实践，到了应该成熟和必须成熟的时候了，也到了完全能够成熟的时候了。从社会主义的发展需要和发展实际出发，建立起科学的社会主义理论体系，必将能够充分发挥社会主义的制度优势，挖掘社会主义的发展潜力，对社会主义事业的前进和胜利，起到巨大的推动和保证作用。这既是发展和完善社会主义理论的根本目的，也是完善和发展马克思主义所必然要求的。

后　记

1986年10月1日下午，天色阴沉，秋风阵阵，我刚好来到内乡县烈士陵园。面对着一尊尊先烈的墓碑，决定以毕生之力进行社会主义理论探索。但对这种行为的结果，则完全处于不可确定的状态。在此之前，我已经进行了半年多时间的思考，由此也做好了终生一无所成的打算。之后突然离开行政工作岗位，曾经引起一些人的不解甚至是误解。29年过去了，当我为《社会主义政治研究》画上最后一个句号的时候，无疑是我最希望看到的人生结果了。水滴石穿，绳锯木断，勤可补拙，天道酬勤，再次面对先烈的墓碑，我可以说：今生无憾。

进行社会主义理论研究，首先应是一种政治信念和理想追求。自打马克思主义诞生以来，社会主义理论研究一直大家云集，巨星闪烁，参与者众多。但社会主义理论是一个庞大的社会科学体系，对于进行基础理论研究的研究者来说，必须静下心来，系统、全面、深入地进行思考，持之以恒坚持下去，才会有所发现，有所收获。以往的社会主义基础理论研究中，则缺少这样的理论探索。一些理论观点或散见于社会主义领袖人物的工作论述，或者仅仅是对个别问题的说明，或者属于宣传性的普及读物。单就一个方面或某个理论观点看，似乎都有道理，但联系起来看，从社会主义的根本发展需要看，则缺乏逻辑性和说服力。只有做到心无旁骛，一心一意，以无产者的心态进行思考和探索，成则作为责任义务，败为社会主义发展留下一些经验教训，才能实现社会主义基础理论研究的根本性突破。有心栽花，无意插柳，着力耕耘，淡泊收获，这是我能够为自己的研究画上一个句号的重要原因。

近30年来，我的研究工作基本上是在无声无息的状态下进行的，就理论研究的层级而言，又处在最基层的位置。有人对此不以为然，甚至不屑一顾。但只有这样，才能使自己从最基层最普通的社会成员的角度，认真进行思考，排除一切干扰，实实在在地进行理论研究工作。1992年4月，我到郑州拜访河南省社会科学院院长胡思庸老师。大学毕业时，胡老师认为我应是搞学术研究的，专门在家中设宴为我饯行；而1987年6月，胡老师又觉得我应该是做行政工作的，曾向省委宣传部写信推荐过我。这是胡老师一生为他人写过的唯一的一封推荐信。对我所处于的业余理论研究环境，胡老师颇感遗憾，说不知道我还要搞学术研究。我对胡老师说，我要干的这些事情，不是单纯的学术研究，难以在正规的专业学术部门进行。事实说明，我的想法和做法，并非是要一味与众不同。鉴古知今，在哲学体系的探索上，应该说都是如此。

我的研究工作能有今天的结果，应当感谢很多人。但这里我想感谢一个与我没有任何个人联系的人，这就是原河南省委书记刘杰同志。《社会主义行政管理体制研究》中，提到1982年河南省委确定以定向培养方式培养选拔干部的事例。实际上，我就是当时省委组织部确定的定向培养对象之一。之后由于政策波动，改变了不少人的命运。但正是这个政策规定，使我有机会较早参与到中国改革开放的伟大实践当中，具备了较为完整的基层工作经验，较早地对社会主义进行了深层次的思考和思索。没有这样一个社会实践和工作经历，就不会有我对社会主义的感悟和体会，不会有现在的理论研究结果。

《社会主义政治研究》延续了前两部论著的写作方法，仍以解决问题为主，集中探讨了社会主义政治生活中最为根本和最为重要的十个方面的问题。加上前两部论著，近30年来，作者共探讨了有关社会主义存在发展的30个基本理论问题。在我看来，解决了这些问题，就能在基础理论和应用理论上讲清楚社会主义的存在和发展问题，没有对于这些问题的研究和结论，或者任何一个问题讲不明白，社会主义理论都是不完善和不健全的。这样一个社会主义理论研究，是从人类社会发展规律和社会主义发展规律的角度，所进行的理论思考，既注重社会主义发展的现实需要，又注重社会主义发展的根本要求，既较多注重中国的社会主义实践，又以整个社会主义发展为研究对象。就三部论著之间的关系来说，《社会主义研究》主要是解决“说”的问题，为着说明社会主义的正当性和合理性；《社会主义经济研究》和《社会主义政治研究》主要解决“做”的问题，目的是为社会主义确立科学的社会实践方式。而只要从社会主义的社会生活实际出发，把社会主义理论作为一个统一的整体来研究，就必然能够得出书中的结论。

作者的理论研究，无疑是按照构建完整的社会主义理论体系的思路进行的，书中的论述和观点，包括与原有的一些作者认为是正确的社会主义理论内容，是相互贯通和彼此一致的。但作者现有的论著，是按照专著体例撰写的，并不是直接表现为理论体系构建的性质。因此就某个专题研究来说，是相对完整的；对作者认为已有定论或相对完善的理论内容，则基本上不作重复。书中的不少论述当然也涉及到现有的理论观点内容，但或者是为了保证专题论述的系统性和完整性，或者是在作者提出问题并论述之后其他人才提出来的，或者是作者认为有必要予以进一步论证的理论课题。很多事例说明，在不少基本问题还没有弄清楚的情况下，就希望去建立完整的社会主义理论体系，是根本不可能的。只有扎扎实实解决好应该解决的问题，才能够在丰富的研究结论基础上，最终建立起系统、完整、科学、全面的社会主义理论体系。在《社会主义研究》的出版说明中，我已经讲过这个问题。

作者所确立的社会主义理论体系，概括起来说，就是以“人本身是人”为出发点，以社会主义劳动作为社会主义围之旋转的“太阳”，以劳动创造为根本规定，以社会利益实现为核心。应该说，这些都是马克思主义中原有的理论观点，我只是把它们联系在一起，予以全面、系统、完整的论述和阐释。这样一种理论表述，与传统的理论体系相比较，似乎在道德境界上把社会主义拉低了一个档次。然而只有这样，才能使社会主义获得充分可靠的哲学依据，实现社会主义理论说与做的科学统一，在根本上保证社会主义的发展和胜利。不是从历史唯物主义出发，脱离开社会的物质利益要求，或者言不由衷地唱些高调，或者只是追求几个新颖华丽的名词，或随意附和，或随便否定，这样的理论研究，就失去了应有的意义和价值。

有人把我看成是传统的社会主义守道者，甚至是僵化迂腐的象征。但我的观点和结论，是经过长期思考得出来的，是严肃的，认真的，负责任的。而我所以会走上社会主义研究的道路，始于1986年2月工作中的一次谈话。当时作者在接待几位外地企业领导的闲谈时，讲到了企业改革，我说，社会主义在发展手段上，恐怕绝大部分要借用资本主义的做法。此言一出，满室讶然，一片寂静，接着当面引来了反对之声；十多年后，有人还对此事记忆犹新。在此之前，我对社会主义已经有所思考；现在还保存着一张1985年《资本主义之后是什么》的剪报。但对社会主义进行全面系统的理论思考，是从这个时候开始的。毫无疑问，僵化的保守的思想意识研究不了社会主义。也有人对我的研究感到担心，觉得会不会搞得绕树三匝，无枝可依？其实，30年前，我就想过这个问题，在东欧剧变之前，压力也更大些。但进行社会主义理论研究，必须坚持真理，要有追求真理的勇气。只要实实在在去做自己要做的事情，也就够了。正像我和我的同事们在23年前一个大雾弥漫的深夜里所说的那样：是金子总是会发光的，是生铁总是要生锈的。

从基础理论包括在应用理念上讲清楚社会主义的本质规定和发展要求，是不是就彻底解决了社会主义的理论问题呢？可以说，既能，又不完全能。社会主义基础理论能够通过全面深入的研究探讨，一次性地确立起相对完善的社会理论体系，在根本上适应社会主义的发展需要。但社会主义的基础理论，包括社会主义的哲学研究，也包括社会主义的政治经济研究。后者既需要确立起相对完善的基础理论和应用理论体系，又具有应用科学的特征，具有地域性和阶段性的内容，不是通过一次性或个别人的研究，就能够解决所有的问题。认为通过一次性的研究探讨，就能够解决社会主义发展的所有理论问题，当然是不现实的；但把社会主义理论建设都看成是动态的和变化不定的，照样是不正确的。

12年前，在《社会主义研究》出版之后，我曾发出感叹：死可瞑目了！十多年后的今天，我更有理由这样说。有人可能讲，你对自己的研究太过自信了吧？的确，社会主义理论研究涉及到社会生活的各个方面，以作者的知识功底，在不少方面都有捉襟见肘之感，一直是在学习中研究，在研究中学习。有些研究课题，本身就是动态的、变化的，有些观点和结论，将来也可能被否定、被修正。我已近耳顺之年，知道自己的不足，对不同意见完全听得进去。但科学的理论研究，必须用科学精神说话，用科学的事实说话，也需要研究者的个人自信。我相信自己的研究经得起历史检验。我希望自己的观点能为读者接受，也欢迎对于我的观点的批评和否定。但这种否定，不能是看都不看就要去否定。我的一贯做法是，要否定一个观点，应当提出来一个更好的观点，否则这种否定就要大打折扣。

今年5月上旬，在修改《社会主义政治研究》的结尾时，发现原来草稿中在讲到社会主义的发展进程时，用的是“社会主义已经走过了70多年的风雨历程”。而到这个时候，社会主义已经走过近百年的风雨历程了。时光流转，日月如梭，华发已生，内心的思绪无疑是复杂的多味的。这里包含了对于自己一生研究工作的回首和回顾，更包含着对于社会主义发展的感触和感慨。但我坚信，不论人类社会发展如何艰难坎坷，社会主义的胜利是不可抗拒的，共产主义的胜利是不可抗拒的。作为个人研究工作的阶段性总结，这里借用一句伟人的名言，对社会主义作一个总结性的理论概括：

道路是曲折的，前途是光明的！

作　者

2015年8月20日